U0512978

本书由上海市教育发展基金会资助

上海地方志普及读本系列

上海六千年

景华

远古文明

YUAN GU WEN MING

上海市地方志办公室／主编
仲富兰／著

上海人民出版社

编 委 会

名誉主任：王荣华

主　　任：洪民荣

（以姓氏笔画为序）

副 主 任：王依群　生键红　高德毅

委　　员：孙　刚　吴一峻　唐长国

承编单位：上海通志馆

编纂说明

一、本书以上海建设成为卓越的全球城市为切入点，展开上海历史的发展脉络和发展过程，包括上海改革开放史，以及上海“两个一百年”的发展愿景，突出体现红色文化、海派文化、江南文化，反映国际视野、城市精神、上海情怀。

二、本书在体裁上，采取史志结合，志为基础，史为形式，体现权威性和可读性。在断限上，贯通古今，鉴古知今，信今传古。在内容上，力求贴近社会、贴近生活、贴近群众，重点介绍上海的地脉、人脉、文脉及民俗风情，突出在上海具有代表性、标志性的事、人和物。在叙述上，力求通俗、简明、生动、形象、有趣。

三、本书分为上中下3册，分别为《远古文明》《千年之城》《百年梦想》，旨在讲好上海发展的“三部曲”：一是讲清上海文明的起源，即上海6 000年的人类生活史，传承与弘扬上海悠久而优秀的历史文脉；二是讲清上海城市的形成过程，即上海1 000年的城市发展史，传承与弘扬上海悠久而优秀的城市文脉；三是讲清上海解放后到实现百年“中国梦”这一时期，中国共产党领导下的上海发展成就和未来愿景，即上海100年的社会主义建设和改革开放史。

四、本书体例为：概述+正文+大事记，每章5节，每节1个故事。全书160节，160个故事。正文为点，概述为面，大事记为线，点线面结合，既突出重点和特点、特色，又避免挂一漏万。正文结构为：章节+图片，图文并茂，具有故事性。全书附列主要参考文献。

前 言

历史是最好的教科书。习近平总书记指出，“讲清楚中华优秀传统文化是中华民族的突出优势，是我们最深厚的文化软实力”，“学史可以看成败、鉴得失、知兴替”，“大力弘扬中华民族优秀传统文化……特别是要让中华民族文化基因在广大青少年心中生根发芽”，“让居民望得见山、看得见水、记得住乡愁”。

漫漫历史长河，上海先民在这片土地上生活了6 000年，有记载的“上海”一词出现近1 000年，上海建城已700多年，上海设市也已90多年。2019年，上海将迎来解放70周年，并正致力于“两个一百年”的宏伟目标。沧桑巨变，多少志士仁人，前仆后继；铭记历史，共同建设家园，传承文明。

今天的上海，人口已达到2 418万人，外来常住人口更达到973万人，占40%。无论是新生代上海人，还是外来新上海人，特别是青年人，都需要知道这座城市的昨天、今天和明天。让生活、学习、工作在其中的上海人了解这座城市的发展轨迹，感受这座城市的文明进步，从而更加热爱这座城市，共同珍惜和建设这座城市，与这座城市一起成长。

因此，在上海进入全面建成“五个中心”、全力打响“四大品牌”、加快建设卓越的全球城市和具有世界影响力的社会主义现代化国际大都市的关键时期，回顾上海历史、立足上海现实、展望上海未来，讲好发生在6 000年历史长河、6 000平方千米地域的“上海故事”，是增强道路自信、理论自信、制度自信和文化自信的需要，是培育和弘扬社会主义核心价值观的需要，是实施中华优秀传统文化传承工程的需要。

地方志是记述本行政区域自然、政治、经济、文化和社会的历史与现状的最全面、最系统的资料性文献，官书官修，具有权威性。上海地方志的历史已经长达2 000多年，记述了上海6 000多年的沧桑巨变，记录了上海从无到有，发展成为国际性大都市的历史进程，其中既可见上海人民在党的领导下坚持反帝、反封建的光辉历程，又可见上海“改革开放排头兵，创新发展先行者”的伟大成绩。以权威、准确的地方志资料为基础，编写上海发展史的普及读本，是国务院《地方志工作条例》赋予地方志的职责，可以更好地发挥地方志“存史、育人、资政”的作用，更好地传承上海历史、讲好上海发展、传播上海精彩。

为此，上海市地方志办公室着手编纂上海地方志普及读本系列，并于2016年启动《上海六千年》编纂工作，由上海通志馆负责具体承编。编写《上海六千年》旨在充分开发利用和活化上海地方志资源，以创新的方式、具体的故事、生动的细节、通俗的语言，讲述上海故事，彰显上海精神，反映上海特点，体现地域特色，使读者在阅读中了解上海、发现上海、品味上海，更增强对这座城市的自豪感、使命感和责任感。

《上海六千年》由华东师范大学民俗学教授、上海市民俗文化学会会长仲富兰承担编写工作，付出了辛勤劳动。上海市教育发展基金会从启动开始，就共同参与了策划组织，全程给予了大力支持和帮助，特别是上海市第十届政协副主席、基金会理事长王荣华始终关心编写工作，给予鼓励和指导。基金会王奇、王明复、张宏莲、薛飞、吴晗怡等同志给予各方面的协助。上海市教育委员会原副主任，市人大华侨民族宗教事务委员会、外事委员会主任委员高德毅提供了重要指导和意见。其间，承编单位多次召开研讨会，邀请党政机关、高校、科研院所、教育系统等相关部门的专家学者，以及中学生代表参加，广泛地听取了各方意见。在此一并表示衷心感谢！

上海市地方志办公室

2018年7月

一面观察上海的镜子

曾听到这样一个故事，说毛主席来上海时问随行人员，既然有上海，那么有没有下海？可惜当时没人说得清楚。其实上海之名起源于吴淞江的支流上海浦，那时附近也有一条河叫下海浦，但它后来因河道淤积被填没了，至今在提篮桥还有一座下海庙。

几年前曾看到一个电视节目在介绍上海时说，在100多年前上海还是个不起眼的小渔村。这就在上海市民，特别是广大青少年中产生了一些模糊认识。因此我早就想读到一本全面介绍上海历史的普及读物，并推荐给广大读者，尤其是青少年读者。令人高兴的是，今天我终于看到了这样的书。它就是由上海市地方志办公室主编、上海通志馆承编、上海市民俗文化学会会长仲富兰撰写的《上海六千年》。

历史是镜子，是教科书。习近平总书记指出，大力弘扬中华民族优秀传统文化，特别是要让中华民族文化基因在广大青少年心中生根发芽。

《上海六千年》分为《远古文明》《千年之城》《百

年梦想》3册，讲上海发展的“三部曲”：上海文明的起源，即上海6 000年的人类生活史；上海城市的形成，即上海1 000年的城市发展史；新中国成立后在中国共产党领导下上海的成就和未来愿景，即到21世纪中叶近100年的上海社会主义建设和改革开放史。这是一部以地方志为基础、以历史史实为支撑的上海发展史普及读本，发挥地方志“存史、育人、资政”的功能，讲述6 000年历史长河里发生在6 000平方千米地域上的“上海故事”。这是一部地方志的探索性成果，以青少年为主要阅读对象，通俗地讲述上海发展历史文化，既增强青少年对上海城市发展的自豪感和责任感，又在青少年中普及地方志知识。这在全国也是一项开创性工作。

这本书写得好，首先是史料翔实。书中根据大量考古和地方志资料，介绍很久以前上海附近是个古老的陆块，有悠长的史前文明。在距今5亿年前的“震旦纪”时，它已和浙江、福建一起成为陆地。那时中国陆地面积很小，除江南古陆外，只有山东、陕西、安徽和湖北一部分是陆地，其他地区还泡在海里。

6 000年前，一队属马家浜文化的人群来到上海青浦崧泽地区，打井种稻，打猎捕鱼，生儿育女，留下一块能容纳思想的头盖骨，留下一把炭化的稻谷和几口清澈的水井，讲述上海先民筚路蓝缕以启山林的故事。

其次，这本书写得生动形象。书中写到，600年前，吴淞江出口淤塞，水患严重，危及百姓生命，有两位官员在考察汛情治水时翻船遇难。户部尚书夏原吉受命治理河道，他率领民众将吴淞江支流大黄浦和范家浜打通，挖深拓宽，上接泖湖、太湖之水，形成“阔二里许”的河床，让吴淞江入海口改道，解决水患问题。此后，黄浦江取代吴淞江成为上海第一水上大动脉。黄浦江是历史上最早人工开凿疏浚的河道之一，是一项伟大的水利工程。

书中还写到，战国时期，楚国春申君黄歇被封于上海一带，使上海有了“申”的别称；元末明初，松江乌泥泾（上海徐汇区华泾镇）的黄道婆带头种棉花，推广先进纺织技术，使上海县成为手工棉纺织中心，赢得“衣被天下”的美誉；2005年，一位食品公司员工的母亲发现，女儿常将公司的餐巾纸和马甲袋拿回家，劝说无效，她就给这家公司董事长写信，“揭发”女儿的不当行为。她说，公司的东西不能拿。将公司的餐巾纸、马甲袋拿回家，她担心长此以往，哪天会出事……这位母亲从小事上悟出“哪天会出事”，恪守诚信，防微杜渐，见识深远，让人深受感动。这些都是书里讲的故事。

再次，书中穿插了许多富有历史知识的插图，对照文字读起来更通俗易懂。

这部地方志普及读本，对上海“海派文化”的形成也作了形象讲述。上海靠江临海，人员流动频繁。江南文化是海派文化的基础；百余年前开辟通商口岸，大量外国人涌入，引入先进的西方技术和文化；中国共产党在此诞生，有红色基因。江南文化、外省文化、西方文化和红色文化相互交融，形成了有自己独特个性的海派文化，体现出“海纳百川、追求卓越、开明睿智、大气谦和”的上海城市精神。海派文化既有江南文化的古典与雅致，又有国际大都市的现代与时尚，区别于中国其他地域文化，具有开放而又自成一体的风格。

所以，这是一部史实性与时代性兼具、古今贯通的读物，对上海6 000年的历史进行了具体生动的阐述，史料丰富、言之有据、新证众多、图文并茂，城市演进脉络清晰，既有积极向上的人文精神，又反映了上海的时代特点和地域特色，有利于激发广大青少年和市民的情感认同。这是一部让青少年了解上海的好书，也是一面让市民观察了解上海的镜子。

此为序。

上海市第十届政协副主席
上海市教育发展基金会理事长 王荣华
国家教材委员会委员

目 录

概述

“上海那么大，这里有我的家”，这是一首童谣里唱的一句歌词。近年来媒体上也一直出现一句话：“这里是上海。”借着这句话，我也说一句：这是一套专门讲述上海历史、民俗与文化变迁的书。

上海这片生机勃勃的热土，百年来，她是拉动中国经济快速增长的火车头和动力强劲的“发动机”，如今正在成为全国改革开放的排头兵、创新发展的先行者，迅速地奔向国际大都市的行列，成为名副其实的“东方明珠，世界都会”。

提起昔日的上海，一般年轻人了解不多，初来乍到的“新上海人”，对上海历史文化也许缺乏深度了解，看到外滩风格迥异的各式建筑，仿佛这就是上海的象征，上海文明史似乎就定格在170多年前的上海开埠。即使查考古代文献，有关上海的记载也大都集中于宋元之后，更以明清以后地方志为多。因此，对于上海远古文明，有必要作特别的解读，这种解读仅仅依靠历史记忆或者古代文献已经力不从心，需要另辟蹊径，寻找另一条解读上海远古文明与历史民俗的新的视角与途径。

一

还是先从上海这座城市的自然地理说起吧。

上海面积有多大？根据上海市政府第二次全国土地调查主要数据成果等相关情况新闻发布会资料显示，截至2016年末，上海总面积为6 340.5平方千米，其中陆地面积6 218.65平方千米，长江口水域面积1 107平方千米，滩涂面积376平方千米（根据“土地资讯”2016年10月12日发布的信息）。近些年通过不断地围海造陆、围垦岛屿，如今的实际面积可能比这个数字还要大一些。上海的人口总数，根据上海市人民政府官网《2017年上海市国民经济和社会发展统计公报》，至2017年末，全市常住人口总数为2 418.33万人。其中，户籍常住人口1 445.65万人，外来常住人口972.68万人。

鸟瞰中国东部的海岸线，类似一把弓箭的形状，上海就处于这把弓箭的中心点，滨海临江。北界长江，是长江的出海门户；南临杭州湾，包括大大小小的金山诸岛；东濒浩渺的东海；西面与江苏省的苏州市接壤；西南与浙江省的嘉兴市为邻。上海是长江三角洲冲积平原的一部分，平均海拔高度为4米左右，居中国“黄金水道”（长江）和东海“黄金海岸”的交叉处，由于江河汇合，形成了肥沃富庶的三角洲平原。交通四通八达，南来北往便利快捷，经济腹地纵深壮阔，地理位置相当优越。

黄浦江导源于太湖，在青浦区的淀山湖汇集了浙江省北部诸条水流，在上海市区和苏州河相会，再流到吴淞口注入长江，汇入东海，全长140多千米。就在黄浦江与苏州河交汇的地方，有着悠远的历史文明。由于淤沙积成陆地，大约在千年之前，开始形成最早的城镇——上海。到宋朝中叶，吴淞江下游由于泥沙淤积而越来越浅，外来船只停泊在靠近吴淞江的一条支流——上海浦不远的上海港。“上海”这个名称就是因“上海浦”这条河流而得名。“上海”为什么称为上海？这个故事我们后面再说。

2008年，也就是上海举办世界博览会的前夕，上海有一位学者在《光明日报》上发表了一篇《上海赋》，这篇讴歌上海的歌赋，用文学语言描绘了上海的地理特点：“大江东去，如腾踔之巨龙；黄浦南来，似蜿蜒之玉带。苏州河横贯其中，淀山湖在西边拱卫。一城崛起，三水交汇。襟崇明以掖长兴，缀洋山以临东海。通五洋，连九派，为七省市之锁钥，居长三角之冠盖。耀耀乎，东方之明珠；煌煌兮，世界之都会！”（徐培均《上海赋》）

从地理风貌上来说，上海是一块年轻的冲积平原，说她“年轻”，当然只是相对更为古老的大陆而言，上海这块冲积平原的形成，其实也经历了亿万斯年的漫长演变。受东亚季风和海洋性气候调节，降水丰沛，四季分明。地质基岩稳定，自然地貌形态并不复杂，陆地地势总趋势是由东向西低微倾斜，以西部淀山湖一带的淀河泖河洼地为最低，境内地势低洼，地下水位高，尤以西部的青浦、松江、金山三区更加突出。土壤质地较好，但土壤盐渍化明显。上海自成陆以来，就受着人类经济活动的影响，历代上海民众与海水、河水进行抗争，筑塘抵御海潮，筑圩防御洪水，以及疏沟开渠等，作出了可歌可泣的历史贡献。

地质学者称上海及其附近古老的陆块为江南古陆的延伸带（或江南地质的延伸带），也有人称它为“太湖凹陷”。它被称为古陆，是因为它在地质学上所谓“震旦纪”（距今5亿年以上）时，就已经和浙江、福建一起成为陆地，那时中国的陆地面积还较小，除江南古陆以外，只有山东、陕西、安徽西部和湖北东部等地是陆地，其他广大的地区还被海水淹没。到了地质学上所谓“新生代”开始（距今6 550万年至100万年）时，太湖以东地区都沉陷了。到地质学上所谓“第四纪”（距今100万年至25 000年）时，这个凹陷进一步加深，除了少数的山峰（如佘山、天马山、雪山、北干山等）成为孤岛以外，太湖东部的大部分地区都被海水淹没。此后，在海洋、湖泊共同作用下，长江夹带来大量的泥沙，堆积了巨厚的沉积物，人们常说上海地面的沉降，都与这种地质构造有关（有关这方面的地质学知识，有兴趣的读者还可以阅读《上海水利志》和《上海海洋地质调查志》等）。

上海的地形特征，可以用三句话来概括，一句是“地势平坦，洼地纵横”，一句是“横塘纵浦，水网纵横”，还有一句是“沿江沿海，陆地延展”。

“地势平坦”，是说上海总体上是一片低平的冲积平原，但这个平原还是存在起伏的，地势上略呈自西向东倾斜的走向，如当今浦东新区钦公塘以东，海拔在4.2—4.5米，市区海拔一般在4米左右。而青浦以西的淀泖低地，海拔只有3米多一点，个别地方则在2.5米以下，洼地纵横，就造成了上海水网稠密的态势。

“横塘纵浦”，是说上海的水道像蜘蛛网一般密布，平均每100米就有一条河流，河网的形成既是地形特征所致，也由于人工开挖河渠而成，而开挖的同时，也有许多河道被填没，例如市区主要马路延安东路与徐家汇附近的肇嘉浜路等都是河道填没变成道路的例证。此外，上海附近的湖泊，如青浦区的淀泖凹地就是一系列的低地与湖沼群所组成，因此，称上海是“水乡泽国”名副其实。

“陆地延展”，尽管各个地段和各个历史阶段不同，就陆地面积而言，上海也堪称“不断生长着”和“不断延展着”的土地。浦东南汇嘴地方，2 000多年前，由“扬子江水出海后受海潮顶托，折旋而南，与钱塘江水在此交汇”，故此地称为南汇，而凸向大海的部分则称为“南汇嘴”。沧海桑田，南汇嘴的地理位置不断向东南延伸，如今的南汇嘴，是在吹沙填海的滩涂上新建的，几年前还是一片海面，它的延展速度最快，浦东川沙次之，宝山的速度更次之，越往北面，陆地面积延展的速度越慢。根据历史记载，在公元713—1958年这1 000多年的时间里，平均每42年延展1 000米，但在公元8—10世纪，海岸几乎是稳定的。只是在公元10

世纪至今的1 200年，延展速度才迅速增长。当然，有“伸”也有“坍”，从1949年至20世纪80年代，南汇嘴的东侧也坍了不少，南汇的天妃宫由此而两次迁移。上海陆缘最东南，在浦东新区南汇新城镇，如今矗立着占地1.82公顷的南汇嘴观海公园，就是吹沙填海滩涂上新建而成的。陆地不断延展，也构成上海地形的一个特点。

二

说到上海的气候特点，由于上海濒临海洋，是我国东部海岸线向东凸出的部分，南北气流在此交接汇合，全年季节分明，形成季风气候。上海属于长江三角洲平原，北部几乎没有山峦，北方冷空气可以长驱直入，而海上吹来的气流在此登陆也没有什么阻挡，这两大因素对上海的天气多变形成巨大影响。上海地处中纬度沿海，在全球气候带分布中，属于北亚热带南缘，是南北冷暖气团交汇地带，时常受到冷暖空气交替影响和海洋湿润空气调节。虽然邻近东海，得到海洋的调节，但是冬季有来自高纬度的西伯利亚寒流；夏季的东南季风虽然可以从海上吹来，但因其来自低纬度热带，缺乏调剂温差的功能。因此，上海的气温变化很大，例如1月与7月的平均气温相差最大达27.7℃。

尽管如此，上海毕竟地处沿海，还是具有相当大的海洋气候的特点，比起许多内陆地区严寒与酷暑的极端天气，还是要缓和得多。总之，上海气候湿润，四季分明，冬冷夏热，雨热同季，降水充沛。一年之中的各个季节又具有不同的特点，可以用“春温、夏热、秋爽、冬和”这8个字来概括。全年雨量适中，季节分配比较均匀，总的说来就是温和湿润、四季分明。春秋温和宜人，夏季炎热多雨，冬季寒冷干燥，冬夏长，春秋短。当然也要看到，有时还出现强烈的雷暴雨和龙卷风等，这都是由于地理位置处在沿海地区造成的。

近代上海随着城市化的快速发展，气候已具有典型的城市气候特征，具体表现在：市区部分已存在“热岛效应”。据气象专家的测定，热岛的中心位置就在南京路西藏路口，那里也是上海市区的中心位置。经气象专家多年实际测量，上海市中心区的气温比郊区平均高出0.2℃—0.7℃。市区的云量多于郊区，降水量也略大于郊区。这是由于市区不断扩大、建筑物密集、工业集中、人口增多等因素产生了城市阻障效应，从而使城区降水时间延长，降水强度增大。风飘飘，雨潇潇，要风得风，要雨得雨，气候温润。

上海四季分明，但比较起来，还是冬夏季较长，春秋两季稍短。据天文学家积累的资料，从上海历年的平均气温来看，一般而言，12—3月为冬季，具体日期是从11月22日到3月26日；6—9月为夏季，具体日期是从6月10日到9月22日，冬夏季持续日期差不多有4个月；4—5月为春季，具体日期是从3月27日到6月9日；10—11月为秋季，具体日期是9月23日到11月21日，春秋两季各只有2个月。这是过去的一般规律，如今全球气候变暖，可能会有一些差异，但这种基本的态势还是如此。

从各月分配来看，上海的降水多集中在炎热的夏季。一般每年的5—6月是梅雨季节，梅雨是东亚地区特有的气候现象，在我国则是长江中下游地区特有的气候现象，一般发生在春末夏初。上海典型梅雨季一般为6月上旬到中旬“入梅”，7月上旬到中旬“出梅”。这是我国长江中下游地区一段多雨的季节，由于这个季节正是江南梅子的成熟期，故称其为“梅雨”，此时段便被称作梅雨季节。在气象学上，泛指初夏向盛夏过渡的一段阴雨天气。梅雨季里空气湿度大、气温高、衣物等容易发霉，所以也有人把梅雨称为同音的“霉雨”。连绵多雨的梅雨季过后，天气开始由太平洋副热带高压主导，正式进入炎热的夏季。

关于入梅和出梅的确定，传统上是根据节气结合干支来推算的。按照历法规定，芒种后逢第一个丙日为入梅，小暑后逢第一个未日为出梅。如果芒种当天的天干为丙，则将该日定为入梅，小暑当日地支为未，则将该日定为出梅。按照现代气象学，则有新的气象意义上的说法，即连续5日平均气温超过22℃，有4天为雨天才算是入梅；反之，连续5日平均气温超过30℃且不下雨，就代表着出梅了（延伸阅读：《上海气象志》）。

三

“一方水土养一方人”，说到上海的“水”，不能不说到苏州河与黄浦江，蜿蜒流过市中心，向北奔入长江，汇进东海。这两条河流，都是上海的“母亲河”，恰似两条波光闪烁的腰带，缠绕在上海城身上，为这座现代化的城市增添了无比的灵动与风采。

人们喜欢把吴淞江称作古代上海的母亲河，而黄浦江是历史上最早人工修凿疏浚的河流之一。中国古代最早的历史文献《尚书·禹贡》记载“三江既入，震泽底定”。“震泽”就是太湖，“三江”指东江、松江与娄江，这三条大河泄太湖之水流入大海，流经今天的上海及附近地区。及至春秋战国时期，太湖及三江是震泽平原畅通安定的水系。唐代以后，东江及娄江已逐渐淤塞，北宋《水利书》说“今则二江已绝，唯吴淞一江存焉”。吴淞江（市区段近世以来被称为“苏州河”），她不仅担当起太湖排水的主要功能，而且成为江南水网与大海间的水上要道。人们喜欢把吴淞江称作古代上海的母亲河，把黄浦江称为近代以来上海的母亲河，是有道理的。明代永乐年间（1403—1424年），户部尚书夏原吉主持疏浚吴淞江南北两岸支流，引太湖水入浏河、白茆直注长江，史称“掣淞入浏”，又疏浚上海县城东北的范家浜（在今黄浦江外白渡桥至复兴岛一段），使黄浦从今复兴岛向西北流至吴淞口入注长江，挖深挖宽范家浜，使范家浜南接大黄浦，北接吴淞江近海江段，江浦合流，冲泄入海，这就是历史上著名的“黄浦夺淞”。经过官员、水利专家与广大民工的辛勤劳作，明成化八年（1472年），为杜绝海水入侵内地，杭州湾筑海塘，原先流入海湾的河流被堵住，被堵的河水流向地势较低的东面，于是，黄浦不但有太湖、淀山泖等水源流入，还有杭嘉湖平原的水源汇入，水势湍急，促成黄浦进一步发育，不浚自深，江流扩大。黄浦江平静地缓解了民众的水患之苦，形成一股更强的、冲刷河床的水流，并在入长江处有力地冲刷了河口。

正是由于人工疏浚与开挖的壮举，古代上海人民造就了黄浦江，海船出入便捷，上海港逐渐恢复生气，进入良性发展的轨道。黄浦江反过来哺育了上海城，她给予上海港新的生命与活力，缔造和书写了上海的历史。上海依靠黄浦江生存、长大，走向繁华。上海是靠港口发展起来的，没有黄浦江，就没有今天的上海，上海离不开母亲河黄浦江的“恩泽”。

再说上海的“土”，上海地处太湖流域洼地的东侧，属长江三角洲平原的一部分。按照奥地利地质学家费师孟的分类，这个长江三角洲平原，属于海洋陆成平原区，也就是昔日长江水下三角洲露出地表的部分，因此实质上还是由长江冲积而成，深厚的冲积物成了上海土壤发育的母质。这种母质性的冲积物不同于原始岩石风化的母质，其特点是物质松散均匀细小，本身具有丰富的植物养料，土层深厚。正是这些土壤，经上海先民祖祖辈辈长期耕作，逐渐形成了适合水稻等农作物生长的“水稻土”以及其他不同性质的耕作土壤，土壤肥沃，是我国高产稳产的地区之一。土地成为一代又一代上海人生存发展、安身立命的珍贵资源，一寸厚的表土需要几百年乃至上千万年的时间才能累积起来。因此，树立保护和合理利用每一寸土地的观念，显得尤为重要。

地理环境与人类的经济活动也影响着上海的物产，例如上海本地的植物就呈现出野生木本植物少、野生草本植物数量占优势、水生植物生长受到局限、人工栽培植物多的特点，这些特点使得上海拥有多种人工栽培植物，乔木、灌木以及供观赏的各类花卉到处可见，至于在郊区村落地头所见的各种树种，也是栽培者居多，植物借风力传播为主，这些都与上海平坦的地形有关。上海虽然缺乏野生木本植物，但是野生草本植物品种多且有较大的经济价值，如马兰头、荠菜、水芹等二三十种，至于药用、绿化、观赏用的野生植物就多得不可胜数。

至于上海本地的动物，由于缺乏天然植被资源，野生动物的数量很少，当然也正是由于地处华南与华北之间，过渡性明显，南方与北方有不少动物种类在上海本地有交错状的存在，哺乳动物、爬行类、两栖类、水生动物、昆虫类等各种名目的动物在上海都有生存，鸟类的存在也体现了南方与北方混杂，候鸟的迁徙，上海是必经之地。除野生动物之外，上海家禽、家畜等饲养动物也占相当比重，河塘池沼中的鱼类资源也蔚为可观，种类丰富。

四

古人写书先破题，就是先要确定一本书的内容与主旨，我们简要介绍了上海的自然地理与主要的风貌特征等，接着就要向各位读者交代一下本书的基本内容。

先从《上海六千年》的书名说起，难免有人要问，中华文明五千年，难道上海的历史比中国历史还要长？对于一座城市的文明史，必须从远古时代的文明说起，文脉越长，其文明故事就越丰富。从新石器时代开始，才真正在考古学意义上能够辨认出物质文化的地域性，进而区分考古学文化和谱系关系。就像我们说中华民族五千年文明史，实际上考古学者测定云南元谋人年代距今约为170万年一样，那是考古学者根据古人类远古文明信息作出的一种考证，考古学者的劳动是值得尊重的，也许哪个不起眼的遗址就保存了重要的文明基因，对我们现在仍然有所启迪，考古学家揭示了众多被历史书写者遗忘或至少是记忆模糊的文明，我们有足够的理由对它们抱以温情和敬意。

对于上海的历史记录与历史风貌，一般人的印象总是定格于开埠后的外滩万国建筑群，或者定格于上海城隍庙的豫园，似乎上海这座国际化大都市只有百来年的历史，而实际上，上海在亿万年逐渐成陆的过程中，有其漫长的文明史。从现有的出土文物结合各种史料考证，上海城市的远古文明史最早可以追溯到6 000年前。

只是由于历史上这片土地远离中原政治中心，古代中国又是以农业作为国家的立国之本，在农业立国的一代代王朝，鲜有史学家或方志家将目光投向濒临大海的地方。史料记载匮乏，文献资料也集中于宋元以后，给叙述上海远古乃至古代的历史造成了诸多困难。上海地区之有方志，始于宋代杨潜等编撰的《云间志》，成于宋绍熙四年（1193年），明代有抄本。第一部以上海命名的县志是明代顾彧编的《上海县志稿》，也只是编成于明洪武三年（1370年），在《永乐大典》等典籍中录有部分残篇。第一部有关上海地区的府志是《松江府志》，明正德七年（1512年）成书。以后，形形色色的关于上海的地方志、乡土志、专门志多了起来，到新中国成立之前，差不多有255种之多，但是，直到20世纪结束时还没有形成一部完整的上海市通志。

近年来，考古学作为一门不断发展的学科体系，为发现和研究上海地区的史前文明提供了重要的手段，考古的许多成果改变了我们对于上海以往历史的认知。迄今为止，上海地区已经发现30多处古代文化遗址，这些重要的古代遗存，散发出远古的文化信息，它证明上海先民辛勤劳作，繁衍生息，已经在这片土地上创造了6 000年的历史。这些文化遗址是上海远古文明形成、变化和演进的轨迹与印痕，也如同生物学上的“基因”，为后世的上海城市文化打下了烙印，成为上海文化传统生生不息的象征。

在上海考古学家的努力下，通过出土文物并结合史料考证，为上海编织出一个完整的史前年代序列：从有人类活动开始的马家浜文化，先后历经崧泽文化、良渚文化、钱山漾文化、广富林文化、马桥文化直至明代。

在距今约6 000年时，上海西部地区的自然环境已经适合人类定居生活，大约到了马家浜文化晚期，随着陆地逐渐向海洋扩展，第一批先民才迁移于此，开创了上海远古文明的历史。

上古神话传说中的帝喾及尧、舜、禹时期，上海地区属古扬州域，那个时候的扬州，当然与今日扬州不是一个概念，北据淮河，与豫、徐分界，东南至海，西以汉水与荆州为界，今浙江、江西、福建全境及江苏、安徽、河南南部、湖北东部、广东北部均属于古扬州地，面积有130余万平方千米，那是一片多么辽阔的土地啊！扬州“厥土惟涂泥，厥田惟下下，厥赋下上上错”，这里指出扬州地区在水治之后，盛长竹类，草木繁茂，但地势低洼，土壤水分很多，土质如“涂泥”（水稻土）一样。竹与草都生长得好，土壤肥力为下下。这就为上古时期的农业开发提供了保障，史载：“吴北野禺栎东所舍大畱（读音：liú）者，吴王田也。”[《十国春秋·卷七十八·吴越二·武肃王世家下》记载：（天宝五载）八月己丑，城西陵。是时改苏州虎畱曰浒墅，避王讳也。国人谓“石榴”为“金樱”，“留住”为“驻下”，改“刘氏”曰“金氏”，“留氏”曰“田氏”。]这是关于“畱”作为地名的历史记录，如今上海嘉定区，历史上也称为“畱城”。其实“畱”是农业生产方式，上古先民创造出适合当地自然环境的生产方式，开沟引水灌溉，或者烧去草木之后下种，都称为“畱”，并在江南地区得到推广。

春秋为姬姓诸侯国吴国地，战国时为楚国春申君封邑，因此上海别称“申”。公元4、5世纪时的晋朝，松江（即吴淞江，现名苏州河）和滨海一带的居民多以捕鱼为生，他们创造了一种竹编的捕鱼工具叫“扈”，又因为当时江流入海处称“渎”，因此，松江下游一带被称为“扈渎”，以后又改“扈”为“沪”。春秋战国时期，上海地区属吴越之地。秦汉时期，上海的行政区划分属由拳、海盐等县。秦始皇统一全国后，确立郡县制，上海地区出现县级行政建置。

三国时期，西域僧人康僧会从交趾（即今天的越南北部）来到长江口，即今天的上海地区，结茅茨设像布道。后来文献和传说都指出，康僧会最初到达的传道地点就是后来的龙华寺。还有传说，在三国时期，康僧会来到吴王孙权那里，为孙权求得13颗放出五色祥光的佛骨舍利子，孙权很是喜欢，在江南造了13座塔供奉舍利子，龙华塔即为其一。塔影横江，令人赞不绝口。

魏晋南北朝时期，上海地区海岸线由冈身向东推进。大批中原人避乱南迁，栖居地广人稀的上海地区，其中有些人充当世族豪强的农奴性质的佃客、部曲。陆氏等名门大族，“童仆成军，闭门为市，牛羊掩原隰，田池布千里”，世家豪族富甲一地。西晋年间，佛教传入上海，至南朝蔚为大观。梁天监年间（502—519年），上海地区建有菩提、方泰、护国、云翔、昆福、吴兴诸寺。相传天监年间，有农人垡地得一石，常有两鹤飞来伫立石上，有僧人募化建寺，寺成后鹤南飞而不复返，故名南翔寺，今日之南翔镇也由寺得名。

到唐代，开元元年（713年），为防海涌，西起海盐、东至吴淞江南岸，沿杭州湾长130余里海岸线兴筑捍海长堤捍海塘。唐天宝十载（751年），析嘉兴东境、海盐北境、昆山南境之地置华亭县。上海地区的第一个独立县级行政建置，范围相当于今吴淞江以南的上海市地域，县治在今松江区附近。

筑捍海塘、设华亭县，成为上海地区相对独立发展的重要标志。

唐宋时期，上海地区农业仍以粮食生产为主，疏浚河道、修建圩田成为粮食生产重要保障。农作物产量大为提高，宋代西部肥沃圩田亩产稻谷已达五六百斤。北宋年间，传入北方豆、麦，推动东部高亢斥卤地带农业生产发展。唐宋时期，渔业生产仍为重要经济活动，顺吴淞江入海口的“沪渎”是主要渔业产区，唐陆龟蒙称“列竹于海澨曰沪，吴之沪渎是也”。唐宋时期，上海地区人口不断增加。华亭县初建，全县在册户12 780户，北宋元丰初年增至近10万户，南宋末达20万户。北宋“宋神宗熙宁七年立镇”，近年来新发现的《平阳曹氏族谱》由南宋进士谢国光写于宋末的记载直接注明上海镇建于北宋熙宁七年（1074年），使上海建镇的时间有了确切的文献记载，这段宋代文字与明清史料前后呼应，形成了几百年延续的、完整的“证据链”，从而把上海建镇的“熙宁七年说”给坐实了。上海建镇之后，船舶辐辏，番商云集，成“华亭东西一巨镇”，地处“海之上洋”，滨上海浦，遂称上海镇。人口增加促进新居民村落和草市、墟集的发展，形成上海地区的早期市镇。

唐宋时期，地理位置优越的如青龙镇、上海镇等，进一步成为上海地区最早的贸易口岸。青龙镇在今青浦区境内青龙江畔，相传三国孙权在此建造青龙战舰，唐天宝初设有镇将，唐大中年间有日本、新罗（朝鲜半岛古国）海船，宋代有江南、浙江、福建，杭、苏、湖、常、明、越、温、台、漳、泉等州海船航此进行贸易。元丰五年（1082年），北宋书法家米芾治事青龙镇，并手书《隆平寺经藏记》。政和三年（1113年），宋廷在华亭县设市舶务；青龙镇设税务监官，镇有茶务、酒务、税务，“市廛杂夷夏之人，宝货当东南之物”，称为“小杭州”。

五

上海的远古文明以及古代历史文化证明，上海这块热土，文明深厚，源远流长，文化璀璨，光彩照人。举个例子，上海静安寺始建于三国时吴赤乌十年（247年），为沪上最早寺院之一。原址在吴淞江滨，初名沪渎重玄寺，唐代一度改名永泰禅院，宋大中祥符元年（1008年）始名静安寺。静安寺历史上人文荟萃，神奇而美丽的故事众多，其中传播最广的要数西晋石佛浮江的故事。南朝齐梁时期，传说海上漂来石神佛像。佛像先安放在龙华寺一带，后来又运送到今天的苏州等地。梁简文帝为此撰写《浮海石像碑铭》一文，生动地记载了这个故事。这一发生在上海的故事，后来竟然传到了敦煌。在敦煌的壁画中，第323窟中有西晋时期“惟卫”“迦叶”二石佛漂入沪渎壁画临摹图，翻阅《集神州三宝感通录》的史料记载，人们仿佛穿越1 700余年时光隧道，目睹了发生在晋愍帝建兴元年（313年）吴淞江口“石佛浮江”的动人一幕……

这个“浮海石像”的传说甚至惊动了朝廷，否则梁简文帝怎么会写下《浮海石像碑铭》的文章呢！关于“石佛浮江”，上海著名学者胡道静先生曾作过专门研究。胡道静先生是著名的古文献学家，又是科技史学家，是他当年在敦煌莫高窟考察时，发现了这幅绘于唐代的壁画。胡道静先生认为西晋末年发生在上海吴淞江（时称“沪渎”）下游入海处的“石佛浮江”之说，确有其事。记载此史实最早的文献，除《集神州三宝感通录》外，还有南北朝时梁简文帝萧纲《浮海石像碑铭》，其次是梁僧慧皎《高僧传》。此后，唐末宋初《吴地志》、南宋范成大《吴郡志》、清严可均《全上古三代秦汉三国六朝文》，此外，《释迦方志》《广弘明集》《法苑珠林》等佛教史籍上也均有较详记载。“石佛浮江”故事中提到的通玄寺，亦即静安寺前身重玄寺。对于当年通玄寺的惟卫、迦叶二佛，隋代著名高僧智者大师在其遗愿中亦曾重点提及过，他嘱咐后人要精修吴县惟卫、迦叶佛像。此外，清光绪九年（1883年）《重建静安寺记碑》中，亦有“故西晋时浮江来石佛者犹在”之句，说明清时石佛还在寺院中。遗憾的是自此以后，石佛的去向就没有记载了。

石佛像浮江而来，看似一个神话传说，有人质疑：石头比重大，不可能浮在江面。但是，据胡道静先生考证：两尊石像来自佛教发源地印度，用浮石雕刻而成（浮石是火山喷发后的一种玻璃质矿物岩石，形似蜂窠），它的比重小，可在水中浮起；而当时的吴淞江口已是通海黄金水道，这样，两尊石像浮海而至沪渎就成为可能了。上海发生的事情，一下子就传播到甘肃的敦煌，这个传播过程，恰恰是从海上丝路到陆上丝路的过程。而无论是康僧会传来佛教理念，还是“石佛浮江”故事的传播，在古代上海文明史上都是值得大书一笔的，据此也可见上海远古文明的辉煌灿烂。

先民遗存

1. 从6 000年前的一把稻谷说起

2014年6月，上海博物馆举办了一场别开生面的申城考古大展，主题是“申城寻踪6 000年”，上海的考古学家将他们经年累月考古作业的成果向世人展示，可以说这些挖掘出来的展品，裹挟着历史的风尘，带着久远的文明气息，传递出上海这座城市远古文明最早的信息。

在亿万斯年逐渐成陆的过程中，上海这座城市拥有悠长的史前文明。地质学家告诉我们，上海及其附近在地质上是个古老的陆块，距今5亿年前，它被称为古陆，处于地质史上的“震旦纪”，已经和浙江、福建一起成为陆地，那时中国的陆地面积还很小，除江南古陆以外，只有山东、陕西、安徽西部和湖北东部等地是陆地，其他广大的地区还在海水里泡着呢。

“崧泽”的意思是指“吴淞江流域湿地中的一块高地”。6 000年前，属于马家浜文化的人群来到上海这片土地，成为上海最早的先民，“崧泽”则是他们最初的家园。令人吃惊的是，早在1961年第一次发掘崧泽遗址时，考古专家就发现了马家浜文化时期的炭化稻谷，当时经浙江农业大学游修龄教授鉴定为籼、粳两个不同品种，是6 000年前人工培植的稻谷。这一把出土的稻谷，被称为“上海第一稻”，是上海出土的最早的人工栽培水稻，也是国内发现的首个稻谷遗存，为中国稻作起源提供了直接证据，也为农业科学家研究水稻起源、开展农业考古提供了珍贵的实物资料。6 000年前的先民主要是依靠渔猎的方式来获取肉食来源，打猎的对象有麋鹿、野猪等，但也不能排除植物性食物，这把稻谷就证明中国的稻作栽培至少已有7 000年以上的历史，中国的江南地区，是世界栽培稻谷的起源地之一。

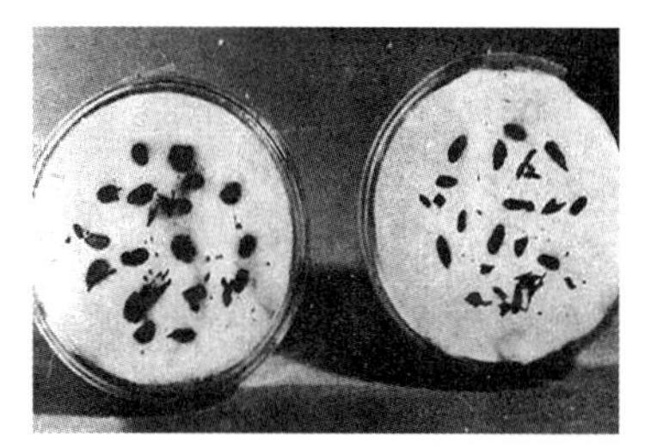

▲上海6 000年前的一把稻谷——马家浜文化出土的炭化稻谷

马家浜文化，是长江下游太湖地区年代较早的一支考古学文化。它的发现，为太湖地区考古学文化序列的建立，以及探讨我国文明的起源等问题提供了直接的证据。对于马家浜文化的性质，学界曾存在长期的争论，在发现之初，曾有学者把马家浜文化划归青莲岗文化，也曾经引发了考古学界的讨论。有许多学者认为，马家浜文化的遗址与苏北地区的青莲岗文化遗址在文化面貌上有着很大的差异，不应划归一个文化系统。随着一批新遗址的相继发现，对马家浜文化的认识也逐渐清晰。1977年，考古学界权威专家夏鼐先生建议定名为马家浜文化。此后，这一命名逐渐被绝大多数学者接受。

马家浜文化是长江下游地区新石器时代文化的佐证，因嘉兴市马家浜遗址而得名。主要分布在太湖流域的广大地区，南达浙江的钱塘江北岸，西北到江苏常州一带。据考古专家放射性碳素断代并经校正，年代约始于公元前5 000年，到公元前4 000年左右发展为崧泽文化。马家浜文化及其后续的崧泽文化、良渚文化的发现与确立，表明太湖地区的新石器文化源远流长、自成系统，并具有鲜明的地域特色。根据上海考古工作者多年的研究考定，编织成一个完整的史前年代序列：从有人类活动开始的马家浜文化，先后历经崧泽文化、良渚文化、钱山漾文化、广富林文化、马桥文化直至明代。

今天我们叙述上海远古文明的源头，可借用这几个形容词来浅白地说明上海远古文明的序列："文明曙光"（马家浜文化）、"云蒸霞蔚"（崧泽文化）、"艳阳高照"（良渚文化）、"峰回路转"（广富林文化与马桥文化）。

▲ 上海崧泽遗址博物馆外景

上海考古工作者多年来采用多学科合作的方式，深入研究各个时期的人地关系、先民生活和社会结构等，经过艰辛的劳动，终于迎来了丰收时刻。1958年，为了打捞淀山湖中的“狗屎铁”，考古学者意外地从湖底打捞上来的物品中发现了很多各种形状的石器、陶片及动物化石等。根据这批文物的特征，确认了上海有新石器时代遗址的存在。在随后的数年，发现了一系列的文化遗址。这些上海古文化遗址的发现，改变了人们关于上海无古可考的错误认识，把上海的历史向前追溯至距今6 000年前。

上海发现的马家浜文化最具代表性的遗址共有3处，分别是青浦福泉山遗址、崧泽遗址和金山区的查山遗址。与6 000年前这一把稻谷出土几乎同时，还发现了一口水井，被称为“上海第一井”。远古时期的上海，已经普遍种植籼、粳两种稻，农用工具在考古中也有斩获，有穿孔斧、骨耜、木铲、陶杵等，还饲养狗、猪、水牛等家畜。与渔猎经济的生产方式相关联的，还发现了骨镞、石镞、骨鱼镖、陶网坠等渔猎工具，以及陆生、水生动物的遗骸。当时的人们已有榫卯结构的木柱，在木柱间编扎芦苇后涂泥为墙；用芦苇、竹席和草束铺盖屋顶；居住面经过夯实，内拌有砂石和螺壳；有的房屋室外还挖有排水沟。多红色陶器，腰檐陶釜和长方形横条陶烧火架（或称“炉箅”。箅，读音：bì）是该文化独特的炊具。死者埋入公共墓地，各墓随葬品不算丰富，但也不是很悬殊。

考古学研究的最终目的，是在尽可能完备的实物资料的基础上，通过理论研究，对人类社会历史进行分析和解释，阐明人类社会的发展过程。通过对上海古代遗址和古代器物的发掘，探索当时社会、经济和生活方面的情况，从而弥补史料的不足。特别是对于那些缺少文字记载的历史时期，要了解那时社会人类学情况，考古工作就非常重要。马家浜文化对于上海远古文明而言，可谓“曙光初露”，这片滨江临海的土地，在数千年的岁月长河里，史料记载相当匮乏，比起北方与内陆许多地方，史料确实捉襟见肘，少得可怜。探讨上海远古文明仅靠古代文献或者历史记忆肯定力不从心，所幸考古发掘起到了另辟蹊径的作用，为认知古代上海，打开了新的通道。材料考古学作为一门不断发展的学科，为发现和研究上海地区的远古文明信息提供了重要的手段，展现了6 000年前上海文明的曙光，更是在中华文明史上书写了新的辉煌篇章。

2. 崧泽遗址与文明曙光初现

1957年，上海考古工作者到青浦县（现为青浦区）进行考古调查，在“假山墩”上采集到数片古陶片，就是这些古陶片，引起了考古工作者的兴趣。1958年，又在崧泽村北发现了鹿角、陶片和石器等，从而确定这里是一处新石器时代的古文化遗址。1961年和1974—1976年，考古工作者相继在上海青浦赵巷镇崧泽村进行多次发掘，发掘的成果显示，崧泽遗址是一处新石器时代至战国早期的遗址。崧泽文化遗址是个很有趣的文化堆垒图，按地层可分为上、中、下三大层：上层应属于青铜时代文化遗存，年代大约为中国历史上的西周晚期至战国早期；中层则以假山墩上的墓地为代表，是一处新石器时代公共墓地；下层是马家浜文化时期的古代居住遗址。因为崧泽遗址中层墓葬所代表的这类遗存，既不同于马家浜文化，也与良渚文化有较大差别，文化面貌独特，自身特点鲜明，这类文化遗址还广泛地分布于长江三角洲地区，因而崧泽遗址的发现具有典型性，所以考古学界把这一类的文化遗存命名为“崧泽文化”。

10 000年前，人类历史进入新石器时代，我们的祖先既采集野果，也学会了种植植物；既狩猎捕捞，也学会了人工驯养动物。他们发明了合成材料，开始制作陶器以储藏和饮食之用；他们更懂得了磨制石器，改进生产技术。考古学上把这些集群式的发现和发明的进步，称作“新石器时代革命”或“农业革命”，说明远在6 000多年前，上海先民的谋生方式已由原始的渔猎采摘逐步转为以畜牧和农业为主，那时生产工具主要以石器为主，并且已经开始由使用原始石器为主的旧石器时代，向着使用比较精制的石器为主的新石器时代转化。从发现的出土稻谷和稻叶看来，崧泽6 000多年前就能人工培植粳稻、籼稻，还可以制造多种形状、多种用途的陶制鼎。考古工作者在崧泽还发现两口6 000多年前的水井，井壁光滑，水源丰富，遗有兽骨，是我国迄今发现的最早的水井。不少墓地陪葬品质精量大，丰富多彩，器物造型规整，装饰手法丰富，弧线和

▲ 1974年青浦崧泽遗址59号墓出土的崧泽文化带盖竹编纹陶罐

折线成为崧泽文化陶器群的显著特征。器型有圆球形、扁圆形或葫芦形、塔形和动物形等。器表装饰方法有刻划、镂孔，附加堆纹和彩绘等多种。刻划纹最常见弧线往来穿插的几何纹样，形似藤竹编织，优美灵动。

距今5 500年前后，继马家浜文化而来的上海崧泽文化，成为环太湖流域的主要文化之一。崧泽文化在生产、生活、文化等方面都有创新性发展，成为中华文明起源形成的标志性文化之一，为后来以良渚文化为代表的中国文明的大发展和中国早期国家的建立奠定了基础。从出土文物来看，有这样几个特点：一是那时的上海先民已经会管钻穿孔，马家浜文化的石器以厚重的斧、锛为主，晚期出现了两面对钻的管钻穿孔石斧，这样的新技术，提高了石器制作速度，使钻孔更为规整；二是出现了快轮制陶，马家浜文化时期的陶器，以手工制作为主，崧泽文化时期，出现了慢轮修整，并开始采用快轮制陶技术，陶器造型端庄秀丽，浑圆规整；三是出现了旱耕农业，崧泽文化已经出现石犁，耜耕农业向犁地农业转变，大大提高了耕作效率，标志着环太湖流域农业生产技术已处于领先地位。农业的大发展，为后续的良渚文化提供了重要的技术支撑和基础。

所以，光用“文明曙光”已经不够，可以用“云蒸霞蔚”来形容这个时期的崧泽文化景观，说明6 000年前的上海崧泽人生产、生活、文化发展已经达到一定阶段，可以说是对马家浜文化更为精彩的承续与发展。

▲ 青浦福泉山遗址良渚玉器

说起崧泽遗址，还想补充一点历史掌故。崧泽遗址在今青浦区赵巷镇崧泽村，为什么叫崧泽？不能不提到古代上海的一个名人——东晋时期的名士袁崧。袁崧，字山松，生卒年不详。《晋书》《资治通鉴》等史书文献都记载袁崧少年成名，多才多艺，官至“吴国内史”，就是东晋内部的郡王国——吴国的最高行政首长，所辖范围大约在今苏州、嘉兴、海盐、杭州、上海这一带。不过，这个袁崧真是生不逢时，在任期间，恰逢孙恩纠集一批海盗，屡屡侵犯沿海。上海在海边，自然是首当其冲。为了防止孙恩侵扰，袁崧在沪渎一带筑城据守（关于“垒沪渎”的故事以后再说）。晋安帝隆安五年（401年），孙恩凭借其海盗团伙的兵力优势，攻陷沪渎城。袁崧骨子里是个文人，让文人带兵打仗，不败才怪哩。

袁崧是个大名士，又战死于沪渎，崧泽村中有“崧”字相合，很多人就把这个村庄与袁崧附会在一起。宋代绍熙《云间志》中称崧泽村有“袁崧宅”。明代正德《松江府志》把“崧宅”归为松江的名胜古迹，称“旧经云袁山松居此，因名”，并推测袁崧的后人仍居于当地云云。历代文人也多有以《袁崧宅》为名的歌咏颂词。清代乾隆《青浦志》更是言之昭昭地记载：“相传晋左将军袁崧冢墓及居址在此。”现在崧泽村的北部有个土墩，当地居民盛传，袁崧战亡后，皇帝特赐金头葬于此，称为假山坟、假山墩。上海博物馆考古部主任陈杰在《实证上海史——考古学视野下的古代上海》一书中介绍了袁崧的事迹，他说："考古调查中，此墩并没有任何晋代遗物发现。可见，这种说法不过是民间的道听途说。"传说毕竟是传说，就如同现在许多地方争着抢着要与某某古代名人挂钩一样，把崧泽村与袁崧联系起来，是为了增加地方的知名度。其实，早在明代嘉靖年间，上海的名人陆深就曾表示过怀疑，他专门写了一篇《崧宅辨》，认为"晋宋六代避讳特甚，焉有子孙居其地而敢以祖父名之乎"，陆深认为，凡言崧者，皆因于崧之名，"松宅非崧宅，本名崧泽耳"。

不过，崧泽村与东晋名人袁崧一案，乾隆年间的青浦修志者能够将此传说记载到地方志书里，也不一定就是空穴来风，这个历史谜团恐怕还是留给后人去解决。无论如何，崧泽村到底是一个蕴含巨大文化能量的村落啊。

3. 远古文明的缩影——福泉山遗址

20世纪30年代中期，杭州一个叫施昕更的青年考古工作者，告别繁华喧嚣的都市生活，在浙江杭州市中心向西北约13千米的余杭区良渚镇，独自进行着他的田野调查。1935年5月，24岁的施昕更参加了一次发掘，在整理出土器物过程中，隐约感觉到良渚似乎应该有一个古遗址的存在，于是，年轻的施昕更将这些情况和自己的想法向当时西湖博物馆馆长董聿茂先生汇报，得到他的支持，施昕更开始主持对良渚遗址进行正式的田野考古发掘。从1936年12月至1937年3月，考古发掘前后共进行了3次，斩获不小，获得了大量的石器、陶片、陶器等实物资料，“一个人的考古”，精神确实可嘉。两年之后，施昕更发表了考古学著作《良渚》，报告了这个惊世的消息，由此从科学发掘的角度确认了良渚一带存在着远古文化遗存。良渚作为中国新石器时代的重要遗址，出现在世人面前，为越来越多的人所知晓。

1959年，中国考古学界泰斗夏鼐先生根据良渚遗址的发现，正式提出了“良渚文化”的命名，为良渚文化的研究奠定了坚实的基础，开辟了更为广阔的空间。到20世纪80年代，上海考古学者敏锐地把握了研究的动向，从1982—1987年，3次发掘了青浦福泉山遗址。

福泉山遗址，位于上海市青浦区重固镇西侧。虽称

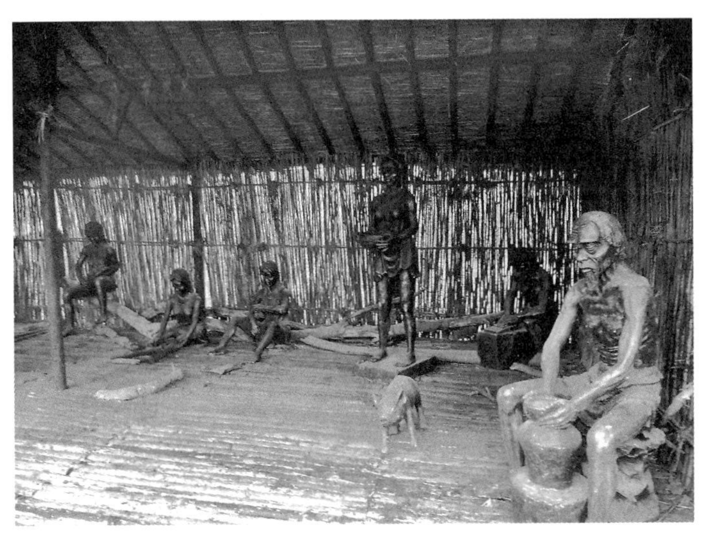

▲ 青浦福泉山遗址模拟场景

之为山，其实是4 000余年前人工堆成的一个带椭圆形的土台，高7.5米，东西长94米，南北宽84米。形似覆船，当地人称之为覆船山。又清初松江有个道士来福泉山，人称薛道人，他在修道炼丹之余，还通晓岐黄之术，为当地民众看病，治愈过许多疑难杂症，又不计报酬多少，故方圆几十里慕名前来求医问道的人很多。一次，薛道人黑夜下山出诊，不幸坠河而死，人们闻此噩耗，争为薛道人建坟送葬。薛道人养一犬，名宽，凡出诊，必随行。薛道人死后，犬宽回山上，“衔其衣裾，至死所自沉”，于是人们将义犬宽与薛道人同葬于山后。为纪念薛道人的义举，后人也有将福泉山称为“薛道山”的。

福泉山遗址未发掘前，还有众多遗迹，如朝真道院与福泉禅寺遗迹。光绪县志载“朝真道院在福泉山，元至大二年（1309年）里人任仁发建”，提起这个任仁

▲ 福泉山主体是人工堆筑而成的高台墓地

发，可是元代鼎鼎大名的水利专家，曾主持缮补大都（今北京）水闸和疏浚吴淞江的工程，著有《浙西水利议答录》十卷等，他倡议肇建朝真道院，有上清宫、老君殿、仙霞洞、炼丹房等屋宇数十间。延至清初，丹房失火，道院焚毁大半，乾隆四十六年（1781年）重建时被改为福泉禅院。民国初年，部分房廊先后被改建为自治乡公所、小学校。1940年春，日本侵略军占领福泉山，禅院又被拆建为军用设施，福泉佛地变成杀人屠场。直至1945年日本投降时，所有房屋被焚毁殆尽。

上海解放后，1951年5月底，松江专署文教科申世铭来县进行文物调查，在重固福泉山周围发现印文硬陶和原始瓷片。1959年，考古人员在文物古迹普查时，陆续发现石刀、石斧和陶片。1962年秋，经市文管会和青浦县博物馆组织专家复查，对福泉山、骆驼墩等处古文化遗址予以肯定。1977年，重固中学师生在福泉山旁边的田间劳动时，又发现崧泽文化陶器，经考古学者的认定，上海市人民政府于当年12月7日，将福泉山古文化遗址列为上海市第三批文物保护单位。

1979年11月2日至12月1日，上海市文管会在福泉山四周农田中试掘，开深沟15条，面积130平方米，出土文物多属马家浜、崧泽、良渚文化时期至商周时期。此后经1982年、1983年和1986年3次发掘，清理崧泽文化墓葬、良渚文化墓葬以及战国以来的墓葬数十座，出土大量玉、石、陶、骨、铜、铁器，并发现了良渚文化人殉墓葬。考古学家关于福泉山遗址的重要发现，为日后的许多发现提供了重要的经验和启示——长

▲ 福泉山古文化遗址

江三角洲地区以“山”命名的土墩很可能就是良渚贵族墓地所在地。在这种发散性思路的启发下，80年代后期，上海出土了一批贵族墓地，浙江杭州的良渚遗址群内也陆续发现了一批著名遗址。这些遗址的发掘，使得良渚文化成为探讨中国文明起源的一大热点。

上海福泉山遗址发现的贵族墓地，随葬的大量玉器、人工堆筑的墓地形式，代表了史前文明巅峰的成就。除福泉山遗址之外，考古工作者还发现了青浦寺前村遗址、金山亭林遗址、上海县（今闵行区）马桥遗址、奉贤江海遗址、柘林遗址等，这一系列考古发现为建构良渚文化体系提供了丰富的材料与佐证。所以，上海考古专家认为，青浦福泉山遗址所揭示的考古地层叠压情况，可以基本复原福泉山的具体形成过程，它完整地保留了6 000年以来上海史前文明的叠压遗存，可以看成是“上海古代的历史年表”。

如果说马家浜文化是文明“曙光初露”，那么上海的良渚文化遗址则证明那个时期文明水平已经“艳阳高照”了。良渚文化时期，上海先民在这块地域上生活与生产，且生产工具更为丰富。石镰、耘田器、斜柄石刀、石凿等，大都打磨精细，工艺考究。这些工具已经可以配套用于稻作农业的各个环节，比如翻土时用石犁，收割时则用石镰。考古工作者还发现了人的食物，如芡实、葫芦、稻谷、菱角、核桃以及益母草等。福泉山遗址良渚文化陶器器型别致、泥胎纤薄、纹饰多姿多彩而刻工精细。最具代表性的礼器玉琮更是端庄古雅，线条也如机器雕刻般挺拔精确。玉琮上的人面纹、兽面纹、鸟纹则展现着良渚文化先民独特而丰富的精神世界。

远古先民在上海这片处女地上莳（读音：shì）稻、养畜、打渔、猎兽，发展生产，经营生活。出土的大量陶器极为罕见，这些陶器以黑衣灰陶为特征，器型明显，有一批杯、觚、瓶等用途明确的饮酒器，反映了那个时代稻作农业已经相当发达，有了可以酿酒的余粮。

福泉山遗址是上海远古文明的缩影。

4. 从马桥文化遗址看文明曲折历程

上海人都不会忘记1992年2月12日，那天是农历正月初九，天气晴朗，阳光普照大地，虽说立春刚过，还是有点春寒料峭，但温暖的风中已有了春天的气息。

中国改革开放的总设计师邓小平同志在国家与上海市的领导人陪同下，来到上海闵行区马桥乡的旗忠村视察。村民们喜出望外、奔走相告。在距离小平视察的旗忠村不远处，就是马桥镇东俞塘村，这里曾经发现了轰动考古学界的上海史前文明，被命名为马桥文化遗址。

马桥文化的发掘不自今日始，早在1959年、1960年和1966年就已经有过考古学者的多次发掘，也曾经进行过较全面的考察。马桥古文化遗址包含几个层次不同时代的先民遗存：上层为春秋战国时代印陶文化的遗存；中层出土大量商代石、骨、陶器，可以认定为环太湖地区早期印陶文化的典型遗存，被命名为马桥文化；最下层则发现新石器时代建筑遗迹和墓葬，为距今4 000年的良渚文化遗迹。文化遗存下面还有一条贝壳

▲ 1994年马桥古文化遗址发掘场景

沙带，说明遗迹所在地是古代海岸，证明了冈身地理现象的存在。马桥遗迹的发现对于研究上海地区古海岸位置和成陆年代具有重要意义。

但是，马桥文化的先民文明遗存又呈现出复杂的情形，马桥文化遗址出现过刀、凿、镞等小件青铜器，并未发现铸铜工具。当时石制生产工具仍极为盛行，有翘刃石斧、段石、长三角形石犁、带柄三角形石刀、斜柄长条形石刀、石铲、半月形石刀、耘田器以及扁平三角形石镞和石矛。许多耗工费时的稀世珍品，包括玉器，带细刻图案的陶器、象牙器，在马桥古文化遗址中均未发现，遗存只是些粗陋的陶器杂件，特别是陶器群被视作马桥文化的祖先文化。

从现象上看，马桥文化好像一下子中断了良渚文化的诗意与优美，仿佛从一个文明的高度跌落下来，文明的演进似乎戛然而止。余秋雨先生在《上海广富林遗址的猜想》中说："如此美轮美奂的良渚文化却突然崩溃了，崩溃得无影无踪。崩溃的时间大约在4 400年前。在良渚文化以后，长江下游似乎进入一个空白时期。"也有学者认为马桥文化"有一个奇特的返祖现象"，同时，作为马桥文化原始文字的形器结构和表意方式，比千年之前的良渚文字更为简单。

▲ 1994年闵行马桥遗址出土的马桥文化云雷纹鸭形陶壶

这说明，马桥文化是一个包含多元因素的复杂文化综合体，其陶器群很可能是来自中原地区，深受夏商文化的影响，而陶簋（读音：guǐ）、蘑菇形手器盖等陶器的风格又与山东半岛的岳石文化有着密切的联系，它们与来自南方印纹陶传统的文化因素结合，反映了夏商时期上海地区多元文化的特色。有专家认为，马桥文化正处于中国历史发展的关键阶段，许多发现和成就是承前启后的重要环节。马桥文化时期的陶工以陶文记事，那些陶文主要被刻划在陶罐口沿的沿面上，小部分刻在鼎类炊器的口沿面上。虽然陶器并非文字书写的主要载体，但是，马桥文化的陶文正是汉字产生过程中处于萌生阶段的早期文字代表，它的发现对于研究中国文字的起源与发展，有着极为重要的意义。

其实，文明发展之路没有坦途，它总是要经历千转百回的艰难曲折。除社会发展因素外，很大程度上，文明也会受到大自然生态环境的制约。新石器晚期气候变暖，气温偏高，导致海平面上升，致使沿海发生一次次大规模的海浸，是有史可查的现象。有专家说，江海遗址良渚文化层面上多至3层的淤积土，客观地反映了当地前后相去不远的3次洪灾，以及从上游不同地域、三个方向携来泥浆沉淀的实物记录。除此之外，学界还存在“洪水说”“战争说”“瘟疫说”等，目前也没有统一的结论，等待历史以事实真相告诉后人。

有时这种史前文明发展之路的磨难可能超乎今人的想象。为什么不用“文明失落”而将马桥文化说成是“峰回路转”呢？因为马桥文化是处于新石器时代行将结束和青铜时代开启的转折时期。这一时期中国历史正处于承前启后的重要转折时期。考古发现显示，良渚文化之后，上海地区成为南北文化交流的重要通道，北方和南方势力在此不断地发生碰撞，产生融合，这一切也在马桥文化中显现出来。碰撞与融合的结果，产生新的文化态势，上海马桥文化以一种兼容并蓄的融合态度，创造出了富有个性特色的新文化，成为最终演化成古吴越文化的重要基因之一，对今天的上海文化仍然有着一定的影响。

考古界确立的上海地区史前文明从马家浜文化→崧泽文化→良渚文化→马桥文化的发展序列，随着广富林遗址的发现而有所变化。位于上海市西南的松江区方松街道的广富林遗址于1959年被发现，1961年进行试掘，发现2座良渚文化墓葬和春秋战国时期的文化遗存。2012年，考古专家再一次对它进行发掘。以广富林遗址发现而获得的新的考古学文化被命名“广富林文化”，填补了环太湖地区考古学文化谱系的空白，它与本地区原有的文化传统共同构成了上海绵延不绝的6 000年文明史。广富林古遗址发现的意义还在于它为长江文化史，以及黄河文化与长江文化之间的关系，提出了众多新的研究课题。

5. 广富林遗址的民俗价值

2014年7月，上海松江广富林考古渐入佳境，考古过程有电视直播，还有专家解说考古意义，声势浩大，呈现出热闹的景象。

“广富林”这个地名，并未见于编成于南宋绍熙年

▲ 上海广富林文化遗址发掘现场

间（1190—1194年）的《云间志》，元代史志材料出现了“广富林”名称（见于元·杨维桢《干山志》）。明代正德年间（1506—1521年）顾清编的《松江府志》在《卷之九·乡保》中记载华亭县下辖的集贤乡管辖38—40共3个保；在《卷之九·镇市》中，记载“广富林市，在三十八保”，说明正德年间，广富林已成“市”。到了清代，广富林已成镇。嘉庆《松江府志·卷二·疆域志·镇市》记载“广富林，在三十八保，一名皇甫林”。直至进入民国，广富林属青浦县陈广辰区（即陈坊桥镇、广富林镇、辰山镇）。现属松江区方松街道。

对于广富林的文化遗存，上海有关方面采取审慎的保护态度。通过多年的发掘，已发现新石器时代、周、汉及宋、元时期大量遗存，包括灰坑220个、沟20条、水井15口、墓葬7座和数量众多的陶、瓷、玉、石、骨、木、漆、角器，为复原上海古代历史提供了丰富翔实的实物材料。

考古专家及文化学者对松江广富林考古的意义进行了解读，广富林遗址“为新石器时代长江下游人类生态提供了一个新的佐证，文化意义比上海一地要宏大得多，开阔得多”（余秋雨先生语），广富林文化遗址可以说是良渚文化的一支余脉，同时也与马桥文化有着千丝万缕的联系。大约四五千年前，美轮美奂的良渚文化突然消逝，到底是什么原因，至今仍然是一个谜团。1958年，上海松江农民在广富林村挖河时发现一些古物。1961年正式进行考古发掘，考古专家认定这是良渚文化的延续。也就是说，良渚文化在崩溃后，有一脉小小的遗留落到了松江。

新世纪以来，在松江广富林地区的考古发掘规模很大，初步结果发现，除了良渚文化的遗留，更多地看到了黄河流域龙山文化的遗迹。有一些陶器，应来自河南、山东、安徽的交界地带。因此广富林遗址不仅是良渚文化的余脉，而且成为一种融合了其他文化的独立文化。松江广富林文化遗址中出现黄河流域龙山文化的痕迹，相比龙山文化，它又比良渚文化粗疏和落后，显得更加世俗和务实。为什么会出现这种文化，确实令人费解，它涉及中国文化特别是黄河流域与长江流域的文化碰撞与融合的课题，期待考古专家从更高层次来对其进行考察，能够拿出真正有说服力的证据与始源性的材料来进行探寻与求证。

松江广富林考古成果具有很高的民俗价值，首次发

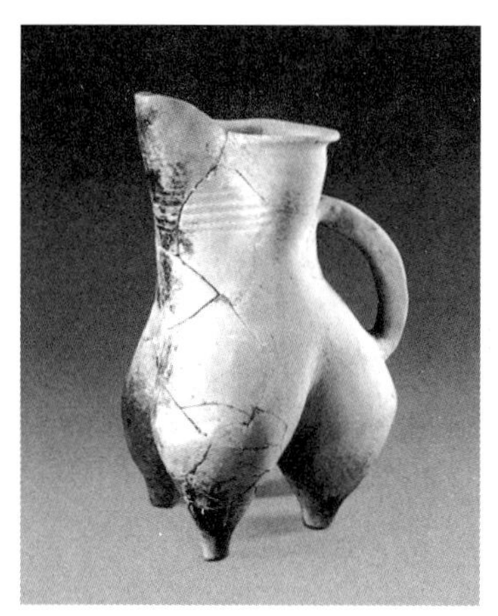

▲ 2009年松江广富林遗址1127号灰坑出土的广富林文化袋足陶鬶

掘出来的包括石井、青铜尊等一批周代文化遗存，尽管有残缺，但它拥有较高的社会等级和规范制度。其他发现包括新石器时代、周、汉及宋、元时期的大量遗存，墓葬、房址和木构建筑以及广富林文化时期的稻壳和稻米，特别是精美的良渚文化玉器、活灵活现的宋代龙首建筑装饰、保存完整的周代鹿角……这一切，对于研究上海先民的社会生活具有重要的价值，佐证了广富林先民的体质、饮食与居住方式、生活环境等聚落形态。

从现已出版的几部上海史著作来看，通常认为，上海的历史最早可以追溯到东汉末年华亭侯的出现。而在唐代开始出现大规模的城镇，即当时的华亭县。但从广富林遗址的数次考古发现，在4 000多年前就有了上海先民与中原移民共同生活的痕迹，代表黄河流域文明的龙山文化和长江流域文明的良渚文化在这里交融汇合。在4 000多年前的新石器时代晚期，一批今安徽北部、河南东南部的先民受水灾影响，从黄河流域一路往长江流域迁徙。他们中的一部分来到了上海松江佘山以南的广富林区域。发掘中发现的葬俗、城镇建筑遗存，也促使专家们提出设想：上海城镇史或可再向前推600年。

上海是一个移民城市，这种移民状况，不是近代开埠以后才发生的，千百年来的民族迁徙、文化融合造就了今日的兴盛。近年来，上海考古工作者的新发现提出了一个新的疑问：谁是上海的第一批移民？考古发掘的成果首次展示了上海第一批外来移民当时生活以及墓葬等各个层面。例如，发掘的第一个新发现是广富林文化墓葬，墓葬长度2米，宽度为0.8米。考古专家发现，来自鲁、豫、皖地区的早期移民的墓葬没有同时期良渚文化那么讲究，发掘出的8座墓葬，仅有2座带有随葬品。随葬品中的农具和生活器皿相对比较粗糙，可见当时的移民特有的埋葬习俗。在这圈墓葬中，还发现一座特有的“屈肢葬”，专家估计这样的埋葬方式说明这个先民的死亡原因比较特殊，但具体原因无从考证。

此外，广富林遗址中还发现了上海首批移民的衣食住行等遗物。首先，先民居住的是木构建筑，已经懂得用竹子作为“筋”加固墙体；而从北方迁移来上海的先民同样食用水稻，水稻的颗粒也在发掘中被发现。最重要的是，发掘中还首度发现了一件青铜鼎残器，这是上海考古发掘出土的第一件礼器，由此证明，有贵族曾在松江这片土地上生活，青铜礼器的发现使得广富林遗址更具保护价值。

水与上海

6. 吴淞江源头太湖水

上海人都熟知苏州河，它的大名应该叫“吴淞江”，近世以来，吴淞江市区段，人们只知道它叫“苏州河”，它原来的名字反而被一般人忘记了。是的，苏州河是有故事的，故事可谓五味杂陈，它与一座伟大城市的诞生紧紧联系在一起，成为东方水都的源头活水，我们就从苏州河的前世今生说起。

横贯上海市区的苏州河，以前的老上海人曾经给了它一个“浜”的称呼。以苏州河为界，北岸是“浜北”，闸北、虹口与杨浦，大抵称为“浜北”；南边叫“浜南”，如过去的黄浦、静安、卢湾、徐汇，苏州河以南嘛！翻查上海明清时期的地方志书，找不到“苏州河”这个名称。它是晚清上海开埠之后，租界的英国侨民诧异这条河道一直通到苏州，而它的发源地也在今苏州的吴江，于是，租界的英国人给了它一个称呼“Soochow Creek”，翻译过来就是苏州河，于是就这样叫开了。

▲ 民国初年的吴淞江

有人说黄浦江是上海的母亲河，其实，这句话说得不完全，黄浦江如果是母亲河，那么苏州河就是资格更老的母亲河。

自古以来吴淞江就是太湖的入海通道之一。《尚书·禹贡》中记载："三江既入，震泽底定。"震泽是太湖的古名，三江是古太湖的三条主要泄洪通道，分别指松江（今吴淞江）、娄江（浏江一带）和东江，分泄入海，当然也承担着蓄水的功用。这句话的意思是，只要确保三江畅通无阻，那么太湖流域的安全就有了保障。柳亚子先生当年有诗赞道："太湖湖水连天阔，中有灵区号震泽。"如今在太湖之畔，苏州吴江确有一个富庶的震泽古镇，是著名的鱼米之乡、丝绸之府。

关于三江之说，东晋庾阐（生卒年不详），字仲初，人称庾仲初，颍川鄢陵（今河南鄢陵北）人。他作《扬都赋》自注云："今太湖东注为松江，下七十里有水口分流，东北入海为娄江，东南入海者为东江，与松江而三也。”娄江后成为浏河的前身，东江向东南入海。东江故道上游为白岘湖群，中游为淀泖湖群，下游分散为许多分支流入杭州湾。淀泖湖群的“三泖”原为东江主流。三江之中，唯有吴淞江至今奔流。

吴淞江源头为太湖水。太湖水的形成，主要是来自浙江天目山的苕溪和江苏宜溧山地北麓荆溪的水流，以及苏南、浙西等周边地区的众多河湖港汊注入，汇集成了太湖。古时候，太湖的下泄出水口在松陵瓜泾口一带，直到唐宋以后，出水口“逐渐北移，以吴江长桥为要口，元明清间长桥淤浅，乃以瓜泾口为上源”(《吴江县志·河流湖荡》)。后来，娄江、东江淤废，作为三江中最宽阔的松江，即吴淞江，承担着太湖下泄的主要通道之责，维持了很长一段时间。古人曾以“吴淞之水震泽来，波涛浩瀚走鸣雷”的诗句，来形容它满载太湖之水滚滚东去的情景。

对于吴淞江源头的探寻，学界一般的看法，认为在瓜泾口。绍熙《云间志》记载：“松江，其源始于太湖口，而东注于海。”近来也有学者认为早期真正的吴淞江源头应该在松陵，即垂虹桥（旧时也称长桥）口，因后来这里开凿运河，建“吴江堤”，修“至正石塘”，才逐渐显现河道水流，阡陌纵横。顾祖禹在《读史方舆纪要》中说：“淞江，一名笠泽，一名松陵江，一名吴淞江。自太湖分流，出吴江县城东南之长桥，东北流合庞山湖在苏州府南二十里。又东北经唐浦苏州府东二十五里，折而东南流。”明《松江府志》卷二中有“今松江自吴江长桥东流，至尹山北流，至甫里东北流，至淀山北合赵屯浦，又东合大盈浦，又东合顾会浦，又东合崧子浦盘龙凡五六浦，至宋家桥转东南流，与黄浦会而入海”。明代归有光《水利论》中说：“太湖之广三万六千顷入海之道独有一路，所谓吴淞江者。”莫旦《吴江志》中说：“太湖三万六千顷噎噎俱聚潴于湖，而由吴江长桥东入松江、青龙江以入海。”《上海通志》中说：“元明以后习称吴淞江，最早正源出自江苏省吴江县南之太湖口（今吴江城南），河道宽阔，太湖下游主要出水口。”学者王文楚也在《古代交通地理丛考》一书中指出：“从上述诸点推测，大致唐宋时期，吴淞江的正源口已在长桥口，也就是太湖口。江自太湖长桥出，径甫里而至青

▲ 古代上海吴淞江

龙镇。”

吴淞江，亦称松江。唐宋以来，无数文人墨客尽情讴歌过这条吴淞江，唐代诗人皮日休《松江早春》诗云：“松陵清净雪消初，见底新安恐未如。稳凭船舷无一事，分明数得烩残鱼。”大诗人白居易《松江亭携乐观渔》诗云：“震泽平芜岸，松江落叶波。在官常梦想，为客始经过。水面排罾（读音：zēng）网，船头簇绮罗。朝盘脍红鲤，夜烛舞青娥。雁断知风急，潮平见月多。繁丝与促管，不解和渔歌。”

东晋南迁后，促进了江南经济的进步和人口增长，唐天宝十载（751年）就建立了华亭县，县治即今松江，这是今上海地区出现的第一个县级行政建置。元至元十四年（1277年）升格为华亭府，“松江府”作为行政区划地名，显然得名于境内的最大河流——松江。晚近以来，对吴淞江也有诸多赞美，如袁凯《江上看花》写道：“吴淞江上好春风，江上花枝处处同。得似鸳鸯与鸂鶒，对对来往锦云中。”余槐青《上海竹枝词》中称：“吴淞江上泊舟齐，潮去潮来浪拍堤。毕竟沟通文化地，一衣带水贯中西。”赞美之情，溢于言表。

7. 名不虚传的“东方水都”

水，浸洇、渗透了郊区老镇的文化和历史，也焕发、延续着阡陌街巷的生命和活力。上海地区最大的天然湖泊当数淀山湖。1958年，考古工作者在淀山湖打捞出新石器时代石器及战国时代的印纹硬陶、铜镞等文物，证实淀山湖在古代尚是陆地，战国以后，陷为谷水，遂成湖泊。北魏郦道元《水经注》云："一江东南行七十里入小湖，为次溪，自湖东南出，谓之谷水。"广阔的湖面，其后日渐缩小，到1780年左右的清代中叶，淀山湖周围从200里缩为70里，淀山已距湖四五里。1964年夏，陈毅元帅游淀山湖时诗兴大发："又到水天空阔处，西望无涯通太湖。"淀山湖湖水清澈，沿湖烟雾迷蒙，一片江南水乡风光。除淀山湖之外，上海境内较大的湖荡还有鼋荡、大莲湖、火石荡、汪洋荡、急水港、雪落漾及吴天贞荡等主要湖泊7个，与淀山湖组成淀泖湖群，规模甚是宏大。

人们说到古代上海，通常会想起"九峰三泖"。"九峰"即9个山峰，"三泖"与九峰齐名，自古以来，就是太湖流域的重要水道，据南宋绍熙《云间志》载："古泖县西四十里，周围四顷三十九亩，今泖西北抵山径，南自泖桥，出东南至广陈，又东至当湖，又东至瀚海塘而止。朱伯原《续吴郡图经》曰：泖在华亭境；泖有上、中、下之名；泖之狭者，犹且八十丈。……"古代上海地区共有3个被叫作"泖"的湿地，即上泖、中泖、下泖，人们又根据其形状分别叫作圆泖、大泖和长泖，合称"三泖"。至今，三泖中，长泖、大泖俱已不存。长泖淤涨成田，至清代只剩阔如支渠的水流。大泖历史上早已淤塞，全部围垦为荡田，亦称泖田。圆泖则退化为宽阔的泖河。

晋武帝时三泖为冬温夏凉的避暑胜地。唐以后，随着松江经济、文化的发展，泖湖和附近的九峰都成了著名的游览地，唐代有很多诗人曾来此游览。著名诗人陆

▲ 旧时上海水乡民居景色

龟蒙曾游泖湖，有诗云“三泖凉波鱼绝动”。宋代宋佯之，元代杨维桢、倪瓒，明代顾清、董其昌、陈继儒等名家，都曾留下美好的诗文。陈继儒《渡泖》诗曰：“秋老江苹漾久空，萧萧枫叶挂疏红。那知三泖清秋思，偏寄芦花一寺中。泖上定波叠乱沙，寺门桥断半蒹葭。何从一借风帆力，醉挟飞鸥拍浪花。斜阳约略水西头，余景还能上竹楼。天际蘼芜半中绿，钓蓑归处起双鸥。”此诗流传至今，可见当时三泖的美好风景。

“泖”，应该是地震造成地面坍陷而形成的堰塞湖，它没有固定的水源，也没有水的出口和进口，所以泖水相对平缓，缺点当然是容易淤积。现在，上海西部的松江、青浦地名中含有“泖”的还有若干，而真正是古代三泖之遗存的，大概只剩下泖河了。泖河流经青浦东南部，到青浦南部与松江的接界处，是古代大泖的遗存，由于沿岸淤积而成了西北—东南走向的河流，20多里长，已经成为黄浦江上游主要河段。

正因为上海与水的亲缘关系，有关水的名称在上海门类齐全，在全国也是屈指可数，常听到的有江、河、浦、泾、沟、塘、港、浜、湖、淀、泽、荡、湾、汇……宋代文献记载吴淞江有“十八大浦”：小来浦、盘龙浦、朱市浦、松子浦、野奴浦、张整浦、许浦、鱼浦、上澳浦、丁湾浦、芦子浦、沪渎浦、钉钩浦、上海浦、下海浦、南及浦、江苎浦、烂泥浦。其他见于方志和史书的浦，不计其数，其中有一些地名一直沿用至今，如上海、三林、周浦、月浦、吴泾、江湾等，足见环太湖流域水乡泽国水文化的强大魅力。据东汉许慎《说文解字》解释：“浦，濒也。从水，甫声。”“浦”，就是水滨之意。南朝顾野王是吴人，他的《玉篇》释：“浦，水源枝注江海边曰浦。”就是大河的支流口叫作“浦”，由此推断，吴淞江的大支流被叫作“浦”从很早就开始了。

▲ 青浦泖塔

历史上，上海市区的水系也和郊区一样丰富，只不过随着城市化的推进，大小古河道逐渐填埋变成马路，市区的河流日益减少。坊间耳熟能详的洋泾浜原为通往黄浦江的港河，也是上海县设立后城北的一条普通河流，租界时期曾充当英、法租界的界河，

1914年租界当局填河拆桥筑路，洋泾浜从此消失，留下了横贯市区东西向的延安路，如今这条路上架起了延安路高架。再如，市区原有一条肇嘉浜，1958年填浜筑路，是为今日之肇嘉浜路。位于徐家汇西南，有个漕河泾，漕河泾与古代运送漕粮有关。元代初年，漕粮要运往元大都，常取海道，吴淞江是名副其实的“漕河”，当时一条叫“漕溪”的小河，过蒲汇塘，北连李漎泾，而后通吴淞江的一条支流，变成了“漕河泾”这个名称，一直沿用至今。全长1.9千米的日晖港也早已填埋成为日晖港地区。此外，还有数不清的小河浜都相继填成了马路，许多古河道的名字也就相继消失了。

上海地处长江三角洲冲积平原，为典型的平原感潮河网地区。特殊的地理条件也孕育了独具特色的地域文化，形成上海“东方水都”之特色。可以说水是上海城市的根基所在，应该十分珍惜水对于上海环境保护的功能，重视快速城市化过程中河网水系的社会文化效应。千百年来，上海郊区的居民临河而居，傍桥而市，逶迤千余米的古帮岸、水阁和廊棚透出水乡悠悠的韵味，形成典型的水乡风情。经过千百年的岁月交替，风雨沧桑，终于走进今日现代国际化大都市的境地，真让人感慨不已啊!

8. 回望吴淞江沧桑

数千年来，吴淞江不停地流淌，养育着生活在其周边一代又一代的上海子民。上海市地方志书清晰地记录

▲ 吴淞江源头

着黄浦江、苏州河与上海的重要关系："黄浦江干流全长82.5千米，河宽300—700米，其上游在松江区米市渡处承接太湖、阳澄淀泖地区和杭嘉湖平原来水，贯穿上海市至吴淞口汇入长江。苏州河在市区外白渡桥附近汇入黄浦江，全长125千米，上海境内54千米，为黄浦江主要支流。"这两条河流在上海成为国际化大都市的发展过程中，源源不断地提供新鲜的血液和充沛的营养，成为支撑上海城市机体不断更新和成长的两条鲜活流动的大动脉。

从烟波浩渺的太湖一泻东来，古代的吴淞江非常宽阔与壮观。据文献记载，"吴淞江唐时阔二十里"，风起云涌，简直比现在的长江口还宽，而那时的黄浦江远没有今天的景象，"尽一矢之力"，一箭可以射到对岸，如江南水乡常见的温婉河流。黄浦江与吴淞江相连，但只能说是吴淞江的支流。更重要的是，吴淞江可以进入苏州，连接大运河，因而一直是联通富庶的江南地区和海上贸易的水道，就好像今天的沪宁高速公路一般。今天黄浦江的出海口不称“黄浦口”，反称“吴淞口”，说明古代吴淞江的出口直通长江和东海，其貌壮矣！

两晋之间，中国历史上出现第一次人口大规模向南迁移，大批北方士人迁至长江中下游地区，加速了长江中下游的开发。当然，有一利必有一弊，人口的增加，空间的占用，自然也加重了这一地区的水土流失，使长江含沙量增加，长江口泥沙堆积加快，在潮汐的作用下，吴淞江河口开始淤浅变窄。东晋时，入海口在今青浦区东北旧青浦镇西的沪渎，南朝刘宋元嘉二十二年（445年），扬州刺史始兴王刘濬以松江沪渎壅噎不利，拟从武康纻溪开漕谷湖，直出海口100余里，未能实行。唐代中期，河口在今江湾以东，宽达20里，泥沙淤积并不严重，风浪潮流的作用也不强烈，在今青浦区旧青浦兴起青龙镇，成为盛极一时的贸易港口。

青龙镇，位于今青浦区白鹤镇，唐宋时期是上海最负盛名的港口。青龙镇在唐宋年间商家云集，海船直达，人口稠密，井市繁华，素有“小杭州”之美称。南宋以后，吴淞江因修建长堤和长桥，阻碍了太湖下泄水流，加上下游潮汐往返，致使泥沙沉积，逐渐淤塞，而且屡疏屡塞，难以根治。明初，户部尚书夏原吉《苏松水利疏》云：“吴淞江延袤二百五十余里，广一百五十丈，西接太湖，东通大海，前代屡疏导之。然当潮汐之冲，沙泥淤积，屡浚屡塞，不能经久。自吴江长桥至夏驾浦约一百二十余里，虽云通流多有浅狭之处；自夏驾浦抵上海县南跄浦口一百三十余里，泥沙渐涨，潮汐壅

▲ 19世纪上半叶的吴淞江（苏州河）

障，茭芦丛生，已成平陆，欲即开浚，工费浩大，且流沙淤泥浮泛动荡，难以施工。”因而，夏原吉疏浚吴淞江南北两岸支流，引太湖水入浏河、白茆直注长江，此即“掣淞入浏”。疏浚吴淞江南北两岸支流，引太湖水使黄浦江从今复兴岛向西北流至吴淞口入注长江，吴淞口实际就成了黄浦口，故历史上有“黄浦夺淞”之说，此后吴淞江逐渐处于次要地位。明中叶后黄浦江后来居上，地位开始超过吴淞江。那个鼎鼎大名的海瑞主持吴淞江治理时，已经看出“黄浦夺淞”的趋势无法逆转，确定“由黄浦入海”的方针，将苏州河下游改入今道，由主返仆，吴淞江（苏州河）遂成为黄浦江的支流。

由于特殊的历史遭遇，1843年11月17日，根据《南京条约》和《五口通商章程》的规定，上海开埠。外国商品和外资纷纷涌入长江门户，开设行栈，设立码头，划定租界，开办银行等。20世纪工业化的进程，人力的影响和支配，使苏州河日甚一日地被两岸的社会经济构造笼罩，也使苏州河在不息的流淌之中污染日甚一日。可以这样说，20世纪的前80年，人们从苏州河掠夺与索取，却很少对这条河流有过实质意义的保护与治理。

▲ 上海苏州河旁的内河码头

工业革命是一场巨大的社会变革，同时也是对原生态自然环境的巨大破坏。民国时期国文小学课本描述工厂里的烟囱冒出来的浓烟，是以“盛开的黑牡丹”为比喻的。其夸张和遐想既显露了文人浪漫情怀的不着边际，又真实地记录了那个时代的中国人对工业化的理想与期待。

在20世纪初年，中国民族工业得到一些发展，苏州河两岸迅速建起了大量的工厂，又吸引了当时江苏、安徽、山东一大批农民，他们划着小船来到苏州河两岸，搭起“滚地龙”（用毛竹和木片等搭建的最简单的居处）或者草棚茅屋，去工厂打工。于是，大量的工业废水和生活污水未经处理就直接排入苏州河。新中国成立后，上海工业进入一个高速发展期，苏州河两岸建起了更多的工厂，也容纳了更多的居民。污水被大量地排放到苏州河里，到了1956年，苏州河黑臭到北新泾；1964年，黑臭延伸到闵行区的华漕；到了1978年，苏州河全线黑臭，当时老百姓用6个字来形容它——“黑如墨，臭如粪”。据说，20世纪90年代，发生了人大代表视察苏州河时，当场就晕倒在河边的极端案例。

严重的污染耗竭了苏州河的自然资源，破坏了两岸的城市景观和自然景观，为消除苏州河干流的黑臭，从1998年开始，苏州河整治工程启动，整个工程分3期进行，前后耗费了大量人力、物力和财力，历时十几年，直到2012年完成河底淤泥的清挖。河两岸建起了23千米的绿色走廊、65万平方米的大型绿地。今天的苏州河，水质稳定在五类水的标准，生态系统也得到了恢复。没有了黑臭的河水，上海人就希望在苏州河流经之处建造一个大型环保休闲生态公园，大家建议把名字叫作梦清园。梦清园，这个名字确实反映了上海几代人梦想苏州河河水变清的愿望。

9. 水网纵横古河道

上海地处江南，自古以来，河网纵横，众多古河道滋养着这里的人民与生灵。用“古河道与水系特征”作标题，过于严肃了，不妨就从枫泾古镇的一条古河道说起。

金山枫泾的这条古河道，其实也不过是七八十厘米宽、十几米长的一条水沟，当地精明的生意人就在这条水沟之上建了一个酒家，并用了一个“唔呶喔哩”的带有方言特色的名号。客人来该酒家用餐，穿过大堂，脚下流淌着一条溪流，吃着的是“正月螺蛳二月蚬，三月桃花甲鱼肥”的河鲜，店家向来访的客人解释，说这条

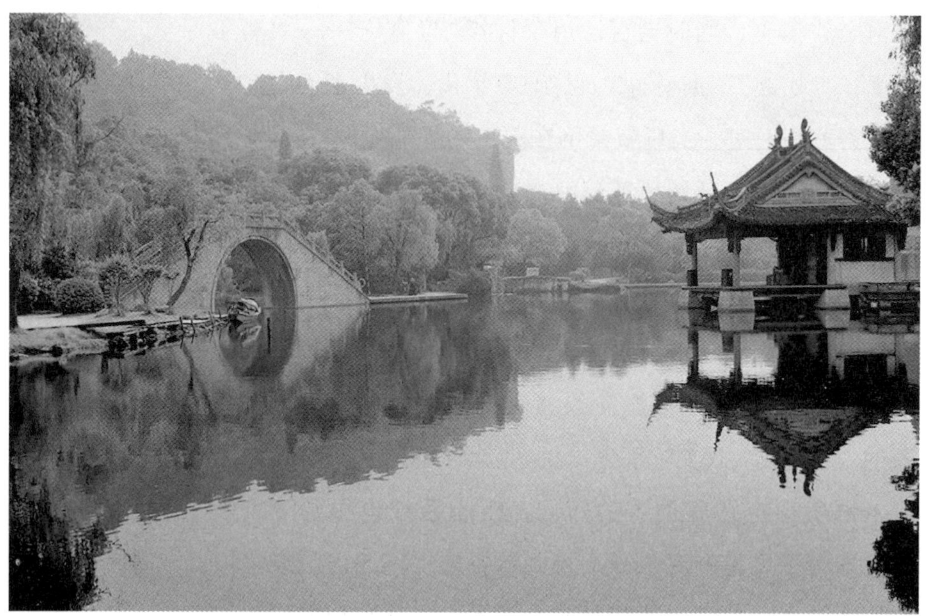

▲ 水乡古戏台

溪流寓意战国时期吴越两国的界河，因为这里曾经有过这样一条界河，河两岸各有4间包房，右边以吴国的古桥命名，左边则是越国的古名，它们都曾见证枫泾古镇的沧桑巨变。

有人说这是店家的刻意操作，有人说店家为招揽生意在“编故事”，其实不然。虽然不能确定脚下的溪流就是古代吴越两国的界河，既没有文献资料佐证，也没有实地勘探资料，但自古以来上海地区就处于“吴根越角”，夹在吴国与越国之间，历史上一会儿隶属于越国，一会儿隶属于吴国，也是不争的事实。金山枫泾历史悠久，就处于吴越两国的交界处，吴与越，后来变成江苏与浙江。1 500年前枫泾已成集市。据史书记载，枫泾有史以来，就南北分治。市河位于枫泾古镇中间。元代易市为镇，后名为风泾，衍化为枫泾。明代正式分为南镇、北镇。南镇属嘉兴府嘉善县，北镇属松江府华亭县，中间的市河因而得名界河。一步跨两邑，一镇分两省，浙江历来是越国故地，嘉善属越，江苏为吴国故地，华亭属吴，由此，枫泾的南镇、北镇分属浙、苏管辖，枫泾也就成了吴越名镇。在很长的一段历史时期，吴越之隔不再被人们提及，千年前分属吴越两国的人民及其子孙后代，在同一个古镇上和睦共处，建设家园，真可谓“其乐融融，相拥而笑”。

历史的变迁，不得不让人发出千年一叹，使人们对上海古河道的沧桑越发感慨，古河道两岸的民俗资源，真的是上海人渴望平安、憧憬未来的本钱。上海人生活在水网纵横的“东方水都”之中，有人估算了一下上海全境目前数万条河流，正是这河网茂密，径流纵横，水源充沛，很少旱涝之灾，使上海的粮食、棉花、蔬菜、瓜果都能够常年丰收。

上海市区的水系，历史上也和郊区一样丰富，但在城市化的进程中，大小河道逐渐填埋变成马路，市区的河流日益减少。就以虹口区四川北路横浜桥附近的俞泾浦为例，虹口的水，流过悠悠千年，虹口区的名字也与水有关。旧时黄浦江北岸的一条支流，明代时称“洪口”。清顺治年间，因“洪”系明朱元璋年号“洪武”之“洪”，清廷十分忌讳，官方文书便以谐音改称“虹口”，从此一直延续至今。潮涨潮落，缓缓流淌的虹口港的水流，流到北面的溧阳路辽宁路后，分成丫字形两条支流，一条沙泾港，一条俞泾浦。有意思的是，水分

▲ 虹口港黄浦江入口

两路后，到了虹口最北端的江湾镇，又被走马塘贯通，形成了一个循环。

虹口水系很有上海城区水系的典型特点：历经兵荒马乱、天灾人祸，水系依旧保存得很好；水穿过主要城区，河港纵横，好比陆地上的阡陌交错；也正因为水网密集，导致上海市区有很多桥梁，多数也完整地保存下来。

1843年上海开埠后，工业化的脚步催促着上海快速城市化。潺潺的流水，不知不觉被卷入了时代的洪流。数不清的小河浜被填成了马路，失去了河名。据老一辈上海人回忆，西藏路、福建路、金陵西路、海门路、新昌路、威海路、江阴路、昌化路、慈溪路、胶州路、长乐路（西段），还有复兴东路、方浜路等，几乎都是由河道填没成路的。在远郊地区，凡是路名后面带有河、港、泾、浜的马路，多半就是原来的这条河流填埋而成，保留了河的名字，这差不多也是上海地名命名的一个特色。

水资源是上海城市最重要的资源之一，为了让上海市民在“东方水都”生活、工作更具幸福感，上海要用大手笔绘就江南水景画，未来上海市域范围还是继续做好“水”这篇大文章，将建设形成“一纵、一横、四环、五廊、六湖”的五大景观水系结构。所谓“一纵”，就是以黄浦江为城市景观和水上观景的黄金主轴线；所谓“一横”，包括苏州河沿岸的城市生态；所谓“四环”，即外环、西环、东环、崇明环岛河；所谓“五廊”，分别是大治河、金汇港、淀浦河、油墩港、川杨河等5条沿河生态走廊；所谓“六湖”，治理好淀山湖、滴水湖、金山湖和崇明的东滩湖、明珠湖、北湖。这些古河道水系项目的有序开发，满足市民亲水和休闲需求，或纵或横，漫延散布，养眼的绿色，灵动的感性，生命的活水，预示着上海城市发展蒸蒸日上，前程似锦。

说到上海的水网与古河道，有必要说一说郏亶其人。郏亶（1038—1103年），字正夫，江苏昆山人，北宋嘉祐进士，任司农丞，是著名的水利专家。郏亶查考了太湖地区治水的历史，实地考察了260多条河流，多次上书治理吴淞江，结合自己治水的体会和设想，撰写了《吴门水利书》四卷，可惜已佚，唯有《苏州水利六失六得》和《治田利害七事》两篇存世。不过，宋代范成大编纂《吴郡志》时，曾经大段引述郏亶的上书内容，其中提到：“吴淞江南岸自北平浦，北岸自徐公浦，西至吴江口，皆是水田，约一百二十余里。南岸有大浦二十七条，北岸有大浦二十八条……松江南，大浦二十七条：北平浦、破江浦、艾祁浦、愧浦、顾汇浦、养蚕浦、大盈浦、南解浦、梁乾浦、石臼浦、直浦、分桑浦、内薰浦、赵屯浦、石浦、道褐浦、千墩浦、锥浦、张潭浦、陆直浦、甫里浦、浮高浦、涂头浦、顺德浦、大姚浦、破墩浦、盏头浦。松江北，大浦二十八条：徐公浦、北解浦、瓦浦、沈浦、蒋浦、三林浦、周浦、顾墓浦、金城浦、木瓜浦、蔡浦、下驾浦、浜浦、洛舍浦、杪梨浦、新洋浦、淘仁浦、小虞浦、大虞浦、马仁浦、浪市浦、尤泾浦、下里浦、戴墟浦、上顾浦、青丘浦、奉里浦、任浦。”他又写道：“松江南，有大浦一十八条：小来浦、盘龙浦、朱市浦、松子浦、野奴浦、张整浦、许浦、鱼浦、上燠浦、丁湾浦、芦子浦、沪渎浦、钉钩浦、上海浦、下海浦、南及浦、江苎浦、烂泥浦。松江北岸，有大浦二十条：北陈浦、顾浦、桑浦、大黄肚浦、小黄肚浦、章浦、樊浦、杨林浦、上河浦、下河浦、仙天浦、镇浦、新华浦、槎浦、秦公浦、双浦、大场浦、唐章浦、青州浦、商量湾。横塘二：鸡鸣浦、练祈浦。”

郏亶不仅记录了上海地区境内、吴淞江两岸各种“浦”的名称，其中有一些地名一直沿用至今，如上海、三林、周浦、月浦、上澳塘、野奴泾等，使人们明显感受到太湖水文化的渊薮，而且也概括了上海河流分布的特点——“横塘纵浦”：“遁古今遗迹，或五里、七里而为一纵浦，又七里或十里而为一横塘。因塘、浦之土以为堤岸，使塘浦阔深而堤岸高厚。塘浦阔深，则水通流而不能为田之害也；堤岸高厚，则田自固而水可拥而必趋于江也。”这就是说，古代沿吴淞江两岸，至迟从北宋开始就开凿、疏浚吴淞江的大支流——“浦”，由于吴淞江大致保持的方位是由东向西地流淌，作为吴淞江支流的“浦”则大多呈南北流向，于是，这些“浦”被称为“纵浦”;“塘”字从土，本义是挡水的土坝，水被“塘”挡住后形成了一个“池”，通称为“池塘”，有些地方简称“塘”，也称“水塘”等。古代江南治水的方法是疏浚，就是沿“浦”每隔一段距离开挖、打通贯穿“浦”的水流，“塘”是贯穿“纵浦”的，大抵呈东西走向，与“纵浦”相交叉，于是就被叫作“横塘”。“横塘纵浦”体现了古人治理吴淞江的基本办法，使河流形成网格化的态势，“横塘纵浦”就是吴淞江排洪和蓄水能力的重要保障。今天，在上海市郊依然保存的古河道中称为“塘”者，其走向大多是呈东西流向的。

据《新唐书·地理志》记载，浙江海盐境内，有“古泾三百条”。这些唐人心目中的“古泾”，说明“泾”和“浦”一样，水网交错，泾从水，巠亦声。其本义与“浦”一样，由北向南、由高向低流动的水。除了沟河交错的自然状态外，都带有人工“水利工程”的痕迹，这种水利治理的方式起源于太湖流域，并向上海地区扩展、渗透。上海至今仍可查到多处以“泾”字命名的地方和水道，如：洋泾、漕泾、钱泾、徐泾、朱泾、华泾、吴泾、新泾、泗泾、枫泾、乌泥泾、白莲泾、漕河泾、野奴泾、白米泾、蚂蟥泾、七仙泾、鳗鲡泾、砖窑泾、紫石泾、牛肠泾、黄狼泾、高粱泾、女儿泾、千步泾……说明上海地区古代水网的繁密。

如此发达的水网，横塘纵浦，河湖港汊。“港”很好理解，指与江河湖泊相通的小河，适宜船只停靠、避风，又多引申为“码头”，如港口或避风港；“汊”则是水流的分支，通常是指河流的分岔处。让不熟悉上海水文化历史的人难以理解的是“浜”，它是带有吴方言特色的一个字，《广韵》上说：“浜，沟纳舟者曰浜”，“沟”是很小的河，而能接纳小船通过、停靠的沟叫作“浜”，显然，“浜”就是大一点的沟。上海河流水道名称的丰富，说明上海地区古代水网的发达、繁盛与茂密。

10. 水与上海城市发展

作为“东方水都”的上海，充沛的水系如同血管一样构成了其优美的自然风光。老子云：上善若水，水利万物而不争。孔子说：水有五德。因它长流不息，能普及造化万物苍生。水，塑造了上海独特的城市品格。上海从无到有，因水成陆；从小到大，因水而兴。居住在这块土地上的人更是充满了水的灵动，以海纳百川的胸怀，从过去走向未来，从本土走向世界，充满着创造的冲动和激情；基于这种自然特质，可以说上海城市开放与发展的品性与生俱来，富有朝气和活力。

水是生命之源。远古时期的人类逐水而迁、傍水而居，古人将城市水系比作城市的血脉，“夫地之有水，犹身之有血脉，河流塞，则风水伤”。有水的地方就有活力，一座城市有自然水体，它就有了灵性。河流历来就是重要的运输通道，同时又是饮用水与工业用水的最好源地，为城市形成和发展提供了重要的有利条件。在这个意义上可以说，水，成就了上海得天独厚的城市形

▲ 黄浦江水文化博物园

象。上海位于长江之箭与弧形海岸线的搭接处，背靠太湖，面临东海，北挟长江口，南濒杭州湾，内有苏州河和黄浦江浩浩荡荡穿城而过、日夜奔流，千百条支河如脉动的血管，滋养生息。特定地理环境的自然造化，加上一代又一代上海人的勤奋创造，以“海纳百川”的襟怀，吞吐天下风云，上海是上苍赋予中国人的一块风水宝地。

水，牵动着城市的发展，扩大了上海的外延，也丰富了上海城市文化的内涵。浦江游览的声声汽笛，应和着外滩海关大楼的钟鸣，黄浦江的滨江步道，陆家嘴的繁华夜景，苏州河的今昔对比……这一切衬托着这样一个理念：水，流淌在上海的历史文化中；历史文化，也将溶进上海水的时空变幻。

在沪西中山北路华东师范大学的美丽校园，苏州河襟带于右，丽娃河蜿蜒其中，有古木清辉、荷塘挹翠、水榭观虹、夏雨飞烟、书海掇英、石径花光、校河远眺和园丁小筑，并称师大“八景”。其中有四景与校园里的一大一小两条河流有关。丽娃河作为苏州河支流，在华东师大校园里流淌不息，正是这条丽娃河，历来传说着一个动人的故事：20世纪20年代，一位落难的沙俄贵族在河岸建了一幢花园别墅，他漂亮的女儿丽娃爱上了一位中国书生。乃父不同意这门亲事，丽娃也拗不过固执的严父，最后在一个风雨潇潇的春夜纵身跳进了这条河里，小河因此而得名。这则凄美的故事感动过一代代华东师大学子，如今，校园里的这条丽娃河被唤作“爱情河”。许多爱情在那里起源，又有许多爱情在那里终结。现在的丽娃河，成为流淌在师大学子心中的青春之河、记忆之河、灵感之河。常会有因记忆而激发的灵感，促使他们把丽娃河写入文章、谱入乐曲、绘入画中，日积月累，年复一年，赋予这条河流越来越多的人文色彩。

青浦区古镇朱家角镇位于淀山湖畔，拥有悠远历史。古镇最令人激赏、最为动人之处也是水，水文化底蕴深厚，保留着明清特色的古镇、古街、古桥以及粉墙黛瓦的临水民居，彰显了江南水乡民居的特色。如今保护与利用好古镇资源，重点依然在于做好“水”这篇大文章，凸显水乡特色风貌，形成生态环境一流、人水和谐相依的当代小城镇楷模。

河流，不仅是水流的湍动，它是历史，它是人文，它牵动人心。随着人口的增长，生活方式的演变，发展取向的偏移，上海水系的功能和作用曾一度得不到重视，人弃水而去，水也离人越来越远。现实的状况并不

▲ 淀山湖一角

尽如人意，“水多、水少、水脏、水浑”的问题，已经引起社会有识之士的关注。

2005年8月，时任浙江省委书记的习近平在浙江湖州安吉考察时，提出了“绿水青山就是金山银山”的科学论断，这个思路高屋建瓴，从根本上提出了水与城市发展的思路问题。只有充分认识到上海城市水资源的战略定位，关系到人与水、人与自然关系的处理方式和协调模式的选择，关系到水利在整个国民经济和社会发展中的地位与作用，才能使上海城市与水文化的互动书写激动人心的新篇章。

大概在千年之前，当上海地区青龙镇处于唐宋鼎盛时期时，北宋诗人梅尧臣（1002—1060年）作有《青龙海上观潮》诗：“百川倒蹙水欲立，不久却回如鼻吸。老鱼无守随上下，阁向沧洲空怨泣。……”梅尧臣说的

▲ 上海20世纪初田野里簸稻谷的农妇

是水治理问题，诗人的警示语没有引起那个时代当权者的注意，后来随着青龙港的淤塞，青龙镇渐渐趋向湮灭，至今只留下些许遗迹供人凭吊和深思。

随着人水和谐共处的新型人水关系的不断调整，水文化理念逐步扎根于人们的思维之中。河流自然化、人文化将促进人居环境品位的提高，给人们以教育、以熏陶、以舒适的生活。水与坡、光与影、绿树与湖泊、鲜花与河流与我们朝夕相伴将不会是遥远的梦想。

如今，上海市政水务部门提出了一系列景观水系规划构想，其核心内容是呼应黄浦江、苏州河综合开发，市区突出亲水和文化，郊区突出自然和生态，打造集景观、休闲、游览等多功能于一体的景观水系，为人们描绘了一幅到2035年“前有高速公路，后有游艇码头”的美好蓝图，对挖掘城市文化和水文化内涵，提升城市整体品位，调整旅游业发展布局，塑造国际大都市形象，具有深远的历史性意义。文化是永恒的，当一条条充满“文化”的江河流过上海时，它们将是上海城市光耀于世的永恒骄傲。

海陆变迁

11. “冈身”与上海地理特点

要论上海6 000年之久的远古文明和浑厚文化底蕴，还得从上海独特的地理现象——冈身说起。今上海地区的西部，有一条西北—东南走向的地下贝壳砂带，砂带比附近地面稍高，由贝壳砂堤构成，古称“冈身”，其西界大约北起太仓，南经外冈、马桥至漕泾（金山东）以东；其东界北起嘉定，中经南翔、莘庄、竹港，南至奉贤、柘林附近。冈身走向略似弓形，东西最宽处达5 000米，最窄为2 000米。这条狭长的冈身地貌，是远古时代古海岸线的沉积标志，也是上海滩逐渐成陆的有力佐证。早在六七千年前，在长江和海水交互作用下，逐渐发育出来的古海岸线冈身，纵贯了现在上海的嘉定、青浦、松江、闵行、奉贤、金山等区域。根据《上海通志》记载，大致有如下几处比较典型的冈身：

位于原南汇县祝桥以东，曰“沙冈”，北起浦东新区白龙港，沿沙脚河、望一河、滨二河，分为两支：西

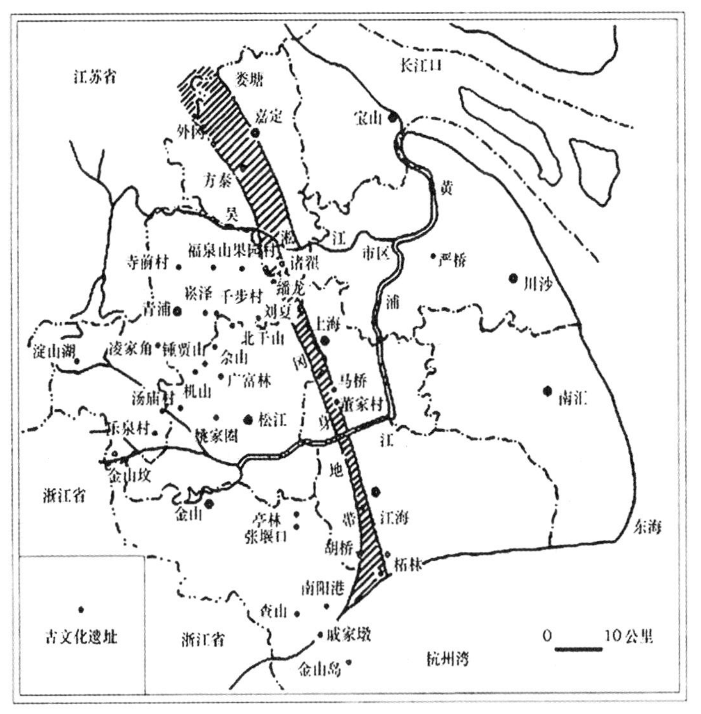

▲ 上海独特的地理现象——冈身及古代文化遗址分布示意图

支经南汇县潘泓、六如至马厂称西沙；东支经东海、老港河至泥城角称东沙。西沙沙堤长25千米，宽100—150米，厚1米左右，多出露地表，其位置与清光绪七年（1881年）修建的陈公塘相当。故西沙及东沙形成的年代当在距今大约1 200年前。

在奉贤区柘林、新寺至闵行一带，有“竹冈”，大致与南竹港相平行。断续延伸长50千米，宽40—60米，贝壳含量60%—80%，埋藏于地表以下0.15—1米，规模与吴淞江以南沙冈相仿。经^{14}C同位素测定，其年龄约为距今4 200年，与淞北外冈（距今4 200—4 000年）相仿。

在上海市南部地区，南起金山区漕泾东北，往北经奉贤区胡桥、邬桥，闵行区马桥，越吴淞江至嘉定区西南黄渡（吴淞江以北称“浅冈”）一线。这一带冈身统称“沙冈”，位于地势高爽之地，因多沙脊而得名。贝壳沙堤除漕泾至胡桥一段出露地表以外，一般均埋藏于地表以下0.5—1米深处。长50千米，宽度在40—60米。主要由片状或碎屑状的贝壳和细沙组成，贝壳含量达60%—80%，并含石英、长石、黏土矿物、岩屑等。经^{14}C同位素测定，吴淞江以南沙冈形成于距今6 800—6 000年前，与此相对应的吴淞江以北浅冈同位素年龄为距今6 500年左右，同为上海市迄今所发现的时代最为古老的海岸线遗迹。

位于闵行区北沙港与北竹港之间的冈身称为“紫冈”，贝壳沙堤断续出露，规模小，连续性差，埋藏于地表以下0.7—1米。沙堤多遭破坏，物质成分以贝壳、细沙为主。

此外，在闵行区颛桥东有“横泾冈”，循北横泾西岸分布，埋藏于地表以下0.3—0.6米。长度及宽度均未查清。物质成分以贝壳为主。经^{14}C同位素测定其年龄为距今3 200年左右，与淞北青冈、石冈相当，是上海中西部冈身地区最东面的一条沙堤。

据地质学家研究，冈身地带在远古时代原是太湖的一个海湾，其后长江南岸的沙嘴自西北逐渐向东南伸展，在到达杭州湾后，由于受强潮影响，折而向西南推进，终于和钱塘江口的沙嘴连成一气，将太湖与大海隔开，沙嘴的外缘就成了江南地区第一条基本上连续的海岸线。那时的海水远远要比后世近岸处的海水更加深不可测和洁净清爽，因而生长着大量的介壳类动物。强劲的波浪将近海泥沙与介壳动物的残骸堆积在沙嘴的边缘，其堆积高程达到最高潮水位的高度。后人因其高出于附近的地面，故称之为“冈身”。在上海历史上自西向东先后形成的5条冈身中，金山漕泾的沙积村的古冈身遗址是最西面的一条，也是上海地区仅存的6 400年前的古冈身遗址。

宋代绍熙《云间志》（1193年）记载：“古冈身在县东七十里，凡三所，南属于海，北抵松江，长一百里，入土数尺，皆螺蚌壳，世传海中涌三浪而成，其地高阜，宜种菽麦。”这是冈身的宋代记载。宋代的上海人记录了冈身现象，却又无法说明它是古海岸线的沉积标志。按上海闵行区马桥一带贝壳堤（冈身）的高度，在远古比现今要高出2—4米。到了距今4 000年前，由于冈身这道天然海堤的保护，冈身以西发展为滨海湖泊平

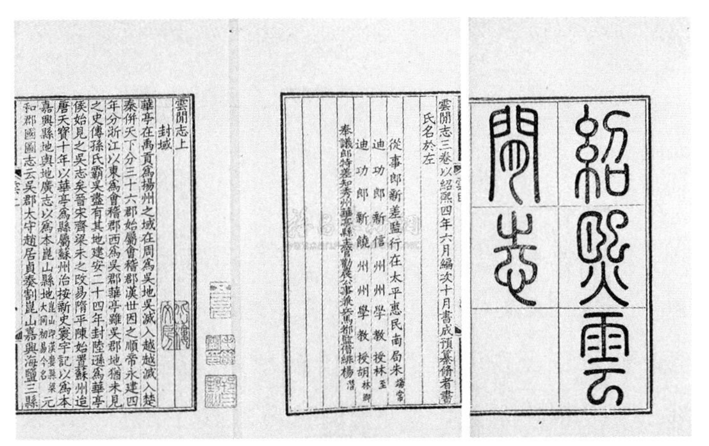
紹熙雲間志

雲間志三卷以紹熙四年六月編次十月書成預纂脩者書
氏名於左
從事郎新差監行在太平惠民南局朱端常
迪功郎新信州州學教授林至
迪功郎新饒州州學教授胡林卿
奉議郎特差知秀州華亭縣主管勸農公事兼兵馬都監借緋楊潛

雲間志上
封域
華亭在禹貢爲揚州之域在周爲吳地吳滅入越越滅入楚
秦併天下分三十六郡始屬會稽郡漢世因之順帝永建四
年分浙江以東爲會稽郡西爲吳郡華亭雖吳郡地猶未見
之史傳孫氏霸吳盡有其地建安二十四年封陸遜爲華亭
侯始見之吳志矣晉宋齊梁未之改易隋平陳始置蘇州迨
唐天寶十年以華亭爲縣屬蘇州治按新史寰宇記以爲本
嘉興縣地與地廣志以爲本崑山縣地崑山即漢婁縣梁大同初易今名元
和郡國圖志云吳郡太守趙居貞奏割崑山嘉興海鹽三縣

▲ 宋·杨潜撰《云间志》

原，随着海平面的逐渐下降，地势较高的冈阜，相继出现人类活动遗址。上海地区已发现新石器文化的遗址大抵在冈身以西，就是最好的例证。专家推断距今2 000年前，海面接近于今天的海面。实际上，就是直到今天，上海的海面依然波动不止。

随着冈身的形成，上海的海岸线稳定下来，冈身以东为尚未成陆的海疆，冈身以西由低洼地变为淡水沼泽沉积地域，随后便有人类居住，开启上海史前文明的新阶段，稍后才有崧泽文化等一系列考古意义上的文化遗存。冈身，如同一道天然的保护堤，护佑着诸多的上海远古文明。上海是太湖的泄水口，长江的入海口，气候湿润，光照充足，土地肥沃，海产丰富，如果缺了冈身，就无法吸引远古先人在此稳固立足，所以，从这个意义上可以说冈身是上海远古文明的摇篮和“孵化器”。

北宋以前，今上海整个地区基本成陆。南宋乾道八年（1172年）修建的海塘，位于顾路、川沙、南汇、大团、奉城一线。到明代成化年间（1465—1487年）加固，沿称“里护塘”。在这一线内侧，发现了许多五代、宋、元时代的遗迹和遗物，说明这里在北宋以前已经成陆。

据1996年8月11日《新民晚报》报道：“本市水利、气象、地矿等多学科专家历经三年完成‘海平面上升对上海影响及对策’课题研究，发现濒江临海、地势低洼的申城受东海海平面上升和地面沉降双重因素影响，未来相对海平面上升预测值到2010年为15—25厘米，2030年为30—40厘米，2050年为45—50厘米。”

这个容易让人忽略的信息，其实对于上海的社会生活很重要，海平面变动的影响，是自古以来就存在的一种自然现象，也是上海在地质史上的一个重要特点，大海赐予了上海先民获得生命必需的安身立命的土地，也自然形成冈身地貌护佑着上海的子民，冈身如同一个饱经沧桑的老人，无言地诉说着上海这块土地的历史与沧桑。

12. 奉贤“三女冈”与“货币起源”说

上海的冈身地貌类型反映了沧海桑田的变迁，其成因与形成过程复杂，涉及复杂的天文地理现象：当潮汐、风浪的作用较强时，在浅海滩涂上生长的贝壳类生物被大量冲击，堆垒成类贝壳较多的层级；而当河流入海的作用较强时，大量的泥沙被携带入海，又形成含有较多泥沙的堆积。这样经年累月的冲击与堆垒，亿万斯年的反复交替，就演化成向大海倾斜、层次分明的冈身现象。

据地质学家的考证，越是接近现代海岸线的地质地貌就显得越年轻，而越是远离现代海岸线的地方，形成年代则越久远，这种时间上的序列，证实了海水逐渐后退、陆地不断扩大的岸进趋势。冈身是古海岸变迁极其珍贵的海洋遗迹，它忠实地记录了上海海边退海成陆的历史。

在上海奉贤一直流传着“三女冈”的传说，这个传说是很悲壮的。《左传·哀公元年》记载了大约2 500年

▲ 古代“三女冈”遗址

前的吴越争霸的一段史实，越王勾践卧薪尝胆，十年生聚，十年教训，终于在公元前473年，带领越国军民同仇敌忾，奋力抵抗，大败吴军，灭了吴国。相传越灭吴之后，吴王的三个女儿开始了逃亡生涯。她们能逃到哪里呢？当时吴国在越国之北，吴国的北面大江堵路，东面则是茫茫大海，西南则有楚国，只有出走西南才是活路，那是因为有吴国的皇亲国戚在管理着大量的财产，据说这个财产的源头就是货币起源。三个公主亡命奉贤，据说未得善终，都是上吊自尽而亡，更显示出这个历史传说的悲壮色彩。三女死后葬在奉贤，坟墓也慢慢成为土丘，史称“三女冈”。千百年后，人们来此“三女冈”凭吊，唐询记录华亭历史古迹和风景名胜的《华亭十咏》，其中也有关于“三女冈”的诗：“淑女云亡久，哀丘尚著名。九原谁可作，千载或如生。青骨何时化，荒榛此地平。空余图牒在，不复启佳城。”大名鼎鼎的宋代文学家王安石也曾经作过一首《三女冈》的诗："自古世上雄，慷慨擅功名。当时岂有力，能使死者生。三女共一丘，此憾亦难平。音容若有作，天乃倾人城。"王安石感叹道，那三个女子死后葬在一处，真是令人感到遗憾啊，若是她们活在人世间，必定是倾国倾城的美丽女子。奉贤"三女冈"的传说能够在民间广泛传播，显然与王安石的诗作的推动有关。至今"三女冈"遗址在上海奉贤犹存，20世纪60年代，那里曾经是上海通惠厂的旧址。

上海奉贤的施云江、范娜两位学者，从这个传说开始了他们艰难的学术考证，从逻辑与历史的角度层层展开分析，从三女逃亡，言子游学，最终发现了典龙造币，实际上是梳理了冈身的地理特点与人类货币出现的逻辑关系，最终撰成一部很有特色的著作——《中国的货币起源》(上海社会科学院出版社2017年版)。对于科学研究，应该允许探索与假设，"要尊重科学研究灵感瞬间性、方式随意性、路径不确定性的特点，允许科学家自由畅想、大胆假设、认真求证"。

对于冈身遗迹，无论是自然科学家还是社会科学家，都苦于资料的匮乏，田野调查的不足，对它的认识还停留在一个很表面的状态。上海奉贤的地层剖面上，可以看到分布着十几层由贝壳和沙子组成的地层，层次分明、出露清晰。贝壳堤上的每一个贝壳都是一个印迹，记录着大海的年代，同时每一个断层中的贝壳种类、颜色、大小等都传递着不同时期海洋生物的信息。我们的先民到底如何采贝，以及对于贝币在远古社会的消费流通中发挥什么样的作用，都是亟待研究的课题。

关于人类货币起源地，世界权威研究机构，如德国博物馆、大英博物馆等都指认中国，撰写第一部专著《中国古代货币史》的萧清教授，与中国著名的历史地理学家谭其骧教授，都将上海作为中国货币的起源地，发表过深刻的见解。根据施云江、范娜两位学者的考证，他们从史料和逻辑中发现，远古时期的典龙为中国的“造币之神”，中国的采贝之地在上海奉贤。当然，上海奉贤只是一个货贝采集地，它的功能却是要满足整个社会交换与流通的需求。文明的内涵包裹在逻辑之中。人类文明沿着生存优化走来，也沿着文化的逻辑走来。逻辑为考古学家的“手铲”填空，也为历史文献纠偏。

施云江、范娜在《奉贤与货币起源》中研究认为：典龙（生卒年稍晚于帝舜），祖上是上虞龙山人。4 060年前来到奉贤沙冈谋生。后与流浪至奉贤的舜结为患难兄弟并寻业中原。因种稻济乡民，引起帝尧的关注，被双双召为驸马。典龙经历了舜时期小规模的采贝到大禹时期大规模的采贝行动。典龙从帝舜的纳言官到采贝实践中，为人类货币起源提供了三次创新：（1）用贝为饰，（2）采贝为币，（3）串贝为用。

▲ 远古时期在奉贤海边造币的典龙像

中国是世界上最早使用货币的国家之一。中国货币不仅历史悠久，而且种类繁多，是中华民族的祖先留给后人的一份丰富文化遗产。远古社会，人们的原始交换方式是以物易物，随着生产力的发展和社会的进步，人们在物质生活中的需求不断扩大，以物易物的交换方式已经越来越不能适应社会生活的需要，于是需要有个交换的中介物。在4 000年前的新石期时代，奉贤的“典龙造币”，采用天然海贝，此物得之不易，光洁美丽，小巧玲珑，坚固耐磨，可做装饰品，便于携带，易于计数。由于这些特点，远古先民就用它打磨穿孔加工，成为一种中介物，逐渐充当商品交换一般等价物的特殊职能，所以是世界公认的中国最早货币，称之为“货贝”。

“典龙造币”，不仅为中国远古社会的经济交流立下了丰功伟绩，而且对中国文化、风俗产生深刻的影响。从现行的中国汉字中，可以看到大多数与钱币发生关联的事物或行为都有“贝”旁，如：货、贡、贸、贾、贿、财、贪、贫、费、赔、赎等，这些都与“贝”字联系着。这也充分说明我国在创造和使用文字之时，贝已经是货币了。在当今江南地区的农村里，家长将贝佩挂于孩童的身上以期望其健康成长，驱邪生财，更有父母干脆把儿女直呼为“宝贝”。“贝币”虽小，却集经济、历史、文化等多重含义于一身，它是不可再生的自然遗产，是十分珍贵的世界地质文化遗产，也是海岸带地质变化的重要载体和见证，对于揭示上海冈身地理现象，研究上海的成陆史，以及我国东部沿海海陆变迁和古地理、古气候、海洋生态、海平面变化以及新兴构造运动都具有重要的意义和科学价值，而且还为国际间合作研究海洋学、地质学、地理学、气象学、湿地生态学提供了重要的科学依据。

13.“东海瀛洲”崇明岛

说起崇明，许多人都很熟悉，但倘要认真寻觅一下她的历史踪迹，似乎也不是一件容易的事情。如今，读崇明区政府官网上的介绍："崇明，隶属于上海，位于长江入海口，全区地势平坦，由崇明、长兴、横沙三岛组成，其中崇明岛是世界上最大的河口冲积岛，也是大中华区第三大岛。区内除汉族外，还有蒙古族、回族等少数民族居住。崇明有1 300多年的历史，历经五代，文化、历史底蕴深厚。"这段简略文字，也许很难满足广大读者对于崇明历史文化的探寻。

上海周边水域环绕，风光旖旎，一为长江口，二是杭州湾。2 000多年来，北岸沙岛并岸，沙嘴不断向东南延伸，南岸边滩向东淤涨，河口缩窄，不断向外滩推进，河口逐渐下移，唐武德元年（618年）崇明岛露出水面，不过当时不叫“崇明”，而称为“东沙”和“西沙”。过了几十年，大概是唐武则天执政时期，万岁通天元年，也叫万岁登封元年（696年），开始有人上岛居住垦殖，去的人多了，就热闹起来，于是，就开始有了集市，有了交易与生活。到唐中宗李显执政的神龙元年（705年），西沙已经开始设镇［关于西沙设镇的历史，一说是五代十国时期南唐昇元元年（937年），这样看就要晚了200多年，不知持这个看法者有什么历史依据］。设镇，意味着建立一种行政区划，应该不是小事，总得取个名字吧，这时不知哪位高人为该镇取名为“崇明”，汉语里“崇”有高的含义，“明”则是为海阔天空，两个字合起来意为高出水面而又平坦宽阔的明净平地。如今崇明区政府和官方网站的解释，都怕别人误读，反复解读这个“高而明亮之地”的意思，即使在2016年7月“撤县设区”的新闻稿里也是运用了这个解释。

对于“崇明”两字，为什么要反复解释其“高而明亮之地”之意？就是因为历史上的传说，有误导人的一面。因为崇明是个岛，早先在潮水新涨之时，潮落露出水面，潮涨淹于江里，忽隐忽现，时有时灭，故民间有好事者就根据这种若明若暗的现象，称这个岛为“祟明”。后来或许是海平面起落沉浮的原因，这个岛的本体逐渐增高，且堤岸坚固，再不沉潜于水底“鬼鬼祟祟”了。当地百姓大为震惊，以为天赐神功，纷纷烧香叩谢。这时再称“祟明”，就有点大不敬了。有人提议，“崇”与“祟”相仿，又有崇敬之意，何不改“祟”为“崇”呢。

有关“崇明”名字来历的传说与神话，是很有趣的，它当然不是信史，但在民俗学者看来，对于远古文明，仅凭有限的文献资料和带有刻板印象的知识判断，很大程度上会湮没先民的智慧和光辉，他们甚至有我们今天无法达到的智慧。历史的记录虽然在某一个时段被中断了，但是那些传说并非都是荒诞不经的。考古发现虽然还不能完全对应与支持美丽的传说，但是可以证明那些传说也许不是空穴来风。越来越多的发现，让模糊的故事变得逐渐清晰。

公元1277年（元代至元十四年），崇明正式建州。1396年（明代洪武二十九年），改州为县。民国时期，先后隶属江苏南通、松江。新中国成立后，隶属江苏南通专区。1958年12月1日起，崇明改隶上海市。长兴、横沙原属上海市宝山区，2005年5月，经国务院正式批复划归崇明县管辖。2016年7月22日，上海市委、市政府在崇明召开“撤县设区”工作大会，会上宣布目前上海唯一一个县——崇明县撤县设区。上海最后一个县级行政建制——崇明“撤县设区”之后，从明洪武年间开始叫了620年的“崇明县”成为历史。

▲ 1727年重修《崇明县志》

许多人登崇明岛，都会被它的水洁风清吸引，到处都有未经人工斧凿的天然旅游风光。绿树成荫的环岛大堤，犹如一条绿色巨龙，盘伏在长江口上。清晨，登上大堤东端，欣赏东海日出，不减泰岱奇观；傍晚，立于大堤西侧，饱览长河落日，耳听归舟晚唱，令人心旷神怡。但崇明更吸引人的是它的人文气息，试想一下，倘若没有千年历史文化塑造勤劳勇敢的崇明人，怎能托起“长江门户”“东海瀛洲”的美誉?！一方水土养一方人。一个地区的人，在整体上都有十分相似的性格和思维方式。那个年代，岛上有众多的历史名胜和人文景观，有面向浩瀚江水的瀛洲公园、千姿百态的城桥澹园，有金鳌山、寿安寺、孔庙、唐一岑墓、明潭、郑成功血战清兵的古战场等遗址，还有华东地区最大的人造森林——东平林场。作为祖国第三大岛，崇明岛有其独特的资源与景观。

▲ 崇明滩涂

当年封闭的特点，如今倒成为崇明岛的后发优势。上海2035总规划提出建设卓越的全球城市，成为令人向往的创新之城、人文之城、生态之城。崇明站在新起点上，建设世界级生态岛的宏伟目标正在激励着当地的民众，大家同心协力，努力奋斗，力争早日将崇明岛建设成为上海绿色发展的新标杆。

14. 湿地：人与鸟共融

按照现代地理学的定义，湿地指的是天然或人工形成的沼泽地等带有静止或流动水体的成片浅水区，还包括在低潮时水深不超过6米的水域。湿地与森林、海洋并称全球三大生态系统，在世界各地分布广泛。其实，上海古代的“三泖”之地就是最为典型的湿地。南宋初年有个叫何薳的文士，在其所著《春渚纪闻·泖茆字异》中写道：“又有陆机茸，皆丰草所在。今观所谓‘三泖’，皆漫水巨浸，春夏则荷蒲演迤，水风生凉；秋冬则葭苇藂藋，鱼屿相望，初无江湖凄凛之色。所谓冬暖夏凉者，正尽其美。或谓泖是水死绝处，故江左人目水之定滀不湍者为‘泖’。不知笠泽何独从草，必有所据。”“漫水巨浸”“荷蒲演迤”“水风生凉”等都是湿地的基本特征。

据说，当今上海部署有关湿地公园，提出了崇明西沙国家湿地公园、吴淞炮台湾湿地森林公园、东滩湿

▲ 今天的江湾湿地公园

地公园、金海湿地公园、世博后滩公园、南汇嘴观海公园、明珠湖公园。以江湾湿地为例，这片静谧而又美丽的湿地，是大都市中难能可贵的一片净土，堪称大上海一块天然的“绿肺”，面积约8平方千米。原先是作为军事禁地的江湾军用机场，1986年5月20日国务院、中央军委联合批复，同意迁建机场，腾出机场土地作为上海城市建设发展用地。1996年，部队撤离，机场留作民用。国内诸多湿地专家来此考察后，都认为“这是上海市区罕见的天然绿宝石，应该得到爱护”。华东师范大学和复旦大学的一些湿地专家已经向政府有关部门发出倡议，他们在倡议书中写道:“上海市区绿地面积有限，天然绿地更是极为稀少，江湾机场天然绿地如果能够得到保留和有效管理、利用，将使上海的生态环境和城市形象有相当大的改观。我们恳请上海市有关部门能够重视这一区域无可替代的生态平衡作用，对原江湾机场区进行更加合理的生态城市规划，并划出足够大小的一块生态保护区，对其中的天然植被和生物物种加以保护，使它的绿色价值得以充分利用，为上海市的现代化建设发挥独特的作用。”

所谓湿地，全部韵味就在一个“野”字上，“野态”的美乃是一种“清水芙蓉”之美，“野趣”当是一种审美的境界。这里并非有繁花似锦的景况，只是放眼望去，到处是一片葱绿，绿的嫩苇、绿的野菜、绿的柔柳，万绿成海，在上海寸土寸金之地，能享受这样一片绿地，真是上苍对上海市民的厚爱。走到湿地，气温仿佛降低了许多，再往深处走，林木葱茏，鸟鸣啾啾，地

▲ 湿地芦苇，蒹葭苍苍

上爬满青藤，盖着青苔的池塘里，不时飞出一只野鸭。

湿地自然生态的价值，自然与人文的因素都不可或缺，保护物种多样性，湿地自然生态现有小型鸟类上百种，少量猛禽与小型上海本地兽类出没其间，为数众多的昆虫、鱼类与其他无脊椎动物，以及一定数量的植物与菌类等物种。这对保护与留存上海本土物种具有重要意义。这里少有大都市的喧嚣和人为的干扰与拥挤，处处绿色，处处野趣，人与鸟共融其间，加上有条不知流向何方的古河道，在夕阳西下的时候，走在这片湿地旁，静静流淌的小河，河面在阳光的照耀下，跳跃着点点光辉，给人的感受特别美好，沐浴在如此野趣中，最能放飞自己的心情。

人与鸟共融，并不是一个新鲜提法。因为在自然界中，森林、草原、湖泊，都是由动物、植物、微生物等生物成分和阳光、水、土壤、空气、温度等非生物成分所组成。每一个成分，都非独立存在，而是相互联系的。大约在900年前，北宋大文豪苏东坡就写过一篇《东坡杂记》，全篇讲的都是爱鸟的故事：

吾昔少年时，所居书室，前有竹柏杂花，丛生满庭，众鸟巢其上。武阳君恶杀生，儿童婢仆，皆不得捕取鸟雀。数年间，皆巢于低枝，其鷇可俯而窥也。又有桐花凤四五（百），日翔集其间。此鸟羽毛，至为珍异难见，而能驯扰，殊不畏人。闾里间见之，以为异事。此无他，不忮之诚，信于异类也。有野老言：鸟雀去人太远，则其子有蛇鼠狐狸鸱鸢之忧。人既不杀则自近人者，欲免此害也。由是观之，异时鸟鹊巢不敢近人者，以人为甚于蛇鼠之类也。苛政猛于虎，信哉！

▲ 20世纪40年代上海街头的鸟店

将近1 000年之前的古代贤哲懂得爱鸟、护鸟，进入21世纪以后，人们更应该懂得保持现有湿地的生态价值，湿地与周围的河道绿地、环城绿化带等形成廊道连接互动，并成为分散于全市绿地的物种集散地，可以为将来建设生态城市打下牢靠的基础。拥有时不懂得珍惜，难道非要到失去时才知道珍贵？！

15. 松郡九峰　蒹葭苍苍

许多人说起上海："上海滩嘛"，言下之意上海无山，就是一个滩涂。是的，上海是一块不断向海延伸的滩涂，山脉似乎很难和上海联系在一起，繁华喧嚣，人潮汹涌，不断向外延伸确是事实。举个例子吧，20世纪90年代，为了给上海的经济发展储备土地，上海市政府决定在崇明岛的东沙再开展一次大规模的围垦，这次围垦，历时

2年多，建成了17.3千米的拦海大堤，围垦出6.6万亩土地，比澳门的土地面积还要大，这是另外的话题了。至于说上海没有山倒是一种误解，从唐宋年间开始，九峰三泖，蔚为江南胜景。现在就来专门说说上海的“山”。

上海北界长江，东濒东海，南临杭州湾，西接江苏和浙江两省，是长江三角洲冲积平原的一部分，平均海拔高度为4米左右。陆地地势总趋势是由东向西略微倾斜。以西部淀山湖一带的淀泖洼地为最低，海拔仅2—3米；在泗泾、亭林、金卫一线以东的黄浦江两岸地区，为碟缘高地，海拔4米左右；浦东钦公塘以东地区为滨海平原，海拔在4—5米间。西部有天马山、薛山、凤凰山等残丘，天马山为上海陆上最高点，海拔98.2米。上海的乡土地理就是这么奇怪，既可以动如脱兔，也可以静如处子。拥有“云间”等别称的上海松江区，有山有水，江南胜景，还有堪与世外桃源相媲美的松郡九峰。

江南胜景三泖九峰，这九峰，当然“九”只是泛指，九峰是松江境内12座小山丘的总称，位于松江北部，由西向东蜿蜒数里，因古时候松江别称“云间”，故“松郡九峰”也称“云间九峰”。九峰指佘山、天马山、横山、小昆山、凤凰山、厍（读音：shè）公山、辰山、薛山和机山，实际上还有钟贾山、北竿山、卢山等。远远望去，山峰连成一线，如同一条绿色长龙。

地质学家和考古学家的研究告诉我们，九峰是长江三角洲最古老的地质标志，在大约7 000万年前的地质中生代后期，岩浆沿着今松江区西北部一条东北—西南走向的断裂线涌出地面，经过风化侵蚀而逐步形成。随

▲ 江南名胜“云间九峰”景色

着数万年的地质变化、大海的冲积，沧海桑田，九峰作为长江三角洲的成陆中心，在大约6 000年前，就有了原始人群居住，开始了这块美丽富饶土地上的远古文明。

倘若说到这些山峰的高度，均在海拔百米以下。其中天马山最高，为98.2米；厍公山最低，仅约10米。比起中国其他的巨岳名山，云间九峰不过是一些小丘罢了，然而九峰胜景成为山峰奇秀的江南名胜，历代名人的遗踪故迹不计其数，每座山峰均有“八景”“十景”等，总计有100余处。明代大名鼎鼎的地理学家、旅行家徐霞客，曾经3次来到古松江府的佘山，并以此山作为出发地，开始了他艰辛的西南万里之行。

唐代以后，随着松江经济、文化的发展，泖湖和九峰都成了著名的游览地。很多诗人骚客来此游览，且留下了诸多题咏，使每座山峰形成许多景点。《明斋小识》说："九峰为云间胜地，春秋佳日，足供眺赏，而三峰七峰独擅其胜。佘山自二月初八至四月初八止，游人不绝，四八两期，喧阗尤甚，画船箫鼓，填溢中流，绣帷细叉，纷纷满道……"

九峰胜迹，历经沧桑，三国时期东吴大将陆逊，曾在小昆山、泖河一带建立庄园，其孙陆机、陆云是西晋著名文学家，相传"机山"和"横云山"就是以陆机、陆云的名字命名的。山的峭壁下是二陆读书石台，并在读书台附近崖壁上发现"夕阳在山"石刻，下署"子瞻"两字，"子瞻"是苏东坡的字，这块石刻上的字很可能就是宋代大文豪苏轼所书。在小昆山的荡湾村和佘山之阳广吉林，存明末抗清英雄夏允彝、夏完淳和陈子龙义士的陵墓，可供后人纪念。薛山上有唐代薛道约炼丹的遗迹，是为道家文化研究的宝贵资源。此外，薛山上还曾经有一座名为"罗池"的水池，当年水池盛产莲藕，其味甚佳，可惜清代罗池池水已经干涸。库公山为九峰中最小的山丘，别看山小，其山形有点特别，如同书轴，正当凤嘴，据说，古人曾将库公山比作一轴宝书，与凤凰山一起喻为"丹凤衔书"，名字听听就很有诗意。库公山下，有个陆宝村，相传曾经有陆氏藏宝于此。北竿山上曾有一个雨华洞，相传宋代有一张姓头陀，曾隐居此洞。元代还有人来访探。清代湮塞。现在的北竿山种植的针叶树、阔叶树及竹子，均苍翠茂盛，气势壮观，生机勃勃，因环境安静，有众多白鹭栖息林

▲ 上海松江的方塔

间，已经成为北竿山一大特色景观。

九峰之下，田野里，小河两岸，每当秋季来临，芦苇迎来了青春绽放期，盛开着白色的花，蒹葭苍苍，芦苇花平添了深秋的肃杀之气。芦苇深处，停着几只白鸭，孤鹳寒号，不时飞出来，翩翩地在波光之上翻飞，落于白水之中，这是上海郊区特有的一幅风情画，此情此景，与上海中心城区的人群喧嚣，形成巨大反差，恍若云壤。《诗经·国风·秦风》:“蒹葭苍苍，白露为霜。所谓伊人，在水一方。”上海的深秋是美丽的，轻盈秀美，自有一番风流飘逸的韵致；冬日的芦苇，满头白雪，丰盈纯净，则又是另一番深沉静美的风致。蒹葭苍苍，展现了大上海的无尽魅力。

生活器具

16.“火耕水耨”与“畎亩之勤”

在距今6 000年左右，随着陆地逐渐向海扩展，第一批先民迁移于上海这块土地，开创了上海的历史。2004年春季，上海的考古学者在崧泽遗址发现多座马家浜文化的墓葬，而且在一个墓葬中发现了保存较好的人类头骨。据复旦大学体质人类学家的测定，它是上海第一具保存相对完整的马家浜文化的人类骨骸。这一重大发现不能不令人惊讶，经专家的鉴定和复原，头骨的主人是一名25—30岁的青年男子，新石器时代人还谈不上营养、医学条件，这个男性先民死亡属于正常年龄，考古专家认定，由于这个头骨是上海地区迄今保存较好的马家浜文化时期人类骨骸，所以“上海第一人”，不仅是个体的表述，而且带有时代的定义，它代表了迄今发现的最早的上海先民。

有了“上海第一人”，那么问题接踵而至：距今六七千年，尚属于新石器时代，他们依靠什么来养活自己并繁育后代？马家浜文化时期的上海先民主要依靠渔猎的方式来获取肉食来源，狩猎的对象有麋鹿、野猪等。除此之外，为了满足生活的需要，上海先民因地制宜地发展了水稻种植。

水稻种植对气候环境的要求较高，温润多雨的江南水乡正具备了稻作农业起源的优越条件。上海及周边地区属于环太湖流域的江南水乡，水利资源丰富，环太湖流域基本上都是稻作农业区，历史悠久，江南稻作文化发达。1961年考古学者第一次发掘崧泽遗址时，就发现马家浜文化时期的炭化稻谷。这一事实说明，环太湖流域当时的气候比今天更温暖湿润，十分适宜野生稻的生存。从野生稻的收获到人工栽培稻的种植，先民们经历了一个漫长的艰苦奋斗时期，可以说筚路蓝缕，开启山野。在不断进步的稻作业中，先民们因地制宜，发展、改进、提高稻作农业的水平。野生稻种得到逐步改良，新的品种不断出现；稻作农具得到逐渐改进，耕作管理趋于精细。在吴中草鞋山发现的“火耕水耨”遗址，证明了当时的环太湖流域已存在多稻种且相对较为复杂的稻作农业了。

▲ 古代农人雨天穿的蓑衣

目前，上海地区发现有马家浜文化遗存的遗址共3处，分别是青浦区的福泉山遗址、崧泽遗址和金山区的查山遗址，它们主要聚集在地势比较高爽的区域。那个时代先民们如何种稻的具体情景，我们不甚了了，但早期的稻作栽培一定与“火耕水耨”相符，人们可以控制水流，却不至于形成大规模的水旱交替。远古水稻土与现代水稻土的区别正在于此，远古水稻土只有种植水稻的意义，当然与现代水稻种植技术不可同日而语。《齐民要术》引《周礼》地官稻人条的井田系统说稻田之“作田”，有了水利系统与圩田系统，才有“火耕水耨”的其他植稻技术。

根据考古发现，那个时代的生产工具是以石器为主，但也不能排除木器工具。即使是“火耕水耨”的原始种植方式，也是需要农具的，“耒”（读音：lěi）是汉字部首之一，从“耒”的字，与原始农具或耕作有关。“耒耜”，传说为神农氏所发明。它以“斫（读音：zhuó）木为耜，揉木为耒”，就是用一根长柄（耒）安在一个尖形铲（耜）上。耜初为木质。后来有了铁，改为铁质，耕作效率大大提高，这就是最原始的犁。用它可以翻地、播种、中耕。唐代陆龟蒙著有《耒耜经》，记载犁的演变。后来把“耒”部分改为弓形，更符合力学原理，与现代用的木犁大体相同了。用牛拉犁进行耕作，在我国已有2 000多年的历史。《国语·晋语》记载有“宗庙之牺，为畎（读音：quǎn）亩之勤”，反映了牛耕已经作为一种先进的事物受到重视。直到现代农业机械化已经非常普遍的时候，在一些山区及丘陵地带，牛耕或马耕还是起着不可替代的作用。

耒耜的发明开创了中国农耕文化。有明确文献记载的播种用农具则有西汉的耧犁，耧犁由牲畜牵引，后面有人扶着，可以同时完成开沟和下种两项工作。耕地整地工具用于耕翻土地、破碎土垡、平整田地等作业。从

▲ 古代农具耧

耒耜到畜力犁助耕，开启了稻作农业的发展过程，经过先秦，再到汉代畜力犁出现，成为最重要的耕作农具。到魏晋时期，江南一带已经形成犁、耙、耖的水田耕作体系，这套耕作体系在宋代已臻于成熟，北宋时期还出现了“秧马”——一种拔稻秧时乘坐的专用工具。

学术界尽管对稻作技术存在争论，但对我国稻作农业最早开始于长江下游的环太湖流域一带，则是没有异议的。可以成为定论的是，当时包括上海地区在内的环太湖流域确实活跃着一支擅长稻作农业的原始先民，他们在这块土地上顽强地生存，艰难地开拓，日复一日，年复一年，一代又一代，代代相传。《管子·轻重篇》中记载：“一农之事，必有一耜（读音：sì）一铫（读音：yáo）一镰一椎（读音：chuí）一铚（读音：zhì），然后成为农。”上海先民在繁衍子孙后代的同时，对于稻作工具的奉献，不断丰富着上海水乡稻作文化。在6 000年远古文明的历史长河中，在吴淞江沿岸的原野

▲ 清末上海用于仓储的稻垛

和数不尽的泾、浦及水塘间，留下了他们雄浑有力而经久不衰的生命之歌、创业之歌。那铿锵有力的旋律，至今仍深深震撼着人们的心。

有个古老的神话传说，据说当年伏羲、神农曾在太湖边传播百谷。太湖畔流传着一首颇耐人寻味的歌谣，世世代代传唱在吴地农人的口中："伏羲神农驾金龙，九龙山下五谷种，传下五谷救万民，万民万代谢羲神。"如今，当我们吃着香喷喷的米饭时，不能不想到"粒粒皆辛苦"的诗句，体验一下吃饱的幸福，唤醒青少年朋友对一粥一饭的神圣感，那是一种多好的境界啊！

17. 佩玉与先民想象力

在上海远古文明的各个遗址中，考古学家都发现了精美的玉器，中国远古社会的玉器制造业，到龙山文化时期已相当发达，良渚文化的玉器成为首屈一指的工艺品，并成为商周礼器的一个渊源。为什么是佩玉？在说这个问题之前，还是先介绍一下崧泽文化遗址与福泉山遗址出土的几项玉器精品。

1976年青浦崧泽遗址出土玉玦（读音：jué），玉有缺则为玦，玦是我国最古老的玉制装饰品，为环形，有一缺口。在古代主要是被用作耳饰和佩饰。除了1976年出土的玉玦，2004年青浦崧泽遗址144号墓也出土了一块直径1.9厘米、孔径0.9厘米的玉玦。

1961年青浦崧泽遗址62号墓出土长8.6厘米的桥形玉璜，器体外缘底部平缓，两端翘起。1974年青浦崧泽遗址59号墓、64号墓，1976年91号墓相继出土了半壁形玉璜，64号墓出土的鱼鸟形玉璜长6.6厘米，91号墓出土的玉璜长12.5厘米，形态多样，有半壁形的，也有半环形的、桥形的，湖绿色，绿白相间，自然交融，鱼鸟形玉璜一端像鱼形，另一端则像鸟形，两端除各有一穿孔外，还各有一凹口，似鸟喙，似鱼嘴。璜是饰件，常佩于出土墓葬中死者胸前，一般在两端打孔，以便系绳佩戴。

1982年青浦福泉山墓地9号墓、2008年青浦福泉山遗址吴家场墓地204号墓相继出土神人兽面纹玉琮，玉琮是一种内圆外方筒形玉器，是古人用于祭祀神祇的礼器。在新石器中晚期，玉琮曾经在良渚文化中大量出

▲ 汉·玉璜（静安寺藏）

现，尤以良渚文化的玉琮最为发达，出土与传世的数量很多。

1983年青浦福泉山遗址74号墓，1984年青浦福泉山遗址65号墓，1986年青浦福泉山遗址福泉山墓地101号墓，2008年青浦福泉山遗址吴家场墓地204号墓，2010年青浦福泉山遗址吴家场墓地207号墓均出土冒镦组合玉钺，其中最高的高30.7厘米、刃宽14.7厘米。玉钺既大且美，应为古代象征权力的瑞器，玉质浅青色，少量褐斑，其纹样均与同墓所出的大玉琮在形象上完全一致。良渚文化玉钺上雕琢文饰，为同类器物中罕见的精品。

其他的玉器，还有1976年青浦崧泽遗址92号墓出土的玉琀，长4.2厘米。玉琀又称“饭含”，一般放置在亡人口中，成为“玉塞九窍”之物，“琀，送死口中玉也”。放在死者口中的玉器，其使用的寓意有二：一是古人事死如生，不使死者空口；二是希冀以玉石质琀色美的特性来保护尸体不腐烂。此外，还有玉镯、玉环以及少量挽发的骨笄等饰品。这些玉器加工精美，风格独特，使用广泛，形成了瑰丽的玉文化，对中国文明，尤其是中国文明形成阶段的远古文明产生了重要的影响。

良渚文化、崧泽文化遗址和福泉山文化遗址出土的玉器，说明在中国人中传之久远的佩玉习俗，这个习俗既表现出远古先民征服自然的能力在不断进步，也表现出远古先民审美意识的进化与提升。那时的人们，生将玉器作祭、作神器，死亦“玉不离身”，从部落酋长、

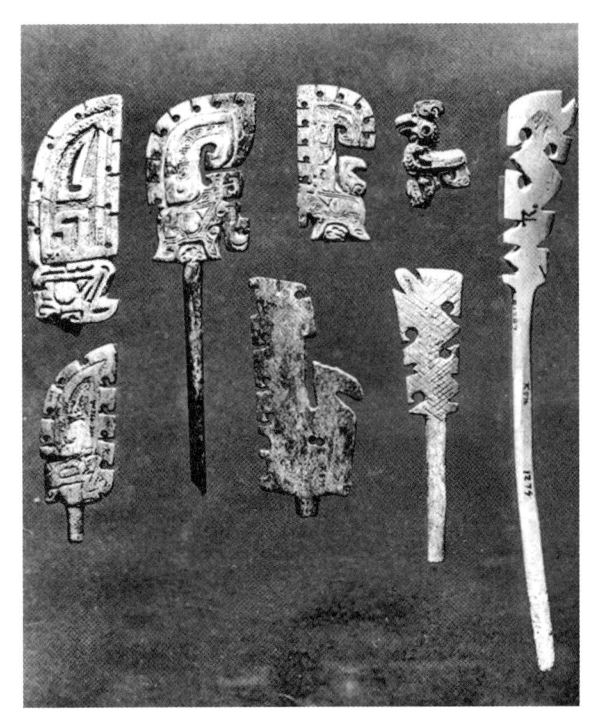

▲ 玉簪子文物

大巫小巫们坟墓里出土的各色玉器足以佐证；到了先秦，崇玉之风更加风靡各地，玉器成为拥有者标志身份的“礼器”；及至战国时期，玉器开始走下王宫神坛，上至王公贵族，下至才子佳人，腰间袖里、项上帽顶，莫不琳琅满目、玎珰诱人。

玉器是在漫长的石器时代被人类创造出来的。从旧石器时代到新石器时代的漫长历程中，远古先民成天与各种石料打交道，在选择和加工石料方面积累了丰富的经验。人类将加工石器的丰富经验运用于玉石，并逐步发明了切、磋、琢、磨等一整套加工玉器的方法。崧泽遗址中层出土有24件玉器，有的器表还残留着锯割的痕迹，对雕琢好的玉器表面进行精磨、抛光，崧泽遗址出土的良渚文化玉器中，相当一部分都经过磨光处理。对于玉石的认识以及加工工艺的不断进步，是文明发展的具体反映。玉器的出现，使人们装饰自我的能力发生巨大的变革。江南文化在水稻种植，陶器、玉器的生产及渔猎等方面都取得了辉煌的成就。尤其是玉器，最能体现先民的艺术想象力，并为后世文学艺术的发展提供了肥沃的土壤。而尚玉所体现的和美、柔润的精神理念，也对后来的江南文化产生了极其深远的影响。

玉的晶莹润泽，每每被喻为人品的高洁。在中国人的心目中，玉有“五德”：仁、义、智、勇、信。孔子就认为“玉”有“十一德”，指玉料及用玉做成的器物，具有11种美德，用今天的话说就是玉石给人11种美感。温润光泽感，比作有高尚人品的“仁”；玉料分子结构紧密似栗，比作人做事缜密多智，称为“知”；玉若穿挂在一起“垂之如队”，比作人品中的“礼”；玉器叩之清越为“乐”；一块好的玉料应是表里一致，比作人的“忠”；玉料看得见、摸得着，比作“信”；玉料遇火发出的如“白虹”的气体上升，比作人品有“天”之度量；玉料自然形成，有“地”的宽广和自然；用玉做成圭、璋等玉器，代表国家章节制度，比作人之“德”行；玉料的贵重，比作人有“道”养，受人尊敬爱惜；玉料断折亦不会伤人皮肉，比作“义”气。“润泽以温，仁之方也；鰓理自外，可以知中，义之方也；其声舒扬，专以远闻，智之方也；不桡而折，勇之方也；锐廉而不技，挈之方也。”这一切，无不与所谓君子之风相吻合。也许正因为玉器与帝王将相、才子佳人结缘匪浅，一块块石头被赋予了有情有义的文化灵魂，被中国人钟爱了几千年，至今意犹未尽。

18.“华亭鹤唳”与鸟图腾

西晋时期，“云间二陆”之一的陆机说过一句传之久远的话："华亭鹤唳，可复得乎"，这句话载于《世说新语·尤悔》，原文是："陆平原（指陆机）河桥败，为卢志所谗，被诛。临刑叹曰：'欲闻华亭鹤唳，可复得乎！'"在西晋八王之乱中，成都王司马颖任命陆机为平原内史。大安初年，司马颖起兵讨伐长沙王司马乂，又命陆机代理河北大都督。陆机进兵洛阳，在河桥大败。于是被司马颖的左长史卢志诬为将要谋反，终于被杀害，临刑时陆机叹息说："想听一听故乡的鹤鸣，还能听得到吗？"这一句悲情感叹，让他悲剧的人生结局蒙上一层诗意，凄惨也就转化成了凄美。

鹤，是一种鸟禽，远古时候，濒临东海的上海地区是各种鸟类迁徙往来的天堂。今日古镇"南翔"之得名，也与鹤有关。这些光怪陆离、饶有趣味的鸟文化，是活的社会"化石"。远古时代，上海周边地区广阔的平原和滩涂、众多的湖沼、茂密的森林、充足的水草鱼虾，是鸟类生存的理想环境，吸引了许多鸟类在此生存、憩息。从考古资料看，不仅河姆渡文化中有鸟崇拜与鸟图腾的迹象，在距今四五千年的良渚文化中，也有鸟图腾的痕迹，玉器中有大量的鸟形玉饰。鸟似乎可以看作是与吴越稻作文化及水文化相伴相生的崇拜对象。

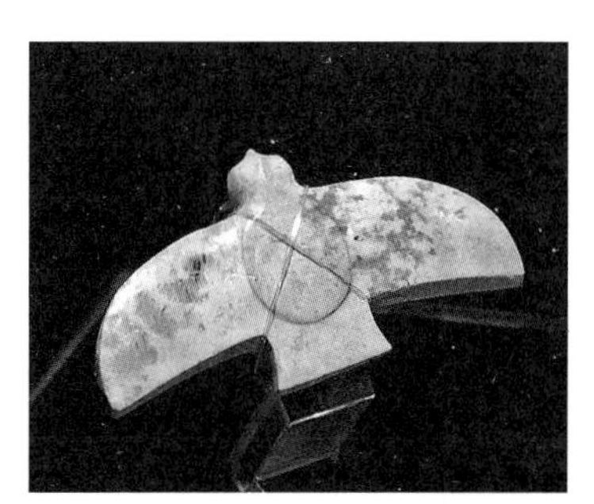

▲ 良渚文化凤鸟

远古先民将对鸟的崇拜浸透在社会生活的各个角落，江南一带的民居干栏式建筑恐怕就是向鸟学习的结果。鹤的形象在吴地出土的文物中多有出现，鲍照的《舞鹤赋》描述了吴人对鹤的崇拜："入卫国而乘轩，出吴郡而倾城。”鹤使人如此兴师动众，痴迷狂热，崇拜与信仰，足以说明鸟在上海先民心目中至高无上的神圣地位。由于原始人类生产力极其低下，人们对天地、山川草木、飞禽走兽顶礼膜拜，所谓鸟崇拜，就是崇鸟、敬鸟、化鸟为神。古代先民们的鸟崇拜，一般可分为图腾崇拜、神话崇拜，到了商部落，神话托生被继续发扬光大。这回，聪明的商部落成员借玄鸟记述本民族的起源，从那个时候开始，鸟就一直在中国文化中处于一个重要的位置，所谓“鸟图腾”，是原始民族的标志，也是神化了的祖先。

《左传·昭公十七年》记载了华夏远古部落联盟首领少昊建立鸟王国的美丽传说：“少昊氏以鸟名官。”凤鸟氏，就是掌管天文历法的官。玄鸟氏，就是掌管春分、秋分的官。伯赵氏，是掌管夏至、冬至的官。青鸟氏，是掌管立春、立夏的官。丹鸟氏，是掌管立秋、立冬的官。祝鸠氏，就是司徒；雎鸠氏，就是司马；鳲鸠氏，就是司空；爽鸠氏，就是司寇；鹘鸠氏，就是司事。这五鸠，是鸠聚百姓的。五雉是5种管理手工业的官，是改善器物用具、统一尺度容量、让百姓得到平均的。九扈是9种管理农业的官，是制止百姓，不让他们放纵的。百鸟之王少昊，名挚，而挚同鸷，大约就是一只鸷鸟。自称为少昊后代的郯子把上述传说归化为历史，确实很难使人相信，但至少反映少昊之国丰富多彩的鸟图腾崇拜。

对鸟的图腾崇拜较为典型的史例，还有《诗经·商颂·玄鸟》记载“天命玄鸟，降而生商”的故事，《史记》卷三《殷本纪》和卷四《周本纪》都记载说，殷契的母亲名简狄，是“有娀氏之女，为帝喾次妃。三人行浴，见玄鸟堕其卵，简狄取吞之，因孕生契”。今天自然不会有人相信吞下鸟蛋能生出孩子，但从此可推断，当时的“商”可能是一个以玄鸟（燕子）为图腾的部落发展而来的。我国传统民俗中总把燕子看作神鸟，从“旧时王谢堂前燕”的诗句可以看出，在魏晋南北朝时期，连王、谢那些不屑与庶族士人连床共坐的世家大族，都以极其偏爱的心情欢迎燕子在自己的高梁华堂筑巢栖息，并以此为荣。

对鸟的神话崇拜，典型的还有庄子关于鹏鸟形象的塑造与描绘，《庄子·逍遥游》说大鹏鸟是力量和远大前途的象征，也由此流传于后世。世界上不同文化的神话鸟，最漂亮的当数中国的凤凰。凤凰是中国传说中的神鸟，鸿头、麟臀、蛇颈、鱼尾、龙纹、龟躯、燕颔、鸡喙等特征标志着它是“百鸟之王”，自古以来凤凰就是中华民族文化中的重要组成部分。《大戴礼·易·本命》云：“有羽之虫三百六十而凤凰为之长”，雄为凤，雌为凰，是人们普遍崇拜的祥瑞神鸟的象征。我国历代封建帝王几乎都与凤凰结下不解之缘。古人还将俊杰之士称为“凤雏”，如东汉末的庞统，晋代的陆云、王邵等，当时皆有“凤雏”之雅称。

▲《一人一性百鸟百音》（清代年画）

神鸟，除大鹏、凤凰之外，创世神话中还有精卫鸟。《山海经·北山经》中记载，炎帝少女，名女娃，游于东海而溺死，化为精卫鸟，常衔西山之木以填东海。《博物志》卷三《异鸟》云："有鸟如乌，文首白喙，赤足，曰精卫……常取西山之木石以填东海。"关于精卫鸟的传说，还见于《淮南子》和《太平御览》等。这些不同的神话传说，共同塑造了一个坚韧不拔、征服自然的神鸟形象。

鸟类是人类的朋友。据说，在长江口地区，生活着已有4亿5 000万年历史的鸟类活化石，被誉为"鸟中大熊猫"。它们在沿海的芦苇丛中生存，对生存环境要求苛刻，只吃芦苇表面或芦苇秆里的虫子，食源单一，很少离开芦苇丛觅食生活。直到上海开埠后，1872年，法国传教士、著名博物学家阿芒·戴维根据采自上海一个湖边芦苇丛的标本，对该鸟进行了科学命名——震旦鸦雀。它是上海滩真正的"土著"，是少有的能够代表上海地区特色的物种。所以，今天不少人建议将震旦鸦雀列为上海市市鸟呢！

19. 从香薰炉说到铜镜

鼎与香炉，也有唤作"香炉鼎"的，其实两者有相似之处，区别在于：香炉专门用于祭祀焚香之用，没有盖，而鼎则用于烹煮肉食和盛贮肉类，也用于祭祀，但一般不用于烧香，且鼎分为有盖的鼎和无盖的鼎两种形制。最初的鼎是由远古时期陶制的食具演变而来的。自从青铜时代来临，鼎又多了一项功能，成为祭祀神灵的一种重要礼器和王权至高无上的象征。相传大禹铸九鼎，将全国九州的名山大川、奇异之物镌刻于九鼎之身，以一鼎象征一州，并将九鼎集中于王朝都城。这样，九州就成为中国的代名词。这当然是另外一个话题。

从崧泽文化遗址与福泉山遗址出土文物来看，发现了五六千年前由多色土构成、充满神秘色彩的彩土祭祀场所，为后世开创了多色土祭坛的滥觞。这些墓主生前很可能是祭祀苍天、大地、神灵的祭师或巫觋（读音：xí），有祭坛就会有香薰炉，只不过那个石器时代主要是石制香薰炉罢了。

中国古代把薰香的器具薰炉和薰笼，统称为“香薰”。香薰由西域传来，古代的丝绸之路，不论是陆上的丝绸之路，还是海上丝绸之路，在通商贸易过程中，几乎无一例外的都是一条相互贸易、互通有无的“香路”。佛教传入中国后，与中国本土文化融合，魏晋时，人们以老庄解释佛教，东晋以后佛学又与玄学趋于合流，中国本土的道家学说发生演化，直到南北朝时期，中国禅宗由此肇始，各地造佛修寺蔚然成风，作为祭祀礼器的香薰炉被普遍使用。

在民间的社会生活中，大约从宋代起，文人雅士把焚香与烹茶、插花、挂画并列为四艺，香薰炉自然也就成了他们生活中重要的必需物品，并逐渐成为上层人士高雅的把玩之物。但从出土的实物看，三国时代已有香薰。那时的香薰敛口扁圆腹，形似罐盆，或有提梁，或有双耳，器壁镂有圆孔数十，以泄香气，底有圈足，形制古拙。后在江苏宜兴周处墓发现西晋香薰，炉体呈球

▲ 古朴的香薰炉，每一处都像是禅意的化身

形，上镂有几排三角形气孔，顶部塑一龟钮，炉底和承盘各置熊足3个，尽显端巧玲珑。

杜牧诗云:“南朝四百八十寺，多少楼台烟雨中。”香炉起源于何时，尚未有定论，赵希鹄《洞天清禄集·古钟鼎彝器辨》云:“古以萧艾达神明而不焚香，故无香炉。今所谓香炉，皆以古人宗庙祭器为之。爵炉则古之爵，狻猊炉则古踽足豆，香球则古之鬶，其等不一，或有新铸而象古为之者。惟博山炉乃汉太子宫所用者，香炉之制始于此。”宋元以降，香薰炉继承宋代的风尚，数量与品种特别繁多，其中以中小型香薰炉为主，在形制上以三足圆炉和鬲式炉较为多见。但元代的耀州窑、龙泉窑、钧窑也制造了体形较大的瓷炉，这些瓷炉在装饰、造型和技法上都出现了很多变化。明代香炉又出现了一些新的造型，如象耳炉、戟耳炉、筒炉等。除部分造型及釉色秉承宋元遗风外，大多数香炉以青花瓷为主，更着重于图案装饰。明嘉靖青花香炉，出现了色彩斑斓的五彩瓷香薰炉。香薰炉从祭祀到成为文人雅士的把玩之物，放置于厅堂或书房案头，读书时点上一炷清香，便有了“红袖添香夜读书”的美妙意境。灵性的香薰炉赋予人们更多的生命灵性和灵感，它穿越时光隧道，追逐并领略博大而深远的历史文化。

从香薰炉进而想到铜镜，远古社会，由于生产力低下，人们在劳作之中，很可能是无意间从水面上看到自己的影子，慢慢地，先民就以瓦盆盛水以照容貌，这种情势叫“监”。《说文》中说：“监可取水于明月，因见其可以照行，故用以为镜。”远古文明中的“镜”，就是大盆的意思，它的名字叫监。上古时期的监都是用瓦制成的，故古代的监字是没有金字旁的。到了上古时期的商代，开始出现制造铜鉴，鉴字方有金字旁。《考工记》载：“金锡半，谓之鉴隧之齐。”郑玄注：“鉴亦镜也。”鉴字又见于《左传·定公六年》：“昭公之难，君将以文之舒鼎，成之昭兆，定之（鞶）鉴。苟可以纳之，择用一焉。”杜预注曰：“（鞶）带而以镜为饰也，今西方羌胡犹然，古之遗服也。”而有些史籍中鉴又有明确的以水鉴容的含义。《庄子·德充符》：“仲尼曰：‘人莫鉴于流水，而鉴于止水。’”这都证明先人曾用器盛水鉴容。郭沫若认为：“古人以水为监，即以盆盛水而照容，此种水盆既称为监，以铜为之则为鉴……”古代文献《尚书》《国语》《庄子》等也有周人“鉴于水”的记载，如《国语·吴语》：“王其盖亦鉴于人，无鉴于水。”直到铜镜发明之后，以镜照面和用器皿盛水鉴容，应有一个相当长的过渡并存时期。从中国古代先人的生活习俗和目前掌握的资料看，由盛水鉴容过渡到铜镜鉴容的推测是大家都能接受的一种结论。

爱美之心，人皆有之。我们的祖先最初以水为鉴，即陶器制成盆，盛水鉴容。

▲ 汉代铜镜

当社会发展跨进青铜时代的门槛以后，开始用青铜铸镜，古代先民用铜、锡、铅等金属，经制范、浇铸、热处理、磨光等工艺程序铸成用以照容、梳妆的生活用具，它是人类使用时间最长、使用范围最广、与人类生活关系最为密切的金属器。随着生产力的发展、原料供应的丰富以及铜镜铸造技术的不断成熟，铜镜得以产生，并在战国、两汉时期获得了巨大发展，到唐代达到高峰，宋元以后逐渐转衰，明清时代铜镜生产仍在继续直至民国初年。在整个封建社会，铜镜与人们的日常生活有着密切关系，是人们不可缺少的生活用具。铜镜又是精美的工艺品，它制作精良，形态美观，图纹华丽，铭文丰富，是我国古代文化遗产中的瑰宝。

20. 青铜时代的铸造

考古工作者曾在位于上海松江区的广富林遗址，发掘出一件春秋时期的青铜尊。“尊”，今也写作“樽”，它是古代使用的一种盛酒器，也作祭祀时的礼器，流行于商周和春秋时期，春秋后期偶有所见。2011年11月，上海这件首次由科学考古发掘出土的青铜礼器，地层关系明确，标志着上海先民接步中原，在近3 000年前已进入青铜时代。

这件青铜尊口径16厘米、底径11厘米、通高15厘米。在青铜器的底部还有浇口和冒口，说明这尊青铜器可能在浇铸后，未经仔细打磨等后期处理，便已埋入地下。广富林文化遗址的年代跨度是很漫长的，上至距今

6 000年的崧泽文化时期，下迨明清。与此次发现的青铜尊相关的发掘，还有2008年在广富林遗址发现的青铜鼎残片、2009年发现的青铜小刀和农具，以及2010年发现的兵器青铜矛。1962年，上海松江凤凰山也曾出土一件春秋晚期青铜尊，但因是建筑工人于平整地面时偶然发现，地层关系与伴出器物不明。2011年广富林出土的这件青铜尊，有助于进一步揭示上海早期青铜文明发展的真实形态。

青铜是人类历史上的一项伟大发明，也可以说是世界冶金铸造史上最早的合金。红铜加入锡、铅，成为一种新的合金，这种合金历经几千年的化学反应，其表面出现一层青灰色的锈，所以今人谓之“青铜”，而古人则将这种合金称为“金”，文献中所讲“赐金”“受金”多少，实际上大抵指的是青铜。《左传》等古文献中关于夏代铸九鼎的记载和这时期遗址中出土的青铜器物，说明随着夏王朝的建立，青铜冶铸业有了初步发展，最早的青铜器应是从夏王朝开始。据载，夏禹王用九州之铜造九鼎，青铜器在古代是权力的象征，楚庄王“问鼎中原”便是佐证。夏被商灭亡，鼎迁于商。周克商，又将九鼎迁至洛邑（今河南）。

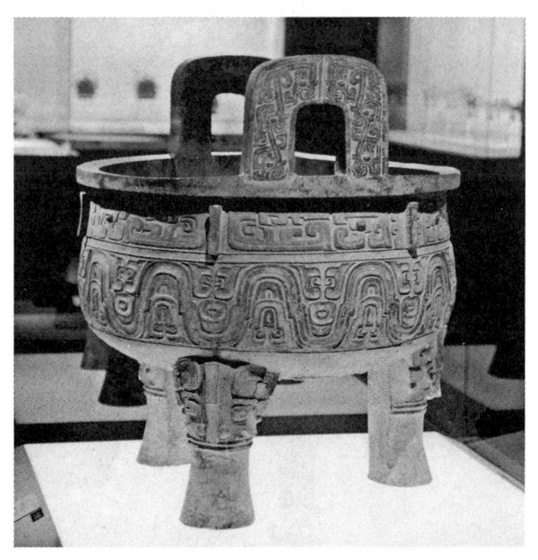

▲ 上海博物馆藏西周时代的大克鼎

青铜时代（Bronze Age），最早是由丹麦考古学家G.J.汤姆森提出来的人类物质进化史上的分期概念。世界上所有的古老文明都经历了石器时代、铜石并用时代、青铜时代和铁器时代。中国的先民在青铜时代（距今约4 000—2 200年）创造了独步世界的青铜文化。从崧泽文化遗址与福泉山文化遗址以及马桥文化遗址、广富林文化遗址出土和传世的一些出土文物来看，青铜器所占比例不多。从一些墓葬出土的青铜残片，也可见古老的块范铸造技术在远古先民的生活和精神体系中占据着举足轻重的地位。

中国冶金史上，铸造技术占有重要地位，以至于铸造既作为成形工艺而存在，又成为冶炼工序中的一个组成部分，达到了“冶”与“铸”密不可分的地步。因此在古代文献中往往是冶铸并称，并对中国文化产生了深刻的影响。如常用词汇“模范”“范围”“陶冶”“就范”等，都是由冶铸技术衍生而来的语词。这种传统，也许是古代世界上其他国家和地区所无法比拟的。上海博物馆还拥有一件吴王夫差盉（读音：hé），“盉”是古代汉族使用的一种盛酒器，用水来调和酒味的浓淡。盉的形状较多，一般是圆口，深腹，有盖，前有流，后有鋬（读音：pàn），下有三足或四足，盖和鋬之间有链相连接。青铜盉出现在商代早期，盛行于商代晚期和西周，流行到春秋战国。从夏商时代起，中国古代青铜器造型特点

▲ 春秋吴王夫差盉

为敦厚凝重，装饰繁复，图纹威严神秘，西周大致秉承商代旧制而略有变化。但随着礼崩乐坏时代来临，青铜礼器中也逐渐透出一些令人轻松的气息，旧有的神秘、庄重与沉闷渐渐隐去，而新的有创意的造型和纹饰，逐步接近民众的日常生活。上海博物馆收藏的这个盉，顶上有盖，盖上有系，套在链上的一端，另一端与提梁上的小系相接。整个器物的腹部呈扁圆形，圆口深腹。盉通体上下饰有细密的变形龙纹。腹的一侧有一个短而曲折的龙头流，圜底下置3个兽蹄形足，足的上部是变形兽面纹。整个器型极为规整而优美。盉的肩上近口沿处有一铭文“吴王夫差吴金铸女子之器吉”，大意是说吴王夫差用诸侯进献的青铜为一位女子铸了这件盉，据专家考证应该是吴王夫差为其一个未出嫁的心爱的女儿所铸。迄今为止已发现的吴王夫差遗物有20多件，但大多是戈、剑一类兵器，以及监等水器，这青铜盉很可能是吴王夫差唯一存世的一件青铜酒器。

青铜材料的稀有和青铜铸造工艺的先进性，使得它有别于陶器、木器和石器等沉沦于日常物用的器具，走上了截然不同的发展道路。青铜鼎、簋（读音：guǐ）、尊、盘、爵等作为食具、酒具、盛水器等的实用功能与作为礼器在先民精神生活中的意义是互为表里、融贯一致的。可以说，没有古代青铜器，就不可能有商周以来文质彬彬的贵族等级体制和先秦时代独具特色的权力表达系统。古代文明体制的核心，即所谓的“礼、乐、征伐自天子出”、“国之大事，在祀与戎”，无不与青铜文化有着千丝万缕的联系。

青铜器在礼器和祭器中占据了很大份额，是贵族宗室内部族长和作为天下“共主”的天子主持祭祀必备的礼器。此外，青铜器的制作和赠予也与商周时代贵族间婚媾、宴享、朝拜、会盟和铭功颂德等礼制活动紧密相关。商周社会以严格反映等级制度的规章仪式即所谓“礼”来维护政治、经济权力，而祭祀则是沟通天、地、人、神，使人间秩序神圣化的中心环节。

北宋以来，文人雅士对青铜器的研究、搜集和玩赏渐成风气，一门新的学问，即所谓的“金石学”从此开始成形。

▲ 春秋牺尊

吴根越角

21. 夹在吴越争霸之间

上海，春秋时期属吴。战国先后属吴、越、楚。秦汉以后又分属海盐、由拳、娄县诸县，可以称得上是“吴根越角”，族属上都是古越族即“百越”族群，与于越和句吴都有历史渊源，正因为这个特点，古代上海地区总是夹在吴越之间。

唐代诗人杜牧曾经写下《润州二首》的诗作：

句吴亭东千里秋，放歌曾作昔年游。
青苔寺里无马迹，绿水桥边多酒楼。
大抵南朝皆旷达，可怜东晋最风流。
月明更想桓伊在，一笛闻吹出塞愁。

谢朓诗中佳丽地，夫差传里水犀军。
城高铁瓮横强弩，柳暗朱楼多梦云。
画角爱飘江北去，钓歌长向月中闻。

扬州尘土试回首，不惜千金借与君。

诗人虽然在镇江、扬州一带怀想古人，却是漫游时空，飞跃往古。巧妙地借先朝士人的生活情事而发感慨，旷达风流曾为一时美谈，可是他们在历史的舞台上都不过是匆匆过客，只留下虚名为后人所钦羡。诗意跳跃穿梭，富于变幻，蕴含着诗人对历史沧桑、世事无常的感慨。

句吴（读音：gōu wú），即指吴国，出自《史记·吴太伯世家》，于越，古国名，又称越国，姒姓。于越是越族人的自称，越国是中原诸国对他们的称呼。相传始祖是夏代少康庶子无余，其核心在绍兴会稽山。句吴与于越，就是吴越之地，也是中国最为富庶的地区，长期在太湖东南一带错居，东临大海，西临彭蠡，与楚接壤，南至新安口上游，北与南淮夷隔长江相邻。于越的最早活动地区在今浙江北部以及太湖一带。

句吴与于越同属于古越族——“百越”。百越是一个古老民族，分布于我国的东南及南部，甚至越南北部的广大地区也有百越的足迹。《汉书·地理志》颜师古注引臣瓒注：“自交趾至会稽七八千里，百越杂处，各有种姓。”百越之名首见于吕不韦的《吕氏春秋·恃君》：“扬汉之南，百越之际。”西汉时仍有百越之称。随着时代的变迁、社会的变化，百越中的各支族属发生很大变化，有消亡，有融合，有迁移他乡，但不论怎么变化，吴越之地还是具有共同的文化特征，如较早就开始的水稻种植，气候、地理环境皆适于稻作生长，在今浙江河

▲ 吴王剑

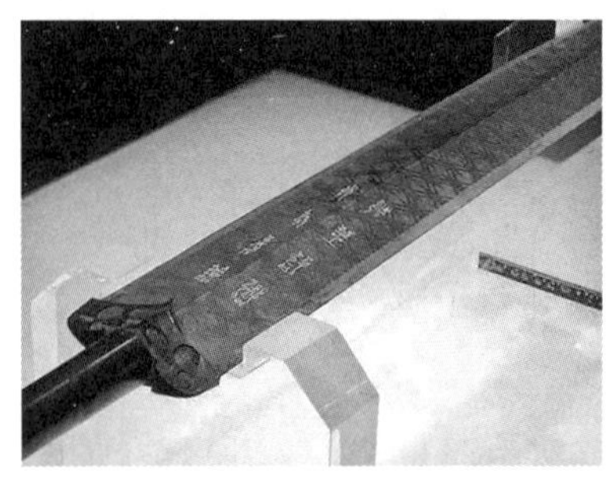

▲ 越王剑

姆渡遗址，湖州钱山漾和水田畈遗址，上海青浦的崧泽，江苏无锡的仙蠡墩、苏州的草鞋山等遗址都发现了稻米、稻谷的遗存。句吴与于越，互为近邻，同属长江文明的支流，又经数番交融，要确切地区分这“两种文化”几乎不可能，因为这所谓的“两种文化”除了可以从地域的角度去区分以外，其实质与特点并无太大的差异，在它们各自的发展中，既“各有种属”，又相互联系，既“同气共俗”，又各有特点。这就是《越绝书》所说的“吴越为邻，同俗为土”和“吴越二邦，同气共俗”。吴越文化形成了既关联甚密、相同甚多，又有区别、不尽相同的特色传统，令人感到巧合的是吴王“夫差自乍其元用剑”（现藏中国国家博物馆）和“越王勾践自乍用剑”（现藏湖北省博物馆），其制作工艺水平和器物风格特征竟也惊人地相似，并无多大区别。

可以说，吴越文化及在此基础上诞生的江南文化，是上海文化的始源，给上海文化打上了一抹亮丽的底色。历史上吴越并驾齐驱，龙争虎斗，由于西周实行分封制，出现了大大小小二三十个“国”，吴越两国一开始都是小国，而且并不属于中原地区。吴的祖先是泰伯，历史上一直有“泰伯奔吴”的说法，太湖流域离中原距离遥远，中间又隔着长江天堑，此外还要绕过许多部落，泰伯南奔为什么奔到太湖流域，而不跑到更容易到达的地方？对此，学界也一直存在争议。

一直有句老话："春秋无义战"，说是这样说，在春秋五霸向战国七雄过渡的时期，群雄割据，争霸天下，吴越两国地理上又是近邻，各自为了生存与发展，争斗就不可避免。东周时期，当时的吴国横跨长江下游，其疆域在今江苏省、上海市、山东省南部、安徽省一部分和河南省东南一部分。吴王寿梦始称王，经过几十年艰难开拓，国力逐渐强盛起来，兵强马壮，不断派兵四方征战，向西南与楚国，向西北与晋国，向北与鲁国、齐国进行争霸战争。吴王阖闾即位后，在伍子胥辅佐之下，修建国都于姑苏（今苏州市），大力发展农业、冶炼业，训练精兵，从而使吴国兵强剑利，兵锋无人敢挡。尤其后来吴国军队在伍子胥、孙武率领之下，一举灭亡楚国，鞭尸楚平王，使吴国一时威震天下，遂称霸东南，中原诸大国晋、齐等都不敢与之相争。

而越国疆域在今浙江省大部，北到江苏昆山市和上海嘉定区附近，西至江西上饶市余干县附近，东到大海。越王允常在位时，吴国虽有内乱，总体上相安无事，和平环境给发展生产、厉兵秣马提供了良好机会，后越国在名义上向吴王阖闾臣服。公元前497年，越王允常辞世。吴王阖闾趁越国发丧时候带兵进攻越国，在隽李（今浙江省桐乡市濮院镇西）被允常子越王勾践率兵击回，阖闾兵败受伤，回国后不治而亡，其子夫差继立。夫差在公元前494年率兵报仇，打败越国，俘虏勾践于夫椒（今绍兴境内，或说西洞庭山），带回国都

▲《卧薪尝胆》(顾生岳、余宏达)，表现的是越王勾践从灭国到兴邦的故事

(今苏州)，三年后(前491年)才放其回国。勾践在吴国经历了三年阶下囚生活，换取了夫差的信任和东山再起的机会。

史书记载越王勾践每天睡在柴草堆上，在居室悬挂苦胆，早晚各舔尝一次，使自己永远记得在吴国所受之辱。他的苦心励志、以俭为铭、以勤为事，不仅为越国的强大奠定了基础，也为他赢得了史官们的青睐，在艰难困苦之中矢志不渝、励精图治的品质千载之后仍被人们称道效仿。这就是历史上“卧薪尝胆”的故事。

吴王夫差和越王勾践都是雄心勃勃的政治家，先是吴国开始称霸。吴王阖闾之子夫差于公元前495年继位后，不断四处攻伐，于公元前482年北上黄池(今河南封丘县)会盟中原诸国，与晋争做盟主，取得霸主地位，直到公元前473年为越国所灭。

公元前473年，越王勾践灭亡吴国之后，占有吴国全部土地和子民，疆域扩大一倍多，遂成为一代霸主，并且越国将这个强大优势保持了上百年之久。史书记载，直到周显王三十五年(前334年)的战国时代，越国才为楚国所灭。

在吴越争霸时期，上海地区的远古文明也是艰难生存，凭借着精耕细作的生产方式而产生的农业文明，不仅形成了江南地区相对开放的社会风气，也彰显了文化上重实利、精细化的总体特征，从总体上看，夹在吴越之间的上海也为千年之后的腾飞积累了深厚的历史文化积淀，这是人们始料不及的。

22. 稻作文明源远流长

历史上的中国一直存在着两大农业系统：一为北方黄河流域华夏先民创造的以旱地种植为特征的农业文明，最早栽培的作物是粟，可称之为“粟作文化”；而古代上海地区所处的长江流域，生存着号称“百越”的人群，他们是水稻的最早栽培者，所创造的农业文化可称为“稻作文化”。据著名人类学家和考古学家张光直（1931—2001年）先生所言：“史前中国的东部地区即黄河下游、淮河……这个区域居住着种稻的农人。”百

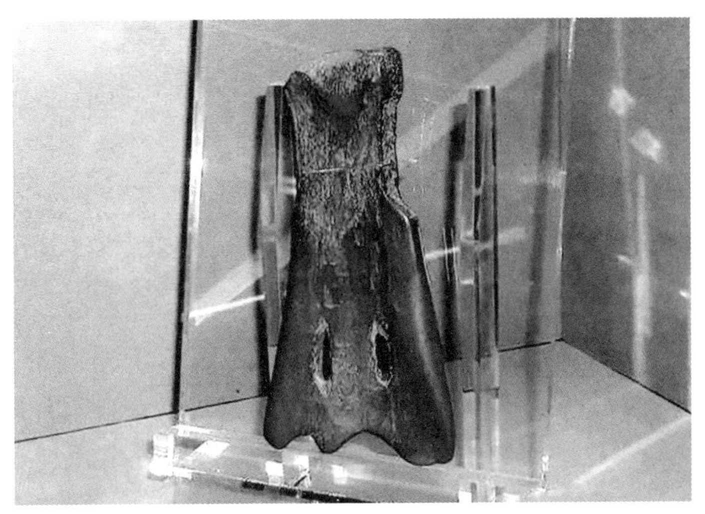

▲ 骨耜

越先民创造的稻作文化包括山东半岛黄淮下游一部，长江、珠江流域广大地区，并延伸至云贵高原。后世人们津津乐道的“傩文化”，倘若细细追究起来，从族别上看，主要流传在古代百越支系的后裔或与百越有历史渊源的民族中。无论从分布范围还是从族别而言，古代百越先民创造的稻作文化，对于上海文化渊源的吴越之地，都有着极其深远的联系。

《汉书·地理志下》记载：“江南地广，或火耕水耨（读音：nòu），民食鱼稻，以渔猎山伐为业。果蓏蠃蛤（读音：guǒ luǒ luǒ gé），食物常足，故窳媮（读音：yǔ yú）生，而亡积聚。饮食还给，不忧冻饿，亦亡千金之家。信巫鬼，重淫祀。”这就是说，位于亚热带的古越地区有着温暖的气候、充沛的雨水，上天的恩赐既丰厚又稳定，古越人的注意力更多地集中在生长出所需的一切的大地上，“民食鱼稻，以渔猎山伐为业”，“果蓏蠃蛤”都由大地提供，稻作文明的特点非常显著。

中华文明一个显著特点就是稻作文明，它之所以能存在万年以上，一是发明了人工取火，二是发明了种植业。水稻种植的发明，是一个跨时代的大事件，稻作文明让中华民族率先进入产食经济时代，产食让中华先民们初步具有了摆脱自然束缚的能力。有了产食经济为支撑，远古先民不再像以前一样把主要精力都放在渔猎和采集上，成天为填饱肚子而忙碌；由于食物有了初步的保障，他们有了精力和时间来观察天地和思考人类自身。所谓人类文明，就在思考中开始了。

“一分耕耘一分收获”，吴越之地的先民依靠自己

▲ 7 000 多年前原始人生活模拟图

耕种的土地，体现了农耕民族对土地的珍惜，对大自然的尊重，对天地的敬畏。同时注定了农耕文明尚和平节制而不尚侵略掠夺，并延伸出敬天爱人、尊道贵德的和平、和谐价值观等，这和游牧文明、工商业文明表现的征服杀戮、贪婪掠夺有着显著的区别。

中华文明以和为贵，又讲究和而不同；中华文明以人为本，尊重万物，道法自然，讲究众生平等、和谐共生。中华的文化、语言、风俗习惯、伦理道德和行为规范，都是以稻为核心衍生出来的。在一定程度上讲，稻作是中华文明的主要载体之一。

当古越人进入水稻种植阶段后，为了求得庄稼的丰产，必然会产生祈求丰产的祭祀活动，这是低下的生产力和越人“重巫鬼、信淫祀”的原始思维的产物。最初的吴越先民将鬼看做是一切神灵的总称，对它只能加以祭祀而不能加以驱逐冒犯，鬼的大小善恶并无截然区分，祭之则降福，不祀则降祸。低下的生产力和平等的社会结构使得原始阶段的先民对鬼一律加以祭奉，留下了鬼文化的许多遗留，直至今天在民间文化中还存在。

农业祭祀的对象是土地，农业祭祀中有春祈秋报，春祈是祈祷稼穑乃至万物成长；秋报则是因获得丰收而向神明供奉谢恩。在秋报仪式中，先民们把收获的五谷奉荐给寝庙中的祖先，感谢祖先的护佑使后代得到丰收，于是在风俗中出现了许多与稻作文明有关的文化现象。最早的祭祀是很残酷的人祭形式——以人首为祭品的猎首祭。后逐渐演化为“磔禳”，即杀牲献祭，在春傩（祈）时杀犬，秋傩（报）时除以麻荐寝庙外，还要先以犬尝麻。汉代应劭《风俗通义》云：“《月令》：‘九门磔禳，以毕春气’”，“春者阴气之终，故磔禳以终毕厉气也”，即以犬为厉气象征，杀犬为终厉气的象征。传说远古时期，洪水滔天，绝了谷种，一条神犬在西王母的晒谷坪里打了一个滚，满身粘着谷粒，但回来时谷粒被洪水冲掉了，只有狗尾巴尖带着几颗谷粒。人类靠这几粒谷种才发展到今天。为了不忘狗的功劳，因此新谷登场要请狗先尝。

这个“尝新谷”的风俗一直流传下来，成为吴越之地民众“六月六”尝新节。它是一个古老淳朴的传统节日，是至今还在流传的仪式之一，家家备办香烛钱纸，将鸡鸭鱼肉和新采的稻穗瓜果蔬菜，恭恭敬敬地祭供在供桌上，焚香祭祀，祭拜天地祖宗，以求风调雨顺，五谷丰登，六畜兴旺。老人们常说，要是狗身上的稻种不被水冲走，人间的水稻也会全身结满谷粒，不会只留下狗尾似的稻穗了。喂狗后，再把割来的三蔸半熟的稻苗拿到牛栏，恭敬地请牛尝新，报答牛的功劳，因为牛是农家的帮手。这些仪式结束后，全家人按老幼顺序围坐在桌边，等年长者尝了第一口后，大家才依次动筷尝新。敬祖尊老，感恩戴德，这是祖祖辈辈传下的规矩。

上海民俗中早期的每年春秋两季的“做社”活动，是祭祀主持一方人畜平安的土地神。在饮食上，如每年过年家家户户都要制作米糖、糕团。千百年来，农民总是“鸡叫做到鬼叫”，种田的辛劳程度是难以言说的。因此，农家对来之不易的收获格外珍惜，并由衷地尽情庆贺，用米来制成各种糕团。糕团那样的食品其实是水乡人细品农业时代悠长岁月的点心。从春节到年末，很多时令和节日可以用糕团来标志和记载，如流传上海青浦和浙江平湖一带的《十二月节令》都展现了与稻米、米糕有关的风俗歌谣：“正月里，闹元宵；二月二，撑腰糕；三月里，眼亮糕；四月四，神仙糕；五月五，小脚粽子箬叶包；六月六，大红西瓜颜色俏；七月七，巧果两头翘；八月八，月饼小纸包；九月九，重阳糕；十月十，新米圆团新米糕；十一月，白糖圆子桂花浇；十二月，糖草糖元宝，吃仔就滚倒。”此外，谷粒进仓、新米上市时，农家都喜欢用新糯米酿制米酒，来分享丰收的喜悦。崇明农家酿制米酒，做酒有许多习俗，如做酒前蒸熟的粢饭要先敬灶神、做酒的缸要放到人不走的地方保持安静等稻作文化遗留。

稻作文化是江南水乡文化的源头，也是上海民俗文化的源头，它所蕴含的文化要素很值得今天的民俗学者去深入挖掘，传承和弘扬。

23. 天地人和祭祀坛

福泉山良渚文化时期的139号大墓，经考古学家发掘鉴定，属于一处人殉墓。墓主人为一个成年男性，仰身直肢葬，有大量丰厚的殉葬品。在墓坑的东北拐角上还叠压着另一具人骨，经鉴定为青年女性，屈肢侧身，上下肢弯曲而分开，状似跪着倒下的样子，头向西北。头顶上有玉珠一颗，面额上有玉管一件，颈部有玉环一件，上肢有小玉坠件一枚，左右下肢骨上各有玉管一件，在骨架背后有一口祭祀用的大口陶缸。可见前者是地位显赫的贵族，而后者地位卑微，与祭祀用品在一起，显然是与祭祀有关的殉葬人牲。福泉山是一座良渚文化时期作为墓地堆筑的土山，其中已发现7座良渚晚期墓葬，在它们的背面可能还有祭祀坑，这些重要的迹象，对太湖地区的考古来说还是第一次发现。祭祀坑的发掘将古人使用祭坛的历史向前推了1 000多年。

▲ 用于祭祀天地祖宗的崧泽文化陶壶

什么是祭祀？在远古社会，人类征服自然力的水平与能力极为低下，人们认为自然界的一切都是具有神奇的能力，它们能够对人施加影响，所以人就向山川草木、江湖河海表示敬畏，求其保佑和降福，形成了最初的原始信仰。远古的先民很早就认识到，首先要敬“天”，称天为“皇天”“天公”，祭天是“天神之祀”，因为它是作为天地人之本原的意思，是天下万民与万物生生不息的最终根本，而与地和人相对的天，以其稳定的时空秩序，为大地上人类与万物的繁衍和劳作提供了庇佑，也可以被视为人类与万物持存的基本条件。

其次是“地”，也称“地母”，与“皇天”“天公”相对，也称“后土”。这种祭祀称为“地祇之祭”。一些电视剧里古人结为八拜之交时，一般都会说上一句“皇天在上，后土为证”的话。皇天与后土，分别是天神与地神，都是古人将其人格化的神明的形象。天帝，主管上天。那后土呢？它可不是“厚厚的泥土”，后土是我国古代神话中的大地之神，同时也是传统文化中的冥界之主，管理幽都。古人说“人死为鬼”，而鬼魂要去的地方，就是幽都，就是俗话说的阴间，和对上天的人格化一样，古人对大地的人格化结果就是大地之神后土的出现。

对于逝去的先“人”的祭祀，称为“人享之祭”，是祭祀的重要内容，古人所谓“天神之祀”“地祇之祭”，与“人享之祭”，从祭祀的对象而言，天、地比人的分量更加重要，天神、地祇比人鬼的地位更加崇高，但是，人享之祭就是对先祖的祭祀，也属于祭祀中最为核心的部分。人享之祭体现了祭祀的核心精神——它包容了祭天的尊尊精神，也包容了祭地的亲亲精神。天神祭祀与地祇祭祀的根本精神，都融汇在祖先祭祀的礼仪之中。只有人享之中体现的道德精神得以完善地奠基，天神、地祇祭祀的精神才有其道德的根据。

人们发自内心地崇拜天、地与逝去的先人，因为先民们相信，祭祀行动的本身能够保证猎物的在场和捕获，能够保证正常的季节序列、正常的收获量和庄稼的丰收，不经过这种仪式活动而进行生产劳动，那简直就是无的放矢，甚至是不可饶恕的罪过，原始的信仰与祭祀在远古社会中就形成了威严的传统。

传统的祭祀，祭品将被分享，以表明祭祀者与祭祀对象的沟通与关联，祭祀的对象是人们获得福助的对象。祭祀包括仪式过程及祭祀过后对于祭品的享用，包括祭祀空间的选择，所以一般说到祭祀，总离不开特定的祭祀场所与空间。祭祀要有祭坛，上古时期的祭祀没有固定的场所，随时随地均可祭祀。随着祭礼的不断规范，逐步出现了固定的场所，修建了神庙或祭坛。

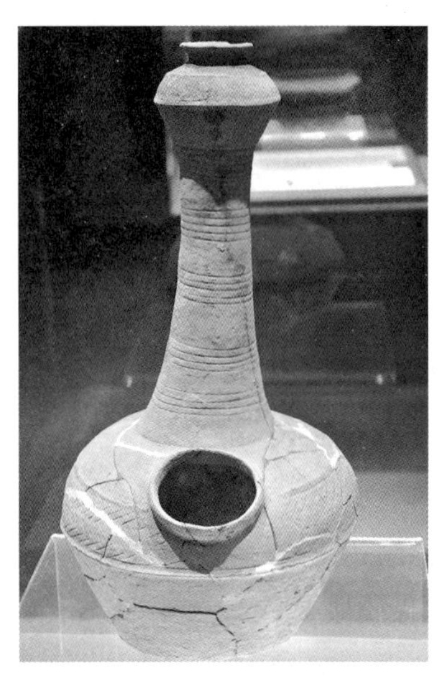

▲ 崧泽文化遗址出土的专享祭祀的陶塔壶

祭祀的空间，最早也许就是一片平地，古人认为，最重要的祭祀，祭祀场所反而最为质朴，往往不用封土作坛，只把一块平地扫除干净即可祭祀，古人称之为“墠”（读音：shàn）。《礼记·礼器》称：“至敬不坛，扫地而祭。”《礼记·祭法》说：“除地为墠。”后来，出现了祭坛。社是土神，稷是谷神。古代以农为本，因此与农业紧密联系的祭祀社稷活动便很受重视。社稷坛是祭祀的场所，按礼仪周王的社稷坛要用五色土铺垫。土色随其方位，东青，南赤，西白，北黑，中黄，以象征五方。现存的北京中山公园名为“五色土”的方形大平坛，便是明朝永乐年间营建北京时所筑的社稷坛。周王祭社稷要用太牢，即牛、羊、猪三牲，还要钟鼓齐鸣，载歌载舞，其活动仪式及场面十分隆重热烈。

古人有“天圆地方”的认识，祭天用圆坛，古称“圆丘”；祭地用方坛，古称“方丘”。《礼记·祭法》注：“封土为坛”，即用土石堆砌成一个高出地面的祭坛。因祭祀对象不同，坛有不同的形状。坛的高度和宽度因时间、地点、等级而不相同。坛和墠通常位于城郊，偶尔也有设于山上的。秦汉封禅礼，就是在泰山顶封土为坛以祭天，叫“封”；又在梁父山扫地为墠以祭地，叫“禅”——合称为“封禅”。

宫庙最初只是为人神而建造的，后来许多神灵有了庙，如土地庙、龙王庙、城隍庙等等。但社坛上不得盖房，否则被视为“丧国之社”。《周礼》以四时为基本节律，进行时祭以及各种分祭和合祭。对于家族来说，祠堂与宗庙一样，被确立为整个家族公共活动的中心场所，是维持家族存续和维系家族团结的纽带；对于个人来说，无论是大夫以上的有产阶层，还是无产的庶人，祠堂都是人成其为人的根本场所，祠堂祭祀使得人通过敬行孝道，而成为与鸟兽不同的文明的人类。程颐说，“惟人能知祖，若不严于祭祀，殆与鸟兽无异矣”，说的就是这个意思。

24.“楚狂接舆”与云间陆氏

战国初期周元王四年（前473年）越灭吴，周显王三十五年（前334年）楚灭越以后，上海地区就处于楚国控制之下。属于楚国的范畴，意味着地处江汉的楚文化对于上海地区的影响力，楚文化东来，为上海文化的最终形成增添了特别的养分——楚文化的元素。这里想说一说楚国与楚文化。

“楚”本是一种灌木的名称，也叫作“荆”，现在湖北省有个很有名的城市就叫“荆州市”。江汉流域的山林中荆棘丛生，荆，可用作薪柴，也可以有其他多种用途。成语有“负荆请罪”，可以说农业社会日常生活都离不了荆。远古时代，北方中原人就以“荆楚”来称呼江汉流域的一些南方部族，《诗·商颂·殷武》说：“维女荆楚，居国南方。”最先提到“荆楚”。唐宋时，孔颖达《春秋左传正义》说：“荆、楚一木二名，故以为国号，亦得二名。”沈括《梦溪笔谈》也说：“荆或为楚，楚亦荆木之别名也。”至此，约定俗成，“荆楚”成为一个专称楚族、楚国和荆楚地域的特有的称谓。

▲ 楚国青铜器

楚地是一个历史的地域概念，大体上以今湖北全境和湖南北部为中心，向周边扩展到一定的范围。当北方已经出现夏、商等国家后，南方楚地仍停留在原始的

▲ 楚文化是中国春秋时期南方诸侯国楚国的物质文化和精神文化的总称，是汉文明的重要组成部分

父系氏族社会阶段，散居的各氏族部落屡遭中原势力的压迫和征伐。但就是在这种持续千年的蛮荒背景下，逐渐孕育发展出楚民族以及其后的楚国家，并成为当时中国南方各部族融合的中心。楚人借天时、地利融汇了中原文化和南方土著文化，开创了独具异彩的楚文化。但是，构成楚部族主体的，却并不是江汉流域的土著，而是原居北方的祝融部落的一支（楚人奉祝融为始祖），这支部族迁移到江汉流域，不断地与周围的土著民族（九黎、三苗的后裔）相互融合，发展成为一支强盛的荆楚大族。

周朝初年，转投周王的荆楚族得到了中原王朝的支持，从而建立起自己的国家。从春秋时代开始，楚国迅速强盛起来，尤其是到了楚庄王时，楚吞并了周边的许多小国，成为一方大国。司马迁在《史记》中曾经这样比较过楚地与其他地方的民情风俗，他认为楚地“地广人希，饭稻羹鱼，或火耕而水耨，果隋蠃蛤，不待贾而足，地势饶食，无饥馑之患，以故呰（读音：zǐ）窳（读音：yǔ）偷生，无积聚而多贫。是故江、淮以南，无冻饿之人，亦无千金之家。沂、泗水以北，宜五谷桑麻六畜，地小人众，数被水旱之害，民好畜藏，故秦、夏、梁、鲁好农而重民。三河、宛、陈亦然，加以商贾”。最能代表楚文化风格的自然是楚国的青铜器和漆器，是老庄哲学和楚辞，是楚国极富浪漫色彩的祀神歌舞，是出自楚人之口的“三年不蜚（飞），蜚将冲天”的气势和“楚虽三户，亡秦必楚”的不屈精神。

“楚文化西来”，对于上海地区而言，其触发点是上海与春申君的结缘。《史记·春申君列传》记载：“（楚）考烈王元年（前262年），以黄歇为相，封为春申君，赐淮北地十二县。后十五岁，黄歇言之楚王曰：‘淮北地边齐，其事急，请以为郡便。’因并献淮北十二县，请封于江东。考烈王许之。春申君因城故吴墟，以自为都邑。”春申君黄歇与上海结缘，至今还留下上海简称“申”的痕迹，算是对这位楚人最好的纪念。至于“黄歇开黄浦”的故事，明《松江府志》中即载有黄歇小传，说在楚考烈王即位时封黄歇为春申君，后改封江东，“因城故吴墟，治水松江，导流入海，今黄浦实业。因其姓以名之，一曰春申浦”，其实“黄歇开黄浦”并无确凿的证据，只是后人的附会。遍查志书与史书，黄歇在公元前248年改封江东，到公元前238年为李园所杀，在江东的11年，并无开浦的记载。黄浦江的开凿是明代永乐年间的事，春申君所处的战国时期，与黄浦江八竿子打不着，只是民间故事而已。关于春申君其人，另文再说。

上海就没有楚文化的代表人物吗？也不是。上海史上，云间望族陆氏家族，是松江府见于史籍的最早的名门望族。陆氏家族可上溯到春秋时的“楚狂接舆”，正是这个“楚狂人”，使上海与楚文化发生千丝万缕的联系。“楚狂接舆”是什么人呢？史书记载，陆氏家族的始祖叫陆通，字接舆，是春秋时楚国的一位隐士高人。因为对当时社会现实不满，剪去头发，佯狂不仕，“躬耕以食”，因此被时人称为“楚狂接舆”。《论语·微子》曾记载道：（楚狂接舆）歌而过孔子曰：“凤兮凤兮！何德之衰？往者不可谏，来者犹可追。已而，已而！今之从政者殆而！”孔子下，欲与之言。趋而辟之，不得与之言。意思是说，这个“楚狂人”陆接舆唱着歌从孔子车前走过，他唱道：“凤鸟啊凤鸟啊！你的德行为什么衰退了呢？过去的事情已经不能挽回了，未来的事情还

▲ 楚狂接舆

来得及呀。算了吧，算了吧！如今那些从政的人都要危亡了！”孔子下车，想和他交谈。陆接舆很快就走开了，孔子无法和他交谈。陆接舆以《凤兮歌》讽刺孔子，谓“往者不可谏，来者犹可追”，并拒绝和孔子交谈，一时流传开来，影响很大。后世李白曾有“我本楚狂人，凤歌笑孔丘”之句，指的就是此事。

陆接舆，陆氏家族将其列为第一世。松江地方志中最早见于志书的陆氏家族的人叫陆续，据说已是陆接舆的第十七世孙了。陆续之子陆康，为东汉时期庐江太守，陆康之子陆绩，孙权时任郁林太守、偏将军。历史上的“陆绩怀橘”的典故，说的就是此人。说陆绩少时去袁术家做客，临别之际怀中掉落主人家几枚甘橘，主人笑，绩曰，橘子很甜，想归家孝母。袁术见其如此年幼且有孝母之心，大加赞赏。陆家其后也多有建树，《云间志》中有记载。上海陆氏家族这个姓比较庞杂，并非一支。东汉末大名鼎鼎的陆逊率族自庐江迁华亭谷，他很可能也是陆接舆的后人，此事值得研究上海姓氏文化的专家认真考证一番。

25. 秦代“驰道”极吴楚

公元前221年，秦始皇灭掉六国，都于咸阳，建立起专制主义的中央集权制的强大国家。他集三皇五帝的名号，合而为一，自称“始皇帝”，希望秦王朝能够千秋万代延续下去。司马迁《史记》记载：“县集而郡，郡集而天下，郡县治，天下无不治。”就是说，在全国行政区划上推行郡县制，分全国为36郡，以后又增加闽中、桂林、南海、象郡，凡40郡，这是《晋书·地理志》的说法。后来诸多学者考证，甚至多达51郡，郡下设县，当时天下有800多个县，“历代都行郡县制”。郡、县名称在我国延续时间很长，直到今天，县作为政区名称仍在沿用，可见其源远流长。

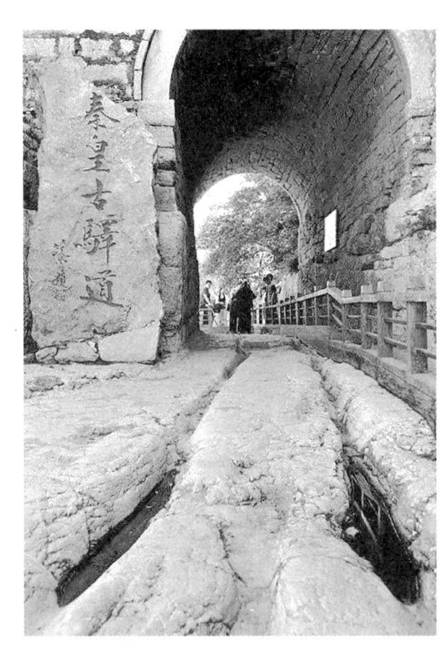

▲ 秦始皇时期的驰道“车站”

当时上海这块土地分属会稽郡治下的海盐、由拳、娄县三县，具体说来，由南而北，今金山区、奉贤区冈身以西地区属海盐县；松江区、青浦区及闵行区以西地区属由拳县；嘉定区西部属娄县。其中海盐县治所就在上海境内的金山区张堰镇南部，可以说这是上海地区设立县治的开始，相传汉留侯张良从赤松子游，曾经居于张堰镇，故名赤松里，亦名“张溪”“留溪”，为上海一段佳话。

秦始皇统一六国后，修筑了一条由咸阳经湖北、湖南而抵江苏、上海一带的宽阔驰道。据史载，驰道宽五十步，每隔三丈植树一株。

话说秦始皇以海内为郡县治天下，开始了周游全国的巡视，史书上说秦始皇曾经在公元前210年二月到过会稽郡，他率丞相李斯、少子胡亥等一批文臣武将南下巡游，曾通过松江西境和青浦南境的横山、小昆山、三泖地带，看到当地物产丰富，人众熙攘，水上交易繁忙——显然那时的上海还没有形成市镇。

曾经有过一种说法：秦始皇以东南有天子气，生怕吴越之地的人谋反，所以才动身南下巡视，到达了会稽郡山阴。有必要普及一下“会稽郡”的知识，秦朝置会稽郡，郡治在吴县（今江苏苏州城区），辖春秋时长江以南的吴国、越国故地。治所在山阴的会稽郡出现，则是东汉以后的事情，东汉中期析会稽郡浙江以北诸县为“吴郡”，会稽郡治所才移至山阴县（今浙江绍兴城区）。据中国地方志鼻祖《越绝书》记述，秦始皇到过会稽郡，并在会稽郡治所内都亭下榻，应该是吴县而不是山阴县，否则的话，又要闹出“牛头不对马嘴”的笑话了。

且不论秦始皇视察濒临东海的吴越之地到底出于何种动机，秦都咸阳距吴地千里迢迢，山重水复，道路艰险，他与一行随从到底是怎么过来的？这就涉及那个时代的道路与交通工具了。

史书上记载秦始皇即位之初就下令在全国修筑宽广的驰道。驰道以咸阳为中心，向东直达齐、燕地区，向南直达吴、楚地区。《汉书·贾邹枚路传》：“（秦始皇）为驰道于天下，东穷燕、齐，南极吴、楚，江湖之上，濒海之观毕至。道广五十步，三丈而树，厚筑其外，隐以金椎，树以青松。”所谓“驰道”，就是能够驰马通行的大道，把秦故地和原六国境内的旧道修筑连接起来，并加以扩建。秦统一天下后以国家的名义动员全国力量修筑驰道，并得以在几年内迅速建成，可以说形成了秦帝国在那个时代以咸阳为中心的全国交通网。

▲ 秦驰道上的马车

公元前212年，为防御北方匈奴侵扰，秦始皇令大将蒙恬修筑一条由咸阳直接向北延伸的直道，经上郡（今陕西榆林东南）、云阳（今陕西淳化西北），直达九原（今内蒙古包头西），全长达1 800余里，可以说是一条军用“高速路”。2009年，陕西省考古研究院的考古工作者对2 200多年前秦始皇时的“秦直道”进行首次大规模考古发掘，发现少量车辙、大面积建筑基址和汉钱等，考古成果证明了“秦直道”的存在是真实可信的。

秦代较为著名的驰道有9条，其中有通上郡的上郡道，过黄河通山西的临晋道，出函谷关通今河南、河北、山东的东方道，通东南的武关道，出秦岭通四川的栈道（秦栈道），通今宁夏、甘肃的西方道，通九原郡的直道（秦直道），从今南京到今秦皇岛的滨海道等。

按照《汉书》记载，驰道“广五十步，三丈而树”，经后世学者换算，驰道宽约50步（大约合69米），路面由铁椎夯打牢固，高出地面呈龟背形，所形成的坡度有利于排水。为了便于计算道路里程，驰道两边依据当地实情，每隔三丈植树一株，或青松杨柳，或槐柏榆桧，绵延间隔，壮观而秀美。驰道为三车道，中间为皇帝专用，未经特别许可，他人不得擅自使用，两边则为旁行道，可供吏民使用。设计一条驰道，可不是那么简单的事情，需要整体上的设计，还需进行路线勘查，很需要一种严谨的科学态度，而且施工过程严格。驰道宽阔平坦，在上面驾车，纵马速度很快。汉代人记录在驰道上驾车半日可以飞驰200里以上，这路基的质量应该是修筑得非常坚固的，这些道路在距驰道修成六七个世纪后，即在魏晋南北朝后期，其中很大一部分仍可以维持通行，这就是非常了不起的成就。

当然，根据《汉书·贾山传》“东穷燕、齐，南极吴、楚，江湖之上……道广五十步，三丈而树，厚筑其外……为驰道之丽至于此”的文字记载，就断定秦始皇在统一诸侯六国之后，修建了以咸阳为中心的全国四通八达的驰道、直道，恐怕也有点言过其实。试想一下，秦始皇在执政的十几年时间内，真的能够几乎从零开始，在全国的崇山峻岭地区、丘陵延绵地区、河道密布地区，依靠人力，以肩挑人抬、靠土石堆砌、拿铁锤铁锹的方式，填平百丈深沟筑起路堤，开挖千丈高山筑成路堑，架起万座特大桥梁，修筑使得12辆大车都能够并排前进的、路面宽度达到69米的“高速公路”来？想来也是不可能的。

历来人们对于秦始皇的书同文、统一货币、统一度量衡都无异议，唯独对于“车同轨”有不同见解。限于那时的生产力水平，要修筑路面宽度达到69米的宽广道路，应该是不可能的。但秦“车同轨”确有其历史贡献，统一“舆六尺”“轨六尺”的车辆，能够畅通无阻地直接到达全国的每一个角落，这是可以做到的，而且修筑驰道，有正史记载，有案可查。秦代驰道的修建，其历史功绩是不可小觑的，驰道与直道的修筑，有利于军事力量快速到达与集结，更有利于全国各地经济文化交流。公元前3世纪，中国人的驰道就是震惊世界的一项伟大成就。

文化发轫

26. 春申君其人

上海有一个“申”的别称，近世上海人常将上海叫“申城”，与此关联的则是老上海人将新闻纸唤作“申报纸”，既说明曾经跨越晚清、民国的《申报》影响之大，也说明上海人对“申”字别称的认同。为什么上海称为“申”呢？

上海这地方与春申君黄歇有关系吗？当然有关系。前文已经提及春申君黄歇其人，黄歇，生年不详，卒于公元前238年。《史记·春申君列传》载：“（楚）考烈王元年（前262年），以黄歇为相，封为春申君，赐淮北地十二县。后十五岁，黄歇言之楚王曰：‘淮北地边齐，其事急，请以为郡便。’因并献淮北十二县，请封于江东。考烈王许之。春申君因城故吴墟，以自为都邑。”这个记载说的“请封于江东”，一般认为“江东”就是今天的苏州到上海一带，春申君封吴，为治理苏州也作出过贡献，苏州人民为了纪念他的功德，苏州城隍神最早的就是战国四公子之一春申君黄歇。

黄歇系楚国江夏人，原籍楚国属国黄国（今河南省潢川县）。战国时期楚国大臣。黄歇其人博学多才，善辩。楚考烈王元年，以黄歇为相，封为春申君。公元前238年，楚考烈王病逝，春申君在前去奔丧之际，李园令人埋伏于棘门之内，杀死春申君及其全家。又据《越绝书》说春申君是被楚幽王所杀，这桩公案至今还是一个谜。

▲ 春申君黄歇

另一桩公案，是如今一般的著述都将春申君、孟尝君、平原君、信陵君相提并论，合称为“战国四君”或“战国四公子”。春申君黄歇是“公子”吗？答案也是否定的。“公子”一词，在先秦时的含义是“诸侯之子”，后来才用在豪门子弟身上。楚国芈（读音：mǐ）姓熊氏，但春申君姓黄，自然不是楚国的王姓。他既不是王公贵族的子弟，也与楚国王室没有血亲关系，且他的前辈家族甚至没有任何人在楚国或其他国家担任高官。黄歇之所以被楚国两代君主重用，是因为他游学博闻和治国的本事。公元前273年，黄歇出使秦国，正赶上秦国与韩国、魏国谋划一起进攻楚国。黄歇于是上书劝秦昭王说，秦国和楚国是最强大的两个国家，如果秦国欲攻打楚国，必然会导致两败俱伤，很容易使韩、赵、魏、齐等国家得渔翁之利。这还不如让秦、楚结盟，然后联合起来一起对付其他国家。秦昭王读了谏书如梦初醒，立即下令停止攻楚，楚国因此转危为安。其后，黄歇同楚国太子完一起到秦国作人质。公元前263年，楚顷襄王病重，太子完要求回国，却被秦王拒绝。黄歇帮助太子化装逃出秦国，自己留下来顶罪。秦王得知后大怒，逼令黄歇自杀，幸好有应侯范雎（读音：jū）在一旁劝阻："歇为人臣，出身以徇其主，太子立，必用歇，故不如无罪而归之，以亲楚。"这样，黄歇才免于一死。仅这两件史事，可见黄歇的勇气与才干。元代学者许衡评价说："战国之四君，其可称者，唯一春申耳。至如孟尝、平原、信陵三子，乃尸位素餐者也。"黄歇虽出身不是"公子"，却可以凭借才能、学识、功劳与商君商鞅、武安君苏秦等相提并论。所以，司马迁将春申君、孟尝君、平原君、信陵君联系在一起，称为"战国四公子"，后人也就一再因袭，"战国四公子"的称呼也就这么传了下来。

▲ 黄君孟夫妇墓出土的青铜器"黄夫人壶"

黄歇封地从淮北迁至江南，以吴郡为首邑，上海一带在其领地之内。于是上海便有"申"的别称，春申君黄歇就此也与上海古代历史结缘，后人以"申"或"春申"作为上海的代称，可能源始于此。由于上海古代以所在地域"申"作为代表，清代及晚近许多文人墨客撰写的诗文，如李行南的《申江竹枝词》，及后来的《申江十景》（1828年）、《申江十美》（1858

年，后载《淞隐漫录》）和《申报》（1872年）等广为流传，已历200余年，遂为上海的别称。

至于黄歇与黄浦江的开凿，却只能是民间传说。民间甚至还流传着一首儿歌：“唧唧唧，唧唧唧，爷娘去开黄浦江，尔后再开春申塘，领头的大爷叫春申君，住在俔村黄泥浜。”编述的成分太多，年代落差也太大，黄浦江的大规模开凿是在明代，而非战国时代。

这种传说是从宋代单锷《吴中水利书》的一段记载开始的，根据这本书“春申浦”的记载（今闵行区有“春申塘”，又名“莘村塘”），西起蟠龙塘，经莘庄入黄浦江。但越传越走样，春申君有“春申浦”治水的业绩，那是一条连接吴淞江支流的古河道，一些人不明就里地将黄歇与黄浦江的开凿联系在一起，确实有点“关公战秦琼”，后传闻越传越邪乎，不胫而走，从一条上海闵行区的小浜“春申塘”，传成“春申江”，继而传成春申君开凿“黄浦江”了。

南北朝《水经注》、唐代《元和郡图县志》、宋代《太平寰宇记》等重要典籍均无“黄浦”记载，假如战国的春申君黄歇曾开凿过黄歇浦（或春申塘），为什么一些历史水利文献却丝毫没有踪影，甚至连传闻或轶事都不见记载？《云间志》中也未见记载。据褚绍唐先生考证：“黄浦”之名，始见于南宋绍兴二十八年（1158年），高子风为西林（今浦东三林塘之西）南积教寺所作的碑记；一直到元代任仁发（1254—1327年）的《水利书》中，才载有“黄浦江”之名。最先把黄浦江同春申君黄歇挂上号的，是明《弘治上海志》中引用了御史冯允中的一首诗："黄歇江头晓问津，东风初转浪花新。数声寒雁余霜后，半日荒城到海滨。"这首诗开黄歇与黄浦传说之先河。可以说，将黄浦江说成是春申君所开凿，乃是后人，特别是今人的附会所致。

27."言子"事迹

2017年3月5日下午，习近平总书记来到他所在的十二届全国人大五次会议上海代表团参加审议。总书记特地问起了"奉贤"的含义，当时有人大代表告诉总书记，"奉贤"其名是"敬奉贤人"的意思，这则报道成为一段佳话。不过，奉贤得名除了"奉子游之贤"说之外，还有一种"以泾得名"说，即奉贤"因原有水道奉贤泾得名"。这种说法始于清黄之隽《浚青村城濠记》："吾郡诸水，以泾、港、塘、汇名者百数，奉贤者泾之一也，华亭既分，遂以名。"载于清《重修奉贤县志》卷二《建置志》。两种说法，各抒己见。在《上海地名志》里没有采信"奉子游之贤"说。编者的理由是："据谭其骧《上海大陆部分海陆变迁示意图》及1987年《(奉贤)县志》所附'奉贤县堤线变迁图'知公元4世纪时，海岸犹去冈身不远。当公元前5—6世纪时，奉贤今境大部犹为冈身外的浅海，且南桥、奉城两镇根本并不存在，言子虽'贤'，何得在海上讲学？其属于附会是十分自然的，故虽称'佳话'，但终非事实。"所以还是搁置争议，留待日后更多的材料来证明。

奉贤得名于"敬奉贤人"之说，经官方媒体助推，影响很大，传播广泛。在此很有必要说一说“言子”其人的事迹。言子，名偃（前506—前443年），字子游，又称叔氏。汉族，春秋时吴地常熟人。言偃出生于吴地，成年后到鲁国孔子门下求学，从言偃的年纪来看，他比孔子年轻45岁，当是孔子晚年的学生。孔子有弟子三千，贤人七十二，言偃即为七十二贤人之一，而且特殊之处在于，言偃是这七十二贤人当中唯一一个南方人，所以孔子说过：“吾门有偃，吾道其南。”意思是，我的学生中有言偃，我的学说可以向南方传播了。

▲ 言偃——礼乐教民独亦帜，继承儒学传南方

有学者经研究认为《礼记·礼运》篇是“子游氏之儒的主要经典”，是言偃或是他的弟子假托与孔子对话发挥关于“大同”“小康”之说的一番议论。据说有一次，言偃陪同孔子参加腊祭，祭祀之后，言子看见老师孔子在宗庙外长吁短叹，他好生奇怪，便问：“老师为什么叹气？”孔子说：“我没赶上大道实行的时代和夏、商、周三代，可心总是向往啊！”接着，孔子滔滔不绝地向言偃描绘了大同社会的美景，认为“天下为公”的社会已经成为历史往事，而在“天下为家”的情况下，提倡以礼来约束，便可达到“小康”的理想境界。

彼时江南，尚为草莽未辟的蛮荒之地，吴地民风剽悍，吴人性格豪放、为人直爽。言子的性格也是直来直去，性格很是率真。春秋战国时代，文化奔流、个性飞扬，大碰撞，大融合，作为吴地之人的言子，却去了鲁国担任“武城宰”的官，这个官职就如同楚人伍子胥、范蠡来到吴国与越国出谋划策一样。言子在鲁国做武城宰时，用老师传授的礼乐来教化民众。孔子跑来视察，听闻处处有弦歌，于是笑着说：“杀鸡焉用牛刀？”言子不解地反问：“老师不是教诲我们，上层人士学礼乐，就会有仁爱之心，民众学礼乐，就容易治理吗？”孔子自知失言，即对众弟子说：“大家听着，言偃的话是对的，我刚才不过开个玩笑罢了。”武城有个人叫澹台灭明，长相奇丑，许多人以为他才薄。一次孔子到武城问言偃：“你在这里得到什么贤人没有？”言偃说：“有澹台灭明者，行不由径，非公，未尝至于偃之室也。”“行不由径”就是不投机取巧，不急功近利，走路不抄小道，没有公事从不到我这里来。言下之意，此人品行端正，不对上司溜须拍马，是一个可以重用的人才。孔子听罢长叹道：“吾以貌取人，失之子羽。”这些都说明直率的言子心目中所认知的礼，正是礼的本质内核，而非繁文缛节的表面文章。言子曾说“丧致乎哀而止”，意思是办丧事关键是诚心哀痛，表面上铺张隆重应该省去。言子很鄙弃丧家雇人号哭的流弊，虽然哭得比唱歌还好听，但他以为这大大背弃了礼的内蕴。南宋朱熹曾经这样评论言子：“持身以灭明为法，则无苟贱之羞；取人以子游为法，则无邪媚之惑。”

孔子去世后，言子回到故乡吴地常熟收徒讲学，其后学在战国时期形成了颇有影响的学派，相传周贞定王二十五年（前444年）言子来到东海之滨开设学馆，以

▲ 言偃墓地

儒学礼仪教人育德，被海隅百姓尊为“贤人”，清雍正三年（1725年）奉贤建县，咸丰五年（1855年）奉贤知县陈星焕撰《重修文庙碑记》说：“奉贤者，奉子游之贤也。……旧志以为子游尝至此，故以名。”“子游至此与否，不可知。而里人之谈轶事，追芳躅慕圣人学道之训，遂觉弦歌雅化，如在青村远近间。”1986年12月，上海著名学者胡道静先生为新编《奉贤县志》作序：“奉贤命名，有其历古传说，谓孔门高徒言偃尝过此地。……逮至建县，援为嘉名。……传说之成佳话，又何伤其为传说也。”胡道静先生说得真好，“传说之成佳话，又何伤其为传说也”。

言子事迹，历时久远，2 500多年过去了，言子生命的精神价值并未烟消云散，依然留在人们的心中。

28. “吴子寿梦，始筑华亭”

说起“华亭”地名，许多人都喜欢从三国时代的吴国说起，这是不完全的。

建安二十四年（219年），东吴孙权手下大将陆逊，因巧计胜关羽，致关羽大意失荆州，东吴取得胜利。为褒奖陆逊，封右都督陆逊为华亭侯。《三国志·吴书·陆逊传》记载此事：“东汉献帝建安二十四年十一月，陆逊因军功，被孙权封为华亭侯。”上海现存最早志书《云间志》也说：“县之得名，《通典》《寰宇记》云：地有华亭谷，因以为名。”“顺帝永建四年，分浙江以东为会稽郡，西为吴郡。华亭吴郡地，犹未见之史传。孙氏霸吴，尽有其地。建安二十四年，封陆逊为华亭侯，始见之《吴书》矣。”以上史籍所记华亭都与陆逊有关，时间是公元219年，距今约1800年。陆逊受封之前，已有“华亭谷”。陆逊这个“侯”，与刘备的“宜城亭侯”一样，是亭侯。唐天宝十载（751年），割昆山南境、嘉兴东境、海盐北境置华亭县，县治今松江城区。

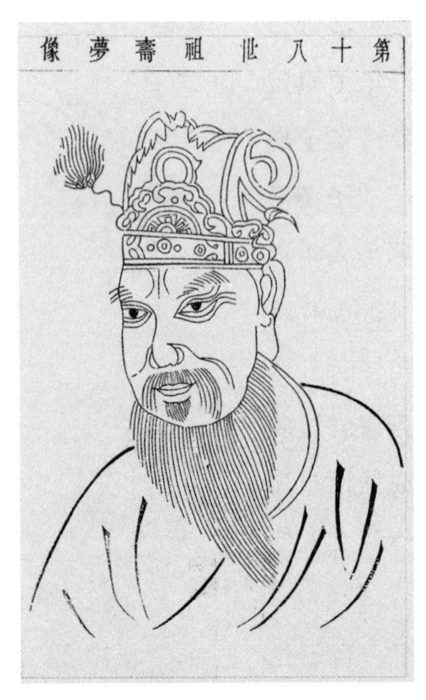

▲ 吴王寿梦像

据说在20世纪90年代，苏南浒关真山上发掘了2座春秋中晚期墓和3座战国晚期墓，其中有一座的墓主就是吴王寿梦，说明春秋时期的吴王寿梦确有其人。周简王元年（前585年），那一年也是吴太伯十九世孙寿梦称吴王的寿梦元年，吴国君主寿梦曾“筑华亭与其国之东，松江之南，以为亭留宿会之处”。从“吴子寿梦，始筑华亭”到三国时期孙权授予陆逊“华亭侯”，时间跨度有800余年，这说明华亭作为一个名称，很可能是早先有一个构筑物，因为有“留宿会之处”的功能，是停留会所，必当有其具体的建筑形制，只是历史太过漫长，今天不可能再复原古老的“华亭”之会所原貌。具体的物质形态消失了，“华亭”的名字却延续了下来。那时候，上海地区东部尚有一小部分没有成陆，鸥鸟翔集，白帆点点，人们就称这一片海为“华亭海”“华亭谷”。华亭地名或许为这块地方增添了神秘的色彩，上海松江地区还有诸如“五茸”图景、唐幢流云、云间美誉、华亭鹤唳等，唐天宝十载，朝廷将嘉兴东境、昆山南境、海盐北境始设置华亭县，就是顺理成章的事情。

说起华亭的陆氏家族，真是赫赫有名。陆逊因军功显赫被封为华亭侯，后官至东吴丞相。从此，古代上海地区就成为陆逊的封地。陆逊的次子叫陆抗，也是东吴的一位将军。据《晋书》《世说新语》等史籍记载，陆抗的儿子陆晏、陆景等，在抗击晋军时身亡。陆抗的另外两个儿子，哥哥叫陆机，字士衡，弟弟为陆云，字士龙，在东吴灭亡（280年）时才20岁。两人退居华亭，闭门苦读，历时10年之久。两人所作之文名倾天下，成为中国文学史上的“西晋二陆”。晋太康末年，陆机、陆云兄弟离开华亭，来到首都洛阳。丞相张华很重视陆机兄弟的门阀身份与才能，将他们推荐给朝廷任职。京师名宦文士争相邀见，二陆酬答繁忙。有一次，陆云与京师名士荀隐在张华府中相见，张华对陆云与荀隐说：你们都是名士，不必说一般客套话了。陆云遂拱手自报字号："云间陆士龙。"荀隐回答："日下荀鸣鹤。"鸣鹤乃荀隐字，日下指首都，荀隐为颍川郡人，与洛阳相近，故作此语。两位名士的自我介绍，一时名扬天下，时人称为"名对"。从此，云间成为华亭的雅称。后人常以云间代指华亭，如南宋绍熙四年（1193年），杨潜、朱端常等所纂的《云间志》，就是记载华亭县事的县志。

陆姓不仅是上海地区大姓，而且在苏南也是望族。自三国时期孙吴"华亭侯"大将陆逊之后，晋代有陆机、陆云，唐代有著名学者与诗人陆龟蒙，明代以来，上海名门望族，华耀相望。陆深（1477—1544年）祖父陆璿，"喜读书求学问，又好搜罗古代法书名画鼎彝之属，陆家至此已颇有斯文气息"，父陆平，"幼事儒业，通大义"，"喜书法，真、行、草书皆有晋唐风致，常扶杖漫步田间，颇有林泉高士之风"。到明代，陆氏后人依然发达。明弘治十八年（1505年）陆深考进士，中二甲第八名，进翰林院，做过编修、南京礼部主事、延平府同知、山西提学副使、四川左布政使、太常寺卿兼侍读学士等官职，去世后又赠以吏部右侍郎，赐谥"文裕"。后人评价，陆深为官近40年，"练达朝章，兼通今古，其所论议皆可施行"，尤以文章知名于世，于书法、赏鉴也有精深造诣。陆深的仕宦生涯，使陆氏一族步入了世家大族的行列。

当今上海之地标——“陆家嘴”，即来源于陆深的“后乐园”之故地。相传明嘉靖三年（1524年），陆深在黄浦江边建“后乐园”“俨山精舍”等为隐居之地。明代正德年间，时在朝廷任太常卿侍读学士的陆深，抱忧归里，在浦江边上一湾岸渚，运土筑岗，拓建“后乐园”，园名取意宋代范仲淹的名句：“先天下之忧而忧，后天下之乐而乐”。陆深去世后，又奉敕葬于后乐园旁。嘴角之地因陆深的故园和墓葬，便有了“陆家嘴”这一地名。清秦荣光《上海县竹枝词·古迹》：“邻簧（读音：hóng）高阁峙城中，后乐园当黄浦东。柱石俨山多胜景，陆家嘴没径蒿蓬。”作者原注：“邻簧阁，在长生桥南，陆深宅。今其地称陆家宅。后乐园，在黄浦东，陆深旧居。有柱石坞、俨山精舍。今其地称陆家嘴。”陆深在上海城里有住宅，是为文庙边上的“邻簧阁”，而陆深在浦东的祖宅，就被叫作陆家嘴。后来人们将此地呼为陆家嘴，以示敬意。明代嘉靖三十二年（1553年），倭寇为患，为抵御倭寇的侵扰，上海县组织筑起了上海城墙。筑城中，深明大义的后乐园女主人、陆深夫人梅氏毅然决定，捐田五百亩，另出金二千两，拆房数千楹，所得全部用于助筑县城的小东门。后人为了纪念陆深夫人的义举，称小东门为“夫人门”。方浜是黄浦江浦西支流，在小东门水门流入城内，陆深夫人又捐资在小东门外方浜建石桥，这座桥就叫“陆家石桥”，因陆深是大学士，又叫作“学士桥”，该桥景色后来成为“沪城八景”之一的“石梁夜月”。

29. 康僧会与龙华寺

学者何兹全（1911—2011年）编有《中国历代名僧》一书，其中专门有“最早到江南传教的康僧会”的述论，“康僧会”者，就是上海龙华寺的创始人。《高僧传》卷一这样介绍康僧会：“康僧会，其先康居人，世居天竺。其父因商贾，移于交趾。会年十余岁，二亲并终，至孝服毕出家。励行甚峻，为人弘雅有识量。笃至好学，明解三藏，博览六经，天文图纬多所综涉。”

康僧会（？—280年），其祖先是西域康居国人，世世代代住在天竺（今印度）。他的父亲经商移居交趾（今越南北部）。在康僧会十几岁时，父母先后辞世，康僧会遂出家为僧。辗转来到建业（今江苏南京），受到东吴国主孙权的青睐，奉敕建造龙华塔。《龙华寺舍利记》中有这样一段记载：“……康僧会道德高重，路过龙华荡，神龙让宅，结茅修行。王（孙权）诏僧见……敕建塔十三，龙华其一也。”因塔建寺，康僧会是龙华寺的建造者和创始人。另据记载，静安寺也是由康僧会一手筹建的，静安寺原是一座古老的佛教寺庙，原名沪渎重玄寺，因犯清圣祖讳，后改为重元寺，那是后话了。僧人康僧会力主重建沪渎重元寺。重元寺原址在吴淞江边上，因江流长年累月的冲刷，几近坍塌，故于南宋嘉定九年（1216年）移建于法华镇的芦浦沸井浜边，也就是现在的静安寺所在地。

▲ 康僧会像

分析当年康僧会到达上海地区的路径，应该是从交趾经上海，再到南京，奉吴王旨再折回上海建寺。康僧会当时最佳的选择路线应该是水路，这位僧人在长江的入海口登陆，最先在上海境内的今龙华地区发现了建造佛塔的风水宝地，然后沿长江口溯流而上，到达南京，陛见吴主孙权，他向吴王进献了佛舍利子，吴王请他主持修建上海的寺庙，所以现在的许多研究者都把康僧会视为上海地区境内佛教的开山鼻祖，应该是没有什么问题的。

三国时吴国孙权控制整个江南。佛教传入中国不久，在吴地江南，风习教化尚未普及。康僧会欲使佛教在江东得到信众，需广泛传播，故修建寺院成为他的使命。于是康僧会拿起锡杖，云游江南各地。他起初的弘法之路一定是很艰难的，先在茅草丛生之处搭起房舍，在大道之旁供起佛像。那时的江南民众尚不识佛教义理，见此僧人行动诡异，遂“疑为怪异”。有官员向孙权上奏说：“有怪人入境，自称沙门，样子和服饰不同一般，应该加以仔细检察。”话传到孙权那里，孙权思前想后，说：“过去汉明帝梦见神明，号称为佛，奏中所说之事，难道是他的遗风吗？”随即召见康僧会，问他：佛教是什么？有何灵验？

康僧会请求给他七天的期限，并对自己的信众与弟子们说：“佛法在吴地的兴废，在此一举，现在如不拿出最大的虔诚，后果将不堪设想。”于是他和从人将斋堂打扫干净，将铜瓶放在几案之后，烧香跪拜，恭请佛祖赐给舍利。但是七日之限已经完毕，却仍寂然无声。康僧会要求再延长七天，七天之后，仍然如此。孙权说："这是欺诈。"准备给他定罪。康僧会又请求再延长七天，孙权又破例答应了他。到第三个七天的傍晚，还是什么也没有看见，弟子们个个都感到惊慌害怕，师徒们继续跪拜祈祷。到了五更时分，忽然听到瓶子里锵锵有声，康僧会上前一看，果然是佛祖舍利。相传康僧会向孙权宣扬佛法，得佛舍利13颗，吴王孙权大喜，下令营造13座宝塔，龙华寺塔就是其中之一。吴地最早的寺庙名"建初寺"，是为江南佛寺的发端。由此开始，江东一带佛法大为盛行。其后历经南北朝，到唐代，诗人杜牧写《江南春》诗："南朝四百八十寺，多少楼台烟雨中。"盖极言南朝寺庙之多。南朝由于佛法兴盛，帝王提倡佛教而造寺塔者颇多，其后妃、公主兴造寺塔之风尤盛，故南朝寺院林立，且以木材构筑者居多，绝大部分佛寺皆在都城建康（今南京）。康僧会奉敕修寺，把他定位为上海境内佛教的开山鼻祖是恰如其分的。

▲ 龙华塔

龙华寺位于上海市南郊龙华镇，是中国著名的佛教名刹之一。1983年，被国务院确定为汉族地区佛教全国重点寺院。关于龙华寺的始建年代，现在说法不一。始建年代有说三国东吴赤乌五年（242年），另说在东吴赤乌十年（247年），也有说建于唐垂拱三年（687年），确切年代不可考，可确认者建于公元3—7世纪间。唐乾符（874—879年）毁于战火，宋太平兴国二年（977年），吴越王钱弘俶重建，宋治平元年（1064年）改称“空相寺”。空相寺于宋、元交替之际毁于兵灾，明永乐年间（1403—1424年）重建后，改称“龙华寺”。其后又多次毁于战火，经历代重修，今寺为清光绪年间（1875—1908年）重建，最上层中悬有清光绪二十年（1894年）铸造的青龙铜钟，高约2米，直径达1.3米，重5吨余，“龙华晚钟”也是昔日的“沪上八景”之一。

据沪上佛学研究很有心得的笔名“善无畏”先生所考，他坚持龙华寺由康僧会创建的观点，认为龙华寺创建于三国东吴赤乌年间（238—251年），唐垂拱三年正式建立殿堂，并形成一定的寺院规模。在吴王孙权的支持下，康僧会在江南一带广传佛教，三国吴赤乌五年，康僧会路经上海龙华荡，在此建立茅棚，设像行道，始有龙华寺。寺旁的龙华塔则成于吴赤乌十年。据说，康僧会还做过一件至今对上海乃至周边地区影响深远的事，那就是他曾在龙华寺附近设立“沪生堂”，传授自印度流传过来的制糖之法，造福于当地百姓。

30. 何处“沪渎垒”

《晋书》《资治通鉴》等史书文献都记载，晋安帝隆安三年（399年），有孙恩凭借其海盗团伙的兵力优势，攻陷沪渎城。孙恩作乱，从定海向北，沿海骚扰。时上海属吴郡，由吴郡太守袁山松（一作袁崧）守备。袁山松就在吴淞江旁修沪渎垒防卫，隆安五年（401年），孙恩寇沪渎，袁山松遇害。袁氏在晋代本是望族，守卫沪渎如此忠勇，所以在地方上早有纪念他的祠祀，对他推崇备至。南北朝时期刘义庆等撰《世说新语》也提到了发生在公元5世纪初上海周边沿海的这场战事，说明那一仗打得很是惨烈。

“沪渎”一词，说白了，就是在吴淞江下游近海的河口段，是为江海要冲之地。所谓“渎”，本意是不受任何阻碍直奔入海的江河，也是太湖流域古代专指河段的名称，如公元前11世纪的泰伯渎（在今无锡），三国时期吴国（江苏句容至丹阳）的破岗渎，均称“渎”。元嘉十一年（434年）姚峤指出：“二吴（吴郡、吴兴），晋陵，义兴四郡同注太湖”，由于“松江沪渎壅噎不

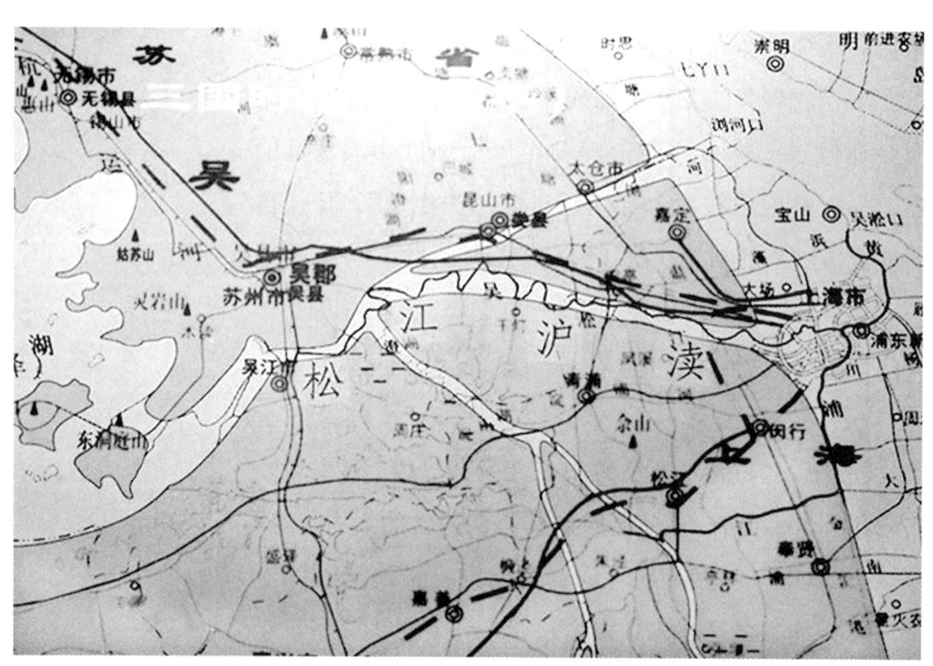

▲ 三国时期的吴淞江沪渎示意图

利”，造成太湖上游泛滥成灾。《吴郡石像碑记》（550—551年）记载，“吴郡娄县界，松江之下，号曰沪渎”。这些史料都说明“沪渎”是吴淞江下游的入海河口段。

而“沪渎垒”则是在吴淞江入海口修建类似堤坝的工程，《晋书·虞潭传》记载：“（虞）潭为吴国内史（相当于苏州太守），成帝时（326—342年），年荒，百姓饥馑，潭修沪渎垒，以防海抄。”又《资治通鉴》记载，“晋隆安四年（400年）冬十一月，吴国内史袁崧筑沪渎垒，以备孙恩”。这些史料记载，说明历史上为应对战事需要，沪渎曾经有过两次筑垒的过程。“垒”这种类似堤坝的工程，在古代防守时也具有军事工程的意义，如“垒培”，即指军营中的围墙等防御工事；“垒尉”，一种职官名，掌理警卫营堡、缉捕盗贼的武官；“垒和”，指军营的大门；“垒口”，营垒的入口；“垒舍”则是营房的代称；其他如“深沟高垒”“两军对垒”等。在吴淞江出海口修筑沪渎垒，说明上海也曾经是古战场。东晋时代，虞潭、袁山松们为了防御农民起义的孙恩，先后在此筑工事和城堡，人们称之为沪渎垒。诗云：“沪渎东濒海，鱼虾入网罗。旌旗屯战舰，鼓吹杂渔歌。落日明孤垒，连天起巨波。袁虞不复作，折戟渐消磨。”

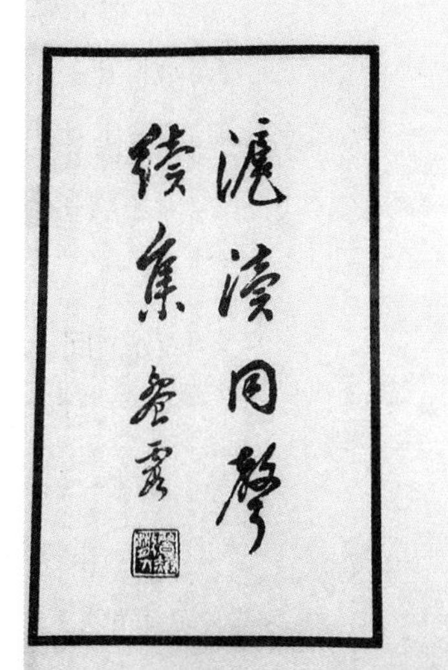

▲ 民国上海名人诗歌雅集《沪渎同声续集》线装本影印

成书于1193年的华亭县志《云间志》载：“沪渎旧有东、西二城。东城广万余步，有四门，今徙于江中，余西南一角。西城极小，在东城之西北，以其两旁有东、西芦浦，俗呼为芦子城。”清代嘉庆《松江府志》也有与《云间志》类似的记载。元《静安八咏集》载：“寺之乾维，早有芦子二城。东城延袤万余步，有四门，尽啮于江；西城差小，遗址犹存。渡淞江者必由是取道，故名。”到元末明初，“无复有垒”，说明“芦子城”早已荡然无存了。人们不禁要问，沪渎垒的遗址今天究竟在哪里呢？现在也是众说纷纭，有说在今青浦区青龙港遗址的，有说在松江的，莫衷一是。

尽管沪渎“徙于江中”，历代前贤还是饶有兴趣地探寻“沪渎”的具体地点，根据《云间志》有关“沪渎”的记载，其中有些蛛丝马迹可供查考：

其一，“静安寺，在沪渎。按寺记，吴大帝赤乌中（约247年）建”。查静安寺，初名沪渎重玄寺（亦称“重元寺”），原址于宋嘉定九年（1216年）因逼近吴淞江岸，迁至芦浦沸井浜，即静安寺今址，原址可能毁于江中。

其二，“通济龙王祠，在沪渎。叶清臣《祭沪渎龙王文》（1038年）致祭于沪渎大王之神”。叶清臣为了治理水患，祭祀沪渎龙王神，作祭文，盘龙汇介在华亭、昆山之间，这就是说，沪渎垒可能在今青浦区境内。

其三，陈林《隆平寺经藏记》（1082年）：“青龙镇，瞰松江，据沪渎之口。”查青龙镇在今青浦区东北旧青浦，白鹤以东，重固以北，北滨青龙江，看来也不太可能。

其四，“沪渎江，据吴郡图经续记：松江东泻海，曰沪渎海，亦曰沪渎。……旧图，沪渎江口在县东北一百十里”。《云间志·乡里》：“高昌乡，在县东北一百二十里。”那么沪渎江口相对位置可能在今浦东高桥与东沟之间，那里曾经是古代高昌乡的位置。

关于沪渎遗址，晚近士人也有两种说法：

一位是旧上海《字林西报》主笔李德立先生，他认为黄浦滩（外滩）苏州河南岸，原英国领事馆就是建在沪渎垒旧址上。另一位是著名报人曹聚仁先生，他认为，其位置还应该再靠西，“西城”小一些，在静安寺东北，“东城”大，宽万步有4个门在古范家浜……

元代静安寺住持寿宁辑录的《静安八景》，其中就有“沪渎垒”“芦子渡”等；后来演变为“沪城八景”，其中有“黄浦秋涛”“凤楼远眺”等景色。元末平江路（即苏州府）总管贡师泰作《吊袁山松》诗：“避难吴淞江，出游沪渎垒。”沪渎垒既然具有军事工程的意义，战场不可能距离繁华城镇很近，而应该在吴淞江的

▲ 民国著名报人曹聚仁

入海口附近，因缺乏史料，精确的位置已很难考证。据推测古沪渎垒在今静安寺西北方向，大约距旧上海县城10里的地方。也就是说，沪渎垒应该在芦浦沸井浜，即今静安寺附近，包括万航渡路、曹家渡到外滩的广大地区，实际上它包含了当今上海市区的大部分地区，这些地区都应视为沪渎垒旧地。

沪渎和沪渎垒之名中的“沪”，后来就成为上海的别称。“沪”之沿用至今，满含着上海先民对于江河与海洋的感激与敬畏。

艺文滥觞

31.“法帖之祖”《平复帖》

前文已经介绍过“云间二陆”，分别指鼎鼎大名的陆机、陆云兄弟。陆机（261—303年），字士衡。东吴名将陆逊之孙，陆抗之子。吴亡后入晋，官至太子洗马、著作郎、平原内史，世称陆平原，后为司马颖所杀。“少有奇才，文章冠世”（《晋书·陆机传》），以文学见名于时，他与其弟陆云并为我国西晋时期著名文学家，史称“二陆”。他们在赴洛阳之前，苦熬寒窗，很有文名，到了西晋都城洛阳，得到西晋大臣、文学家兼博物学家张华的赏识。张华盛赞“二陆”年轻才俊，人才难得。

▲ 陆机像

说起陆机，就不能不说他的书法《平复帖》。陆机用秃笔写于麻纸之上的这个帖子，墨色微绿，笔意婉转，风格质朴平淡，其字体是草隶书。作品幅面也不大，但它写于西晋时期，是传世最早的名家法帖，也是历史上第一件流传有序的珍贵墨迹，有“法帖之祖”“中华第一帖”之美誉。据专家考证，它比《兰亭序》的书写时间早79年，而且该帖是真迹，若与留传下来的《兰亭序》唐朝摹本相比，则早360年以上。

《平复帖》所处的两晋时期，正是中国文化史上一个冲突与融合并存的时代，自西汉以来儒学的地位已经开始动摇，文化呈现出多元发展的态势，边疆民族带来的草原游牧文化也融于中原文化。时天下纷扰之际，士族文人多不以道义为重，儒学中衰。旷达之士，目击衰乱，不甘隐避，则托为放逸，遂开清谈之风。晋室之兴，世乱未已，向秀之徒，益尚玄风。玄学与印度东传之佛教交汇，中国文化逐渐转变为儒释道融合之状况。边疆文化、中原文化、江南文化，在动荡的局势中并未影响它们的交流与创新，使之脱离儒教的束缚而得长足的发展。在书法方面，书体由隶书走向多元化，各种书体相互发展。《平复帖》就是草书演变过程中的典型书作，表现出浓厚的隶草风意，但又没有隶书那样波磔（读音：zhé）分明，字体介于章草、今草之间。细观此帖，书风古拙，刚劲质朴，字间虽不连属，却洋洋洒洒，令人赏心悦目，堪称书法演变过渡时期的典范之作。

谈论中国书法章草的演变，可能书法界之外的人不甚关注，它的源头却必须首推到西晋陆机的《平复帖》。迄今为止被推为“流传最早的存世墨迹”，这决定了《平复帖》在中国书法史中独一无二、至高无上的地位。

陆机是幸运的，他用秃笔书写的《平复帖》，苍劲郁勃，共9行84字。这个帖子历史上很少有人能够诵读和解析全文，据说现代书法大家启功先生能识得全文，殊非易事，可见启功先生深厚的学养与功力。

陆机所书《平复帖》的内容，是问候顾贺循（字彦先）病情的一份信札。陆机与顾贺循是好友，情志相投，交往深契，平时常有诗文唱和。而至晋惠帝太安二年（303年），更大的战乱又起，在平叛大战即将打响之际，领军受命的陆机想到了既是文朋又是战友的顾贺循，挥毫写下了此封问候邀请的信札。尽管此战以失败告终，陆机还为此走上了刑场，付出了生命的代价，但却留下了"天下第一祖帖"——《平复帖》。人们常说，

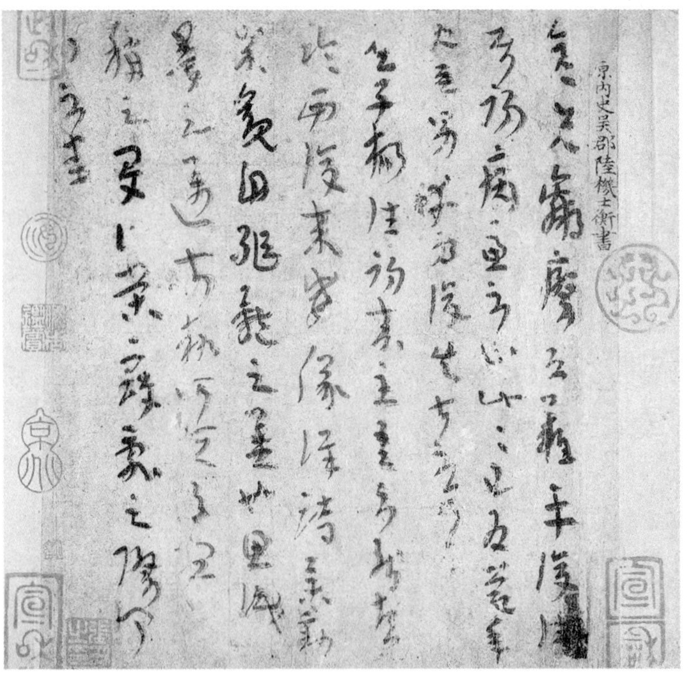

▲《平复帖》

历史喜欢作弄人。历史，包含了无数的可能。有些看似可遇不可求或在不经意间完成的事项，却会产生巨大的嬗变和永恒的影响，《平复帖》就是如此。原先不过是陆机问候好友的一封信札，但一经出现，却进入了历史，成为一种文化现象，历代记载评述不断，文献考据纷繁复杂，形成了它漫长而又复杂的文化传播的力量。

在陆机《平复帖》的流播与传递过程中，宋徽宗是个关键人物，他“得此帖大喜”，泥金在前隔水黄绢上题签“晋陆机平复帖”瘦金书签。首先把陆机和《平复帖》联系在一起，并于角上加盖“政和”“宣和”小玺，又于拖尾骑缝处加盖“政和”连珠玺印，从而确定了《平复帖》为陆机真迹的历史地位。根据尾纸董其昌、溥伟、傅增湘、赵椿年题跋，可知《平复帖》历代递藏情况。此帖宋代入宣和内府，明万历间归韩世能、韩逢禧父子，再归张丑。清初递经葛君常、王济、冯铨、梁清标、安岐等人之手归入乾隆内府，再赐给皇十一子成亲王永瑆。光绪年间为恭亲王爱新觉罗·奕訢（读音：xīn，1833—1898年）所有，并由其孙溥伟、溥儒继承。后溥儒为筹集亲丧费用，将此帖待价而沽，经傅增湘从中斡旋，最终由张伯驹以巨金购得。张氏夫妇于1956年将《平复帖》捐献国家。

▲ 民国收藏家张伯驹

不论怎么说，陆机《平复帖》初由宋徽宗收藏，此后数次易手，历经坎坷，得以完好保存，实在是一件幸事，这篇墨宝有幸流传至今，也有许多爱国志士的不懈抗争。20世纪30年代，正是日军侵华、中华民族多灾多难之秋，大收藏家张伯驹时任盐业银行上海分行经理，他将自己大部分的收藏精品藏于租界内的外国银行。1938年除夕，张伯驹不顾时局艰难而以4万元巨款买下了《平复帖》，并将自家的斋名亦起为“平复堂”。日本人早就窥视着这“天下第一帖”，遂请古董商出面商谈，愿出30万大洋购此《平复帖》。张伯驹则掷地有声地正告：吾此中华国宝，岂能流出国门！后一奸商勾结“七十六号”汪伪特务，在1941年春绑架了张伯驹，开出的赎金是200根大金条。如此天价，意在逼张家出卖国之瑰宝《平复帖》。张伯驹宁死不从，并绝食抗议，铁骨铮铮，在被绑8个月后，最终在友人的帮助下，张伯驹之妻潘素以20根金条的赎金将张伯驹赎出，张氏珍藏的《平复帖》终于躲过了一次浩劫，也为中华民族守卫了一大瑰宝。

32. 唐墓与石刻经幢

中国历史上，唐代是个强盛的王朝。一般认为，强大的唐王朝与上海没有什么太大的关系，因为文献记载甚少。但上海的考古学者经过多年努力，发现了大量上海唐代的文物，堪称填补了唐代文献方面的许多不足，例如对青龙镇的发掘，就以实物和众多考古遗迹直接证明了唐宋时期的青龙镇是一处繁荣兴盛、外贸发达的港口城市，也是那个年代海上丝绸之路的重要港口。在世界港口史上闻名于世的青龙港，原本就是上海的港口所在地。

2006年4月，考古专家还在上海市松江区中山二路南侧住宅施工现场发现两座古代墓葬，这两座世所罕见的唐墓，墓葬形制显现出不同的特点，一为砖穴木棺墓，一为土坑木棺墓。砖穴墓以青砖砌成，尸骨已朽，随葬有“唐故姚氏李夫人砖墓志铭”一方，以及开元通宝、乾元通宝等唐代古币6枚。土坑木棺墓也仅剩底板，出土唐代牡丹云纹铜镜1枚，铜镜直径25.7厘米、厚0.5厘米，黑漆古表面，背面铸有牡丹花纹，边框用云纹点缀。在这座墓葬中，还有唐开成二年（837年）“唐故□府君砖墓志铭”一方、唐越窑秘色瓷盒1件。唐越窑秘色瓷盒直径9.4厘米、高6.3厘米，子母口，胎骨细腻，呈灰白色，釉色青秘，盒盖表面刻划有十分简洁但又流畅飞动的卷草纹样。松江是在唐代天宝十载（751年）设立华亭县的治所，这次发现的唐墓年代是唐文宗开成二年，说明松江自建县治后，作为新设的行政区划，其经济已相当发达，并逐步走向繁荣。

1978年，考古人员又在上海县发现一座简单的唐墓。《上海文物博物馆志》专门记述了唐代诸翟唐墓，“该墓位于闵行区（前上海县）诸翟乡石皮弄庙港附近。1978年8月及1979年2月，该地农民在庙港取土制砖时，发现两座唐代墓葬。市文物保管委员会派员作了清理发掘。其中1号墓系一座夫妇合葬墓。因墓室早已被人挖开，随葬器物也被取出，故出土位置遭到扰乱。墓的结构为券顶砖室，用长方形砖叠砌，东西向，平面呈长方形，一墓二穴，中间隔一砖墙。左为男穴，右为女穴。墓底铺砖3层，人字形平铺。左穴中有砖刻墓志一方，已断残，残长42厘米，残宽23厘米，厚3.5厘米。志文为阴刻直行楷书，记载墓主'唐故陈府君，讳琳，颍川人也。……年六十一，以太和四年九月六日命至十一月十二日□□施氏同迁葬于……'"。这个信息表明，唐代已经有大量外乡人入住上海，倘若没有在此定居、婚配，颍川人士死后葬在此地，大概是难以想象的。

青龙镇还出土了唐代鹦鹉衔枝绶带纹铜镜等文物。双鹦鹉衔花葵花镜，是唐代比较流行的铜镜之一。从现在发现的唐代双鹦鹉镜来看，此种铜镜纹饰较双鸾镜简单、大方。青龙镇鹦鹉衔枝绶带纹铜镜是唐镜中的精品，做工细腻，纹样生动，较之以前比较呆板规矩的动植物及几何图案，有了十分明显的写实性。鹦鹉是民间一种象征吉祥的飞鸟，所以鹦鹉衔花纹是当时的一种流行图案。鹦鹉、绶带、花卉在唐代是常见的传统纹饰题材，寓意丰富，希望持镜之人吉祥富贵，长命百岁。

▲ 松江唐代石刻经幢

自东汉佛教传入中国，到南朝梁武帝时，江南佛教已经发展到了高峰，唐代上海的寺庙遍及吴淞江以南不下20多处。建于唐宣宗大中十三年（859年）的松江陀罗尼经石刻经幢，就是一个代表性的标志。这个唐代陀罗尼经石刻经幢，现立于松江区松江镇中山小学内，是上海最古老的地面建筑之一，1988年被列为国家重点保护文物。经幢上镌刻《佛顶尊胜陀罗尼经》全文，并有题记，以超度亡灵，故名陀罗尼经幢。

说起来，这个石刻经幢曾在很长一段时期处于无人管理的状态，破坏严重。到20世纪60年代初，石刻经幢在通波塘畔的中山小学的操场中，仅可见到幢身及以上十级屹立于土墩上。经幢为石灰石所制，饱受风雨侵蚀，多龟裂断残，倾斜亦严重，最大偏距为23.93厘米，幢上勾栏部分完整的仅剩八分之一。经幢高9.3米，通体雄伟秀丽，造型和谐优美，各层组合、束腰配置等十分匀称。遍布幢身的浮雕图案生动形象，雕刻技术洗练圆熟，颇具欣赏价值。其表现手法与同时代中原地区许多著名石刻接近，层次清楚，相互呼应。经幢下层，基石上刻海水纹座，线条细腻柔和，图案逼真；其正面，清波涟涟；其侧面，又似波浪溢出石外。水纹座上为山龙束腰，八面刻有山岩云窟，云窟中有一条长长蛟龙盘旋于山岩之间，时隐时现，充分显示风格粗犷的龙的威力。再向上是云岩，莲瓣卷云台座，台座外侧四周刻有山崖石窟，有佛寺、佛像，上斜面刻有莲花，此表现为云外天堂。这样三层一组、特征鲜明的实物图案，形象完整地组成了地下、地上、云间的自然景观，具有很高的历史价值与艺术价值。

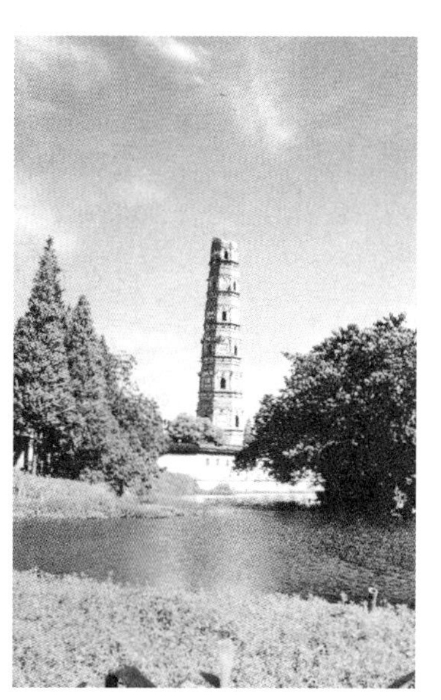

▲ 青浦青龙塔

南翔古猗园内也有一唐代石刻经幢，虽然具有极高的文物价值，但其是云翔寺旧物移来重新搭建，故只能列为嘉定区的文物保护单位。古猗园内唐经幢共一对，安放在如今古猗园微音阁的前面。如今游览古猗园的游客来来往往，摩肩接踵，有时间的话，不妨细细端详这对唐代陀罗尼经石刻经幢，它于唐咸通八年（867年）始建，唐乾符二年（875年）建成，历时8年完工。1959年移入古猗园内。此经幢高约10米，仰莲基座，四大天王坐立其顶，各节为束腰莲花瓣，出于盛唐工艺，造型秀丽、雕琢精美，人物形态丰腴典雅、雍容自若，各种纹饰简洁传神、装饰性强，乃典型唐代雕饰风格，为人们欣赏千年之前的唐代文物提供了难得的珍藏品。

33.“襄阳米芾治事青龙”

根据书法界的共识，一般认为从商朝开始使用的甲骨文，就是中国最早的书法作品。惜乎上海地区至今还没有发现商周的甲骨文，也没有发现秦汉的篆、隶等文字，所以论及上海地区的书法，总是从两晋时说起。陆机的《平复帖》，是上海在西晋时代的书法作品，至今已有1 700年历史，现藏故宫博物院。

东晋时代，在上海地区修筑沪渎垒和筑耶城的吴郡太守袁山松（一名袁崧）也工于书法，然不明其书体，《晋书·袁山松传》记载，梁武帝说袁山松的字“如深山道士，见人便欲退缩”。在南北朝时期，出了一个很有名的书法家，当然也是文学家，他的名字叫顾野王（519—581年）。顾野王出身吴地名门望族，长期居于亭林（今属上海金山区），人称顾亭林。祖父与父亲都在朝廷为官。顾野王从小就天资聪慧，据说9岁曾写有《日赋》，文采斐然。梁大同四年（538年），拜太学博士，不久，升为中将军、临贺王府记室参军。侯景之乱，顾野王返回海盐故乡，召募乡党数百人，支援京城。乱平，太尉王僧辩命其做海盐县监。陈武帝即位，任金威将军、安东监川王府记室参军、府谘议参军。陈宣帝太建年间，迁国子博士、太子率更令。不久领大著作，掌国史，为知《梁史》事兼东宫通事舍人，后以才学显著，迁为黄门侍郎、光禄卿。顾野王工诗文，善书法、丹青，擅长人物，尤工草虫。宣城王陈顼为扬州刺史，建官舍，请他绘《古贤像》于壁，又请琅琊王褒题赞，时人称为“二绝”。及至宋代，宋徽宗赵佶曾得其《草虫图》，称为精工之作，著录于《宣和画谱》。《南史·顾野王传》说他“虫篆奇字，无所不通，能书画”，可惜他的字也没有能流传下来。

唐朝是书法史上的辉煌时期，书法风格刚强雄健。但唐朝时期上海地区没有出现书法家，也未见书法墨迹流传。所幸唐大中十三年（859年）华亭县建造的石经幢上刻的陀罗尼经文以及1978年上海县诸翟林字桥（今属闵行区）发现的唐墓碑刻文字，堪称唐代上海的书法佳作，石刻经幢上的陀罗尼经文与诸翟唐墓上的碑刻文字都属于楷书，据专家分析，石刻经幢上的陀罗尼经文结构严谨，笔画刚劲有力，可以肯定为书家遗迹；诸翟唐墓中的墓碑文字虽然不如前者笔法精要，笔画稍嫌肥弱，但结构严谨，很有唐代书法风格之精髓。

宋朝是帖学开始盛行的时期。所谓“帖学”，指的

▲ 米芾集字书法《望庐山瀑布》

是研究法帖的源流优劣以及书迹真伪鉴别等的一门学问，也是指崇尚魏晋以下法帖的书法学派，与“碑学”相对。帖学以手札、书信为主，多忠实于原迹，比较真实地反映了书家作者原本的写字风格。宋代帖学最为著名的有苏、黄、米、蔡四大家，指的是苏轼、黄庭坚、米芾和蔡襄。四大家中，苏轼、米芾都是力求革新的书法家，在书法史上都有一定的地位，更重要的是这两位都与上海有一定关系。苏东坡到青龙镇（今青浦区旧青浦）等处游览过，留下了诗文和墨迹，只是因年代久远，墨迹未能流传至今。

米芾（读音：fèi，一读fú，1052—1108年），初名黻（读音：fú），后改芾，字元章，湖北襄阳人。米芾的书法以行书为最流行。南宋以来的著名法帖中，米芾的书法流播很广，影响深远。米芾与上海的关系，主要根据是南宋绍熙《云间志》中的记载，米芾手书过《隆平寺经藏记》，因为其中明确写道："襄阳米芾治事青龙，宾老相过，出此文，爱而书之。"这句话传递了两个信息：一是米芾确实在元丰五年（1082年）手书过陈林所作的《隆平寺经藏记》一文，惜乎这极有价值的墨迹，因年代久远而难以寻觅；二是"襄阳米芾治事青龙"，据此有人考证说米芾曾经担任过青龙镇镇监（相当于青龙镇镇长）。是不是担任过青龙镇镇监，恐怕还需其他的史料进一步证实，根据米芾的事迹资料，元丰五年，米芾32岁，这一年他经过吴江时留下了"吴江舟中诗帖"；过金陵时，去钟山拜访了王安石，结识了大书法家同时又是大官僚的蔡襄。元丰六年（1083年），米芾调到杭州任观察推官，即使担任过青龙镇镇监的职务，恐怕为时也应该很短暂。米芾的书法著作很多，有

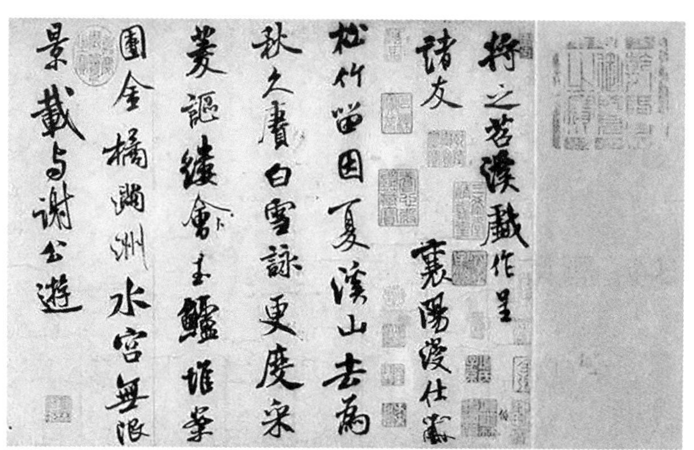

▲《苕溪诗帖》

《书史》《海岳名言》《宝章待访录》等专著存世。

绍熙《云间志》还提到了元丰年间的另一位书法家章楶（读音：zī），字质夫，原籍建州浦城（今福建浦城），少年时靠着叔父的关系补孟州司户参军，应举入京，试礼部第一。初为陈留知县，元丰年间为丰亭盐监，因喜爱青龙风土，章楶遂转任华亭为官，在华亭盐监的任上，曾主持疏浚青龙江，民赖其利。章楶工于篆书，曾为游师雄的墓志篆盖，又为孙称书《孙府君墓志》；后在青龙镇（一说在今青浦章堰）定居，青浦重固镇曾经有其故宅，“青浦之有章氏，自（章）楶始”，筑思堂，大名鼎鼎的苏轼曾为之作名篇《思堂记》。

无论是米芾还是章楶，都是外地人客居上海，本地人而善书者还有一位嘉定人叶子琬。叶子琬是南宋嘉定县道士，字怀英，号虚谷，嘉定集仙宫住持，赐号冲妙大师。工翰墨，尝自写像并赞，沐浴而化。在唐宋时代，统治者对书法十分重视，唐代在选拔人才方面规定，首先字要写得好。宋代文人学士如苏轼、秦观、梅圣俞、唐询、王安石诸人不仅是文章大家，同时都是著名的书法家，对于上海的书画艺术作出过贡献，功莫大焉。

34. 唐诗里的上海

太湖以东的长江三角洲是江南代表性区域，特别以吴淞江为中心，是最经典的江南核心区域。唐代中叶开始设立华亭县，华亭县治就在松江，因而是上海地区建县之始。“松江”作为地名，指的是上海一条很著名的河流——吴淞江，唐代诗人宋之问、张志和、白居易、刘长卿、刘禹锡、杜牧、陆龟蒙、皮日休等的作品里，对松江多有吟咏，他们的诗歌唱出了千年之前的上海。

曾经担任过苏州与杭州刺史的白居易，对震泽与松江耳熟能详，宝历二年（826年）秋，白居易在任苏州刺史时，于松江亭观赏打鱼，自己还吃鲤鱼，有《松江亭携乐观渔宴宿》诗云：“震泽平芜岸，松江落叶波。在官常梦想，为客始经过。水面排罾网，船头簇绮罗。朝盘鲙红鲤，夜烛舞青娥。雁断知风急，潮平见月多。繁丝与促管，不解和渔歌。”“在官常梦想，为客始经过”，对上海松江印象很深，有如愿以偿的感觉，可见松江县在唐代就是一个引人入胜的游览佳地。

诗人杜牧也有一首《泊松江》诗：“清露白云明月天，与君齐棹木兰船。南湖风雨一相失，夜泊横塘心渺然。”那时候的江南就是茫茫然一片水域，有塘有浦，圩中有人家。夜晚，诗人船停泊在吴淞江上，想起与友人一起乘坐“木兰船”的情景，回首伤别离，心中不免惆怅。上海本来就是纵浦横塘，夜泊“横塘”，心中自然生发一种对上海松江的感慨，全诗营造了一种宁静优雅的朦胧美。

中唐诗人张祜也写有《松江怀古》诗，写得很有气势：“碧树吴洲远，青山震泽深。无人踪范蠡，烟水暮沉沉。”张祜，生卒年不详，出身清河张氏望族，家世显赫，世人称他“张公子”，如杜牧赠张祜诗就说：“谁人得似张公子，千首诗轻万户侯。”张祜虽然是北方人，却生长在苏州，他的一生，在诗歌创作上取得了卓越成就。这首《松江怀古》诗，“吴洲”指的是苏州，“震泽”指太湖，吴淞江岸碧草春树，苏州遥遥在望，满目青山，太湖浩荡，泛舟的诗人不禁感慨：范蠡久杳，无人能觅，如今只剩下眼前这松江（吴淞江）沉沉暮霭下的苍茫烟云。

张祜还有一首描写松江的诗《题松汀驿》：“山色远含空，苍茫泽国东。海明先见日，江白迥闻风。鸟道高原去，人烟小径通。那知旧遗逸，不在五湖中。”诗名很可能是《题松江驿》，这首诗与《松江怀古》立意风格相似。五湖，古代指太湖，与今指不同。从松江的驿馆看去，山色空蒙，东面的水乡泽国烟波迷茫。海上黎明日出先现，江上白浪滔天皆可听到风声回旋。小鸟在高原上飞翔，炊烟升起的小村有小道相通。哪知旧时隐逸之士，不在这太湖之中呢。后人点评此诗“音响协而神气王”，“海明先见日，江白迥闻风”之句峻爽含蓄，语清高远。

▲ 晚唐诗人陆龟蒙

如果说白居易、杜牧是前辈的话，那么晚唐时期的皮日休与陆龟蒙则留下了更多有关上海地区吴淞江的吟咏佳作。

皮日休，字袭美，一字逸少，生于834—839年间，卒于约883年。尝居鹿门山，自号鹿门子，又号间气布衣、醉吟先生。晚唐文学家、散文家，与陆龟蒙齐名，世称“皮陆”。而陆龟蒙，辑录唐人逸事的《唐摭言》有一段对他的记载：陆龟蒙，字鲁望，三吴人也。幼而聪悟，文学之外，尤善谈笑，常体江谢赋事，名震江左。居于姑苏，藏书万余卷。诗篇清丽，与皮日休为唱和之友。有集十卷，号曰《松陵集》。

皮日休《吴中苦雨因书一百韵寄鲁望》描写吴淞江，一再为后人提及，“一百韵”是很长的诗，兹引几句：“全吴临巨溟，百里到沪渎；海物竞骈罗，水怪争渗漉。”此诗句描绘了上海青龙镇的繁华，水产丰富，商贾云集，热闹非凡，苏州一带的贡物常在这里转口北运；来自倭国（日本）、新罗（朝鲜古国）的海舶停泊。日本僧人圆仁的《入唐求法巡礼行记》也记述了由此登船踏上归途的过程。

这两位被世人称为“皮陆”的诗人，不愧为亲密好友，他们的诗一唱一和，吟诵沪渎的特点，为千百年后上海的简称作了贴切的解释：

五代梁陈时期的顾野王在《舆地志》里说：“插竹列于海中，以绳编之，向岸张两翼，潮上即没，潮落即出，鱼随潮碍竹不得去，名之曰扈。”唐代陆龟蒙诗云：“万植御洪波，森然倒林薄。千颀咽云上，过半随潮落。其间风信背，更值雷声恶。天道亦裒多，吾将移海若。”皮日休的和诗云：“波中植甚固，磔磔如虾须。涛头倏尔过，数顷跳鯆鯚。不是细罗密，自为朝夕驱。空怜指鱼

▲ 顾野王像

命，遣出海边租。”考证“沪”字曰“列竹于海澨（读音：shì），曰扈。吴之沪渎是也”，又自注“吴人今谓之簖（读音：duàn）”。所谓“扈”“簖”，就是上海早期渔民发明的一种竹编的捕鱼工具。扈后来又加了三点水，与沪通用。后来的人们为了避免与沪渎地名的误读，又将沪改称为“簖”，称“蟹簖”。这两位诗人的唱和诗，提到了“沪渎”。沪渎原指吴淞古江下游，后为上海别称。沪渎是将簖帘拦在湖港交汇处，或插在海边滩涂上，用来捕捉水产。可谓：江海口，渔具布，水流逝，鱼滞留。“渎”间之鱼也许会因“沪”留下，而海里之贝，在涨潮时也会因“沪”浮现。这种解释，仿佛千年前就注定了上海城市的玄机与活力。

35. 青龙遗址中的唐代器物

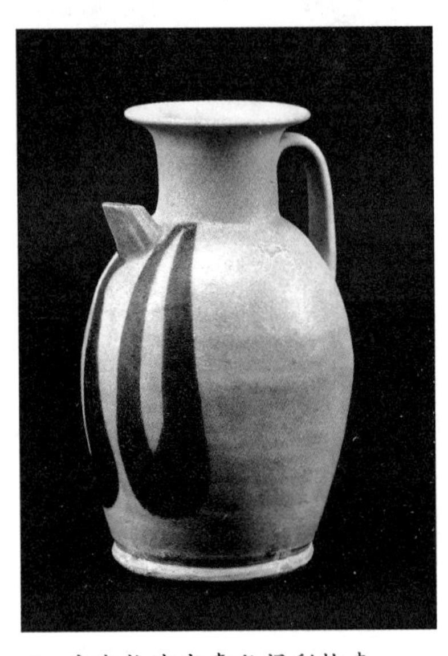

▲ 唐代长沙窑青釉褐彩执壶

在近现代考古学建立之前，人们对于历史的研究，只能依赖于古代文献的记载。而在唐宋以前，上海并不处于当时政治的中心，所以这一时期留下来的记载很少。近年来，上海市文物管理部门和上海博物馆公布的重大考古发现，轰动了全国，这就是在上海市青浦区白鹤镇青龙村的“青龙镇遗址”出土了近2 000件唐宋时期的文物。

为什么要选择青龙镇作为考古发掘的重点呢？有关青龙镇的话题，下文还会讲到，先简单介绍一下，青龙镇位于青浦区白鹤镇，建于唐天宝五载（746年）。相传三国时期，东吴的孙权曾经在这里造青龙战舰，之后大破曹军于赤壁。到唐代，青龙镇成为海防重地。由于它位于吴淞江下游的沪渎口，地理位置优越，航运条件发达，因此成为上海地区最早的对外贸易重镇，在宋代以三亭、七塔、十三寺、二十二桥、三十六坊获得“小杭州”的美誉。元代后，青龙镇因吴淞江淤塞而逐渐衰落，湮没于地下成为遗址。

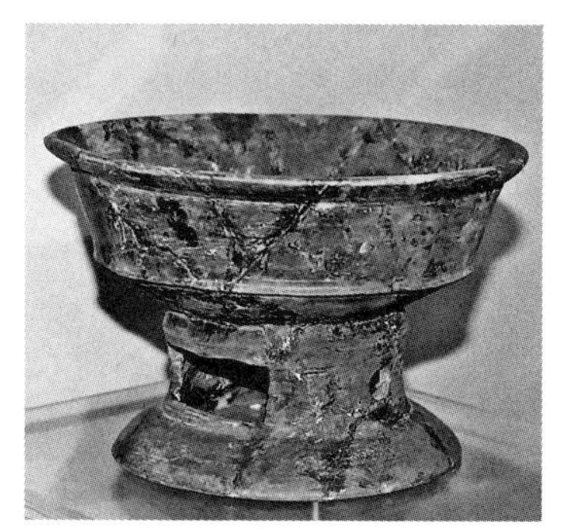

▲ 唐代班形炉

2010年，上海博物馆考古研究部通过考古发掘，发现了唐宋建筑基址、瓷片堆积及几百件陶瓷器。2012年10月以后，考古工作者对遗址进行了第二次发掘，在青龙镇遗址发现唐宋房屋基址、水井、灰坑、铸造作坊、砖砌炉灶等建筑遗迹，大量唐宋元时期的瓷器、银、铜、铁、木器等文物得以出土，填补了上海考古的薄弱环节。2016年的发掘是历来青龙镇出土文物中发现宝贝最多的一次，以瓷器数量最大，占90%以上。例如其中有一件出土瓷碗上有独特花瓣纹饰，在国内考古发现的瓷器中绝无仅有，却与此前在印度尼西亚一处沉船中发现的瓷器花纹相似，这说明上海在当时或已成为海上丝绸之路输送外销瓷器的重要贸易港口和码头。

青龙镇遗址历年发掘出土了数十万片残碎瓷片，其中经过拼对，可复原瓷器6 000余件，它们大多数是来自福建、浙江、江西、湖南等南方窑口的产品。唐代以越窑、德清窑、长沙窑为主，主要器型有碗、盏、

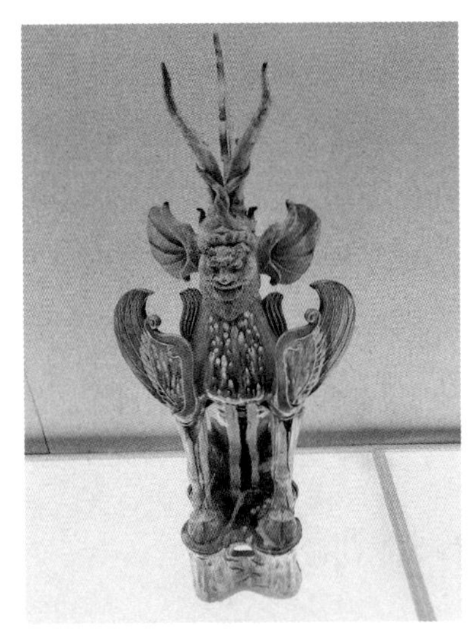

▲ 唐代彩色釉陶镇墓兽

罐、壶、盂、洗等。至宋代渐转为以福建窑口、浙江龙泉窑、江西景德镇窑等为主，主要器型有碗、盏、罐、壶、盏托、炉、瓶、盂、洗等。其中福建窑口瓷器的种类最多，主要为闽江流域的产品，共计有20余个窑口，其中以闽清义窑、东张窑、磁灶窑、同安窑、建窑、浦口窑、遇林亭窑、怀安窑等窑口为主。根据文献记载，青龙镇海上贸易十分繁盛，“自杭、苏、湖、常等州月日而至，福、建、漳、泉、明、越、温、台等州岁二三至，广南、日本、新罗岁或一至”。青龙镇遗址考古出土的瓷器数量巨大，窑口丰富，且与目前朝鲜半岛和日本考古发现的器物组合十分相似，考古发现与文献相印证，证明了青龙镇是海上丝绸之路重要的贸易港口之一。

上千件出土文物中，唐代长沙窑褐釉瓷腰鼓备受关注，瓷腰鼓表面为褐黄釉，内壁为褐色釉，鼓身两端粗圆，中间腰细，外壁凸起7道弦纹。这样的腰鼓过去从未发现。腰鼓是唐代宫廷乐器，由西域传入中原，历经两晋、南北朝、隋唐时期，不仅被吸收进唐乐，而且还以陶瓷烧制鼓腔，很有艺术特色。

此次考古发现中，最为引人瞩目的是一处范围较大、使用时间较长的唐代铸造作坊遗迹和一口工艺精湛的唐代水井。唐代铸造作坊分布在方圆60米的范围内，其中有4座排列有序的火炉，周围堆积着大量的红烧土铸造残渣，残渣内包含有较多的陶范残块、炉渣等，最厚处有80厘米。同时还发现了一口唐代水井，这口古井呈圆形，井深4.38米，井壁用小青砖斗砖竖砌，磨砖对缝，显得十分精美。更为难得的是，考古人员在井中发现了唐鹦鹉衔枝绶带铜镜、铁釜、铁提梁鼎、铁钩、银发簪、青釉瓷罐、木雕残片等大量器物。铸造作坊平面呈带状分布，南北长约14米，东西宽约3米。根据采集的部分铁渣，考古人员初步判断可能为铸铁作坊。

在上海考古学界公布青龙镇遗址重大考古发现之前，尽管志书和有关历史典籍记载过青龙镇的史料，但由于没有考古材料的佐证，青龙镇在上海历史上湮没无闻了几百年，学界对于青龙镇的研究多局限于地方志文献记载和保存至今的青龙寺、青龙塔等地面建筑，一直没有能撩开这座曾经繁华的上海名镇的“神秘面纱”。这次新发现的隆平寺塔除了佛塔功能外，更重要的是作为当时的航标塔。它是上海地区第一次由考古勘探发现并发掘的佛塔遗迹。文献记载，隆平寺塔始建于北宋天圣年间（1023—1032年），为七级佛塔。本次发掘发现了隆平寺塔残存的塔基部分。据考古人员向新闻媒体的描述，隆平寺塔地宫由砖砌而成，平面呈长方形，东西长1.48米，南北宽1.2米，高1.42米。地宫似佛塔造型，底部有束腰的须弥座，上口以4层青砖收分平砌收顶，南北两侧出檐，顶部有梯形的压顶石，地宫东、南、西三面有火焰状壶门。地宫宫室内壁为石板砌筑，长74厘米、宽24厘米、高30厘米，地宫中部放置1个木函，函外左右各有1座阿育王塔，宫室内满铺大量各时代钱币，共计10 693枚。木函为四重套函，由外向内依次为木函、铁函、木贴金椁、银棺，最内重银棺供奉有木贴金释迦牟尼涅槃像，身下铺有芥粒大小的五色石子，身旁有乳香。铁函的一角还放置有1个铜瓶，瓶内有4颗实心的圆珠，3颗为水晶质，它们都应该属于舍利。四重函内还装藏有银箸、铜鎏金匙、银钗、银鎏金龟、铜镜、水晶念珠等近40件（组）供养品。

食货
经济

36.“青龙港”与“上海港”兴替

坊间有一句耳熟能详的话语：“港口通，则经济活；经济活，则城市兴。”上海的历史地位与港口兴废有关，上海港口随着时代变迁、江河淤塞改道而依次出现过几次大的迁移。随着近年来上海考古专家在青龙镇遗址的

▲ 青龙镇局部——小码头（木刻，作者：大雁飞过）

重大发现，青龙镇再次被提到海上丝绸之路端点城市的重要位置。

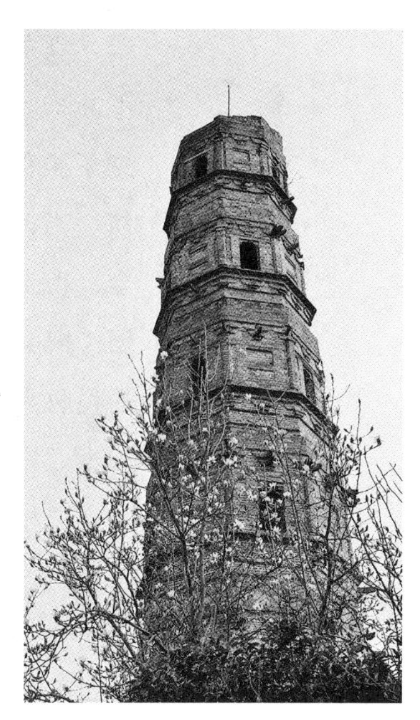

▲ 青龙寺塔

船运业是古代上海经济的重要支柱。由于青龙镇地处南北海路交通的要冲，又有吴淞江、长江沟通内陆，地理位置优越，所谓“控江而淮浙辐辏，连海而闽楚交通”，青龙镇成为“海商辐辏之所”，甚至日本、新罗等国海船每年都要到青龙镇进行贸易。青龙镇位于现上海青浦的白鹤，公元219年因孙权建造青龙舰而得名，唐天宝年间逐渐兴盛，其时，青龙镇北临吴淞江，东濒大海，“依海枕江，襟湖带浦”。青龙镇是上海地区第一个名镇和港口，建于唐天宝五载（746年）。因其踞江瞰海的优越内河航运地理位置，青龙镇成为上海地区蜚声海内外的最早的对外贸易港口，是上海以港兴市、因商兴旺的码头。

青龙镇遗址考古的意义至少体现在以下四个方面：丰富了人们对于上海和江南地区市镇发展历史的研究；丰富了对于中国古代航运历史的认识；拓展了人们对于上海和江南市镇在社会生活、民间信仰、市镇形态、空间格局的认识；隆平寺塔基的发现对于古代建筑史的研究意义重大。

唐末至五代以降，随着太湖流域商品经济的发展与繁荣，唐代朝廷特别需要寻找一个海上贸易的港口，地理位置优越的青龙镇就成为理想选择，远洋而来的“珍货远物”，大多通过青龙镇“毕集于吴之市”。到了北宋，青龙镇进入繁华时期，海舶云集，四方辐辏，贸易不断扩大，于是朝廷在政和年间（1111—1118年）设立了类似海关的机构“市舶司”来管理中外商船的交易。当时的青龙镇镇学、官仓、茶场、酒务等一应俱全，街道布局完整，规模不断扩大，远胜江南的县城。据《宋会要辑稿》记载，熙宁十年（1077年），青龙镇的税收为15 879贯400文，几乎占了华亭县商业收入的一半。宋代诗人梅尧臣在《青龙杂志》中称“青龙镇有二十二桥，三十六坊，还有三亭、七塔、十三寺，烟火万家”。因此，上海有“先有青龙港，后有上海浦”的谚语。据宋嘉祐七年（1062年）所刻《隆平寺灵鉴宝塔铭》记载，到青龙镇的船舶，“自杭、苏、湖、常等州月日而至，福建、漳、泉、明、越、温、台等州岁二三至，广南、日本、新罗岁或一至”。这时的青龙镇已有“江南第一贸易港”的称号。镇治堂宇及市坊中坊巷、桥梁，街衢井序，犹如一县城。人口杂处，百货交集，所谓“市廛杂夷夏之人，宝货当东南之物”，市容繁华，时人誉为“小杭州”。明正德《松江府志》记载，青龙镇上曾开辟瓦市，“平康坊，中亭桥西，有瓦市在焉”。千万别将“瓦市”理解成现在买卖砖瓦等建筑材料的交易场所，此“瓦市”非彼“瓦市”，唐宋时代的“瓦市”是指城镇演艺和娱乐的聚集区或商业娱乐中心，又称“瓦舍”“瓦子”“勾栏”“瓦肆”。

北宋政和年间官府在青龙镇设立“市舶司”，登记船舶，检查货物，征收关税，发给有关证照，收买政府专卖品，对船舶和货物进行管理。这个时期，也是太湖流域人口激增的时期，人们大规模围滩垦田，致使江道日益缩狭，由于松江水口筑堤建桥，入江水量大减，宋代范成大说:“所谓东导于海而水反西流者是也。”吴淞江下游流速减缓、泥沙沉积。“海之泥沙随潮而上，日积不已，故海口湮灭，而吴中多水患。”原来松江在青龙镇一带有两个大弯，东面的弯叫盘龙汇，西面的湾叫白鹤汇，《吴郡图经续记》云:“盘龙汇介华亭昆山之间，步经才十里，而回穴迂缓乃四十里，江流为之阻遏，盛夏大雨由泛滥，沦稼穑，坏室庐，无宁岁。”于是在宝元元年（1038年）疏凿盘龙汇为直道新渠。盘龙汇的截弯取直，使之避开青龙镇，旧河道遂成故道，曰青龙江，河流日益变小。后虽又经多次治理，终归旧江淤浅，回天乏术，至宋末，大船已不能驶入青龙江。吴淞江口积沙的生涨，江身的迂回曲折，必然影响到船舶通航，当庆元元年（1195年）华亭县市舶司撤销后，外商不至，青龙镇的海外贸易也就骤然衰

▲ 上海市舶分司古风貌图

落，镇市的繁荣顿时失色。元时镇市规模尚存，然已“无复海商之往来矣”，海上贸易飘然衰落，市镇繁荣不再。

继之而起的是上海港和上海镇的兴起。上海镇在青龙镇的东南，同治《上海县志》卷一《疆域》记载，宋熙宁七年（1074年）朝廷就在这里设镇，同时设立“市舶提举司和榷货场”。清嘉庆《上海县志》载，当时的“市舶提举司”设在龙华附近高昌乡以西。以此来分析，上海镇的地域就相当于今黄浦区小东门十六铺的附近。随着青龙镇淤塞严重，船舶进出困难，上海港和上海镇逐步取代了青龙镇的地位，成为长江口的主要港口。元至元十四年（1277年），元代政府在上海设立“市舶司”，与广州、泉州、温州、杭州、庆元（即今宁波）和澉浦并列为全国七大“市舶司”。这时的上海镇已成为全国屈指可数的重要港口。

37.“灶户熬盐堆似雪”

明代有个叫何孟春的上海文人，在《余冬序录》一书中曾这样写道：“今日之盐，煮海者偏东南，煮井、煮卤、种颗者出西北。”这句话道出了海盐与井盐的产地之别，也是较早关于海盐偏于东南沿海之地的记录。可以说，盐场，是浩瀚的大海赐予滨海之民活路的一项重要营生。

中国传统的创世神话，人们将“盐宗”归之于神农氏之臣宿沙，宿沙是专门负责掌管盐业的始祖。古代社

▲ 古人煮盐情景模拟

会，受当时交通运输等条件限制，盐的运输，水运靠舟楫竹筏，陆运是靠人背马驮，到百姓手中时价格已经十分昂贵，“斗米斤盐”“担谷斤盐”“民食淡食”的现象屡见不鲜。另一方面，盐一出现，就受着古代封建统治者以“专营”名义的高税盘剥，成为控制国家政治、经济命脉的重要手段。据史料考证，在舜时代，盐由盐民自产自销。到夏商时代，实行盐贡（盐民、盐商均须以盐向皇帝进贡）。到了周朝，设立专门负责管盐政之官，名曰“盐人”。春秋战国时期，管仲出任齐相，实行专卖之制。到汉武帝时期，禁止私营，执行政府垄断食盐产销的政策。其后，隋、唐、宋、元、明、清基本上都采取自汉以来大同小异的食盐政策。

《史记·吴王濞列传》记载：早在秦汉时代，在今上海奉贤区拓林镇一带即“海滨广斥，盐田相望”。西汉时“(刘)濞则招致天下亡命者益铸钱，煮海水为盐”。东晋时代吴郡南境，即今金山南部，奉贤西南地区，已是盐业兴盛，人丁辐辏。

唐代上海地区盐场所产的盐，称为“吴盐”。大诗人李白在《梁园吟》中曾经这样称道:“吴盐如花皎雪白”，“吴盐胜雪”则是北宋词人周邦彦对上海盐场出产之盐的美誉。“淞南遥望海腾云，两邑原从一邑与。灶户熬盐堆似雪，芦田掩映气氛氲。”南汇旧志记载：“灶丁摊晒盐场，朝往暮归，冱寒时，海飕迅烈，头面皲裂，酷暑聚棚煎炼，火气熏烁立赤，日中反觉清凉。”“三百里无禾黍、菜蔬、井泉，所食惟水煮麦，不知人世生聚之乐。”可见盐工劳作之辛苦。宋元时期，上海盐业生产盛极一时，在现今上海辖区境内当时共有江湾、大场、南跄、黄姚、清浦、青村、袁部、下砂、浦东等9处盐场，年产盐量达3 000万斤之巨。明代以降，由于海岸线的东移及长江主泓道的南摆，致使沿海的海水盐分浓度不断降低，成盐海岸线日益缩短，江湾、大场两个盐场由于水淡不产盐而罢废，黄姚、清浦盐场则相继坍入江中，但明代上海地区还是设有浦东、袁浦(宋代称“袁部”)、下砂头场、下砂二场、下砂三场和青村及崇明的天赐场[明代成化十八年(1482年)置天赐场，隆庆年间裁天赐场]等七大盐场。

濒临杭州湾畔的奉贤境内的盐政管理机构，有史料可考的是唐代已经开设徐浦下场，隶属于嘉兴盐场。五代乾祐年间(948—950年)始设袁部场。南宋绍熙年间(1190—1194年)，袁部场改名为袁浦场。元代初年，下砂盐场总部为了接近当时的制盐作业区，向东搬了约10里。原为下砂盐场头场的“石笋里”便成了新的盐场所在地，现今浦东新区的新场镇，原本就是下砂盐场衙门、松江府盐课司、两浙路盐运使司（有时为浙西路盐运使司）驻地，因此得名“新场”，这个难得的带“场”字的盐场地名，是上海古代盐场保存在地名上的见证。随着新场盐业的发展，许多盐商、贩运官以及从事贩卖私盐的人也日渐增多，于是古镇上的建筑和街道也慢慢建设起来，形成市集。明弘治十七年（1504年）的《上海县志》介绍道：“四时海味不绝，群楼酒肆，贾街繁华。”描绘了新场镇当时因为盐场的发展而显现的繁华景象。

历史上，盐业一直是封建王朝统治控制经济命脉的重要行业。北宋中后期，由于盐税是朝廷的主要税收，朝廷加强了对灶户的集中管理，在盐场以下，以20余家为一“灶”，集中煮盐，这样“灶”便成了宋代盐业生产的基层单位。到了元代，又打破了宋代的生产方式，并灶聚团，以二灶、三灶为基础合并为一团，于是团便成了元代盐业的基本生产单位，这些原为生产单位的“场”“团”“灶”便逐渐演化成地名。

元末明初的著名诗人、文学家、书画家杨维桢（1296—1370年），由于徙居松江，对上海地区盐业状况及百姓遭遇有细致观察，作《盐商行》诗云：“人生不愿万户侯，但愿盐利淮西头；人生不愿万金宅，但愿盐商千斛舶。大农课盐析秋毫，凡民不敢争锥刀；盐商本是贱家子，独与王家埒富豪。”反映出当时盐价的昂

▲ 古代上海煮盐熬波图

贵，盐商所获暴利之大令人惊诧。

说起所有关于盐的文献著作，《熬波图咏》应该是很有上海地区特色的一部书，作者是下砂盐场大使陈椿。陈椿具有丰富的盐场管理经验，他在下砂盐场为官的生涯中，关心灶丁盐户生活之疾苦，更注意制盐生产程序的改进，使得下砂盐场出品的盐，不仅产量最高，而且质量最好。陈椿根据多年从事盐政管理的经验，让绘工按制盐流程分成47步，绘制了47幅图。他在每张图旁加注文字说明，并作成韵文诗咏各47篇。是书问世后，引起广泛关注，后被收入《四库全书》，并被《中国盐法志》称为

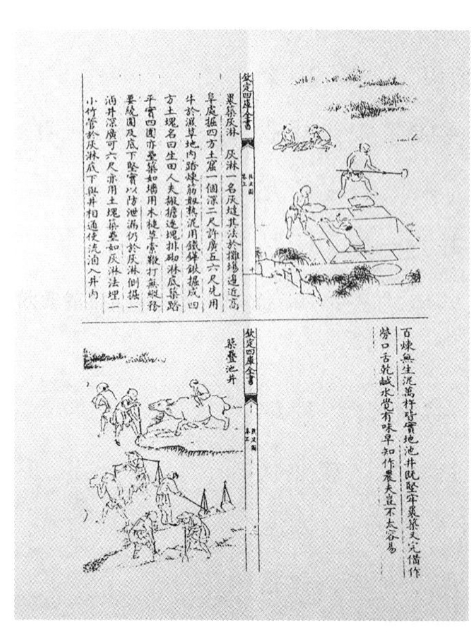
欽定四庫全書

裹築灰淋

灰淋一名灰塩其法於攤場邊近高阜處掘四方土窟一個深二尺許廣五六尺先用牛於澱草地內踏煉筋韌熟泥用鐵鋒鍬掘成四方土塊名曰生田人夫搬擔逸塊排砌淋底築踏平實四圍亦壘築如墻用木槌草索鞭打無縱務要緊固及底下堅實以防泄漏仍於灰淋側掘一滷井深廣可六尺亦用土塊築壘如灰淋法埋一小竹管於灰淋底下與井相通使流滷入井內

欽定四庫全書

築疊池井

百煉無生泥萬杵皆實地池井既堅牢裹築又完備作勞口舌乾鹹水覺有味早知作晨夫豈不太容易

▲《熬波图》，与《棉花图》齐名之鸿篇巨制，收录于清《四库全书》

“我国第一部关于海盐生产的专著”。1935年被黄炎培、柳亚子收入“上海掌故丛书”。全书共52幅图、52首诗，详细介绍了制盐过程中每一道工序的操作方法。清代上海地区海盐的制法主要有“煎熬法”“板晒法”和“摊晒法”3种，清代光绪年间之前，上海地区诸盐场大抵都采用以上制盐方法，成为当今重要的文化遗产。

38. 淞江水兮鲈鱼肥

说起吴淞江的大名，它的传播与这条江的特产有关——这就是松江鲈鱼。松江鲈鱼，个大肥美，肉嫩味鲜，应该在三国时期就广受食客们的推崇了。南朝顾野王的《舆地志》记载：“吴大帝以汉建安中陆逊为华亭侯，即以其所居为封，谷出佳鱼莼菜，又多白鹤清唳。”顾野王不愧为文章高手，寥寥数笔，就把华亭物产特色勾勒得极为鲜明。顾野王提到的“佳鱼”，就是今天所称的鲈鱼。

松江鲈鱼名声大振，还与元末明初小说家罗贯中所著《三国演义》有关，该书第六十八回“甘宁百骑劫魏营，左慈掷杯戏曹操”之中，就说到了江湖方士左慈，巧手变鲈鱼和随意什物，仿佛无所不能，大大提高了鲈鱼的知名度。小说中这段话是这样写的——

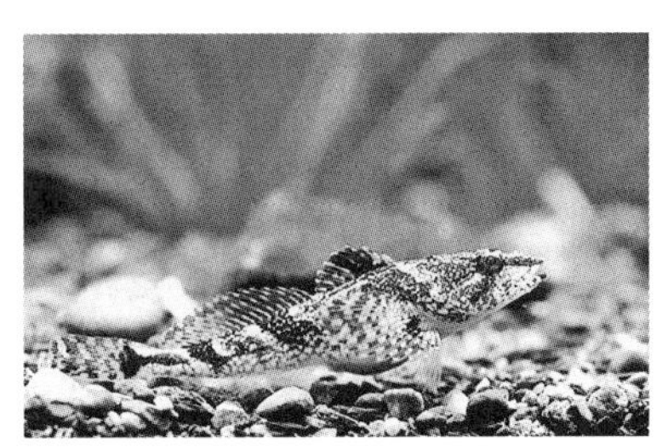
▲ 松江鲈鱼

众官大惊，邀（左）慈同坐而食。少刻，庖人进鱼脍。慈曰：“脍必松江鲈鱼者方美。”操曰:“千里之隔，安能取之?”慈曰:“此亦何难取!”教把钓竿来，于堂下鱼池中钓之。顷刻钓出数十尾大鲈鱼，放在殿上。(曹)操曰:“吾池中原有此鱼。”慈曰:“大王何相欺耶?天下鲈鱼只两腮，惟松江鲈鱼有四腮:此可辨也。”众官视之，果是四腮。慈曰:“烹松江鲈鱼，须紫芽姜方可。”操曰:“汝亦能取之否?”慈曰:“易耳。”令取金盆一个，慈以衣覆之。须臾，得紫芽姜满盆，进上操前。操以手取之，忽盆内有书一本，题曰《孟德新书》。操取视之，一字不差。操大疑，慈取桌上玉杯，满斟佳酿进操曰:“大王可饮此酒，寿有千年。”操曰:“汝可先饮。”慈遂拔冠上玉簪，于杯中一画，将酒分为两半;自饮一半，将一半奉操。操叱之。慈掷杯于空中，化成一白鸠，绕殿而飞。众官仰面视之，左慈不知所往。左右忽报:“左慈出宫门去了。”操曰:“如此妖人，必当除之!否则必将为害。”遂命许褚引三百铁甲军追擒之。

范晔《后汉书·方术列传·左慈》中也有这么一个故事，大同而小异。还有一些书，如《搜神记》等，也有记载，这说明早在汉时，鲈鱼已经是人们餐桌上的美味了。经过文学作品的传播，松江鲈鱼名噪江南，无人不晓，妇孺皆知。尽管方士故事有点荒诞，但松江鲈鱼的确味美无比，深受世人称赞。

由于古代吴淞江特殊的地理环境，水深浪急，海潮回溯，海水与淡水交融，饵料丰富，为松江鲈鱼造就了一个理想的栖息地，使鲈鱼体内富含丰富的矿物质、维生素和氨基酸，成为药用和食用价值都很高的鱼类品种。

历史上，关于松江鲈鱼的典故与故事史不绝书，再加上诗人的吟咏，使松江鲈鱼的名气越来越大。《晋书·张翰传》说张翰在洛阳为官，见秋风萧瑟，想起了故乡的雉尾莼和四鳃鲈的美味，就弃官回乡，并写了一首《秋风歌》曰："秋风起兮佳景时，淞江水兮鲈鱼肥。三千里兮家未归，恨难得兮仰天悲。"张翰之后，在历朝历代的诗坛曲苑中就用"莼鲈"以抒发思乡之情或隐归之意，这就是流传千古的"莼鲈秋思"典故的由来，为美食宁愿辞官。《南郡记》记隋炀帝下江南巡视时，上海地区的人献松江四鳃鲈，炀帝品尝后赞道："金荠玉脍，东南佳味也。"评价甚高。

历史上的文人墨客也为松江鲈鱼留下了数不尽的千古名句。"霜落荆门江树空，布帆无恙挂秋风。此行不为鲈鱼鲙，自爱名山入剡中。"（李白）"东去无复忆鲈鱼，南飞觉有安巢鸟。"（杜甫）"江上往来人，但爱鲈鱼美。君看一叶舟，出没风波里。"（范仲淹）"故乡归去来，岁晚思鲈莼。"（陆游）"细捣枨（读音：chéng）虀（读音：jī）卖脍鱼，西风吹上四腮鲈。雪松酥腻千丝缕，除却松江到处无。"（范成大）"鲈出鲈乡芦叶前，垂虹亭下不论钱。买来玉尺如何短，铸出银梭直是圆。白质黑章三四点，细鳞巨口一双鲜。"（杨万里）……

明清之后，吟咏松江鲈鱼的诗歌佳句，不胜枚举。明代著名文学家陈继儒，人称"山中宰相"，他在所著

《小窗幽记》中写道：“三月茶笋初肥，梅风未困；九月莼鲈正美，秫酒新香。胜友晴窗，出古人书法名画，焚香评赏，无过此时”，给后人留下较为深刻的印象。

为什么松江鲈鱼中四鳃鲈味道最好？说起来还与八仙神话有关。八仙中的吕洞宾云游四海，一天来到松江地界，向店家讨来毛笔和朱砂，先在鱼的两颊上描上条纹，又在两鳃鳃孔前画了两个红色的鳃。自以为满意了，便付钱买了放生在秀野桥下。从此秀野桥下多了一种鱼，因其看上去有四鳃，人们就称为四鳃鲈，虽然个头不大，但肥美鲜嫩，于是秀野桥下的四鳃鲈就名扬天下了。

如今，松江鲈鱼逐渐减少甚至濒临灭绝，以至于有历史地理学者怀疑它在历史上的江南是否真实存在过。松江鲈鱼在20多年前绝迹上海，一个重要的原因就是河道环境变化导致松江鲈鱼无法进行正常的洄游，因而遭受灭顶之灾。上海有关科研人员为了寻求松江鲈鱼，踏遍沿海地区，最终找到几十尾野生松江鲈鱼，经过努力，终于可以批量生产。

1926年4月29日，松江四鳃鲈被运往南京，参加美国费城举行的世界博览会。84年后的2010年上海主办世博会时，党和国家领导人再次用美味的松江四鳃鲈来招待各国政要与贵宾。

39.“华亭吟唱”

宋元以降，上海地区呈现了民生经济百业兴旺的繁盛景象。这种景象可以在北宋年间一首《青龙江上偶书两绝呈无逸监镇》的诗歌里反映出来："潮满沟塍稻满田，暑天不雨自丰年。海商有货官无扰，游子争来就一廛（读音：chán）。卷碇初来海客船，脱身鲸浪见吴天。千帆总约秋风至，应助关征额外钱。"这首诗的作者朱长文（1039—1098年），字伯原，吴郡人。嘉祐二年（1057年）未冠而中进士，因筑室乐圃坊，著书阅古，人称乐圃先生，名声震动京师。他的诗描绘了上海地区物产丰饶、贸易兴盛、海运繁忙、客商游子近悦远来的盛况。

"近者悦，远者来"的局面，就会汇聚各地的文人墨客。于是，北宋明道二年（1033年）担任华亭知县的唐询，有感于"华亭本吴之故地，昔附于姑苏，佩带江湖，南濒大海，观望之美焉。历吴、晋间，名卿继出，风流文物，相传不泯"，而"经所记，土地、人物、神祠、坟垄，所言甚详。行部之余，辄至其地，因里人而咨焉，多得其真"，于是"采其尤著者，为十咏，皆因事纪实，按图可见，将以志昔人之不朽，诚旧俗之所传云尔"。这是景祐（1034—1038年）初年的事。唐询记录华亭历史古迹和风景名胜的《华亭十咏》，不妨录在这里：

顾亭林

平林標大道，曾是野王居。
旧里风烟变，荒原草树疏。
湖波空上下，里闬已丘墟。

往事将谁语，凄凉六代馀。

寒　穴

绝顶干云峻，寒泉与穴平。
还同帝台味，不学陇头声。
夜雨遥源涨，秋风颢气清。
谁云蔗浆美，才可析朝酲。

吴王猎场

昔在全吴日，从禽耀甲戈。
百车尝载羽，一目旧张罗。
地变柔桑在，原荒蔓草多。
思人无复见，落日下山坡。

秦始皇驰道

秦德衰千祀，江演道不修。
相传大堤在，曾是翠华游。
玉趾如将见，金椎岂复留。
怅然寻旧迹，蔓草蔽荒丘。

柘　湖

世历亡秦远，湖连大海濒。
柘山標观望，玉女见威视。
渺渺旁无地，滔滔孰问津。
何年化鱼瘪，仿佛历阳人。

陵瑁养渔池

代异人亡久，滮池即旧居。
未移当日地，无复故时鱼。
蒲藻依稀在，风波浩荡馀。
水滨如可问，一为访庭除。

华亭谷

深谷弥千里，松陵北合流。
岸平迷书夜，人至竞方舟。
照月方诸泣，迎风弱荇浮。
平波无限远，极目涨清湫。

陆机宅

旧牒传遗址，悠然历祀深。
久无令威至，闻异下邽箴。
谷水当年溜，昆山昔日阴。
草堂那复见？丝竹若为情！

昆　山

昔有人如玉，兹山得美名。
岩扃锁积翠，谷水断馀声。
乔木今无在，高台久已倾。
如何嵩岳什，独咏甫侯生。

三女岗

淑女云亡久，哀丘尚著名。

九原谁可作，千载或如生。
青骨何时化，荒榛此地平。
空余图牒在，不复启佳城。

《华亭十咏》一出，引发了许多文人骚客，特别是到过华亭，与上海地区有千丝万缕联系的文人的兴趣。首先唱和的是著名诗人梅尧臣。梅尧臣（1002—1060年）年长唐询3岁，字圣俞，世称宛陵先生，宣州宣城（今属安徽）人，其时正在建德县令任上。唐询的诗，让同样关注着华亭这一片土地的梅尧臣深感兴趣，也写下了《华亭十咏》与唐询唱和。据说，梅尧臣少即能诗，与苏舜钦齐名，时号“苏梅”，又与欧阳修并称“欧梅”。为诗主张写实，反对西昆体，所作力求平淡、含蓄，被誉为宋诗的“开山祖师”。

梅尧臣的唱和一下子又引发了北宋另一位著名诗人王安石的唱和，王安石（1021—1086年），字介甫，临川人（今江西抚州），世称临川先生，北宋杰出的思想家、文学家、政治改革家。王安石名气如日中天，但差不多比唐询小了一辈。嘉祐（1056—1063年）初，他任江南东路刑狱，辗转江西、皖南、苏南一带。现在的说法很多，但至今没有足够的证据证明王安石到过华亭。王安石的和诗大约在唐询作《华亭十咏》的10年之后，过了10年还作唱和《华亭十咏》的10首诗，足见

▲ 宋代诗人梅尧臣

▲ 北宋文坛泰斗华亭吟唱（雕像）

王安石对华亭这块土地是另眼相看、深有关注的。

如今的亭林镇位于上海市金山区东北，东面与奉贤区的龙泉港、俞泾塘隔河相望。亭林镇当属历史文化古镇，别称有“顾亭”“顾亭林”“顾亭林湖”等，是南朝梁陈年间大学者、文学家顾野王住的地方。《云间志·卷上·古迹》中说：“顾亭林，旧经：顾亭林湖在东南三十五里。湖南有顾亭林，陈顾野王居此，因以为名焉。今为宝云寺。寺有《伽蓝神记》，云：寺南高基，野王曾于此修《舆地志》。世传以为顾野王读书墩。”“顾野王读书墩”今已成为“顾野王读书堆”公园，《上海园林志》载，顾野王读书堆是上海市有史以来记载的最早私家园林。

唐询作《华亭十咏》，其一就写到“顾亭林”，王安石《次韵唐彦猷华亭十咏其一顾亭林》也唱和道：“寥寥湖上亭，不见野王居。平林岂旧物，岁晚空扶疏。自古圣贤人，邑国皆丘墟。不朽在名德，千秋想其余。”诗中提到的“野王居”，是今位于亭林大通路和寺平路交界的顾野王读书堆。这首诗的大意是说，亭林湖上的凉亭孤寂寥落，顾野王住的房子已经荡然无存。那些树林不是野王时代留下的，时间一长只是空有茂盛的样子。但放眼自古以来的圣贤之人，哪个故居不是已成废墟了呢。人的名望和气节永垂不朽，千秋万代后人们还在追慕其高风亮节。

王安石唱和唐询《华亭十咏》的诗，实际上也是对华亭的吟唱，体现了他对顾野王的感怀，野王不在了，林木自顾生长，生命短暂，人生无常，诉说前贤，心中确有隐隐的无奈。诗的末尾，道出了王安石对顾野王的尊重。他以文人的胸襟，向这位学问大家投送了崇高的敬意。

40.《江上渔者》与“渔人泛江”

宋代多位大名鼎鼎的文人都与上海地区结下不解之缘。北宋名相、《资治通鉴》的作者司马光曾经到过吴淞江，并写有《松江》诗歌；宋代杰出的文学家苏轼也曾经结伴来游吴淞江，留下了《与秦太虚、参寥会与松江，而关彦长、徐安中适至，分韵得封字二首》；南宋的著名诗人陆游，也有游历上海的诗篇《雨泊赵屯》……大学者、大诗人、大文豪游历吴淞江，说明这块土地在宋元时代就已经物茂繁盛、人杰地灵。

值得一提的是范仲淹。范仲淹（989—1052年），

▲ 范仲淹雕塑

字希文，谥号“文正”。祖籍陕西彬州（今陕西省咸阳市彬县），生于苏州吴县（今江苏省苏州市）。宋真宗大中祥符八年（1015年）进士，官至参知政事（相当于副宰相）。景祐二年（1035年）治水吴淞江，当年的许多工程在吴淞江下游，均在现上海市境内，所作有《上吕相公书》及《条陈江南浙西水利》。为治水，范仲淹多次往来吴淞江，实地踏访，了解情况，他的不朽诗作《江上渔者》，就是那个时期的作品。诗云：“江上往来人，但爱鲈鱼美。君看一叶舟，出没风波里。”意思是说，江上来来往往无数人，只知喜爱鲈鱼之鲜美。请您看那一叶小小渔船，时隐时现在滔滔风浪里。范仲淹作为苏州吴县人，生长在松江边上，对鲈鱼的美味是深知其味的，但他发之于诗，却没有把注意力仅仅停留在对鲈鱼这一美味的品尝和赞叹上，而是注意到了另外一些更值得注意的深层次的东西，注意到了隐藏在这一特产背后的渔民的痛苦和艰险，并且深表同情与关心，这是

▲ 饱经风霜的老渔民

范仲淹的高明之处。

上海地区河网密布，内河和海洋捕捞均为渔民的传统产业。唐陆龟蒙有诗句“三泖凉（鲸）波鱼动”，明沈明臣称“深秋泖上一经过，蟹舍鱼罾处处多”。上海渔民在海边摸清海水潮汐规律，踏浪踩涛，躬耕碧波，推网捕鱼捞虾的历史也可以追溯到宋元时代。南宋《云间志》有华亭县池塘养鱼的记载。明吴郡黄省曾《鱼经》称：池塘养鱼，“其秧也，渔人泛大江，乘潮而布网取之者”，“鲻鱼，松之人于潮泥地凿池，仲春捕盈寸者养之，秋而盈尺，腹背皆腴，为池鱼之最”。明代嘉靖年间，上海出了一个著名的将领郑若增，曾在抗倭军中任职，随水师战船亲历渔场、海岛巡游督汛，目睹沿海渔民扬帆驾舟在渔场作业，其人数已经是“不啻万计”。清初曾羽王《乙酉笔记》载：“嘉靖末年，海上倭起，海禁甚严，寸板不许入海。”清初，因郑成功据台，“海中严禁，寸板不入”，“家有藏网者以叛逆论”。

以捕鱼为生的渔民，他们的生存状态因其所处地理环境的特殊性，置身海中或紧靠海边，常受台风袭击，有时风急浪高，击岸破堤，拔树摧屋，险象环生。海上作业形成渔民的生产是流动性的，这种流动的特点，常常带有不可预测性、不稳定性和危险性，渔民与亲人处于一种周期性离合状态，捕捞期、渔汛每年甚至每月都是周期性、有节律的。他们与耕地的农民、山民以及放牧的牧民不同，海上作业与世隔绝，一条船就是一个世界，海上和渔村，一方面是“强”集结，一方面是“弱”组合，是双重的失衡，也是双重的单一。所以旧时代有“世上三般苦，撑船、打铁、磨豆腐”，说的就是这种情景。诚如范仲淹诗句所云，“君看一叶舟，出没风波里”，海边的渔民，长年风吹日晒雨淋，穿行风浪间，随时都有翻船丧命的危险。喝江河中的水，吃住在船上，一叶孤舟漂泊江海之间，寂寞孤单是可以想见的。

正是由于海上艰险作业较多，渔船、人员事故常有发生，海边渔民迫切需要寻找自己的精神寄托，盼望逢凶化吉。拜龙王，拜观音，特别是下海庙里拜海神妈祖，就成为上海渔民的一个独特的祭祀方式。现虹口区

▲ 渔归

昆明路、海门路口就有下海庙，这座庙早先就是祈求海神保平安的海神庙，清嘉庆年间建于今昆明路、海门路的下海浦上的提篮桥（今已不存），据说因为当年渔民香客提着盛放香烛的篮子，过桥去下海庙求神护佑而得名。当然，还有一说：该桥由当时的瞿、蓝两姓的大户捐资所建，名瞿蓝桥，后音变为提篮桥。不论哪种说法，崇拜海上救苦救难的海神，由此产生了许多渔人的信仰习俗，是不争的事实。

上海渔场资源丰富，有近海渔业资源、长江渔业资源、内陆湖河渔业资源，内陆水面24.8万公顷，有湖泊60多个，以青浦区西部为最多。上海最大的湖泊淀山湖，有水产品42属62种。四鳃鲈鱼，松江特产，呈纺锤形，长约15—20厘米，重2—3两，头大扁平，眼小生于上方，口宽扁，腹灰白，背呈灰褐色或带枯黄色，有黑纹四五条，肉嫩，无刺骨，味鲜美。后世松江鲈鱼被誉为中国四大名鱼之首。可惜，20世纪50年代后期，因兴修水利和水质污染，四鳃鲈鱼洄游和生存环境变化，几近绝迹。80年代后，因海洋渔业资源过度开发，产量逐年下降，长江口鲥鱼、银鱼、中华绒螯蟹等资源严重衰退，90年代无产量可计，确实是很可惜的。

风土
海疆

41.“与海夺田”与浦东海塘

上海浦东，如果仅仅从上海的版图来看，它好比长江三角洲平原中的一个“小三角”，但如果放眼整个中国的版图，鸟瞰上海浦东，就会发现它的战略位置极其重要，紧靠黄浦江，扼拥长江，西濒上海浦西老城区，地势平坦，土地肥沃，有着独特的地理优势和发展空间。

北宋著名的水利专家郏亶曾经说过：“循古今遗迹，或五里、七里而为一纵浦，又七里或十里而为一横塘。因塘、浦之土以为堤岸，使塘浦阔深而堤岸高厚。塘浦阔深，则水通流而不能为田之害也；堤岸高厚，则田自固而水可拥而必趋于江也。”浦东的濒海之地域，属江海冲积平原，那是在江流和海潮的长期相互作用下，由积聚的沙洲逐渐连片成陆的。襟江带海，美不胜收。历史上因江河水的外溢和海潮的侵袭，这片肥沃之地夏秋之际常常遭受台风暴雨的袭击，数千年来，多次发生狂风巨潮带来的灾难事件，房屋倒塌，民众死伤，庄稼绝收。面对暴风雨潮，浦东的黎民百姓在地方政府的组织下，修筑海塘，与海夺田，向大海要地。与海夺田的壮举，海塘的修建，彰显出上海浦东民众不屈的抗争意志。历史地看浦东的演变，这一片肥沃平原的形成，孕育了勤劳勇敢的上海浦东人民，培养了抗争自然的顽强性格。而所有这一切，难道不就是在为现在的浦东以及未来的浦东，铸就一种奋发向上、永远进取的“上海精神”的写照吗？！

修筑海塘是将汹涌的海水阻挡于海塘之外，保护大海赐予上海人的土地，保卫黎民百姓的生命财产不受损失。史书记载，唐朝开元年间（713—741年）修筑的捍海塘就从北至南经过花木、北蔡至下沙达航头，不

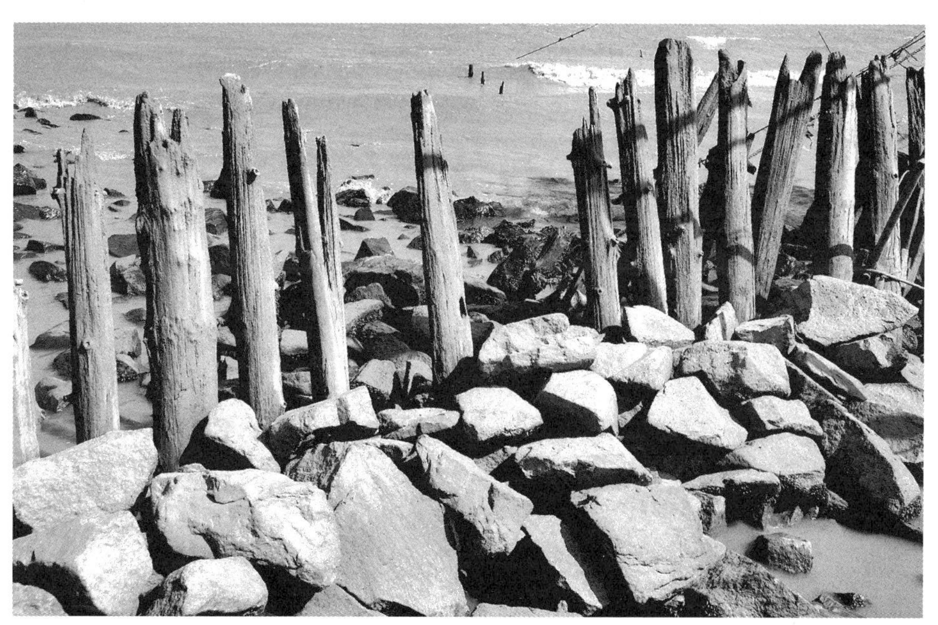

▲ 海塘防浪冲刷的木桩

过这条海塘甚至连遗迹都没有留下。随着上海海岸线的东移，一条条海塘向东延伸，向大海夺田的意志坚不可摧。唐代以后，特别是宋元以来，浦东民众对江南水患都有着切肤之痛，政府官员也决意采取措施，治理水系，修塘、浚河历来是地方上的要政，浦东民众为保卫家乡，也是全力以赴，奋力而为，在数百年间，曾先后修筑塘堤10多道，大抵是屡毁屡修，轮番200多次，疏浚河道有70余条（段）。如今，留在上海浦东民众心目中较为著名的海塘有3条，分别是老护塘、钦公塘和人民塘。

先说“老护塘”，它北起高桥黄家湾，南延原南汇六团方向经过奉贤和金山，最终达浙江平湖的乍浦，在上海浦东境内长约27千米。老护塘是浦东现存最古老的海塘遗迹，因年代久远，它又有瀚海塘、捍海塘、内捍海塘、里护塘、霍公塘、大护塘等多个别称。原先方志与历史学者对老护塘到底在哪里一直有争论，直到1998年出版的《上海水利志》，上海水务部门集全市地理和水利专家的研究成果，对这个问题终于有了突破性进展，结论为：始筑于北宋皇祐四年到至和元年（1052—1054年），吴及任华亭县令时所筑。《上海水利志》称之为皇祐老护塘。老护塘的建成，带动了人口的集聚和经济的繁荣，塘身东西两侧的运盐河上舟楫如梭，塘上则陆续出现了一批集镇，它的历史贡献是很明显的。

再说“钦公塘”，顾名思义，钦公塘与一个人的名字有关，他就是钦琏（一写“钦连”），生卒年不详，字幼畹，浙江长兴人，清雍正元年（1723年）进士。雍正年间，钦琏两度出任南汇县知县。长期以来南汇面临东海，地势较低，经常要受到海潮的袭击，清雍正十年（1732年）的一场海难，浦东百姓损失惨重，地方志书上记载："民死无数，六畜无存，室庐皆为瓦砾场，不辨井里，塘西险处亦如之。"钦琏作为县令，"厚民俗、遂民生、苏民力、去民害"，集全县之力，兴筑海塘，工程十分浩大，加上正值灾后岁饥之际，钦琏便采取"以工代赈"的办法，鼓励浦东妇孺老幼一起上阵参加运土劳动，终使艰巨的筑塘工程如期完成。为纪念钦琏领导民众筑塘抗灾的功绩，当地9个团为钦琏各修了一座生祠，以铭记他的功绩，并把这条海塘命名为"钦公塘"。民众心里有杆秤。尽管钦琏率民筑塘过去了200多年，位于今曹路镇启明村钦公塘脚下的那座龙王庙，还是供奉起新塑的钦琏像。浦东还流传一首竹枝词云："压住蛟龙气不骄，危塘坚筑势岩哓。村中多少闻香火，只合钦公庙里烧。"讴歌和纪念钦琏主持县政，为民筑海塘的业绩。钦公塘在挡住了200多年的海潮之后，随着海岸线的东移，1972年它逐渐演变为南汇川南奉公路的路基。

▲ 由当年钦公塘改建的川南奉公路

最后说到"人民塘"。实际上，人民塘是对浦东海塘的一次全面整合与整修。钦公塘修建之后，清光绪九年（1883年），由乡绅彭以藩发起，募捐集资另筑新塘，人称“彭公塘”；清光绪十年（1884年）知县王椿荫任内筑塘，故又名“王公塘”；进入20世纪后，有筑成于光绪三十二年（1906年）的“李公塘”，有袁希洛任县长在李公塘原址外的民圩上修筑的“袁公塘”。1949年7月，上海解放才两个月，7月24日、25日两天强烈的东北风和大潮汛相遇，再加上狂风暴雨，浦东海塘从北至南险象环生，岌岌可危，时任中共中央华东局第二书记、上海市长的陈毅元帅当即号召上海各界投入抗灾救灾和抢修海塘的战斗中去。从是年7月29日动工，直到农历中秋节举行工程验收大会，会上通过了陈毅市长建议命名新海塘为“人民塘”的提议，其时人民塘全长近50千米。1950年后，人民塘逐年加高加固。到了1957年，塘身高度达到7.5—8.5米的标准，顶面宽至5米，抗御台风海潮的能力达到百年一遇的标准。

42. 抗倭血战“青村堡”

上海奉贤区的县治在南桥镇，殊不知，奉城镇的资格要比南桥镇老得多，从清雍正九年（1731年）到1924年，奉城一直是作为奉贤的县城，甚至可以说奉城的历史比奉贤县的建制还要早许多。五代时期，这里是青墩盐场，后又改成青林、青村。到明洪武十九年（1386年），当时这片地区经常遭到倭寇侵犯，于是朱元璋派信国公汤和前来巡视，筑城堡以御倭寇，从此这里叫作青村堡，正式开始了有城堡的历史，而且这座城堡的意义不同凡响，是明王朝抗倭的前沿阵地，曾经发生过可歌可泣的抗倭血战。

倭寇为患，洪武年间已经初现端倪，到明嘉靖年间发展为严重祸患。明代实行海禁政策，除了政府之间可以实行朝贡外交，不许百姓出海、私通国外或是与外国人交易。虽然国家政策和大政方针时而放宽，时而收紧，但总的倾向是趋紧和禁止。今天有人对“倭寇”的定义是：“以日本为基地，活跃于朝鲜半岛及中国大陆沿岸的海上入侵者。”实际上，所谓“倭寇”，其成员中除了以日本为基地，部分是日本人外，也有不少是由不满明代政府海禁政策的航海商人发展起来的海盗。毛祥麟《墨余录》卷十五中载：“嘉靖间，贼邓文俊、萧显等，结连倭寇，掠嘉（定）、宝（山）、上海、南汇所。游击周藩、指挥武尚文、县丞宋鳌等死焉。贼纵火焚庐舍，杀伤兵民甚众，官悉遁走。”看得出，邓文俊、萧显之类都是一些利欲熏心的中国人，他们以日本列岛为

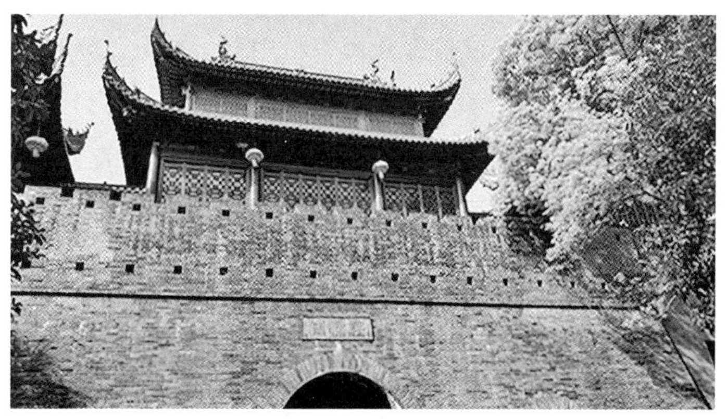

▲ 战时城堡

基地，经营着打家劫舍的海盗勾当。

明朝建立以后，因倭寇骚扰沿海一带，明太祖于1369年遣行人杨载出使日本，要求“日本国王良怀”取缔倭寇并向明朝廷朝贡。怀良亲王拘禁了使者杨载、吴文华二人，杀死其他五人，倭寇依然横行于山东、浙江、福建一带。次年，明朝廷又遣莱州府同知赵秩出使日本，怀良亲王遣僧祖出使明朝，送还被倭寇掠夺的沿海人口。然而倭寇势力依然猖狂，并继续在沿海一带不断侵扰，作恶多端。因此明太祖在洪武十四年（1381年）遣使责备日本国王良怀，威胁将要开战解决问题，兴师出征日本，日本国王良怀则复书表示若明朝廷征讨日本，自己将积极备战，他是铁了心准备与明朝开战。在这种形势下，建立沿海的抗倭城堡就显得迫在眉睫。

明洪武十九年（1386年）青村筑城堡，抵御倭寇。明太祖朱元璋派信国公汤和调1 300名员、宦、军丁，加上民工，在青村修城墙，挖城壕，筑成坚固的城堡，当时叫“青村堡”；1387年，明朝政府设貉（读音：gé）守御青村千户所，设千户名，下辖百户10名，驻兵1 120人，后来改名为守御青村中前千户所。纵观有明一代，青村所一直归金山卫都指挥使统辖，为沿海抗倭军事要地。明嘉靖年间，倭寇先后8次侵入青村所，青村所军民以千户陈元恩为首领，与倭寇进行了不屈不挠的浴血斗争。

明嘉靖三十二年（1553年）三月，倭寇侵扰青村所，明军百户王河率领队长陈九等人仓促抵御，不幸殉职。从这以后，倭寇纵横奉贤沿海，到处杀人放火，焚烧劫掠。是年六月二十七日，青村所都司韩玺率领僧兵在四墩与倭寇激战，斩杀倭寇80余人，解青村所之危。次年三月二十日，倭寇在黄浦口海面遭到大风暴的袭击，许多船只倾覆。于是，倭寇头目陈东、徐海率领众人抵达柘林，与新场、周浦倭寇互为犄角。不久，倭寇开始在柘林盘踞，以柘林为巢穴，他们四出掳掠，为害乡民。九月十七日，柘林倭寇侵犯青村所，久攻不克，相持了10多天。倭寇先是威吓城内的明军献纳布帛金银，遭到断然拒绝。于是，他们强行征民夫在青村所的四个城门驾云梯，分散城中明军的注意力，然后趁机进攻。海螺声中，攻城的倭寇手执盾牌、短兵器，蹑梯而上。城上的军民情绪激愤，用胡叉推梯，以弓箭、石块抵御倭寇的进攻。后来，千户陈元恩指挥兵士用火炮进行轰击，倭寇伤亡惨重，败退而去，青村所得以保全。

“攻打陶宅”的战事也值得讴歌。“陶宅”为明代诗人袁凯的家乡，明代洪武年间曾经在此设立巡检司、税课局等机构。明嘉靖年间倭寇在这里盘踞，明嘉靖三十四年（1555年）的八月，柘林倭寇首领徐海率领300多名倭寇漂流到松江一带，占据了华亭陶宅镇。九月，赵文华协同曹邦辅、胡宗宪率直隶、浙江兵兵分三路进攻陶宅。倭寇集中主力，猛攻胡宗宪所率浙江兵，浙江兵先被击溃，死伤千余人。曹邦辅所率的直隶兵也中倭寇埋伏，死亡200多人。紧接着兵备副使刘焘的5 000人军队兵分三路继续围攻，倭寇以200人迎击，官军溃败。到这年的十月，双方开展激战，至次年六月，总督胡宗宪率领浙江、直隶兵，会剿盘踞在陶宅

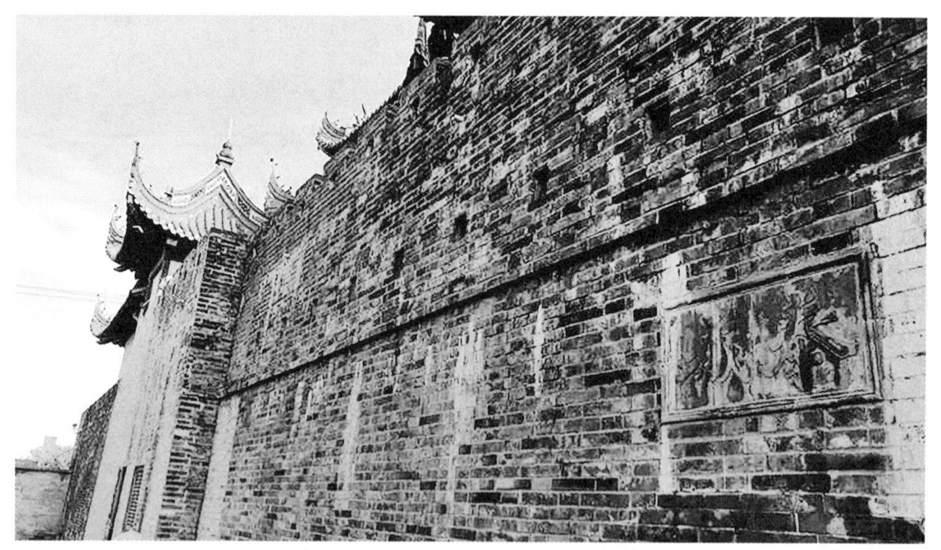

▲ 奉城

的倭寇。倭寇节节败退，把总王应麟率兵乘胜追击，在九团洋大破倭寇。从此以后，徐海被擒，陈东、叶麻、王直相继投降，倭寇失去了向导，沿海一带逐渐平静。浴血奋战的青村所军民终于取得了抗倭斗争的胜利。

奉贤沿海地区抗倭斗争的胜利，保护了沿海地区人民生命和财产的安全，极大地提高了奉贤人民的民族士气，捍卫了奉贤的海防，驱逐了倭寇，为维护国家主权和中华民族的利益作出贡献。沿海军民奋起抗击外来侵略，以国家和民族安危为己任的强烈爱国主义精神，赢得了后人的尊敬。

43. 金山三岛的传说

关于金山县的历史地理，著名历史地理学家谭其骧教授评新编《金山县志》曾经有过这样的论述："金山县得名于金山。金山本是陆上一山，后来沦入海中。山上山麓既有新石器时代的遗存，又有历史时期的聚落城堡寺庙港口见于记载。沦海后只露出三个顶峰在海面上，形成大金山、小金山、浮山三个岛屿。”（载《上海地方志》1991年第2期）。1935年，考古学者在金山发现了戚家墩遗址。同年，《人言周刊》第31期发表了《金山康王故城》，作者是考古学家卫聚贤，他认为：“前在金山所发现之陶器，与余在栖霞山发现之石器，及越夏之少康后裔有关；金山（非金山卫）有此陶片甚多，相传山下有一古城，水浅时可见，后余考证于《海盐图经》，有金山与陆地相连，金山西北有康王故城之说，与本地人传说相符合。”“康王故城”的发现，因与南方历史文化渊源极深，很有价值。新中国成立以后又陆续发现南阳港遗址、亭林遗址、查山遗址和招贤浜遗址。

根据考古学者与历史地理学者研究的成果，基本可以推定，公元前21世纪时，今大小金山一带有大片原野叫鹦鹉洲，滨海原野上大小湖泊星罗棋布，逐水而居的先人部落生活其间，“云间”之名，也许就是当时北方移民对这一地区的称呼，后成为特定地域的代名词。鹦鹉洲地域筑有大京城（又名“宁海城”），时大金山称作“黄花山”。周康王时期垒筑东京城（后反复易名为康城、前京城、东京城），黄花山改名钊金山、钊山、金山。康城先后作为国、邑、县的首府，历时2 000多年。秦汉时期曾设海盐县。南北朝又先后设前京县、胥浦县。唐复设海盐县，之后行政建制多变，直到唐天宝十载（751年），金山地隶属于华亭县。

金山三岛原先是鹦鹉洲地域，并筑有康城，与金山本土连在一起，由于长江南岸沙嘴的发育，加之海水动力条件，随之发生相应改变，杭州湾北岸所受的侵蚀作用急剧加强，金山卫及其附近一带岸线开始向北塌进，往后退缩。至唐末五代，金山岸线已紧逼金山脚下。宋代绍熙《云间志》寺观条载：慈济院，在海中金山绝顶。金山已与陆地脱离，南宋淳熙十一年（1184年）八月大风雨海溢，康城沉海。大约在宋末元初，鹦鹉洲已完全消失，因此在元至正（1341—1370年）以前，大小金山已成“两鳌之岛”，“出没于云海之中，如壶峤之在溺流外也”。随着鹦鹉洲的消失，金山故城也相应入海，在大小金山之间便形成一道海峡，史称“金山门”。

金山三岛位于东经121°24′～25′，北纬30°41′～42′，距杭州湾北岸陆地最近点（金山嘴）约6 000米。由大金山、小金山、浮山三岛组成。根据2013年公布的上

▲ 三岛横卧在海面上，似三位战士在站岗值勤，守护着金山的南大门

海市海岛普查名录，按照新的岛屿定义，新增大金山北岛和浮山东岛以及大金山东礁和浮山一礁、二礁、三礁。目前，金山三岛实际意义上是五岛四礁，只是习惯上还是称作金山三岛。说起这三座小岛的名字，还流传着一段神奇的传说呢——

很久以前，金山嘴渔村里住着一对穷兄弟，自幼父母双亡，两兄弟租着渔船靠出海捕鱼为生。一天在风平浪静的海上，远处漂来一根毛竹，直围着渔船转，兄弟俩一心捉鱼，那天幸运地捕到了满满一舱鱼，兄弟俩非常高兴，回到岸上，卸完鱼后才发现有根毛竹，将它打捞上来。弟弟煮饭，哥哥将毛竹劈开，毛竹中发出一道闪闪金光，里面跳出两只金黄色的小鸡，活蹦乱跳，好不惹人喜爱。兄弟俩将它们放进草囤里，好生养着。第二天黎明时分，这对穷兄弟在睡梦中，忽然听到响亮的雄鸡报晓声，他俩起身，掀开养鸡的草囤，只见里面射出一道金光，两只小鸡已变成一对金鸡。兄弟俩既喜又惊，害怕被渔霸知道惹出什么祸事来。不过，金鸡的消息最终还是让村里的渔霸知道了。渔霸趁兄弟俩捕鱼出海，带着家丁将草屋围住，从门缝里窥视，屋里果真有一对金鸡。渔霸就指使家丁破门而入。他刚闯进屋里，顿时天昏地暗，狂风呼啸，过了好一会儿，金鸡变成了石鸡。渔霸暴跳如雷，他想，一定是穷小子暗中使了什么魔法妖术，使金鸡变成了石鸡。渔霸带着家奴到船码头上守候兄弟俩。

兄弟俩捕鱼回来，渔霸对他俩大吼：“穷小子，今天若不把石鸡变回金鸡，就将你们扔进大海里喂鲨鱼！”

兄弟俩看见渔霸手里拿着石鸡，明白了八九分，伤心欲绝。渔霸一挥手，家丁奴才们蜂拥而上，打得兄弟俩鼻青脸肿。可是兄弟俩丝毫不觉疼痛，渔霸却像杀猪般地打滚嚎叫。转瞬之间又出现天昏地暗、飓风怒啸的那一幕，突然金光一闪，石鸡变成了金鸡。渔霸一见金鸡，忙不迭地扑过去捕捉。可是，金鸡的光芒刺得他睁不开眼。金鸡扑向渔霸一啄，渔霸的眼球被啄出眼眶，昏死过去。金鸡一飞冲天，飞向辽阔的大海。

兄弟俩趁混乱之际，驾船逃走。金鸡盘旋在小舢板的上空。渔霸命令家奴开船追赶，不多久兄弟俩就被渔霸他们追上了。渔霸指使家丁将两兄弟活活打死后抛入大海。这时，猛听见“轰”的一声，海中顷刻矗立起两座山来。哥哥变成了大金山，弟弟变成了小金山，两山遥遥相望，亲密无间。此时，渔霸欲逃走，忽然间金鸡扑着金翅膀，刹那间掀起一阵狂风，巨浪像山峰般地卷来，将渔霸卷入大海。顷刻，渔霸变成只有一只眼睛的乌龟露出海面，它像千古罪人似的面对大金山、小金山，永远跪着求饶。据说，这对金鸡从此就停留在大金山

▲ 2008年12月24日，一块重达500千克的石碑落户大金山岛（钱卫忠 摄）

上，每当风平浪静的黎明，在金山嘴上总是能听到金鸡的啼鸣声呢。

金山三岛原本是沧海桑田的自然现象，然而，当地百姓对这种自然现象附会了许多美丽传说，融入了人世间的善恶报应这一类故事，增添了人文内涵，使得金山三岛的传说更富有人情味，也更接地气了。

44. 龙华犹存古刹名

全国称“龙华”的寺庙，大大小小不少于数十家，唯独上海龙华寺最负盛名。它坐落在上海徐汇区的龙华镇，是上海历史最为悠久、规模最大的古刹。传说龙华寺始建于三国，是吴王孙权为其母所修，距今已有1 700多年的历史，唐垂拱三年（687年）正式建立殿堂，现存寺院为清光绪年间重建。如今的龙华寺早已成为由古寺、古塔、龙华庙会、龙华晚钟所构成的旅游胜地。

▲ 上海龙华寺是上海地区历史悠久、规模宏大的古刹，建寺以来，几经沧桑，屡毁屡建

1 000多年来，龙华寺由于历史悠久，高僧辈出，一直是上海市的佛教名刹，佛教界著名的十方丛林，在海内外佛教弟子中赢得了巨大声誉，是僧俗共同朝拜观光的圣地。在中国佛教史上，龙华寺也有着非常重要的地位。

有关龙华寺建造的确切年代，恐怕还要留待后人进一步用证据来证明。因为即使是寺院方，至今对于龙华寺的始建年代也是莫衷一是。现在一般的说法：一是说创建于三国东吴赤乌十年（247年）。二是说始建于唐垂拱三年。三是据《龙华志》载：宋太平兴国二年（977年）吴越忠懿王钱俶重建龙华寺；宋英宗治平三年（1066年），皇帝赐额“空相寺”；明嘉靖三十二年（1553年），明世宗赐额“万寿慈华禅寺”；明万历年间，明神宗又赐额“大兴国万寿慈华禅寺”。空相寺于宋元交替之际毁于兵灾，明永乐年间重建后，改称“龙华寺”。其后又多次毁于战火，经历代重修，今寺为清光绪年间重建，依照宋代伽蓝七堂制。晚清以降，复称“龙华”古名。

不过，根据晚唐诗人皮日休的《龙华夜泊》诗中描写的龙华寺的景色：“今寺犹存古刹名，草桥霜滑有人行。尚嫌残日清光少，不见波心塔影横。”至少在唐代就有龙华寺圆通宝殿等殿堂的形制了。

在上海的地方方志记载中，将古代上海最早出现佛教寺庙的年代，上溯至六朝初期，而建寺盖庙的关键人物，是天竺高僧康僧会。清代同治年所撰修的《上海县志》称龙华寺塔建于吴赤乌十年，1993年7月出版的《上海县志》沿袭了这一说法，古龙华塔“在龙华寺西南，相传吴孙权建，赐额‘龙华’，用藏西竺康居僧会所请得的五色佛舍利”。

另有传说龙华塔是吴王孙权为其母祈福长寿所建，故又名“报恩塔”，在吴王孙权的支持下，康僧会在江南一带广传佛教，使吴地的佛教一度呈现出繁荣景象。按照上海人士张宸撰写于清代康熙年间的《龙华志》描述，康僧会游历至上海龙华荡，即今龙华镇，看见水天一色，藻荇交横，用手指着说道：“此地尘辙不到，颇宜清修。”“于是鸠工车戽（车水），果得穴，为神龙窟宅，遂以法召龙王乞地。广泽龙王自知力不能抗，即许舍地。”（游有维《上海近代佛教简史》）有传说龙王挪出自己的宝地后，心有不甘，向康僧会发问，说法师有地可居，我却无宅可住，这可怎么办才好？康僧会当即向龙王许诺，只要为我护法，我必定给栖身之处。于是，建造寺庙后，在龙华寺大殿东庑建外伽蓝堂，安置广泽龙王为寺庙的伽蓝护法神，做好这件事情，好像是对龙王有了交代。以后在历朝历代的变乱中，梵刹宝寺也屡遭破坏，但信众在修葺寺塔的同时，每每总要翻建修缮外伽蓝堂，据说就是为了秉承康僧会当年的一诺千金。在以后的漫长岁月里，龙华寺外伽蓝堂尽管不复独立存在，但康僧会的遗教却影响犹存，寺内前殿的右鼓楼下，还供有传说中将宝地拱手相让的广泽龙王伽蓝护法的神位。

龙华寺不同于其他寺院之处在于，进殿就是弥勒殿，殿门前两侧蹲踞两只石狮，左雄右雌，雄狮脚踏一只球，表示一同环宇；雌狮脚踩小狮子，表示子孙延绵。须弥座上雕刻百花之王牡丹、百鸟之王凤凰，再加

▲ 19世纪80年代的上海龙华寺

上百兽之王狮子，所以叫三王狮，有三王狮的寺庙规格都是最高的。弥勒殿正面墙上有“九狮”砖雕，暗含“救世”的意思。进入弥勒殿，迎面是笑容满面、袒胸露腹的弥勒的化身——布袋和尚。弥勒殿和天王殿之间的两侧，东有钟楼，西有鼓楼，有暮鼓晨钟以报时之说，也有“暮鼓晨钟，惊醒世间名利客”之意。钟楼，明代重建，3层歇山式建筑，檐下悬挂“大愿地藏王”匾；楼内悬挂清光绪年间铸造的高约2米、对径约1.3米、重3 000千克的青龙铜钟。旧时，“龙华晚钟”是“沪城八景”之一；现在有“迎新春，撞龙华晚钟”的习俗，钟声为108响。

龙华古镇举行的龙华庙会，至今已有300余年历史。相传弥勒佛自兜率天降生于龙华树下，传道播法，广度众生，谓之“龙华会”。后每当此时，龙华寺香客不断，附近商贾云集，又值桃花盛开，游人如织，形成盛会。故苏、浙、沪一带素有“三月十五游龙华，逛庙会，看桃花”之传统习俗。

45. 沪地龙文化渊源

上海地区有着悠远的文化传统，上海境内多处考古遗址的发掘证明，上海已建立自人类活动之初至商代末期的完整考古年代序列：马家浜文化、崧泽文化、良渚文化、马桥文化、广富林文化，时间大约距今6 000—3 000年。以地名命名的崧泽文化和马桥文化，是十分突出的文明积淀，而介于二者之间的广富林文化，以更为丰富的文化遗存，昭示着上海地区深厚的历史文化积淀。

一般认为，龙文化主要起源于北方中原地区，有所谓“濮阳之龙”“红山文化之龙”，大约都有五六千年的历史。而凤文化则被认为起源于东南方，河姆渡文化的双凤朝阳牙雕配饰距今已7 000多年。需要指出的是，确认一种文化的代表，并不全是根据年代，如我国文化遗产的代表形象，并没有选择河姆渡文化的双凤朝阳器型，而是选择了比河姆渡文化晚几千年的成都金沙遗址中的四鸟绕日图案。

其实，有6 000年远古文明的上海文化，与中原龙文化有着不解之缘。良渚文化是上海乃至长江三角洲地区史前文明的高峰，在青浦福泉山遗址已经发现了2处良渚文化墓地，出土了大量精致的玉器、象牙器、陶器等，龙文化形象非常精美。如1984年出土的良渚文化蟠螭纹镂空足带盖陶鼎，达到了很高的艺术水准。这件带盖的陶鼎，镂空的足间有龙，而盖上、腰身上的龙纹更加精彩，后来青铜器上的龙纹，可以视为这种陶鼎龙纹的摹本。

据神话学者田兆元教授的研究，龙虽然起源于北方与中原等地，但曾经的标准龙图案在上海及其周边地区强势存在并流行，这是过去为人们所忽视的。其中的双龙纹，如蛟龙纹、蟠龙纹和一头二身、二身一头、S纹，

▲ 晚清吴友如画宝中描绘的龙灯祈雨

都是后来常用并延续到今天的典型龙纹。距今4 000多年前，东南沿海地区曾经发生过一件大事。《史记·孔子世家》记载：吴伐越，堕会稽，得骨节专车。吴使使问仲尼："骨何者最大？"仲尼曰："禹致群神于会稽山，防风氏后至，禹杀而戮之，其节专车，此为大矣。"学者一般认为，这是夏文化对东南防风氏王国的一次征服，也是一次龙文化与凤文化的交流。代表龙文化的夏族进入东南文化地区，开始了龙在东南文化的新征程。这是上海地区龙文化产生的重要历史背景。由此，上海地区开始了由凤的文化世界向龙凤交流的文化形态转变，龙与凤在上海及东南地区开始走向融合。上海地区4 000年前的陶器图案上，龙凤融为一体者开始出现。从某种意义上说，这样的融合性图案可以视为上海的一种古老传统：文化讲究融合，海纳百川在很早的古代就开启了它的先河。

中华文化传统实际上是在多个地域有了认同后，才最终形成整个民族国家的认同。《礼记》中说："前朱鸟（雀）而后玄武，左青龙而右白虎，招摇在上。"青龙，或谓苍龙，被指为东方之神。在春秋时期的随国墓葬里，可以见到这样的图案。这种"东部为龙"的观念，至少在春秋战国时期已经完全形成并达成共识。上海地区在唐代出现青龙镇，直到今天还留下青龙村、青龙塔、青龙寺等，也体现出上海历史上与龙文化的渊源。从这个角度来看，上海地区是"左青龙"的重要承接者，担当了中华文化符号传承发展的大任。

其次，上海与龙文化的渊源，还可以从"四海龙王"的传说中找到踪影。相传，东海龙王敖广、南海龙王敖钦、北海龙王敖顺、西海龙王敖闰中，以东海龙王为大。大约在西晋末年，有一部道教经典《太上洞渊神咒经》开始流传，其中提到五方龙王，即东方青帝、南方赤帝、西方白帝、北方黑帝和中央黄帝。这是原来的五帝体系与龙王信仰相结合的产物。接着，这部经典又说到四海龙王，并指出将四海龙王的神像放于住宅四方，可以确保人世间的平安。唐代开始祭祀五龙王，宋徽宗封青龙神为广仁王，后来《西游记》叫出了"敖广"这一名称，至此，东海龙王可谓家喻户晓。面向东海的上海地区，是承接东海龙王文化遗产最直接的地区。四海龙王传说的发生期是南朝时期，当时的文化中心在东南建康（即南京）一带；上海地区在其东侧，受到相关文化影响的辐射。过去，上海东部沿海密布龙王庙。随着时代的发展，相关庙宇建筑渐渐式微。

倘若将目光投射到上海地区民俗文化的流变，会发现其中有许多与“龙文化”难解难分的习俗，如旧俗把“二月二”这天理发称为“剃龙头”，说在二月二理发，人就会像龙一样从冬眠中醒来，生龙活虎，龙马精神。做生意的人家，讲究“引钱龙”习俗，每年二月二早早地去挑水，寓意财运更大、更好。送孩子入学，让孩子学业有成，有“望子成龙”之意，寓意好彩头。在饮食中，吃各种以“龙”为名的食物就更多了，如吃面条叫吃“龙须面”，吃饼子叫吃“龙鳞”，吃饺子的称为

▲ 上海三林刺绣中国龙

吃“龙牙”“龙耳”，吃米饭叫吃“龙子”，吃馄饨叫吃“龙眼”。各种食物以龙为名，也是希望自己沾上一些不凡之气，能有所出息。同时，还举办各种庆典，为老人理发，吃撑腰糕，弘扬“二月二”的习俗。

上海地区河网纵横，水系发达，与东海龙王传说有着独特的伴生关系。历史上的上海英雄，多与治水有关，如春申君就被传说为诸多河流的治理者。上海常常被比作中国经济的龙头，有东方龙的故乡之实，因此更应该自觉地将这种古老的龙文化作为文化基点，以深厚的文化积淀，激发城市的精气神，提升上海文化的自信心。

土地记忆

46. 西郊有个“虞姬墩”

上海西郊有个虞姬墩。

关于虞姬的传说，是个凄美的英雄与美人的故事——虞姬是西楚霸王项羽的爱姬，抗秦路上一直与项羽不离不弃。秦王朝被推翻之后，项羽的对手就是刘邦。公元前202年，刘邦麾下的猛将韩信和项羽在垓下相持，韩信用重兵把项羽军营团团围住。熟悉楚军内幕的张良知道这些禁军子弟兵都是苏州西乡人，那里人善唱吴歌，就组织兵士唱吴地山歌。项羽的八千子弟兵中全是江东人，吴地山歌又大都唱的是情歌，当西楚士兵们听到家乡的山歌，勾起了思念家乡之情，不禁潸然泪下，顿时军心涣散，恰在这时项羽军中粮草断绝，士兵开小差者不计其数。因为当年苏州属楚国，所以将吴歌都记为“楚歌”，这就是成语“四面楚歌”的来历。

军情危急之际，项羽准备天亮时突围。在旁的虞姬哭成了泪人，因为虞姬明白，在突围时项羽一定会不顾一切地掩护她，这样就会连累丈夫。为了使项羽没有后顾之忧，虞姬乘项羽不备，提剑自刎了。霸王别姬，虞姬自刎，对于历史来说，只是一个小插曲，而项羽英雄末路的无奈和柔情，虞姬的凄艳绝美，却感动了无数人。所以，在戏剧舞台和影视屏幕上，霸王别姬的故事久演不衰。

▲ 虞姬庙

有关虞姬的身世有两种说法：一说虞姬乃古越绍兴塔石村人。塔石村位于美女山下，这里有很多虞姓人家，比邻西施故里诸暨和书法胜地兰亭，至今这里还流传着一代名媛虞姬的传说，还有虞姬庙，可惜原来的虞姬庙早已毁于战火。另一说法，说虞姬是秦末人，名虞妙弋，人称“虞美人”，是今沭阳县颜集乡人。该乡境内有虞姬沟蜿蜒半境，此沟因虞姬而得名，沟畔有胭脂井、霸王桥、九龙口、点将台、项宅等史迹，尽管鲜有史籍佐证，大多数人还是接受了这些传说。

司马迁在《史记》里记述了“霸王别姬”的故事，按《史记》的记载，项梁杀人避祸携项羽由下相奔吴中，项梁叔侄在此结交江东子弟。虞氏为吴中会稽郡望族，虞姬为虞氏美女。虞姬是一个才貌双全的女子，她不仅娇颜如花，舞姿优美，剑也挥舞得轻盈如水。公元前209年，项羽帮助叔父项梁起义反秦，虞子期是项羽军中的一名战将，虞子期的妹妹虞姬十分爱慕年轻勇猛的项羽，愿嫁给他为妾。后来项梁战死，项羽升为上将军，经过巨鹿一战，项羽声名大振。不久，项羽便进入关中，自立为西楚霸王。在连年的征战中，虞姬经常随项羽出征，始终与项羽形影不离，两人感情甚好。一个有英雄豪气，一个有美貌武功，真可谓“英雄美人两相欢”，直到在垓下被围时，“霸王别姬”被演绎得倾国倾城。

垓下之围，霸王别姬，虞姬不在人世了，留下后人对其墓地产生无尽想象。今上海长宁区的北新泾西面靠近吴淞江的地方有一个土堆，旧时被叫作“虞姬墩”。对于虞姬墩和虞姬的传说，晚清长期居住在上海的新闻记者，同时也是思想家、政论家的王韬在《瀛壖杂志》中曾经有这样的解释：

> 去北郭三十里，有渔姬墩。相传以渔妇得名。俗讹为野鸡墩。而沈梦塘孝廉则曰：“不如直呼为虞姬墩，尤雅。”其《题虞姬墩》诗云：“汉殿秋风雌雉啼，江东坏土拜虞兮。项刘不是争墩客，谁把墩名误野鸡。”固知文人之笔，无所不可。或以文翚（读音：huī）洲当之，距浦较远，未之敢信。今按野鸡墩畔本有虞姬庙，塑女神像，庙前有大银杏二株。后江圮而庙毁。道光二十七年，里人张化麟捐资重建。咸丰十一年，发逆犯沪城，屡由是道，庙竟毁于火。是则梦塘之说，固非无因已。

虞姬墩的地方确实有过虞姬庙，庙址在长宁区新泾镇努力村，庙旁还有一棵银杏树，据说树龄已经超过300年，树高16米，树围240厘米，冠幅12米。清同治《上海县志》卷三十一也曾记载此事，说虞姬庙中塑女神像，庙前大银杏二株。虞姬庙，俗称虞姬墩。为什么在吴淞江畔的北新泾附近建虞姬庙呢？

明万历《嘉定县志》记载，古代吴淞江地区有“江东”之称，当年楚汉相争，项羽兵败自刎于乌江之滨。由于他自恃天下无敌，至死不服，又无颜回见江东父老，故死后化为吴淞江神，不时发怒，掀起滔天巨浪，造成水灾，人们称之为“霸王潮”。为保护江边百姓的平安，人们出于“一物降一物”的心理，开始纷纷修建西汉功臣的庙宇，在吴淞江的湾头上建立了72座庙宇，以镇“霸王潮”。当地百姓相信虞姬是项羽心爱的女人，用“虞姬庙”压在“霸王”头上，可让他永世不能兴风作浪。北新泾这一带，原是吴淞江水上码头，商贾称为

▲ 1993年11月，苏州河虞姬墩渡口渡船（徐喜先　摄）

"虞姬墩码头"，古银杏曾作为该地的航行标志物，保佑百姓船运平安顺泰。

还有传说，虞姬自刎后，手下人带着她的遗物返回家乡江南，虞姬的两个妹妹惊闻亲人的噩耗，悲痛欲绝中拔剑与汉军作搏击，中箭身亡。乡亲们钦佩三姐妹都是女中俊杰，就在苏州河边的大土墩里埋入虞姬的丝巾和两姐妹的尸体，土墩就取名"虞姬墩"，并在一旁建了一座虞姬庙。据说，当地在每年的清明、七月半、十月朝（十月初一），会有青壮年来到庙中请虞姬娘娘出堂，娘娘被抬上轿子"出会"，每次的"出会"仪式都很隆重，要走上好几个村子，花上整整一天时间。1861年太平军东进打到上海时，毁了虞姬庙，此后再也没有重建，留下了一个土堆，清代以来土墩杂草丛生，成为鸟类乐土。不过，在推平土墩后，原墩位置建了一条虞姬墩路，不远处还有一个虞姬墩小学。许多不识字的农民，"虞姬"两字叫不顺口，干脆就叫野鸡墩，由此成为上海西郊的一个历史地名。

47."塱上村"与"号上三邑"

七宝镇是个水乡古镇。镇中自西向东流淌着的河流蒲汇塘，也是太湖水系古河道之一，镇东有南北向的横沥港，北接吴淞江，南接黄浦江，蒲汇塘和横沥港相交于七宝镇中心。境内另有各种支河余脉10多条，河湖港汊，桥梁就很多，整个市街各种过河石桥有27座之多。水乡古老的镇市，主要集中在蒲汇塘南北两条大街。不要说当今，就是明清时代，七宝镇上就遍布酒馆、茶楼、布店、粮行，人气非常兴旺。

关于“七宝”的得名，清《七宝镇志·卷一·名义》中说：

> 七宝镇，在三十五保。左为横沥，前临蒲汇塘，商贾必由之地。七宝者，本故庵也。初在陆宝山，后吴越王赐以金字藏经，曰：“此亦一宝也。”因改名七宝寺。至宋初徙于镇，遂以取目焉。

说起“七宝”得名，要上溯西晋时的陆机、陆云兄弟，惜乎这“二陆”兄弟都成为当时政治权力斗争的牺牲品，留下“华亭鹤唳”的千年慨叹。据说，“二陆”遇难后，其后裔在松江立香火祠，名“陆宝院”，院址濒临吴淞江。陆宝院究竟何时建立，史志记载不详。后陆宝院演变为“陆宝庵”，因吴淞江江水泛滥，陆宝庵三度移更地址，这个过程肯定是很漫长的，其间经历了东晋十六国，南北朝、隋、唐，将近600多年，直到五代十国。《松江府志》和《青浦县志》是这样记载七宝形成的：“七宝故庵也，初在陆宝山。吴越王赐以金字藏经曰：‘此乃一宝也’，因改名七宝。后徙于镇，遂以名。”吴越王钱镠（读音：liú）误以为“陆宝”就是“六宝”，所以再赐给陆宝庵一卷用金粉抄写的《妙法莲华经》经卷，并说“这也是一宝”，于是陆氏宗族就把“陆宝”加一宝而改称“七宝”。到了北宋大中祥符元年（1008年），“七宝庵”成为“七宝教寺”，而七宝镇也是以寺而得名。

七宝古镇，地理位置有点特殊，清《七宝镇志·卷一·郡县建置沿革》记载："吾镇为娄、上、青三邑之通衢，又为娄、上、青三邑之分界。则其他可不论，而三邑析县之故，及所分之界不得不详考焉。"历史上行政区划划来划去，及至清代，七宝地方分属娄县、上海、青浦三县，蒲汇塘是分界线，塘的南面属娄县，北面属青浦，七宝镇东二里许的蒲汇塘上有一桥，桥东则属上海县。

今天新建的闵行文化公园地段，曾经是娄县、上海、青浦"三邑之分界"的中心地带，这里原来有个古村落——号上村，就在蒲汇塘边上。如今这个村子的农民已经搬迁他处，号上村已经消失，村落的原有土地变成了今闵行文化公园。号上村有着极为丰富的历史文化记忆。历史上蒲汇塘、横沥港古河道两岸市井繁荣，甚至可以追溯到南宋韩世忠在此屯兵，厉兵秣马。稍微有点年纪的人都知道，名噪一时的《虹南作战史》的小说和连环画，说的就是这个地方。

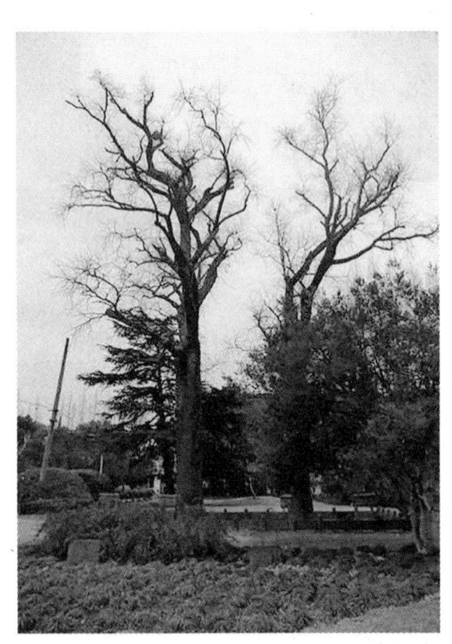

▲ 千年古镇七宝号上村的土地记忆，现已建为闵行文化公园

号上村原先叫"壕（读音：hào）上村"，这个"壕"字很难写，是繁体字"號"底下加个"土"字，在20世纪六七十年代，经上海市政方面的负责人提议，为便于群众书写和称呼，遂改"壕"为"号"，于是"壕上村"就成了"号上村"。几十年后，七宝古镇竟然抹去了这个文化底蕴深厚的古村落，令人惋惜。据

查阅古文献资料发现，“甏”字，其实就是一种用土做成的容器，类似于“釜”，有个边口。这个信息告诉我们，古代的甏上村一定与“甏”有关联。经过专家学者的论证，这种推测得到了证实，以前这里曾经是做“甏”这种容器的作坊，后来逐渐演变成用这种制作工艺命名的自然村落，这就是号上村的来源。

马桥文化遗址出土的陶器有三大类：夹砂红陶类，器型有鼎、甗（读音：yǎn）和釜，都是烹饪器具。甏上村的“甏”，是一种古老的盛酒容器。“甏”与马桥文化出土的器皿是不是有某种关联？抑或是它的余脉？这些都值得思考。有了“甏”这样的容器，这里的民众也就慢慢形成了酿酒的习俗。上海地区有一种“羊肉烧酒”的风俗，在一年的大伏天，在火辣的日头之下，吃羊肉，喝烧酒，就如同重庆人夏天挥着扇子吃火锅一样，享受的就是这种大快朵颐的酣畅淋漓和发汗排毒的快意。这种风俗，不要说在江南地区少见，就是环顾国内，也是很特别、很少见的。“甏”是否为这种风俗提供了物质载体也值得思考。据说，旧时甏上村也是许多道士的集中之地，简陋的村舍茅屋，他们在此却活得无忧无虑，这就印证了“有酒修道，无酒修佛”这句话。

▲ 青铜行军釜

号上村这片土地丰富的文化记忆，依托其历史、七宝镇的历史乃至整个闵行区的历史完整表现出来。文化最好的状态，一是继承，二是创

▲ 千年古镇的遗迹，闲游七宝斗姆阁

新。空间的使用功能既要适应现代社会生活的特性，又要保留过去的民居，让号上村的土地记忆真正得以延续与传承。

如今的号上村土地记忆，地处大虹桥5000米的半径辐射范围之中，保留当地的土地记忆已经成为一种共识。据说，闵行区政府曾有意在此建造一个“号上书院”，中国传统的书院历来有讲堂、藏书和祭祀三大核心功能，因为建设闵行文化公园而消逝的村落，通过建筑空间得以保留下来，并为未来服务，这倒是一个不错的主意。

48.“御桥”地名传说猜想

浦东北蔡镇南3000米处有一个古村落名字叫“御桥村”，村子的得名源于界内有一座小石桥，像这样的石板桥，在江南农村可以说再寻常不过了，可是，这座横跨小腰泾和咸塘交汇处的古石桥，由9块桥面石板铺就，当地民众原来称这座小桥叫“逾界桥”，后来逾界桥变成“御界桥”，再后来人们索性就简称其为“御桥”。有了御桥这个名字，它在当地就显得很不一般了。周边的一条老街，人们就称其“御桥老街”，御桥渐渐变成一个地名。

相传明代万历三年（1575年），当地乡绅沈钦为造福梓里，为乡亲们出行提供方便，领头建造了一座由6块桥面石组成的小石桥。修桥铺路，历来是中国人积德行善的大好事。过了几百年，已经到清同治年间了，这座历经风雨沧桑的小石桥略显破败，也是一个叫吴景清的本地乡绅提议重修。直到晚清，这回御桥村的乡亲不是重修，而是来个重建，清光绪二十二年（1896年），乡亲们决定将此桥拓宽，从原来的6块石面，改为由9块桥面石组成，御桥变长了，也变宽了。就这样修修补补，这座小石桥被沿用了300多年，别看它很不起眼，因为带了一个“御”字，就引出许多故事和传说。

最为家喻户晓的，是相传这座小石桥与乾隆皇帝下江南有关。说的是当年乾隆皇帝下江南体察民情时，顺路南下浦东黑桥，就是原南汇县境内瓦屑黑桥村，现隶属于周浦镇，乾隆皇帝准备探望自己儿时的老师顾成天。说起这个顾成天，历史上确有其人。顾成天（1663—1744年），字良哉，号小崖，上海南汇人，史书上说他“好学不倦，善诗文，尝以诗去请教同乡人、宗人府丞蔡嵩”，清康熙二十年（1681年）中举。清雍正年间，顾成天客居蔡嵩家，蔡嵩这人有点阴损，打小报告的能手，当他得知顾成天诗中有《咏皇城草》一诗，怀疑诗中有讥讽朝廷的意思，便向顾成天要来全集，并呈给皇上，想告发顾成天邀功行赏。哪知道雍正皇帝看到其中的《挽圣祖诗六章》后，非常感动，不但不怪罪顾成天，甚至还对此很是赞赏，认为这是顾成天忠君爱国的不朽诗章，特旨召见，钦赐进士，授翰林院编修，留在御书房做皇太子（即少年乾隆）的老师，并赐居澄怀园的花语山房。顾成天遭小人暗算，却因祸得福。伴君如伴虎，老实巴交的他兢兢业业地侍奉皇太子读书，为皇家做事，直到终老。顾成天告老还乡，荣归故里上海南汇，并在南汇邑城隐居草堂，著书立说，直到82岁辞世。一生著述宏富，他的书几乎都列入四库总目，传于后世。

话说乾隆皇帝励精图治，多次下江南巡游视察，到了上海南汇，就想起了自己少年读书时的老师。皇帝的老师堪称“国师”。顾成天知道当今皇上要来看自己，喜不自禁，就约定在小腰泾和咸塘交汇处拜见乾隆，君臣相见，顾成天三跪九叩，高呼“万岁、万万岁”，乾隆扶起国师，赐座。君臣共叙旧事，师生感情甚笃，那场面一定很感人。同时，乾隆为顾成天新著《东浦草堂诗文集》赐序，并题《镜客诗》一首，此事也成为佳话。于是，后人将这座小石桥与乾隆皇帝看望老师的故事联系起来，说是万岁爷来此桥，定名小石桥为“御界桥”。

这个传说可能经不起推敲，乾隆下江南确有其事，

▲ 乾隆皇帝下江南

但是否到过上海浦东？查无实据，这个前提不存在的话，御界桥上师生相见的故事就不可能发生。联想到不久之前有人说乾隆皇帝到过浦东三林塘，也不知道证据在哪里？没有史志的佐证，抑或没有证据链条，那就是纯粹“编故事”了，胡编乱造的做法，于事无补，不可采信。

再看御桥来历的第二个传说。御桥这地方，早期属“上海县长人乡二十保一图（头图）”，这个与清代县以下行政区划有关，清代的乡村行政区划的层级是很芜杂的，有乡→都→图→村四级，也有乡下无“都”，乡直接统领“图”与“村”三级。江南地区的行政区划系统大抵是县下为乡，乡下为保，保下为图，图下为圩，圩下为号。上海立县是元至元二十九年（1292年），浦东地区隶属于上海县长人乡，到清雍正四年（1726年）设南汇县，该地域行政区划为“南汇县长人乡十七保十二图”。农户要编入“图”，就是凭当地的经济状况，一图必须是最富裕的，故当地的三个张姓大户，都被圈为一图。圈在一图中的百姓自我感觉都很荣光，于是，三大户合起来建了一座石桥，命名为“御界桥”，以显官封之地，御划之界。这个传说可能更靠谱，更接近事实真相。既然当地三个张姓大户（分别对应今御桥村、长征村和卫行村）都被划入“十七保十二图”的“头图”，三个大户的乡民感念皇恩浩荡，或成为御桥传说的由来。

御桥的传说，除上述两种说法，还有第三种说法，与明代这个地区抗击倭寇有关。明代嘉靖年间，浦东北蔡也是深受倭寇劫掠祸害的地区之一，其中镇南薛家桥附近的薛、颜、谢三姓居民遭倭寇掳掠杀害，因此当地只有薛家浜、颜家浜和谢家桥的河浜名和桥名留存，却没有这三姓的后裔存在。后盘踞在周浦永定禅院内的小股倭寇又一次入侵该地区时，早有准备的北蔡民众同仇敌忾，毫不畏惧，人人争先，英勇杀敌，将这小股倭寇歼灭于小腰泾和咸塘港的交汇处。后人为感念当地民众的抗倭精神，在此架起小石桥，命名为“御界桥”。这个传说也比较靠谱，只是还需要具体史实的佐证。

古代上海，水灾一直是民众的心腹大患，御桥村处于小腰泾和咸塘港的交汇处。“小腰泾”这条古河道的名字有点特别，与“小妖精”谐音，一闹水灾，当地百姓就认为“小妖精”作恶。怎样制服“小妖精”？民间

▲ 上海市浦东新区御桥御北路618号如今已经矗立了高楼

信仰中有可能搬出皇家之“御”气来压制“小妖精”肆虐，也未可知。值得注意的是，在御桥老街还留有一个“张相公殿”，沿海地区的民众供奉张相公，主要是感怀张相公为当地民众送医送药，驱除病患，人们反对“小妖精”，而把“张相公”这个特定的菩萨看成自己除病消灾的庇护神，只要家里或船上有人病或伤，不论年老年少、男人妇女，总要挈上一竹篮净茶净饭，到张相公庙焚香燃烛，祈祷驱病消灾，若是灵验，事后定要还愿。

从“御桥”地名可以看到浦东乃至上海许多地名背后的故事，它不仅与所在地的著名标志物、地理环境等客观因素有关，还折射出当地民众的思维、心理、信仰、民俗、神话等因素，地名中留有不少天人合一的思想印记。可以说，地名具有很强的民族性与地域性，它有时直接或间接反映了一地民众的生产、生活与精神意识。地名背后有故事，直接积淀着地方文化的历史。

49.“醉乡酒海”古瓶山

《上海文物博物馆志》第三章《历史遗迹地下遗存》载：在上海地下，除保存了古文化遗址、古墓葬之外，尚有一批其他古代遗存，如古代祭祀时埋于地下的祭器、古河道中的沉船、海边遗弃的船只、遗留在海滩上的瓷碗堆、历代废弃的水井以及战争遗留的古炮等等。这批遗物对于上海市古代地理与历史、民俗研究都具有很高的价值。

这些古代遗物中，“古瓶山”很是引人注目。在青浦区白鹤乡陈岳村，古青龙镇（又作旧青浦）故址，有一小土墩，土墩内埋有大量陶瓶。陶瓶皆灰胎，釉褐色，长筒形，有四耳或双耳，制作粗糙，敲之铿铿有声，为宋元时期普遍使用的酒瓶。酒瓶之来源有两说：

▲ 苏浙一带出土的韩瓶

一说青龙镇在宋代有酒务和酒场，酒瓶山在青龙务旁，应是酒场所弃之酒瓶，后人以土覆盖成山；另说为宋代抗金名将韩世忠犒军的酒瓶，俗称“韩瓶”。酒瓶山占地四亩许，1935年当地人立“南宋酒瓶山遗址”石碑，新中国成立后辟为果园，1959年公布为青浦县级文物保护单位，“文化大革命”期间被夷为平地，石碑不知去向。

这里有两个问题需要引起特别的思索，一是古瓶山与宋代上海酿酒业的关系。且不说远古时代崧泽遗址出土的大量陶器中有一批杯、觚、瓶等用途明确的饮酒器，就说宋代上海的稻作农业已经很发达，有了可以酿酒的余粮。北宋宋真宗大中祥符元年（1008年），上海酤酒盛市，酒坊、酒窖、酒库、酒肆星罗棋布，朝廷置“上海务”等酒务。倘若没有酒坊与喝酒的人，就不可能有堆积如山的酒瓶遗存。

二是关于韩世忠其人，《宋史》特别说到南宋抗金名将韩世忠“嗜酒尚气”，韩世忠是陕北人，他的好酒与豪放之气，应该是可信的。民间盛传韩世忠率领军队行军打仗时携带酒具，当然也不排除有用它来盛水的功能。宋代赵令畤在其所著《侯鲭录》中说：“晋安人盛酒以瓦壶，其制小颈，环口，修腹，受一斗，可以盛酒，凡馈人牲兼以酒。”这种“其制小颈，环口，修腹，受一斗”的瓦壶，其实就是韩瓶的形制。明代嘉兴万历年间进士，集文学家、收藏家与鉴赏家于一身的李日华在所著《紫桃轩杂缀》中记载：“宋时吾郡立酒务于州治后，罂罍（读音：léi）之属，陶以给用，所造破甓（读音：pì)，隐起成岗陇，所为瓶山者也。”李日华的记录，其实说出了古瓶山现象的缘由。

不独上海青龙镇遗址出土古瓶山，就是江南许多地方都一再有古瓶山考古发掘证据的显现，清嘉庆年间吴骞的《尖阳丛笔》也记载：“瓶山在嘉兴县治西，宋时设酒务于此。贮酒陶瓶，散积日久，穹然如小山，土人因目之为瓶山，竹垞诗所谓‘一篑（读音：kuì）瓶山古木秋’者也。瓶今尚有掘得者，高尺馀，腹径三四寸，上下直相等。而口微窄，色淡绿，外涂以釉，间有未遍者，制甚朴古。”这两份史料虽然没有指明当时瓶山中的瓶就是韩瓶，但从资料中所描述的瓶的形制、质地、尺寸、色泽以及至今古瓶山还常有韩瓶出土的情况来看，他们两人的记载均清晰无误地指明了“贮酒陶瓶”是一种酒器，并在民间被大量使用，以至于“散积日久，穹然如小山”。

1971年发现的江苏金坛薛埠窑址，出土的器物有坛、罐、钵、盆等，尤以酒瓶为多，经学者考证，该窑为宋代烧制民间日常生活陶器的一处民窑。2000年浙江宁波月湖考古发掘，清理宋代明州“都酒务”作坊遗址时，即伴有数以万计的酒瓶出土。2003年11月，南京博物馆在高淳发掘一座宋代古墓，墓室内有铁牛、陶韩瓶等器物。在张家港市也有类似的情况，2004年3月31日，城北一建筑工地报告发现一座古墓，经张家港博物馆工作人员现场察看，为宋代墓葬，墓葬内出土韩瓶1只，以及宋代斗笠碗及圣宋通宝钱币等，该韩瓶现被张家港博物馆收藏。类似的考古发现在其他地方也时有发生，这些都可以作为韩瓶同时在民间被普遍使用的辅证。

综合上述材料，回过头来再看上海青浦区白鹤乡陈岳村古青龙镇的古瓶山，可以初步认定这些古瓶是北宋时军队中装酒的容器。南宋后，军中出现了“天威军官瓶”，俗称其为“韩瓶”。这些古瓶，从形制特点来看，推断为盛放酒水的军用品是符合当时实际情况的。事实上，在上海，当年韩世忠率军沿走马塘一线驻军，沿江一带的古河道及古井中时有韩瓶出土，其分布情况与韩世忠驻军线路基本一致。上海市西郊嘉定区的封浜镇，史载韩世忠曾驻军于此，1977年也出土过一批韩瓶。大凡韩世忠曾驻军之处，包括现江苏、上海、浙江的一些地方，或多或少都有韩瓶这种特殊的器物出土，这不能说是一种偶然。宋代还有一种盛酒的容器——“经瓶”，其造型特点是小口、束颈、丰肩、腹修长下收，与天威军官瓶的韩瓶相比，两者具有惊人的相似之处，只不过经瓶用于宫廷，做工更加精致，韩瓶用于军队，做工略显粗糙。所谓经瓶，来源于北宋初期，皇帝设立了一种讲经制度，定期请大学士、翰林侍读学士等熟悉四书五经的饱学之士任讲官，设讲筵。每年二月至端午节，八月到冬至为讲经期，适单日为皇帝讲经。这种讲经制度一直延续到明清时期，并派生出了讲筵用酒，产生了一种特殊的酒文化。讲经结束后，皇帝总要设宴，款待执行讲官及参与这一活动的众官员，以示君臣互学、团结友善，宴席上装酒的瓶子，就是这种经瓶。上海博物馆所藏两件金代磁州窑白地黑花经瓶，一瓶腹部书写“清洁美酒”，另一瓶腹部书写“醉乡酒海”，均表明了经瓶的贮酒功用。

古瓶山传递了这样一种思路，韩瓶是一种多用途的部队行军装备，同时，在民间也被大量地作为酒器使用，其使用年代始于南宋，并延至以后的元明两代。这也佐证了宋代“上海务”作为酒务的实物基础。倘若没有堆积如山的大量酒瓶的存在，又怎能断定那个时代民众的饮酒状况呢？

50.“韩仓”与韩湘子传说

上海闵行区马桥镇曾经有个“韩仓村”，现在这个古村落已不复存在了，据说是1992年韩仓村与彭渡村合并，组成了现在的彭渡村。这个村地理位置独特，靠近黄浦江畔，女儿泾旁。关于韩仓村的传说很丰富，其中包括韩仓村与八仙之中韩湘子的传说。

这个村落为什么叫“韩仓”？古代没有高速公路，没有火车铁路，运送粮草主要靠漕运。漕运就得在邻近江河的地方建立粮仓，各地小粮仓将征收来的漕粮，通过小船运输再接驳到大粮仓，最后再运至更大的粮仓，其中又以江苏太仓的粮仓为最大。上海置县后，曾经建有多处粮仓。同治《上海县志》卷二“建置·仓庾”中说：“水次仓者，明宣德八年，巡抚侍郎周忱奏建。一曰西水次仓，在唐行镇，今隶青浦，一曰南水次仓，在县东南浦滨小南门外，以便军民兑运，嘉靖二十九年，知县喻显科将兑军减省赠米增造十二所，内有府、县公所各一所，土地祠一所。”这是明代的情况。

上海地处江南，水网发达，那个时代的运输大抵以水上船运为主，大型的仓库大多傍水而建，故称“水次仓”。明代上海曾有2座水次仓，一座在唐行镇，明万历元年（1573年），析上海和华亭县部分置青浦县，这个唐行镇就成了青浦县治，所以《上海县志》中讲：“唐行镇，今隶青浦。”另一座在上海县小南门外靠近黄浦江的地方，这里有两条黄浦的支流，一条是陆家浜（相当于今陆家浜路），另一条是薛家浜（相当于今薛家浜路），可以从黄浦直达南水次仓，如今这里尚有南仓街、外仓街、多稼路、府谷街，均为这个南水次仓留下的地名。清人秦荣光在所著《上海县竹枝词·渡桥》中讲：“浦阔无梁阻旅行，沿滩渡口有船横。民捐官设都称义，普济东西往返程。”作者自注曰：“沿浦各渡，西自语儿泾起，历韩仓、沙冈、彭家、巨漕、横泾，折北有邹家、吴冲泾、车沟、关前、王家、乌泥泾、张家塘、龙华，转东有草庵、周家、高昌、南仓、北仓、永济、张家浜、老白、杨家、关桥等，共二十五处。”韩仓赫然列在首位，这个依傍在黄浦江边的韩仓村，就是当年黄浦江边的一个仓储基地。

再说韩仓村与八仙传说中韩湘子的关系。八仙之一的韩湘子，字清夫，唐代人，擅吹洞箫，拜吕洞宾为师学道，是八仙中风度翩翩的斯文公子，道教音乐《天花引》，相传就出自韩湘子的创作。《新唐

呂祖韓仙師弟問答
昔唐朝有一韓公子名湘乃韓文公愈之姪也投拜漢仙鍾離呂祖攻書讀到博厚配地高明配天悠久無疆數節於心恍有所悟乃求講解師曰此數句非爾所能問也湘曰何人能問要修道之人方可能問湘曰不修道之人問何章句師曰只問死生有命富貴在天湘曰死生有命究竟何如師曰死生者是人生在陽世庀善不修專好作惡殺盜淫妄無所不為陽壽一盡陰司受罪候罪受滿選定

▲ 清末民初刻本《韩湘子问道》书影

▲ 相传八仙之一的韩湘子在韩仓有一片很大的宅院，在这里留下了很多关于他的传说

书·宰相世系表》记载，韩湘子是唐代大文学家韩愈的侄孙。华轩居士据《道论诠绎》记载，韩湘子应铁拐李之邀，于著名仙苑石笋山聚会列入八仙之列。还有一说，系根据《韩湘子全传》记载，汉丞相安抚之女灵灵有才貌，汉帝欲将其赐婚皇侄，安抚坚辞不允。汉帝大怒，将其罢职发配。灵灵郁郁而死，投生为白鹤，白鹤受钟离权、吕洞宾点化，投生为昌黎县韩会之子，乳名湘子，幼丧父母，由叔祖韩愈抚养，湘子长大，又得钟、吕二仙传授修行之术。韩愈怒斥之，因遁至终南山修道，得成正果，入八仙之列。道家后来的演绎，有点神神叨叨，说韩湘子位列仙班后，玉皇大帝赐其三道金书、三面金牌，上管三十三天、一十八重地狱，中管人间善恶、四海龙王，下管地府冥司、府州县城隍，又赐

其缩地花篮、冲天渔鼓等宝物，并封为开元演法大阐教化普济仙。这些作为道家“仙人”故事，听听罢了。

问题是出生在南阳的韩湘子，又是怎么与上海地区扯上关系的？传说是韩湘子自小学道，法力高深，考中进士，做了官，年老辞去官职后，全家搬到云间。退休老人，四处可去，这个说法或许可以自圆其说。

还有下面的传说，就是彻底的仙人故事了。说韩湘子落户于今马桥镇韩仓村附近，造了十排九庭心的场屋，南到黄浦江，北到拖尾巴桥。韩家还有四件世上少见的宝贝：一是金面杖，说是能撑住太阳；二是朱砂屏风，说是将它顺手展开，天上就会有彩虹；三是小石磨，往磨眼放一粒谷，磨子推一圈，就能碾出好几担米；四是竹龙驹，虽说是竹篾编的，但骑上它可以一跃千里。

相传有一年，韩家四小姐要出嫁。韩湘子为了显示韩家的体面，把金面杖和小石磨作为陪嫁。娶亲那天，

▲“韩湘桥”是上海仅次于朱家角“放生桥”的五孔古桥，紧邻黄浦江上游取水口，属“韩仓村”

新郎家撑来了一条大船，韩家大管家对他们千叮咛万嘱咐："船行半路，千万不可翻动嫁妆。"可新郎家人把管家的叮嘱不当回事，反而对这些嫁妆产生了浓厚的兴趣。嫁妆船轻飘飘地开了。船到江心，有个脚夫想看看"宝贝"，随手从斗里取了一小把谷子，放进石磨眼里就推了起来，霎时，白米就像水一样流了出来，不一会儿，前后舱就囤满了白米。大家这才明白韩家临出门时千叮万嘱不可翻动嫁妆的原因。可是事已至此，后悔也来不及了，江内一个大浪卷来，连船带人一起沉到了江底。随嫁的"宝贝"也随之付诸东流。

这些动人的传说故事，其实折射出韩仓这个地方曾经作为粮仓的古老信息。有时候，正史不曾记载的史实，或许可以从民间传说中曲折地反映出来。还有一例可以佐证韩仓作为粮仓的传说：有个皇妃路过韩仓，远望这家如此气派，就想近前打探一下主人家是何方神圣。谁料皇妃刚下马来到韩家大院门前，她身上挂着的珍珠就一粒一粒地爆碎了，吓得皇妃即刻还宫回朝，向皇帝哭诉事情原委，皇帝老儿一听火冒三丈，下令官兵开进韩仓。韩湘子得知，却不动声色，仍然慢悠悠地喝着茶，吩咐管家到粮仓提了一斗黄豆，前去迎战。韩府的大管家知道主人有"撒豆成兵"的法术，他一开门应战，顿时就吓傻了，只见门外皇家官兵黑压压的一片，管家心里一慌，将一斗黄豆随手往地上一倒，回头拔腿就跑。结果，满地的黄豆一粒也没有变成兵，而皇家官兵却趁势大举进攻，把韩家团团围困。韩湘子见法术失灵，只得带上朱砂屏风，骑上竹龙驹，腾云驾雾上天了。从此，韩家败落下来。

这个传说里的信息，也再次印证了韩仓作为粮仓是确定无疑的。而所谓“韩家败落”很可能与韩仓附近的水运萧条有关。

马桥是个很有文化底蕴的古镇，乾隆年间设镇，如今粮仓不再，韩仓村也已并入彭渡村，这里建成了保护黄浦江水资源和展示黄浦江深厚历史与文化传承的水生态园林。它静静地安卧于黄浦江岸边，仿佛诉说着上海远古文明与悠长的历史。

附录：
大事记
（约 6 000 年前—1074 年）

约6000年前　**冈身地貌。**形成海岸沙冈冈身。冈身从今嘉定区外冈，经今青浦区徐泾，闵行区诸翟、俞塘，至今奉贤区江海，直达柘林。今上海冈身以西地区已经成陆。

6000年前文化遗存。20世纪60—90年代考古发掘，在青浦崧泽和福泉山、金山的查山等3处下层村落遗址中发现石斧、玉玦和夹砂红陶釜、陶炉箄以及泥质红陶豆和盒等器物，显示马家浜文化特征。还发现人工培植的粳稻和籼稻谷粒及草茎，以及已知中国最早的两口水井。^{14}C年代测定为5 985±140年。距今约6 000—4 000年前的新石器时代，县境九峰一带（今汤村庙、姚家圈、广富林等处）已有先民劳作生息。

约5000年前　**崧泽文化。**20世纪60—90年代考古发掘，在青浦县（今青浦区）崧泽、福泉山、寺前村和金山坟，松江县（今松江区）汤庙村、平原村、姚家圈和广富林，除发现约5 000年前的石斧、石锛、石凿外，还发现三角形石犁，以及玉璜、玉镯、玉璧、玉琀，发现的陶器表明陶器制作工艺从泥条盘叠加轮修的方法，发展到陶轮快速旋转拉坯成型的轮制法。

约4000年前　**福泉山文化遗址。**20世纪60—90年代考古发掘，在上海县（今闵行区）马桥和青浦寺前村林落遗址发现距今4 000年前后的石斧、陶鼎、陶豆、陶壶，在青浦福泉山遗址发现玉制斧、钺、琮、镯、坠、珠、管及锥形器、冠形器、半圆形器，以及女奴殉葬等祭祀坑。

约3000年前　**马桥文化遗址。**20世纪60—90年代在上海县（今闵行区）马桥考古发掘，发现手制拍印篮纹、叶脉纹等印纹陶器，小件青铜刀、凿等，野生动物骨骼和介壳增多。

春秋时期

吴王筑城。春秋时地属吴。《汉书·地理志》记载，吴王阖闾筑南武城（故址在今闵行区纪王镇西南坞城巷村），为上海地区最早见于典籍的地名。

20世纪40—60年代在金山戚家墩遗址考古发掘，发现铁器。

战国时期

吴亡属越，中期后属楚。《尚书·禹贡》记载有“三江”名称，后将太湖东泄入海的娄江、松江、东江称为“三江”。

20世纪60—90年代在青浦福泉山和嘉定外冈，发现楚文化墓葬，出土楚式鼎、方壶、泥质郢爰、玉璧等。

秦

秦属会稽郡。秦王政二十五年（前222年），地属会稽郡长水县（秦末改名由拳县）东境、海盐县北境、娄县南境。

始皇帝二十六年（前221年），在今金山区东南旬山一带设有海盐县城，为上海地区首个县治，隶属会稽郡。汉后期陷为湖泊，徙治武原乡（今浙江省平湖县东）。

东汉

始见“华亭”之名。建安二十四年（219年），孙权封陆逊为华亭侯。次年进封娄侯。

三国

沿海筑烽火台。吴在今金山区亭林以南一带沿海口岸筑烽火台，以瞭望海寇骚扰，举烽火报警。

西晋

陆机《平复帖》。太康至太安年间（280—303年），华亭陆机作草书《平复帖》，9行84字，为我国今存年代最早的名人手迹。太康元年（280年）吴亡，陆机、陆云退居乡里，读书10年。慨吴之亡，陆机作《辨亡论》，又作《文赋》。陆机有《文赋》《魏武帝文》《豪士赋序》等文，注重排偶，开六朝骈文先河。华亭陆云（字士龙）和洛阳荀隐（字鸣鹤）有“云间陆士龙”“日下荀鸣鹤”之对，“云间”名从此始，后成为华亭县、松江府别名。陆云为文清省自然，旨意深雅，所作《春节帖》被选入《淳化阁法帖》。太安二年（303年）八月，陆机、陆云被成都王司马颖杀害。

石佛浮海至沪渎。建兴元年（313年），有两尊石佛像浮海而至沪渎。梁简文帝萧纲作《浮海石像碑铭》，首记“沪渎”之名，敦煌莫高窟三百二十三窟有壁画反映此事。

云间、昆山、沪渎、谷水等名称出现。

东晋

虞谭修沪渎垒。咸和元年（326年），吴国内史虞谭率兵修沪渎垒（约在今静安寺西北方向，大约距旧上海县城10里的地方）。隆安四年（400年），吴郡太守袁山松（或作崧）率兵重修。后为吴淞江水淹没。

南北朝

县治变动。梁天监年间（502—519年），分海盐县东北境设前京县。县治约在今金山区大金山岛北侧海中。隋平陈年间并入常熟县。

梁中大通六年（534年），分海盐县东北境设胥浦县，县治约在今金山区东南太平寺一带。梁陈之间并入前京县。

梁大同（535—545年）初，分信义县设昆山县，驻地在昆山（今小昆山）北。

梁大宝元年（550年），神山（今辰山）名称出现。

顾野王读书堆。梁天正元年至陈太建十三年（551—581年），梁太学博士顾野王退居亭林。建园，园被后人称为顾野王读书堆。修《舆地志》（30卷）。

吴淞江之名。南朝年间（420—589年），《后汉书·左慈传》中记到松江。宋称作吴松江，明清称作吴淞江。

隋

华亭防守。开皇年间（581—600年），华亭设镇将以御防守。

唐

东沙与西沙。武德年间（618—626年），长江口涨露东沙、西沙。五代初（约907年），在西沙建崇明镇，始有崇明名。明末清初形成长200里、宽40里大岛。

捍海塘堤。开元元年（713年），《新唐书》载："盐官有捍海塘堤，长百二十四里，开元元年重筑。"

是年至南宋乾道八年（1172年），兴筑内捍海塘，海岸线中心部分向东延展16千米。周浦、下沙、航头一线已成陆。

建青龙寺塔。天宝二年（743年），建青龙寺。长庆年间（821—824年），建青龙寺塔。

置青龙镇。天宝五载（746年），置青龙镇。

天宝十载（751年），析嘉兴东境、海盐北境、昆山南境地置华亭县，属吴郡。县治今松江老城。管22乡、19 017户。

置华亭县。天宝十四载（755年），安史之乱，北方地区穆斯林避乱迁青龙镇一带定居，经商谋生，伊斯兰教传入本地。

是年，今松江境内设驿。

青龙港形成。天宝年间（742—756年），青龙港形成，为苏州通海门户和上海地区最早的河口海港。

隆福寺塔。长庆元年（821年），在今白鹤镇青龙村建隆福寺塔，又名吉云禅寺塔，后称青龙塔。今为市级文物保护单位。

陀罗尼经幢。大中十三年（859年），于华亭县城（今松江城）建陀罗尼经幢（今称唐经幢），为今上海地区最古的雕刻石塔建筑。

吴越王攻占华亭县。乾宁四年（897年），吴越王钱镠遣部将顾全武攻占华亭县。

五代十国

后梁开平元年（907年），钱镠受封为吴越王，建吴越国，鼓励煮海制盐。

静安寺前身重玄寺。吴越宝正元年（926年），在沪渎建重玄寺。北宋大中祥符元年（1008年）改静安寺。南宋嘉定年间（1208—1224年）迁芦浦沸井浜（今南京西路1686号）重建。

崇明名称出现。杨吴（902—937年）在顾俊沙设崇明镇，崇明名称出现。

兴圣教寺。后汉乾祐二年（949年），于县治东南建兴圣教寺。

北宋

重建龙华寺。太平兴国三年（978年），重建龙华寺。

崇明设官煮盐。太平兴国五年（980年），崇明设官煮盐。

青龙镇设立。淳化二年（991年），华亭县青龙镇设立，并派镇监。政和年间（1111—1118年）改名通惠镇。南宋绍兴（1131—1162年）初复名青龙镇。

“上海务”榷酒机构设立。宋真宗大中祥符元年（1008年），秀州17务之一的“上海务”设立，其职责是管理酿酒、征收酒税。南宋在“上海务”的基础上设立管理商船贸易的市舶分司。

“上海”之名称始出现。天圣元年（1023年），“上海务”排名靠前，“上海”之名称始出现。

筑瀚海塘。皇祐四年至至和元年（1052—1054年），筑瀚海塘，后称旧瀚海塘，又称里护塘、大护塘、老护塘。

建兴圣教寺塔。熙宁元年（1068年），在今松江区建兴圣教寺塔，俗称方塔。今为全国重点文物保护单位。

郏亶《吴中水利书》记“上海浦”“下海浦”。熙宁三年（1070年），郏亶《吴中水利书》记载松江以南有顾汇浦、大盈浦、上海浦、下海浦等45条浦名；松江以北有大黄肚浦、小黄肚浦、大场浦等48条浦名。上书建议治理苏州一带水利，以利吴淞江南北大盈、夏驾等浦水情，提出“辨地形高下之殊，求古人蓄泄之迹”等“六得”。

上海镇设立。《平阳曹氏族谱》卷首《范溪旧序》中记载“沪渎曹氏……因宋室多故，而迁居跸临安，族从而徙者，凡十有余人，遵而家于上海镇（熙宁七年置上海镇于华亭）者，则济阳之裔也”，可见上海镇设立于熙宁七年（1074年）。上海镇的地域相当于今黄浦区小东门十六铺的岸边。

图书在版编目(CIP)数据

上海六千年.远古文明/上海市地方志办公室主编;
仲富兰著.—上海:上海人民出版社,2018
(上海地方志普及读本系列)
ISBN 978-7-208-15324-0

Ⅰ.①上… Ⅱ.①上… ②仲… Ⅲ.①上海-地方志
-通俗读物 Ⅳ.①K295.1-49

中国版本图书馆CIP数据核字(2018)第152848号

本书由上海市教育发展基金会资助

上海地方志普及读本系列

上海六千年

景华

千年之城

QIAN NIAN ZHI CHENG

上海市地方志办公室／主编
仲富兰／著

上海人民出版社

目　录

概述

在上册《远古文明》中，我们依据各种考古材料、历史材料以及民间文化资料，分析了上海的远古文明，说明上海是一个具有深厚文化底蕴的历史文化名城。那么，上海的建城史从哪儿算起呢？现在一般的说法是至元二十九年（1292年）经元朝廷批准，上海辖华亭县东北的高昌、长人、北亭、海隅、新江5乡，正式设县。这是上海以“上海”之名建县的行政开端，就今日上海地区而言，要说建县，唐天宝十载（751年）上海就建立了华亭县，县治即今松江，这是今上海地区出现的第一个县级行政建置。

元至元二十七年（1290年），统辖华亭县的松江知府仆散翰文以“华亭地大民众难治”为由，奏请元朝中央政府分设上海县。翌年即至元二十八年（1291年，具体日期为公历8月19日），元朝中央政府批准，划出华亭县东北，黄浦江两岸的长人、高昌、北亭、新江、海隅5乡26保设立上海县。而首任主簿于元至元二十九年才到任。据此，谭其骧教授等专家认为上海建县应以元廷批准设上海县的至元二十八年为准。新编《上海县志》中则把“松江府奏请设县”“元廷批准立县”“主簿到任”三个年份都如实载录，从而留下了可信的史实。我们就以元至元二十八年上海设县，在“上海县”出现的一个很长时间内，一直存在着“上海镇”，上海得名于一条叫上海浦的小河，它是吴淞江的一条支流。据《宋会要辑稿·食货·酒曲杂录》记载，宋真宗大中祥符元年（1008年）前后设立榷酒机构“上海务”（管理贸易和税收的机构），上海务是上海镇的前身，正是因为“上海务”，才为几十年后的宋神宗熙宁七年（1074年）上海正式建镇打下了基础。而上海镇应该是上海建城史的开端。

城市是社会生产力发展到一定时期的产物，它与历史行政区划的划分并不是一回事。中国古代城市的主要特征是：（1）城市所处位置大都是交通便利之处，成为商品市场和贸易中心，农产品的集散地；（2）手工业匠人在城市的专业化和集中化趋势不断增强，城市对乡村和周围地区的影响逐渐扩大，成为手工业生产的集中地；（3）城市的规模主要取决于其自身的经济实力和对外的吸引能力；（4）城市消费规模超过生产规模，城市的消费主要靠农村的地租和税赋来支撑，这时，城乡关系是对立的。古代城市的这些特征使城市功能逐步多样化，一些城市管理问题也开始突出，相应的法律条文也开始产生。

关于“上海镇”，史学界历来存在争议，由于史料的极度匮乏，甚至有人怀疑上海曾经设立过“镇”，学者周敏法先生在高行镇曹家老宅的一本《平阳曹氏族谱》中读到“沪渎曹氏……因宋室多故，而迁居跸临安，族从而徙者，凡十有余人，遵而家于上海镇（熙宁七年置上海镇于华亭）者，则济阳之裔也”。这个发现，一时轰动史学界，这段文字印证了清代《嘉庆上海县志》“熙宁七年”（1074年）设置上海镇，也印证了清代乾隆年间褚华撰《沪城备考》“宋神宗熙宁七年立镇”的记载。秦荣光《同治上海县志札记》曰：“宋熙宁七年，于华亭海设市舶提举司及榷货场，为上海镇。”这段南宋进士谢国光写于宋末的记载直接注明上海镇建于北宋熙宁七年，从而把上海建镇的“熙宁七年说”给坐实了，使上海建镇历史可以追溯到近1000年之久。

南宋绍熙四年（1193年）纂成的《云间志》记载：“上海浦。在县东北九十里。”《云间志》以华亭县为中心，就在今天的松江城厢镇，上海浦在华亭县治东北九十里，大致上就在今天的上海市中心城区。北宋熙宁十年（1077年）前，在华亭县的东北方，已经有一个名叫“上海”的大聚落，朝廷官府在此设立酒务，名叫“上海务”，管理附近地区的酒类买卖和酒税。这条史料也见于《宋会要辑稿》。据《宋会要辑稿》记载，“上海”这个名字，最迟在北宋熙宁时就已经出现，北宋“上海务”虽然还不是行政建置，而是一个以“榷酒”为主的税务机构，但北宋熙宁七年（1074年）上海正式建镇，就开始了上海城市的肇建史。本册“千年之城”说的就是从上海镇设立以后的城市发展与演化的历程。

上海浦是吴淞江支流，为什么北宋朝廷要在此设立“榷酒”的“上海务”？因为上海地处江南，主要农作物是稻米，而酒原本是稻米的精华。大约生活在南宋理宗时期的一位扬州人张蕴，客居在上海浦边，他曾经写了一首诗，题目就叫《上海》：“梦醒三更鹤，芦边系短裙。听瀚看海月，坐石受天风。物至秋而化，年来我亦翁。长歌相劳事，犹喜此樽同。”《南宋六十家集》收录了他的《斗野稿支卷》，其中也包含《上海》诗一首，这首较早以“上海”地方为题的诗歌，给我们描写了这样的场景：半夜三更，诗人被鹤唳惊醒，系着短裙独自来到江边，遥望天上的一轮明月，倾听江水波涛拍岸声响，万物到秋天成熟，诗人不免发出“年来我亦翁”，岁月流逝，老之将至的感叹，天晚来风，触景生情，人生苦短，烦劳纷杂，还是对酒当歌，可至永远。

张蕴的这首《上海》诗，是不是当年的“饮酒歌”并不重要，但这首诗唱出了“酒”与“上海”的心声，“上海”与“酒”就那么自然地联系在一起。明朝有一个叫何良俊的上海人，他在《四友斋丛说》卷十四的著述中写道：“青龙自唐宋以来，是东南重镇也。相传有亭桥六座。亦通海舶，由白鹤江导吴淞出海。宋时设水监于此，盖以治水利兼领海舶也。宋时卖官酒，酒务亦在此，江南所卖官酒，皆于此制造。入我朝来，水道湮塞，而此地遂为斥卤矣。”这个记载说明，“青龙务”与“上海务”一样，都是北宋秀州17个酒务之一，到了南宋末年，“青龙务”随着青龙镇的衰落，也逐渐式微，代之而起的“上海务”却如日中天。

元末大学问家陶宗仪（1329—约1412年），字九成，号南村，他博览群书，学识渊博，工诗文，善书画，成语“积叶成书”就是讲述他的故事。元末兵起，陶宗仪避乱松江华亭，耕作之余，随手札记。元至正末，由其门生加以整理，得其中精粹580余条，分类汇编成《辍耕录》（或称《南村辍耕录》）三十卷，该书的史料价值和学术价值都很高。《南村辍耕录》中收录了当时人写的《行香子》词，十分有趣：“浙右华亭，物价廉平，一道会买过三斤。打开瓶后，滑辣光馨，教君霎时饮，霎时醉，霎时醒。听得渊明说与刘伶者，一瓶足足三斤。君如不信，把秤来称。”这首词说的也是时人街市酤酒的轶事。

把这些零散的材料串联起来，可见“上海务”以及那个时候上海的酤酒与酒肆是很兴旺的。从“上海务”出现后的几十年中，上海镇也正式建立。北宋熙宁十年（1077年）有上海酒务设方浜畔征收酒税，这个时候上海镇已经设立3年多了，朝廷派出机构的“秀州十七务”之一“上海务”依然存在。明弘治《上海志》记载，宋度宗咸淳年间，一个名叫董楷的人，做过上海镇的“监镇”，董楷曾经撰写了《受福亭记》和《古修堂记》两份文献。《受福亭记》一开头就说：“咸淳五年八月，（董）楷忝命舶司，既逾二载。”《古修堂记》中又说：“……前分司缪君相之作两庑、作门庐、作灵星门。”董楷在宋代上海市舶分司供职的记载表明，上海港船舶辐辏，番商云集，成“华亭东西一巨镇”，地处“海之上洋”，滨上海浦，在上海镇的管辖范围之内。

上海镇的设立不会是一夜之间突然发生的，它的设立，必定有一个孕育与成长的过程。“上海务”，是秀州（浙江嘉兴）地区17个“酒务”之一，起初地位还不如华亭、青龙、大盈等务，但因紧靠上海浦，地理位置得天独厚，很快在经济总量上超越其他“务”，名列前茅，北宋熙宁七年（1074年）上海已是“华亭县东北巨镇”。上海务得名于上海浦，也是日后“上海镇”的前身。由此可以推定，上海浦边的“上海务”就是上海镇发端的滥觞，从熙宁七年设立的上海镇，上海这座城市已经走过将近千年的岁月风尘，这就是我们所说“千年之城”的历史依凭。

宋元时期，是上海城市发展的一个重要的历史时期。20世纪30年代初，上海通志馆一批以上海本土作为研究对象的先贤，就注意到宋高宗南渡与上海文化发展的关系，其中最为重要的因素是大批移民的涌入。

据梁方仲《中国历代户口、田地、田赋统计》所载，北宋开宝九年（976年）全国的户数为3 090 504户，明洪武二十四年（1391年）为10 684 435户，400年中人口增长了2.46倍，同期上海的人口是多少呢？据方志专家许洪新先生计算：“上海地区人口总量在北宋大中祥符间约48.6万，元代至元二十七年约218万，明洪武二十四年约280.2万”，从北宋到明初的不到400年的时间里，上海地区人口增长了近5倍，远远高于全国同期的人口增长率。大量移民的迁入，是上海地区人口迅速增长的主要原因。

移民大量涌入，人口来源空前广泛，主要是因为自东汉末建安南迁、两晋间永嘉之乱至唐代安史之乱，中原每有战乱，上海地区就有较多的人口迁入。北宋王朝由盛而衰，在这个历史时期，虽有和平间歇，但从中原到华南，总体上是烽火遍地，战乱频仍，女真、蒙古二下江南，逐宋室于东南滨海；红巾起义群雄逐鹿，混战于河汉江淮。战乱震荡着社会生活环境，而相对安定的上海地区却成了避乱者的天堂，形成了一而再、再而三的人口涌入高峰，其中还有一部分少数民族，先后在青浦、南汇、上海、嘉定、七宝等地落籍定居。

人口大量迁入上海，它的直接作用是有力地推动了上海地区生产力的发展，促进上海地区的经济开发。首先促进了农业的发展。宋代之前，上海地区农业已有相当基础，尤其是吴越王钱镠，注力水利，开浦凿塘，《十国春秋·吴越世家》上说“营田卒数千人，以淞江辟土而耕”，“募民垦殖”，“勿取其税，由是境内无弃田”。宋元时代的移民，带来了各地的农业生产工具、技术和农作物，辟建大量的居民点，开垦了大量的耕地。农田的开垦和农作物分布的变化，元末明初诗人袁凯《沙涂行》诗云：“西起吴江东海浦，茫茫沙涂皆沃土；当时此产不归官，尽养此地饥民户。”正佐证了当时耕地垦殖的情况。

宋元时代上海地区出现了三大新农作物——占城稻、小麦和棉花，占城稻是大中祥符年间（1008—1016年）由宋代官府朝廷下令推广的，麦和棉花则是移民的贡献。《吴郡图经续记》载：“吴中地沃而物夥，……其稼则刈麦种禾，一岁再熟”，而苏轼在《乞赈济浙西七州》折中称“两浙水乡种麦绝少”，可见北宋末年吴郡已有小麦的种植，但并不普遍；建炎（1127—1130年）之后，江浙之地“西北流寓之人遍满。绍兴（1131—1162年）初，麦一斛至万二千钱，农获其利，倍于种稻”，“于是竞种春稼，极目不减淮北”。显然，上海地区大量种麦是北方移民推动的，而种麦形成的两熟制，无疑是上海地区农业发展的一大变革。说到棉花，明正德《松江府志》称棉花是“宋时乡人始传其种于乌泥泾镇”。植棉以及棉纺织技术传入，在上海经济中具有划时代意义。元元贞年间（1295—1297年），乌泥泾人黄道婆从海南带回捍、弹、纺、织之具，改革纺织工具和技术，教习乡亲“错纱、配色、综线、挈花”，织成美观实用的番布，推动棉花生产和江南棉纺织手工业发展，促进江南经济。当时，乌泥泾镇地理位置距离上海镇不远，也是海运、漕运之交通枢纽，商贾水手云集，是闽广移民进入上海的主要门户。棉花的传入，是上海经济发展的重大转折，此后数百年，上海“衣被天下”，能以纺织中心出现于全国，移民功不可没。

大量移民的迁入，更促进了上海地区商品经济的发展。移民对上海盐业的发展也有很大推动。上海地区盐业发展很早，自吴越至北宋已逐步成为一大经济支柱。南宋小朝廷为财政计更着力经营盐业，南宋建炎年间，南起今金山、柘林，北至吴淞江口沿海，设浦东、袁部、青村、下沙、南跄，以及崇明天赐场6个盐场，各盐场设基本生产单位团、灶。宋景定元年（1260年），年产食盐2 500万斤，元至正（1341—1368年）初年增至3 000万斤。

从市镇的发展来看，北宋时，仅华亭县城、青龙镇、练祁、天赐场等少数几个，南宋涌现了上海、吴会、下沙、江湾、南翔、黄渡、大场、黄姚、乌泥泾、大蒸、小蒸、厂头、月浦、安亭、张堰、盘龙、金泽、亭林、南桥、杨行等20多个；元代增加七宝、北桥、柘林、拨赐庄、枫泾、朱泾、新场、唐行、小官、罗店、真如、凤凰山、广福、杨扇、庄行、杨王、钱门塘等10多个。数十个集镇星罗棋布地分布于上海地区，为日后上海的经济起飞打下了扎实的基础。

南北移民加入上海，为上海地区的开发与发展，提供了源源不断的人力资源，使上海成为封建国家主要经济依托的地区，以明洪武二十六年（1393年）的赋额为例，松江一府居全国18个直属府州中的第二位，而第一位恰是含嘉定县的苏州，如果加上崇明，明代朝廷对上海的经济的倚重和依赖更是可见一斑。

宋元时期，名士辈出。元代下沙翟霆发世为盐官，提举上海市舶，又领两浙运使，为一代豪富。青龙镇任仁发精于治水，成一代杰出水利家。崇明朱清、嘉定张瑄创海路漕运，掌漕运万户府。元末天下纷乱，赵孟頫、陶宗仪、王逢、高克恭等文人流寓上海。较高素质的移民迁入上海，也直接推动了上海地区文化的发展，宋末迁入青龙镇的庄肃是上海史上第一位藏书家，干山周氏也是以收藏古本著称的南迁家族，清代编纂《四库全书》时，周氏因捐出大批珍本而得嘉奖。宋元之际，赵孟頫、黄公望、倪瓒、陶宗仪、高克恭、杨维桢、袁凯、王逢等在全国享有地位的艺术家、文学家，云集此地，他们聚会交流，对发展文化艺术作出很大贡献；对明清时形成云间画派，以及嘉定学派，学术上不无贡献。素质较高的大批移民迁入，使上海地区在全国的政治地位大大提高。上海的士子通过科举入仕的人数大增，松江、嘉定北宋有进士45人，特奏进士31人，共76人；南宋有82人，其中吴潜曾拜右相；明代，上海地区进士数更达480人之多。

宋元时期各方人士汇聚上海，更深刻的影响则表现在社会文化心理方面，各地移民，在为生存的拼搏中，摒弃了过去在狭隘小圈子中形成的文化排他性，逐步形成一种更为宽容与包容的文化心理和择优而从的思想方法。在以后的历史发展中，上海人能经受中西文化撞击的考验，形成中西合璧的海派文化，可以说，其“压舱石”在宋元时期就已经奠定，开后世上海“海纳百川”之滥觞。

各地移民的迁入，并在日后源源不断的新移民的补充下，对上海地区人口的生理素质也产生了影响。据统计，上海现有将近1 625个姓氏，这与当时内地其他地区的社会人口形成巨大反差，因为传统社会人口不多，生活圈狭窄，日久即处于近血缘联姻繁殖之中，以致人口不蕃，有的村落出现“一村唯两姓，世世为婚姻”的状况，这种情况在上海就很难发生。宋元以降，来自各地的移民共处在上海一块不大的区域里，一下子拉近了过去几百里、几千里的距离，扩大了居民的通婚圈，这种特质也在客观上提高了上海人口的生理素质。

移民的迁入有时序上的先来后到，早期来的移民，日久天长，最终形成一些家族，由于对朝廷的贡献，或者为公众利益作出贡献，或受到官府的庇护，这些家族在上海，尤其是在郊区各镇，逐步成为一批影响深远的“名门望族”。这些大家族，在历史发展的进程中，囿于各种复杂的原因，遭受过许多苦难，有少数家族式微或者衰败下去，但多数家族取得了家族兴旺、子孙繁衍的成功，成为上海早期的“大家族”。不能小看了历史上名门望族的力量，如浦东秦氏、王氏，嘉定黄氏、钱氏、王氏，上海姚氏、曹氏，金山姚氏、高氏等，他们在建设地方经济、搜集地方文献、举办水利赈济等方面，多有贡献；有的形成医学世家、教育世家，世代服务桑梓，口碑至今不绝；尤其在近代以降，无论推行维新、辛亥举义、创办实业、办报办学、开发民智，抗击外来侵略、反对腐朽统治等方面，这些家族中的先进分子和开明人士，都能站在历史前列；就是在当下改革开放的大潮中，他们的后辈也发挥了相当积极的作用，为国家振兴作出了积极贡献。这是上海的一个重要特点。

明清时期，随着人口的不断增加，上海的土地利用又得到了深入的发展，不仅促进了桑基鱼塘的形成和发展，甘薯、玉米、落花生、马铃薯等一批新作物的引进，又大大提高了土地的利用价值。为了应付日益增长的人口需求，人们还着眼于对现有土地的利用，促进了多熟制的进一步发展。水田耕作中深耕得到提倡，为此出现了套耕的耕作方法。明中叶起，棉花种植从乌泥泾一带向东、东北及东南高亢地带发展。明后期，农业生产形成“东棉西稻”的态势。东部、东北部上海、嘉定、崇明等县棉田占耕地一半以上。西部地区仍以水稻为主，种植的籼、粳、糯稻三大类有20多个品种，最高亩产可达3石以上。还种植靛青、油菜、烟草、黄草、蒲草等。渔业生产除淡水捕捞，还有海洋捕捞及淡水养殖。东部沿海五墩、四团、濮阙、曹泾、青村、高桥、柘林、张堰、金山嘴一带，居民多赖海为生。淡水养殖有池养和野外塘养。盐业生产较宋元时下降，明中叶年产食盐约2 000万斤。

值得一提的是徐光启和《农政全书》。徐光启，字子先，号玄扈。明嘉靖四十一年（1562年）生于上海。徐光启平生用力最勤、影响最深远的，是对农业和水利的研究。他在这方面的主要著作有：《农遗杂疏》《屯盐疏》《种棉花法》《甘薯疏》《种竹图说》《北耕录》《宜垦令》《农辑》《农政全书》等，其中主要的代表就是《农政全书》。《农政全书》是继元代王祯《农书》之后，又一部大型的综合性农书。是书“博采众家，兼出独见”，是中国农学集大成的著作。书中最大的特色莫过于农本、开垦、水利和荒政等属于农业政策方面内容的写入。而对于农学的贡献，则莫过于对甘薯和棉花等栽培经验的总结，对于蝗虫发生规律的研究和防治对策，以及对于“风土说”的阐述等。明中后期，手工棉纺织成为农家最重要的家庭手工业，并出现先进的纺纱工具三锭纺车。万历年间（1573—1620年），上海县30万城乡人口，有20万人从事手工棉纺织。整个上海地区，年产棉布3 000万—3 500万匹。“七宝尖”“龙华稀”等成为走俏国内外的名牌产品，稀布和标布销量最大。

年贸易额白银500万—600万两。

明清两代，经济发展促进了上海县不断走向繁荣，有两件大事在上海县发展过程中，起到了非常关键的作用。第一件大事是明永乐年间，开浚范家浜，使黄浦江成为上海最大的河流，连长江，通东海，海船直抵上海县城。位居中国海岸线中点的上海县控江踞海，既有优良的港湾，又有富饶的长江沿江和三角洲作为广袤的腹地，具备了发展海上贸易，最终成为国际性大城市的得天独厚的条件。第二件大事是清康熙、雍正年间开海禁后，上海县凭借上海港的优越条件，发展海上贸易和转口贸易，上海港遂成为全国重要的贸易大港和漕粮运输中心，与外国的交往也日益密切。上海县逐渐为国外所注意，上海县优越的条件也吸引了众多目光。远在鸦片战争前，19世纪30年代上海县就已成为西方商人寻觅的通商口岸，其经济和居民意识也更具有开放性和兼容性，为将来上海成为国际都市所必须具备的开放型经济和文化的构筑作了准备。

从北宋熙宁七年（1074年）上海镇的设立，到200多年后上海县的成立，上海一直是一座不设防的城市。明代上海多次遭到倭寇侵扰，于明嘉靖三十二年（1553年）筑了一座周长9里、高2.4丈的城墙，明嘉靖三十六年（1557年），又增筑敌楼3座、箭台20座。万历年间倭患平息，在这些箭台上建了大境阁。明中叶，上海地区乡绅富户竞相建筑宅第私园，上海县的豫园、嘉定县的龚氏园等均为一时名园。

入清后，上海地区行政设置出现重大调整，最为重要的是清雍正十三年（1735年），苏松太兵备道署从苏州移驻上海县城，上海地区行政中心逐渐从松江府城移至上海县城，这一重大举措，对上海城市发展的意义重大，清代上海各县数次析县立新县。顺治十三年（1656年），析华亭县设娄县。雍正三年（1725年），又分华亭之境设奉贤县，析娄县之地建金山县，割上海县之地置南汇县，分嘉定县境设宝山县，分青浦县境设福泉县。福泉县在乾隆八年（1743年）仍并入青浦县。嘉庆十年（1805年），上海、南汇又析出部分县境设川沙抚民厅，有清一代，无论行政设置上怎样变化，上海县一直处于经济枢纽的地位。

18世纪中叶，南北洋沿岸贸易兴盛，上海港内常年停泊的北洋沙船达3 500条，南洋海船近千条。每年从东北、山东等地运往上海豆麦杂粮1 000万石以上。长江三角洲所产棉花、布、土产经上海海路销闽广，闽广糖、海产、洋货亦由海路运至上海，再分销内地。同时，上海又为清廷指定与日本进行洋铜贸易的两口岸之一，雍正初年每年从日本进口铜180万斤。清前期，人口增加，市镇发展。清嘉庆末年，上海地区10县1厅在册人口增至418万人。顺治、康熙、雍正年间，新兴镇市70余处，多分布于东部地区。道光年间，镇市增至300余处，分布密度居江南地区前列。大市镇商贾云集，店铺林立，居民上万。至嘉庆、道光年间，县城和大小市镇人口占地区总人口的20%。

文化艺术多方面发展。清初六画家之一吴历，融西洋画技于国画之中。嘉定钱大昕为乾嘉学派一代宗师。

陆锡熊撰《四库全书提要》。敬业、蕊珠等书院开办。文化艺术科技日益繁盛。陆深、陆楫、王圻、徐光启、董其昌卓然成家。陆深著《俨山集》，陆楫著《蒹葭堂稿》《古今说海》，文声名重一时。王圻竭40年之功，修《续文献通考》，辑《三才图会》。董其昌书成大家，又创文人画南宗说。徐光启开中西文化交流一代新风，译有众多西方历法、算学著作，著《农政全书》。沂源、仰高、启蒙等书院创办。露香园顾绣、嘉定竹刻等手工艺日趋成熟，名播遐迩。乾嘉年间，乡间流行花鼓戏。西方文化艺术、宗教传播。康熙年间，上海县虹桥地区建天主教塘湾堂，为江南天主教主要活动地点之一。嘉庆年间，青浦县七宝镇建清真寺。

至19世纪40年代，上海地区政治、经济中心已完全从松江府城移至上海县城。上海道以及江南海关衙门均设上海县城，上海县城商贾汇聚、贸易隆盛，繁荣远甚于其他县城。乾隆年间，上海县城出现以工商业户为主要客户的钱庄，成立钱庄同业组织钱业公所。乾隆五十五年（1790年），入所钱庄60家以上。道光年间，钱庄银票广泛用于商业交易中，银票往来、汇划成为商务往来的重要清算手段。商业交易采用“九八豆规元”的虚银记账本位。徽州、山陕、宁绍、闽粤、关山东等客商，在上海县城城厢内外建有27个工商业会馆公所。县城东南郭黄浦沿岸，行肆林立，码头泊位占据大部分江岸。上海口岸与东南亚各国海上贸易持续发展。上海县城“闽、广、辽、沈之货鳞萃羽集，远及西洋，暹罗（今泰国）之舟，岁亦间至。地大物博，号称繁剧”，已成“江海之通津、东南之都会”，沿海南北洋贸易的中心，长江的门户，东亚最重要的商业贸易中心之一。

清道光二十年（1840年）至1949年，上海从海滨县城发展成为中国特大城市，世界五大城市之一。其间，可分为清道光二十年（1840年）至宣统三年（1911年）的晚清与1912—1949年的民国两个时期。这期间，道光二十三年九月二十六日（1843年11月17日）上海开埠，无疑是上海近代史上最重要的事件之一。

道光二十年（1840年），英国发动鸦片战争，西方列强用枪炮打开中国国门，强迫清政府签订一个个不平等条约，攫取政治、经济和文化特权，使中国逐步沦为半殖民地半封建社会。道光二十二年（1842年），《南京条约》签订，上海列为5个通商口岸之一。道光二十三年（1843年），根据中英《虎门条约》，上海又成为英商可通商地，英人可长久居住地。是年九月二十六日，上海开埠。

所谓租界，就是把土地租给外国人居住、经商，这个土地还是中国的。不要以为租界的土地是外国人的了，租界的土地从来都是中国的，这在租界土地章程条款第23条，写得清清楚楚。但中国人是不可以住在租界里面的，可以进去做买卖，这叫华洋分处。在开头8年时间里，平安无事，确实也是华洋分处，但租界也没有很大的发展。为什么？里面居住的外国人太少了，不到2 000人。道光二十五年（1845年）十月初一，《上海土地章程》订立，规定租地方法、租地范围、租地使用原则、租地市政管理原则，后被视为租界的“根本法”。同日英租界辟设。此后美国、法国根据《望厦条约》和《黄埔条约》，取得与英国相似的在上海的特权，相继辟设美租界、法租界。租界的设立使上海一地分为租界和华界，割裂而治，对上海城市的结构、功能，上海政治、经济、社会、文化产生极其广泛而深远的影响。

依据《上海土地章程》，租界系中国政府租予洋人的居留地，华人不得租赁居住，由此在上海一地形成华洋分居。租界偏处上海县城北，城市重心仍在县城。然而，清咸丰三年至五年（1853—1855年），小刀会起义，改变了华洋分居的局面，也改变了城市的结构，清军对小刀会义军的镇压严重破坏上海县城，繁华闹市化为废墟一片，人口从20多万人减至两三万人。上海城市重心移到租界。长达10多年的太平军与清军的对峙，上海周围地区战火不断，大批江浙难民流入上海，带来丰裕的资金、众多的廉价劳力和消费者。

小刀会占领上海县城以前，上海有35万人，小刀会起义之后，就剩下不到4万人，有一部分就逃到租界里面去了。原来租界是不让华人居住的，但是战乱一发生，租界就不能拒绝华人躲进来避难。于是，租界人口一下子增加到十几万人。这个时候租界就由华洋分处变为华洋混处，并设立了工部局、巡捕房等。这个是上海租界自行改变的，那个时候清朝中央政府没有能力去管这个事情，所以租界就在错综复杂的情况下改变了它的性质。

这样，租界就逐渐变成了国中之国，虽然是在特殊情况下改变的，但这个改变对上海来讲至关重要，它直接带来上海三个大的变化：一是华洋分处变为华洋混处；二是居留地变成了国中之国；三是城市边缘变成了城市中心。从此以后，上海租界拥有了奇怪的格局，叫作一市三治四界，即一个城市，三个管理机构，华界、公共租界、法租界各有自己的管理机构，华界又分为南市与闸北。

开埠后的上海，凭借着辐射整个东南沿海和长江流域的地缘优势，贸易、金融、工商业均得到长足的发展，到20世纪30年代初，上海成为中国最大的多功能经济中心城市。经济方面，最大的变化是以国内埠际贸易为主而变为以国际贸易为主。进出口贸易，清道光二十四年（1844年），上海仅为广州的七分之一，到咸丰二年（1852年）和广州相当，到咸丰五年（1855年）是广州的两倍，取代了广州的中国对外贸易的中心地位。同治三年（1864年）至光绪二十年（1894年），进出口贸易年均占全国一半以上，其中进口占六成以上。近代金融业开始出现。同治四年（1865年）汇丰银行开设分行，后成为上海最大的外资银行。光绪二十三年（1897年），第一家中资银行中国通商银行开办。19世纪中后期，工业发展，特别是船舶修造业、军事工业、纺织业，在全国均居领先地位。同治四年（1865年），江南制造局创办，其枪炮制造水平、金工技术，在全国堪称一流。光绪二十五年（1899年），工部局电气处安装东方最大的新型水管式锅炉。外国资本在上海的投入迅速扩大，既拓展了西方列强对上海的掠夺范围，也刺激了上海的经济发展。另外，对增强上海的经济实力，密切上海与国际的联系，提高上海的国际地位，对城市的发展，都带来了重要和多方面的影响。

上海开埠后，西方的文化及其相关设施与手段传播到上海。从19世纪末到20世纪上半叶，上海有了自己的报刊发行、图书出版、学校教育、文化娱乐行业。一批新式文化事业发展迅速。19世纪40年代创办墨海书馆，60—90年代先后出现美华书馆、江南制造局翻译馆、土山湾印书馆、广学会等新式出版机构，翻译出版数以百计的西书，占全国译书的八成以上。学科涉及数学、化学、天文、地质、生物、法学、兵工等多方面。50年代，《北华捷报》《六合丛谈》等报刊创办，后出现《上海新报》《万国公报》《申报》《新闻报》等报刊，数量之多、影响之大均为全国之最。广方言馆、圣约翰书院、中西书院、格致书院、梅溪书院等国内著名新式学院创办。清光绪二十三年（1897年），上海第一所中国人创办的大学南洋公学开办。任伯年、吴友如等创作的文人画，开一代新风，具有鲜明的时代特点，以海上画派独立于国内画坛。

上海开埠时全县人口54万人，同治四年（1865年）近70万人，光绪二十六年（1900年）已超过100万人。市政建设方面，碎石路、石库门房屋和较完备的城市地下排水系统出现，煤气、电灯、电报、电话、自来水、洒水车、垃圾车、大自鸣钟、马车、自行车的使用，跑马、跑人（田径）、划艇、球类等运动的开展，外滩公园、跑马场及愚园、张园、徐园等私家花园对外开放，林林总总的烟馆与赌场，使上海五光十色，形成与国内其他城市迥然不同的风格，上海始被称为“东方巴黎”。

民国时期，从1916—1923年，上海发生了影响中国历史走向的两件大事。一是1919年，受北京五四运动影响，上海掀起波澜壮阔的“六三”运动，学生运动发展成为以工人与市民为主体的爱国运动，标志着中国工人阶级走上政治舞台。二是1921年中国共产党在上海诞生，这是开天辟地的伟大事件。

尽管20世纪20年代还处于黑夜沉沉的旧时代，但俄国十月革命的一声炮响鼓舞了灾难深重的中华民族，如同红日破晓，开天辟地。道光二十年（1840年）以后，由于西方列强的入侵，中国逐渐成为半殖民地半封建社会。灾难深重的中华民族面临着两大历史任务：一是求得民族独立和人民解放，一是实现国家富强和人民幸福。从鸦片战争开始，中国人民进行了不屈不挠的斗争。20世纪初，孙中山领导的辛亥革命，推翻了统治中国几千年的君主专制制度，但未能从根本上改变中国半殖民地半封建的社会性质。中国期待着新的社会力量开辟新的救国救民道路。1915年兴起的新文化运动，在中国社会掀起思想解放的潮流。1917年俄国十月革命给东方被压迫民族以巨大鼓舞。中国一批先进知识分子开始选择马克思主义。同时，中国工人阶级伴随民族资本主义经济的发展而迅速壮大。一场新的人民大革命的兴起已不可避免。

1919年5月4日由于中国在巴黎和会上的外交失

败，北京学生3 000余人到天安门前集会，游行示威，掀起反帝爱国运动，即五四运动。6月5日，上海工人罢工声援学生，随后工人罢工、商人罢市迅速扩展到20多个省100多座城市。中国工人阶级开始以独立的姿态登上政治舞台。迫于人民群众的压力，中国代表没有出席6月28日的巴黎和会签字仪式。五四运动后，传播马克思主义的文章、图书大量出现。李大钊、陈独秀、李达、李汉俊、毛泽东、何叔衡、董必武、陈潭秋、邓中夏、何孟雄、高君宇、王尽美、邓恩铭等具有初步共产主义思想的知识分子开始在工人群众中宣传马克思主义。五四运动促进了马克思主义的传播及其与工人运动的结合，在思想上、干部上为中国共产党的成立作了准备，标志着中国新民主主义革命的开端。

1920年3月，李大钊发起成立北京大学马克思学说研究会。5月，陈独秀在上海发起成立马克思主义研究会。上海、北京的研究会同湖北、湖南、浙江、山东、广东、天津等地及海外的先进分子逐步建立联系，进一步促进了马克思主义的传播。1920年4月，经共产国际批准，俄共（布）远东局派维经斯基等来华，先后会见李大钊和陈独秀等，帮助开展建立中国共产党的工作。是年8月，陈独秀主持在上海建立共产党早期组织。随后起草的宣言，比较系统地表达了中国共产主义者的理想和主张。9月，上海的共产党早期组织将陈独秀在新文化运动中创办的《新青年》改为党组织的公开理论刊物。11月，又创办《共产党》月刊，是年10月，李大钊主持建立北京的共产党早期组织。武汉、长沙、广州、济南等地以及旅日、旅法华人中陆续建立中国共产党早期组织。

1921年7月23日，在上海召开了中国共产党第一次全国代表大会。后因被密探发觉，又转移到浙江嘉兴南湖的一只游船上。参加会议的有李达、李汉俊、张国焘、刘仁静、董必武、陈潭秋、毛泽东、何叔衡、王尽美、邓恩铭、陈公博、包惠僧、周佛海，共13人，代表全国57名党员出席了会议。参加会议的还有共产国际代表马林，共产国际远东书记处代表尼柯尔斯基。大会通过了中国共产党的章程，选举陈独秀为总书记，宣告中国共产党成立，这是开天辟地的伟大事件。

1925年，上海爆发规模浩大的反对帝国主义的五卅运动。是年5月15日，日本资本家枪杀领导工人斗争的顾正红，激起人民义愤。5月30日，公共租界巡捕在南京路开枪镇压游行示威的学生和市民，死13人，伤数十人，酿成自上海开埠后租界当局与华人直接冲突所造成的最严重的惨案。1926年下半年，广州国民革命军北伐。为配合北伐军，中国共产党于1926年10月、1927年2月和3月，在上海发动三次工人武装起义，第三次起义取得胜利。上海工人在周恩来等参加的中央特别委员会的领导下，解除军阀武装，控制上海华界和兵工厂，成立由各界代表人物参加的、以工人和共产党员为主的上海临时市政府。1927年，蒋介石发动“四一二”反共政变，工人纠察队被解除武装，总工会被取消，临时市政府被查封，300多名工人和共产党员被杀害，500多人被捕。从此，国民党政权控制了上海华界。

从民国初年到1927年，上海市政与社会都有很大发展。首先，城墙拆除。上海县城墙开埠以后成为上海发展的障碍，1914年冬拆除，极大开阔了华界士绅和市民的眼界，在观念上得到了一次解放。上海民族工业在这一阶段，特别是1914—1918年第一次世界大战期间有了较快的发展，棉纺织、面粉、缫丝、卷烟、化妆品、皮革、火柴、机器等业发展尤为迅速。1912—1927年，上海开设各类华资工厂近500家，各类华资银行45家。外滩金融区形成规模，南京路商业街进一步发展。文化事业处于相对自由发展的状态，不同政治色彩、不同样式、不同风格的文化艺术融于一体，都显现出各自的特色。鼓吹民主科学的《青年杂志》，崇奉尊孔读经的孔教会杂志，宣传共产主义、三民主义、国家主义的报刊竞相创刊。商务印书馆、中华书局、世界书局等出版机构发展为国内出版巨擘。大同大学、上海美术专科学校、沪江大学、大夏大学、上海法学院创立，中华职业教育社成立，中国科学社自美国迁至上海。英国哲学家罗素、美国物理学家爱因斯坦、印度诗人泰戈尔等相继来沪访问和讲学。第二和第五届远东运动会在上海举行。电影事业方兴未艾。新剧与海派京剧饮誉全国。新文化、新文学崭露头角。鸳鸯蝴蝶派作品风靡全国。上海在文化上放射出中国其他城市所没有的异彩。

概括地说，从1927年南京国民政府成立，到1937年“八一三”事变，是上海在挫折中快速发展的阶段。

但是，日本帝国主义的野蛮侵略打断了上海发展的进程，从1937年“八一三”事变到1949年上海解放，上海城市市政发展停滞，而民主斗争波澜壮阔。

从1843—1949年的百年间，从社会文化层面上分析，上海的文化是很驳杂的，它既有西方文化的影子，更有江南文化的底色；既有红色文化创举，更有海派文化的创新……各种因子融入上海，也成就了上海，具体说来这激荡的百年史可以概括出这样几个特点：

第一,千年文化传承，特别是中西文化碰撞与交流，多元文化造就了上海文化创造力的喷发。上海的封建传统包袱小，开埠之前，上海不过是一个普通滨海小城，与那些声名显赫的传统城市殊异，既不显山，也不露水，隶属于松江府，以至于松江府的大小官吏与传统士人也会认为上海县比较重商、缺少文化，就如同20世纪五六十年代，有人将香港视为“文化沙漠”一样。正因为上海没有历史的包袱，当开放的时机到来时，它的发展机遇也就在眼前。19世纪末，欧风东渐，西方有些先进的事物，开始受到中国人的重视，有识之士从而主张引进、吸收，为我所用。100多年来，在与外国侨民的互动中，经历了相互撞击、交汇、渗透、吸引、兼容的历练，上海人对国际社会的心理状态平衡，他们从来不在内心鄙视外国人，因此也不会害怕外国人，或表示为超乎常态的恭敬，总体上有点崇洋，却不大会媚外。海派文化的形成与发展，一个很关键的因素在于上海以开放的心态同世界建立广泛的政治、经济、社会、文化联系。由此，上海得以凭借中外各种资本、资源、人力、技术、信息的高度集聚和集中，建立起完整密集的文化基础设施。在此基础上，依靠高水准的教育、新闻出版、文娱活动乃至科技研究，形成具有鲜明特色的近代文化。如果缺少或削弱其中任何一个部分，都会使海派文化、上海文化的发展元气大伤，从而动摇上海的文化地位和影响力。

第二，“三界四方”的特殊遭遇最终成就了上海的大发展。1949年以前，在相当长的时期中，上海的城市结构模式一直是一种初级的多元结构，城市管理处于一市三治四界，或者说“三界四方”、各自为政的畸形状态——一个城市，三个管理机构，华界、公共租界、法租界各有自己的管理机构，华界又分为南市与闸北。城市空间模式呈现出以若干条东西向发展轴线为主体的形态，缺乏南北向的联系。城市建设缺乏总体规划，城市的工业区、商业区和住宅区在相当大的程度上都是随机形成的，从而导致城市结构的不合理。由于国际与国内、中央与地方多种因素相互影响、共同作用，结果出现了一种特殊的形态：“三界四方”的格局。租界理所当然是中国领土，却又不受中国政府管辖；不受中国政府管辖的租界却又居住着大批中国居民，传统的大一统格局就此出现了“缝隙”。这道缝隙虽然很小，但影响极大。这道缝隙在清朝政府、北洋政府、南京政府的统治系统中，成为一条力量薄弱的灰色地带，形成新生力量可以利用的政治空间。

有了缝隙，就有了可以自由游走的空间，其他地方犯法，可以躲到上海租界里做寓公，租界里犯事，可以到华界暂且躲避。例如，慈禧太后钦命捉拿的要犯康有为得以脱逃，举世震惊的苏报案得以发生，清朝遗老在民国初年能够拖着长辫子在租界里活得很滋润，中国共产党能够在这里诞生，左联文化活动能够在这里展开，实在与这道“缝隙”的存在不无关系。文化方面，上海并不像香港那样唯英是从，而是中西混合，中西并重。社会生活方面，中西风俗并存，上海市民既过中国人的传统节日，又对西方节日有较强的认同感，善于将各种形式的外来文化有机地与自身的行为方式融合在一起。由于特殊的地缘政治因素，近代的上海成为多种文化相互交流的结合点。上海既是中国西学传播的中心，也是中国近代新文化的发祥地。这种特殊性使西方文化、中国的传统文化以及中国各地域的亚文化在上海得以并存、冲撞、变异、认同、借鉴、移植、嫁接与转化，使上海及其城市空间和城市建筑呈现出多元的性质。

第三,千年积淀与商业文化的锻造，造就了上海人“个人本位”的特质，凭本事吃饭，从市场赚钱，上海成为众多企业家竞争的舞台。任何以市场经济为主导的大城市，都是优胜劣汰的大舞台。近代上海名牌产品云蒸霞蔚，优秀人才层出不穷，各种学问家如同璀璨群星，名目繁多的各类巨头、大王竞相登场，他们一没有父祖的福荫，二没有权力的垄断，三没有强势后台的支撑，他们靠什么？就是靠个人卓越的素质、良好的信誉和过人的质量。市场是无情的，只有遵循市场规律，老老实实地尊重科学、钻研技术、努力学习、不断创新，才会有前途，有未来。这就是凡事要追求卓越，要做得最好，要勇攀高峰，要敢于创新。从文化源头来观察，在漫长的历史文化发展过程中，上海逐渐形成了兼有吴越文化和自身本土风格又融入西方文化的一种独特的文化。

第四，“合作共赢”成为近代上海文化多元的一个重要传统。据有关专家测算，近代上海移民通常占总人口的85%左右。这些移民来自全国各地，以江苏、浙江、广东、安徽、山东、湖北、福建、河南、江西和湖南诸省为多。客居上海的外来移民，为什么与本地土著居民的矛盾基本不存在？这与其他一些通商口岸很不一样，因为本地人口很少，外来人口很多，使得本地文化对由移民带来的外地文化同化力不足，客观上就为外地文化在上海立足、发展提供了难得的成长土壤。你不能主导它，你就顺应它，与它合作，大家一起赢得成功。这个上海商业文化的特点，也成为近代上海的一个重要特点。多元文化共存，从整体上说，是海纳百川，气象宏大；从各种地域文化之间来说，是提供了相互了解、相互学习、相互竞争的机会和场所。多元文化并存，有利于上海文化综合能力的提升，有利于上海城市文化的发展。这就像硕大的什锦拼盘，既各具滋味，又相辅相成，相得益彰。

2007年5月24日，上海市第九次党代会对上海城市精神作出了新的提炼和概括：海纳百川、追求卓越、开明睿智、大气谦和。其实，从上海自有城市开始直到1949年，城市精神也在城市发展过程中逐渐孕育并产生深入人心的影响，它深深印刻在上海行进的轨迹之中，印刻在上海城市发展的每一个关键时刻，更印刻在每一个上海市民的心中，它是一笔巨大的财富，必将深刻影响和引领着上海城市发展的未来。

市镇雏形

1."上海浦"与"下海浦"

上海九年义务教育课本《品德与社会》(四年级第一学期)吸纳了上海民俗学者21世纪初年就提出的意见,该教材特地设置了"'上海'这个称呼是怎么来的"一小节,其中写道:

> 上海得名于一条叫上海浦的小河,它是吴淞江(苏州河)的一条支流。在1 000多年前,上海浦周围散布着一些村落。……元代(1292年)开始,上海镇改县。"上海"一名由此流传下来,沿用至今。

作为"东方水都"的上海,充沛的水系如同血管一样构成了上海横塘纵浦、河湖港汊的优美自然风光。正因为上海与水的亲缘关系,有关水的名称在上海门类齐全,在全国及江南地区也是屈指可数,常听到的有江、河、浦、泾、沟、塘、港、浜、湖、淀、泽、荡、湾、汇……宋代郏亶《水利书》云:“吴淞江南岸有大浦十八条，其中有上海浦、下海浦。”吴淞江上“十八大浦”的名称分别是：小来浦、盘龙浦、朱市浦、松子浦、野奴浦、张整浦、许浦、鱼浦、上澳浦、丁湾浦、芦子浦、沪渎浦、钉钩浦、上海浦、下海浦、南及浦、江苎浦、烂泥浦。南宋范成大《吴郡志》引著名水利专家郏侨的话说:“吴松古江，故道深广，可敌千浦”，为了分担吴淞江的排洪压力和增强其蓄水能力，古人采取的办法，就是开凿支流，沿吴淞江每隔5里或7里，疏浚或开凿一条吴淞江支流，这样的河流统称为“浦”。由此推断，吴淞江的大支流被叫作“浦”从很早就开始了。直到今天，上海河流中含“浦”的河流特别多，其他见于方志和史书的类似词语，不计其数，其中有一些地名一直沿用至今，如上海、三林、周浦、月浦、吴泾、江湾……足见太湖流域古河道水文化的强大魅力。

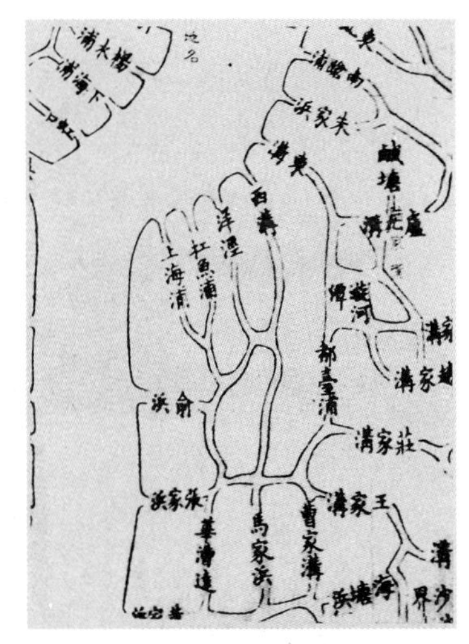

▲ 古代上海陆家嘴地区的地图，图上标有“上海浦”和“下海浦”

从烟波浩渺的太湖一泄东来，古代的吴淞江非常宽阔与壮观。清嘉庆《上海县志》卷三记载:“唐时阔二十里，宋时阔九里，后渐减至五里、三里、一里”，简直比现在的长江口还要宽。从唐宋文人墨客对沪渎两岸风物的记载，如静安寺、通济龙王庙、芦子城（即沪渎垒）、沸井浜、青龙塔等的歌咏，可见当初的许多风物和人情，如青龙镇成为对外航运港口，沪渎的水产集贸市场，南跄口与江湾新兴的盐场等，呈现出吴淞江下游

▲ 与上海浦对应，沪北有下海浦，由下海浦得名的庙叫“下海庙”

的社会经济人文繁荣之景象。

唐宋以后，长江三角洲下沉，泥沙在河口地带大量堆积，原来宣泄太湖水入海的三江，因海潮的倒灌，东江和娄江相继淤塞，吴淞江也日趋束狭，堵塞了太湖水的入海去路。于是发生泛滥，太湖中部平原洼地沼泽化。太湖本身水体面积扩大，并在其东部、北部先后形成了大小零星的湖泊。宋元及其后，是太湖水患最为肆虐的时期，对吴淞江的治理益发紧迫，由此也出现了一批体恤民情、专于治水的能吏。明代，户部尚书夏原吉接受幕僚建议，认为范家浜可以从南跄浦口入海，如果把吴淞江的支流大黄浦与范家浜打通，并挖深拓宽，就可上接泖湖、太湖之水，彻底解决水患问题。永乐元年（1403年），疏浚范家浜工程开始，一年之后，黄浦形成“阔二里余”的河道。明成化八年（1472年），在杭州湾筑成海塘，使流入杭州湾的河道堵塞，本来流往杭州湾的河流也逐渐汇入黄浦。此后，黄浦总汇杭嘉湖平原各条河流之水，又有太湖、淀山泖等水源从上游顺流而下，“水势遂不复东注松江，而尽纵浦水以入浦，浦势自是数倍于松江矣”，最终形成“黄浦夺淞”的局面，黄浦江成为太湖主要的入海水道。

经过多次疏浚治理，黄浦终于成为一条浩浩渺渺的大河，逐渐取代吴淞江成为上海的水上大动脉。吴淞江与黄浦江发生倒置，黄浦江的地位日益显著，《弘治上海县志》中称：“百余年来，人物之盛，财赋之夥，盖可当江北数郡，蔚然为东南名邑。”从此，上海城市的发展重心也转移到了黄浦江沿岸。

上海浦和下海浦同为吴淞江近海支流，因分别处于吴淞江下游的上下段而得名。上海浦起自今十六铺以东，北上抵今外白渡桥附近，朝东折向今浦东陆家嘴，再往北在今嘉兴路桥处入注吴淞江。当时，吴淞江已穿越今上海市区出海，而黄浦（近代始称“江”）仅流到今十六铺以东，上海浦恰好将两者贯通。及至明代，吴淞江下游壅塞，于是开浚旧河道引黄浦直接从吴淞口出海，并使吴淞江从今外白渡桥处汇入黄浦，形成现在的江浦格局。由于水系的变化，上海浦受到黄浦侵并，其名逐渐湮没。据学者甘德福《沧海桑田话上海》（上海科学技术文献出版社2007年版）中说：“下海浦约在清同治年间被填没，上海浦也因地理变迁而没入黄浦江中，其位置相当于今外滩至十六铺江段。”下海浦在乾隆《上海县志》也有“夏海浦”之称，清同治年间被填没，民国时期，下海浦河道被填成了“茂海路”(即今天的海门路)，如今只剩下孤零零的下海庙，仿佛还在诉说着下海浦的历史。

据说，1955年毛泽东来上海视察，在黄浦江上游览，他突然向陪同人员发问:“你们知道上海，还有个下海吗?”在场的人，无言以对，谁也回答不上来。毛泽东说:“应该有。”对于这则坊间传闻，难辨真伪。不过，有“上海”，自然就有“下海”，因为它们本源于吴淞江的两条支流“上海浦”与“下海浦”，而且至今仍然是上海市区最为精华的地段。

2. 浦边聚落知多少

近年来，人们欣喜地看到上海考古学家取得的丰硕成果，它证明了上海文明的遗迹有六七千年，但佐证上海城市的起源，论证上海市镇的萌芽，一直是历史学家的难题。因为历史上，上海一直是一个默默无闻的滨江临海之地，从未是一省的省城，甚至连府治也不是，它的状态几乎游离于封建王朝的行政视野之外，由于这个缘故，历史文献上有关上海市镇变迁的直接记载很少。而以往的研究又较多依赖传统文献，能获取的文献资料数量相当有限，这给研究上海古代的城市空间形态与结构造成很大困难。

著名历史地理学家谭其骧教授1962年6月21日在上海《文汇报》发表《上海得名和建镇的年代问题》，他认为："从聚落的最初形成到发展到够资格设置酒务，又当有一段不太短的过程，因此，上海聚落的最初形成亦即上海之得名，估计至迟当在五代或宋初，即公元第十世纪。"谭教授依据的文献是《宋会要辑稿·食货十九·酒曲杂录》，这部清嘉庆年间由徐松从《永乐大典》中辑出的宋代官修《会要》之文，应该是可信的。这个聚落之所以得名上海，是因为它位于松江（吴淞江）下游一条支流上海浦的岸边。谭其骧教授的深刻洞见，实际上廓清了上海得名与建镇年代的诸多谜团。

▲ 历史地理学家谭其骧教授

多年来，上海人也好，外地人也罢，甚至连一些上了点年纪的上海人，说起上海来，都觉得它是由一个"小渔村"演变而来。事实果真如此吗？查考有关的典籍，上海浦与下海浦之间的这块土地，是名副其实的风水宝地。民俗学研究既要依靠文献记载，又要重视这块土地上的风物和传说，不能因为正史没有记载而忽视它的"活态"价值。可以转换一下研究的思路，从古代上海浦与下海浦周边至今依然活着的遗存来做一番反证。

打开古上海历史地图，从上海市区的"活物"进行考察，以静安寺为中心，该寺南面有龙华寺，东面有城隍庙，这三大寺庙道观，恰恰就在吴淞江支流上海浦的岸边。民俗学中谓"民间信仰"一般是指信仰并崇拜某种或某些超自然力量，一般都以万物有灵为基础，以鬼神信仰为主体，以祈福禳灾等现实利益为基本诉求，自发在民间流传的一种非制度化、非组织化的信仰存在。倘若那个时代上海只是孤悬海边的一个“小渔村”，别说它无法承载，甚至完全托不起这三大寺庙道观，也无法解释这三大古刹与道观兴旺的香火。事实上于这三大寺庙道观周边存在的都是富庶的自然村落与市镇。

静安寺，相传始建于三国吴大帝孙权赤乌年间（238—250年），初名沪渎重玄寺，也称沪渎重元寺，原址在吴淞江北岸（极可能位于今潭子湾一带，实地已经难以考证）。唐代重元寺更名为永泰禅院。北宋宋仁宗大中祥符元年（1008年），改永泰禅院为静安寺，沿用至今。南宋宁宗嘉定九年（1216年），寺僧仲依因寺的基础被江水冲汇，“有倾圮之虞”，乃迁于现址。据光绪《重修静安寺记》碑云：“沪渎迤西行四五里，蔚然环村落间者，曰芦浦，有古丛林居僧焉，则静安寺也。”可见南宋时代静安寺的状貌。元明以来，静安寺屡次修建。当时，包括重元寺旧址及静安寺现址，有赤乌碑、虾子潭、陈朝桧、讲经台、涌泉、沪渎垒、绿云洞及芦子渡，史称“静安八景”，没有旺盛的人气和经济力量，哪里会有明清以来逐渐形成的浴佛典礼，以至于形成每年四月初七至初九的静安寺浴佛节庙会？

再看龙华寺，请参阅上册《远古文明》中的“康僧会与龙华寺”一节。龙华寺创始人是康僧会，在吴王孙权的支持下，康僧会在江南一带广传佛教，三国吴赤乌五年（242年），康僧会路经上海龙华荡，在此建立茅棚，设像行道，始有龙华寺。康僧会立茅弘法，龙华塔则始建于赤乌十年（247年），千余年来，寺与塔屡圮屡建，有宋一代，历代帝王，不断赐帑赐田，可见龙华寺已经有很大规模。元灭宋，龙华寺也未遭破坏，元末，龙华寺被毁，唯龙华塔独存。龙华寺自古为弥勒菩萨道场。五代时，已经形成自然村落龙华村，元代龙华街市粗具规模，明代龙华寺已成繁华市镇，诗人每以“龙华晨钟”“龙华午泊”“龙华夜泊”为题，赋诗记述其繁华。龙华港上的“百步桥”，为南来北往必经之途，三月三的龙华庙会逐渐形成，万众云集，人头攒动，洋洋大观，此情此景又岂是“小渔村”所能担当？

再看沪上道教宫观丹凤楼，原址在上海城墙东北角，始建于南宋度宗咸淳七年（1271年），元末毁于兵祸，明万历年间重修，是沪上最知名的景观。在上海城墙拆除之前，这座道观是上海名胜之一，也是城里的最高建筑，有点像今日之东方明珠塔，担负着守望全城的功能，1913年上海拆城墙后，丹凤楼也被拆除，现在新开河之南耸立在人民路上的厚德大楼，就是丹凤楼旧址，旁边一条路就叫丹凤路。其他诸如地处静安寺与龙华寺之间的淡井庙，为沪上道教观宇，庙址在今永嘉路12弄内，始建于南

▲ 老城厢至今在方浜中路丹凤路口还有丹凤楼的影子

宋末年，当时上海尚未设县，地处淡井村，庙内有一口井，井水味甘，而上海因地处近海，这口淡水井便被认为“味甘”而甚为罕见。宋咸淳年间（1265—1274年）上海设镇，淡井庙成为华亭县城隍神设在上海镇内的一座行宫。还有南京路上的保安司徒庙，俗称虹庙、红庙，浦东源深路上的钦赐仰殿（太清宫）以及元代志丹苑水闸遗址，例多，不备举。

这些至今尚存或遗迹尚存的风物庙宇，以及附着的故事，都是古代上海市镇富庶的见证，绝非“小渔村”可言。那么，北宋之前，生活在上海浦周边的先民，他们最早的社会组织形式是什么？答案是镇治设立之前的聚落。根据有关专家的研究，聚落应该是其主要形态。聚落既是人们居住、生活、休息和进行各种社会活动的场所，也是人们进行生产的场所。聚落是前村落的形态，作为人类适应、利用自然的产物，是人类文明的结晶。聚落的外部形态、组合类型无不深深打上了当地地理环境的烙印。

3.“踏曲爨蒸”说酿酒

上海这个地方，五六千年前就开始了水稻的种植，考古学家在崧泽遗址考古发掘的结果，其中最令人惊奇的是发现了人工培植的稻谷，瘦长的为籼稻，肥短的为粳稻，说明上海地区的先民那时已经种植稻谷，将上海地区农耕文化的历史提早到了6 000年前。

好粮还得有好水，酒水酒水，酒与水难舍难分。

1987年，考古学者对紧邻崧泽遗址的油墩港工程进行考古发掘，意外地清理到了两口6 000年前的古井。其中一口直筒形水井尤其典型，残深2.26米，直径0.67—0.75米，井壁坚硬，无任何加固材料，井中满是黑灰土。考古工作者经过技术鉴定，认定水井所处的文化层及出土陶器归属于距今6 000多年的马家浜文化。这是中国已知年代最早的水井，有了水井，自然就有了可靠的淡水来源，为上海先民的酿酒创造了必要的条件。

考古工作者在发现马家浜文化水井的同时，“还发现了一些过去不见或少见的器型，如小口径的盉形器，附扁耳的高颈圆肩壶等”。盉和壶都是盛放液体的器皿，可以用作酒器。在崧泽文化遗址，发现了远比马家浜文化更多的酒器。一处属于崧泽文化的氏族墓地经发掘，100座墓中出土516件遗物，加上地层中出土的67件，共583件。除去石器、玉器、骨器，共有陶器506件。这些陶器中，可作为酒器的杯有13件、觚有7件、樽1件、壶66件，共87件，占总件数的15%以上。先后领队发掘了马桥、崧泽和福泉山等上海古文化遗址的黄宣佩先生认为，5000多年前的崧泽文化中，盛酒的陶壶与饮酒的陶杯已经是古人重要的生活用器。崧泽文化中的陶质酒器不乏精品，从这些酒器看，崧泽文化的先民对于喝酒一事，已经颇为讲究了。既存在酿酒的物质条件，又存在大量饮酒的酒器和酒具，说明那个时代上海地区的先民已经掌握酿酒技术，应该是没有疑义的。

值得注意的是，《宋史·食货志》还有一个记载可供细细品味：“清务者，本州选刺供踏曲爨（读音：cuàn，烧火煮饭）蒸之役，阙则募人以充。”“踏曲爨蒸”，这4个字描绘了宋代上海先民做酒的工艺过程，也仿佛给我们描绘了一幅宋代上海人制酒的风俗画。

中国是最早掌握酿酒技术的国家之一，中国古代在酿酒技术上的一项重要发明，就是用酒曲造酒。中国人从自发地利用微生物到人为地控制微生物，利用自然条件选优限劣而制造酒曲，经历了漫长的岁月。传统的白酒酿造工艺为固态发酵法，在发酵时需添加一些辅料，以调整淀粉浓度，保持酒醅的松软度，保持浆水。常用的辅料有稻壳、谷糠、玉米芯、高粱壳、花生皮等。除了原料和辅料之外，还需要有酒曲。“踏曲爨蒸”的制酒过程可以概括为“女人踩曲男人酤”，一般每年端午节前后，小麦成熟，农人无法渔事，多余小麦正好拿来制曲，以备秋冬酿酒。曲是酒母，好曲酿好酒。

“踩曲”，也叫“踏曲”，通常是端午前后进行，重阳前后“爨蒸”酤酒，踩曲主要依靠经验和感觉，必须得依靠人工完成，缘于制曲的劳动强度，制曲工种，一般由女性承担。所以，就是直到今天，踩曲仍是许多酒厂酒坊劳动力最为密集的环节。为什么踩曲得由女人完成呢？踩曲需要巧劲，曲块最后要呈龟背形，四边紧，中间松，否则就无法完全发酵。然后由男子将踩好的曲块用稻草包裹好，放在曲仓里，曲块要进行40天高温发酵、堆曲，最后才能用于爨蒸酿造。酤酒的过程是一个非常艰辛的劳作过程。女人踩曲男人酤，完美地体现了农业文明背景下酒生产过程的分工特色。久而久之，上海酤酒聚落产生了“女人

▲ 宋代酒坊

踩曲男人酤”的风俗，当制酒工艺融入“少女踩曲”的生命语言后，这种风俗就升华为一种酒俗仪式或民俗图腾。

地处江南的上海，夏商西周至春秋战国，社会经济文化发展显然落后于中原，典籍记载更是少之又少，可以说，直至秦汉，有关上海地区比较可靠的文献记载才陆续出现，然而其中涉及酒事者则显得微乎其微。两晋时，史称“云间二陆”的陆机、陆云兄弟，堪称“善饮之人”，特别是陆机，少有奇才，文章冠世，被称作太康之英，他写过一首《饮酒乐》的诗：“饮酒须饮多，人生能几何。百年须受乐，莫厌管弦歌。”诗中透出一股豪气，“饮酒须饮多”，倘若没有一定的酒量，岂敢出此

▲ 晚清上海地区的篮子容器与酒缸

豪言？可见，他的酒量一定不小。晋室南渡后，吴郡太守袁山松也是一个“善饮之人”。据说袁山松擅长音乐，“北人旧歌有《行路难》曲，辞颇疏质，山松好之，乃为文其章句，婉其节制。每因酒酣，从而歌之，听者莫不流泪”。

现在，上海人在全国的印象，好像都是不胜酒力，即使饮酒也大抵喜好洋酒。就如同19世纪60年代，上海出现由中国人经营的第一家西菜馆——“一品香”以后，一时之下，人们热衷吃大菜，喝洋酒，但无非是赶时髦而已，其实，上海人骨子里还是对洋酒有所保留。上海人不胜酒力？历史上，上海先民也不是不胜酒力的羸弱之辈，上海郊区从浦东的周浦、奉贤庄行，乃至长宁的北新泾一带，都有一个“羊肉烧酒”的风俗，传承至今，流行不绝。全中国有哪个地方能寻找出这种饮酒风俗呢？

4. 千年酤道“上海务”

从有人类定居，到出现一定规模的聚落，再到有资格设立酒务，其间的历史跨度，应当是很漫长的。因此，据谭其骧教授考证，宋代上海地区还是地广人稀。“上海”聚落出现的实际时间，起码在五代末或北宋初，也就是公元10世纪前叶，距今已有10多个世纪。以此计算，“上海”这个名称已经在人间存在了1 000年以上的时间。

至于上海建镇的确切时间，是北宋熙宁七年（1074年）。《弘治上海县志》卷五记载了宋人董楷的《古修堂记》及《受福亭记》，董楷是第一任上海市舶司官吏，也是他到上海后建造了市舶司衙门。该衙门内建有井亭，叫作“受福亭”，董楷还为之写了《受福亭记》，明《弘治上海县志》收有《受福亭记》全文，抄录部分如下：

> 咸淳五年八月，楷忝命舶司，既逾二载，自念钝愚，于市民无毫发补益，乃痛节浮费，市木于海舟，陶埴于江，自舶司右移此建拱辰坊，尽拱辰坊创益庆桥，桥南凿井，筑亭曰受福亭……

如此看来，是先有北宋上海镇，然后再有南宋的上海市舶司。明《弘治上海县志·卷一·沿革》中说：“当宋时，蕃商辐辏，乃以镇名，市舶提举司及榷货场在焉。”应该讲，由于市舶司移到了上海镇，使上海镇的重要性提高了。上海镇在北宋就已取青龙镇而代之，成为华亭县的主要外贸港口。到南宋末期，上海镇已是“华亭县东北巨镇”。

看来，因为榷酒，宋真宗大中祥符年间设立“上海务”，到熙宁七年（1074年）就催生了一个新兴的上海镇；到元代原华亭县升格为松江府，早期的上海务从镇而县，谁会想到“上海务”在千年之后会成为闻名遐迩、令世界瞩目的国际大都市？可以说，纵观世界文明史，非自然村落因酒成名的大都市唯有上海，在世界城市发展史上也是独领风骚。

北宋年间有着这样的社会背景，即宋代前承汉唐之制而有进一步的发展，又开启明清乃至近代社会历史变化的端倪，显现出中国封建社会历史转折的新特点。宋代的酿酒业，在唐朝普及和发展的基础上，得到进一步的普及和发展，处于中国酿酒史上的提高期和成熟期，大量酿酒理论著述问世、蒸馏白酒的出现、酤酒商贾继承和发展唐代经营思路，标志着酒文化的成熟和发展。宋大中祥符元年（1008年）前后，粮食丰足，酿酒业技术成熟，酿酒作坊星罗棋布，上海成为酤酒盛市，酒坊、酒窖、酒库、酒肆星罗棋布，朝廷置“上海务”，本身就是对酤酒产业的一种控制。如果没有这样的基础，朝廷向谁去收税呢？宋神宗熙宁七年（1074年），上海镇的设立，也推动着上海酒务的经济发展，因其紧靠上海浦，滨江临海，地理位置得天独厚，人气很旺，交易繁忙，税收大增，在两浙路17个酒务中排名靠前，脱颖而出。

宋熙宁七年上海镇的建立，是上海城市史上一个划时代进步的标志，江南地区贸易中心逐渐转移到华亭东北地区，上海镇重任在肩，与此同时，由于吴淞江的淤塞，一些较大的商舶难以进入华亭县最主要的港口青龙镇，转而至上海镇停靠，政府为此在上海镇设立主管商船税收的市舶分司。市舶司的衙门设在后来的上海县署内，据考在今小东门方浜南路的光启路上。

宋史专家王曾瑜在《宋代的上海》一文中说:“总的看来，上海在北宋时，仅设酒务，直到南宋后期，大约增设了市舶分司、巡检司和商税务……元初很快在上海设市舶司，作为海运粮站，并且破格升县。上述行政地位的变迁，正是上海有优越的地理位置，加之人口繁衍，经济和贸易兴旺发达的结果。”这个看法还是公允的。至宋元之际，上海镇上有市舶司，有榷场，有酒库，有驻军，有官署儒塾、佛宫仙馆，商铺林立，鳞次栉比，特别繁盛。直至元至元二十七年（1290年），松江府知府仆散翰文以华亭县地大户多，民物繁庶难理为由，向朝廷提议析置上海县，就是以上海镇为主，析华亭县东北的长人、高昌、北亭、新江、海隅5乡地置上海县。次年，朝廷批准了这个建议，县治就在宋代的上海镇，而它的前身就是千年酤道“上海务”。

上海镇在青龙镇的东南，同治《上海县志》卷一“疆域”记载，宋熙宁七年（1074年），宋朝政府就在这里设镇，同时设立“市舶提举司和榷货场”。清嘉庆《上海县志》载，当时的“市舶提举司”设在龙华附近高昌乡以西。以此来分析，上海镇的地域中心就相当于今黄浦区小东门十六铺的岸边。

还在青龙镇处于吴淞江主要港口时，由于吴淞江经常淤塞，上海镇就已经开始发力了。后来青龙镇淤塞严重，船舶进出困难，上海镇逐步取代了青龙镇的地位，成为长江口的主要港口。到元至元十四年（1277年），

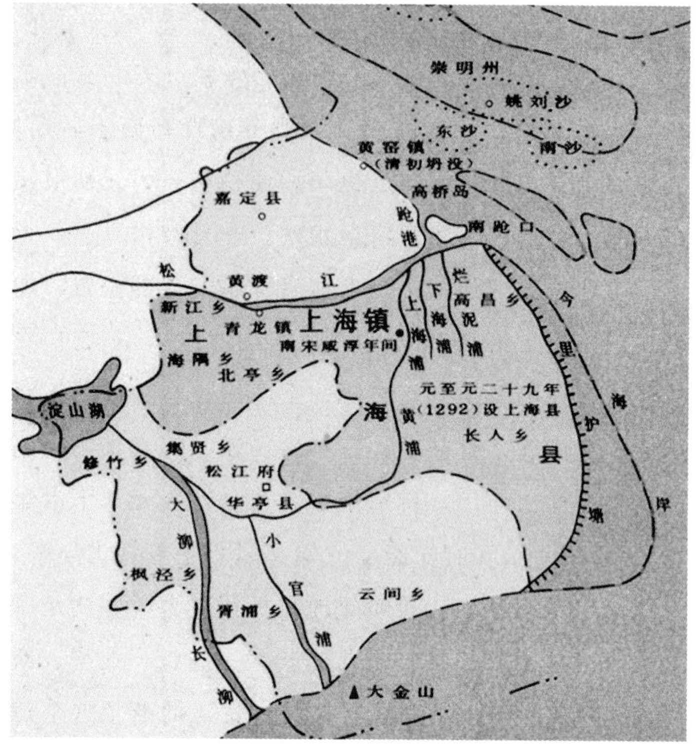

▲ 上海县境为华亭县东北境高昌、长人、北亭、新江、海隅5乡共26保

元朝政府在上海设立体量更大的“市舶司”，与广州、泉州、温州、杭州、庆元（即今宁波）和澉浦并列为全国七大“市舶司”。这时的上海镇已成为全国屈指可数的重要港口了。

上海县的设立，是继上海镇设立之后，古代上海城市发展过程中的第二个转折点，它标志着上海从许多普通江南市镇中脱颖而出，成为县级政治中心之一。上海镇也从一个普通的小镇，上升为一个县级规模的政区。明末清初，上海的行政区划又进行了沿革，逐步接近今天上海的规模。

5. 从“上海务”到“上海镇”

关于上海建镇的问题，由于史料匮乏，历来众说纷纭，甚至有一种极端的说法，上海可能没有经过设镇就直接设县了，不过大多数学者认为历史上存在过“上海镇”，只不过对上海建镇的时间，由于史籍记载的不同，特别是对史料解读的角度有异，形成了以下几种说法：（1）宋时说。如顾祖禹《读史方舆纪要》卷二四上海县：“宋时，舶辐辏，乃立市舶提举司及榷货物，为上海镇”。（2）宋末说。明《嘉靖上海县志》说“上海为松江县属……迨宋末……即其地立市舶提举司及榷货场，为上海镇”。《乾隆续修上海县志》等同此说。（3）熙宁七年（1074年）说。褚华《沪城备考》说“宋神宗熙宁七年立镇”。清《嘉庆上海县志》、秦荣光《同治上海县志札记》以及《光绪青浦县志》等均持此说。（4）绍兴中说。清《嘉庆重修一统志》谓“宋绍兴中于此地置市舶提举司及榷货场，曰上海镇”。（5）南宋末期说。武育干《唐宋时代上海在中国对外贸易上之地位观》，认为上海设镇于南宋末期或咸淳年间。

在“上海镇”建镇时间上曾经有过言之凿凿的证据，如清代《嘉庆上海县志》不仅明确“熙宁七年”设置上海镇，而且说“上海之名始此”。清代乾隆年间褚华撰《沪城备考》，也说“宋神宗熙宁七年立镇”。此外，晚清文人秦荣光在《同治上海县志札记》中也明确说过：“宋熙宁七年，于华亭海设市舶提举司及榷货场，为上海镇。”明代的《江南经略》，以及《光绪青浦县

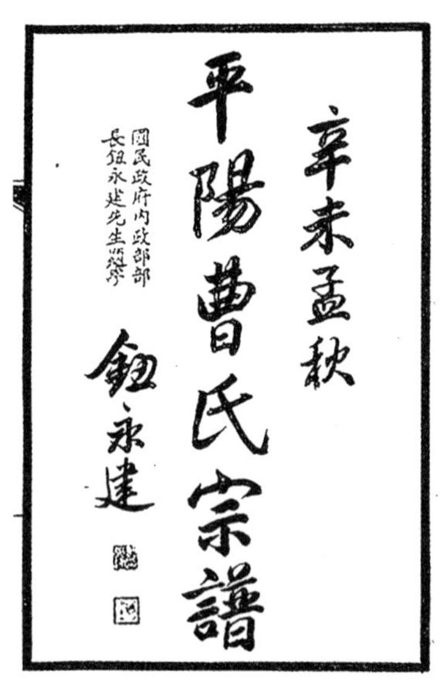

▲ 浦东高行发现的《平阳曹氏宗谱》

者凡十有餘人遵而家於上海鎮（熙寧七年置上海鎮於）
曹氏系出太和時者為西宗系出建炎時者為
安知夫鄞之與靄其先非出自一人耶是譜也
也有德者雖小不棄賢賢也本支遞降而德位
賢賢義也尊尊禮也仁義並立而禮以行之生
逆矣曹氏子孫惟守其訓而不混於所施斯不
月既望郡人謝國光拜手書

▲ 学者周敏法从《平阳曹氏族谱》的《范溪旧序》中查到“熙宁七年置上海镇于华亭”的记录

志》等志书也持这个看法。虽然这些记载观点一致、言之凿凿，但它们都属于明清史料，属于后人的记载，缺乏当年的宋代史料的支撑，因而没有被史学界采纳。上海究竟何时建镇，成了上海的“生日之谜”。

2018年1月中旬，报界披露了学者周敏法先生的发现，他在读高行镇曹家老宅的一本《平阳曹氏族谱》时，发现卷首《范溪旧序》落款为“咸淳八年岁次壬申秋七月既望郡人谢国光拜手书”。咸淳八年即为1272年，属南宋末年；谢国光则是有名的南宋进士。谢国光在这本书中写道：“沪渎曹氏……因宋室多故，而迁居跸临安，族从而徙者，凡十有余人，遵而家于上海镇（熙宁七年置上海镇于华亭）者，则济阳之裔也。”这说明曹氏自宋室南渡来上海镇，是济阳王曹彬之后。最令人惊喜的是“熙宁七年置上海镇于华亭”，这是目前发现的唯一载明上海建镇确切年代的宋代史料。这段南宋进士谢国光写于宋末的记载直接注明上海镇建于北宋熙宁七年，即1074年，它推翻了宋末说，使上海建镇历史有了确切的文献记载，这段宋代文字与以上明清史料前后呼应，形成了几百年延续的完整的“证据链”，从而把上海建镇的“熙宁七年说”给坐实了。

上海这个国际大都市，她的成长发展经历了由“上海镇”到“上海县”再到“上海市”的过程。根据“熙宁七年置上海镇于华亭”，宋代的镇是县下辖的一种官方机构，而且一般都将镇设置在“人烟繁盛处”，不过并不是所有县都下辖镇的设置。上海镇有“监镇官”，这种官职在《宋史·职官志》里有记录，说明这种基层官吏是吃皇粮的“公务员”，而不是民间自治组织的首领。特别是“监镇官”的职责是“管火禁或兼酒税之事”，属于文职人员，这与“上海务”机构的设置有部分重叠之处。这些特点构成了上海镇的一般要素。

《上海旧政权建置志》第二章第一节：“咸淳年间（1265—1274年）建上海镇。镇制沿袭自隋、唐，通常设于人口稠密、交通重要、工商业较为发达的地方。最初实行镇将制，为武职，后将镇将之权收归于县，另由朝廷委派镇官，成为文职。青龙镇除了镇官，还设有水陆巡检司，负责守卫巡逻。南宋时期的上海镇，设有上海市舶提举分司，负责管理贸易事务，兼领镇务。”这段话，除了上海建镇的年代有误，其他基本正确，与上述一般镇的几个共同点也是吻合的，它对宋代上海镇的性质作了简明扼要的描述。

根据周敏法的研究，对两宋时期上海镇的性质，大致概括如下：上海镇为皇帝批准在熙宁七年（1074年）设立，基本是防火防盗、兼收税收的官方机构，并逐渐取代了“上海务”酒务的职能，监镇官是朝廷委派的文职官员，南宋时由上海市舶提举官兼任。

实际上，“上海务”是“上海镇”设立前的一个试探性机构。上海务之“务”是国家管控地方税收或海上贸易的基层单位，有酒务、税务、市舶务等。《上海通志·大事记》:“熙宁十年（1077年）秀州设17处酒务，其中华亭县有华亭、上海、青龙、赵屯、大盈、泖口等务”，因为《宋会要辑稿·食货十九·酒曲杂录》说到熙宁十年秀州有上海等17处酒务。从《宋会要辑稿·食货十九·酒曲杂录》记录的宋代天圣元年（1023年）以前的上海务税收收入额看，已经名列秀州17个酒务之前十名。说明上海临江滨海，交通发达，人口众多，商业繁荣，酿酒业发达，税收颇丰。上海务的先期设立，为后面上海镇的成立铺好了路。1962年，谭其骧在《上海得名与建镇年代问题》中推断:“这样说来，上海设酒务应在天圣以前。”这就是说设上海务在前，置上海镇在后，且至少相差50多年。

上海镇设置，进一步证明了上海镇的位置，就是上海务的位置，在今上海老城厢地区。这个地理位置，距离当时的华亭县的县城，约有90里，如同今天上海市中心到松江区的距离。古代社会交通工具简陋，信息传递也很缓慢，要对上海务实施有效管理，显然力不从心，鞭长莫及。北宋熙宁七年（1074年）置上海镇，《南市区志》具体描绘了“上海镇”建镇的形制:“上海老城厢是上海历史的发祥地。北宋时期，出现了上海早期的居民聚落和官方机构——上海务。南宋时期形成市镇。元朝至元二十八年（1291年）建立上海县，从此成为上海政治、经济、文化的中心。”上海在南宋末年形成市镇。咸淳初年，镇监董楷大力倡导在上海镇进行市政建设，留下不少“津梁堂宇”。从《受福亭记》可以看出，市舶分司署西北建拱辰坊，坊北有益庆桥，桥南“凿井筑亭”，名“受福亭”。董楷所撰《受福亭记》称，“自念钝愚，于市民无毫发补益，及痛节浮费，市木于海舟，陶埴于江”。他自市舶分司（今老城厢外咸瓜街、老太平弄北）之西北，建拱辰坊，坊北有益庆桥，于桥南凿井筑亭，即受福亭；亭前广场铺砖石，是“一市之所”，即镇市中心；其东北有回澜桥，又北为上海酒库，建福会坊；迤西是文昌官，原为土房，后改为砖瓦房，于其地建文昌坊；坊北又建致民坊，后改建为福谦桥；由福谦桥至齐昌寺之间，建泳飞桥。这是南宋末上海镇的粗线条面貌。另据明弘治《上海志》记述，当时上海“有市舶、有酒库、有军隘、官署、儒塾、佛仙宫馆、贾肆，鳞次而栉比”，已具市镇规模。

明朝中叶，邑内已形成南北、东西纵横交叉的街巷系统。县署东西两侧辟出三牌楼街和四牌楼街两条南北干道，另有新衙街、康衢巷、新路巷、薛巷、梅家巷、观澜巷、宋家湾、马家巷、姚家巷、卜家巷10条街巷。此外还增设15坊：拱辰坊南肇嘉坊，长生桥北永安坊，泳飞桥北联桂坊及对面宝华坊，第一桥东登津坊，县署南阜民坊，县署东宣化、崇礼、泽民、集庆4坊，县东敷教、澄清、迎恩3坊，县南明通、公溥2坊。为抵御倭寇侵扰，还建筑了周长9里的城墙。至此，县邑形成以县署为中心，东、西门为轴线，城墙环围的城市基本框架。

借助“上海务”“上海镇”“市舶分司”这三个机构的职能，可以大致描述出当时上海的社会状况。酿酒业兴旺，而且规模较大，需要税务机关征税，以增加国家的财力，于是“上海务”应运而生。其次，在上海务设置50多年之后，该地区非农业的手工业者及其进行贸易的商人，数量达到相当规模，加上与之配套的饭店、旅馆等服务业，该地区已经形成了类似现在的成片居民区和商务区，故需要“镇”这样的机构来进行管理，以确保其有序运行。再次，再往后，对外贸易也已经达到一定规模，外国货船达到一定数量，需要设置海关这样的“市舶司”来进行管辖和收税。新编《上海县志》在《建置沿革》中明确作了如下记述：北宋熙宁十年（1077年），华亭县设有上海务。南宋建炎元年（1127年），宋室南渡，上海县地区人口大增，经济发展，至南宋景定、咸淳年间，上海港船舶辐辏，番商云集，成“华亭东西一巨镇”，地处“海之上洋”，滨上海浦，遂称上海镇。

港口迁移

6. 上海衙署的变迁

关于上海的市政衙署的建制变迁，在历史地理或者说历史行政学上一直处于变动之中，上海这块土地，春秋属吴，战国先后属越、楚，秦汉以后分属海盐、由拳、娄县诸县。秦王政二十四年（前223年），秦灭楚后设会稽郡，治所在苏州。会稽郡辖疁县、由拳县和海盐县。疁县包括今嘉定区、原上海县及青浦、松江两区大部和市区部分地区。嘉定境内还有一个以疁命名的疁城乡。

秦二世三年（前207年），疁县改为娄县（《上海地方志办公室金山建置隶属考》），秦始皇统一全国，分天下为36郡，在吴、越故地置会稽郡，为36郡之一。娄县为会稽郡属县，县城在今昆山东北。明万历《昆山县志》："秦置疁县，属会稽郡。"并引《叶子强题名记》："昆山，秦邑也。"认为今嘉定县有疁城乡，疑为古县治。不少史籍记载：汉改疁县为娄县，以其地有太湖出海的三江之一娄江而得名。又，明朝嘉靖《昆山县志》记载：疁城即古疁县治，今属嘉定，名娄塘，初名疁塘，后避钱镠讳改名娄塘。这就是为什么直到今天，上海嘉定人还是把“疁”字读成“娄”字音，古代此地曾为“疁县”亦称“娄县”；其次是避讳五代十国时吴越王钱镠的“镠”讳而改叫“娄城”，嘉定现在还有“娄塘”古镇或可证。金山县境内的海盐县，汉时为刘濞的封地，此地煮海水以制盐。海盐县发展的同时，由拳县也在发展之中，秦始皇三十七年（前210年）改长水县为由拳县，仍属会稽郡。由于局部地体下沉现象存在，海盐部分沦为拓湖，由拳县也陷入了谷水。《搜神记》云：“由拳县，秦时长水县也。始皇时童谣曰：‘城门有血，城当陷没为湖。’有妪闻之，朝朝往窥。门将欲缚之。妪言其故。后门将以犬血涂门，妪见血，便走去。忽有大水，欲没县。主簿令干入白令，令曰：‘何忽作鱼？’干曰：‘明府亦作鱼。’遂沦为湖。”虽然是传说，却也反映了由拳县陷入“谷水”的真实情况。200年后，汉平帝元始二年（2年）前后，陷于湖泊的海盐县和由拳县被迫向南迁移。

南北朝时南梁大同元年（535年），分割原海盐县地域置青浦县和前京县。纵观上海行政区划的变迁，大致从秦至五代北宋之前，差不多有1000年，上海地区一直隶属于治所在苏州的会稽郡管辖。从五代起，出现治所在南京的南唐和治所在杭州的吴越国，上海地区隶属于吴越国，转而由秀州统辖。

唐天宝十载（751年），根据吴郡太守赵居贞奏请置华亭县，这是今上海地区出现和建立的第一个独立的县级行政建置，在上海历史上应该是一件重大事件，它标志着古代上海地区开始有独立的行政区划，华亭县辖境约今上海地区吴淞江故道以南，川沙—惠南—大团一线以西地区。而当时华亭县的区域面积大致相当于今天除嘉定区、宝山区、崇明区以外的全部上海市面积。关于“华亭”名称由来，见于《三国志·吴书》：建安二十四年（219年）十一月，吴孙权封右都督陆逊为华亭侯。华亭是当时由拳县东境一个亭，故址在今松江区境内。唐乾元二年（759年），改吴郡为苏州，隶浙江西道。

宋初，华亭县改属两浙路秀州。上海大部分地区分属华亭县和昆山县，崇明属海门县。这时华亭县以东的海滩，已经成为重要盐场和渔场，“人烟浩穰，海舶辐辏”，商业日益发达。后因吴淞江下游的淤浅，曾经繁华一时的青龙镇，就逐渐丧失了作为长江口良港的地位，而日趋萧条冷落。与此同时，吴淞江支流上海浦西岸（今黄浦区小东门、十六铺等地）出现的聚落日渐兴旺，宋真宗大中祥符年间，设立“上海务”，到熙宁十年（1077年），此时上海镇已经成立，北宋朝廷在两浙路秀州设立青龙、上海、广成（陈）、魏塘、石门、洲钱（泉）等17处酒务，岁收酒税为两浙各州之首，“上海务”是其中最具经济活力的一个“务”。

宋熙宁年间，贸易中心逐渐转移到华亭东北的上海镇。到了南宋咸淳年间，由于吴淞江的淤塞，一些较大的商舶难以进入华亭县最主要的港口青龙镇，转而至上海务停靠，官府为此在上海镇设立主管商船税收的市舶分司。市舶司的衙门设在上海镇衙署内，并派镇将驻守，也就是在后来上海县的所在地，即今小东门方浜南路的光启路上。北宋熙宁七年（1074年）设立上海镇。宋史专家王曾瑜在《宋代的上海》一文中说：“总的看来，上海在北宋时，仅设酒务，直到南宋后期，大约增设了市舶分司、巡检司和商税务，……元初很快在上海设市舶司，作为海运粮站，并且破格升县。上述行政地位的变迁，正是上海有优越的地理位置，加之人口繁衍、经济和贸易兴旺发达的结果。”王先生写这段话的时候，还没有看到上海镇设立的史料，北宋就在上海务的基础上设立了上海镇，但论断还是比较公允的。

至宋元之际，上海已经发展成为“东南一巨镇”，镇上有市舶司，有榷场，有酒库，有驻军，有官署儒塾、佛宫仙馆，商铺林立，鳞次栉比，很是繁盛。

元至元二十七年（1290年），松江府知府仆散翰文以华亭县地大户多，民物繁庶难理为由，向元中央朝廷提议析置上海县。次年，朝廷批准了这个建议，析华亭县东北的长人、高昌、北亭、新江、海隅5乡地置上海县，县治就在北宋的上海镇所在地。上海县的设立，是古代上海城市发展过程中的第二个转折点，它标志着上海从一个普通的滨海小镇，上升为一个县级规模的政区。后历经明清，上海的行政区划虽有损益与沿革，大致上保持了县治，直到1927年被国民政府设立为特别市。

▲ 清朝上海道台上任接篆仪式

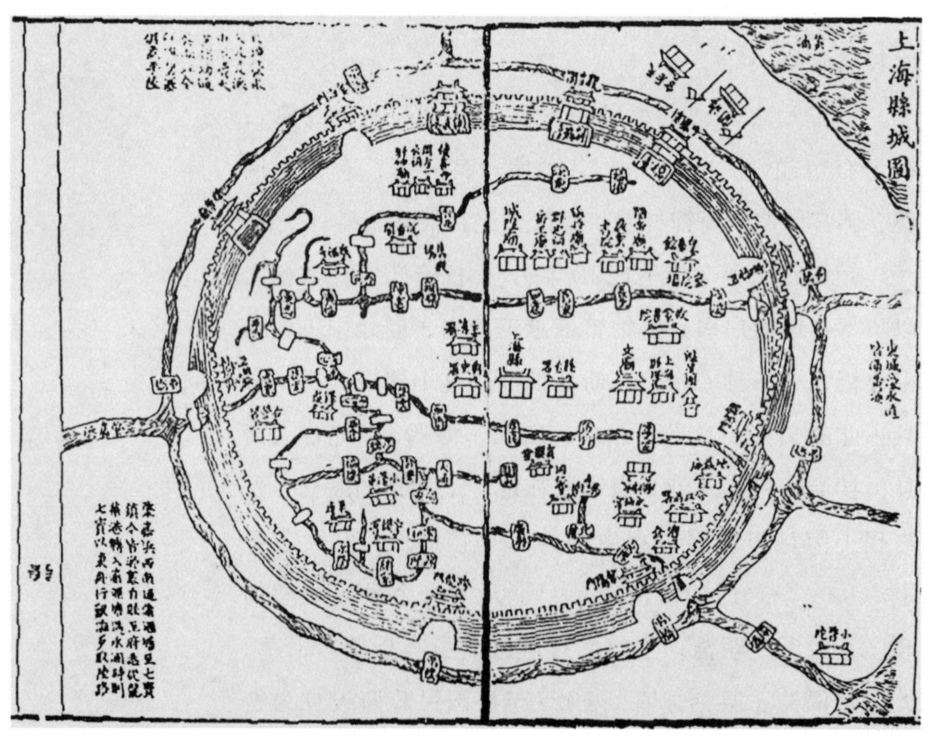

▲ 嘉庆年间的上海县志中的地图

随便说一句，常听到一句“松江是上海之根”的说法，此说不确。不错，唐代设立华亭县时，上海连镇都不是，元代设立上海县时，华亭县早已升格为松江府。上海从许多普通江南市镇中脱颖而出，成为县级政治中心之一，表明上海开始以一股独立的经济文化实力出现在历史舞台上。松江府与苏州府一样，都曾经是上海县的行政主管。但行政隶属关系是否就是城市的根脉所系？恐怕难以说通。所以，上海就是上海，倘若说“松江是上海之根”，上海更早隶属于会稽郡与吴郡，那么苏州是不是也可以说是“上海之根”？上海也曾经隶属于北宋两浙路的秀州，那么嘉兴是不是也可以说是“上海之根”？

7. 嘉定与州桥故事

南宋嘉定十年（1217年）的腊月初九，上海地区发生了一件大事，就是嘉定从昆山分析出来，建立独立县治。关于设县原因，范成大《吴郡志》以“补注”方式收录了当年平江知府赵彦橚（读音：sù）和提举两浙西路常平茶盐公事议郎王棐的关于析昆山县东境置嘉定县的奏折摘要，细读这段史料，可知当年嘉定建县的原委，该奏请于嘉定十年十二月九日获得宋宁宗赵扩的批准，“奉圣旨：依”。嘉定遂成为中国为数不多的以皇帝年号为县名的地名之一。

嘉定原属昆山，按照赵彦橚、王棐的疏奏，主要是行政上的原因，“盖昆山十四乡五十二都，东西几二百里……自县治至练祁七十里，至江湾又七十里”。通常，一个县的区域一般为方圆百里，而昆山县为200里，昆山所辖地域广阔，由昆山县治到最偏远的浦东高桥一带，有近10万米的距离。官府对东部地区的管理有点力不从心，鞭长莫及，难以行政。加之“平江管下五县，境土广袤，无如昆山；顽犷难治，亦无如昆山”。又称，“东境七乡之民，凭恃去县隔绝，敢与官司为敌，不奉命令，不受追呼，殴承差，毁文引，甚而抗拒巡尉，习成顽俗”。一旦失去控管，百姓肆无忌惮，而地方豪强崛起，公开拒交、抵抗政府税收，摊派情况严重，会滋生混乱，因此，他们建议：“今斟酌事宜，欲割昆山西乡之安亭，并东乡之春申、临江、平乐、醋塘，凡五乡二十八都，别为一县，就练祁要会之地，置立县治，以嘉定为名。”

嘉定，别称“疁城”，清嘉庆《大清一统志》中说：“疁城，在嘉定县南门外，唐有疁城乡。《名胜志》：‘元时得古冢碑石云：唐咸通二年庄府君葬于疁城乡。’即此地也。今名疁城，元设教场于此，一名疁塘，又名娄塘。”又载：“练祁市，即今嘉定县治。本昆山县之春申乡也，宋置，属平江府。”《吴志》：“练祁市，在府东北一百四十里。嘉定十年，知平江府事赵彦橚奏：昆山县治东至练祁市七十二里，自练祁市至江湾又七十里，通计一百四十里，欲割昆山西乡之安亭，并东乡之春申、临江、平乐、醋塘凡五乡，别为一州，就练祁要会之地，置立县治，以年号为名。诏可。”

▲ 上海嘉定法华塔

▲ 150年前的嘉定孔庙之魁星阁

这就是说，嘉定城厢镇一带在唐代是“疁城乡”，到了宋代，这里成市而称为“练祁市”，今天嘉定城厢镇别称“疁”“疁城”“娄”“练祁”等都是使用了它的古地名。“畷”字的本义是烧去土地上的草后播种，也即刀耕火种，用一个“畷”字别称，并不意味着唐以前这里仍以刀耕火种的生产方式种地，古名遗留，也是历来地名中追根寻源的通则。

“练祁市”则得名于一条叫练祁河的河流，这条河宋时也称“练圻”，又称“练川”“练渠”“祁江”，“练”的本义是煮生丝或已练制的白色熟绢，古人认为这条河清澈如“练”，才被叫作“练祁”，练祁河至今仍在静静流淌。

嘉定不像上海其他行政区那样闪烁瑰丽，却有江南古镇特有的古朴之韵味，在嘉定中心城区，至今还保留着古城的格局，这对于江南地区来说也是很难得的。那一条静静流淌的练祁河，就令人想到嘉定的古“州桥”，州桥的古名也叫登龙桥，宋淳祐五年（1245年）建。元代，嘉定县升格为州，这座桥就成为“州桥”，桥直通的老街就是“州桥老街”，它的位置恰恰就在老街地标性建筑七层宝塔法华塔的下面，倘若登上七级法华塔顶层凭栏俯瞰整个街区，以“井”字形街坊为骨架，东大街、南大街、西大街、北大街，4条大街的格局清晰可见，相传这东南西北几条路在南宋时就有了，这种在千年之前形成的格局，成为古代嘉定的交通和商业中心，如今仍然是嘉定城区的核心部位，确实是令人感到吃惊的。

明成化四年（1468年）重建州桥，所谓“州桥”附近的区域也是因为这座古桥而得名。“州桥”地区是嘉定城区被称为“古镇”的核心区域，也是被评为“历史文化名镇”最重要的依据。嘉定的新镇就以这里为核心圆点，如涟漪般地层层向外扩张出当今城区的景致。

州桥老街几乎囊括了嘉定中心城区精粹的文化资源，秋霞圃、孔庙、汇龙潭都在其区域内。州桥老街的“六里弹硌路”，可以说，每一块碎石都留有岁月的记忆与印痕，走在州桥的“弹硌路”上，应该将脚步放慢一点，可以细细品味当年“练祁市”传统生活的清新雅静，可以想象千百年来上海嘉定先民古朴生活的时光穿梭。

上海嘉定民众颇具血性，清朝顺治二年（1645年），清军颁布剃发令，嘉定百姓拒不从命，两个月内，大小战斗10多次，屠杀3次，死者无数，惨绝人寰的屠城使得几百年辛苦积累起来的嘉定文明，在瞬间化作废墟，江南名镇一夜之间成了人间地狱，后人将“嘉定三屠”与“扬州十日”一起记录在历史的教科书上。

清代民俗学家顾禄撰有《桐桥倚棹录》一书，是地方风土小志，记述苏州虎丘山塘一带山水、名胜、寺院、宅第、古迹、手工艺等。顾禄是苏州人，但他专门记述了嘉定风土，该书卷十二载：“苏州虎丘山塘流行从上海嘉定转涉的竹刻，名曰‘翻黄’。”自明嘉靖至清乾隆年间，竹刻艺术在江南一带达到了鼎盛，嘉定派创始人朱松邻与其子孙，相继传承祖业，誉称“嘉定三朱”。故《柳南随笔》云：“嘉定竹刻，为他处所无，始于明朱鹤（即朱松邻）三世操其业。”风格绰约多姿的竹刻至今犹存，还成为国家级的非物质文化遗产，是实至名归的。

8. 从青龙港出发

坊间有一句耳熟能详的话语:“港口通,则经济活;经济活,则城市兴。”上海的历史地位与港口兴废有关,上海港口随着朝代变迁、江河淤塞改道而依次出现过几次大的迁移。

青龙镇是上海地区第一个名镇和港口,由于此地在吴淞江边,是个天然良港,到了唐天宝五载(746年)置青龙镇,据称这是上海地区最早的镇建制,也成为控江连海的海防要地。青龙港是吴淞江下游的起点,是唐代对外贸易的新兴港口,航运船只不仅可抵沿海和内河重镇,而且可直达日本、朝鲜。青龙镇水产丰富,商贾云集,苏州一带的贡物常在这里转口北运;来自倭国(日本)、新罗(朝鲜半岛古国)的海舶也在此停泊,日本僧人圆仁的《入唐求法巡礼行记》曾经记述了由此登船踏上归途的过程。据考证,开元二十年(732年)、天宝十二载(753年)、大历十三年(778年)3次日本遣唐使回国,都是从青龙港出发的。唐朝诗人皮日休《沪渎》诗云:“全吴临巨溟,百里到沪渎。海物兢骈罗,水怪争渗漉。”“百里到沪渎”,差不多就是今天青浦白鹤到上海城区中心的距离。

唐末至五代以降,随着太湖流域商品经济的发展与繁荣,唐代朝廷特别需要寻找一个海上贸易的港口,青龙镇成为上海地区最早的对外贸易港口,远洋而来的“珍货远物”,大多通过青龙镇“毕集于吴之市”。到了北宋,青龙镇与国内外贸易往来有了发展,据宋嘉祐七

▲ 上海青龙镇遗址

年（1062年）所刻《隆平寺灵鉴宝塔铭》记载，到青龙镇的船舶，“自杭、苏、湖、常等州月日而至，福建、漳、泉、明、越、温、台等州岁二、三至，广南、日本、新罗岁或一至”。这时的青龙镇已有“江南第一贸易港”的称号，青龙镇进入了繁华时期，海舶云集，四方辐辏，贸易不断扩大，于是朝廷在政和年间设立了类似海关的机构“市舶司”来管理来自中外商船的交易。当时的青龙镇镇学、官仓、茶场、酒务等一应俱全，街道布局完整，规模不断扩大，茶、盐、酒等务都在镇上置有税场，并置有水陆巡检司。镇治堂宇及市坊中坊巷、桥梁，街衢井序，远胜江南的县城。宋代诗人梅尧

▲ 上海青龙镇出土的唐代鹦鹉衔绶带纹铜镜

臣在《青龙杂志》中记载称“青龙镇有二十二桥，三十六坊，还有三亭、七塔、十三寺，烟火万家”。人口杂处，百货交集，所谓“市廛杂夷夏之人，宝货当东南之物”，市容繁华，时人誉为“小杭州”。因此，上海有“先有青龙港，后有上海浦”的谚语。

明代上海人何良俊在《四友斋丛说》卷十四中有这样一段话：“青龙自唐宋以来，是东南重镇也。相传有亭桥六座。亦通海舶，由白鹤江导吴淞出海。宋时设水监于此，盖以治水利兼领海舶也。宋时卖官酒，酒务亦在此，江南所卖官酒，皆于此制造。入我朝来，水道湮塞，而此地遂为斥卤矣。”与“上海务”一样，“青龙务”也是北宋秀州的17个酒务之一，这里生产酒是可信的，但“江南所卖官酒，皆于此制造”，未必可信。但从南宋末年起，吴淞江淤塞加剧，海上航运和贸易的通道被堵，长江每年流下大量泥沙，使海岸线不断自西向东伸延。而海潮进退，又造成泥沙沉积，因而使吴淞江不断淤浅和逐渐淤塞，使江艰噎，水流无力，积沙难去，以致水患不息，江身浅淤。宋代范成大说：“所谓东导于海而水反西流者是也……”吴淞江口积沙的增多，江身的迂回曲折，必然影响到通航，当宋庆元元年（1195年）华亭县市舶司撤销后，外商不至，青龙镇的海外贸易也就骤然衰落，镇市的繁荣逐渐失色。元时镇市规模尚存，然已“无复海商之往来矣”，海上贸易飘然衰落，市镇繁荣不再。

宋乾道二年（1166年）六月，朝廷撤销了设在华亭县的两浙路所辖市舶司，到庆元元年华亭县又撤销了两浙市舶司，继之而起的是上海港和上海镇的兴起。

上海镇在青龙镇的东南，同治《上海县志》卷一“疆域”记载，宋熙宁七年（1074年）宋朝政府就在这里设镇，同时设立“市舶提举司和榷货场”。清嘉庆《上海县志》载，当时的“市舶提举司”设在龙华附近高昌乡以西。以此来分析，上海镇的地域就相当于今黄浦区小东门十六铺的岸边。

还在青龙镇处于长江口主要港口地位时，由于吴淞江经常淤塞，上海港和上海镇就已经开始发力了。后来青龙镇淤塞严重，船舶进出困难，上海港和上海镇逐步取代了青龙镇的地位，成为长江口的主要港口。元至元十四年（1277年），元朝政府在上海设立“市舶司”，与广州、泉州、温州、杭州、庆元（即今宁波）和澉浦并列为全国七大“市舶司”。这时的上海镇差不多跻身全国屈指可数的重要港口了。

然而，尽管上海港取代了青龙港，青龙镇的历史价值还是不容低估的。近年来上海博物馆考古研究部对青龙镇遗址进行了长期的考古勘探和发掘工作。据统计，青龙镇遗址历年考古发掘出土了来自福建、浙江、江西等窑口可复原瓷器6 000余件及数十万碎瓷片。青龙镇“北寺”——隆平寺塔塔基的发掘，发现它不同于目前国内已经发掘的塔基形式，特别是发现地宫中置套函，函外左右各有一座阿育王塔。套函共有4层。套函内发现了一个铜瓶，瓶内装有4颗圆珠，其中3颗为水晶质，它们应当就是佛教圣物舍利，这一发现也与文献中关于隆平寺塔“中藏舍利”的记载相符。这些发现，对于中国古代建筑史、佛教文化史研究都具有重要意义。

2016年12月8日，上海文物局、上海博物馆在沪宣布，青龙镇遗址考古发掘获得重大成果——考古发现的瓷器与文献记载相印证，证明了青龙镇是海上丝绸之路的重要港口之一，为海上丝绸之路研究增添了新证据。从青龙港出发，不仅是上海港口变迁的历史，它也为上海作为“一带一路”海上丝绸之路的出发地，提供了历史证明。

9. 浏河、江湾与上海港崛起

元至元十四年（1277年），朝廷在上海镇设立市舶司，与广州、泉州、温州、杭州、庆元、澉浦合称全国七大市舶司。正式建立“上海县”是在元至元二十九年（1292年），也就是说，上海建县的前夜，上海镇及其港口已与广州、泉州、温州、杭州、庆元（宁波）和澉浦并列为全国七大“市舶司”。这时的上海镇空前繁盛，“市舶司”的设立，使得从上海浦岸边的商业和海外贸易得到极大的发展。

但在元代，吴淞江入海口继续淤塞，大船进不了，大宗贸易受到严重制约，元大德二年（1298年），元朝政府只好吊销上海“市舶司”的“执照”，将其并入庆元（今宁波）港，这样，刚刚诞生的上海县，经历了宋末和元初的繁盛期，渐次式微，长江口主要港口的位置再次发生迁移与变动，于是，给了另外两个港口以机会，这就是浏河港勃兴与江湾港的兴起。

浏河港叫刘家港，也叫浏河，在长江口的南岸，今江苏太仓境内，现与上海嘉定区接壤。元朝初期的浏河，号称“口宽二十丈，水深一百尺”，可以容纳“万斛之舟”，元朝政府曾经将它作为海运漕粮的漕运基地。从元至元十九年（1282年）到至元三十年（1293年）的12年中，元政府海运漕粮的路线改变过3次。元武宗至大二年（1309年）漕运数量增为246万石，元文宗天历二年（1329年）更是猛增到352万石。漕运数量直线上升，运漕船只不断增加，必然要有相应的港口设

▲ 太仓浏河港

施为之配套与服务，可见浏河港那个时代在经济上的地位了。

明朝开国，浏河镇和港口依然保持着上升的势头，明洪武元年（1368年），明朝政府在太仓设立“市舶司”。航海家郑和，多次率领庞大船队，从浏河港扬帆出海。明永乐三年（1405年）六月，郑和船队由62艘大小船舶，27 800多人组成。最大的“宝船”长约150米，舵杆长11.07米，张12帆，“体势巍然，巨无与敌，篷帆锚舵，非二三百人莫能举动”。能够集中和动用如此庞大的船队，说明当时的造船设施和造船技术已达到相当高的水平，也说明集中这样一支船队的浏河港内应该有相当数量的码头仓库、装卸设备和港内水陆运输条件。因此元代和明初的浏河港，“粮艘海舶、蛮商夷贾辐辏而云集，当时谓之六国码头”，浏河港替代了吴淞江成为太湖地区的出海口。然而，泥沙无情，不断淤积的泥沙，成为浏河港的进出大患，从乾隆初年起，因受海潮的长期顶托，特别是浏河港的拦门沙，长达10多里，横亘在航道口，严重阻碍了船舶的进出，浏河港也只得逐渐走向衰落。

南宋中期，随着青龙镇海上贸易的滑坡及经济发展的不断下行，乾道二年（1166年）两浙市舶司被撤废，伴随着青龙镇衰落，今上海地区境内的上海镇、黄姚镇、江湾镇兴起。有必要介绍一下江湾的古地理，江湾也是吴淞江的一个大浦，是当时华亭县治东北的一片吴淞江出海口，《宋会要辑稿·食货十七》中收录的南宋绍兴六年（1136年）昆山知县张汉之上疏说：“江湾浦口，边枕吴淞大江，连接海洋大川，商贾舟船多是稍入吴淞江，取江湾浦入秀州青龙镇。其江湾正系商贾经由冲要之地。其间有不到青龙地头收税，便于江湾浦出卖旅客，得以偷瞒商税，不无走失课利。乞于江湾浦口置场，量收过税。”为了增加税收，官府在江湾置场收税。江湾既为吴淞江北岸泄洪之浦，又是华亭海北岸的一处海湾，就很自然地成为上海地区长江航运进出的重要港口，沿海各地海商莫不辐辏于此。

地处吴淞江入海口附近的江湾浦成了新的泊船点，是海船进出青龙港和上海港的必经之地，也曾经是南宋名将韩世忠所部驻军之中枢。绍兴六年（1136年）之后，江湾已成商贾往来冲要之地。而彼时的上海镇，只是作为华亭县所辖之新兴的商业市镇在崛起。可以说，起初，江湾的起点绝不逊于上海。但是，位于吴淞江南岸的上海镇的港口地理位置相对优越，至南宋晚期已经“人烟浩穰，海船辐辏”，弘治《上海志》记载当地“宋时蕃商辐辏，乃以镇名，市舶提举司及榷货场在焉”，又记载“咸淳中提举松江府市舶，分司上海镇”。上海镇在城市化的轨道上迅速前行，最终发展为商业大都市；江湾却没有完成独立的城市化历程而只是依附于上海港，成为上海的一个城区，其中的原因值得细细探究。

明永乐元年（1403年）黄浦江的治理，为上海港口带来了新的转机。时黄浦江旁有条范家浜，直接通达南跄浦口出海。《明史》记载：“松江大黄浦乃通吴淞要道，今下流壅塞，难即疏浚，傍有范家浜，至南跄浦口可径达海，宜浚令深阔，上接大黄浦以达茆湖之水……

▲ 晚清上海江湾老镇

水道既通……水患可息。”也就是说，利用黄浦江的上游和中游，同时利用范家浜作为下游和出口，使太湖之水直接经黄浦江和范家浜来排泄。明永乐二年（1404年）一月，数十万民工开始施工，同年九月完工，共开掘12 000丈。经过这次治理，太湖之水80%通过黄浦江排泄。黄浦江成为太湖流域的总泄路，水患问题基本得到控制。

600年前诞生的黄浦江，给了上海这片土地再次发展的机遇，这发展机遇不仅是商业和经济上的，而且也是文化上的。黄浦江今天仍发挥着关键的作用，一项古代的水利工程，深刻地影响了一个地域的生态、历史、规划和发展，这样的例子在世界水利史上也是罕见的。

清康熙年间，朝廷宣布“开放海禁”，但开禁的同时也宣布“设关”，颁布各种条令，作出了许多限制，也就阻塞了上海港巨大能量的释放，直到从18世纪后期起，海禁进一步开放，国内沿海运输才有了较大进展。上海港先后建立了南洋、北洋、长江内河和东南亚各条航线。鸦片战争前夕，它已经与运河重要商埠仪征和长江中游重镇汉口并驾齐驱了。

上海港在等待，等待着它多年集聚的能量再度爆发……

10. 前赴后继的治水专家

上海，位于长江三角洲前缘，太湖尾闾，扼长江入海之咽喉，据远东海上航线之要冲。上游既有面积广阔、物产丰富的内陆腹地，又承泄长江、太湖来水；下游既面对大洋，可通达世界各地，又承受东海潮水的澎击，是个典型的靠水兴市、对水设防、治水兴利、借水发展的河口海岸城市。上海简称“沪”，别称“申”，均渊源于水。没有水利，就没有上海的兴盛与发展，没有水利，上海就会是另外一个模样。

宋元及其以后，太湖水患严重肆虐，太湖最重要的出海通道吴淞江两岸的民众，也饱受水患之苦，因此对吴淞江的治理越来越重要，也越来越频繁，正可谓“时势造英雄”，上海由此走出了一大批体恤民情疾苦，专于治水的官吏和专家。他们或著书立说，或上请朝廷，开议堂施政计，精心组织太湖水系的整治，很受民众好评。这样的人物不是一两个，是一大批，可以开出长长的一串名单。例如根据太湖水域历史经验，精心撰写《吴门水利书》集中体现了治水方略的郏亶、郏侨父子；

曾向朝廷献其所著《吴中水利书》的单锷，甚至像担任杭州知州的苏轼也对《吴中水利书》很是赞赏，他提出的以疏泄为主的治水思想，对后世太湖流域水患治理影响很大。还有曾主持开浚吴淞江、撰有《浙西水利议答录》等专著的任仁发，《论三吴水利》的作者周文英，《水利议——开吴淞江》的作者归有光，明朝户部尚书夏原吉，提出疏浚开通黄浦江建议的叶宗行，甚至包括著名的清官海瑞等都主持或参与过吴淞江和太湖流域的水患治理，对疏浚吴淞江，功莫大焉。

郏亶，字正夫，昆山人，北宋嘉祐（1056—1063年）进士，著名水利专家。曾经奉命治理江南水利，多次上奏江南水利的治理方法和进程，著有《吴中水利论》《吴门水利书》等，详细记录江南水系分布、特征，总结古人治水经验，提出当今治水办法。郏亶的论述被范成大的《吴郡志》大量引用，并成为研究古代江南水利和水系的珍贵资料。郏侨，郏亶之子，也是北宋官吏、水利学家，字子高，晚年自号凝和子，史称“负才挺特，为王安石器许”，后为将仕郎，继续其父郏亶的事业，辑水利书，有所发明，为乡里推重，乡里称他是“郏长官”。

▲ 北宋官吏、水利学家郏亶

北宋水利专家单锷，字季隐，宜兴人，也是个奇才，嘉祐四年（1059年）进士。《吴中水利书》“提要”里说“欧阳修知举时所取士也。得第以后，不就官，独留心于吴中水利。尝独乘小舟，往来于苏州、常州、湖州之间，经三十余年。凡一沟一渎，无不周览其源流，考究其形势。因以所阅历，著为此书”。他的专业精神确实是难能可贵的。苏东坡对他大加赞赏，《苏轼进书状》(《东坡集》五十九卷）有记载。

宋元之际，对于士子来说，获得晋升有两条路，一是要“朝中有人”，像赵宋王室后裔赵孟頫等江南名流，就是直接由朝廷招纳进京担任命官；二是凭自己的本领，从吏制体系中谋得差事，做得称职，有建树，也可步步升迁。著名的水利专家任仁发就属于这第二种人。任仁发原名霆发，字子明，号月山，18岁时参加科考中南宋举人，一心专攻水利。在元兵南下之际，任仁发向时任中奉大夫浙西道宣慰使游显毛遂自荐，游显赏识任仁发的才能，将其招纳为幕府中的宣慰掾，负责整理文书档案。后来，任仁发在海岛劝诱反抗者归降中立

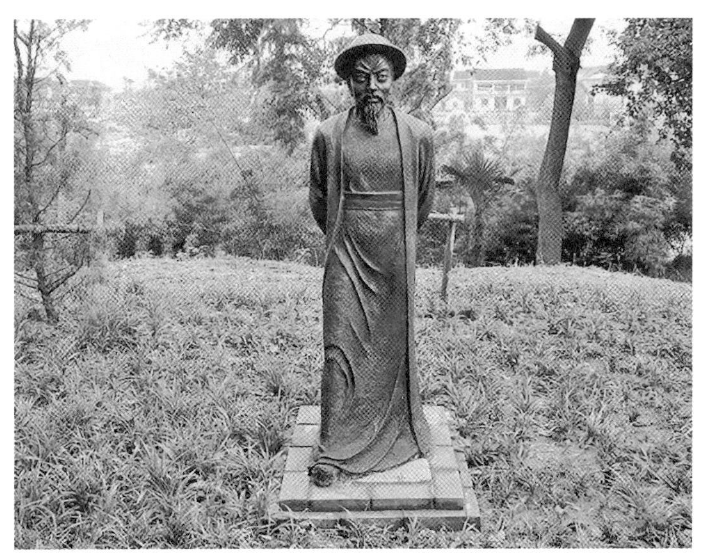

▲ 元代水利专家任仁发铜像，现安置在青浦重固镇

功，升为青龙水陆巡警官。元大德七年（1303年）起，历任都水监丞、都水少监、都水庸田司副使等职。任仁发晚年，主持疏导吴淞江。大德八年（1304年），时任海道千夫长的任仁发上书朝廷，请命治理水患，他提出“浚河港必深阔，筑圩岸必高厚，置闸窦必多广”的治理主张，即挖深河道，加厚堤坝，多开闸口。朝廷接受了他的上书，并命他为平江都水营田使司都水少监，主持治理吴淞江。任仁发用了两年时间，将今天青浦到嘉定段的吴淞江，加深了1.5丈，拓宽了25丈，并设置了许多闸窦，还浚疏了赵屯浦、大盈浦、白鹤江、盘龙江等支流，使水患变成了水利。任仁发的恪尽职守和出众的治水才能，得到元帝和许多高级官员的器重，他官至浙东道宣慰副使，直到去世前一年才离职返乡，在中国水利史上有着突出的贡献。2001年经发现挖掘被评选为“2006年度中国十大考古发现之一”的上海志丹苑元代水闸就是任仁发主持建筑的杰作之一。据专家介绍，该水闸是在宋代水闸营造的基础上，在长江三角洲这一特殊地貌情况下建造的，志丹苑元代水闸在中国水利工程发展史上有着极其重要的地位，又是长江口海岸水利工程的重要标志，从闸门到驳岸、外墙、固水的石面构造、用材，都堪称此类水利工程的先驱。

明永乐初年（1403年），朝廷任命户部尚书夏原吉南下治水。经多方论证，夏原吉决定采用松江府生员叶宗行“掣淞入浏、分水入浦”的治浦方略。叶宗行，生卒年不详，上海本地人，他向夏原吉大胆陈述了自己的想法：一是放弃吴淞江下游一段淤塞河道；二是加深拓宽黄浦（相当于今闵行区浦江镇闸港以北的黄浦江）；三是疏浚上海浦北面的范家浜（相当于现外滩至复兴岛附近），使范家浜上游接上海港、黄浦、泖湖、太湖，下游与吴淞江合流后，从南跄浦口入海（故今黄浦江的出口叫吴淞口）；四是在太湖出口处建造蓄水闸，控制湖水排泄之量。叶宗行的治水思想，从根本上颠覆了前人狭隘保守的水利思想，为后人开启了治河新思路。这在上海地区的治河史上是一次突破性、开拓性、转折性的思想解放。疏浚连通黄浦与吴淞江的河流范家浜，使范家浜上接吴淞江，下连南跄浦通海水道，形成一条以“大黄浦为上游、范家浜为中段、南跄浦为下游”的新河道。

明代永乐年间开通的黄浦江，对于上海发展的意义特别重大，滔滔江水不仅孕育了灿烂辉煌的上海文化，也是上海历史的见证。今天，应该凭吊与祭祀上海历史上的水利专家与治水英雄，铭记他们的历史功绩。

海道风骨

11. 改写中国漕运史的两个上海人

元代，曾有两个帮助统治者实施漕粮海运的上海人，这两个人是宋末元初上海大名鼎鼎的海盗，一个叫朱清，一个叫张瑄，《元史》里有他们的记载。据史书与志书等史料记载，朱清出身于贫苦家庭，很小的时候就与寡母相依为命，以打鱼为生。他是西沙（今属上海崇明）人，字澄叔，“身长八尺，貌如彪虎”，后在一个姓杨的大户人家做家奴。张瑄，嘉定八都新华村（今上海浦东高桥）人，幼年随母四处乞讨，乞食为生。这两个具有相似家庭背景的年轻人，终于走到一起，也是当时社会造成的结果。据说，少年朱清扬帆出海，不幸遇到狂风恶浪，船被掀翻，因水性好最终流落到一个小岛上，才算保住性命。渔民失去船只，等于失去一切，只得到一家姓杨的船东那里当佣工。因忍受不了杨姓财东的恣意盘剥与压榨，一次年终的时候，血气正盛的朱清，一怒之下杀了财主，犯了命案，于是，在海上纠集了一批亡命之徒，干起了贩卖私盐、偷盗官芦、劫掠过往船只的海盗营生。一次他贩私盐到嘉定新华镇换米，巧遇同是天下沦落人的张瑄，于是两人结为兄弟，沆瀣一气，酗酒赌博，乡人视为无赖。

海盗营生，练就了这对苦难兄弟海上漂泊的本领，为逃避官府通缉追捕，朱清、张瑄频频在海上泛舟，曾到过沙门岛（今属山东烟台）、文登（今山东半岛东部）、燕山碣石（今葫芦岛海滨），甚至远走高丽（今朝鲜）……他们长年闯荡海上，不仅掌握了精巧的水上航行技能，而且熟识长江口南北水道及各岛门户，对何处有险情、何处可过船等海情了如指掌，可以畅行无阻。《雍正崇明县志·朱清事迹》载，朱清“往来飘忽，习以为常，东北海道，遂无不熟”。他们称雄海上，干着海盗的营生，实在是那个年代上海“冒险”精神的代表人物。

马背上的民族治理中国，虽然短暂，却“灵光一现”，可以说，元代是中国历史上少见的“重商”朝代，游牧民族对物资交换的需求远高于农耕民族，商品经济在南北各地都很兴旺，沿海和河运沿线相当繁荣，海外贸易发达。而商人在游牧社会中的地位亦远高于中原汉地。这一点在蒙古兴起的各个阶段的许多重要事件中都体现出来。隋唐以后，大运河的开发与贯通，使其成为维系中国大一统局面的政治纽带，像天津、临清、淮安、扬州、苏州等地，出现了越来越多的“五方杂处”之民。大运河作为历代王朝重要的经济命脉，在历代漕运中都发挥着难以估量的作用，但元代开创的漕粮海运则别具一格，说起来，其中还有上海先民的一份独特贡献。

至元十九年（1282年），元朝政府特别招安并起用了两个上海人——海盗朱清和张瑄，利用他们熟悉海上生活、开辟海道以及海上运输的智慧与经验。朱清与张瑄协同上海管军总管罗璧，通过海运将漕粮6.4万余石运抵元大都（今北京）。两人自临安装船入海，虑及图籍轻而船吃水浅，经不起风吹浪打，所以傍岸北行。凭着积累既久的经验，最终完成了漫长航程，安抵元大都。元世祖由衷赞叹："古云北人骑马，南人驾舟，朱清真海上奇人也！"御赐骏马、锦缎、美酒，提拔为海道运粮万户、江浙行省参知政事，并赐钞版。目不识丁的张瑄，签署文书时只会以三个手指染墨画押，状如"品"字。这样一来，不仅"海盗"有"品"，连身份也漂白了，还在元朝政府里当起了海运官。据《元史》记载，朱清"至元十六年，随都元帅张弘范攻克崖山，升武略将军、佩金符。次年，擢管军总管。至元十九年，和张瑄开海道漕运，领海道中万户"。至元二十七年（1290年），朱清"运粮至一百五十一万石。掌海漕后，合家移居太仓，开刘家港海通，一时商船云集，琉球、日本、高丽等国商船进港贸易，有'六国码头'之称"。

我们民族历来讲究"温良恭俭让"，历史上中国很难出现海盗，即使出现也面临被砍头、被彻底剿灭的命运。上海的朱清、张瑄，最终的结局都不美妙。他们做了朝廷的海运主管大员，甚至获得皇帝所赐钞版。什么是“钞版”？有了“钞版”，可以自印钞票，那该是一种多么大的特权啊！不仅如此，他们的子女、族人、家奴，有百余人封为百户、千户、万户。但朱清从大德六年（1302年）起，为江南僧人石祖进不停地告发，诉其犯有10条罪法。次年正月，他被捕入京，查封家产，没收军器船只，最终以头撞石而死。而张瑄则被枢密佥事曹拾得上疏参劾，诏斩首。

朱清、张瑄两位海上先驱，改写了中国漕运的历史，在中国海运航线的开拓中，功不可没。

▲ 清末对海盗处以极刑

12. 纺织先驱黄道婆

在远古时代，淞沪地区地理上属于太湖流域。就棉花而言，既没有古代“棉花”的实物遗存，也没有带“棉”字的典籍。中国古时只有“绵”字，专指丝绵。棉字分解开来，应该是从木，绵省声。生活在太湖流域周边的吴地先民的衣着原料是什么呢？主要是葛、丝和麻。宋元以前，麻布是我国平民长期的主要衣着原料，“布衣”遂成为平民的代称。

木棉与今日经过漫长岁月改良的棉花既有联系，又有区别。“棉花外来说”认为，早期的木棉分南北两路被引进到我国。南路是经过南洋的国家传入我国的云南。大约在1—2世纪之间，即历史上的东汉时代，居住在这个地区的少数民族“哀牢夷”，已经生产出一种名叫“白叠花布”的纺织品。这是我国植棉织布的最早记录(《后汉书》卷一一六《西南夷传》)。另一路则是从北路经过西域的国家传入我国的新疆。约在5—6世纪，即历史上的南北朝时代，在今新疆吐鲁番东南哈喇和卓一带的高昌，已经采用一种名叫“白叠子”的植物来织布，所织的布很软很白。当地人民，在市场上将其用作商品交换(《梁书》卷五十四《高昌传》)。我国新疆、云南和

▲ 黄道婆画像

海南岛等边远地区棉花的种植，沿着西北和西南这两个方向向内地传播，而淞沪地区棉花的种植，则是由华南逐渐向北推进的。时间当在宋元之际。元代王祯在《农书》中说："木棉产自海南，诸种艺制作之法，骎骎北来。"很显然，棉花栽培是由华南传到包括上海地区在内的长江中下游地区，尔后再传播到黄河流域的。

根据学界比较一致的意见，太湖流域最先种植棉花的地区，是松江乌泥泾，也即现在上海徐汇区的华泾镇。而将棉花引入上海地区的核心人物，则是元代的黄道婆。黄道婆是我国历史上一个杰出的纺织家，又名黄婆、黄母。典籍对其记载甚少，元末明初，学问家陶宗仪在他的笔记体著作《南村辍耕录》中记载了黄道婆的某些史实片段："闽广多种木棉，纺织为布，名曰吉贝。松江府东去五十里许曰乌泥泾，其地土田硗瘠，民贫不给，因谋树艺，以资生业，遂觅种于彼……国初时，有一妪名黄道婆者，自崖州来。乃教以做造捍、弹、纺、织之具，至于错纱、配色、综线、挈花，各有其法……"从这些零星的文字中可知，黄道婆是上海县乌泥泾镇人，生活在13世纪中后期（约1240—1300年），也即中国历史上的元代初年。她的生卒年月和详细身世，已无从确考。

从所搜集到的历史资料来看，黄道婆年少时孤苦伶仃，一生辛劳，死后也没有留下什么财产，后事也是靠着乡亲们帮助打理。关于黄道婆的事迹，有许多传说，传说之一是父母没法养活她，让黄道婆去做了童养媳，黄道婆无法忍受非人的生活，半夜里在茅草屋顶上挖了个洞，爬了出来，偷偷地上了吴淞江边的一艘轮船的船舱，随船漂行，结果轮船开到了今海南省的崖州（今三亚市）一带。元代，崖州一带的黎族人民的棉纺织技术已很发达，并创制出了一整套的生产工具和生产技术。黄道婆在崖州以道观为家，与黎族姐妹结下了深厚情谊，并虚心向她们学习棉纺织技术，很快就熟悉了当地比较先进的制棉工具，掌握了技术操作的工艺流程，并成为一个技艺精湛的纺织能手。

几十年过去了，年近半百的黄道婆思念故乡乌泥泾。元贞元年至二年（1295—1296年），黄道婆乘海船回到了阔别多年的故乡。元明之际的诗人王逢，虽是江苏江阴人，但晚年曾居住在乌泥泾，他的《梧溪集》卷三《黄道婆祠》有“道婆异流辈，不肯崖州老”的诗句。值得一提的是王逢所著《梧溪集》有七卷，其中《黄道婆祠》一诗，是今存最早歌咏黄道婆业绩的诗作。

从崖州回归故土的黄道婆，带回了从海南崖州学到的技术，并加以改进，总结和创制出一套更为先进的纺织技术，广为传授。根据中国纺织大学研究纺织史的权威专家的意见，黄道婆的贡献主要有三：一是手工棉纺织生产机具上的革新和创造，“黄道婆纺车”的发明，让世间有了专供纺棉用的脚踏三锭纺车；二是色织棉布和提花棉织物的创新，创制了名扬天下的“乌泥泾被”，开发了棉织物的新品种；三是推动了松江府以上海县为中心地区的手工棉纺织生产的商品化过程，使上海县成为全国最大的手工棉纺织业中心，赢得“衣被天下”之美誉。她所织的“被褥巾带，其上折枝团凤棋局字样，粲然若写”，一时“乌泥泾被不胫而走，广传于大江南北”。棉纺织品五光十色，在全国盛况空前。

▲ 1989年发行的黄道婆银币

黄道婆去世后，她所留下来的纺织技术从乌泥泾进一步传播，向全国范围推广开来。到了明代，乌泥泾所在的上海县，已经成为全国棉纺织业的中心。黄道婆因对古代纺织业的发展作出杰出的贡献而被载入我国纺织业的发展史册，在中国科技史上占有一席之地，永远受到后人的敬仰。

家乡人民感念黄道婆的功绩与恩德，在顺帝至元二年（1336年），为她立祠，岁时享祀。后因战乱，祠被毁。元至正二十二年（1362年）乡人张守中重建并请王逢作诗纪念。到明代，熹宗天启六年（1626年）张之象塑黄道婆像于宁国寺。清嘉庆年间，上海城内渡鹤楼西北小巷，立有小庙。黄道婆墓在上海县华泾镇北面的东湾村，于1957年重新修建并立有石碑。上海的南市老城厢内曾供奉有先棉祠，建黄道婆禅院。上海豫园内，有清咸丰时作为布业公所的跋织亭，供奉黄道婆为始祖。在黄道婆的故乡乌泥泾，至今还传颂着“黄婆婆，黄婆婆，教我纱，教我布，二只筒子二匹布”的歌谣，表达了人们对这位纺织先贤的怀念。

▲ 晚清上海城墙边的黄道婆庙

13.“帆樯比栉”与沙船出海

论及上海文化的风骨，古代上海先民与江南各地的民众，甚至与中原地域的民众，并无二致，所不同的则在于海边为生的人，除了自耕农传统的耕读传家之外，还多了一份古朴、侠义和粗犷的豪情。地处海边一隅，地理环境决定了早先的上海人靠海吃海，因地制宜，多元生计：或耕种农田、或煮盐晒盐、或下海捕鱼、或从儒入仕、或贸易经商，不追求一律的刻板务农的模式，宋人所说的“只博黄金不博诗”，是那个时代上海先民的一个特质。因为众多渔民以打鱼为生，不仅要应对恶劣的海上险恶的自然环境，还要应对黑暗的社会，“走海行船三分命”，海上遭风暴、遇礁石，船毁人亡，葬身鱼腹是寻常事，遇到海盗抢劫也在所难免，甚至为了生存，有的船民本身也干起了海盗的营生。

最能代表上海文化精髓的则是沙船，沙船由古代船舶演变而来。先说“沙”的含义，它实际上是一种“沙岛”，苏东坡《自金山放船至焦山》诗云：“云霾浪打人绝迹，时有沙户祈春蚕。”东坡自注：“吴中谓水中可田者为‘沙’。”上海东濒大海，受潮汐影响，近海河段有明显的潮涨潮落现象，使河流的水速发生明显的不规则变化，江水中夹带的泥沙容易在出海口附近沉淀，经年累月，慢慢就在江口形成滩地，有的滩地逐渐露出水面而成岛，所以上海乃至江南地区一般称为“沙”或“沙岛”，地方志中记录“沙”的内容不胜枚举，而目前仍存的有崇明沙、横沙、长兴沙、团结沙、九段沙等。至于“沙船”，唐代首先在崇明岛出现，因为这种船适宜于近海浅滩中航行，明末宋应星《天工开物》则以为这种船一般为五帆平底浅船，适宜于近海航行，因为北洋水域多滩地，一旦退潮水浅，不致翻船，当下一次涨潮时可继续航行，这种船“可穿越于沙洪之中”，于是被叫作“沙船”。

中国的海岸线很长，今日有黄海、北海、东海、南海等区分，古代没有这样的分法，就是以长江入海口为界，长江口以北的海面称“北洋”，以南的海面称“南洋”，故清代有北洋水师、南洋水师，北洋通商大臣、南洋通商大臣等。北洋依托的陆地是华北平原，千万年来，黄河入海形成绵延几十里乃至上百里的滩涂，在北洋航行的船只主要是南方的沙船；南洋依托的陆地是浙江福建的丘陵和山地，沿海多岛礁、悬崖，水深浪急，只有浙江、福建、广东产的深水海船才能在这里航行。换句话说，北方南运的货物必须进上海港，改换南方深水船才能继续南下，而南方北运的货物，也必须进上海港，改换沙船才能继续北上。优越的地理位置决定了上海港的命运，它既是南北海运的枢纽，也是水上贸易的集散地。它的航运中心的地位是历史上自然形成的。

▲ 上海苏州河上的沙船

宋代称沙船为“防沙平底船”，元代称“平底船”，到了明代才称“沙船”，成书于嘉靖初年的《皇明奏疏类钞》就记载了沙船的名字。在一个叫黄绾的人报给朝廷的奏疏《弭江盗疏》（嘉靖八年八月题）中，“沙船”正式的书面名称就已经出现。明嘉靖八年（1529年），这是目前可以查考到的“沙船”名称最早出现的年代。

渔民与造船工匠，总结海上航行的经验和教训，使沙船更有利于海上航行。明代顾炎武作《天下郡国利病书》，总结了沙船许多独创的优点，如沙船平底坐滩，不怕搁浅，即使是风向和潮向不同，因船底平，吃水浅，受潮水影响小，风浪中也很安全；"沙船底平篷高，顺风直行，逆风创走"，适航性好；沙船多桅，船宽稳性大，"欲进则进，欲退则退，欲折则转折，回翔如飞，横风斗风，皆能调创，惟沙船也"。沙船船身扁浅宽大，底平，首艄俱方，船面少建筑，使重心低而受风小，航行平稳少颠簸，特别宜在沿海行驶，即使不慎搁浅，也因底平而不易倾覆。又沙船多桅多帆，行进快捷，两舷装置水板，有助于把握航向，逆水航行时亦无横漂之弊……

元代游牧民族入主中原，长期战乱，大运河淤塞，一时不能修复，而大量的粮饷物资却需要源源不断地运往元大都。元至元十九年（1282年），丞相伯颜起用两个曾做过海盗的上海人。伯颜在率兵平定江南时，这两个上海人曾经冒死为伯颜带过路，出了许多力，譬如将南宋的库藏、书籍等由海上运至京师，从而建立了功勋。因为熟识，伯颜就起用了这两个上海人，这两个人也大胆地提出了海运漕粮的方案，遂请命朝廷，试行海运。于是，上海总管罗璧督造平底海船60艘，首次运粮45 000石，创设上海漕运粮船不走河运走海运的先例，并形成了中国漕运史上海运新航线的创举。

终元之世，海运不废。到元代至正元年（1341年），通过海陆运输的漕粮已达到380万石，较元代第一次海运漕粮翻了90多倍，上海也在这一次次的漕粮

▲ 行驶在上海海域的沙船

海运中，一步步壮大发展了自身。明初承元之制，以海运为主，陆、河运为辅。到了明末崇祯年间，上海崇明籍的沙船商人已经是“侨居海上已三代”，更有南方各地船商汇聚上海，靠经营沙船业致富。

沙船承载着各种货物，也承载着上海人与大自然顽强拼搏的冒险精神，“君看一叶舟，出没风波里”。正是这种海上风险的环境，造就了上海沙船商人群体，上海的其他行业也依托沙船贸易发展起来，共同促进了上海城市的发展。位于金山区与奉贤区濒海交界处的“漴阙”（又名漴缺），历史上一直隶属于华亭县管辖。明代，该地为渔舟入海采捕和盐引集散点。鱼汛时，“渔船鳞次”，“渔人缘堤上下如蚁附”。清康熙二十四年（1685年）曾在此设山海关。两年后，因公廨窄陋，船舶集中于黄浦江上海县城一带，江海关遂移往上海县城宝带门内。自此，北洋的沙船和南洋的鸟船皆进泊黄浦上海港，再加上长江内河来沪贸易的船只，上海成为东部沿海重要的转运贸易港口。张春华《沪城岁事衢歌》记载，时上海“舳舻相接，帆樯比栉，城东南隅，人烟稠密，几于无隙地”。

可以说，沙船业和沙船所进行的南北货物贸易是上海最主要的产业，使其他相关产业与行业的发展有了依托和资本，这也是上海能在一个短时间内兴起和发展的最主要原因。直到今天，在上海市的市标中还留有沙船的图案。

14. 顺济庙里祭妈祖

以大海为生的人，靠海吃海，经略海洋，上海先民对于海洋平安的信仰有增无减。南宋以后，由于吴淞江淤塞严重，海船无法通过吴淞江进入内地，于是改泊在距离较近的上海港，使上海地区经济日益发展起来。南宋咸淳七年（1271年），进入上海的福建船商在上海港附近建造了一座祭祀惠灵夫人的“顺济庙”（俗称“丹凤楼”），这是上海出现的第一个天后宫。明初，朱元璋为镇压和围困流窜到近海的反政府武装，实行严厉的海禁政策，即禁止或限制民间近海作业和航运，上海的海上航运事业遂有衰落之虞，供奉妈祖的顺济庙的香火也不那么兴旺了。

关于上海先民奉祀的妈祖天后的俗身传说不一。一般认为妈祖的俗身是福建省莆田沿海一对林氏夫妇的第六个女儿。妈祖诞生于北宋建隆元年（960年）农历三月二十三日。在她出生之前，父母已生过五个女儿，十分盼望再生一个儿子，因而朝夕焚香祝天，祈求早赐麟儿，可是这一胎又是一个女婴。但就在这个女婴将要出生前的那个傍晚，邻里乡亲看见流星化为一道红光从西北天空射来，晶莹夺目，照耀得岛屿上的岩石都发红了。所以，父母感到这个女婴必非等闲之女，也就特别疼爱。因为她出生至弥月间都不啼哭，便给她取名林

▲ 妈祖原名林默，世人尊称林默娘

默，父母又称她为默娘。

林默自幼随师学道，聪明颖悟，从塾师启蒙读书，不但能过目成诵，而且能理解文字的义旨。长大后，她决心终生以行善济人为事，矢志不嫁，父母顺从她的意愿。她专心致志地做慈善公益的事业，平素精研医理，为人治病，教人防疫消灾。她性情和顺，热心助人，只要能为乡亲排难解忧，她都乐意去做，经常出海救助乡人和过往商船。人们遇到困难，也都愿意跟她商量，请她帮助。生长在大海之滨的林默，不仅熟悉水性，还洞晓天文气象，因为在海边长大，从小就会游泳，曾在风浪中奋不顾身救起父亲，抢救遇险的渔民，还经常为老百姓行医看病。后人敬仰她一生行善积德、救苦救难的精神，为她建祠立庙，敬奉为神。这是妈祖信仰能够在上海传播最重要的社会基础。曾经遍布上海的“天后宫”或“天妃宫”的存在，就是上海渔民对于海洋文化的一种巨大的追溯力量。具有千年传承历史的中国海洋女神妈祖，体现了中国开拓海洋的文化精神。

船民经常处于危险之中，岸上亲人也因此经常处于惊骇之中，祈求神灵护佑成为他（她）们唯一的心理安慰和精神寄托。每一次顺利返航，都是神力相助，而每一次海难都是鬼怪所致。对神的敬仰和对鬼的畏惧已成为一种心理定势。走进普通人家，几乎“家家观世音，户户阿弥陀”，遇到某个节日，敬神就成为无须约定而又声势浩大的群体性行为。在上海各区县的地方志书上，几乎每个区都有“天妃宫”“娘娘庙”的记载。明嘉靖三十二年（1553年），上海为抗倭御寇而兴建城墙，城墙上建有几座敌楼，其中位于城墙东北角的万军台正好建在顺济庙的位置，于是，顺济庙被拆毁。但上海名绅、上海城隍秦裕伯的后人秦嘉楫赶在建万军台之前，将顺济庙的楹联拓了下来，陆深的重孙也抢先把顺济庙大殿的匾额请回家中。当倭患稍息时，由秦嘉楫提议，上海士绅委托道士顾拱元在万军台上重建庙楼，陆氏也将匾额归还，悬挂在新建的楼上，是为新建的天后宫，一说即是沪上八景之一的“丹凤楼”。

近代以后，晚清官府外官使节从上海出发的人数越来越多，人们希望在海上旅行中得到天后的保佑，能够海上安全、平安。光绪五年（1879年）出使俄国的大使崇厚“奏请于上海地方重建天后宫，并建出使大臣公所”。经总理衙门批准，在3年前购买的淞沪铁路官地12亩上分别建天后宫和出使行辕，并于光绪十年

▲ 光绪十年（1884年）河南路桥堍建立供奉天后女神（妈祖）的天后宫，又称天妃宫

▲ 天后宫青砖墙

（1884年）正式建成。出使行辕接待政府外派官员，天后宫成为外派官员祭祀天后的场所。

光绪二十五年（1899年）公共租界扩张，天后宫被划进租界，但协定天后宫永远是中国官产，不归租界管辖。在租界里违禁的中国人逃入天后宫，巡捕就不得进入拘捕。辛亥革命后，天后宫作为官产对外开放，地址为今河南路桥北堍。20世纪70年代末，河南路桥堍展开市政建设，因建造学校而不得已将上海天后宫大殿移到松江方塔园内。

妈祖信仰是中华民族文化认同的一种精神源泉。传承千年的妈祖信仰，经过历代传播，如今已经在中国大江南北、海峡两岸和世界五大洲华人社会形成了普及万方的信仰力量。在这个信仰文化圈里，无论身居世界何处的华人信众，都尊奉湄洲妈祖庙为祖庙；无论各地民间举办何种形式的“妈祖祭典”，都遵循湄洲祖庙千百年传袭下来的祭典遗规；对妈祖的共同信仰，把海峡两岸和海内外炎黄子孙的心联系在一起，然后又将妈祖信仰的精神魅力带回祖国各地和世界各国，从而使这个信仰文化圈更加根深叶茂，本固枝荣。民俗信仰永远是富有浪漫色彩而具有理性与感性结合的奇妙感应。这种精神力量可以推动民间文化的枝繁叶茂，增进中华文化的凝聚力和向心力；妈祖作为中国人普遍信仰的神明之一，将保佑中华民族子孙后代，直至永远。

15. 骨子里的冒险性格

上海历史上有位大名鼎鼎的名人秦裕伯，他就是耳熟能详的上海城隍。元至正四年（1344年），49岁的秦裕伯考中进士。后来为避兵乱，秦裕伯弃官回原籍寓居。复回上海不久，其母唐氏病逝，便居家守孝。时逢张士诚渡江攻下常熟、湖州、松江和常州等地，定都平江（苏州），为扩张势力，他派人到浦东请秦裕伯赴苏州为官，被婉言谢绝。

明朝立国，正是用人之际。朱元璋命中书省下令，要秦裕伯出山任职，秦裕伯以母丧守制未满而推脱。朱元璋再次下令征召，秦裕伯还是固辞不就，致使朱元璋龙颜大怒。

朱元璋愤怒地下了一道手谕："海滨民好斗，裕伯智谋之士，而居此地坚守不起，恐有后悔。"这句记载于《明通鉴》的帝王手谕，言下之意是：你不要敬酒不吃吃罚酒，再不从命，杀身之祸就不远了。秦裕伯闻此"涕泪横流，不得已偕使入朝"。

▲ 上海邑城隍秦裕伯像

洪武元年（1368年），秦裕伯出任侍读学士，次年改任翰林院待制，不久又改任治书侍御史。洪武三年（1370年），他与御史中丞刘基同为京畿主考官，后来，又被任命陇州知州。此时年逾古稀的秦裕伯不得已上书告老还乡，这次有幸得到朝廷恩准。洪武六年（1373年）七月二十日，秦裕伯病逝于上海家中。朱元璋得知秦裕伯死讯，敕封他为上海城隍神，追赠"显佑伯"。

朱元璋手谕里"海滨民好斗"这句话，用今天的语言来表述就是，滨海的人怎么就那么犟呢？这或多或少概括了元明时期上海人的性格特征。《同治上海县志》中收录了上海人顾从礼关于上海筑城的奏疏，其中说到"上海，宋市舶司所驻之地，治原无城垣可守。盖一则事出草创，库藏钱粮未多；一则，地方之人半是海洋贸易之辈，武艺素有通习，海寇不敢侵犯。虽未设城，自无他患"。这番话，佐证了有关"海滨民好斗"的判断。

上海处于吴越之间，先秦时代是一片气质刚劲的土地。《淮南子》说："越王好勇，而民皆处危争死。"班固描写这片土地上的尚武遗风，"君皆好勇，故其民至今好用剑，轻死易发"。同时，滨江傍海，远离朝廷的控制，加之海上流动作业常常带有不可预测性、不稳定性和不确定性，因此早期主要由草民、盐民、渔民组成的当地人，心智率直，不绕弯子。豪爽、侠义、乐善、好客，成为当地人们交际礼仪的特定基调和人文色彩。

这主要与早期先民的生存环境有关。滨江傍海、大抵为居住海边的盐户与渔民，远离中央朝廷的控制，面对浩瀚无际的大海，极目远眺，海天一色。他们所处地理环境特殊，常受台风袭击，有时风急浪高，击岸破堤，拔树摧屋，险象环生。渔民的冒险精神和粗犷豪爽的性格与他们世居海边和在海上作业的这种特殊生存状态有着不可分割的关系。一定的文化是一定的地域和一定生态的产物，必定会打上地域和生态的烙印，并逐步地、自然地形成地域和生态特色，这是不言而喻的。

从宋真宗大中祥符元年（1008年）前后设立上海务算起，到宋神宗熙宁年间设立上海镇，再经元代置县，直至明嘉靖三十二年（1553年），上海才为抗倭御寇而兴建起城墙。事实上，倭寇为患自宋代就一直存在，但500年中上海基本是一个没有城墙的城市，即一座“不设防”的城市，靠的是什么？《淮南子》上的“民皆处危争死”这句话，说出了其中的秘诀。

从大中祥符元年（1008年）至道光二十三年（1843年），这800多年的历史，上海处于传统江南文化的边缘地带。即使后来成为一个县级行政单位，上海在中华帝国的城市版图中，仍然既非省城都会，也非府衙治所。一般认为，传统型城市向来以行政为中心，各种衙门叠床架屋。相较来说，上海的历史地位，导致其民俗与心理没有过多束缚，勇于接纳新事物。同时，除了传统农业、渔业、盐业外，古代上海主要开展沿海贸易。敢作敢为，敢于冒险，构成了上海的主要性格特点。没有沉重的包袱，因此可以重新设计自己的社会资本。在经过一番权衡利弊之后，上海总会体现出对异质文化的宽容。这些特点正是上海能够迅速发展的前提条件。

明清之际，上海崛起，接纳了来自江苏、浙江、安徽、广东、福建等各地的移民。各地的民俗与文化，在上海这个有限的空间里相互影响、相互碰撞、彼此融合、经久磨合，逐渐形成新的文化形态。高度的移民化，可谓上海文化的一抹亮色。千条江河汇入大海，相激相荡、相克相生，最终赋予上海文化兼容并蓄、多元共生的特点。

近代以来，商人到上海这个码头打拼，为的是利益最大化，因而上海文化的底色是商业文化。商业就要交易，交易则需平等，所以上海文化与皇城根下的文化有着区别，它显得更加驳杂与多彩，其精髓和深层内涵就是开风气之先的创新精神，不墨守成规，总能迎合时代潮流，敢于吸纳新事物并对传统文化进行变革。大至社

▲ 开埠后的十六铺码头，码头工人在港区内抽土烟休息

会风尚，小至日常生活，包括价值观念、行为方式、文化艺术、饮食起居、服饰装扮、娱乐游戏、风俗习惯，都表现出敢于破除陈规旧俗、勇于趋时求新的姿态。这正是上海文化的活力所在，也是包容异质文化最多的一种文化形态。

道光二十二年（1842年）吴淞之战和1937年淞沪会战，则又给上海的城市精神涂抹了重重的一笔血色。1921年7月，中国共产党在上海成立。中国的无产阶级从此有了一个战斗的司令部，中国的劳苦大众从此有了翻身解放的希望，中国的革命从此焕然一新。新中国成立后，上海发生举世瞩目的变化，获得了“东方明珠”的美誉。这些伟大的历史事件，进一步丰富和充实了上海的时代面貌和城市精神。

“上海——冒险家的乐园”，这句话源自一个西方人撰写的材料。其实，这个“老外”说得并不全面。冒险与创新，共同构成了上海城市的精武精神。经过一代又一代上海人的艰难打拼，上海正在以精良的品牌产品、诚信的商业道德、有序的城市管理，赢得更多的信任和美誉。

市镇兴起

16.“一城烟火半东南”

说到“老城厢”，首先是指“城”，城不论大小，都有城墙，这是一个界限。《说文》上说，“邑外为郊，郊外为野”，意思是城里为邑，城外为“野”，出城就是郊区，这种说法大致将城市与乡村区别开来。明代上海开始筑城，市镇的发展，人口的增长，在城外与城相连的地方就会逐渐出现人口居住区，并有一定商业活动区域，就好比石库门房子，正屋边上的房屋称为“厢”一样。城，指的是县城；厢，指的是县城附近的地区。今上海人所说的“老城厢”就是指城门内和靠近城门附近的一些区域。北宋后期，由于古吴淞江逐渐淤塞，唐末就兴起的青龙镇港已经风光不再，于是，大量船舶就改由上海浦进入今上海地区。这个地区大致包括今日所说的“老城厢”地区，具体范围大致在今中华路和人民路的环路内，东门和小南门外临黄浦江，随着上海港的崛起，东门外至黄浦江边形成了很多集贸市场及与商业配套的服务业。清乾嘉时人施润诗曰：“一城烟火半东南，粉壁红楼树色参。美酒羹肴常夜五，华灯歌舞最春三。”

晚清以来，人们习惯称上海县治所为上海老城厢，是与上海租界新城区相对而言的。其区域范围，包括明嘉靖年间在上海南市修筑、1912年拆除的周长9里城墙以内的行政区、商务区及东门、南门外沿黄浦江一带的商业码头区。

至元二十九年（1292年），元政府设立上海县。元明以后，朝代更迭，政府鼓励种植棉花。上海因发达的棉花种植业、纺织手工业，以及便利的水上交通，县城街巷逐渐增多，商业开始繁荣起来。到清代嘉庆二十一年（1816年），上海县城有街巷60多条，人口10多万，并成为北洋、南洋、长江、内河、外洋5条航线交会的港口城市。豆市街北起白渡路，南至紫霞路，全长仅235米，但就是这条不起眼的小马路，曾经撑起了上海乃至全国最大的豆类及豆制品的交易市场。清人《沪江商业市景词·豆麦行》写道：“纷纷豆麦巨行开，或备沙船递往来。市大货多装运广，几家首创已多财。”许多生产大酱、酱油的作坊也在豆市街附近云集，这里也逐渐形成了早期大酱、酱油的批发市场。

在东门与黄浦江之间有一条名字很古怪的街——“外咸瓜街”，说“外咸瓜街”，自然还有一条与它对应的“里咸瓜街”。根据上海地名的习俗，一般都将靠近城的一边称“里”，离城远的一边称“外”，“里咸瓜街”在“外咸瓜街”的里侧，亦即西侧。连上海人也不知这咸瓜街是怎么来的，于是又常被望文生义误解为是因咸酱菜市场而得名。

租界里有洋行，可是在老城厢里外咸瓜街的北面，也有一条街，它的名字就叫“洋行街”。可不要以为这“洋行”是外国人在此设立的公司，它主要是指当时主营南洋航运和贸易的闽粤商人开设的南洋货品商铺。清代乾嘉时的《上洋竹枝词》吟诵道：“雉堞（读音：dié）忝差歇浦边，万家烟火日喧阗。东门一带烟波阔，无数樯桅闽广船。阛阓居奇百货盛，遐方商旅满江城。……”

老城厢里的“花衣街”南起王家码头路，北讫新码头街，全长也不过200多米，这里曾是上海乃至中国最主要的原棉交易市场。明代上海是江南主要的棉花种植

▲ 老城厢“花衣街”花业公所的吉云堂

区，乌泥泾被“衣被天下”，可以想见那个年代上海棉花种植和手工棉纺业在全国的地位。清人王韬在《瀛壖杂志》中说：“沪人生机在木棉，贩输远及数省，今则且至泰西各码头。在沪业农者，罕见种稻……乡人称木棉谓之‘花’。”“花衣街”，就是以这里最大的花衣市场而得名。贸易兴盛，自然需要一定的行业性组织来协调，于是道光二年（1822年），上海的棉花商贩在小南门外“圣贤桥东梅家弄小武当余地”建立了“花业公所”。

可以说直到上海开埠前，上海城厢内已有沙船业、土布业、豆饼业、米业、酒业、纸业、药业、茶业、丝绸业、钱庄业、铜锡业、煤炭业、典当业、染坊业等各类行业数十个，行业性会馆公所20多个。十六铺地区一带，形成了咸瓜街、豆市街、花衣街、会馆街等专业街市。陆家石桥、红栏杆桥、松雪街等处，成为城厢内

▲ 在上海开埠前，十六铺已经是东方大埠

的商业闹市。

那个年代，上海最为繁华之地大抵在东门和小南门外，到处莺歌燕舞，灯红酒绿，令人目不暇接。咸丰三年（1853年）至咸丰五年（1855年）上海发生了小刀会起义，咸丰十年（1860年）至同治元年（1862年）间太平军又3次进攻上海，受此影响，老城厢的商业遭到重大打击。难民的大规模涌入，给上海带来了一系列严重的社会问题，但更重要的是，它为近代上海的崛起提供了前所未有的要素，这些要素就是：资金、劳动力和需求市场。

上海租界接纳了来自四面八方的难民，成为难民的福地；而从另一个角度来看，涌入上海的难民则以他们的智慧、资金和技艺等给上海的都市化和社会经济的转型带来了巨大活力，他们与界内的外侨一起共同缔造了近代上海的初步繁荣。清人王韬说："上海城北，连甍接栋。昔日桑田，今成廛市，皆从乱后所成者。"当华洋杂居，租界成为上海城市主体，上海的意义完全改变了，它不再是过去那个传统的棉花和棉布的生产基地，不再是普通的滨海小县城，而是中国最大的贸易中心，远东的国际商港。之后，上海便步入了超乎常规的大发展时期。

从19世纪60年代开始，上海老城厢经济走向繁荣，并逐步取代传统城市苏州和杭州，成为江南新的中心城市和长江三角洲地区社会经济发展的龙头。这种取代，是现代城市对传统城市的取代。可以说，上海的崛起代表了一个时代的结束和另一个时代的开始。老城厢沙船业、土布业、钱庄业等主要行业的衰落，以及近代工业和一些新兴行业在租界的兴起，使城市经济中心北移至租界地区，老城厢逐渐丧失了原本的商贸中心地位。时人这样形容：当机器的轰鸣在租界最早响起的时候，除了手摇织布机发出的声音以外，老城厢还是一片沉寂。当拔地而起的大烟囱成为租界的象征以后，老城厢地区除了偶尔的金属撞击的声音外，仍然以商贩的叫卖声为主旋律。

在城市管理上，租界工部局和公董局成立后，引进越来越多的西方近代城市经营、管理理念，建立了租界社会管理体制，制定了包括交通、卫生、食品安全等在内的一系列租界社会管理规范。同时，租界当局运用近代西方城市建设模式，大规模修建道路、码头、学校、医院、剧场、菜场等市政公共设施。自来水、电灯、电话、电报、有轨电车等西方先进科技成果也纷纷进入租界。租界地区逐渐成为一个与前近代中国城市迥异的、具有浓厚西方近代城市特征的“飞地”。

“一城烟火半东南”，当人们吟唱着老城厢的歌谣时，以租界为代表的新的生产力在如火如荼地展开，老城厢依然承袭中国传统城市的管理模式，虽然在租界的影响下有一定的发展，但城市中心区域已在租界，老城厢只是租界的附庸。

17.“金罗店，银南翔，铁大场”

说到上海周边的市镇，有一句耳熟能详的顺口溜：

“金罗店、银南翔、铜江湾、铁大场。”“罗店”古镇称“金”，排名第一，必定有其原因。罗店，又名“罗阳”“罗溪”，相传元代至元年间有一位叫罗昇的商人到这里落脚谋生，他在这里开设店堂，店堂还附设驿站招待过往客商，当代人称“窝铺”，也就是一个简单的旅舍。这一来二去，来来去去的客人叫开了，就称“罗店”。清人范连曾作《罗溪杂咏》:“练水西来清且涟，波光近与界泾边。不须更访罗昇宅，烟火今经五百年。”从罗店镇穿过的练祁河，堪称罗店镇的母亲河，又称“练水”。

罗店古镇因地处冈身以东，成陆较晚。宋以前，罗店只是一个较大的村落。明代以后，罗店凭借棉花种植业和棉纺织业的发展而勃兴。当地出产一种特别的棉花，叫“紫花”，结实大如桃，中间是白棉，用它织成的紫花布，细洁美观，即使价格较贵，销路还是很好。此外，还有套布、斜纹布、棋花布等品种，也颇受人们欢迎。明万历年间罗店“比闾殷富”，“徽商辏集，贸易之盛，几埒南翔矣”，繁盛程度与邻近的南翔相差无几。清康熙年间，罗店更趋富饶，贸易之盛，后来居上，胜过嘉定县各大镇［当时罗店属嘉定县，雍正三年（1725年）析宝山县，属之］，遂有“金罗店、银南翔、铜江湾、铁大场”之说。

民国《宝山县续志》记:“罗店市镇最钜，为全邑冠……清季……全区人口在五万以上……其地东贯练祁，输运灵便，百货骈集，故虽处腹里，而贸易繁盛。”街衢错综，河道蛛密，阛市区的桥梁即有大通桥［始建

▲ 独具沧桑的上海北郊罗店古镇临水民居

于明成化八年（1472年），重建于清雍正八年（1730年）]、丰德桥［建于清康熙四十八年（1709年）]、来龙桥、新安桥、坍石桥、永福桥等。商家六七百家，典当、花行、米行、银楼、布庄、酱园等百业俱全。每日三市，贸易繁荣，四乡来客，车船络绎。此外，罗店以设基金、存典生息的方法，举办慈善事业，也为世人所赞誉和效仿。镇上见诸志书记载的善堂就有怡善堂、同仁堂、栖流所、保婴局、敬节局、恤茕局、惜谷会、育婴堂等。譬如惜谷会，给每家送筐一只，在灶头积下稻上谷粒，年终汇总，碾米济贫。基金动息不动本，收谷交保婴局人代理，每收1斤酬钱6文，每月集收1次，筐坏换新，账目公布。

说起“银南翔”，南翔，古名槎（读音：chá）溪。

南北朝时期的梁天监四年（505年），白鹤南翔寺建于此，因寺成镇，遂以寺得名。说起“白鹤南翔寺”，故事可就多了。相传梁代天监年间有一老僧，种菜刨地时挖出一块大石头，此石露出地面后，有一对白鹤或于其上空盘旋，或在石上歇脚。这时一名叫德齐的和尚从这里经过，看到此情此景，且附近又有横沥、上槎浦、走马塘、封家浜4条河流纵横交叉，四方有湾，形成“卍”字形，好似释迦牟尼胸部所现的“瑞相”，便认为这里是一块吉祥的佛地，于是他决定在这里建造一座佛寺。从此那对白鹤每天飞向哪里，哪里的百姓就来捐款献物，用以备料兴工。到佛寺落成时，那对白鹤驮着德齐和尚朝南飞走了，巨石上顿时现出一首诗：“白鹤南翔去不归，惟留真迹在名基；可怜后代空王子，不绝薰修享二时。”为纪念这对白鹤导施的功绩，人们便将寺取名“白鹤南翔寺”。

白鹤导施造寺、修寺，虽然是神话传说，但白鹤南翔寺确实存在。白鹤南翔寺始建于梁天监四年（505年），唐时达到鼎盛，寺基扩大到180亩，僧侣800多人；南宋理宗朝丞相郑清之题额“南翔寺”，理宗赵昀赐匾额，寺名更为南翔寺；清康熙三十九年（1700年）清圣祖题额“云翔寺”，故又易名云翔寺。后因天灾人祸，寺庙毁损殆尽。目前能见证其历史的仅有双塔一对、古井两口及保存在古猗园内的唐经幢和宋代普同塔等。南翔地处嘉定县治以南，距嘉定县城约12千米。明初，经济繁荣程度已为全县各市镇之首。明代嘉靖年间，屡遭倭寇焚掠，万安寺以南民房被毁殆尽。直到隆

▲ 清代末年的南翔古猗园，吸引着文人墨客

庆、万历年间，逐渐复兴。镇上，布庄林立，成为全县土布业集散中心。镇周围四乡所产的刷线布，又名扣布，光洁厚实，畅销远近。外省市商以徽商居多，携巨款来此收购土布。万历年间，因受无赖蚕食，徽商稍有避徙，景况一度衰落。清初，人口增多，市场繁荣，花豆米麦，百货骈集，舟车纷繁，遂有“银南翔”之称。乾隆三十四年（1769年），在此特设县丞署。

最后说到“铁大场”，《真如里志》卷二寺庙中记：“真如寺。镇北生九图。一名万寿寺，俗名大寺。旧在官场，宋嘉定间僧永安以真如院改建。元延祐七年，僧妙心移建桃浦，请额改寺。明洪武间僧道馨、弘治间僧法雷两次重修之。明邑侯王应鹏《憩真如寺》：‘使命匆匆向晚过，香烟入户绕松萝。寻幽直到云深处，中有高僧写贝多。’”这里提到的“官场”，就是今宝山区大场

▲ 大场境域成于南朝梁天监年间，初属昆山县

古镇，据地方志记载，宋代最初的盐场管理机构设在此地，故有“大场”或“官场”之名。至于官府将盐场管理机构以“大场”为名，其实在于“大场”之名也是指吴淞江支流之一的“大场浦”。当时命名“大场”很可能就考虑到这一片水域。

明代大场镇已粗具规模，东西长街1500米，九桥十八弄，大小商铺300余家，贸易以土布居首位。晋、陕布客和徽商都曾经在大场镇设店行商，收买棉花、土布，市面极为繁盛。“铁大场”之称，或许是因为大场镇西面的走马塘边也确实集聚过许多铁匠铺，为来往船只修缮，3里长的河堤上打铁之声不绝于耳。大场镇的繁荣仅次于罗店、南翔、江湾。明代之前，大场镇西的走马塘，古名钱家浜，故大场镇别称“钱溪”，又名“潜溪”。清人张渔《十桥晓市》盛赞大场镇:“长溪清晓十桥边，贸易人多闹市廛。粟帛满街开客肆，桅樯沿渚泊商船。鸡声咿喔千家月，树色依微万井烟。此地从来称巨镇，钱王遗迹已多年。”这些叙述了大场镇的繁荣。明正德年间宝山地区植棉面积迅速扩大，纺织业发达，机声轧轧，子夜不休，大场镇成为土布交易市场。

18.“多少龙华七宝尖”

与南翔、龙华、法华、真如等一样，七宝镇也是因寺得名。史料称："镇无旧名，缘寺得名，寺无他重，因镇推重。"宋大中祥符元年（1008年）皇帝赐额“七宝教寺”，由此七宝镇正式得名。元末明初七宝镇已经发展到一定的规模，当时的七宝镇“居民繁庶，商贾骈集，文儒辈出，盖邑之巨镇”。

从《蒲溪小志》看，宋初七宝镇得名后，仅指蒲汇塘以北区域，元世祖至元十四年（1277年）属华亭，至元十五年（1278年）改为松江府。至元二十九年（1292年）割华亭县为上海县，这时，七宝镇又属上海县。到朱明王朝立国时，松江府管辖华亭、上海两县，明嘉靖二十一年（1542年），又割华亭、上海分置青浦县，此时，七宝镇又属青浦县。到明万历元年（1573年），以蒲汇塘和横沥河为界，七宝镇分属娄县、上海、青浦三县分治。具体分设为南为娄县，北为青浦，过横沥河为上海县。这就是“号上三邑”的故事。

《蒲溪小志》云："田赋百万，非一令所能经理。"将七宝分为三县分治，各收赋税，从一个侧面说明七宝古镇在明清两代已是经济发达、赋税倚重之地了。

明正德《松江府志》记述风俗时，写下了颇为上海人引以自傲的一句话："俗务纺织，他技不多，而精线绫、三绫布、漆纱方巾、剪绒毯，皆天下第一。……要之，吾乡所出，皆切于实用。如绫布二物，衣被天下，虽苏杭不及也。”这句话极其生动洗练地概括了明清时期上海棉布冠盖全国，即当时在全国的领先地位，以及棉布贸易的繁荣景象。

七宝古镇的特点是四乡旱地多而水田少，道光《蒲溪小志》说：“大熟所种，（棉）花居大半，豆次之，种稻十不得一。”物产以棉花为大宗，有早棉、晚棉，“以供纺织，且资远贩”。纺纱织布成为七宝农家的主业，所纺之纱，“较西乡为独异”。“比户织作，昼夜不辍，乡镇皆为之，暮成匹布，易钱米以资日用”，所产之布，有标布、扣布、稀布，尤以稀布为最佳。此种稀布，阔1尺2寸，长2丈3尺，上海地区号称“龙华稀、七宝稀最驰名”。龙华稀、七宝稀又称龙华尖、七宝尖，张春

▲ 1941年江浙农村集市上的卖布小贩

华说："布之精者为尖，有龙华尖、七宝尖名目。"有诗曰："晚市评量信手拈，廿三尺外问谁添？关山路沓风声远，多少龙华七宝尖。""关山路沓风声远"，说明"七宝稀布"是畅销各地的精品。而纺织此种棉布的农家，家中置布机一架，昼夜织作，"率日成一匹，其精敏者日可二匹"，"清晨抱布入市，易花、米以川，来旦复抱布出"。七宝农人不仅精于纺织，还精于制作纺车，镇中自东栅外过小石桥向东至东圣堂（即七宝寺），又东至安平桥止，有一条长约300步的街道，叫作纺车街（又名东街），街中人家多制纺车售卖，街名也出此而来。

"七宝教寺"有"郡东第一刹"之称，它占地60亩，寺河6亩，整座寺庙绿水环抱，红墙琉瓦，晨钟暮鼓，香烟缭绕，景色十分优美。寺的钟楼里有一个大钟，名叫"汆（读音：cuān）来钟"。关于"汆来钟"，曾经有这样的传说：七宝教寺建寺之初，电闪雷鸣，暴雨倾盆，飓风不止，河水猛涨，经七昼夜。教寺护寺河香花浜上浮来一物，惶然有声，次日，雨霁天晴，镇民纷拥观看，一巨钟浮于水面，已汆至教寺山门前，巨钟遂安置于教寺，谓"汆来钟"。神秘的传说吸引了方圆百里的人到七宝教寺进香，由此香客信徒、文人雅士在这里烧香拜佛、吟诗作画。七宝教寺香火繁盛，人来人往，形成了人气很旺的局面。

提起七宝，当然得想到七宝老酒。明清时期，七宝古镇就以酿酒而名。七宝烧酒的生产在当时占据了江南的半壁江山，甚至通过蒲汇塘的漕运远销到关内外。酒是这一方土地对上海人最特别的馈赠，也是其人文地理的最生动注脚。1912年10月《中国企业杂志》(3卷9期)曾发表题为《七宝烧调查记》的专访。那个时代的"七宝烧"很是有名，并在市场上占有很重要的地位。

如今去七宝老街，很多人可能马上会想到古色古香的建筑，或是丰富精美的特色小吃，实际上，七宝的蟋蟀非常著名。斗蟋蟀是中国民间的一项重要民俗活动，而且还是一项颇具民族特色的民俗活动。从古至今，自宫廷到民间，喜好此戏者大有人在，以致历史上竟出了几个有名的"蟋蟀宰相""蟋蟀皇帝""蟋蟀相公"，至于民间的"蟋蟀迷"，就更难以计数了。每逢秋季白露前后，七宝地区青年人喜欢下田捉蟋蟀赏玩。相传乾隆皇帝下江南时曾驻跸松江，南方官员星夜驰马进贡一批良种蟋蟀，在途经七宝时马匹失蹄倒地，进贡的蟋蟀尽数逃逸，为七宝留下了良种蟋蟀。从此，斗蟋蟀代代相传，勇猛善战的七宝蟋蟀在丰富人们业余文化生活的同时，也造就了一批精美的蟋蟀盆藏品。

如今，七宝古镇已经完全城市化了，在上海，玩虫时节很难再听闻蛐蛐声。但是，来到七宝镇富强街上的"蟋蟀草堂"，便能从厅中高悬的《七宝金秋玩蟀图》看出古时七宝斗虫的盛况。

19."三泾不如一角"

上海话中有句俗语:"三泾不如一角"，"一角"是朱家角，其实"三泾"，包含朱泾、泗泾、枫泾，也都是沪上著名古镇。无论哪方面，这“三泾”都是很不错的，古镇之间，就像人与人之间一样，“文无第一，武无第二”，人文特色，各有千秋，不一定非要一决高下。但这句“三泾不如一角”的说法，也确实说明朱家角镇，在水乡古镇中的骄人地位。

朱家角镇位于青浦区中南部，是中国历史文化名镇之一，古镇坐落在苍苍九峰北麓，茫茫太湖之滨，淀浦河（旧名漕港）横贯古镇，水流纵横，河渠密布，最具江南水乡特色。清嘉庆《大清一统志》:“朱家角镇，一名珠街镇，在青浦县西十里，商旅辐辏，称巨镇。”《光绪青浦县志》:“珠街阁，俗名朱家角。”这说明“朱家角”只是民众通俗的叫法，它在历史上的名称还有“珠街”“珠街里”“珠街阁”等。镇上的圆津禅院、慈门

▲ 上海朱家角古镇

寺等古寺名刹均建于元代至正年间。至明代万历年间正式建镇时，朱家角已成“烟火千家”的繁华集镇，那时叫作“珠街阁”。在上海方言中，“珠街阁”和“朱家角”同音。得天独厚的自然环境，加上便捷的水陆交通，引得商贾云集，朱家角遂成江南重镇。明末清初，朱家角米业突起，带动了百业兴旺，到近代达到鼎盛，所产青角薄稻，远销京城海外。沟通太湖和黄浦江的黄金水道太浦河穿镇而过，井亭港、瑚皆港、祥凝浜、圣堂浜等纵横交错的古河道为朱家角镇织进美丽花边，历经风雨的栋栋明清建筑依水而立。还有那36座桥古风犹在，“长桥驾彩虹，往来便是井；日中交易过，斜阳乱人影”。

小镇上河汊纵横，蜿蜒曲折，河岸均用石块堆砌，称作“石驳岸”，不仅美观，而且具有很高的实用价值，沿河隔一段就有用石条砌成的通向水面的台阶，人们将其称为“水桥”。古时候沿河居住的人们淘米、洗衣、提食用水，都与这水桥密不可分。那个年代一般都是水运更为便捷与实惠，河岸旁的一块块方形平台，就是水桥，它就是专门为船运货物装卸而建造的。从船上转驳货物，或将河里船上的货物直接搬到岸上，距离太远，够不着，先放到这个平台上，然后再搬上岸。装船的时候，也可通过这水桥驳运。

朱家角镇有一座“放生桥”，桥上有“留石”的故事。这座放生桥构成了朱家角镇一道独特的景致，两侧长有几棵石榴树，与当时独特的造桥工艺有关。古时，工匠用糯米粉浆拌石榴籽来砌石缝，取“石留”之意。桥成后，生命力特别顽强的石榴籽就从石缝中发芽、生

▲ 上海朱家角城隍庙戏台

根，长成一棵树，树根紧紧抓住石块，真正起到了固石、“留石”的作用。穿越漕港（即今淀浦河）是一条较宽的通航河道，曾经是昆山县和青浦县的界河，淀浦河南的青浦县珠街阁里有一慈门寺，为方便河北面的昆山县民进庙烧香，早在明隆庆年间，僧人性潮就募资在漕港建了这座放生桥。桥的南面跨珠街里，即今朱家角镇，北面跨井亭港，就是今天的井亭街，到了清嘉庆年间，由于年久失修，这座放生桥垮了。于是圆津禅院住持觉铭大师募资12 000多两银子进行重建。至于重建过程的故事就更多了。朱家角，看上去“小桥，流水，人家”，其实它藏着看不完的景、听不完的故事。

清代乾隆十九年（1754年），朱家角镇出了一个名人，此公叫王昶，考中了进士，至乾隆五十四年（1789年），官居刑部右侍郎。后王昶归隐还乡，宰相刘墉，就是那个被影视剧戏说的“刘罗锅”，特地来珠街阁看望王昶。因此，民间把刘罗锅坐过的船称作“罗锅船”。该船是本来叫“罗锅船”，还是因为“刘罗锅”有了当地百姓的戏称，已无从考证。乾隆五十七年（1792年），王昶奉旨再次任顺天乡试主考。考官把军机大臣侄儿的考卷硬是塞进卷宗，去请王昶圈阅。王昶拒绝作弊，遂引起军机大臣等一帮同僚官吏的嫉恨。这个看透官场黑暗的青浦珠街阁人王昶，乃上书请辞。乾隆说：“岁暮寒，俟春融归。”王昶两袖清风，回到朱家角，把家乡“三泖渔庄”的经训堂改名“春融堂”。其时，这位退休高官的“三泖渔庄”仍然是“疏篱间短竹”，非常清简与朴素。王昶不以位尊官高而光宗耀祖，而是作为学者垂名史册，他著作等身，学富五车，其著述《金石萃编》有160卷之多。在王昶以前，朱家角还有个名人陆树声。明嘉靖二十年（1541年），陆树声会试第一，得中进士，后来做到吏部右侍郎，因为淡泊名利，辞官回了乡。明穆宗即位，一再相召，仍不就任。神宗嗣位，才请出来担任礼部尚书。他晚年再度归隐朱家角，死后被追赠太子太保。

朱家角镇圆津禅院旧址的墙上如今还嵌有一方刻于清光绪十八年（1892年）的《重建圆津禅院大殿记碑》。碑高30厘米，长60厘米，字迹清晰，碑文起首即说：“我乡圆津禅院，亦珠溪之一胜景，始建于元至正间。”据考证，位于放生桥南堍的慈门寺也建于元代，明隆庆年间，慈门寺的僧人还募资建造了放生桥，如以此为据，朱家角古镇的历史也许可以追溯到更为遥远的元代。

在距今100多年前的清宣统二年（1910年），朱家角镇又出了一个笔名“云间龙”的奇人陆士谔。陆士谔是那个时代的通俗小说作家，在一部名为《新中国》的梦幻小说中描写了再过100年，在上海浦东将举行万国博览会，那时黄浦江上建起了大桥。小说主人公去参观，一跤跌醒，方知是南柯一梦。今天，浦江建桥的梦早已成现实，2010年上海成功主办世博会，在陆士谔的家乡，人们正圆着一个从古到今的梦，有趣的故事留下了激动人心的预言。

20.“百家烟火傍朱泾”

说起朱泾镇，要提一下金山。金山三岛高出海平面许多，当地百姓就称之为浮山岛（俗称“乌龟山”）、大金山、小金山，尤其是大金山面积最大，海拔高度比松江的佘山要高出6米多，堪称上海地区的制高点，而“金山区”的“金山”之名就得之于这海上的金山。《绍熙云间志》纂成于南宋绍熙四年（1193年），“云间”是古代上海地区的别称，《云间志》相当于今上海地区的第一部地方志，该书卷中《山》记：“金山，在县东南九十里。周回十里，高十七丈。《吴地记》云：有平坡，可容二十人坐。山北有寒穴，其泉香甘。”其实呢，说是近海的小“山”，实际上只是一个面积不大的孤岛，缺乏淡水，也不适宜人居住，在宋以后的著述中，大小金山确实已不是陆地的山，而成了海中的岛，有学者推断，在南宋初期，上海沿海发生严重的地陷，才使大小金山由山变成了岛。据南宋著名史学家、文学家洪迈《夷坚志·金山庙巫》所记，“华亭金山庙濒海，乃汉霍将军祠，相传云，当钱武肃霸吴越时，常以阴兵致助，故崇建灵宫……”，可能宋代之前金山是与陆地相连的，只是今人已经无法确定金山沿海塌陷，大小金山变成海中小岛的具体时间，从宋代以后的著述中，大小金山确实已不是陆地的山，而成了海中的岛。

朱明王朝开国以后，朱元璋在近海的军事重地建立了不少称为“卫”的军事机构，据顾祖禹《读史方舆纪要·松江府》记载：“金山卫，府东南七十二里，明洪武二十年建，以山为名。卫南濒海，与金山对峙，西接乍浦，东接青村、南汇嘴，东北抵吴淞江，控引三百里。卫城周十二里，为府境东南之险，当浙直要冲，且与宁波、定海同为钱塘江锁钥……”《嘉庆松江府志》中说：“小官镇，一名篠（读音：xiǎo）管，张堰南二十里，立金山卫于此，遂为重地。”金山卫的名字就是这么来的。清兵入关后，金山卫的地位随局势发展，曾经上升到“守备”，后设定了又裁撤。清康熙年间社会秩序相对稳定，是金山地区经济恢复和人口增长较快的时期。雍正二年（1724年），析娄县的风泾（即枫泾）、胥浦两乡置金山县，治所就设在金山卫。金山县治设在金山县最东部近海的金山卫，行政管理显然不便，到清乾隆二十四年（1759年），就将县衙门迁到金山县中部的朱泾镇。金山卫从此逐渐荒落。

朱泾镇也是一个千年古镇，以河道“朱泾”得名。朱泾河道密布，交通便捷，物产丰富，唐代便已建镇，

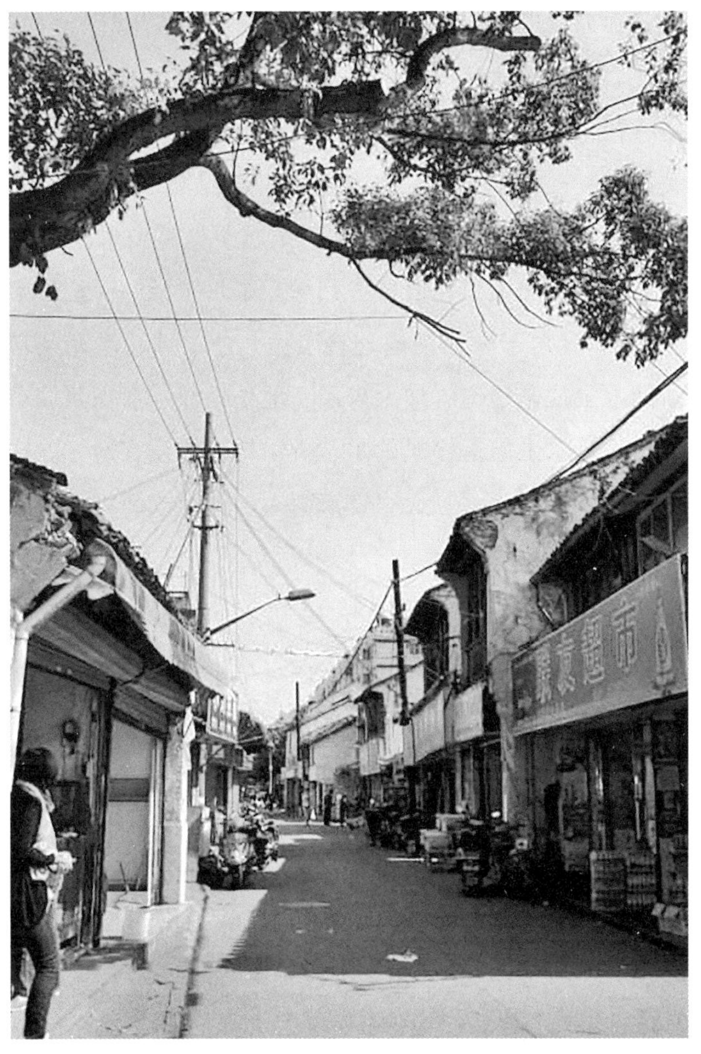

▲ 朱泾老街东林街

元时置专管贸易、税收的大盈务。据地方县志记载：“朱泾”早见于梁陈间的前京县胥浦乡5个里之一，称“朱泾里”。唐代已有集市，烟火稠密，商贾辐辏，有城市气象。唐代，这里的水乡胜境就吸引了高僧船子和尚到此云游，唐建法忍寺，元建东林寺后，宋代诗人还将朱泾雅称为“珠溪”。

古代朱泾水运交通发达。在以河运为主要运输方式的古代，朱泾镇的兴起与朱泾河道交通的便利是密切相关的。《三吴水利考》称朱泾“西通三泖，南达嘉兴，为往来冲要”。清嘉庆《大清一统志》也写到朱泾：“在娄县西南二十七里，西接秀州塘。东贯张泾……汇诸水入黄浦。”由于朱泾河道连接了秀州塘、掘石港两条江浙间水上往来通道，加上朱泾又地处松江、嘉兴两城市间，正是水上航运停帆歇足、货物转运的适宜地方。一时船来人往，水手老大、官家商人，上岸或卸物捎货或松懈筋骨，小酌酒点，于是朱泾沿河很快形成一个集市。元至元十五年（1278年），由于往来商船增多，朝廷在大量商船途经和歇脚的朱泾设置了官办贸易机关大盈务，鼓励途经商船在此进行贸易并加以管理。大盈务的设置，客观上促使朱泾进一步成为商运和货物集散的一个重要码头。

朱泾作为一个真正意义上的城镇发展起来，那是到了明代。历史学家樊树志《明清江南市镇探微》说到：“朱泾发展成镇，洪武六年徙税课局于此，是这个转折的显著标志。”可见当时朱泾镇已开始显露出其特殊的水运地理位置。到了明中期以后，由于棉纺织业生产贸易的兴起，朱泾得到了空前发展。明代诗人陆宝在《行嘉善道中宿朱泾》一诗中写道：“春潮覆草半江青，长水分途客未经。少理蚕丝多织布，百家烟火傍朱泾。”而到了清初，诗人赵慎微写朱泾时则已是“万家烟火似都城”，朱泾已成为江南地方有名的一座贸易重镇。

棉纺织业生产贸易的兴盛，使朱泾镇成了金山地区的经济中心。清雍正四年（1726年）金山县设立，县治设在金山卫，但由于朱泾镇经济中心地位的客观存在，因而很快成了金山县事实上的行政中心。县治的正式北移，影响了县境东南地主豪绅的利益，他们提出“还治金山卫”。于是出现了历史上有名的“县治南北之争”。直到道光十四年（1834年）农历十月，在江苏巡抚林则徐奏请下，才最后了却了长达百年的“县治南北之争”，金山县治从此长驻朱泾。从雍正五年（1727年）县署第一次移驻朱泾镇太平仓开始算起，朱泾镇成为金山县政治行政中心的历史长达270年。

▲ 朱泾东林寺外景

明末清初，朱泾镇人口剧增，店铺林立，大有都市气象。清初诗人赵慎微用诗记录下了当时的朱泾镇盛况：“万家烟火似都城，元室曾经置大盈。估客往来多满载，至今人号小临清。”东林寺一直是远近闻名的佛教旅游胜地。棉纺织业贸易也带动了其他商品的贸易，生活的富足，使朱泾镇各种传统节日都呈现出非常热闹的情形，尤其是迎神赛会，俗称“赛城隍”，每年清明、七月半、十月初一举办，四方百姓，近悦远来，一时“人舟云集，合镇亲友盘桓”。朱泾镇人则唯恐错过时机，纷纷竞为显富。“会中置办物件，有形之花费动以累千计，……无形之花销更以累万计。”赛城隍所出场的各路神仙装扮，“悉用珠玉珍宝，穷极工巧”。故当时有俗谚说：“忙做忙，莫忘朱泾赛城隍。”

万商云集

21. 上海县：小城大市面

关于上海元代置县的具体日期，历来诸说纷纭，明弘治《上海志》记："至元壬辰春立县。"元赵孟《上海县修学记》记："至元二十八年始升县。"《元史·地理志》记："至元二十七年，置上海县。"许多方志旧籍，对上海置县年份，都有不同的记载。直到进入新的历史发展时期，历史地理学家与方志界的许多专家学者经充分的酝酿、讨论与反复考证，搞清了如下史实：元至元二十七年（1290年），统辖华亭县的松江知府仆散翰文以"华亭地大民众难治"为由，奏请元代中央政府分设上海县。翌年即至元二十八年（1291年，具体日期为公历8月19日），元代中央政府批准，划出华亭县东北，黄浦江两岸的长人、高昌、北亭、新江、海隅5乡26保设立上海县。而首任主簿于元至元二十九年（1292年）才到任……据此，谭其骧教授等专家认为上海建县应以元廷批准设上海县的至元二十八年为准。新编《上海县志》中则把“松江府奏请设县”“元廷批准立县”“主簿到任”三个年份都如实载录，从而留下了可信的史实。这个看法还是比较公允的。

上海县的设立，是上海正式建城的开始，也是古代上海城市发展过程中的第二个转折点，它标志着上海镇已经从许多普通江南市镇中脱颖而出，上海也从一个普通小镇名称，上升为一个县级政区的名称。设县不久，上海县已经商肆酒楼林立，成为远近闻名的“东南名邑”。此后，历经元、明、清诸个历史时期，上海县经济民生逐渐繁荣，特别是在明清时期，上海港的两条最主要的航路形成了。一是出东门溯吴淞江而上，入运河；二是出南门，经陆家浜、肇嘉浜或龙华港等入蒲汇塘，由此可北入吴淞江入运河至苏州等地，南可经泗泾达松江或南下浙江。这个时期的上海航运主要是围绕内

▲ 上海县城的专业街市

河水系实现与当时繁荣的苏州的对接，以及与大运河的对接，因此，那个时候的上海人，还每每以“阿拉是小苏州”自称。明清时期的苏州，以及以苏州为中心城市的江南，代表着中国传统社会和文化的极致。

时人有这样的评论：“自海禁既开，民生日盛，生计日繁，金山银穴，区区草县，名震天下。”在开埠前上海城市内部，已出现的行业包括米业、酒业、纸业、靛业、药业、茶业、丝绸业、土布业、棉花业、钱庄业、洋货业、腌腊业、铜锡业、煤炭业、蜡烛业、轧花业、沙船业、南货业、北货业、成衣业、典当业、染坊业、竹木业、酱园糟坊业等多个行业，这些名目繁多的商业行业，特别是日用商品零售业，最能反映城市的人口聚集、商业繁荣程度。比如茶叶，为中国人比较重要的日常生活用品。清道光年间，上海有茶叶零售店20多家，规模较大的有汪裕泰［初名北裕泰，道光十七年（1837年）开业］、程裕新［原名程裕和，乾隆年间开业，道光十八年（1838年）改名］等多家。再如米业，上海米业有米行、米号之分，前者经营采购运销，后者主要经营零售业务。康熙五十九年（1720年），上海“在城米铺”（即米号）有104家以上。而米行、米号各自的同业组织，如仁谷堂公所、嘉谷堂公所，也迟至同治五年至六年（1866—1867年）间分别成立。从商业区域来看，开埠前上海的精华之地在沿浦之十六铺地区，这一带形成了咸瓜街、洋行街、豆市街、花衣街、会馆街、芦席街、篾竹弄等专业街市。城内的商业重点，则主要集中在陆家石桥、红栏杆桥、松雪街、虹桥头等处。

明代初期，随着来上海的商船逐渐增多，为了保障水上安全，吴淞口外亟须醒目的导航标志。于是，在永乐九年（1411年），平江伯陈瑄为此上疏明成祖朱棣。《明史·陈瑄传》记载："明年，瑄言：'嘉定濒海地，江流冲会，海舟停泊于此，无高山大陵可依。请于清浦（按：浦东高桥古称）筑土山，方百丈，高三十余丈，立堠表识。'"陈瑄的建议受到了皇帝的重视，很快就获批准。翌年春，陈瑄调集数千人，在浦东高桥东北建起长江口第一座大型航标，并派专人驻守。《明史·陈瑄传》记载："既成，赐名宝山，帝亲为文记之。"这块永乐御碑的正式名称，明代郑若曾的《江南经略》记为"御制宝山碑"，而乾隆《宝山县志》则写作"明成祖御制宝山碑记"。明永乐十年（1412年），在今浦东新区高桥镇北临海处构筑土山，设有烽堠（读音：hòu），以利船舶进出长江，时称"宝山"。这就是上海"宝山"的来历。

当时上海成为海运贮粮的集散点。航运业成为上海县经济的另一支柱。航运业的发展也带动了船舶修造业的繁盛，当时往来上海的沙船，必然为本地制造或委托福建、浙江建造，至于沙船的修理业，黄浦江边号称"帆樯林立"，更是非常兴旺。再如生产农具及家用刀具的锻铁手工业作坊——"乡作"，即使在太平天国以后的年代里，上海本帮乡作依然开设在江湾、大场等地，较为著名的如小南门的丁源兴铁铺、老北门外郑万顺及熊顺兴。还有锡器制造作坊——锡作，行业早在清乾隆年间就已形成，嘉庆五年（1800年），上海锡器作坊行业还成立了行会组织“桂花会”。嘉靖《上海县志》记载的街巷已有10条，分别是：新衙巷、宋家湾、姚家弄、新路巷、梅家巷、康衙巷、马园巷、薛巷、观澜亭巷、卜家弄。而清康熙《上海县志》记载的街巷已达到25条之多。到嘉庆二十一年（1816年），上海县城已有包括黄家弄、俞家弄在内的63条街巷。街巷的增多是人口向城市聚集的结果，是城市商业活动频繁的反映。

粗具港口城市规模的上海在清代已形成5条水上运输、贸易航线，主要运输工具为沙船，往来货物包括棉花、棉布、豆饼、大豆、豆油等。第一条为北洋航线；第二条为南洋航线，行驶船只包括鸟船、疍船、估船等，进出口货物主要有糖、燃料、棉花、茶叶等；第三条是长江航线，运输货物有大米、杂粮、木材等；第四条为内河航线；第五条为国外航线。繁忙的水上运输、贸易将上海与南北沿海各港口、长江沿岸各城市，

▲ 上海老商店

以及周边地区联系起来，初步凸显上海在地理位置上的优势。从19世纪50年代开始，上海就取代了广州成为中国最大的对外贸易中心。19世纪最后40年，上海进出口总值平均占全国的一半以上，同治三年（1864年）占57%，光绪二十六年（1900年）占55%，其中进口通常占六成以上。在转口贸易、国内埠际贸易方面，上海起了枢纽作用。从上海进口的洋货，有70%以上要运到内地其他口岸；从内地运到上海来的土货，有80%以上要出口到国外或运到国内其他口岸。转口贸易地区，以长江流域为主，占60%—70%；其次是华北地区；再次为华南地区。至20世纪二三十年代，上海在全国的对外贸易和对内埠际贸易中的地位都处于特大中心地位，其外贸在全国贸易总额中占40%左右，1936年达55%。1936年上海的埠际贸易值包括转口贸易值为8亿—9亿元，占全国各通商口岸埠际贸易总值的75%（熊月之主编《上海通史·导论》）。

上海及所在的江南地区棉花种植及棉纺织业的繁荣也带动了城市的商业繁荣。明清以来，上海周边地区的棉花商品生产比较发达，吸引了各地商人来上海采购，棉花销售到全国很多地区。据记载，每到秋季，从早上到中午，小东门外"负担求售"的花农摩肩接踵，形成了繁忙的"花市"。而上海县出产的棉布，也走俏国内外市场，甚至销售到英国、美国市场。因此，在清嘉庆年间，上海县城已有"江海通津，东南都会"的美称，嘉庆《上海县志·序》写道："上海，为华亭所分县，大海滨其东，吴淞绕其北，黄浦环其西南。闽、广、辽、

▲ 20世纪30年代上海老城厢街景

沈之货，鳞萃羽集，远及西洋暹罗之舟，岁亦间至，地大物博，号称繁剧，诚江海之通津，东南之都会也。”

22. 城墙与城门：从设立到拆毁

滨海临江的上海，也有过围筑城墙的历史，同治《上海县志》记邑人顾从礼请求批准修筑城墙的奏疏说，以前没有修筑城墙，主要是因为那个时候的上海人“半是海洋贸易之辈，武艺素所通习，海寇不敢轻犯”，“虽未设城，自无他患”，可见当时的上海人中有一半是做海洋贸易的彪悍商人，生命财产的安全问题并不突出。明嘉靖年间上海居民成分稍变，面对的又是凶残的倭寇入侵骚扰，沿海祸患不断，嘉靖三十二年（1553年），仅上半年就被倭寇烧杀劫掠达5次之多，子女玉帛损失无数。“是年六月贼去，乃议筑城防守。”据同书引用明张鹗翼《守城记》云“遂即在十月兴工，十二月完成”。

3个月里就筑成了一道城墙，可见情势之急。

有城墙就有城门。据文献记载：上海县城墙周围长9里，城墙最初高1丈5尺，明万历二十六年（1598年）和四十六年（1618年）两次重修加高至2丈4尺，城墙外有城壕长1 600余丈。据记载，上海城墙北半城“自西门起至小东门共长八百五十丈”，南半城“自小东门起迤南至西门长八百九十丈”，二者相加，总长1 740丈，约合47 500米（市制约9里半）。时人竹枝词唱云：“上海城周九里围，箭台廿座插军麾。墙高二丈余四尺，堞（读音：dié）共三千六百奇。”还有对护城河的吟咏：“一千五百丈壕长，六丈宽今半可航。方薛肇嘉分灌入，周泾西达北开浜。”所谓“六丈宽今半可航”，指的是最初的护城河曾经宽达6丈，到清末就只剩下3丈了，可见河道淤塞的状况也很严重。最后两句的意思是：有方浜、薛家浜、肇嘉浜3道河流入注县城，其中小东门跨方浜，小南门跨薛家浜，西门跨肇嘉浜。租界开辟以后，洋人又在方浜以北新开一浜，通过城西沟通周泾浜。最初有城门6座：东曰朝宗（今大东门附近），南曰跨龙（今大南门附近），西曰仪凤（今老西门附近），北曰晏海（今老北门附近）；为通往黄浦沿岸方便，另辟朝阳门（今小南门附近）和宝带门（今小东门附近）。另有水门3座：肇嘉浜横贯县城，东西各置水门1座，方浜在小东门附近入城，亦置水门1座。咸丰元年（1851年）太平天国农民起义爆发，后忠王李秀成率太平军挺进上海，同治元年（1862年），英法侵略军入城援助清军防守，进行武装干涉。在英法侵略军的要

▲ 19世纪80年代的上海城墙与护城河

求下，清政府同意在北门以东增辟一城门，方便英法侵略军与租界的联系，此门由李鸿章定名，取韩愈“挽狂澜，障百川”句，命名为“障川门”（亦称新北门，今丽水路旧名障川路）。所障之川，当然主要是对付太平天国忠王李秀成部。城东北处建层台3处：万军台、制胜台和振武台，后来在万军台上移建了南宋顺济庙的丹凤楼（在今人民路丹凤路附近），制胜台上建造了观音阁，振武台上建造了真武庙，亦称镇海楼。明万历年间又曾在城西北隅的一个箭台上建一小庙，供奉关帝，是为大境阁。这丹凤楼、观音阁、镇海楼和大境阁，曾为上海县城的4处风物名胜。

道光二十五年（1845年）以后，英、美、法三国先后在上海县城北面和西面建立起租界，此时的城墙已日益成为城市发展经济与交通的障碍物。一部分士绅商贾有拆城之议，拆除城墙的议论最早始于光绪二十六年（1900年），而见诸文字的，则为光绪三十一年（1905年），由乡绅姚文栅领衔起草，向上海县署递交的呈文，其拆除城墙的理由是："城垣阻碍，商埠难兴，集议公决，拆去城垣，修筑马路，使城厢内外荡平坦直，为振兴商埠之基础。"碍于当时守旧势力的极力反对，清政府采取折中办法，于宣统元年（1909年）又新辟了尚文门（亦称小西门）、拱辰门（亦称小北门）和福佑门（亦称新东门，今人民路新开河附近）3座城门，这样上海县城最后共有10座城门。直到辛亥革命上海光复，当初坚持拆除城墙的乡绅姚文栅，于1912年元月再度递上《公民姚文栅等呈县署文》，重弹拆城填壕筑路之老调。呈文上递之后，让人意想不到的是，效果居然奇佳。当月14日，新任沪军都督府民政部长（亦称总长）李平书当即批复：姚文栅等"所见极真，即应照准"，除可使交通便利外，"即以地方风气、人民卫生两项论，尤当及早拆除，以便整理划一。此次诸君提议拆城，诚为当务之急……"，军政府准予拆城。

▲ 上海老城墙一隅

这个批准拆除城墙的都督府部长李平书，确实也是上海身份显赫的人物。他祖籍宝山，是上海土著。辛亥革命前，他身兼江南制造局提调、中国通商银行总董、上海城厢内外总工程局总董、上海商团公会暨全国商团联合会会长等职，手中掌握着至少1 000多人的商团武装。武昌起义后，他开始倾向革命，并且参与了辛亥上海起义。

与拆城同步，几乎顺着原先的城壕位置，一条环城马路也在铺建之中。拆城、填壕与筑路，三位一体，堪称百年前的系统工程。到1913年6月，城北铺路工程完成，因紧挨着法租界，新路被叫作法华民国路（今人民路）。城南铺路工程在1914年冬天竣工，取名中华路（与今同名）。没有计算精准的定向爆破，也没有强力的大型拆除机械，完全靠四乡农民的锤镐、锄头铁搭和手工钎凿，上海老城厢与租界之间的那一道厚厚城墙被拆除了。从此，上海老城厢与租界，至少在地理上，连为了一体。时至今日，仅剩下原南市老城厢露香园路上的一截断壁残垣，供后人旅游凭吊怀古了……

城墙拆除如同一个象征，开放是上海城市发展的宿命：港口兴则上海兴，港口衰则上海衰；城门闭，百业凋零，城门开，百业兴旺。外贸优势地位的确立又带动了相关产业包括航运、金融、工商、信息乃至文化产业的飞速发展。19世纪中后期上海已成为中国的航运中心、外贸中心、金融重镇和西学传播中心。以后几百年的上海发展史，一再证明着这个规律。它说明上海城市的兴起和发展与上海港的发展有着相互促进、相互依赖的密切关系。

23. 船商富甲引领商帮勃兴

一个原先滨海临江的小县城，一跃而成为“江海之通津，东南之都会”，优势就在于海港和码头。上海紧紧依托这种地缘的优势，吸引各地商帮到此聚合，航运业遂成为上海的一大支柱产业，所谓“上邑濒海之区，南通闽粤，北达辽左，商贾云集，帆樯如织，素号五方杂处”。

清代以降，随着世界大势的发展，欧风美雨渐次影响着当时还处于闭关锁国的古老中国，上海的地位逐渐突出，虽然当时在行政上仍隶属于松江府，但清代雍正以后，一向驻扎在太仓、苏州，比府衙更高一级的地方军政机关苏松太兵备道衙门移驻上海，这意味着上海的政治地位也在发生着悄然无声的变化。到清代嘉庆年间，上海的繁华与富庶已经是蔚为大观了。清嘉庆《上海县志》曾经这样记述当时的上海：“闽、广、辽、沈之货，鳞萃羽集，远及西洋暹罗之舟，岁亦间至，地大物博，号称繁剧，诚江海之通津，东南之都会。”“沿浦阛市，北至洋泾浜口，南至薛家浜口，商旅猬集。”

清代乾嘉年间，上海最著名的沙船商有“朱、王、沈、郁”4家。朱家为沙船业最早的老大，以朱之淇兄弟创立的“朱和盛”号为标记，“家资敌国，称之为‘朱半天’”。王文源、王文瑞家族开设的王利川沙船字号不仅拥有上百号的船只，而且还拥有以他家姓氏命名的王家码头。沈家是指“沈生义”号沙船行，郁家是指嘉庆初年建立的“郁森盛”号沙船行，后来成为上海沙船业的首富。他们由于财大气粗，在商船会馆里可以左右会馆的事务。上海的“南北货物交流，悉借沙船。南市十六铺以内，帆樯如林，蔚为奇观。每日满载东北、闽广各地土货而来，易取上海所有百货而去”。这些船商，财大气粗，富甲一方，繁荣的沿海南北贸易也催生了一批新兴的沙船主，像康熙时期的船商张元隆。康熙四十九年（1710年），船户张元隆称：“有自造贸易沙船一只，领本县上字七十三号牌照，于本年六月初六日装载各客布匹、瓷器，货值数万金，从海关输税前往辽东贸易。”后来，张元隆很快就在沙船经营中发达，滚滚而来的财源刺激了他扩大投资沙船业的意愿，“闻其立意要造洋船百只”。坐落于南市会馆街38号的商船会馆，就是上海最早的一座会馆；它又是在上海出现的第一个同乡同业公所；是上海开埠前航运业十分发达的实物例证。船商们为了争揽业务而竞相压价，引起矛盾，甚至互相械斗；加上外籍船只纷纷驶入上海，抢夺生意，为了调解同业间的纠纷，确保同业“肥水不外流”，商船会馆就应运而生。

建于康熙五十四年（1715年）的上海商船会馆，是上海本地区沙船业主建立最早的行业性会馆，并对上海的沙船航运实行管理。“三大帮之大户……各为本帮领袖，其小帮领袖则由该商保充。饬令常川在馆，会同董事将各帮沙船花名造册呈送。有船到埠，即赴会馆挂号，其是否篷缆坚固，商户殷实，堪载官漕，即责成董事领袖等出具互结。”包世臣《安吴四种》卷三写道，这些行业的“大户之船，……富则益富。船少者商本既微，生涯淡泊，船或老朽，贫则益贫。宜饬查明止有一商船五号以内者，非新造新舱之船，不准配运，以昭慎重”。晚清一首描写沙船运输业的竹枝词说：“专备沙船各货装，帆樯衔尾往来忙。分途编号轮流放，赢得资财未可量。”十分形象地反映了沙船商在南北贸易中的重要作用。船商就是一些用自己的资本购置了沙船的原始航运资本家，他们服务的对象则是经营南北货物贸易的商人。

▲ 商船会馆

上海的优势集中在海港和码头，码头兴则上海兴，码头衰则上海亦衰。茅伯科、邹逸麟在《上海：从青龙镇到外高桥》中这样描述上海的发展与上海港之间的关系：“上海城市的兴起和发展与上海港的发展有着相互促进、相互依赖的密切的关系。上海是一个典型的港口城市，它的兴起肇始于海上贸易，以后的兴衰也取决于港口的兴衰。连同城市的扩展和布局莫不与港口的变化有关。因此，可以说上海港的发展也是上海城市发展的一个缩影。”

航运业特别是内河航运业成为上海的一大支柱产

▲ 上海顺泰木行

▲ 上海陈大兴柴行

业，许多豪富均以航运业起家，出现了不少“一家有海舶大小数十艘”的豪族和来自本地及周边宝山、崇明、南汇等地的在船水手10多万。上海的许多船商富甲引领商帮勃兴，各地商帮如潮水般涌入上海，上海几成客籍商帮竞逐的天下，张春华《沪城岁事衢歌》说到“商贾频年辐辏来，浙东财赋海陬（读音：zōu）推”。上海县城居民本多商贩寄籍，“黄浦之利，商贾主之。而土著之为商贾者，不过十之二三”。在这批商帮群体中，不论规模的大小，还是母地何处，他们来到上海，不仅对上海，而且对他们原来的故地的经济发展都作出了重要的贡献。除了早先声名显赫的“徽商”“晋商”这些商人群体以外，在众多的商帮中，规模较大、影响深远的商帮有陕西商帮、山东商帮、龙游商帮、江右商帮、洞庭商帮、广东商帮、宁波商帮、福建商帮、关东帮、江北帮以及江西帮……乾隆以后，这些客籍商帮大有驾徽商、秦晋商人而上之势。洞庭商帮多开行铺，其中不少人落籍定居；浙帮商人以浙东宁波、绍兴居多，绍帮以经营炭栈、钱庄、酒坊为主，宁帮经营范围更广，举凡海船运输、南北货贩运、钱庄、银楼、糖业、绸缎业、棉布、药材、海鲜、咸货业，无不有他们活跃的身影，于是宁帮商人成为上海继徽商、秦晋商人之后最有势力的客籍商帮。宁波商人在上海从事各行各业，不仅在工商界从业人众，而且势力强盛，具有举足轻重的地位。

据统计，清前期上海县城内外设立的会馆公所就达27家之多。这些同乡或同业组织的大量设立，显示出客籍商帮在上海的群体力量。商帮、豪富右族、避难名流及闽广游民，共同造成了开埠前后上海“坊巷客土杂居”之局，有些文献甚至称上海城内“居民多客籍”。这种“五方杂处”“客土杂居”的格局，一方面使前近代上海社会具有很强的兼容性，极易养成一种海纳百川的气度；另一方面也造成了前近代上海社会的多元性格，给上海带来了巨大的发展潜质和社会活力。这种社会格局在前近代社会中是一种相当罕见的特质。

作为江南新的中心城市和长江三角洲地区社会经济发展的龙头，上海的崛起对整个江南地区特别是长江三角洲地区而言，其意义非同寻常。它不仅从根本上改变了江南地区固有的城市格局，而且加速了上海与江南腹地的互动，并以一种新的经济力量重构了江南地区的社会经济秩序和人文秩序。

24.“牙行”交易

据《上海豆业公所萃秀堂纪略·公所之创建》记载：“上海豆业行商由来旧矣。前清嘉庆十八年，奉本县知某颁发公斛，即今俗称庙斛（庙斛即铁皮公斛，大小与漕斛同），谕令同业牙行，遵照制造，各备应用，以公买卖。……”这篇纪略文书里特别提到了“牙行”。所谓“牙行”，是中国古代和近代市场中买卖双方的居间商，说白了就是早期的掮客或者经纪介绍人，在交易过程中进行撮合、评定商品质量，或者双方价格商定的说合者。汉代称“驵”（读音：zǎng）、“驵侩”，先秦、秦汉之际“驵侩”就是从事说合马、牛交易的中介人，

▲ 富有经商传统的上海人，历来有做中介的传统

其职能就在于评定出一个买卖双方都能接受的交易价格，促使买卖成交。唐代与五代十国时期称“牙”“牙郎”“牙侩”，宋、元、明时代又有“引领百姓”“经纪”“行老”等称呼。“牙行”一词的出现始于明代，他们以说合牲畜、农产品和丝绸布匹等手工业品交易为主；也有居间包揽水运雇船的，称“埠头”。

两宋时期，由于社会经济发展，牙人数量增多，与前代略有变化之处在于，牙人与官府的勾连逐渐增多。首先，牙人必须从政府手中领取“付身牌”，才能成为一个合法的经纪人。其次，为了经营与辽、西夏之间的榷场贸易，官府招募许多出色的牙人做官内牙人，这时候牙人具有了既是“合市者”，又是边贸财政官员的双重身份。

随着牙人队伍的壮大，牙人组织——牙行开始出现。明清时期则正式沿用了牙行的称谓。明中叶以后，经过百十来年的恢复发展，商品经济甚为活跃，牙行在货物交易中作用有显著的增强。《明史》卷七十八《食货》载："……凡额办、派办、京库岁需与存留、供亿诸费，以及土供方物，悉并为一条，皆计亩征银……"明代牙行的发达主要表现在种类多、规模大、经营活动多样，在经济立法中也成为经济活动的重要内容之一，诸如牙行设置的地点、开设牙行的条件、牙行与客人的关系、牙行所提供的服务、牙行的违法行为处置等。

明中叶起，为了多揽生意，一些牙行兼营塌房的业务，就是除了撮合买卖双方成交之外，还做商贾"居停货物"。如常州府江阴县的商人，正德时，"往衡州、长沙、南阳、川、巴等处收买棉花、豆、炭、麻饼等物"，往苏杭等地"贸迁杂物，逐什一之利"外，"又或为保互，东西南北之人，主于其家，居停物货而为之交易"。客商通过牙行买卖，需要时间与牙行磋商，牙行采取为客商提供食宿的措施，乃"牙行曾接客，宿店亦招商"。对于那些从事长途贩运的富商巨贾来说，经常需要雇请车船、骡马、人丁。《士商类要》中告诫商人说："卸船不可无埠头，车马不可无脚头，船无埠头，小人乘奸为盗，车无脚头，脚子弃货中途，此皆因小而失其大也。"（杨正泰《明代驿站考》卷二）实际上，所谓脚头、埠头就是专为客商雇请车船、骡马的牙行。

到清代，牙行成为寄生于商品流通领域中的居间经纪行业，管理也逐渐完善，其主要职能是为买卖双方说合交易，评定货物价格及质量，司衡商品斤两，判断银水成色，防止买卖过程中的欺诈行为，并对买卖双方负责。牙行在经营的过程中，分为两种类型：一是“领帖牙行”（即“官牙”），用今天的话来说，就是有照经营；另一种则是“无帖牙行”，那就是无照经营了。清代官府规定，开设牙行者，须由地方官查明是否“身家殷实”，再由同行一人担保，出具证明其为殷实良民的“甘结”，然后上报布政司，由布政司发给牙帖，才能开张营业。牙行领取牙帖时，须向官府缴纳帖费。这种由官府允许开设、并领有牙帖的牙行，称“领帖牙行”或“官牙”。领帖牙行有官给印信凭簿，每月将客商、船户的住贯、姓名、路引、字号、货物、数目登簿，送官府查照，并且帮助官府检查商人纳税与否。有时还替官府采办货物，征收商税。

明清之际的上海，贸易频繁，牙行已成为上海市镇经济结构的中枢，操作着贸易与行商活动的运行，以至于“市中贸易必经牙行”。可以说，牙行极大地促进了商品经济的发展。对于潮水般涌入上海的客商来说，特别是对于长途贩运的行商来说，举目无亲，人地两疏，产品的收购是否及时，价格是否合理，质量是否有保证都很难预卜，买卖双方倘若没有牙行的居中协调，可能会造成很大的损失。牙行熟知上海本地市场行情，了解上海风土人情，能为一般客商提供许多帮助，可以降低客商在沪的交易成本。此外，上海市镇经济的繁荣，小农经济的商品化、专业化有了很大发展，这使得农家的生产必须依赖市场的交换才能实现其经济收益，对商品生产者来说，他们也不易全面掌握各地市场的供求情况和商品价格，在买卖过程中受商人蒙骗坑害时有发生。

嘉靖时，徐献忠所写的《布赋》描写了小商品者急于出售商品的焦急心情和对牙商的依赖态度："摩肩臂以授人，腾口说而售我。思得金之如攫，媚贾师（牙人）以如父。幸而入选，如脱重负。"牙行可以令其商品早日脱手，早日变现，恰如任放在《明清长江中下游市镇经济研究》一书中所说，"作为经纪人，牙行和牙人既是促成市场交易的媒介，又是妨碍市场运作的沙砾"。牙行在商品交易过程中，也是一把双刃剑，除却在市场上重要的媒介作用外，还有其自身素质的局限性，无底线的逐利贪欲心往往会促使牙人利用市场行情的经验和官府赋予的特权把持行市，从中渔利。一些牙行阿私附势、变乱时价、趁贱居积、坐收厚利、作弊生奸，或欺行霸市、强邀货物、肆意勒索、私成交易，这些就看官府的监管与法制的运行了。

25. 开放与商业辐射力

原先默默无闻的上海县，因其独特的地缘优势，把市面做大了。历史学者周武这样说道："近代上海崛起的原因自然很多，但追本溯源，最根本的有两条：一是高度开放，二是大规模吸纳八方移民。这两条互为表里，相辅相成，构成海纳百川的一体两面。"其实，两条就是一条，开放的上海，对不同的人群有着不同的吸引力：对腰缠万贯的资本大亨来说，上海是一个首选的投资场所；对追求奢靡生活的纨绔子弟而言，上海是罕见的温柔乡和销金窟；对逃荒要饭找活路的谋生者来说，上海是充满就业机会的地方；对追求进一步发展提升的人来说，上海可以给各路英雄豪杰施展抱负与才华的机会……于是，难以计数的逃难者、投资者、冒险家、躲债人、亡命客、寻找出路者，有文化的、没文化的，富翁、贫汉，遗老遗少、政客小吏、三教九流，红男、绿女，流氓、地痞，各色人等，怀抱着各自的梦想从四面八方移民上海。在他们的心目中，上海是希望之邦，选择上海就是选择新的人生之路，就是选择美好的未来。人对美好事物的一种本能的追求欲望，造成一股巨大的推动力，使一批又一批的外来人员走出家园，涌向上海。来自五湖四海的各色人等蜂拥而至，一方面给开发中的上海带来了必不可少的资本、劳动力和需求市场，另一方面又造成了上海中外混杂、多元并存的社会情境。

在万商云集的背景下聚合，久而久之就会产生裂变。当时的上海县城外的黄浦江已为洋货驳船停泊之所。随着对外贸易的发展，外国的银洋在上海亦日渐流通，出现了“以洋来者为贵”的崇洋风气，所谓“世俗物用都以自洋来者为贵，无论物产何地，美其名则加一洋字示珍也。更可笑者，贵游豪侈，一切奢丽生色，亦争艳之为洋气云”。在上海的发展历程中，上海从来不想囿闭自己，始终是敞开大门，在开放中实现开发，又在开发中

▲ 上海新式商人团体——上海总商会

▲ 上海市集一隅

迎来更大的开放，并在更大的开放中带来更进一步的开发。由开放带动开发，这确实是上海与江南其他府县特别是内地府县最大的不同。

到20世纪初，上海对江南地区的辐射力，以及两者之间的互动显著增强。以前是上海“城中慕苏、扬余风”，上海人自称“小苏州”“小杭州”，以发达的苏杭地区为荣，但到20世纪以降，风气完全颠倒过来，反倒是苏杭来沐浴“海上洋气”了。以前富庶莫过江浙，苏杭称雄天下，而苏州更执江南全局之牛耳，现在是“申江鬼国正通商，繁华富丽压苏杭”，上海成为令人称羡的“香饽饽”，江南许多中小城市，如嘉兴、无锡、宁波等地，当欲夸耀其市容商业繁盛时，每每改以“小上海”称之。而上海市民这个时候，每每将各地移民称为“小南京”“小山东”“小广东”等，从当年自称自己是“小苏州”“小杭州”，到称别人为这个小、那个小，这种变化是惊人的。从表面上看，这是近代以来江南地区城市格局的一种变动，其实，这种称呼背后包含着极为复杂而深厚的社会历史底蕴，这个细微之处构成了中国区域现代化史上深刻的变化。

“万商云集”在上海的聚合效应为上海市民生活与整个上海文化铺上了商业的底色，加之原有的柔婉细腻的江南文化和西方文化的强烈烙印，上海城市文化形成了“五方杂处”的特质，展现了上海无所不包的巨大容量、吞吐吸纳的恢宏气度。各地移民集聚上海，经过碰撞、交汇，甚至经历痛苦的煎熬和历练，最终在商业文化基础上建立起来的处事风格和处世态度，通过“润物细无声”的潜移默化，弥散在上海市民的日常生活中。例如，上海人最先把商业范围中的职业称作“饭碗头”，把工作用的工具也称为“吃饭家什”;“有饭大家吃”，就是提倡生意一起做，共生共赢。

城市信仰

26.“霸王潮”与“汉将功臣庙”

上海的母亲河吴淞江，原为太湖三大泄洪水道之一，下游河道弯曲延伸，入海口又极开阔，呈喇叭状。唐宋以降，海平面上升，出现海水倒灌，每临涨潮，汹涌的潮水使水位陡涨，加上弯曲处潮流不畅，水势更大，经常造成水患，淹没农田，摧毁房舍。水患肆虐，来势汹汹，给沿江两岸的民众造成极大的威胁和生命财产的损失。在建坝筑堤无以抵抗汹涌而来的大潮时，普通民众也只能借助于超自然的力量，祈求神灵的护佑，请出神灵来镇伏江潮。

据地方志书记载，古代吴淞江沿岸地区有“江东”之称，当年楚汉相争，项羽兵败后，自刎于乌江之滨。由于他自恃天下无敌，至死不服，又无颜回去见江东父老，故化为吴淞江神，不时发怒，掀起滔天巨浪，造成水灾，人们称之为“霸王潮”。当地民众相信，楚霸王一发怒，潮水就汹涌而来，“西楚霸王项羽做了吴淞江神，故江水如此凶险”（明万历《嘉定县志》）。

宋元间，终于出现了阻挡“霸王潮”发威的心理力量，出于传统文化中相生相克、“一物降一物”的心理，民众认为“刘能克项”，汉初刘邦麾下的各位大将合力击败了项羽，于是在吴淞江边修建汉初开国将领的“功臣庙”。民众希冀通过为汉将立庙建宇的举措，压住吴淞江上汹涌澎湃的“霸王潮”。打开上海沿吴淞江区镇的地方志书，这类记载可谓比比皆是：

▲ 被民众传说为吴淞江神的楚霸王项羽（京剧脸谱剪纸）

本邑地滨江海，未建石塘之时，潮灾间岁有之，俗谓之“霸王潮”，故里社间建立庙宇，多奉祀汉初功臣，以行压制。父老传闻如此，当不诬也（1921年《宝山县续志》）。

潮灾间岁有之，俗称霸王潮。故里社建立庙宇多奉汉初功臣以祈压制（清光绪《宝山县志》）。

宋元间吴淞江多潮水泛滥成灾为害，人称“霸王潮”，相传潮神系楚霸王项羽化神（明嘉靖《嘉定县志》）。

相传项羽为吴淞江神，屡有风波之警，唐时沿江立汉功臣七十二庙以镇之（清嘉庆《松江府志》卷十七）。

在嘉定、宝山所辖地区（包括南翔、彭浦、黄渡、杨行等）确实有过不少汉代著名将领的寺庙或祠堂，有地方志记载为证。如明代韩浚等人修撰的《嘉定县志》就记载有汉相国酂文终侯萧公（何）庙、汉舞阳武侯樊（哙）将军庙、汉魏相国梁王彭公（越）庙、陈王庙（传为祀曲逆献侯陈平）等。此外，还有英布、灌婴、纪信等祠庙。

上海地方志书中记载的这些史迹，不绝于书。在吴淞江两岸陆续出现过几乎所有汉将形象的寺庙或土地庙，有72座汉将功臣庙。留传至今的曹王寺、萧泾寺、纪王寺即肇始于此。

当代佛学研究者善无畏选择了上海100座寺庙进行研究，他发现位于宝山区罗泾镇沪太路上的宝山萧泾古寺，就是为镇吴淞江霸王潮而立的汉代功臣七十二庙之首寺。现位于上海嘉定徐行镇潘桥路上有一座曹王禅寺，原是曹王庙，传曹王庙始建于南宋淳熙十三年（1186年），原名曹王祠，其中有一种说法是祭祀西汉丞相曹参。据考证，唐宋时为镇伏“西楚霸王潮”，而建西汉七十二将功臣庙，故当地百姓建曹王祠供奉曹参，希冀以其神力抵御潮水的侵害，此说应该有相应的证据。如今上海闵行还有个“大圆通寺”，这是新近的改名，它的原名叫纪王寺，隶属于原上海县的纪王镇。宋元间，吴淞江潮汛肆虐，江畔居住着7户纪姓渔民，该地称为“七家村”，即纪王村的前身，为镇住

▲ 吴淞江镇霸王潮的七十二庙之嘉定曹王禅寺

江潮灾难，7户纪姓人家设立了纪王庙，祀汉将纪信以镇之，这就是“纪王寺”的开端和由来。

由于历史的沧桑变化，在吴淞江沿岸建立的汉初功臣庙大多没有保留下来，能够流传下来的属于凤毛麟角。如“彭越浦”的彭王庙，由僧德宁在元大德三年（1299年）建立，供奉辅佐刘邦灭楚的汉代功臣梁王彭越，以永镇潮神，祈求一方岁岁平安。桃浦两岸曾有两座陈平庙（祭祀汉曲逆献侯陈平），双浦两岸也曾有两座燕王司祠（祭祀汉燕王卢绾）。还有宝山境内盛桥永寿寺（祭祀汉长沙王吴芮），杨行的宝胜庵和月浦的周世观音堂（祭祀汉赵王张耳），杨行浒漕庙（祭祀汉菌侯张平）、慈恩庵（祭祀汉阳夏侯陈豨），嘉定城内的萧泽司祠（祭祀汉相萧何），钱门塘的顾浦庵（祭祀汉淮南王英布），南翔的曲逆侯庙（祭祀汉曲逆献侯陈平）、阳灌泾庙和西阳灌泾庙（祭祀汉颍阴侯灌婴），黄渡的樊侯庙（祭祀汉舞阳侯樊哙）、张留侯庙（祭祀汉留侯张良）、宋王庙和问津庵（祭祀汉平侯曹参），青浦华新镇的华漕庙（祭祀汉梁王彭越），原上海县纪王乡的邬城庵、鹫山庵、慈济庵（祭祀代刘邦死难的汉将纪信）等等。

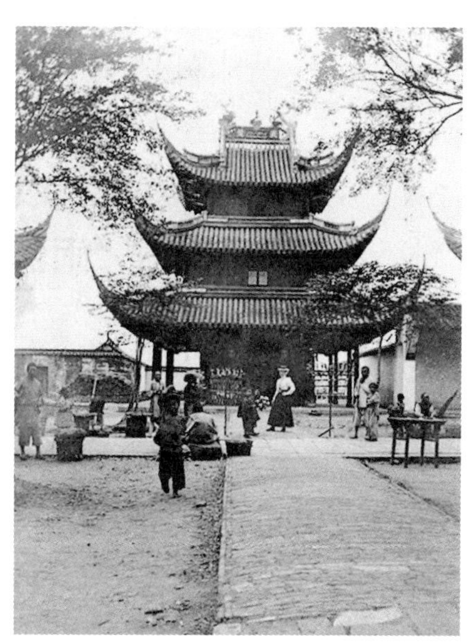

▲ 百年前老上海吴淞江沿岸的小庙与香客

吴淞江沿岸祭祀汉将功臣庙，从性质上分析，当然不能与名山大川的壮观寺庙相比，说到底，属于乡里祠，也就是简易的土地庙，是为一方祈福消灾的保护神，而奉祀的香火也很有限。但其规模、神像的服饰等又非一般土地庙可比，往往都有特定的庙界和范围，因而深得乡里民众的重视，特别是每到清明节、中元节、十月初一、冬至节及春秋社日，都会有地方上的头面人物——乡绅与里正等率众祭祀，在民间各种神祇的诞辰日或忌日也举行祭祀仪式，遇到自然灾害如大风潮或者涝灾，就会将祭祀仪式举行得更加隆重。四时八节热闹的迎神赛会，也会在这些庙宇前举行，成为当地民众的一个热闹的日子。

吴淞江的滔滔洪水，造就了岸边数不清的小庙，但不论是江神，还是人神，它们的神性是后人对其加以附会想象而赋予的，都被视为超自然的神秘力量，造就了古代上海人民的早期信仰。所以，上海地区民众的信仰，总是与水有着联系。水是上海城市的命脉，也是上海文化的灵魂；水是上海千年的传承，也造就了大上海的灵性之美；水，更是流淌在上海民众的历史信仰中。

27.“闹猛”与“猛将庙”祭祀

吴方言，包括上海话中都有“闹猛”“轧闹猛”之说，意思是“赶（凑）热闹”。“闹猛”一词，在日常生活中使用频率很高，它的含义就是社会学上说的“从众效应”，越是人多的地方，越是喜欢去扎堆，也许套用现在的话说，就是“爱围观”。在互联网充分发达的态势下，“轧闹猛”如今也在发生流变，变成一种关注与“吸引眼球”，吸引公众注意力的社会现象，当然也夹杂着“猎奇、惊叹、兴奋、无奈、热闹、烦恼”。通过新媒体的社会交往，“轧闹猛”已成了一种见怪不怪的常态化现象。

其实，“轧闹猛”一词，最早与民间祭祀猛将的信仰有关。明清时期，苏沪地区的许多地方都建有祭祀“驱蝗正神”的“猛将庙”或“猛将堂”，上海中心城区留下了不少“猛将庙”的遗存，如虹口区吴淞路海宁路口附近民居弄堂口的横梁上，至今还留有“猛将弄”的字样。据有关史书介绍，上海的猛将庙原在上海城厢陈士安桥街上，后迁往城隍庙正殿以西，相传正月十三为刘猛将忌日，民间要进行隆重的祭祀活动。

20世纪初，城隍庙举行“三巡会”时，不小心引发了一场火灾，整个邑庙陷入一片火海，猛将庙也难逃这一劫。人们不忍心猛将庙被毁，灾后重建了一座建筑，不过不叫“庙”，而称为“堂”了，地址也从老城厢内迁到北面租界内的吴淞路。1918年出版的上海地图中，吴淞路海宁路口还特地标出一条“猛将弄”。20世纪二三十年代，虹口海宁路吴淞路这一带有“小东京”之称，人来人往，很是热闹，“猛将堂”也随之热闹起来。租界内有一种名叫“花会”的组织，明明是组织赌博，却将上海话中的“梦奖”与“猛将”谐音，于是，许多参与的红男绿女就到猛将堂拈香拜神，希望自己“梦奖”成真，最后“花会”组织也搬进了猛将弄内。“祭猛将”也就成为一种名副其实的“轧闹猛”了，进而成为上海话中的一个俚语。

猛将信仰起源于太湖流域的稻作文化，据传“猛

▲ 早期上海郊区民众都有“抬猛将”的习俗，至今还在一些地区流行

将”的原型姓刘，他是稻田的保护者，农田的守护神。那么，这位刘猛将到底是何方神圣呢？刘猛将者，望文生义当是一位姓刘的勇猛将军。清人袁枚说：“虫鱼皆八蜡神所管，只须向刘猛将军处烧香求祷，便可无恙”（《新齐谐·鬼多变苍蝇》），可见刘猛将军早已叫出了名。

至于谁是“猛将庙”神主的原型，说来可就话长了，在宋代开始，民众就供奉了好几位刘猛将军，有说叫刘锐，“相传神刘锐，即宋将刘锜弟，殁而为神，驱蝗江淮间有功”（《识小录》）；有说叫刘琦，“南宋景定四年（1263年），封刘锜为扬威侯、天曹猛将之神，敕书除蝗”（《灵泉笔记》）；有说叫刘仁瞻，刘仁瞻是南唐大将，他在寿州（安徽寿县）多次打败后周军队，而且大义灭亲，当众诛杀叛而未成的亲子，这在封建社会算是铁面无私的一种典型；有说叫刘宰，南宋中期进士，江苏金坛人，宋理宗端平年间，曾起用为籍田令、太常丞，后隐居30年，“俗传死而为神，职掌蝗蝻，呼为‘猛将’，江以南多专祠”（清王应奎《柳南随笔》）；有说叫刘佛寿，据苏州地区流传的《猛将宝卷》《猛将神歌》称，刘佛寿乃是宋朝申江的一个放牛娃，他自幼丧母，为继母虐待，以牧牛为业，曾在田野为积极扑灭蝗虫而献身，因而奉为神，建庙祭祀（姜彬主编《中国民族文化》）；更有说叫刘承忠的，根据清代官方的说法，刘猛将原型是明初徐达攻打元大都时为元朝殉职的猛将刘承忠，死后显灵，把驱除蝗虫作为他的使命，因此受到广大农民的奉祀。可见，所谓刘猛将军之神并无特定的原型指向。它乃是一个载体，按时空而有所变更。尽管原型不一，但民众信奉猛将神是一个驱除蝗虫之神，驱蝗神信仰成为传统社会重要的民间信仰之一，每年农历正月十三日，是刘猛将诞辰日，当天要举行“抬猛将”的习俗，以此祈求平安和丰收。

与其他民间信仰的祭祀神不同，刘猛将在民众心目中是一位可亲可近的神。人们祭祀他，又同他一起娱乐、游戏。在上海松江、崇明等地，祭祀猛将庙的迎神赛会都要抬出“猛将老爷”游行，对其他神灵的祭祀，大抵是恭敬有加的，唯独“猛将老爷”可以抬着，也可以背着跑、跳，与他开玩笑，甚至把他跌得粉碎。一如清人的记载：“农人舁猛将，奔走如飞，倾跌为乐，不为慢亵”，民众以此为乐，这位“老爷”绝不会发怒。据当代民俗学者的田野调查，民间祭猛将的活动至今还在一些乡村留存，祭祀“刘猛将”的活动分为春秋两季，春季祭猛将要从农历正月初一开始，延续到元宵节前后，它同春节期间农村的庆祝和娱乐活动结合在一起。农民抬着猛将老爷像“贺年”，实际上是各村村民互相祝贺，互道吉祥。秋季祭祀猛将，称为“青苗会”或“青苗社”，时间多在农历七月半（即中元节）前后。会期一般为3天。农家在田里插五彩三角纸旗，称作“猛将令箭”，表示猛将下令驱除害虫，实际的作用是驱赶啄食稻实的麻雀等飞鸟。

在吴方言区的民间信仰中，猛将信仰不止于驱蝗，或者说主要不是驱蝗。如民国《川沙县志》卷十二记载，在川沙地区共有11座刘猛将庙，在长人乡一处即有3座。在经年累月的祭祀中，刘猛将也成为一位颇具特色的地方神，农民祈求他驱除农作物的害虫，保证风调雨顺；渔民祈求他保证捕鱼平安丰收；蚕农祈求他保佑蚕花茂盛。在江南民众心目中，他是一位热心为民、有求必应，而又可亲可近的地方保护神，据说刘猛将还具有保境安民、保家卫国的神格，在抗日战争时期，浦东民间还有祈求猛将显灵惩罚日本鬼子的传说，《猛将神歌》中有他“杀退倭寇”的说法。川沙合庆建有猛将堂，信众较多。因此，1994年经当时的川沙县人民政府批准，在猛将堂旧址上重建寺庙，命名为“庆云寺”。

▲ 古代猛将雕像

刘猛将信仰本来是存在于太湖流域广大乡村社会中的一个区域性习俗。这个习俗为官方所认可，是因为清康熙三十四年（1695年），华北平原发生蝗灾，飞蝗蔽天，当时身为直隶守道的李维钧一面加紧捕治，一面诚心向刘猛将祈祷。正是由于李维钧的大力推动，刘猛将信仰最终突破民间俗信走上官方祀典。刘猛将的神格，经清代官府认定为“驱蝗正神”而列入国家祀典。

28.“察司庙”与“太仆祠”

倘若今天站在外白渡桥的桥堍，可见近在咫尺的苏州河与黄浦江的交汇处，如今这里已经被政府辟为外滩源，整饬一新，高高的外滩人民英雄纪念碑就矗立在苏州河口处，苏州河水从这里汇入黄浦江。谁能想象，道光二十三年（1843年），这里还是一片荒芜的河滩，丛苇萧疏，湿地阡陌，泥泞一片。这里最早的建筑，应该是英国的礼查饭店，现在为浦江饭店，始建于清道光二十六年（1846年），今天的人伫立此地，可以想象当时这座巨大的建筑物刚刚矗立在黄浦江边的时候，该是多么引人注目。

这里就是上海两条母亲河的交汇之地，一个令人神往的地方。

唐宋以后，长江三角洲下沉，泥沙在河口地带大量堆积，因海潮的倒灌，东江和娄江相继淤塞，吴淞江也日趋束狭，堵塞了太湖水的入海去路。于是泛滥四起，太湖中部平原洼地沼泽化，太湖水患肆虐，百姓流离失所。对吴淞江的治理益发急迫，明永乐元年（1403

年），明成祖朱棣特地派遣户部尚书夏原吉前往治水。夏原吉在聆听了多种意见后，决定放弃对吴淞江下游疏导的传统治水方案，在吴淞江中上游将水分流：一是继续疏引刘家河水入长江；二是重点开通范家浜，使南面黄浦与北面吴淞江下游相接，将太湖来水排入长江口。这个方案从此改变了上海地区的水系格局，由从前的吴淞江水系，逐步变成为黄浦江水系，史称“黄浦夺淞”。6个世纪以来，黄浦江作为上海的“母亲河”，不仅反哺了上海城，也给予上海港新的生命与活力，缔造了上海的历史。上海依靠黄浦江生存、壮大，走向繁华。黄浦江对当今上海人民建设全球科创中心也必将产生深远的影响。

这里不能不说一下夏原吉其人的历史功绩。夏原吉，字维喆，湖南湘阴人，明初重臣。他幼年丧父，孤儿寡母，艰难度日。凭着勤奋与聪慧，他“以乡荐入太学”，入选禁中，完全靠自己“诚笃干济”而受到明太祖朱元璋的赏识，未经科考，就被破格提拔为户部主事。明成祖朱棣即位后，夏原吉被提升为户部尚书，掌管天下户口、田赋、财政等政令。他平素养成了习惯，就是将户口、府库、田赋等数字写在小纸条上，一直放在袖子里，以应对圣上的随时询问。永乐十九年（1421年）秋，明成祖朱棣决定第三次亲征漠北的鞑靼。这时国库早已空虚，夏原吉反对这场战争，力陈国家财政已难以承受。朱棣龙颜大怒，将他打入大狱，抄家时，夏原吉家中除布衣、陶器等日常用品外，别无他物。他虽手握朝廷财政大权，却廉洁奉公，清贫如水，生活非常俭朴。后来朱棣粮尽退军，至榆木川（今海拉尔河）病逝，临死前悔悟，对左右说："夏原吉说得对，他最爱朕！"太子朱高炽亲自到监狱看望夏原吉，泣诉噩耗，旋即将夏原吉大赦出狱，官复原职。《明史》记载，夏原吉先后经历了洪武、建文、永乐、洪熙、宣德，五朝为官，与人为善，一心为国，忠心耿耿，鞠躬尽瘁，前后主管户部29年，对明初经济的恢复和发展作出了突出贡献。

▲ 疏浚黄浦江的明户部尚书夏原吉

夏原吉政绩卓著，造福人民，他在上海主持黄浦江开凿工程，可以说前无古人，后无来者。他通过疏浚范家浜，使黄浦江与吴淞江对接，并完成了黄浦江流域的疏通和扩容，通过黄浦江将浙西来水排入长江，从此上海水利格局大变，从原先的以吴淞江为主，变成以黄浦江为主，吴淞江则退而为辅，黄浦江水系的疏浚扩容，根治了吴淞江水患，这个事件就是历史上记载的"黄浦夺淞"，上海民众大获其利。在黄浦江水系治理过程中，夏原吉殚精竭虑，身体力行，布衣徒步，风餐露宿，日夜在治水工地上操劳，酷暑烈日也不让下属为他打伞，并说："民劳，吾何忍独适。"（民众都在拼命劳作，我怎么能选择独自舒适呢。）其境界很像当今的劳动英雄。经过3年的努力，他终于不负众望，克竟其功。在他去世后，上海人民追思其治水功绩，就在他生前治水的巡察指挥所，修建了察司庙，奉祀为神，在今浦东高行镇和宝山杨行镇还有察司

▲ 纪念夏原吉治吴淞江大水的庙，现为上海宝山察司庙

庙的遗存。历史是公平的，谁为人民做了好事，人民就崇祀他，怀念他。

实际上，在明清时代，为治理黄浦江和吴淞江水系，无论是普通民众还是官员，以身殉职者不在少数。不少人为治理水系，献出了宝贵的生命，民众一般都会立庙奉祀，即使无法立庙，也会口碑流传，留下诸多传奇与信仰。如清代雍正六年（1728年），时任松江知府周中鋐组织吴淞江治水工程，其时，要在上海县陈家渡附近修筑拦河坝，但是“潮水凶悍，屡筑屡溃”，拦河坝一直无法合龙。情急之中，周中鋐与另一位治水官员陆章亲自乘船督工，结果由于风急潮涌，他们乘的小船倾覆在水中，“缆绝舟覆”，周中鋐与陆章，两人都沉溺于水，令人惊异的是在他俩落水后，“堤亦旋合”。于是，当地民众就在吴淞江畔立庙祭祀。还有一则故事，说的是清代道光七年（1827年）九月，江苏巡抚陶澍奉命修浚吴淞江，先在上海县曹家渡地方建筑拦潮大坝，以便疏浚，但该地逼近入海口，潮汐汹涌，两岸沙土土质松浮，加上适逢连日东风，潮水更为凶猛，同样的问题产生了，拦潮大坝危在旦夕，很可能即刻坍塌，一时令人手足无措，不知如何是好。此时，经当地人指点，陶澍等人得知在吴淞江岸有一座周太仆祠，“夙著灵异”，于是地方官员在“坝头设祭，沈以牲醴”，结果顷刻之间，“骤转西风，大潮顿落”，大坝当日便顺利合龙，“险工获佑”。事后，陶澍上报朝廷，在吴淞江岸为周中鋐建立专祠，列入祀典，官员春秋拜祭。

古人没有如今发达的媒介，对于为了公众利益作出奉献的人物，就是采取立庙奉祀来纪念。当然那个时代科学不发达，也不排除有些信仰含有迷信的成分。通常它们都具备这样的特点：教化人性，和谐社会。这些特性通常是其他社会伦理所不可替代的。

29. 从“民间”到“国家”的城隍信仰

城隍作为神，是由《礼记》中所谓“天子大蜡八”而来。天子要祭八种神，其中有“坊”与“水庸”，大略是对城堑、护城沟渠之祭，是对城市守护神的祭祀。城隍是冥界的地方官，职权相当于阳界的市长，因此城隍就跟城市相关并随城市的发展而发展。城隍神原本为中国民间信仰中的城市保护神，平时专管保佑一方百姓不受水旱疾疫之苦；战争时保佑守土平安、城市完固。

宋代将它列为国家祭祀活动之一。元代曾加封大都城隍神为护国保宁王，城隍夫人为护国保宁王妃。明代崇祀城隍更盛。明太祖朱元璋在洪武二年（1369年）诏令天下，将都、府、州、县各级城隍分别封以王、公、侯、伯的爵号。城隍信仰经历了从地方到全国，从民间到官方的过程，到明代初年，经过国家的提倡，实现制度化，并随着明清以来的城市发展而具有广泛的影响力。

宋元以降，上海地区的城镇蓬勃发展起来，作为城镇保护神的城隍逐渐登上了历史舞台。上海城隍庙的源头可以追溯到南宋时代，当时的上海镇，隶属于华亭县，时将设在淡井庙的华亭县城隍行宫，作为上海的城隍庙。元至元二十九年（1292年），元朝政府将华亭县东北5乡分析出来成立上海县，建县之初，百业待兴，淡井庙成为上海的城隍庙。直到明永乐年间，才在今方浜路（旧城庙前街），于原金山神庙的基础上正式扩建起名正言顺的上海县城隍庙。弘治《上海志》卷四记载，上海知县张守约在“县西北长生桥西”的金山神主庙中增祀上海县城隍秦裕伯，成就了上海城隍庙近600年来“前殿为霍、后殿为秦”一庙二城隍的格局。

清代为抵抗帝国主义的入侵，乡民将名将陈化成也请入城隍庙，甚至出现“一庙三城隍”的情况。“一庙二城隍”，指的是将汉将霍光与秦裕伯并存，这个现象出现在明代，它显然与吴淞江古河道的治理有着密切的联系。之前吴淞江水利没有完全治理，显然还会继续沿袭以汉将功臣霍光将军来镇守“霸王潮”的信仰。明

▲ 清代的上海城隍庙

代，随着黄浦江的开凿成功，水害已经不是主要矛盾了，明代上海社会有诸多复杂的人事需要治理，这个时候，朱明王朝选择了秦裕伯。但是，在民众中无法抹去“汉将功臣”镇守水患的信仰，那就既保留霍光，又起用秦裕伯，并形成“前殿为霍、后殿为秦”的一庙二城隍的格局。经历代修葺扩建的上海城隍庙，终与上海县署隔浜相对，成为上海县政治生活中不可缺少的公共空间。800多年来，上海城隍庙屡毁屡建，但其殿宇在建筑风格上仍保持着明代格局，整个殿宇宏伟，飞檐耸脊，气势庄严，从而一直成为上海的地标性建筑。

值得注意的是，原先的城隍只是为一般民众所祭祀与供奉，而明代开国后，朱元璋将城隍祭祀纳入祀典，把城隍神作为国家正祀的对象，赋予其保城护民、督官摄民的“神职”。从明代起，城隍信仰变成了国家信仰，朱元璋在《封列城隍文》中说：“凡城隍之神，皆新其命……司于我民，监于郡政。”他甚至对大臣宋濂说：

“朕立城隍神，使人知畏，人有所畏，则不敢妄为！”朱元璋把祭祀城隍制度化，让城隍神在阴间也管理百姓、监察官员，让善恶各有所报。他的这套“城隍理论”，其用心就是使民众“不敢妄为”，以便明王朝的一统天下能传之万世。

城隍信仰被朱元璋以国家力量上升为国家信仰，成为正统的“礼制”。上海地区各县的城隍神中还有不少是生前在该地任职的基层官员，因勤政廉洁，有功地方，所以死后被民众尊为城隍，并得到官方承认。到了明末清初，在上海地区，不仅府县城市普遍存在受到朝廷敕封的城隍神，而且在各个市镇也出现了“镇城隍”，恪守城隍信仰。有清一代，上海逐渐将城隍爷变成了自己的城市信仰。从晚清到民国，源于传统的上海城隍信仰，经历了从“亦官亦民”到“日益大众化”、从“信仰一元”到“信仰商业化”的过程，这一过程体现了精英文化与民间文化、信仰文化与商业文化在近代上海社

▲ 1928年建成的上海新城隍庙大殿

会生活中的博弈与重构。

上海民间对于城隍神保留了特别虔诚的奉祀，“御灾捍患，素者威灵”，士民对其感恩戴德。每重祷献，而于城隍庙尤甚，如祛病祈福，富室用全猪羊，贫者用三牲首。除夕日，家家户户备牲醴，前往城隍庙瞻拜。牲醴香烛，源源而来，香火称旺一时。每年清明、中元、十月朔，城隍神出巡祭厉坛，迎送间，彩旗、灯幡、鼓乐、戏妓、烟火、舆马，备极豪华、隆重，“虽王侯不能拟，官府不能禁”。与此同时，上海城隍信仰又不只是仅仅在“奉祀”中止步，而是在给城隍神提供栖身场所和发展空间时，加速城隍信仰的普及化，把城隍信仰上升为城市信仰，并且让城市信仰助力上海城市经济发展，所以，明代以后逐渐出现了集城隍信仰、商品交流、民间艺能表演于一体的城隍庙会，就不是奇怪的事情了。

上海城市信仰渊源于城隍信仰，是城隍信仰的伴生物。它起初出于为城隍信仰活动服务的目的，而最终反客为主，成为城市中最主要的、最有活力的集市贸易活动，恰如颐安主人《沪江商业市景词·城隍庙》竹枝词所吟：“城隍庙内去烧香，百戏纷陈在两廊。礼拜回头多买物，此来彼往掷钱忙。”这可以看作城隍信仰与近代化过程中的城市信仰的互动。宋代以来，江南以经济繁荣、社会富庶而蜚声全国。明中叶以降，特别是黄浦江河道开凿后，上海依靠黄浦江生存、长大，走向繁华，出现了上海市镇的黄金时代。随着这个黄金时代的来临，上海周边一些集镇也都纷纷建立了城隍庙。这可以看作是上海城隍信仰与城市信仰的一个反证，这些集镇由于修建了城隍庙，庙会及各种信仰活动吸引了周边地区的众多民众，汇聚了人气，从某种意义上说又进一步促进了市镇经济的繁荣和发展。

30. 城市信仰与生命信仰

中国人的传统智慧，首要一条就是“大道至简”，复杂的事情要简单去做，简单的事情要重复去做，重复做的事情要用心去做，坚持下去，就没有做不成的事情。大道至简，悟在天成。

说到城市信仰与生命信仰的关系，自从城市诞生后，城市信仰也在不断补充创世神话的精神内核，它们的交互传播，如同一泓汩汩清泉一直流淌至今，春雨

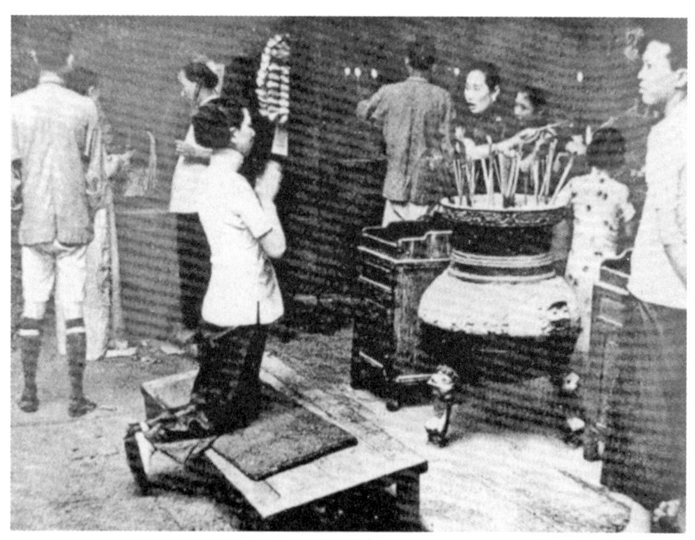

▲ 民国时期，衣着入时的女子在上海静安寺烧香拜佛

细无声地滋润着人们的心田。最典型的例证就是对于“六十星宿”的改造，深刻体现了“大道”智慧。“六十星宿”缘起于中国传统的纪年方式——干支纪年法。说来，也并没有什么复杂之处，就是“十天干”（甲、乙、丙、丁、戊、己、庚、辛、壬、癸）和“十二地支”（子、丑、寅、卯、辰、巳、午、未、申、酉、戌、亥）按照顺序组合起来，得到甲子、乙丑等60个组合，俗称“六十甲子”。如此周而复始，无穷无尽。

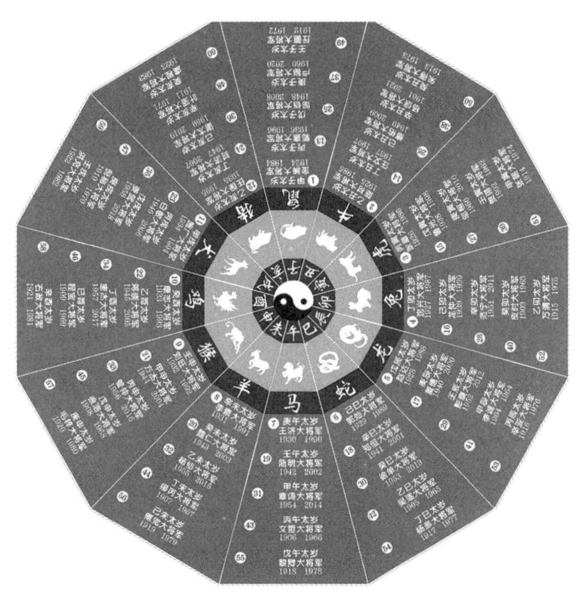

▲ 太岁与十二生肖关系

时间是一维的，时间又是生命的存在要素之一。“六十甲子”就是中国古人提出的独具智慧的概念，古人用天干地支的组合来记住所生的年份。为了便于记忆和推算，人们就采用鼠、牛等12种动物来与十二地支相对应，每年用其中的一种动物来作为这一年的属相。而汉民族的本命年就是按照十二生肖属相循环往复推出来的。

而“六十星宿”又与古代“太岁”的概念相关。太岁（又称太阴、岁阴）最早出现在《荀子·儒效》篇中，原本是中国古代天文和占星术中虚拟的一颗与岁星（木星）相对并相反运行的星，随着岁月的流逝，后被演化成一种神祇信仰。避太岁的信仰则是从避岁星的占星术中分化出来的，两种信仰在战国时代常常混淆，一直要到汉代以后才逐渐厘清。唐代作为轮值的民间“本命守护神”的模式已经大致确立。据《夷坚志》载，宋时常州东岳庙后所供太岁，已俨然冠冕，具有人格特征。自元明以后，最高统治者设专坛祭祀太岁神，并常与月将日值之神并祭。太岁神因时而化，原本是避岁凶神，逐渐演化成生命守护神。后经道家的改造，把太岁称为大将军。《神枢经》云:“大将军者，岁之大将军也。”《正统道藏》中称六十年太岁神均有真名实姓，且皆有神历。

从春秋战国时代，经西汉往后各个朝代的流传，一直到明初朱元璋立国，“六十星宿”开始了从生命信仰向城市信仰的延展，经过历代文人学士以及道家的全面改造和封建统治者的倡导，到朱明王朝，将个人出生年的干支之年，称为“六十星神”，即本命年。如某人出生于甲子年，那么甲子即是其“六十星神”，甲子年即是其本命年。道家还认为六十甲子即六十星宿，代表了六十尊元辰星宿神。

因太岁神为值年之神，掌人间一年祸福，又称“值年太岁”，俗称“岁君”。民间所言的“太岁”，也叫“岁神”，通俗地说就是这一年值班的守护神，又名岁星、顺星。最初，民众是将六十星宿视为上天的星相，并无特别的意义，后世，道家文化不断将天上的星相与人事进行比附，如同《封神榜》中所描写二十四天君之一的王变天君一样，天上的星成为维护天庭秩序、主持正义的化身。后世相传、比附的结果，很自然地成为一种拟人化的护法神和守护神了。

据唐代杜佑《通典》记载，最早这么做的是南北朝时期的北魏道武帝拓跋珪，拓跋珪在位24年，他在位时，就已经立“神岁十二”，说明他开始用12个太岁神人来专祀了。南北朝之后，历经唐、宋、元诸个朝代，“太岁守护神”也在演进与发展之中，到朱明王朝立国，经过国家的提倡，城隍庙实现制度化，并随着明清以来的城市发展而具有广大的影响力。此时，“太岁”已经不仅成为生命信仰的祭祀对象，更成为城市信仰的祭祀对象。《春明梦余录》载，明代对六十星宿重新命名，南北朝“专祀”“神岁十二”，明代从数量上拓展了5倍，有60位太岁神，成就一个甲子，年年岁岁都有太岁神值守。这60位太岁神（或者称“六十神仙”）的名字全部进行了整理与更换，被各地安奉太岁的庙宇供奉，他们都有名有姓，人生真实，成为神仙后，神采各异，巧夺天工。

那么，这些太岁神是一些什么人呢？例如，“丙申太岁管仲大将军”，掌管丙申年流年运势与祸福。猴相，手托如意。管仲出生在春秋时期齐国的颍上，在齐国担任宰相的职位。他根据齐国地处滨海的自然条件，提出实施“盐税”的政策，让百姓定居，重用与选拔人才，制定法律采用合适的条文，掌握军队同内政结合，收取赋税区分田地的肥沃和贫瘠，迅速使国家强大起来。再如“丙子神仙郭嘉大将军”，郭嘉为人慷慨，生有大志。他任广宁路总管时，在外无援兵的孤城中与盗贼抗争，最后阵亡，明朝廷封赐郭嘉为“忠烈”。再如，“丁卯神仙沈兴大将军”，明时沈兴降生在建宁（今福建省建宁县），身材不高，但是强壮精悍，眼睛炯炯有神。他做事足智多谋，光明磊落。洪武年间，任建宁右卫指挥使司的后所百户。他建造城墙，固守防护，对外挡住了盗贼的侵犯，对内保障了百姓的安全，使建宁的百姓都能安居乐业。再比如“庚午神仙王济大将军”，宋时王济降生于深州饶阳（今河北省饶阳市），大中祥符三年（1010年），他升任为洪州知府，兼江南路安抚使。当时发生干旱，民众饥荒。王济亲自监督官吏煮粥赈灾，收录灾民为洪州兵士，使许多人得以活命。王济临终时，还进言宋真宗，提出吸收贤良、远离谀臣、停止一切非急需的土木工程等建议。如果我们撩开明清统治

▲ 20世纪30年代的上海关帝庙

者册封的太岁神仙神灵信仰的神圣面纱，敢于摒弃一切狭隘的思想观念，认真审视，就会发现其中包含着丰富的关于追求真、善、美的道德因素。比如太岁神中强调“诸恶莫作，众善奉行”“不偷盗”“不与俗争”“父慈子孝”“乐人之吉、恤人之苦、周人之急、救人之穷、慈心于物”等，这些有利于维护社会安定团结，保持社会稳定；“不得口是心非”“不得绮言狂语”“不得不忠不孝不仁不信”，这些有利于反对弄虚作假，杜绝丑恶现象，弘扬社会正气；“诚信不诈”“不淫不盗”“慈俭素朴”，这些有利于提倡诚实守信、诚实劳动的社会风气。这些因素，在调节社会关系、推动社会进步的过程中释放着正能量，也正是这些积极因素，成为太岁神在人类社会的历史长河中得以延续和发展的基因。

市政格局

31. 一城三治格局形成

道光二十二年六月二十八日（1842年8月4日），英国军舰驶抵南京下关江面，随后英军从燕子矶登陆，扬言进攻南京城。在英军坚船利炮的淫威之下，清朝钦差大臣耆英、伊里布和两江总督牛鉴，妥协退让，委曲求全，被迫在静海寺、上江考棚等处与英军议和。清政府被迫在静海寺与英国政府议约4次，但谈判期间英军仍未停止抢劫行为，引发了鸦片战争中的最后一战——靖江保卫战。中英双方代表在英军旗舰“康华丽”号上正式签订了中英《南京条约》。就是这个屈辱的《南京条约》的签署，使帝国主义列强开始对中国进行侵略、掠夺、瓜分，中国亦由此开始从一个独立的主权国家逐渐沦为半殖民地半封建社会。后来中英双方又签订《虎门条约》，对《南京条约》作出补充，规定外国人可以在通商口岸租赁房屋或营建住房等，上海租界的发端就肇始于此。根据《南京条约》和《五口通商章程》的规定，外国商品和外资纷纷涌进长江门户，开设行栈，设立码头，划定租界，开办银行等。近代中国面临的是“三千年未有之变局”，也充满了新旧观念的冲突、东西文化的碰撞。

从道光二十五年（1845年）《上海租界章程规定》签署生效，英国人在上海取得第一块租界开始，上海也进入了一个新的历史时期。道光二十三年九月二十三日（1843年11月14日），首任英国驻上海领事巴富尔（G. Balfour）与上海道台宫慕久达成协议，宣布上海于九月二十五日（16日）正式开埠。最初，英国领事馆是租借城内民房建立的，来上海的英国官员及商人等也均租借城内民房居住。当时鸦片战争结束不久，中国官员一方面仍以大清帝国居高自大，另一方面又怕与洋人关系处理不妥而发生争执，对自己的官位不利，因此也希望能划出一块土地作为洋人的“居留地”；而英国人也发现城内土地狭小，不宜发展，遂以“华洋杂居”会引起冲突为由，要求划出县城北郊的黄浦滩，作为外国人居留地。道光二十五年十一月一日（1845年11月29日），上海道与英国领事签订《上海租地章程》，正式承认从“洋泾浜”（今延安东路）至李家场（今北京东路）之间的外滩为英国人居留地。道光二十八年（1848年）和二十九年（1849年），美国和法国也以相似方法，取得与英国人相同的待遇。后来，“居留地”就逐渐发展演变为租界。道光二十六年（1846年）英国人组建道路码头委员会，作为租界的市政组织、管理机构。咸丰四年六月十七日（1854年7月11日），租地人召开会议修

▲ 上海公共租界巡捕房警徽

改1845年《上海租地章程》，将原仅限于道路码头建设和管理的道路码头委员会，改组为工部局（municipal council），并由工部局组建巡捕房，从此工部局就成为租界的最高市政机构。

所谓租界，就是把土地租给外国人居住、经商，这个土地还是中国的。中国人是不可以随便入住租界的，但人们可以进去做买卖，当时叫“华洋分处”。我租给你了，当然不能随意更改，最初的几年里，大家相安无事，“黄牛角，水牛角，各归各”，可是时间一久，因为租界里面居住的外国人太少了，不到2 000人，使得租界也没有很大的发展。咸丰三年（1853年），上海发生了一个重大事件，就是小刀会起义，它完全改变了上海的格局。

小刀会占领上海县城以前，上海原有居民35万人。清咸丰三年（1853年）八月初五，小刀会首领刘丽川、潘启亮联合福建帮小刀会首领李咸池、陈阿林等在上海起义，迅速占领了上海县城，击毙了上海知县袁祖德，活捉了苏松太道吴健彰。起义军最初不过千人左右，几天之内发展到万人以上。小刀会起义后，迅速向四郊发展，占领了宝山、南汇、川沙、青浦等县城，一度克复了太仓。这场起义之后，上海县城剩下不到4万人，人都哪儿去了？相当一部分就跑到租界里去了。原来租界是不让华人居住的，但是战乱一发生，租界不能拒绝华人进来避难。于是，租界人口一下子增加到10多万人。

这个时候租界就由“华洋分处”变为“华洋杂处”，并设立了工部局、巡捕房等。那个时候清朝政府没有能力去管这个事情，所以租界就在错综复杂的情况下自说自话地改变了它的性质。

时局的巨大变化，也使租界变成了“国中之国”，虽然是在特殊的情况下。对上海来说，不仅“华洋分处”变为“华洋杂处”，而且“居留地”也变成了“国中之国”，城市边缘变成了城市中心。从此，上海出现了一个奇怪的格局，叫作“一市三治四界”，即一个城市，三个管理机构，华界、公共租界、法租界，各有自己的管理机构，华界又分为南市与闸北。

世界上没有哪个城市像上海这样有“一市三治四

▲ 1920年上海南京路公共租界市政厅

▲ 20世纪30年代的法租界外滩

界”的奇特格局，亦即华界、公共租界、法租界和美、英、法、中国四方。其中，华界又被租界分割成闸北和南市旧城区两部分。一个城市三家分头管理，各有各的政权，各有各的法律，各有自己的文化认同。“一市三治四界”给城市带来了极其复杂的影响，比如导致城市空间模式呈现出以若干条东西向发展轴线为主体的形态，缺乏南北向的联系，也使得城市市政结构不合理，自然也萌生了市政管理与建设中的许多问题：公共租界法庭开庭讲的是英语，法租界法庭则用法语；门牌号码，也是各有各的编法；甚至电车轨道、能源系统、卫生系统都不一样。这些会给城市市政管理带来许多麻烦。

当然，也要看到，这个时期正是西方文化与中国传统文化碰撞和融合的时期，租界将西方的政治制度和法律体系引入上海，也带动着上海的现代化转型。租界掌握了当时上海发展的关键因素，在都市计划、道路建设、基础设施建设、建筑设计、建筑施工等方面，将国际上的新技术和新材料几乎是同步引入上海，这是城市快速发展背后坚实的技术支撑。更重要的是，租界局势相对稳定，在上海近百年的动荡中，租界在绝大多数时候，很自然地成为国内外资本的避风港。这也是近代上海在乱世中始终能保持相当发展的重要原因。

32. 越界筑路与“洋泾浜”变迁

同治元年至二年（1862—1863年），美国人华尔组织“常胜军”效力于清政府，镇压太平天国，与太平军转战于沪苏一带，并在上海租界以外华界地面修筑许多军用道路。太平军退出上海后，工部局即将这些军路修筑为马路，如新闸路、麦根路（今石门二路底）、极司非尔路（今万航渡路）、徐家汇路等。另外还有上海跑马厅股东于同治元年修筑的静安寺路（初名涌泉路，今南京西路），同治八年（1869年）修筑的卡德路（今石门一路）和杨树浦路等，亦属非法修筑。围绕所筑道路的管理权及租税等问题，中外进行了一系列的碰撞与交涉。

工部局委派由美国驻沪领事熙华德、英国驻沪领事麦华陀及法国驻沪领事白莱尼组成的委员会，于同治八年一月二十一日（1869年3月3日）代表领事团与上海道应宝时会晤，要求豁免越界筑路地段的钱粮。应宝时以此事应由两江总督决定，予以拒绝。同治十年（1871年），麦华陀起草《上海租界界外道路备忘录》，交北京公使团向清政府交涉，要求豁免连法租界界外徐家汇路在内的8条界外道路地段1 171亩土地钱粮，也没有得到清政府的明确回复。同治十二年（1873年），工部局就其要求延长麦根路［在昌平路、康定路之间，1936年前建，因原麦根路（今淮安路一段）得名］一事，转请领事团与上海道沈秉成交涉，被上海道拒绝。光绪四年三月六日（1878年4月8日），工部局总董赫德（J. Hart）致函领袖领事、德驻沪领事吕德（C. Lueder），要求转呈北京公使团向总理衙门提出购置麦根路至极司非尔路所需土地。一个月后，总理衙门咨照沈葆桢：政府不阻止工部局延长麦根路的计划。但在实地考察时，计划遭当地民众的反对，他们拒绝越界筑路。

上海公共租界的越界筑路开始于太平天国战争期间的19世纪60年代，至光绪二十五年（1899年）上海公共租界大扩展以后，绝大部分越界筑路已被并入该租界。但自光绪二十七年（1901年）以后，该租界再度向外围地区大规模越界筑路，准备将这些地段列入进一步扩展的范围。1914年，上海法租界得到大规模拓展，将其所有越界筑路全部囊括其中。上海公共租界也计划再次拓展，准备将沪杭铁路以东的越界筑路都纳入租界范围。当时袁世凯政府正面临反对“二十一条”群众运动的压力，没有批准这个租界推广合同。英国政府正全力进行第一次世界大战，所以最终这一大片越界筑路区直到租界收回，始终维持在特殊的准租界格局状况中。直到1925年五卅运动之后，大规模越界筑路才告一段落。所有越界筑路所围成的区域共有47 000亩（31平方千米），甚至超过正式租界的面积（33 503亩，合22平方千米）。

近代化以前，上海水网密布，河道纵横，有着典型的江南水乡的风貌，可谓“东方威尼斯”。而开埠以后，租界的设立，西方文化的引入，对于上海来说，一开始必然是一种冲击，一种强制性的交流，不仅极大地震动了千百年来的封建统治和伦理秩序，同时也改变着上海水乡古河道的景观，中心城区中的一条条河浜更是被填

▲ 1914年洋泾浜填没及埋管工程

成道路。

举个例子，如今贯通上海城区东西向的延中高架，高架下面的延安东路原先是条河浜，名字叫洋泾浜。它夹在公共租界和法租界之间。公共租界前身是英租界，后来英美租界合并，形成公共租界，位于洋泾浜的北面；法租界则在洋泾浜的南面。洋泾浜是两租界之间的界河，两岸有两条路，北岸的叫松江路，南岸的叫孔子路。洋泾浜两岸除了客栈旅舍之外，秦楼楚馆当然也不少。每当夜月升天、清光泻波之时，洋泾浜上不免现出几分秦淮风光，有诗咏道："洋泾浜畔柳千条，雁齿分排第几桥？最是月明风露也，家家传出玉女箫。"所谓"雁齿分排第几桥？"说的是洋泾浜上的桥有十几座，便

▲ 公共租界所树界石

利着两岸交通，靠近现在江西南路和四川南路的两座桥，分别叫三洋泾桥和二洋泾桥。为什么要填浜筑路呢？主要还是开埠之后，上海人口剧增，繁华日盛一日，在大规模的开放中，水流河道渐渐成了城市持续发展的累赘，特别是洋泾浜，阻隔着南北两地的联系。此外，潮汐涨落，黄浦江泥沙不断地灌入，使得洋泾浜河身渐渐浅狭，行船越来越难。加上附近的住家行人又习以为常地把垃圾、废物任意倒入河道，更有来往运粪船的粪水流失河内，洋泾浜水质污秽发黑，夏天来临或低水位时，经常臭气冲天。周围一带的市民纷纷呼吁将其填没。历经讨论筹划，1914年公共租界和法租界决定联合出资，填浜筑路。1916年工程全部完竣，一条略带弧形的通衢大道赫然出世，当时报纸上誉称它是“远东最良马路之一”。

马路筑成，路名命名是个颇费心思的事情。这条马路归两界共管，哪一方为之取名都须与对方协商。公共租界工部局为此极为小心谨慎地致书法租界公董局总董，提请公董局能慷慨地允许将此路取名为“爱多亚路”，以对英王爱德华七世（“爱多亚”是“爱德华”的法语读音）表示崇敬。法租界公董局经讨论复信表示完全同意这个建议。然而这位君主的英名并未能“永存”，1937年抗战全面爆发，上海沦陷，1943年上海租界被汪伪傀儡政权接收，爱多亚路的路名被取消，改名为“大上海路”。抗战结束，大上海路又被改为“中正东路”。1949年，中华人民共和国成立，中正东路之名自然被清除，上海市政府以革命圣地延安之名，将其称为“延安东路”，这个名字一直沿用至今。

33. 华洋杂居的城市景观

人们在租界这种“与华夏本土传统迥然不同的社会生态环境”中看到了什么呢？当人们接近洋场时，首先映入眼帘的是鳞比卓立的洋房及其蜿蜒曲折的天际线，耳目为之一新。王韬在道光二十八年（1848年）曾这样描绘他在上海外滩看到的景象：“一入黄歇浦中，气象顿异”，“滨浦一带，率皆西人舍宇，楼阁峥嵘，缥缈云外”（《淞滨琐话》）。同样令中国人惊叹不已的是租界的道路。翻开当年游览洋场的中国人的笔记、日记，常见“街衢弄巷，纵横交错”，“道途平坦，商户整洁，堤岸桥梁，修筑坚固”，“舟车填溢”，左右“树木森茂而齐密”之类的赞语。由于规划、勘察、施工、材料设施的近代化，租界的道路从各方面体现出新型城市的风貌。车道、行人道的石勘分隔，马路界桩的设置，使道路的安全宽阔有了保证。道路始终保持平坦洁净，无尘土飞扬。沿途遍植行道树，每树相距四五步，垂柳白杨葱郁成林，法国梧桐夏季遮阴，寒带松柏四季常青，还有街心花园、灌木花草，更使人赏心悦目。

在租界内，与修桥筑路几乎同时进行的是“燃点街灯”。最初点的是煤油灯，六角玻璃壳为罩，或挂高处，或置铁柱之上。同治四年（1865年），中国最早的煤气公司之一在上海设立，一些租界马路以煤气灯照明，俗称“自来火”，又因其管道从地下通出，亦称“地火”。当时私人用户很少，主要用于街道店铺照明。包天笑回忆说：“许多店街点自来火，讲究在煤气管子头上加一纱罩”，但当时一般人家中的照明，还是用蜡烛与油盏。直到光绪年间，洋油（煤油）进口大增，“于是，上而缙绅之家，下至蓬户瓮牖，莫不乐用洋（油）灯”。未几，上海租界已开始出现电灯，因其“大过足球，去地三丈余……白光四射”，人称“赛月亮”。租界内整洁有序的市容，先进完善的设施，严格科学的管理，无不反映了西方近代工业文明的先进性和优越性，它对刺激中国人改革民居建筑和居住环境，改良生活方式和居住文化习俗具有特殊的意义。

▲ 在上海汇丰银行前的狮子雕塑及路人

随着大量外国侨民的进驻以及上海人与外国人接触、交际机会的日益增多，华洋杂处最大的困难和障碍是语言不通，特别是外国商人、海员、旅游者初来乍到，由于不谙华语，难免有寸步难行、一事无成之虞。于是，社会上出现了一些游手好闲又略习英语的人，充当翻译和导游的角色，从中索取报酬。这项新兴的职业，名曰“露天通事”。“通事”，即翻译也。当时，有一首《上海市景词》描述此类人曰：“通事何因唤露天，能知西语少人延。沿街代达洋商意，买卖成交略取钱。”“露天通事”本是在西洋人那里当过几天差的西崽、马夫之流，大都没有受过什么正规的英语教育，只不过略微懂得几个英语单词而已。他们经常在洋泾浜一带的马路上游来逛去，遇有不谙华语的外国商人、水手或士兵，便主动迎上前去搭讪，用蹩脚的英语与他们交流，充任其临时翻译，有的还顺便为他们介绍生意，然后从中收取小费。洋泾浜地区的其他一些较低文化层次的社会群体，如小商小贩、人力车夫、码头苦力等，出于经常要与西洋人做生意，也有一部分会说几句洋泾浜英语。如当时的一些人力车夫在招揽西人坐其车时，常会用这样的洋泾浜英语问道：“油狗惠罗康伯奶？”（You go Hui Lu company？你去惠罗公司吗？）如果洋人同意，他们便会接着说道：“爱泥特土角。”（I need two jiao. 我要二角钱。）洋泾浜英语虽然是一种起源于洋泾浜一带，主要运用于商贸场合中的特殊语言形式，但是这种语言形式对于上海都市的影响却远不止洋泾浜一个地区，也不仅仅只限于商贸交易。实际上，它已经渗透到了上海都市中的各个地区、各种场合，以及各种层次的社会群体之中。当时上海有相当一部分从事各种职业的市民都会讲几句洋泾浜英语。他们在表示对于别人的感谢时，便会说：“生克油饭来麦去。”（Thank you very much. 非常感谢你。）在表示对于恋人的爱情时，则会说：“阿爱辣夫油。”（I love you. 我爱你。）由此可见，当时上海都市中洋泾浜英语的流传和应用范围已经相当广泛。

从语言学的角度来看，洋泾浜英语当然不够标准，

▲ 1948年上海争奇斗艳的户外广告——洁士香皂

不够规范，在某种程度上，它可能还会影响正常的语言交际表达，破坏语言的纯洁性和完美性。但是从社会效用的角度来看，洋泾浜英语的出现却又有着一定的合理性。它解决了人们急切希望掌握外国语言，然而一时又难以很快达到目的的困难。尤其是对于那些文化层次不高，但却又迫切需要与西方人交际、沟通的中下层民众来说，洋泾浜英语简直可以称得上是一种最为适合需要的“快速入门外语”。洋泾浜英语主要是用一些通俗的上海方言词语拼凑而成，因此它与原来的英语词义之间往往会形成一种独特的语言效果，使人听来甚感有趣。例如在洋泾浜英语中，称“丈夫”为“黑漆板凳”

(Husband)，称“妻子”为“怀爱夫”(Wife)，称“舌头”为“烫”(Tongue)，称“夜晚”为“衣服宁”(Evening)，称“女士们”为“累得死”(Ladies)，称“教师”为“铁车儿”(Teacher)。这些词语之间的关系显得十分滑稽有趣，然而也正因如此，使得人们十分容易记忆。

洋泾浜英语作为一种曾经广为流行的语言民俗事象，对于上海民俗文化的演变与发展仍然具有一定的意义。它是上海语言文化与语言民俗的一颗化石，记录着中西语俗交融、汇合的历史，展示着上海都市民众在与西方人不断的交往、接触过程中所走过的道路。

34. 西人生活的示范效应

有人算过一笔账，上海的两个租界共计有48 000多亩地，这是全国其他23个租界面积总和的1.5倍。可见上海租界在全国的影响之大。那个时候，外国设在中国的所有银行总部都设立在上海。正因为外国银行都在这里，经济中心也就在这里，更不必说那时中国民族资本的银行总部，也大抵设在上海。

提到上海租界，人们总会想起被列强用坚船利炮轰开的国门，想起丧权辱国的《南京条约》等中国近代史上的灰暗记忆。实际上，正如中科院院士、同济大学建筑学教授郑时龄先生所言：“一种充满矛盾的传统与现代的并存持续了很长的一个时期，形成了上海的特点，这样一种冲突也使中国新文化运动的许多代表人物在上海得到启蒙。新与旧、传统与现代、洋与中、优与劣、善与恶、雅文化和俗文化等都在矛盾中并存，不仅表现在城市的社会生活方面，同时也表现在城市空间和建筑上。”也正如上海史专家熊月之研究员所说的，“上海租界，虽然是被迫开放的产物，却像一个被插入蚌贝的细核，孕育出一颗璀璨的东方明珠”。上海租界对中国的政治、经济、文化等各个方面产生了影响，而且这种影响是复杂的，有消极的一面，也有积极的一面。

西方人来中国，当然是谋取他们的利益。当时外国人到上海来，并不是把上海只看成一个旅游的地方，他们把上海作为自己的家园来经营，他们中的很多人一辈子生活在上海这块土地，甚至很多人是在这里出生，也有不少人就终老在上海，几代人都在这里。他们把欧美国家的东西都引了进来，包括物质、制度、精神等方面，诸如电灯、电话、教育制度、自治制度等。上海在道光二十六年（1846年）就有旅馆，同治二年（1863年）有缝纫机，同治四年（1865年）有煤气灯，在物质文明方面远远走在中国其他城市前面。与天津相比，上海煤气的使用早19年，电灯早6年，自来水早14年，晚清人说天津、苏州发展很好，便说它们像“小上海”，是把上海作为现代化城市的一个范本和标的。

尽管上海在开埠之前已是“人烟稠密，商贾辐辏”的“江海通津，东南都会”，但离现代化毕竟还有着很长的距离。最早来上海的是西方各国的传教士，他们在

▲ 上海英商自来火房和煤气储气罐

科学文化传播中扮演了双重角色，远涉重洋来中国的主观愿望是要传播基督教文化，同时也担负着了解中国的地理、历史、天文、风俗习惯等方面的科研工作，客观上他们也为中国自然科学和人文科学体系的建立进行了探索。这些洋人不仅在中国积极参与朝廷的天文观测等科学活动，还把相关的科学资料送回西方各国的科学院，促进了中西文化的交流和传播。

“无心插柳柳成荫”。开埠之后，上海以对外贸易为先导、租界发展为模式，逐渐辐射扩展，随着中国对外贸易重心由广州向上海、由华南向华东转移，各地具有经商传统的客籍人士也以西方人相似的积极态度，纷纷相约从各地转移到上海，成为上海城市发展的主力军，长江三角洲腹地经济结构与正在迅速拓展的世界资本主义体系紧密地联系起来，它们已经越来越无法仅仅作为内向型的经济体系而孤立存在了。传统商业贸易中的商品结构、投资及操作模式都发生了巨大的变化。

开埠以后，上海是中国最早受到西方思维大规模冲击的地方，工业革命和市场经济发展所凝聚出的对企业家精神的思考，也影响到了上海最早的一批企业家。例如有面粉大王、棉纱大王之称的荣德生，生活俭朴，平日粗茶淡饭，土布长衫，一双布鞋，对物质生活无过奢的欲望。在他的居室里，挂着自撰的一条横幅："立上等愿，结中等缘，享下等福。"这种传统传承到今天，表现为上海的企业家一般比较低调，而且相对来说更加乐于慈善。早期上海的一批商界精英，他们凭借自己的地域和语言优势，有效地化解了中西方因语言、制度、习惯、文化等方面的差异引起的矛盾冲突，使中西双方在文化互不了解和互不适应的情况下，较顺利地走近对方，从而大大缩短了中西之间的文化距离，从而实现了中西文化的交流和双向历史发展；与此同时，上海商人群体也善于抓住机遇，扬长避短，以积极开放的心态去迎接波谲云诡、深不可测的世界经济大潮的冲击，创造性地实现了自我价值的提升和人生的大转折。

上海形成了多国、多民族的文化传统的混合，有英国的、美国的、德国的、俄国的，还有犹太人的，在虹口那一片还有日本文化的影响，这就使上海的文化资源相当丰富。上海的人口是全国最多的，1949年有546万人，在100多年的时间里从20多万人发展到500多万人，绝大多数都是从全国各地来的，所以上海形成了一个集散效应。由于历史的原因，上海人较早与"老外"

打交道，中西文化的早期接触与交流，也铸就了上海人看“老外”的独特眼光，这就是平等地交易，平和地相处，平实地处事。在这种与“老外”的双向互动中，西方商人的行为方式与观念意识也给上海商人以巨大影响，西方的契约精神和公平交易的理念也构成上海文化中颇为显著的特点。“合作共赢”的底气加之因融入天南地北的文化色彩而更加包容的意识，使上海人中出现了无数商界精英和行家里手，他们既识货又明理，敢于也善于商战。由于多年与“老外”周旋，上海文化内涵中包含了太多的西洋文化质素。如果对上海的民俗与传统做仔细分析的话，就像被称为万国建筑博览会的外滩建筑一样，上海文化内涵中包含各种各样不同的国际文化传统。

35.“大上海”计划始末

受到租界的影响，从清末开始，上海华界就曾多次试行地方自治和民主制度，但始终没能成功。1927年，中华民国南京国民政府成立后，将上海定为特别市，7月7日，上海特别市政府正式组建成立。此时上海也是中国的第一大都市，国民政府和上海地方政府都非常关注和重视上海的建设和发展。所谓上海市中心，也基本是公共租界和法租界。当时上海黄金地带已分别被法租界和公共租界占据。而上海市政府的所在地却只能在靠近徐家汇的枫林桥地区。新设立的上海市政府为了能与市内的国外租界相抗衡，最终决定绕开租界和旧市区，

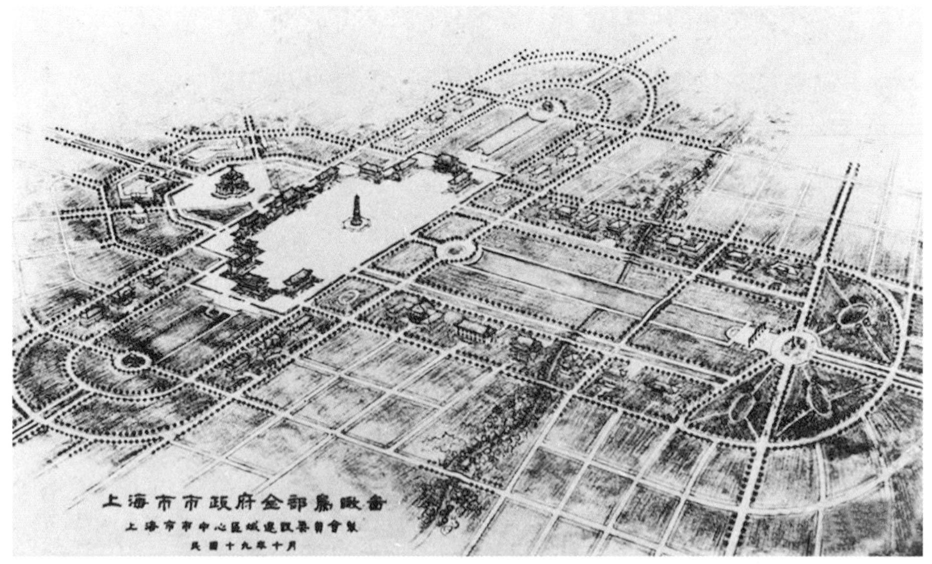

▲ 1927年上海特别市政府成立后制订了“大上海”计划，这是中国人自主设计的第一个上海近代化城市建设计划

根据孙中山在1922年所著《建国方略·实业计划》一书提出：上海“苟长此不变，则无以适合于将来为世界商港之需用与要求”，进而提出“设世界港于上海”。上海特别市政府遵循孙中山先生厘定的方针，谋求自己管辖区的发展，多次提出城市建设计划草案。上海特别市政府提出的“大上海”计划，就是在这一关键的历史时期，试图改变上海城市命运的奋力一搏。

1929年7月上海特别市政府第123次会议通过了《大上海计划》，陆续公布了《建设上海市中心区域计划书》《黄浦江虬江码头计划》《上海市分区计划》《上海市道路计划》等一批配套计划，这些计划构成了人们常说的“大上海”计划之基本架构。

当时的上海市政府试图通过以建设新的深水港和

▲ 1931年，上海市政府筹划的上海市中心区域图，地点为江湾五角场一带

铁路总站等大型基础设施为推动力，在今天的江湾五角场一带建设规模宏大的新城，为上海城市发展注入新的活力。五角场这片远离旧市中心的东北地段，毗连和靠近吴淞口，位于黄浦江边，具有比旧市区更大的港口优势，也符合孙中山先生提出的将上海建成一个“东方大港”的宏伟目标；也因为这里是一张白纸，没有改造旧市区那些难以想象的种种麻烦，便于按新时代的标准去开创一个现代化的新区域。于是选址今五角场地区的翔殷路以北、闸殷路以南、淞沪路以东、黄浦江以西的土地约7 000亩（合4.6平方千米）作为市中心区，规划设有行政区、商业区、住宅区，以及相应的交通设施。这个上海中心区域北邻新商港、南接租界、东近黄浦江，处于地势平坦的江湾一带。同年8月，上海市中心区域建设委员会成立，标志着这项宏伟的计划进入了实

施阶段。

“大上海”计划是近代上海第一个大型的城市规划。从1930年起，一直到抗战全面爆发前，这一地区进入了大规模的开发建设之中，一批市级的公共建筑拔地而起，地区路网部分辟成，一条轻便铁路东西贯通，虬江码头一期工程完成。这些设施中的大部分都超过了租界而领先于上海，新市中心区初步成型。

根据拟定中的“大上海”计划，将江湾一带的土地划为市中心区域，兴建一系列市政建筑，形成一个“中”字形的行政区，其中的道路系统计划围绕这个“中”字为发散形的格局，其正西、正东、正北、正南4个方向开辟4条主干道，分别为三民路（今三门路）、五权路（今民星路）、世界路（与今名同）和大同路（未建成），反映了当时国民政府“三民五权、世界大同”的政治理念。在翔殷路与淞沪路、黄兴路的十字交口处再多开辟一条其美路（今四平路），构成五角场格局，这种格局至今仍然保存完好。

1930年7月7日公布计划全文，随即测定市中心区域路线，订立界石，首先修筑道路，先后建成了其美路、黄兴路、三民路、五权路、淞沪路、翔殷路等。全市道路系统改建，计划修筑干道20条，形成全市干支相连的道路系统。按照计划，当时总共将构筑11条“中”字打头的马路，10条“华”字马路，5条“民”字马路，10条“国”字马路，9条“上”字马路，13条“海”字马路，15条“市”字马路，12条“政”字马路和8条“府”字马路，组合起来正是“中华民国上海市政府”9个字，并且把市中心区域（即新上海）划为政治、商业、住宅三部分，以五角场为中心形成蜘蛛网状的干支道路系统，用3条马路——黄兴路、其美路和翔殷西路（今邯郸路）分别接通杨浦、虹口和闸北，用2条马路——翔殷路、淞沪路通向“大上海”腹地，构成既相分割又互为联系的街区。

“大上海”计划实施前后共7年，1932年淞沪战争时曾受到破坏，以后继续施工。先后完成的部分项目有：（1）市政府大楼，共4层，建筑面积近9 000平方米。楼前有可容10万人集会的广场。北面建中山纪念堂，前竖孙中山铜像，为美术家江小鹣雕塑。1933年10月举行落成典礼，市长吴铁城对10万余中外来宾和民众发表演讲，并有飞机9架飞临上空祝贺。1931年6月，市政府新厦正式开工，次年1月市政府房屋已竣工十分之七八，因“一·二八”淞沪抗战，工程被迫停顿。同年6月决定续建市政府房屋，至1933年10月初竣工，10月10日举行落成典礼。（2）社会、工务、公用等各局办公楼，6 500平方米。（3）上海市体育场（今江湾体育场），占地300亩。由田径运动场、游泳池、体育馆三大建筑组成。体育场可容纳观众6万人，游泳池和体育馆可容纳观众各5 000人。1935年10月交付使用，当月举行了第六届全运会。（4）市立博物馆，高24米，共2层，建筑面积6 860平方米。1936年2月建成并对外开放，当时首次展出的中国建筑展览会，参加人数超4万，为中国建筑史上的一次空前盛会。（5）市立图书馆，高25米，共2层，建筑面积6 940平方米。1936

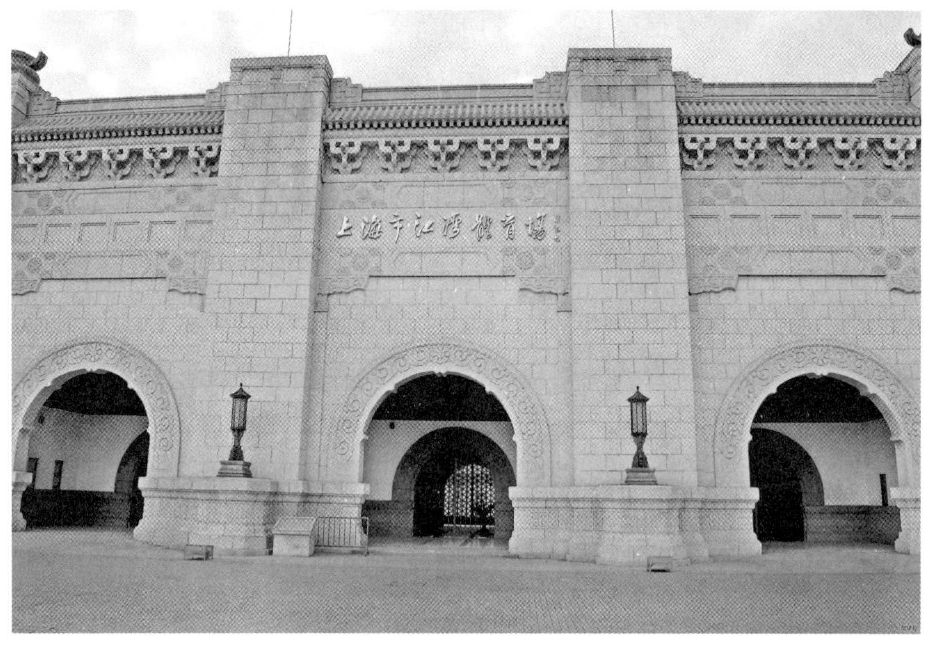

▲ 江湾体育场，“大上海”计划遗留的几个主要建筑之一

年6月建成并对外开放。拥有藏书50万册，其中珍本4 000余册，由蔡元培、王云五、张元济、李公朴等8人组成董事会。

此外，还完成了包括黄兴路等在内的72条道路、虬江码头、市立医院、音乐专科学校和有5 378平方米建筑面积的36幢花园洋房等，人称“三十六宅”，至今存留。

由于南京政府对上海竭泽而渔地盘剥，市政府始终处于财政极度紧张的状态，能够用于城市建设的资金极为有限。可惜，日本帝国主义的战火，阻止了“大上海”计划的进一步实施，1937年11月，上海沦陷，“大上海”计划被迫中止，抗战胜利后也没能重新恢复和延续执行。

都会空间

36.“公园”出现上海滩

上海是近代中国公园的发源地，大量外侨在此居住，加之华人人口迅速增加，各类公园数目为全国之冠，先后建成外滩公园、华人公园、法国公园、昆山公园、虹口公园、汇山公园等（许晚成《上海指南》）。

公园是最重要的都会空间。《汉语大词典》近代公园的定义是“供群众游乐、休息以及进行文娱体育活动的公共园林”。对于近现代中国都市的公共空间，西方传来的诸多公众娱乐休闲的项目中，影响最大且政府投入最多的，莫过于公园。中国过去只有官家或私家园林，公园这一公共娱乐活动空间完全是近代西方文明的产物。近代即使有私家园林开放的情形，也是在外国公园进来后开明士绅作出的反应，是公园本土化过程中的一种变体。近代以前即使有私家园林开放，恐怕也不具有营业性质。在上海，公园最早建于租界，而后影响至华界，直至影响到中国人对于“公园”概念的全部接受。

根据民国时期上海通志馆《上海研究资料》，中国最早的公园是由英美公共租界工部局于同治七年（1868年）在上海建成的外滩公园，起先，人们还称以“公家花园”。据中国近现代史学者闵杰考证，自光绪二十九年（1903年）留日学生在《浙江潮》上介绍日本公园后，次年，《大公报》在报道南京建公园时就全部用“公园”一词，“公园”逐步取代“公家花园”而成为一个专用名词（闵杰《近代中国社会文化变迁录》）。光绪三十三年（1907年）后因官方出资并大力提倡，各地渐兴修建公园之风，特别是在清廷大员端方、戴鸿慈奏请设立公园等四大公共文化设施后，各地公园数量迅速增加。

“公园”，与中国传统上的私家园林不同，西方人称“公园”为Park，强调其性质则称Public Park，即公共性，也有用Garden（园）来代替的。最早的例子是道光三十年（1850年）上海开辟的第一个约80亩的花园跑马场，其通道原称“马路”（今南京东路外滩至河南路段），后改名“派克弄”，一直沿用到第二次鸦片战争结束。租界上的洋人为了满足自己游憩活动的需要，将欧洲的公园引进到上海。当时公园的风格主要是英国风景式或法国规则式，有草坪、树林、花坛等设施。据园林局统计，从开埠至上海解放仅建造公园14个，

▲ 上海最早的公园——外滩公园

总面积为988亩。而私家花园倒是占据了相当的比例，著名的有哈同花园、张园、叶家花园、丁香花园、周家花园等。上海滩上第一家公园是外滩黄浦江边的外滩公园（也叫黄浦公园），咸丰十年（1860年），恰巧有一艘沙船在黄浦江和苏州河的汇合处沉没，使得泥沙逐渐淤积，于是在这块与外滩紧紧相连的地方，外国侵略者建起了上海滩的第一个公园。该园占地约30亩，精致而漂亮。

公园作为从国外引进的概念，在本土化过程中发生了较大变化。西方公园是提供人们呼吸新鲜空气与休闲活动的场所，而中国的公园则强调“游学”一体化，因此，在最初传教士将植物园与动物园引进时多附属于博物馆，而后来都转到公园内，以便让人们在游玩中获得

▲ 清末上海的外滩公园，右侧为音乐厅

自然知识。茅盾在《秋的公园》中描述:“一般上海小市民似乎并不感到新鲜空气、绿草、树荫、鸟啼等的自然景物的需要。他们偶然也有去公园的，这才是真正的‘游园’，匆匆地到处兜一个圈子，动物园去看一下，呀！连只老虎狮子都没有，扫兴！他们就匆匆地走了。”可见，公园在中国本土化过程中已经与西方人原先的理念发生了微妙的变化。

除黄浦公园之外，老上海还有不少老公园，如昆山花园。该园在乍浦路、昆山路及文监师路（今塘沽路）毗连处，清光绪二十一年（1895年）工部局建。这个公园是专门供给儿童用的，成人除保证儿童进内者外，不得享受权利。虹口公园（今鲁迅公园）和兆丰公园（今中山公园)，也是上海著名的公园。

早期的虹口公园，有广阔的体育运动场地，各项运动者按着玩球的季节川流不息地进出其中。进了门是一条20尺广的通道，夹在木兰花中。在游客视线里展示着的是一大片开阔的草坪，据说这里是整个远东地区最为精美的园林，直径320尺，公园中间为一条小溪流所分隔，后又用一座乡村式的木桥连接起来。一个音乐台置在丛林之中，到了夏天的晚上，工部局弦乐队就在此地演奏。东面以长湖为界，那一边就是靶子场了。清光绪二十二年（1896年）工部局在北四川路界外地（N. Szechen Road Extension）购地造靶子场，因面积宽大，于清光绪三十一年（1905年）加辟公园，至清宣统元年（1909年）始见完备。1917年复加地30亩。1937年，日军占领虹口公园，称其为

▲ 1941年，上海一户人家的母亲领着女儿们在兆丰公园合影留念

"新公园"。

兆丰公园，是一个将近300亩的大公园，而且专门为植物所独占，不作运动场地。该园的一部分本来是兆丰花园的旧址。兆丰花园原是西商霍克（E. J. Hogg）的私家园林，于清宣统三年（1911年）得价14万，并入圣约翰大学；而极司非尔路（今万航渡路）南端的一部分则为工部局所购得。工部局既得兆丰花园极司非尔路南基址后，拓展至数百亩，南出白利南路（今长宁路）。1914年3月20日纳税外人会议通过麦克李亚的提议和庇亚士的附议，于是工部局园地监督提出报告书，计划可以将该园布置成3种情状：（1）一个旷野的花园，包括树林、草地、湍流和小湖，愈是乡村

风味愈好，再要一块理想的地点做“劈克尼克”和其他集会之用；(2)植物的园林，包括一个中国树木和灌木代表的集团，尽可能地搜集使之完备，成为世界上最大的和最有趣味的中国植物标本集团；(3)装饰的部分，包括广大的草地，植树夹荫的大道，喷泉和适当的雕像。此外也必须要一个养鸟房可使中国的鸟类能集居于此，同时亦要一个“动物部”。这个庞大的计划无法在一个短时间内实现，但是历经多年的经营，兆丰公园成为上海各种植物最丰富的公园。兆丰公园英名Jess Field Park，正式译名应作“极司非尔公园”，可是一般人都称为兆丰公园，工部局年报华文本亦如是，这是沿袭昔日“兆丰花园”旧名的缘故。也有人呼它为“梵王渡公园”，因为它当时傍着梵王渡火车站。

37.“乃文乃武，唯精唯一”

精武武术是中国一种民俗体育形态，它起源于强身健体的民族自尊，在广大民众的参与和拥戴下，逐步升华为捍卫民族尊严的一种武术精神。从20世纪最初10年的酝酿，直到20世纪30年代发端于上海的精武武术，汇聚了全国各地的武术人才，在抵御外来挑衅，捍卫民族尊严，抵制日益猖獗的鸦片流毒等各方面发挥了巨大的作用。2014年精武武术入选国家级非物质文化遗产名录，成为海内外华人的一项重要的文化与体育资源。

今天，四川北路上的“上海精武体育总会”，仿佛

▲ 孙中山为精武体育会题词“尚武精神”

是精武精神——“爱国、修身、正义、助人”“乃文乃武，唯精唯一”——的象征，以传播和弘扬中华武术、培养民族正义力量为旨归，将中华民族的传统武艺与西方体育的概念和内容有机结合，构成了中国武术文化的有机组成部分。在彰显民族精神的同时，精武武术也作为上海城市文化资源而被载入史册。

1919年，位于上海提篮桥倍开尔路（今虹口区惠民路、荆州路）73号的上海精武体育会适逢成立10周年之际，中华民国的缔造者孙中山先生亲临于此，挥毫题词“尚武精神”。孙中山先生所作的《精武本纪》序文，精辟提及了精武会几大要旨——体魄修养术专门研究，振起体育之技击术，强种保国，致力于世界平和。

中国的民族精神基本可凝结为《周易》中的两句名言，一句是“天行健，君子以自强不息”，另一句是“地势坤，君子以厚德载物”。“自强不息”与“厚德载物”是中国传统文化的基本精神。那个时候，有外国人称中国人为“东亚病夫”，这个称谓对中国人是一种巨大的羞辱，当时一批先进的知识分子就从中外国民身体素质与体育竞技水平等比较中，从中国军队“持烟枪”行军打仗、士兵身体羸弱的现象中，以及比较日本人注重“尚武精神”的“武士道”中，认识到中国人必须进行“军国民教育”或进行“尚武精神”的教育与灌输。为此，晚清时期，许多人提出着力推动中国教育制度改革的建议，使体育课在学校课程体系中得到普及与重视。为了增强中国人孱弱的身体素质，许多知识分子还亲自去海外，学习西方先进医术。清朝末年民国初年，像孙中山、鲁迅、郭沫若等一大批志士仁人都曾去日本学医，但在痛苦的实践中，他们又不约而同地认识到，医治中国人身体和提高国民身体素质是次要的，着力提升中国人的精气神才是最要紧的，关键要拯救国人的灵魂。鲁迅学医后又放弃，认为中国国民性的严重问题不仅在于身体羸弱，更严重的是精神上的愚昧与麻木不仁。

当然，那个时代“科学救国”“教育救国”“实业救国”都很盛行，甚至也有人主张从学西方先进民主制度入手，搞改良或革命，还有人提出“全盘西化论”或“中国本位文化论”。精武精神就是在这种时代背景下被

▲ 左为1921年铸造的悬于精武公园的黄钟，右为霍元甲像

提上了议事日程。一大批聚集在上海租界内外的知识分子，怀着各种各样的改造中国的梦想，做着改造国民性的努力，他们的内心充满着炽热的爱国情怀，“……萃群众于一堂，互相观摩，互相砥砺……期造成一世界最完善，最强固之民族。斯即精武之大希望也，亦即精武之真精神也”。

精武武术发端于上海，绝不是偶然的现象。20世纪初，中国正处于风雨如磐、积贫积弱的时代。在那个中国人饱受屈辱的时期，一个偶然的事件，搅动了中国人捍卫民族尊严的轩然大波。

宣统元年（1909年）春，英国大力士奥皮音在上海北四川路52号亚波罗影戏院（Apollo Theatre）“登台表演举重，露肌及健美种种姿态，约二十分钟，一连数晚，最后一场言，愿与华人角力。于言谈中，带多少轻蔑口吻，翌日见于报端，沪人哗然”。英国大力士奥皮音夸下海口说“愿与华人角力”，表现了对中国人的一种蔑视，根据精武会创始人陈公哲《精武五十年》的记述，当时沪上有关士绅名流如陈其美、农劲荪等，萌生了请技击名家登台与奥皮音比试的想法，“咸欲聘请技击名家，登台与赛，以显黄魂”。

当时人在天津的霍元甲接到邀请，便携其徒刘振声于同年3月赶到上海，并在陈公哲与另一译员陪同下，找奥皮音商谈比武事宜。奥皮音认定用西方人的规则，霍元甲则是抱定中国人的方式，最后议定“用摔跤方式，以身跌于地分胜负”。于是，发起人开始筹措资金在上海静安寺路（今南京西路）张氏味莼园（张园）内搭建了“高四尺，宽广二十尺”的擂台。这就是在上海具有传奇色彩的“张园比武”，但这场约定在6月中旬下午4时举行的擂台赛并没有如期举行，原因是英国大力士奥皮音在比赛的最后关头爽约。为什么奥皮音没有如约前来比武，现在已经成为一个谜团，可能是此前霍元甲已经名声在外，可能是英人奥皮音怕输掉比赛而丧失颜面，也可能是其他原因。约定同台竞技而不到场，按照惯例，霍元甲可谓“不战而胜”，这个消息在当时上海舆论界不胫而走，当然是扬眉吐气的好消息，霍元甲凭此而名扬上海滩。

借着“张园比武”，上海有关人士顺势而为，进一

▲ 现位于虹口区四川北路2027弄34号的上海精武体育总会

步策划成立了以霍元甲为首的精武体操学校，就是后来精武体育会的前身，真是“作始也简，将毕也巨”。如今，精武体育会已经遍布世界许多国家和地区，尽管上海精武会与各地的精武会平等，没有隶属关系，但最早的源头依然在上海。上海精武会和精武武术，其实是一个经典的案例，翻开了中国精武武术与精武体育恢宏壮观的一页。

38. 娱乐休闲场所“蝶变”

晚清及至民国时期，整个社会处于急速的转型中，那是一个从传统农业社会向工业文明转型的早期阶段，所以整个社会生活随着欧风美雨的东来，以及上海工业化、城市化发展而发生了很大变化。作为新兴的公众娱乐休闲的场所也随之产生，大大拓展了中国人闲暇生活的空间，提升了上海市民闲暇生活的品质。所谓“公众娱乐休闲场所”，应该既包含公共活动场所的物理形态，如公园、酒吧、茶馆、博物馆、图书馆、避暑地、自然山水、名胜古迹等，也包含人们娱乐休闲的精神空间，即人们对娱乐休闲兴趣的培育以及相关的奇思妙想，人们的精神感受及精神张弛状态。所谓“公众娱乐休闲”，从本质上说，就是通过

▲ 20世纪20年代放映有声电影的光陆大戏院

一系列的休闲活动，以缓解近代工业社会制度化体制对人们身心构成的压抑，释放巨大的心理潜能，以利于人们的身心健康。

▲ 设施豪华的南京大戏院（现为上海音乐厅）

美国人爱德华·罗伦兹在1963年提出“蝶变效应”，说的是一只南美热带雨林中的蝴蝶扇扇翅膀，可能引起美国得克萨斯州一场龙卷风，就是说某些事物的初始状态，看似很随机又毫无关联，但是其内在的联系随着时间推移，规律就会显现出来。最后，所有的碎片就会拼合起来，形成一个整体。从这个角度来看那个年代上海的公众娱乐休闲，就会感觉那种嬗变是很急骤的。例如，旧时茶馆本来是很悠闲的喝茶聊天的场所，但在19世纪中叶的上海，茶馆与戏院合二为一，变身“茶园”，客观的原因也是有的。道光三十年（1850年）清道光皇帝驾崩，清王室大哀之下，决定为其守孝3年。于是，颁诏天下，国丧3年，停止演戏。按规定平民百姓要戴孝3年，其间民间不准登台演戏。这么一来，老百姓不能看戏，天下唱戏的艺人岂不要饿死？当时昆戏班尽是苏州人。苏州有个叫钱文元的人，便把昆戏改为清唱，不登台演出，一律坐唱。如此维持了两年，到了第三年，有人就出了个主意，到茶馆里去演戏，改戏馆为茶园，让那些茶客们一边喝茶，一边听戏，可收事半功倍之效。艺人们有了演戏的用武之地，对于官场的人，又不触犯王法，只说那是吃茶的地方，岂不两全其美。而实际情况是，茶园里面袍笏登场，笙歌盈耳，在衙门前用点小费即可无妨，一经尝试，民众热烈欢迎。以“茶园”的名义来演戏，而一班地方官吏也久未过戏瘾，熬得难受，于是就睁一眼闭一眼地任其开张。有时，他们自己也混迹其中，前去喝茶听戏。那时，戏台前横放着一排五六张方桌，前后最多五六排。每张方桌放置5把椅子，桌子左右各放1把，后面一字连排着3把椅子。排场大的茶客尽可以进入包厢。由于是在茶园里看戏，所以不卖戏票，只要付茶钱，就可以同时享受看戏和喝茶的乐趣。官场也不闻不问，茶园之名就此代替戏园，只称茶园而不提戏园。

同治、光绪年间，“茶园”在上海非常红火，所有戏园，都以茶园名，同桂轩就先后改名为红桂茶园、丹凤茶园。新开设的还有丹桂茶园、大观茶园、天仙茶园、一洞天茶园、桂仙茶园、春仙茶园等不下10多家。这类茶馆的茶客基本来自中上层社会，大多为显贵要人、社会名流、文人学士、阔佬商贾以及在社会上已有地位的流氓头子、帮门会道等头面人物，如黄金荣、杜月笙、张啸林之流。这类茶馆大多地处繁华市面或风景幽静之处，楼房高大，不论是外部装潢，还是室内装饰，都比较讲究。茶室优雅、窗明几净，并布置有内室、雅座，专供显贵要人、阔佬、少爷、名媛等品茗议事和交际会友。当然，茶资也就高出一般茶馆若干倍，甚至几十倍。

上海开埠之后，茶楼、茶馆、茶园这类公共空间已经难以适应变化了的社会需求。洋人占辟租界，为了侨民的生活享受，他们带来了夜总会、俱乐部、舞厅、旅舍公寓等设施，内部都附设“酒吧”。上海酒吧的历史，可以一直追溯到19世纪，来上海的欧美人在黄浦江边的东大名路开出了第一家欧洲式酒吧。上海在顶峰时有12万常住外国人口，他们给上海带来了一种完全不同的娱乐空间，那个时候能够到霞飞路梯梯斯喝咖啡，听白俄琴师拉小提琴，去礼查饭店跳家乡舞，到丽娃丽妲去划船，这些是上海的外国人在物质、文化和信息交流方面的必要活动。对任何国家的人而言，上海的酒吧“总有一款适合”，虽然每个国家的人都有不同的泡吧习惯，但是上海的酒吧就适应着市场规律，时时满足着消费者的需求。

根据从那个时代过来的老人回忆，上海老式酒吧的内部设置大体是靠墙长橱，橱前长柜，柜边一张张单柱圆垫凳，坐上去怪不舒服，为了保留古老的传统，酒吧从西洋搬到中国上海，还是这种圆凳装置。酒橱高架，搁放形式各异的大小方圆酒瓶，酒瓶标志五颜六色，颇

▲ 当时酒吧使用的代币，类似于游戏币，可在指定酒吧消费

为壮观。柜上置放一大木桶啤酒，柜内橱前站侍女为客斟酒。

根据西人习俗，酒吧前或侧辟舞池，酒吧的兴盛也推动着舞厅的发展，吧台前连着舞池，舞池四周置放木靠椅及小几，为舞女座，舞池外围设放圆桌靠椅，是舞客座。池的另一端布置音乐台，聘雇“洋琴鬼”（上海人送乐士们的雅号），接连不断地吹奏快节奏舞曲，如“快狐步”“伦巴”。各家酒吧占地都不大，进门就见桌椅，人多嫌小。上海百乐门舞厅曾经是上海著名的综合性娱乐场所，全称“百乐门大饭店舞厅”。1929年，原开在戈登路（今江宁路）大华饭店兼营，旋即歇业。1932年，上海商人顾联承投资70万两白银，购静安寺地营建Paramount Hall，并以谐音取名“百乐门”。1933年开张典礼上，时任国民政府上海市长的吴铁城亲自出席并发表祝词，当时百乐门的常客有许多名流显要，陈香梅与陈纳德的订婚仪式就在此举行，卓别林夫妇访问上海时也曾慕名而来。

同酒吧类似的生活空间还有上海的咖啡馆，这种充满了政治和文化意味的公共空间，从30年代起就在上海流行了，多少年来各色咖啡馆流行沪上，从未失去人们的喜爱。咖啡馆的意义，对于上海人来说，不仅仅是个消磨时光的地方，在咖啡馆中，他们或低吟沉思或高谈阔论，任由思绪徜徉。在咖啡浓郁的香气中，这些来自异地的流行文化所造就的生活消费空间，大大影响了上海人的心态和观念，也使得上海市民获得了更多了解世界的机会。各种文化在这里交汇，然后又孕育出新的文化，上海滩持久不衰的活力大概就来源于此。

39. 大世界与娱乐业变革

从19世纪末到20世纪上半叶的上海，传统的农业社会结构在松动，新的社会阶层在兴起，西学引入、商业发展，城市社会出现了前所未有的社会分层和社会流动。在这场大变动中，一个重要现象是经过重新组合的近代市民阶层的游乐场所与娱乐消费方式走上了历史的前台，这一阶层是近代文化娱乐业变革的主体和推动力量。

上海的戏院，包括后来“茶园”式的戏馆前后多达百余家。各种戏班、剧目，如涌而至。光绪年间的《沪游杂记》记述，当时上海的丹桂茶园、金桂轩茶园的戏场全以京班为主，金桂轩茶园还偏重武戏，富春茶园、天仙茶园以及丹凤园、同乐园等，都演唱“徽调兼京腔”。《淞南梦影录》描述“舞榭歌楼，戏园酒肆，争奇斗艳，生面独开”，而其地的“梨园之盛，甲于天下。缠头一曲，最足销魂”。看戏听曲，是那个年代人们在上海重要的文娱生活。一至夜幕垂天，名媛雅士便纷纷涌向茶园戏场。“上灯时候，车马纷来，鬓影衣香，丁歌甲舞，如入众香国里，令人目不暇赏。”由于开埠之后租界的特点，上海快速成为新的一方休闲娱乐的中心。

光绪三十四年（1908年），对于传统茶园式戏场具有颠覆意义的“新舞台”诞生。这种新式剧场的建构布局完全以演出和观赏为本，舞台扩大，没有栏柱遮挡，台上设有机关布景、灯光装置等。观众席前低后高，便于观看，看戏时杜绝吃喝嘈杂、呼妓陪观等行径，观众头顶上也没有来回飞舞的伙计往复抛接的毛巾，看戏的行为更为纯粹。

新舞台一出现，就显示出勃发的生命力，演出效果倍增。从滩上大亨到贩夫走卒，无人不会哼几句京调，从上到下，都把欣赏戏剧作为主要的消遣方式。原先远离普通民众的京剧，就是最早在上海打响的。光绪初年，在勇于接受新风气的上海，京剧已经成为最具影响力、观众最多的剧种，上海人都把看京剧当成一种时尚，去戏院看戏成为上海市民生活的一个组成部分。

近代的游乐场设施以上海建立最早、数量最多、水平最为先进。1912年，浙江路新新舞台的5层顶楼，开设了“楼外楼”游乐场，从而一改传统游乐场集市地摊化的特点，吸收了西方游乐园的做法，将游乐场搬进了室内，让民间艺人驻场演出，对节目也有一定的艺术要求，进行剧场化管理。“楼外楼”有杂技、滩簧、魔术、大鼓等。为显示其新兴时尚，还安装了通往楼顶的电梯，票价也分为：盘梯上楼的1角，电梯直上的2角。门口还装有荷兰进口的哈哈镜，使人忽大忽小，忽胖忽瘦，忽高忽矮，令人捧腹，极具人气。该游乐场一时游客如云，展示了都市娱乐业的崭新形式，实际上是以后大世界游乐场的雏形。

规模最大的游乐场是1917年建成的大世界，由精明的商人黄楚九创办。大世界主体是3栋4层小楼，内有杂技表演、游艺世界、戏台、博览世界、美食世界等，吃喝玩乐应有尽有，只需花2角钱买张门票便可任意游玩。游客纷至沓来，人潮如涌，盛况空前。新奇的玩意，低廉的消费，很快使大世界成为沪上最红火的市民娱乐场所。“哪怕身处社会最底层的苦力们，一年到头也能掏出几枚铜板，到大世界去开开眼界，暂时忘却营生之艰难。”

▲ 刊登在书籍上的上海大世界戏剧广告

大世界的创办有这么一段故事。1917年黄楚九被逼退出新世界游艺场的经营后，与朋友一起集资80万元，打算建造一个比新世界还要大的游艺场。法国领事甘司东得知此事后与黄楚九联系，希望能把游艺场建在法租界，以促进租界繁荣。经过几次接洽，法租界当局以较优惠的价格，把延安东路西藏南路口的一块1.5万平方米的土地售给黄楚九。为了讨好租界当局，大世界赶在1917年7月14日法国国庆日开业，那一天恰逢星期天，租界当局又举行了一系列庆祝活动，附近一带人流如潮，大世界借着这股人气，一炮打响。至此大世界总面积已超出新世界1倍以上。大世界内部设置也别致新

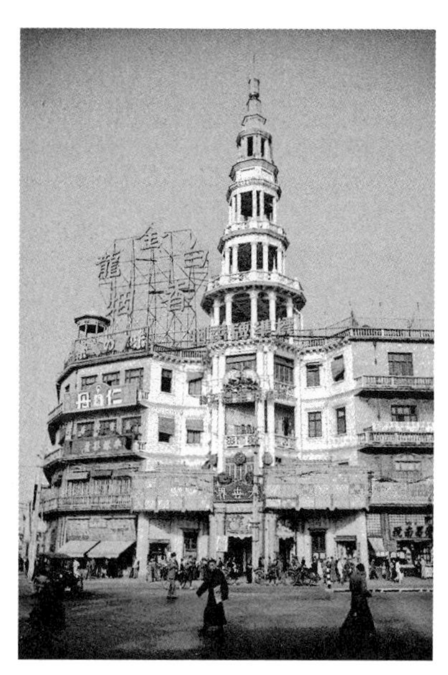
▲ 20世纪30年代的大世界外景

颖，有花园、屋顶花园、商场、剧场、各种书场、特别大厦、共和厅、美术界、动物院、弹子房、中西餐馆、中东名寮、鸳鸯池、金鲤池、大观楼、四望台、登云亭和旋螺阁等，并罗致许多杂耍、南北曲艺及一些舶来品，其中许多项目均为大世界游艺场独有。各种游艺共计60余种，游艺员千人以上，所聘艺员皆为游艺界有声望的人物。

“不逛大世界，等于没到大上海。”这句流行海内的话的确是上海近现代游艺业誉满全国的真实写照。区别于逛庙会、赶香汛、闹社火等传统游艺形式的新式游艺活动发端在上海，其直接原因是近代上海在形成商品经济高度发达的社会形态的同时，又成为近代通俗文化的中心；与传统高雅文化有相当隔膜而又不再满足于村社文化消费的广大市民迫切需要开辟一片崭新的文化娱乐天地，由此便引发了新式娱乐业和相关的新式游艺民俗在上海的兴起及流行。继“大世界”之后，各种名目繁多的“新世界”“神仙世界”“大千世界”等游乐场所相继兴起，不少大型百货公司也竞相在屋顶上开办游艺场所，更有许多外商开办的夜总会、跑马厅、跑狗场、弹子房、回力球场等，相与构成笙歌曼舞、灯红酒绿的“不夜城”奇观。“白相大世界”成了风行一时的市民文化消费方式，而洋骗子、土流氓辈的趁机活动，又使它染上了光怪陆离的阴影。但不论怎样的负面阴影，“大世界”毕竟从它诞生后，给许多平民（当然也不只是平民）提供了一个休闲娱乐的场所，给他们的生活带来了一抹亮色，从这个角度而言，它的历史使命也是有着积极意义的。

40. 文博场馆开门迎客

19世纪中叶，西方资本主义列强的侵入，特别是太平天国农民起义之后，清王朝的统治风雨飘摇，摇摇欲坠，封建经济的发展受到沉重打击，中国社会进入一种危机四伏的态势。西方列强通过不平等条约，在中国沿海和内地，划定地盘，开辟租界，还派出传教士来华，兴办各种文化教育机构、企业和工厂，他们主观上当然是企图在华获取更大的利益空间。但一大批中国的志士仁人和社会精英通过博物馆与图书馆，对于世界、对于社会有了更清醒的认识和自觉。

“博物馆”一词，源于希腊语，原意为祭祀科学与艺术女神缪斯的处所，但真正的博物馆是近代科学文明的产物。1683年的牛津阿什莫尔博物馆是世界上公认的第一座真正的公众博物馆。随后百年，大英博物馆、卢浮宫博物馆相继出现，是英法为提高国民素质、构筑国家形象而创建。19世纪中期，随着工业革命的蔓延、新兴城市的发展，欧美国家掀起了第一轮建馆热潮，博物馆成为现代国家与城市必不可少的文化设施。作为非营利机构，博物馆的功能是采集、收藏、保护、研究、展示人类活动和自然环境的见证物。这里不仅是物的汇集，也是一种精神的集聚，无形中折射出一个国度、一个地域、一个城市的精神文化厚度。

近代，博物馆、图书馆等西方社会文化样式也进入中国人的视野。清同治七年（1868年），法国天主教耶稣会神父韩伯禄（Père Heude）在上海创建的博物院（即震旦博物院），是外国人在中国建立的第一个博物馆，建院时，初名“自然历史博物院”（Museum of Natural History），设于徐家汇天主堂（今蒲西路220号）旁。光绪九年（1883年），在徐家汇耶稣会总部之南建造专用院舍，名为“徐家汇博物院”。1930年，在吕班路（今重庆南路）223号震旦大学旁建造新式楼房作为新院舍，落成后，徐家汇博物院藏品全部迁入新址，改属震旦大学管理，遂改名为“震旦博物院”。为纪念创办人韩伯禄，外文名称为“Museum Heude”。博物院藏品大多系修道院院长达维特（A. Divid）在华北采集的生物标本和韩伯禄、柏永年（P. Courtois）在长江流域各省采集的珍奇标本，贮藏中国所产植物标本十分丰富，有“远东第一”之称。院内设生物研究部和古物部，有自然标本及中国文物两大陈列室。自然标本展出动物、植物、矿石、昆虫等标本；中国文物展出青铜器、陶瓷器、玉器、钱币等。甚至还有鸦片烟枪和女子绣花小脚鞋，以及大量地图。

英国亚洲文会总会成立于清道光三年（1823年），为调查和研究中国科学、文学及自然产物，于清道光二十七年（1847年）在中国（香港）设立英国亚洲文会中国支会，咸丰七年（1857年）在上海设立亚洲文会北中国支会（原名“上海文理学会”，翌年与英国伦敦“大英亚洲文会”联系后更名），办公地点设在洋文书馆，同治四年（1865年）迁宁波路，同治七年（1868年）迁入新规矩堂，同治九年（1870年）移至南京路金沙银行新厦。同治七年驻沪英领事上书英政府，代文会请求新建一座会舍，同治十年（1871年）亚洲文会北中国支会会舍在圆明园路落成，建筑费计银3 000两。同治十三年（1874年）建立“亚洲文会博物院”，旨在收集中国的自然标本和文物艺术品，这是上海自然博物馆的前身。

虽然上海是中国博物馆的策源地，但是直到20世纪30年代才出现由政府主办和管理，作为公共事业组成部分的博物馆。在当时的“大上海”计划中，作为上海城市文化象征的博物馆才被纳入城市中心区的新造计划。馆藏及展陈上兼顾传统和现实，历史和建设的基调也早已确立，“为此浩繁的城市生色，并且市博物馆的主旨，格外注重于上海本地方史迹的收集，以及上海本地方进展的表现”。自清同治七年（1868年）到1949年，上海先后建立了5个博物馆，其中2个是外国人创建，3个是中国人自建。这些院馆由于经费不足，规模不大，设备陈旧，仅

▲ 1937年，位于博物院路上的上海博物院大楼

▲ 道光二十七年（1847年）建立的徐家汇天主堂藏书楼，至光绪三十一年（1905年）定名为徐家汇藏书楼

是维持门面而已。

19世纪70年代，上海出现了一所由外人投资，专为中国人了解西方科学技术的机构，名字是格致书院。它的设置既重视图书典籍，凡西书翻为汉文者皆储藏院中，西方所出现的科学技术成果，特别是机器设备等也作为样品陈列，还备有新出的西文书报，从晚清和民国时期，直到1949年上海解放为止。近代图书馆在上海兴起，并得以初步发展。根据清廷和民国政府的法令，这个时期的图书馆，大体分为公立和私立两大类。公立，即由国家的教育机关举办或某个国家机关附设；私立，即由民间社团、私人或私法人（以董事会、理事会等作为代表）集资举办。1927年12月，大学院（即教育部）公布《图书馆条例》，其中第三条说："各省区及各市县所设立图书馆称公立图书馆；团体或私人所设者，称私立图书馆。"1947年对这个条例稍有修改，但

基本精神未变。学校图书馆也随着学校是公办或私办而分为公立和私立。就图书馆的性质，即从它的藏书内容、办馆宗旨及服务对象来说，又可分为3种，即普通图书馆、学校图书馆和专门图书馆。普通图书馆是作为一项社会教育设施，储集各种图书，供公众（包括儿童）阅览利用。学校图书馆，作为教学的辅助机构，服务于学校师生。专门图书馆属于研究参考性质，其藏书比较集中于某几类学科，内容也较专深，读者对象有特定的范围，多数不向社会公众开放，但也有少数馆开放范围稍广。

图书馆是人类知识和智慧的渊薮，古今中外许多有重大成就的人都离不开图书馆。一个民族要建设高度的物质文明和精神文明，就必须要有知识，而图书馆就是这种知识的仓库。

新知沓来

41. 西方人文思潮袭来

从明朝末年开始，大约是15—16世纪新航路开辟后，一直到近代的西方学术思想向中国传播的历史过程，通常是指在明末清初以及晚清民国初年两个时期之中欧洲及美国等地学术思想的传入，这个过程也叫“西学东渐”。

第一次鸦片战争后中国签订了一系列不平等条约，那些来华的外国传教士获得在华自由传教的权利后，在传播外国宗教和进行政治经济扩张的同时，也把西方文化陆续传入中国，并为此设立各种文化传播机构，将西方的资本主义人文社会思潮和认知模式楔入中国。通过来华西人、出洋华人、书籍以及新式教育等媒介，以中国各通商口岸和沿海城市作为重要窗口，西方的哲学思想、人文学术，当然也包括天文、物理、化学、医学、生物学、地理、社会学、经济学、法学、应用科技等大量传入中国，对于中国的学术、思想、政治和社会经济都产生重大影响。

越是接近晚清，西方人文思潮在中国的传播就越加广泛、深入。最典型的莫过于光绪十三年（1887年）设立的同文书会［光绪十八年（1892年）改称“广学会”］，它由英、美、加等国的传教士、商人、海关和外交官员等39人联合发起，时任中国海关总税务司的英国人赫德任总理。次年成立董事会，以赫德为会长，德国驻上海总领事福克为副会长，英国传教士韦廉臣为督办。

▲ 反映明代徐光启学习西方科技知识的《徐光启和利马窦谈道》

晚清的上海，是西方人文思潮来华的前哨阵地。来上海的西方人，要传播西方文化，不仅人地生疏，而且会有语言障碍，甚至还可能会受到中国人的抵制。因此，他们的策略是聘用中国人来协助其工作，有些书籍的出版和发行还需得到中国人士的资助。以广学会为例，“其捐资帮刻成书者，有各海国西国官商善士，倘蒙中国各直省督宪大人倡首募捐，以及司道大宪、官绅商贾代为广劝，俾得集资添刻各书”（《广学会序》）。再如光绪八年（1882年）林乐知于上海创立中西书院，就邀请华人沈毓桂参与发起，并担任“掌教与总司院务”之职。作为圣约翰大学前身的圣约翰书院，创办之初就由华人颜永京担任院长，负责教务和院

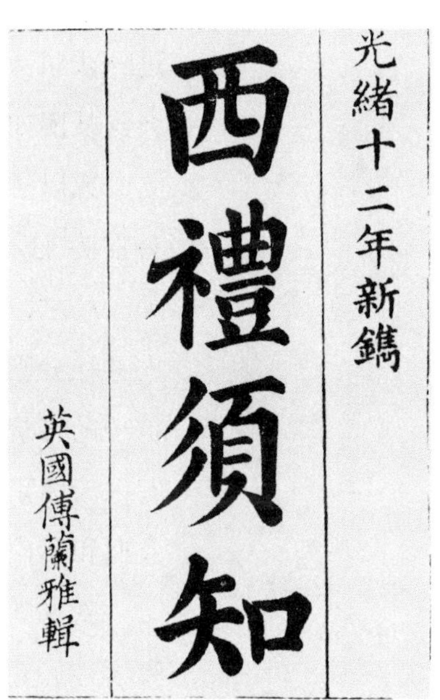

光緒十二年新鐫

西禮須知

英國傅蘭雅輯

▲ 西人向中国人介绍西方礼节的书籍

务。这些协助西方人的上海人，固然可能沦为文化买办，但也有利于他们从传统的中国文人转变为新式文人，逐渐养成现代知识分子的素质。他们多为洋教士主持译书事务和代笔，知识结构和思想观念逐渐资产阶级化和科学化，或产生和形成了程度不同的资产阶级改良思想，或丰富了科学知识。这些人以后都成长为中国的第一代翻译家，后来几乎都独立从事过不少西学的编译工作，为西方科学技术传入中国开辟了一条新的渠道。

西方人文思潮的到来，也促使上海新式文化和职业社团产生。为了深入研讨西学原理用以指导改革实践，进一步扩大西学传播面以“开民智而激民气”，各种学会与社团如雨后春笋般纷纷涌现，或以研讨政治学说为主，或以学习某种社会科学或自然科学为主，或以移风易俗为主，无论其发起者还是活动内容，都与西学有关。总之，新知沓来的结果，客观上也促进了中国新式人文社会因素的产生与发展，使中国传统的人文社会由单一的传统因素结构，转向新旧兼有的二元结构，并朝着以新因素为主导的方向发展，由此推动了社会的新陈代谢和现代化进程。

新知沓来，既为上海造就了一批新型的知识分子和学者，也提高了一般青年学子的科技知识与人文素养，使他们通过阅读西学书籍而改变世界观和政治思想，进而成为晚清一系列社会变革运动的先导者和核心力量。由此可见，西方人文思潮影响所及，带来的是中国传统人文社会的分化，它不仅给上海传统的文化注入了先进的西方文化，也使中国文化形成封建文化与资本主义文化共存的二元结构，而且使接受西学的中国人具有新的素质，扮演新的社会角色，从传统的中国人中分化出来，并使这种分化波及中国社会的各个领域和各个阶层。

中国传统学术的基本框架是“经、史、子、集”，西方文化的输入，完全打破了传统的学术体系，有的逐渐没落，有的吸收西方学术而加以改进。到民国时期，经过西学的洗礼，中国人对于世界、历史发展、政治、经济、社会、自然界万事的看法，都有了巨大的改变。而中国传统的思想文化中的许多成分，则被西方的标准重新估定价值，部分诸子百家思想重新获得重视，而儒家思想及一些民间的风俗信仰文化，则尤其受到强烈的批判。此外，西方个人主义及社会主义等思想的传入，使得中国传统社会中以家庭、家族、地域社会为中心的社会基层开始逐渐瓦解。与社会的影响类似，在经济方面的影响也是逐渐发生的。包括新的经济思想的传入，使得一批知识分子愿意投入实业，而民族主义思想则有助于民族工业的发展成形。新的科学、管理、金融等技术的传入及应用，更是逐渐全面地改变了中国的交通运输、生产方式、商业交易等基本经济事物。新的西方科技事物如电、自来水、电影、广播等逐渐改变了城市居民的生活。另一方面，新的思想改变了许多传统日常生活中的习俗，包括一些被视为迷信的民间信仰、缠足风俗、传统式的婚姻等都逐渐被废除。

42. 墨海书馆与广学会

19世纪初以来，首先在上海出现的是西方的教会组织，他们要传播西方的新知识、新理念，就必须大量出版西学书籍，在上海较早出现的广学会与墨海书馆，其实都是出版机构。墨海书馆是道光二十三年（1843年）[一说道光二十八年（1848年）] 由英国传教士麦都思在上海创建的，书馆坐落在江海北关附近的麦家圈（今天福州路和广东路之间的山东中路西侧）伦敦会总部，墨海书馆出版了一大批关于西方政治、科学、宗教的书籍，如《新约全书》《大美联邦志略》《博物新编》《植物学》《代微积拾级》《代数学》，同时还出版中文期刊《六合丛谈》，是晚清译介西学最重要的出版组织，此外早期重要的西人出版社尚有美华书馆等。广学会则是光绪十三年（1887年）由传教士、外国商人组成的另一个重要的西学出版机构，出版翻译了大量政治、科技、史地、法律等方面的书籍，这些新知武装了一部分中国人。光绪二十一年（1895年）的“公车上书”事件，维新派如康有为等代表人物的思想很大程度上就是受到这些西学的影响，新的人文、科学知识成为中国人变革社会的思想素材。

创办墨海书馆的麦都思就是一位传教士，他早在道光十五年（1835年）就到过上海游历，道光二十三年（1843年）麦都思与其他几位传教士美魏茶、慕维廉、艾约瑟等在上海创建墨海书馆，包括在上海最早采用西

咸豐丁巳正月朔日

六合叢談

第壹號

江蘇松江上海墨海書館印

▲ 墨海书馆印行的《六合丛谈》第一号

式汉文铅印活字印刷术。晚清的著名报人、学者王韬，曾经记载他在道光二十八年（1848年）正月采访考察墨海书馆的经历，他写道："时西士麦都思主持墨海书馆，以活字板机器印书，竟为创见。余特往访之……后导观印书，车床以牛曳之，车床旋转如飞，云一日可印数千番，诚巧而捷矣。书楼俱以玻璃作窗墉，光明而纤翳，洵属玻璃世界。字架东西排列，位置悉依字典，不容紊乱丝毫。"（王韬《弢园老民自传》）从这段记载来看，道光二十八年（1848年）的正月，墨海书馆已确有机器生产，而且书馆的建设也已比较周全。

墨海书馆是近代中国第一个教会印书馆，在其存在期间，除了出版宣传宗教的书籍外，还出版了大量自然科学方面的书籍，这些书籍的出版，对近现代中国人的思想变化起了振聋发聩的作用。数学类科技书如《数学启蒙》《续几何原本》《代数学》等，为古老而封闭的中国注入一股新鲜血液，填补了许多学科的空白，为这些学科的近代化奠定了基础。墨海书馆还通过翻译出版西方书籍，在传播西方科学文化的同时，培养了中国近代最早一批通晓中西学的学者、科学家，如王韬、李善兰、管嗣复、张福僖等，对中国的近代化起了积极的促进作用。总之，墨海书馆对促进西学的传播和中国的近代化都有首创性贡献。从道光二十三年（1843年）上海设立墨海书馆起，到清末时，由传教士设立的编译和出版机构约计达60家，可谓影响深广。

广学会是光绪十三年（1887年）由英、美基督教新教传教士和外交人员、商人等在上海创立的。前身为道光十四年（1834年）英、美传教士在广州创立的“实用知识传播会”和光绪十年（1884年）在上海设立的“同文书会”。光绪十六年（1890年）韦廉臣去世，由英国传教士李提摩太继任总干事。李提摩太一上任就对广学会的读者对象进行调查分析，他广泛结交社会上层人物，通过广传西学来影响中国的社会和政治。李提摩太很会交际，尤其注重与上层官僚及士大夫阶级的人士交往，甚至利用科举考试，在考场上散发广学会书刊。广学会出版的书刊，除传教书籍之外，还涉及历史、科学、政治、法律、商业、文学等各个方面。光绪二十四年四月二十三日至八月六日（1898年6月11日—9月21日）维新派人士通过光绪帝，倡导学习西方，提倡科学文化，改革政治、教育制度，发展农、工、商业等的政治改良运动——“戊戌变法”。当时，光绪皇帝准备变法，购买了129种介绍西方新学的书，其中有89种就是广学会出版的。有的地方科举的题目也要参考广学会出版的书，有的省甚至请广学会编印一套循序渐进的课本，供人自学。李提摩太于清光绪十七年（1891年）任广学会总干事，1916年退休回国，这25年间广学

▲ 20世纪30年代的广学会办公大厦

会在中国社会影响很大。无论是广学会还是墨海书馆，在生产技术上均逐步引进了西方的印刷机械和铅印、石印技术。这些机构不仅采用机械和铅字印刷，而且先后发明电铸铜模字（电镀字模）、排字架等新技术，在出版印刷技术上，也开启了上海印刷业的又一个新阶段。

从晚清到民国，除广学会与墨海书馆之外，上海出版翻译西学书籍的机构还有江南制造局翻译馆。江南制造局翻译馆于同治七年（1868年）创办，为清朝官办的翻译出版机构，简称翻译馆，附设于江南机器制造总局（简称江南制造局）。同治四年（1865年）曾国藩、李鸿章奏准在上海兴办晚清最重要的军事企业——江南制造局。江南制造局最初设址在虹口，同治六年（1867年）扩大规模，遂迁至城南高昌庙镇。经徐寿、华蘅芳等人建议，由两江总督曾国藩奏请，成立翻译馆，这是近代中国第一个由政府创办的翻译西书机构，也是我国早期一所重要的兵工专业情报翻译机构，更是政府译书机构中历时最长、影响最大的一个翻译机构，从中走出了一大批精通中西文化的人才和大师。根据宣统元年（1909年）翻译馆所编《江南制造局译书提要》的统计，该馆先后共译书160种，是中国近代译书最多、影响最大的翻译机构。其译书的具体内容有兵学、工艺、兵制、医学、矿学、农学、化学、交涉、算学、图学、史志、船政、工程、电学、政治、商学、格致、地学、天学、学务、声学、光学等方面。

点石斋书局是中国最早用石印印书的出版机构。光绪五年（1879年）由英国商人美查创办于上海，聘中国人邱子昂为石印技师。首先以照相缩印技术翻印木刻古籍，如用殿版《康熙字典》缩印，获利甚巨。还印《佩文韵府》《渊鉴类函》，中、英文合璧的《四书》等大部头书及中外舆图、西文书籍、碑帖画谱等。值得一提的是光绪十年四月十四日（1884年5月8日）创刊的《点石斋画报》，每月出3册，每册8页，随《申报》附送（零售价5分），由著名画家吴嘉猷主笔。吴嘉猷，字友如，江苏元和人，寓居上海。他被美查聘为主笔后，把介绍社会新闻、新鲜事物、市民生活等作为画报的主要内容。《点石斋画报》开启了以图文并茂的形式报道时事和传播知识的新路，代表了那个时期上海乃至中国画报的最高水平，是研究百年前半封建半殖民地旧中国历史的珍贵资料。点石斋石印书局还设有当时规模最大的石印工厂，并采用手摇轮转石印机。这些新技术，在当时中国都是首屈一指的。

43. 开风气之先的书局与报馆

晚近以来，清政府在洋务运动的推行下所成立的翻译机构，以同治四年（1865年）在上海成立的江南制造局翻译馆译书最多，影响最大。由中国民营资本开办的出版社，则始于光绪二十三年（1897年）成立的商务印书馆。一个多世纪以来，商务印书馆逐渐成为一家集出版、印刷、发行于一身的大规模出版集团，始终以“昌明教育，开启民智”为己任，竭力继承中华文化，积极传播海外新知，历经劫难，又不断重生，创造了中国文化出版事业的辉煌。商务印书馆的创办引起了民营出版业一系列的连锁反应。由于商业性的考量，其出版重视较为通俗的知识介绍，以及配合新式教育推出的新式教科书，同时由于其出版社分馆及销售点遍布全国，因此对于将西学新知传布于更广大的民众，有很大的贡献。其后于1912年成立的与商务印书馆竞争的中华书局亦扮演着类似的角色。商务印书馆与中华书局，犹如两颗耀眼的明星，共同谱写了中国近代精神产品生产的乐章。

▲ 严复的大部分译作由商务印书馆出版

商务印书馆于光绪二十三年一月十日（1897年2月11日）创立于上海，创办人为夏瑞芳、鲍咸恩、鲍咸昌、高凤池等。初为合伙经营的小型印刷工场，光绪二十七年（1901年）改为股份有限公司，资本增至5万元。光绪二十八年（1902年）迁至北福建路2—3号（今福建北路319—331号）。商务印书馆自建印刷所，在河南路新设发行所，又增设了编译所。光绪二十九年（1903年）张元济任编译所所长，商务从纯印刷转为出版为主。光绪三十三年（1907年），商务印书馆在宝山路购地80余亩营建新的总厂，之后，于北京、汉口、香港等地设36个分馆分厂。1932年淞沪抗战中，总务处、编译所、印刷总厂和东方图书馆等被日军焚毁。

中华书局的创办人陆费逵，为浙江桐乡人。他幼时研读经史各籍，稍长遍读新书新报，参加过日知会的革命活动，担任《楚报》主笔时，因著文反对粤汉路借款密约，该报被查封，光绪三十一年（1905年）底陆费逵逃到上海。光绪三十四年（1908年）他进入商务印书馆，初为国文部编辑员，后继任出版部部长。武昌起义前后，陆费逵即“预料革命定必成功，教科书应有大的改革”，于是同戴克敦、陈寅等秘密编辑合乎共和体制的教科书，预作准备。辛亥革命后，1912年2月23日，《申报》上刊登了一则《中华书局宣言书》，其中明确指出：“立国根本在乎教育，教育根本实在教科书。教育不革命，教育目的终不能达也。……民国成立，即在目前，非有适宜之教科书，则革命最后之胜利仍不可得。”在陆费逵的主持下，中华教科书及时跟上了中华民国建立后社会变革的步伐，中华书局也开始了百年发家史。这一清王朝覆灭后第一套适合共和政体的教科书，自1912年2月一推出便风行全国，迅速赢得了大部分教科书的市场，“日间订出，未晚即罄，架上恒无隔宿之书，各省函电交促，未有以应”。中华书局开业首日，仅售码洋5元；到了年底，营业额就超过20万元。

光绪二十三年（1897年）商务印书馆创办于上海，并与北京大学一同被誉为“中国近代文化的双子星”。作为一家民营出版机构，民国时期，商务印书馆秉承在商言商的经营理念，与现实政治谨慎地保持着距离。但是，在20世纪20年代，商务印书馆出版了大量宣传马克思主义的书籍，从这里走出了茅盾、陈云、郑振铎、叶圣陶和徐梅坤等一批进步人士。商务印书馆是推动上海成为近代中国中西文化交汇重镇的重要文化机构之一。它通过编辑出版各类图书杂志，广泛传播包括马克思主义在内的中西文化，影响了社会走向和大批新人，也凝聚和培育了一批文化名人和探寻救亡图存道路的仁人志士，陈云就是其中耀眼的一位。

▲ 上海20世纪30年代新闻报业所在地望平街

最早出现在上海的是一批外文报刊，而后才出现中文报刊。中文报刊适应中国人需求而办，面向中国读者和中国社会，上海近代报刊的最早一批办报人是处在中西文化交流最前端的一批人，他们是我国新闻事业的先驱。光绪二十一年（1895年），甲午战败的刺激使得大量国人所创的期刊兴起，多用于宣传西方政治思想及学术。在此以前，新式报纸的影响力仅限于沿海口岸地区。但在此以后，这些报纸的发行量大增，如《申报》增加了版面和发行地区，也有更多的竞争报纸开始出现，包括上海的《新闻报》《时报》、天津的《大公报》等，此外尚有革命派的报纸如《警钟日报》，且各报纸开始渐由早期以文言为主，转而以较多接近口语的文字来吸引更多的读者，不少白话报也在晚清全国各地出现，这些对于西方新思潮的传布产生重大影响。报人的社会文化背景和办报思想，对近代报刊影响极大。堪称近代上海影响力最大的中文日报《申报》是英国人美查创办的。上海近代报刊出现很早，在很长一个历史时期引领着全国报刊的发展，并成为那个时代全国的新闻中心。其后出现的商业性的大报小报都已初步凸显出大众文化的某些特征，采取了不同的营销手段，例如增加连载小说的通俗讲解，注重对花边新闻和与社会民生密切相关的大事的报道。《申报》在19世纪末期连续关注与报道晚清杨乃武与小白菜案件，长达4年之久，很是迎合了一般市民的口味。在表达方式上，报刊采用评论、小品文章，并推广通俗易懂的白话文。报刊采用的叙事类、杂体类、小品类的文体，体现着报刊的“报章文体”，《附件》《杂录》《杂俎》栏目中，随感录形式也逐渐盛行。这些文体形式，长短自如、不拘一格、亲切可人，完全符合作者的自由表达和满足读者轻松获取信息的愿望，符合近代审美趣味追求实用、自由、个性化和交流互动的要求，被广大读者接受和喜爱。

一种外来文化输入一个落后的社会，一般都循着由物质文明到科学知识、再到制度文明，这样一个渐进的过程。物质文明最具体，难以抗拒，所以往往打头阵，成为文化的先导。科学知识和制度文明的进入，则非常依赖于传播（包括通过学校、媒体、教会等）。其中媒体面向全社会各阶层、各领域，影响尤其广泛。上海新闻报馆的创设，特别是近代报刊，大抵都在大张旗鼓地介绍西方科学知识，大大启迪了上海人的智慧，改变着上海居民的世界观，在传播西方科学技术知识方面最着力的是《万国公报》《格致汇编》等报刊。《万国公报》是对近代中国影响很大的一份外国人创办的中文刊物，该刊最初系美国传教士林乐知个人创办，主编也是他本人。当时向中国传播的“西学”，在西方已属普及的科学知识，而在中国尤其在知识界，却属于人们如饥似渴希望传播的新知识，所以《万国公报》连篇累牍刊载的各类新知识（主要是自然科学知识）文章，吸引了许多读者，特别是开明绅士和敏感的知识分子。如果说《万国公报》综合性强一点的话，《格致汇编》就显得更加专业，《格致汇编》创刊晚于《万国公报》两年，从光绪二年（1876年）创刊，至光绪十八年（1892年）最终停刊，其中，办办停停，前后历经17年时间，但实际刊行时间为7年。《格致汇编》所刊文章，几乎囊括了自然科学的各个领域，包括物理化学、天文地理、医学农学、工艺技术等。该刊由英国传教士傅兰雅自筹资金，个人创办。《万国公报》《格致汇编》等报刊对于新知识的介绍，宛若在一个封闭的黑屋子里开了一个窗口，新鲜的空气从窗外透进来。上海，就是首先呼吸到新鲜空气的地方，随着岁月的流逝，日积月累，上海形成了一种“开风气之先”的社会心态，更容易接受新知，接纳外来文化。

44. 书院向新式教育迈进

古代书院是由著名学者私人创建或主持的一种教育组织和学术研究机构，始于唐，盛于宋，沿袭至元、明、清，在中国封建社会存在了1 000多年。“书院”一词最早出现在唐代，起初是官方修书、校书和藏书的场所。唐玄宗开元六年（718年），乾元院被改为丽正修书院，“书院”二字遂出现于史籍中。开元十三年（725年），丽正修书院更名为集贤殿书院，书院主管人员“掌刊辑古今之经籍，以辨明邦国之大典，而备顾问应对”，兼做皇帝的侍读，“以质史籍疑义”。此外，唐代有些私人读书讲学之所，也称为书院。书院的流行与兴盛，出现于宋初。宋代著名的书院很多，这些书院一般是由私人隐居读书发展为置田建屋，聚书收徒，从事讲学活动。由于书院所选地点多在山林僻静处，所以书院负责人亦即现代意义上的“院长”，当时均被称为“山长”，直至清末废除科举之后，书院改称学校，山长的称呼才被废止。

率先向中国传统教育领域发起冲击并成为中国自办新式教育样板的，是西方传教士在上海创办学校的活动。上海圣约翰大学创建于光绪五年（1879年），原名就是为了适应中国传统书院的名称，称为“圣约翰书院”，由美国圣公会上海主教施约瑟将原来的两所圣公会学校培雅书院和度恩书院合并而成，办学初期设西学、国学和神学三门，用官话和上海方言授课。光绪七年（1881年）学校的英语老师卜舫济牧师开始完全用英语授课，这是中国首座全英语授课的学校。光绪十二年（1886年），年轻的卜舫济出任校长，时间长达52年，对圣约翰的发展发挥了很大的影响。

英国传教士傅兰雅在参与创办上海格致书院时，如此叙述中国自办新式学堂：“洎乎中外互市以来，华洋既接，各事交通，西学之流进中国者已非朝夕。识时务者，每喜西学之有裨实用；明道理者，亦嘉西学之足扩

▲ 圣约翰大学前身为美国圣公会于清光绪五年（1879年）创办的圣约翰书院，校址设在梵王渡路（今万航渡路1575号）

襟怀。一再仿行，因设同文、方言之馆；次第举办，乃兴武备、水师之堂。然此特国家仿效西法之一端。”格致书院之设则可谓民间仿效西法之又一端（朱有瓛主编《中国近代学制史料》）。西方传教士的办学活动基本上是按照西方模式展开的：

其一是按照西方的学校建置分类，建立各种等级和类别的学校。在咸丰十年（1860年）之前的初创阶段，以创办小学为主；咸丰十一年至光绪二年（1861—1876年）的初步发展时期，开始建立少数中学；光绪三年（1877年）之后的快速发展时期，不仅小学、中学数量迅速增加，而且逐渐发展出科技、医学、师范等专科学校，大学也开始出现，逐步建立起比较完整的学校建置体系。

其二是新式学校采用西式的管理体制。光绪七年（1881年），传教士林乐知发起的西院，“所定学中规矩需照泰西之法”。在办学进入发展阶段之后，尤其是在各种专科学校、大学和大型中学中，管理体制大多采用董事会和监理会领导下的校长负责制。教育设施渐趋完善，图书馆室、实验室、学生娱乐场所和宿舍逐步建立起来。

其三是课程设置和教学方法的中西并用，逐渐西化。在课程设置上，大多数学校都设有儒学、宗教学、理化学、政法学、音乐学、史地学和外语等方面的课程，除儒学纯属中学外，其他多属西学。教学方式一改过去中国传统教学的单纯跟诵死背方式，开始结合课文的讲解；而且随着校办实验室、博物馆、实习工场的开设，书本教学开始与实验教学相结合、抽象教学开始与形象教育相结合。

19世纪下半叶，中国兴起向西方学习先进生产技术的“洋务运动”。虽然以失败告终，但它在一定程度上刺激了资本主义生产力的发展，也催生了中国的近代新式教育。光绪二十二年（1896年）刑部左侍郎李端棻上奏《推广学校》一折，建议自京师以及各省府州县皆设学堂。是年，盛宣怀向清朝政府正式上奏《条陈自强大计折》，附奏《请设学堂片》，禀明两江总督刘坤一，拟在上海捐地开办南洋公学，经费由轮电两局捐输，聘请何嗣焜出任总理。得到光绪皇帝准允。至此，南洋公学正式创立。因学堂地处南洋（当时称江、浙、闽、广等地为“南洋”），参考西方学堂经费“半由商民所捐，半由官助者为公学”，故定名为南洋公学。南洋公学创始于徐家汇，即今上海交通大学徐汇校区，时隶属于招商局和电报局，设立了师范院、外院、中院和上院四院，盛宣怀任督办。19世纪末天津发生义和团运动，因此北洋大学堂的师生被迫转移到南洋公学继续教学。复旦大学创建于光绪三十一年（1905年），原名复旦公学，是中国人自主创办的第一所高等院校，创始人为中国近代知名教育家马相伯，首任校董为孙中山先生。校名“复旦”二字选自《尚书大传·虞夏传》名句“日月光华，旦复旦兮”，意在自强不息，寄托了当时中国知识分子自主办学、教育强国的希望。1917年复旦公学改名为私立复旦大学；1937年抗战全面爆发后，学校内迁重庆北碚，并于1941年改为“国立”；1946年迁回上海江湾原址。

清光绪三十一年（1905年），清朝政府下令废除科举考试，旧式教育宣告正式结束，近代新式教育正式走上前台，原有的各级官学和书院纷纷改为新式学堂。新式学堂的培养目标已不是各级官吏，而是通晓专业技术的人才；学习内容已不是原来的四书五经，而是各种专业知识和技能；教学方式和学习期限都具有了新式教育的特征。

▲ 20世纪20年代上海中学正门

兴学热潮的高涨在很大程度上得助于社会办学力量。私立学堂的数目在初级和中级教育层面蔚然可观。富商叶澄衷捐资兴办的澄衷学堂和川沙杨斯盛捐产兴办的广明小学、浦东中学等，皆成为同业中的翘楚。随着新式学校的广泛开设，传统的教科书已经不相适应。各地学校纷纷自编教材，以应急用。在近代中国教育发生巨大变化的整幅运演图中，留学生的派遣是一个重要侧面。留学生既是中国人走向世界的一支先锋队，又是中国社会变动中引来异域文明的劲旅。

45. 张园与新公共空间肇建

在说到“精武”与民众健身时，人们经常提到霍元甲与英国大力士奥皮音准备在“张园比武”，最终奥皮音爽约的故事。就是这个“张园”，在晚清上海的名气大得很。这个园子如今虽已不存，但它曾是晚清时期上海最大的公共活动场所，可看戏、赏花、照相、宴客、游玩，以及约上三五知己，一起喝茶、纳凉、聚会、购物。“约会张园”，成为一种时髦，张园是那个年代市民的一个绝佳好去处。

与张园同时存在的虽然有许多花园或园林，如古老的豫园，新辟的徐园、愚园和南市西园以及汇山公园、司德兰园、胶州公园等沪上名园，但从光绪十一年（1885年）开放以后的20多年中，张园一直是上海最大的公共活动场所，集花园、茶馆、饭店、书场、剧院、会堂、照相馆、展览馆、体育场、游乐场等多种功能于一体。

张园位于今南京西路以南、石门一路以西的泰兴路南端，其地本为农田，光绪四年（1878年）由英国商人格龙营造为园。光绪八年七月三日（1882年8月16日），中国商人张叔和自和记洋行手中购得此园，总面积21亩，起名为“张氏味莼园”，又称张家花园，人们简称“张园”。此后，张叔和又对该园屡加增修，光绪十八年（1892年），张叔和在园中建造了一幢高大宏伟的洋房，以英文Arcadia Hall命名，意为世外桃源，中文名则取其谐音称“安凯第”。其西南隅有一幢高楼，名为“碧云深处”，环境极其幽雅。东北隅则是一座西式旅馆，馆南有一个弯弯曲曲的池沼，上面架设一座虹桥，桥西植有垂柳，池沼中还有一座小岛屿。安凯第的底楼大厅可容纳上千人集会宴客，里面设置了舞厅，西餐厅供应西菜、茶点。据说当年外地人到上海，“张园的茶”和“四马路的酒”是一定要吃的。到光绪二十年

▲ 上海张园

（1894年），全园面积近70亩，为上海私家园林之最，成为清朝末年民国初年上海市民最大的公共活动空间。

在安凯第登高望楼，鸟瞰上海全景，是当年每一个来沪游客都想完成的心愿，就像今天来沪游客总要登上东方明珠塔一般。这里曾是鸟瞰上海景色的好地方。当然，张园的绿化、园中草坪，在那个年代也是首屈一指的。园子内栽种了不少名贵的花卉品种，春兰秋菊，夏荷腊梅，奇花异卉，各种应时的"花展"名目繁多，吸引着上海的名媛淑女，每每仕女云集，盛况空前。男子休闲则有弹子房、抛球场、脚踏车，还有书场及地方戏曲滩簧、髦儿戏。情侣双双到此游乐，有茶楼、饭馆、咖啡馆。那个时代张园能够集休闲游乐项目之大全，令人拍案叫绝。

张园是那个时代上海的"时尚名所"，上海的"洋气"在国内外闻名遐迩，张园就是展示洋气的地方。去张园游玩，好像是一种身份的象征，就如同今天许多人出入著名时尚会所主要不是吃喝，而是玩"圈子"一样。举凡当时新冒出来的洋玩意，首先在张园展出，光绪十二年九月九日（1886年10月6日），张园试燃电灯。那个夜晚，张园内电灯数十盏，遍布于林木间及轩下室内，高高下下，错落有致，园中各处，纤毫毕露，让从未看到过电灯的游人惊诧不已，叹为奇观。宣统元年（1909年），中国品物陈列所（俗称赛珍会）从四马路迁入张园，张园又成为物品展销的地方。有些最时髦的舶来品，只有张园有售，别无分店。家在上海、人在外地的严复，常写信叫家人到张园买这买那。

光绪二十九年（1903年）张叔和注册成立花园公司后，张园还时不时地举行各种体育竞赛。比如，同年秋举行了脚踏车大赛，赛程是1英里，设有贵重奖赏，参加者不限资格，只要交费5角即可，进场学习、练习者不取分文。

当年的张园既像公园，又似游乐场，园内草坪广阔，绿树成荫。园外柴扉，题为“烟波小筑”。园内有抛球场、弹子房、动物园等，并有“海天胜处”剧场，由时谓“髦儿戏”的女子京剧班登台演出，极负盛名。有时还演出滩簧、昆剧、马戏、魔术等。照相，是清末最时髦的洋玩意，当时上海虽已有多家照相馆，但都在室内，布景皆为人工绘制。光绪十四年（1888年）秋天，张园内先后开出几家照相馆，打出“照相连景”的招牌，游客可任意在园内取景照相，生意十分兴隆。孙中山、黄兴、张元济等名人都在张园留过影。

作为晚清上海的公共活动空间，张园最突出的地方在于它是上海各界集会、演说的场所。张园演说成为上海人生活中习以为常的事，每遇社会热点事件或新闻，诸如边疆危机、学界风潮、地方自治、庆祝大典，张园准有集会。历史学家熊月之先生根据《申报》《中外日报》《时报》《近代上海大事记》等资料统计，从1897年12月到1913年4月，张园举行的较大的集会有39起。许多名士如章炳麟、吴敬恒、蔡元培等都在张园发表过演讲。从发起人与参加人看，有学界，有商界，有政府官员，有民间人士，不分男女老少，不分士农工商，有时还有外国人；从思想、主张看，不分革命、改良，不问激进、保守。这是名副其实的公共场所。

张园这一公共空间的形成，与上海特殊的政治环境密切相关。租界既是中国领土又不受中国政府直接管辖的特点，使得中国大一统的政治局面出现一道缝隙。这道缝隙虽然很小，但影响很大。这道缝隙在清政府统治系统中，成为一条力量薄弱地带，形成反清政府的力量可以利用的政治空间。张园这样的公共空间的形成，对于上海移民社会的整合、上海市民意识的产生，有着重要的作用，也对后世上海文化产生重要的影响。

张叔和其人也颇为传奇，曾以广东候选道的身份，到轮船招商局帮办事务。光绪十二年十二月二十七日（1887年1月20日），他所乘轮船被英国一船撞沉，船上有83人罹难，他攀上桅杆，得以幸存，可谓大难不死，必有后福。此后他转变人生奋斗方向，致力于实业，经营张园。张园鼎盛于光绪十九年至宣统元年（1893—1909年），此后，哈同花园建成，虽不完全对外开放，但吸引了不少文人雅士、达官贵人。民国以后，张园经营每况愈下，此后，随着新世界、大世界次第兴起，地段、设施、经营手段均略胜一筹，张园更趋衰落，1918年终于停办。十几年后，此地易为民居，建筑亦多被毁。

红日破晓

46.《新青年》横空出世

晚清到民国时期的上海，也是风雷激荡的时代，上海成为西方文化输入中国最大的窗口。世界上最新的思想和器物，都是先传到上海，在上海积淀之后，有了传播的基础，就通过各种途径传播到其他城市乃至中国内地广袤的土地。马克思主义思想传来时，上海是最早受到其影响之地。当时，由于学术信息和出版条件等方面的优势，上海成为马克思主义最早传入我国的窗口。

光绪二十四年（1898年）上海广学会出版的《泰西民法志》就述及马克思、恩格斯的学说。光绪二十五年（1899年），《万国公报》发表的《大同学》，述及欧洲社会主义流派和马克思学说。这些是马克思主义学说在中国最早传播的记录，西方新学说、新思想传播到上海，其数量之大、比例之高，今人可能是很难想象的。当时，全国新的出版物，上海要占到75%以上。其中，以新学说、新思想为主要内容的书籍比例更高。从洋务思想、维新思想到革命思想，上海都是全国传播基地和思想高地。

光绪二十四年（1898年）夏，上海广学会出版了英国人克卡朴所著的系统讲解各种社会主义学说的《泰西民法志》（胡贻谷译），这本书说到：“马克思是社会主义史中最著名和最具势力的人物，他及他同心的朋友昂格思（即恩格斯）都被大家认为‘科学的和革命的’社会主义派的首领。”据专家考证，这是“马克思”的名字首次在中国的出版物出现。光绪二十五年（1899年），上海广学会主办的《万国公报》连载李提摩太、蔡尔康合译的英国颉德（今译基德）所著《社会演化》前三章（出版单行本时书名译为《大同学》），其中特别引用了《共产党宣言》中的一句话：“资产阶级，由于开拓了世界市场，使一切国家的生产和消费都成为世界性的了。”这就是对《共产党宣言》的最早介绍。

1915年9月15日陈独秀在上海创办《新青年》,《新青年》最早的名字叫《青年杂志》，1916年9月第2卷第1期起改名为《新青年》。它经历了月刊（创刊于1915年9月，到1922年7月，共出9卷54期）、季刊（1923年6月到1924年12月，共出4期）、不定期刊（1925年4月到1926年7月终刊，共出5期）3个阶段，并先后在上海、北京、广州等地出版刊行。

▲《新青年》杂志

从1915年创刊到1919年五四运动之

▲ 1919年，北京爆发五四运动，6月3日，上海各界集会声援，上街游行

前，这一时期的《新青年》是宣传资产阶级民主革命思想的刊物。它吹响了新文化运动的号角，高举起民主和科学两面大旗，反对封建文化和封建礼教，提倡新文学反对旧文学，在当时形成了以《新青年》为中心的新文化阵营。在反对封建礼教的斗争中，《新青年》先后发表了陈独秀的《敬告青年》《吾人最后之觉悟》《宪政与孔教》，李大钊的《青春》《新的！旧的！》，鲁迅的《狂人日记》《我之节烈观》《我们现在怎样做父母》，易白沙的《孔子评议》，吴虞的《家族制度为专制主义之根据论》《吃人与礼教》等文章。在“文学革命”方面的著名文章有：胡适的《文学改良刍议》、陈独秀的《文学革命论》、刘半农的《我之文学改良观》和钱玄同的《中国今后之文学问题》等。1918年5月，鲁迅在《新青年》4卷5号上发表的白话文小说《狂人日记》，把“文学革命”的内容和形式很好地结合起来，是中国文

学革命的里程碑。

如果说从五四运动前后到中国共产党成立之初，这个时期的《新青年》是一个宣传资产阶级民主主义思想的刊物，那么后来它就逐渐演变为一本宣传马克思主义的刊物。从1921年中国共产党成立，到1926年7月刊物终刊，这一时期的《新青年》就成为中共中央的理论性机关刊物。它大量登载介绍国际共产主义运动及苏俄革命经验等方面的文章，为中国革命提供了有益的借鉴。这一时期的文章更反映了中国共产党在民主革命时期的纲领、策略等问题，也在理论上作了初步的探讨。

从与中国共产党创立关联度最高的新文化运动来看，上海既是发动地，也是制高点。个性解放、妇女解放以及批判孔教、推行白话文等思潮，在上海早已发轫或颇有声势。五四运动以后，上海进一步成为全国传播新思想、新文化的高地。在《新青年》11年的发展历程中，它始终随着时代的步伐不断前进，用革命思想和战斗精神，影响和培养了五四时期整整一代的革命者。《新青年》代表了五四时期先进文化的前进方向，在中国现代社会转型的过程中曾经起过重要的精神桥梁作用。

《新青年》诞生在上海绝不是偶然的现象，中国共产党成立之前，不同地方的知识分子多认可上海在新学说、新思想、新文化方面的领先地位。所以，1920年酝酿成立中国共产党的时候，上海已成为中国宣传共产主义的出版事业的主要中心。对此，有人作出了这样的具体描述："上海是中国社会主义者的活动中心，那里可以公开从事宣传活动。那里有许多社会主义性质的组织，出版300多种出版物（报纸、杂志和书籍），都带有社会主义色彩。那里时而举行群众大会。出版的书籍、报纸和杂志，刊登有苏俄人士，特别是列宁和托洛茨基的照片，购买踊跃。”由于开放的文化氛围，上海聚集了全国很多立志救国的进步文化人士，出版了很多宣传共产主义和民主革命的文艺作品。从建党初期的《新青年》《共产党》《热血日报》《红旗日报》，到顶着“白色恐怖”面世的《前哨》，宣传抗日救亡的《大众生活》，再到新中国成立前夕的《新少年报》《文萃》；从马恩原著译本、进步读物《大众哲学》《西行漫记》《鲁迅全集》《钢铁是怎样炼成的》，到《国际歌》译本，《大刀进行曲》与《义勇军进行曲》，无一不在这里出现。

中国先进知识分子拓宽了眼界、饱读了西方书籍、汲取了丰富的营养，并经过比较和检验，最终选择了马克思主义。

47. 品尝“真理的味道”

在人类的思想宝库中，各种各样的“宣言”，各式各样的“宣示”，可谓汗牛充栋，但是，很少有一部宣言能像《共产党宣言》那样震撼全球，一直闪耀着真理的光芒。1848年2月，《共产党宣言》在英国伦敦出版。马克思、恩格斯在这篇只有两万多字的经典文献中，用诗一般的语言，以气吞山河之势，开启了一个全新的时代。

到1919年五四运动前后，马克思主义在我国文化界已成为新潮，梁启超、李大钊、张闻天、成舍我等都曾在他们的文章中摘译、引用过《共产党宣言》片段；李汉俊、朱执信等也在报刊上介绍过它的相关章节。1919年5月，上海群益书社出版发行《新青年》“马克思主义研究”专号，刊载的是李大钊的《我的马克思主义观》，李大钊在介绍马克思的唯物史观时，也摘译和引用了《共产党宣言》第一章的主旨思想。

1919年6月，早期共产主义者在沪创办《星期评论》周刊，参与编辑的有李汉俊、邵力子、俞秀松、施存统等人。《星期评论》因传播、研究和介绍社会主义而在中国进步知识分子中具有很大影响，发行量猛增至3万多份。《星期评论》编辑部深感尽快把马克思主义经典著作完整地译成中文“已是社会之急需，时代之召唤”，急切希望译出《共产党宣言》全文，先进行连载，继而再设法出版单行本。这时，主持《星期评论》的邵力子先生马上想到一个叫陈望道的年轻学者，不仅思想进步，而且精通日文和英文，具有一定的马克思主义学识。于是，邵力子就给陈望道发出约稿信。

陈望道，原名陈参一，是浙江义乌人，早年东渡日本求学，在那里他结识了著名进步学者河上肇。在阅读其译介的马克思主义著作后，陈望道逐渐明白了这样一个道理：“救国不单纯是兴办实业，还必须进行社会革命。”1919年初夏，陈望道在五四运动的感召下，回到杭州浙江第一师范学校任教。因思想进步，提倡白话文，传授注音字母，积极拓展新的修辞学科，投身新文

▲《共产党宣言》的最早中文翻译者陈望道，新中国成立后出任复旦大学校长

化运动，他遭到封建顽固势力的围攻。就在愤然离职不久，他收到了在上海的邵力子的约稿信件。

听说是《星期评论》编辑部邀请自己翻译《共产党宣言》，陈望道的心中顿时涌起一股暖流，《共产党宣言》博大精深，不少人曾想全部译出未能如愿；他一定要通过自己的手，向世人奉献一部高质量的全译本，使之成为“唤醒中国这头睡狮最为嘹亮而有力的号角”。于是，陈望道回到了义乌老家。

那个时候，翻译这样一部马克思主义经典文献，是存在一定危险的。在分水塘村老宅的柴房里，陈望道凭借一盏油灯、一块铺板、两条长凳以及老母亲送来的三餐，夜以继日、孜孜不倦地努力工作。入夜，他点亮一盏昏黄的油灯，继续翻译《共产党宣言》。2月正值隆冬，阵阵寒流不断袭入“书屋”，冻得人手脚发麻。陈望道就请母亲灌了个“汤婆子”。有一次，母亲见陈望道累瘦了，特意裹糯米粽子并加一碟红糖端进来，离开前反复叮嘱他趁热吃，他就一边吃粽子一边斟酌句子。隔了一会儿，母亲在外面问：“红糖够不够？”他随口回答：“够甜的了。”后来，母亲收拾碗筷时，竟看到儿子满嘴都是墨汁，碟中的红糖却一点没动，原来他是蘸着墨汁吃完了粽子，母子俩不禁相对大笑。

经过艰苦奋战，陈望道在4月底完成了翻译任务，翻译的过程是“费了平常译书五倍的工夫”，把《共产党宣言》全文译了出来。很快，他接受《星期评论》编辑部邀请去上海一起参与编辑工作。当陈望道提着行李赶到上海，寻抵上海白尔路三益里17号（后为自忠路163弄17号，遗址位于今“翠湖天地”住宅小区），在三楼阳台上见到了李汉俊、沈玄庐，还有沈雁冰和李达。接到译稿后，李汉俊和陈独秀进行了校阅，再由译者改定。谁知情况发生了突变，正准备进行连载时，《星期评论》周刊突然因“言论问题”被上海军阀当局查禁。陈独秀与共产国际代表维经斯基商量后，决定以“社会主义研究社”名义秘密出版此书。据党史学者朱少伟研究，陈望道翻译的《共产党宣言》中译本，由上海一个小型印刷所印刷，是受到共产国际资助的“又新印刷所”第一次印刷了陈望道翻译的《共产党宣言》。

1920年8月，由陈望道翻译的《共产党宣言》的最早中译本在上海问世。它竖排平装，略小于32开本，全书共56页，用5号铅字排印，封面为浅红色，有马克思半身坐像，印着“马格斯（即马克思）安格尔斯（即恩格斯）合著”“陈望道译”以及“社会主义研究小丛书第一种”字样；由于又新印刷所排字工人的疏忽，封面上“共产党宣言”被误印成“共党产宣言”，这却为后人鉴别《共产党宣言》初版本提供了依据。到9月，为了满足读者需求，《共产党宣言》推出第二版，并纠正封面书名的排字差错；此后，别的书店也纷纷再版，有的出版机构甚至还先后重印了近20次。自那时起，《共

▲《共产党宣言》中译初版本

产党宣言》便成为在国内影响最大的共产主义学说经典著作。

1936年7月毛泽东对美国记者埃德加·斯诺说："有三本书特别深地铭刻在我的心中，建立起我对马克思主义的信仰，这三本书是：《共产党宣言》陈望道译，这是用中文出版的第一本马克思主义的书……"周恩来还对陈望道说过："我们都是你教育出来的。"

《共产党宣言》中译本正式出版时，"陈望道"这个名字也正式启用。"参一"改名"望道"，为的是表明他信仰共产主义、热切瞻望中国出现新的革命道路。由此，陈望道获得了"传播《共产党宣言》千秋巨笔"的美誉。

陈望道翻译的《共产党宣言》，是马克思主义经典著作首次以完整形式在中国出版。这本红色经典的历史价值，不言而喻，随着岁月流逝，《共产党宣言》初版本存世仅数册。而又新印刷所也曾在很长一段时间里湮没在岁月中，仅仅是老城厢石库门里弄"成裕里"寻常人家的住所而已。但就如同陈望道"蘸着墨汁吃完了粽子"翻译《共产党宣言》，"饱尝真理的味道"，这个故事将为千秋万代所传颂。

2017年10月31日，习近平总书记带领政治局常委们赴上海瞻仰中共一大会址时，曾多次讲述陈望道在翻译《共产党宣言》时"蘸着墨汁吃粽子，还说味道很甜”，这是“真理的味道”。在这次参观时，习近平了解到馆藏的1920年9月印刷出版的《共产党宣言》中文译本，是由一位共产党人的老父亲放在衣冠冢中方才保存下来的。他连称很珍贵，说这些文物是历史的见证，要保存好、利用好。保存这本《共产党宣言》的共产党人叫张人亚，原名张静泉，他冒着生命危险保护的文件和书刊，如今很多都成为了国家级文物。

48.“作始也简，将毕也巨”

1921年7月，中国共产党第一次全国代表大会在沪召开，上海成为党“红日破晓，开天辟地”的诞生地。当时，出席大会的有各地共产主义小组推举的代表13人，他们是：毛泽东、何叔衡、董必武、陈潭秋、王尽美、邓恩铭、李达、李汉俊、张国焘、刘仁静、陈公博、周佛海、包惠僧。共产国际代表马林（荷兰人）和尼柯尔斯基（俄国人）也参加了大会。代表们讨论及研究了党的性质、纲领、组织原则和开展工人运动等问题。这一个“开天辟地”的红色史实，早已由无数优秀文艺作品进行了生动的演绎。

▲ 中国共产党第一次全国代表大会会址内景

上海兴业路76号（原望志路106号）的这一座貌似平常的石库门民居，看起来与上海的其他石库门住宅别无二致，这座

20世纪20年代典型上海民居风貌的两层石库门楼房，是上海共产主义小组代表李汉俊及其哥哥李书城的寓所。两扇乌漆大门上有一对黄铜吊环，拱形的石雕门框拙朴厚重，第一次党代会就在这里举行，中国共产党正式诞生，今天她如同一座丰碑，将中国“开天辟地”的伟大历史恒久凝固。

石库门是上海典型的民居样式，建筑风格中西合璧。青砖主体，乌漆大门，格子厢房，继承了书香门第的传统；而点缀的红砖与教堂相似的拱门浮雕，以及仿西假窗，依稀可看出那时西风的盛行。1921年7月，中共第一次全国代表大会就在这里召开。新中国成立后，上海百废待兴，中共上海市委于1950年9月组织专人，积极寻访一大召开的会址，并最终予以确认和布置复原。这犹如点亮了一把精神的火炬，照耀后人奋发前行。1961年会址纪念馆被国务院公布为全国重点文物保护单位。1999年5月27日，在上海解放50周年的喜庆日子，扩建近一年的新馆重新开放。

据一些革命老人回忆，大约是从1921年6月底开始，中共一大代表就陆续抵达上海，因环境险恶，各地共产主义小组推选的代表都是秘密来到上海。据革命老人谢觉哉回忆：“一个夜晚，黑云蔽天作欲雨状，忽闻毛泽东同志和何叔衡同志即要动身赴上海，我预感到他俩的行动突然，他俩又拒绝我们送上轮船。后来知道，这是他俩去参加中国共产党第一次全国代表大会——伟大的中国共产党诞生的大会。”

那么，中共一大代表来到上海下榻何处呢？李达后来在《中国共产党的发起和第一次、第二次代表大会经过的回忆》中写道："到会的代表们，除原住上海的人之外，都住在嵩山路（应为其附近）一个三楼三底的博文女校里。"博文女校系一所私立女子学校，由辛亥革命元老黄兴的夫人徐宗汉担任董事长、进步人士黄绍兰主持，章太炎题写校牌；校舍为沿街三上三下的石库门房屋，坐落于上海白尔路389号（今太仓路127号）。因博文女校正放暑假，离会议地点很近，而且董必武、李汉俊都与黄绍兰有同乡之谊，李达和妻子王会悟也与她熟悉，于是他们以"北京大学暑期旅行团"名义借用教室，作为代表们下榻之处。

萧三所著《毛泽东同志的青少年时代》一书也指出党的第一次代表大会召开的地点，是在上海法租界蒲柏路（当年叫白尔路，现为太仓路）的博文女子学校。那时，中共一大代表毛泽东、何叔衡、董必武、陈潭秋、王尽美、邓恩铭、刘仁静、包惠僧、周佛海，都住在博文女校楼上。其中，毛泽东、何叔衡住在西厢房前半间，董必武、陈潭秋住在东厢房前半间，王尽美、邓恩铭住在西面小间，另外几个人分别住在别的小间。据一些当事人回忆，博文女校不仅仅是中共一大代表的宿舍，包惠僧的《我的回忆》说："博文女校的旧址，也就是校长黄绍兰的住宅，在第一次全国代表大会时为各地代表临时住宿之地……在大会开会的前一天，在我住的那一间房子内商量过一次（算是预备会议）。"陈潭秋的《第一次代表大会的回忆》说："七月底大会开幕了，大会组织非常简单……就在博文女校楼上举行开幕式。”这些都表明，博文女校也是会议的一个重要场所。

1921年7月23日晚，中国共产党第一次全国代表大会在上海望志路106号（今兴业路76号）开幕。会址是早年曾追随孙中山的同盟会元老李书城、李汉俊兄弟寓所，代表们围坐于客厅长餐桌四周，室内没有特别布置，陈设简单，气氛庄重。7月30日晚，举行第六次会议，原定议题是通过党的纲领和决议，选举中央领导机构。会议刚开始，一个穿长衫的陌生中年男子（后来得知他名叫程子卿，是上海青帮大亨黄金荣的拜把兄弟，并利用这层关系进入上海法租界巡捕房，担任华人探长）突然闯入，环视一遍在场者后说了声“对不起，我找错了地方”，匆忙退出。代表们立即警觉到会议可能已引起敌人的注意，于是马上休会并离开。过了不一会儿，巡捕房便前来搜查，但无果，只得悻悻而去。第二天，大会就转移到沪杭线上的浙江省嘉兴，在南湖的一艘游船上继续举行。在这天的大会上，通过了中国共产党党纲和关于集中力量领导工人运动的决议；选举了中央局（陈独秀为中央局书记，李达为宣传主任，张国焘为组织主任）；宣告了中国共产党第一次全国代表大会胜利闭幕和中国共产党正式成立。

《庄子·人间世》上有一句话：“其作始也简，其将毕也必巨。”意思是说，大凡有远大前程的事物，在初创之时都微不足道，开始的时候极其微小，但将要结束的时候极其巨大。1945年4月21日党的七大预备会议上，毛泽东作报告，在回忆中国共产党成立的情况时说道：

"我们中国《庄子》上有句话说:'其作始也简,其将毕也必巨。'"1945年6月17日,在中国革命死难烈士追悼大会上,毛泽东发表演说,又一次引用了这句话,并解释道:"'作始'就是开头的时候,'简'就是很少,是简略的,'将毕'就是快结束的时候,'巨'就是巨大、伟大。这可以用来说明有生命力的东西,有生命力的国家,有生命力的人民群众,有生命力的政党。"1956年春节董必武参观中共一大会址陈列馆时,当场题的词就是"作始也简,将毕也巨"这8个字。他借用《庄子》里的这句话,抒发自己的无限感慨。董必武是党的一大的参与者之一,他亲历了中国共产党由弱小到强大,由微不足道的小党发展为领导中国革命和建设的执政党的过程。中国共产党的成长和壮大是名副其实的"其作始也简,其将毕也必巨"。从建党时只有50多名党员的政党,到如今拥有8 900多万党员的世界第一大党,从八角楼里的星星之火到照耀中国大地的燎原之势,从上海兴业路76号的一座貌似平常的石库门民居、嘉兴南湖上的小小红船到承载着中华民族伟大复兴"中国梦"的时代巨轮,中国共产党近百年波澜壮阔的奋斗历程正是由"简"至"巨"的生动写照,彰显出蓬勃旺盛的生命力。

49. 南京路上擦不去的"街血"

20世纪20年代,作为中国沿海十分重要的商品集散地,上海呈现出一派畸形的繁荣景象,人称"十里洋场"。租界内的中国居民,不仅要向租界当局纳税,而且一旦触犯了当局者的利益，均要受到严厉惩罚。侵略中国的各个帝国主义国家，都对上海表现出极大的兴致，许多轮船公司在此设有码头。上海成了帝国主义冒险家的乐园。他们在这里大量倾销商品，掠夺原料，榨取中国人民的血汗，特别是将鸦片烟进口的大本营从广州转至上海之后，帝国主义者在麻痹中国人民的精神、摧残中国人民身心的同时，将无数黄金、白银源源不断地装进了自己的腰包。

在帝国主义、封建军阀双重压榨、剥削下的上海工人，过着极其悲惨的生活。他们每天超负荷地工作，被折磨得精疲力竭，却只能领取最低的工资；他们生活在极其恶劣的条件下，还经常被资本家任意克扣工资、滥施体罚，遭受百般虐待和侮辱。上海的工人中，尤以纺纱工人占大多数，他们的生活状况，最足以代表一般的劳动阶级。据当时的报纸披露，由于物价飞涨，收入微薄，上海的许多纱厂工人维持生计已是难题。他们衣不蔽体，更无房屋可住，只好搭竹棚，或架草屋，有的干脆就寄住在船上。每当夏季来临，由于空气不通，蚊蝇臭虫繁生，工人死于传染病的比例很高。至于防火条件，更无从谈起，如遇火灾，工人只有束手待毙。

1925年5月15日，上海日商内外总共有七家厂商故意关闭工厂并停发工人的工资，工人顾正红带领群众冲进工厂找日本人理论，日本资本家不仅不还钱，还开枪扫射中国工人。这件事成为五卅运动爆发的导火线。1925年5月30日，上海工人、学生总共有2 000多人在公共租界散发反帝传单，进行反帝演讲，租界当局立马对这些爱国人士进行抓捕，当时仅南京路的老闸捕房就抓捕了100多人。后来群众要求释放爱国人士，英国巡捕不仅拒绝，还向中国公民开枪，当场中弹牺牲的有上海大学学生会负责人何秉彝（中共党员）、同济大学学生会负责人尹景伊（共青团员）、南洋大学附中学生陈虞钦、华洋电话局接线生唐良生、东亚旅馆厨工陈兆长、洋务职工朱和尚、新世界职工邬金华、电器公司职员石松盛、包车行车匠陈光发、琴行漆工姚顺庆、裁缝王纪福、味香居伙友谈金福、商贩徐落逢等10多人，伤者数十人，顿时血流遍地，酿成了震惊中外的五卅惨案。

南京路在流血。那天黄昏，著名学者郑振铎恰好坐车去南京路的书铺，他刚踏进门，老板就心有余悸地

▲ 五卅惨案

说："不得了！巡捕打排枪，打杀了十几个学生！"郑振铎顿时怒火满腔，立即冲向出事地点察看。当晚，他根据自己耳闻目睹的情形奋笔疾书，写下《街血洗去后》："什么事也没有如五卅大残杀事件发生得出我意外，使我惊怖了……走在街上，由西藏路口，走到永安公司，一切情形如我在车上所见的。有一家店铺，正在打扫破玻璃。'这定是被流弹打碎的。'我想着。街道上是依然的灰色，并不见有什么血迹。——血一大堆的，一大堆的，都是冲洗去了。——要不是群众如此的惊骇而拥挤着，我几乎不能相信一点三十分钟之前，在这里正演着一出大残杀的活剧！"

五卅惨案发生后，中共中央连夜召集会议，决定号召上海民众举行罢工、罢课、罢市，以抗议帝国主义的大屠杀；5月31日在各工会联席会议上，宣告公开成立上海总工会。紧接着的一个月里，全国有北京、汉口、重庆、南京、杭州、广州等600个城镇1 700余万群众参加示威、游行、罢工、罢课、罢市以及通电、捐款，支援上海的反帝斗争。国际工人阶级也以各种方式表示支援。全国的工人运动由上海生发，掀起一个巨大的高潮。5月30日—6月10日，工人、学生、市民不断上街开展反帝斗争，先后有60余人被枪杀，70余人重伤，轻伤不计其数。6月4日，在沪出版《热血日报》，宣传党的方针政策，揭露帝国主义的暴行；翌日，又发表《中国共产党为反抗帝国主义野蛮残暴的大屠杀告全国民众书》，其中指出："全上海和全中国的反抗运动之目标，决不止于惩凶、赔偿、道歉等"，"应认定废除一切不平等条约，推翻帝国主义在中国的一切特权为其主要目的”。6月11日，工商学联合会举行有10万人参加的市民大会，反对帝国主义暴行。6月30日，工商学联合会在南市公共体育场举行五卅死难烈士追悼大会，有20万人参加。于是，一场轰轰烈烈的反帝爱国运动迅速推向全国。

这场发生在上海的五卅运动，是一次群众性的反对帝国主义的爱国运动，中国共产党的主要领导人李立三、蔡和森、刘少奇等领导了这场运动。这场运动从1925年5月30日开始一直持续到了9月，并从上海开始迅速地席卷全国，使得帝国主义列强受到沉重的打击。五卅运动标志着革命大高潮的来临。中国共产党作为一支独立的政治力量登上历史舞台，发挥自己的先锋模范作用。同时，五卅运动又是一场大规模的席卷全国

▲ 上海工商学联合会在南市公共体育场举行五卅惨案纪念大会

的反帝爱国运动，这次运动甚至得到了世界友人的声援，在全世界范围内掀起了一场反帝运动，其规模之大、范围之广、参加运动的人数之多，都是以前从来没有过的。五卅运动标志着一场规模空前的爱国反帝运动，具有里程碑式的意义。

1977年12月，“五卅运动爱国群众流血牺牲地点”被公布为上海纪念地；1990年5月，人民公园北侧矗立起五卅运动纪念碑。

50. 东方图书馆的红色记忆

上海宝山路584号是市北高级职业中学，往昔恢弘的建筑已经荡然无存，唯有学校绿地上的一块纪念碑，仿佛向世人诉说着1927年3月上海工人第三次武装起义的峥嵘岁月。这里曾经是东方图书馆的所在地，也是当年周恩来亲自坐镇指挥攻下的一个堡垒。

20世纪20年代的上海，还是帝国主义支持下的各派军阀的必争之地。当时统治中国的军阀主要有三股势力。一股是以东北为大本营的张作霖的奉系军阀，包括张宗昌的奉鲁军；一股是盘踞中原的吴佩孚的直系军阀；还有一股是从吴佩孚那里分化出来的孙传芳。这些军阀，各有帝国主义列强做靠山，相互之间，明争暗斗，内战不息，致使国无宁日，民不聊生。

军阀孙传芳背靠英国人这棵大树，占据了包括上海在内的长江下游东南沿海的富饶地区。他依仗英帝国主义的支持，加上拥有新式武器装备的军队，对上海的广大人民实行黑暗而残酷的统治。为了保证巨大的军费开支，他拼命地搜刮民脂民膏，攫取财富，将战争的代价转嫁到上海劳动人民身上。在帝国主义控制之下的上海，资本输出是列强掠夺财富的重要形式。为此，帝国主义垄断资本家在上海开办了各种工厂，直接对中国工人进行残酷的剥削和压榨。到1925年，仅日本帝国主义在上海开设的纱厂就有32家之多。同时，一些民族资本家也相继来到上海开办工厂。上海既有逐步开始发展的民族工业，也有已具雏形的金融基础，还有较为发达的商业贸易系统。这样，在上海就形成了一支力量可观的工人阶级队伍。为了谋求生路，大批破产农民也从四面八方纷纷涌到上海，进入工厂做工。上海成了中国工业无产阶级最集中的地方。20年代，上海有产业工人80万，占全国工人总数的三分之一。

哪里有压迫，哪里就有反抗，压迫愈重，反抗愈烈。具有光荣革命传统的上海工人阶级，从它诞生的那天起，就开始了对帝国主义和封建军阀的反抗与斗争。1925年，在全国工人运动蓬勃发展的形势下，上海工人阶级在中国共产党的领导下，爆发了一次大规模的五卅反帝爱国运动。这次运动，势不可挡，很快席卷全国，成为一次大革命高潮的序幕。1926年5月，在五卅运动周年之际，上海人民又开展了一场大规模的五卅周年纪念活动。之后，纪念活动转化为罢工斗争，并且由单独工厂罢工发展到同盟罢工，从经济斗争上升到政治斗争，形成了罢工高潮。仅1926年6—8月，就发生罢工120次，参加罢工的人数达20万之众。

为配合北伐战争，在中国共产党领导下，上海工人曾举行过两次武装起义，但都因经验不足，准备不够充分，在帝国主义和军阀镇压下相继遭到挫折。1927年2月19日，在党领导的上海总工会领导下，上海36万工人高呼“援助北伐军，打倒孙传芳”的口号，举行总同盟罢工。军阀当局派出杀气腾腾的大刀队，“白色恐怖”瞬间笼罩申城，共产党领导的第二次武装起义被镇压在血泊中。

在这生死存亡时刻，中共中央和中共上海区执行委员会召开联席会议，党中央及时总结了经验教训，准备举行第三次武装起义。会议决定组建由周恩来等人组成的“特别委员会”，作为最高决策机关，此外还设立特别军委，由时任上海区委军事运动委员会书记周恩来负责。

上海产业工人组建了由中国共产党直接领导的武装队伍，其中纠察队2 300人，赤卫队800多人。纠察队急需的枪支也从租界秘密运送过来。1927年3月21日，上海工人第三次武装起义打响，参战的工人纠察队员有5 000多人，就在北伐军前锋推进到上海南郊时，中共中央果断地作出了起义的决定。中午12点，随着市郊几处大工厂的汽笛长鸣，上海总工会发出了总同盟罢工的信号，全市80万工人同时罢工。各路纠察队向驻扎在上海的北洋军阀发起进攻。

敌人以闸北北火车站、商务印书馆俱乐部（即东方图书馆）、湖州会馆等防御支撑点，负隅顽抗。经过奋战，起义当天，纠察队先后攻下湖州会馆、3个警察署

▲ 1927年3月22日，上海工人第三次武装起义胜利，1927年3月27日上海总工会在湖州会馆举行升旗典礼

和天通庵车站，缴获了大量武器弹药。此时，周恩来在宝山路横浜桥南的前线总指挥部指挥起义。30个小时后，纠察队攻下了北洋军阀在上海的最后一个据点——北火车站。

号称“远东第一图书馆”的东方图书馆隶属于商务印书馆，收藏中外图书不下46万册，珍本善本无数。当时，东方图书馆是敌人的军需所在地，也是总指挥部和北火车站之间的必经之地，地理位置十分重要。守军虽仅1个排的兵力，但弹药充足，火力强大，又凭借钢筋水泥建筑，易守难攻。紧急关头有纠察队员建议，干脆一把火烧掉图书馆，看敌人投不投降。正在火线指挥的周恩来听说此事后，及时赶来制止。他指挥大家用步枪组成火力网封锁对面敌军的大门，利用附近建筑物包围敌人，改用“围而不打”的办法，同时对敌人进行攻心劝降。3月21日下午，纠察队把一块绑着劝降书的大石块扔进了楼内。过了半晌，劝降书又被丢了出来。敌人在书信背面回复，要求停战，却只字不提投降之事。

双方整整相持了24小时，到22日下午，敌人因外援不至，军心动摇，一部分人企图从后门逃走，被堵在门外的纠察队员抓个正着，余者则打出白旗投降。东方图书馆终于回到工人纠察队手中。

东方图书馆被拿下后，迅速成为上海工人纠察队总指挥部。周恩来坐镇指挥总攻北火车站的战斗。起义胜利后，还选举产生了由中国共产党领导的，以工人阶级为首、联合各阶级各阶层，具有统一战线性质的政权机关——上海特别市临时市民政府。东方图书馆被誉为东方“文化宝库”。这是上海一处重要的红色遗迹，记载着大革命时期共产党独立领导中心城市武装起义、夺取政权的辉煌历史，是中国共产党人夺取中心城市的第一次大胆尝试。起义共消灭3 000多名北洋军和

▲ 1924年建于宝山路的东方图书馆

2 000多名武装警察，收缴枪支5 000多支。在1932年“一·二八”事变中，东方图书馆被侵华日军炸毁。1977年，该旧址被列为革命纪念地。1987年，“上海工人第三次武装起义工人纠察队总指挥部旧址”纪念碑揭幕典礼在此举行，成为永远的红色遗迹。

上海的工人阶级在中国共产党领导下，第一次用自己的武装力量消灭了盘踞在上海的反动军阀，占领了上海除租界以外的地区，打碎了上海的旧的国家机器，建立了由民众直接选举的上海市民政府，沉重地打击了帝国主义和封建主义，它的伟大意义永垂不朽，彪炳史册。

风俗嬗变

51."赶时髦"：服饰求新趋时

中国传统社会的男子束发于顶，清代须垂发辫。女子多缠足，养在深闺，不轻易外出。到晚清社会，上海有天足会之设，废除对女子三寸金莲的残害，男子时兴剪发。民国后，衣冠中西杂用，教师、青年学生及政府洋行办事员，穿西装的极多。新式商店职工衣服中西合璧，下着西装裤，外穿长袍马褂也不在少数。老式商店职员，衣服完全中式。一般做工之人，大抵是穿蓝色短衣裤，穷苦的满身缝缝补补。妇女服装有明星派、淡静派、浓艳派之分。其时髦服装，花样日新月异，无一定标准，以电影演员及青楼女子服装引领潮流。国内所创之男女时髦服装，大都创于上海。

19世纪90年代前后，上海妇女服装在西洋装束的影响下，一改宽大传统而变得"竞尚紧小，伶俐可喜"（陈无我《老上海三十年见闻录》）。此后，这种风尚流播甚广，"自同光以讫宣统，妇女服饰以上海为最入时，流风所被，几及全国”（《清稗类钞》卷四）。不仅服装整体发生风格变化，而且服装的各种配套装饰也深受西洋物质文化的影响。不必说西洋传入的荷叶边和舶来的袜子、香水、怀表、皮鞋，也不必说早已被人们爱不释手的衣缘边、金属纽扣、绒毛线之属，在那个时代，唯洋是尚，越洋气越好。“赶时髦”，在上海有着根深蒂固的渊源。这种风气自明代便初见端倪，明万历《上海县志》上有这样的记载：“市井轻佻，十五为群，家无担石，华衣鲜履。”

到20世纪20—30年代，引领上海时装风气之先的，一类是四马路上的青楼女子，另一类则是电影女明星，一般在大中学校念书的女子和名门闺秀则紧随其后。1935年9月6日出版的《电声》杂志中页的标题就是“暑去秋来试新装”，登载了6位当红女明星各有千秋的时装照片，这些无疑是无声的模特儿了。当时，一些大百货公司、纺织公司、服装公司为了扩大影响，推销商品，时常举办各种形式的“时装表演”。20世纪30年代的上海报刊上曾刊登过这样一首歌谣：“人人都学上海样，学来学去难学像；等到学了三分像，上海早已翻花样。”可见时装翻新之快和人们对上海服装的青睐。

西服在中国，最早就是从上海流行开来的。当时，激进的青年学生，多为“洋帽洋衣洋式鞋”，甚至“器必洋式，食必西餐无论矣，其少有优裕者亦必备洋服数袭，以示维新”，致使不少封建遗老遗少痛心疾首。随着大批西方人的来沪和留学生的归来，西服热在上海逐渐兴起。最初，外国商人在东百老汇路和南京路外滩一

▲ 上海良友照片公司拍摄的时髦女性

带开设西服店，随即上海的裁缝师傅学会了西服缝纫方法，开始制作西服，并因而产生一支以精于制作西服而闻名的“红帮”裁缝队伍。光绪二十二年（1896年）“和昌西服店”在北四川路（今四川北路）开张，这是中国人开办的第一家西服店，而后，“亨利”“荣昌”西服店也相继开张。由于这些西服店大多采用高档面料制作西服且工价昂贵，一般职员望洋兴叹，但为了面子关系又不得不穿西装，于是产生了专供人们淘西装的旧衣商店。虹口吴淞路是旧西服商店的发祥地，1914年旧西服店就在那里出现，后来林森路（今淮海路）也相继兴起旧西服业，与此相对应的则是静安寺路（今南京西路）价格昂贵的新西服商店。

过去，在上海和周边地区，一直流行一句俗语：“一千家当，八百身上。”说的是一些喜欢“翻行头”的上海女子，家里有多少家当，大抵就堆在身上了。这种“赶时髦”的风气，推动了上海时装的姹紫嫣红，时装业成为上海一个庞大的行业。20世纪30—40年代，上海的成衣铺大约有2 000家，裁缝有4万多人，约有20万人靠服装业为生，差不多占了当时上海人口的十分之一。服饰除了服，还讲究饰。上海人在穿着打扮上除了创造翻新出举不胜举的新式服装，更在这些服装上点缀各类首饰、头饰、帽子、提包、手套、围巾等，许多旧式服装一经点缀顿时焕发出勃勃生机，妙趣横生。民间女性在穿衣打扮上的智慧与才华不容忽视，日常生活便是她们的时装秀场，演绎出无与伦比的时尚风景线，专业设计师常能从她们的打扮中获得启发和灵感。

如果把上海民俗表现形态比作是一根由各种生活事象相互串连起来的链条，那么这根链条上最突出、最敏感的环节就是服饰。对于生活在上海的市民来说，服饰不单单御寒遮体，更和他的身份、地位联系在一起。于是，一般的小民百姓，即使身份卑微，他在人前的衣着打扮也是不能令人觉得寒酸的。于是，作为中国最大的对外通商口岸，上海较早地接触到西方文明，上海人也第一次感受到这种文明所带来的商业气息。西洋服装、西洋生活方式，让封闭了数千年的中国人耳目一新，也使他们对所有带“洋”字的东西产生莫名的敬畏。那些在洋行里办事的中国年轻人首先剪掉了长辫，穿起了西

▲ 解放前上海的女性，穿着保守，但却美丽

装。不久，这种既方便又有“派头”的服装马上在上海的大街小巷中流行了起来。上海人穿着讲究排场，因为他们认为那是身份的象征。李伯元的《文明小史》第十六回中描写了一位整天西装革履的上海青年，外表潇洒倜傥，颇有风度，而内里却是穷得叮当响的“洋装瘪三”，他对朋友说自己穿西服只是为了不用像中装那样一年四季不停更换。虽是讽刺，却刻画出普通上海百姓喜好时髦却又苦于经济拮据的矛盾心理。

上海锦江饭店创始人董竹君，在她的耄耋之年曾经回忆一次前往沪上大老板荣德生的办公地点做推销的情形，她写道：“只重衣衫不重人的上海社会，即使穷得当卖东西也得弄出一套像样的衣履穿着，否则就被人瞧不起，更莫想有所活动。我为了像个经理样子穿了白衫，藏青裙子，墨罗缎绒大衣，黑皮鞋，颈项上套一根黑丝带钢笔。我拿了办公皮包和纱管样品，到了荣德生办公地点，门房盘问了一阵，才放我进去。”（董竹君《我的一个世纪》）鲁迅对于上海服饰更有刻骨铭心的感受，他写道：“在上海生活，穿时髦衣服的比穿土气的便宜。如果一身旧衣服，公共汽车的车掌会不照你的话停车，公园看守会格外认真检查入门券，大宅子或大客寓的门丁会不许你走正门。所以，有些人宁可居斗室，喂臭虫，一条洋服裤子却每晚必须压在枕头下，使两面裤腿上的折痕天天有棱角。”（鲁迅《南腔北调集·上海的少女》）沪谚曰：“不怕天火烧，只怕阴沟里跌一跤。”沪谚又曰：“身上着得绸披披，家中没得夜饭米”，“身上全绸，家中全臭”。类似沪谚正是对这种风气的写照。

52. “吃得开”：饮食开放流畅

上海话里过去有一个词，叫“吃得开”，它是指头脑活络，精明能干，办事麻利，含有在社会上人脉很广，路道很粗，很有办法的意思。这种意思与“吃”联系在一起，就很意味深长，它形象地概括了上海饮食文化的特征。“吃得开”，反映了上海饮食文化从口味、层次到标准、习俗，都呈现开放流畅的包容性特征。

19世纪50年代前后，当清政府尚在维持其封建专制统治时，上海的租界中已出现了“厮养走卒，衙署隶役之辈直与缙绅交际，酒食游戏征逐，恬不为怪”，只缘有钱和需要，不同社会地位的人可以坐在一起饮食。再往后，过去据称只有二品官员以上才能享用的“满汉全筵”，也开始流落民间。旧时在通常情况下妇女不食于馆肆和宴客之时男女不同席的传统食俗也在发生着变化。辛亥革命以后，以男女平等为主要内容之一的社会民主思潮进一步高涨，女子上餐馆早就不足为奇，而青年男女并肩入席的现象则更为普遍，至于以西方饮食相号召的饮食餐馆，自然更讲究拉椅请座、先女后男的新习俗了。

▲ 老上海早点摊，“四大金刚”之一——“粢饭”

饮食风味在上海，可谓无所不有，菜馆有京、苏、川、闽、徽、粤等帮，各有代表性的名菜佳肴和所谓“招牌菜”。饮食之变化，主要是西菜的传入。西菜，上海人称大菜，旧时有英式、法式、德式、意式、美式、俄式六大菜系之分。西菜馆较旧式中菜馆布置华丽，座位雅洁。盛大宴会，入席时礼貌举止都有定则。吃西餐完全各自进食，不像中餐许多人取诸一器，故不合卫生要求。因此，西菜很早就在上海流行。

咸丰十年（1860年），美商在外白渡桥北堍开设礼查饭店（今浦江饭店），设西餐厅；同治七年（1868年），徐家汇亨白花西菜馆开业；光绪九年（1883年），南京路、宁波路、四川路、江西路、汉口路近外滩地段开设一批专供快餐的西餐馆，有水上饭店、麦赛儿饭店、沙利文等。中国人食西餐者日众。在外轮、洋行当过厨工的上海人则开设迎合中国人口味的改良西餐馆，

▲ 晚清上海一品香欧菜馆，老上海曾经有“番菜争推一品香”之说

称番菜馆，有杏花楼、同香楼、一品香、一家春、绮红楼、申园等。1917年俄国十月革命胜利后，一批白俄贵族逃至上海，在法租界霞飞路（今淮海路）一带，先后开设了俄式菜馆40余家，以“罗宋大菜”招揽顾客，2角钱“可吃一菜一汤（罗宋汤）、面包加黄油的经济大菜”，受到消费者欢迎。1918年，卡尔登、孟海登、客利、南洋、中央、派利、远东、太平洋、亨生、美生、来兴等番菜馆开业，上海共有33家。20世纪30年代，国人品尝西餐日益增多，西菜业步入全盛时期，在福州路、汉口路、西藏路、延安路一带就有番菜馆近30家，当时人们称之为“四马路大菜”。至全面抗战前，上海市西菜餐厅附加咖啡馆共有200多家，可谓盛况空前。

1935年，法式西餐罗威饭店（今红房子西菜馆）开业。福州路、汉口路、西藏路、延安路、汕头路、南京路范围内有西餐馆30家，知名的有大西洋、新利查、丽查、印度咖喱饭店、中央菜社等。到20世纪三四十年代，吃西餐几乎成为一种时尚，当时供应西餐的大饭店有国际饭店、金门大酒店、百老汇（上海大厦）、汇中饭店（和平饭店）等十几家，中小菜馆达150余家，较著名的有红房子、德大西菜馆、凯司令西菜社、蕾茜饭店、复兴西菜社和天鹅阁西菜馆等。

西菜在上海经过了百余年的演变，不再是全盘西化，也不是用中国烹饪法简单烧制的“中西大菜”，而是真正吸取了西菜的精华，发展了西菜各不相同的风味特点。著名菜肴有洋葱汤、华而道夫色拉、烙蛤蜊、肺利牛排、葡国鸡、蜗牛、意大利炒面、浓汤、熏烟昌

▲ 20世纪40年代兼营中西菜肴的上海金谷饭店

鱼、橘子野鸭、美式烩闽虾、西洋杏力蛋等。

作为远东大都市，上海自开埠至今170多年来吸收和包孕了各地的风味，空前活跃的人口流动及由广大移民形成的庞大的饮食消费市场，不仅给京、粤、川、扬、潮、闽、苏、杭、鲁、豫、徽、湘等所谓八大菜系、十六帮别和风味各异的西洋菜、东洋菜在上海滩安家落户创造了优越的社会环境，也为上海人的饮食观念和饮食习俗在频繁交融中形成特色风貌构成了客观条件。

上海人“吃得开”，对烹调水平特别讲究，制菜技法全面，组配谨严，刀法洒脱，以烧、炒、蒸、炖见长，调理鱼鲜和禽畜有很深的功力，尤以色调的秀雅、菜型的清丽和肴馔中蕴含的文化气质而著称。至于家庭饭菜，也精细实惠，普通人家，多为四菜一汤、二道主食的格局，饭碗小而菜盘大，食量较小，各家的餐具、酒具、茶具，多是成龙配套的，比较讲究。上海的美食已形成完整的系列，令人目不暇接。如本帮特色的虾籽大乌参、八宝鸭、生煸草头、贵妃鸡、南翔馒头、排骨年糕、阳春面、擂沙圆、福寿宴和菊花蟹席；苏帮特色的松鼠鳜鱼、三套鸭、清炖蟹黄狮子头、水晶肴肉、大煮干丝、梁溪脆鳝、三丁包、黄桥烧饼、苏州大方糕、文蛤饼、藕粉圆、淮安长鱼席；杭帮特色的东坡肉、龙井虾仁、西湖醋鱼、蟹酿橙、蜜汁火方、南肉春笋、宁波汤圆、千张包子、五芳斋鲜肉粽子、吴山油酥饼；徽帮特色的无为熏鸡、毛峰熏鲥鱼、凤阳酿豆腐、金雀舌、乌饭团、蝴蝶面、八公山豆腐席；赣帮风味的三杯鸡、石鱼炒蛋、金丝甲鱼、泥鳅钻豆腐、萝卜饺、猪血汤酒酿等。

“吃得开”是在与各地饮食文化的交流与融合中形成的。人们对四大菜系的一般认识是鲁系历史最为悠久，近百年来尤其得到明显发展，不仅突破胶东沿海扩及京津，包揽中原，更播及秦陇与关外，广泛吸取各地菜肴长处，与华岳河洛连成一片，形成最具代表性的北方菜系。其次是川系菜肴，川系菜肴得西南物产丰沛的优越条件，烹饪水平发达，近百年来随交通大开，一跃而居地方菜系前列，既给鲁、扬两菜系以重大影响，又不断吸取外地菜肴的经验，最终形成了麻辣香浓、滋味厚广但仍保持着浓郁气息的地方古风特色。粤系菜肴以广州菜为代表，本身具有取料广泛、调味特别的传统，近百年来因地处通商要津，积极掺入西方饮食文化成分，无论在食物还是食俗方面，中西合璧最为显著，形成了生脆鲜淡的独特风味，凡闽、台、琼、桂诸方，风气皆得被染。扬系菜肴久负盛名，有清鲜微甜、刀法精妙和色调素雅等传统。近百年来上海处放洋口岸的地理条件，中西佳味，咸蓄于此。

上海人重视“本帮菜”，传统名菜是豆腐羹、糟钵头、汤卷秃肺、青鱼头尾等，这些是上海人居家常吃但烧出异香有味的美食。后又有草头圈子、竹笋鳝糊、松鼠黄鱼、红烧甩水、八宝全鸭等多种菜肴，成为老饭店独有的“看家菜”。旧时，人们上馆子吃饭，尤其是一般的城市平民，经济能力并不充裕，他们特别注重菜肴的厚实和惠而不费。饭馆逐渐形成了供一般平民享用的普通菜肴，如拌芹菜、金花菜、白斩鸡、卤肉、炒腰子、虾米炒白菜、红烧菜心、炒三鲜、秃肺（青鱼肝）、青鱼头尾、拆炖（去骨的走油蹄髈）、咸菜黄鱼、咸肉豆腐汤、肉丝黄豆汤、清蛋汤、炒肉百叶、草鱼粉皮、八宝辣酱等，这些菜肴的烹饪原料，如猪肠、猪血之类，有些外帮菜馆不屑一顾，但本帮的小饭店却善于取用，悉心调制出诸如红烧圈子、清血汤等脍炙人口的菜肴。

“吃得开”不止于国内的各个帮口菜肴，在中国，也许没有一个城市像上海这样早地接触西方菜肴，并形成特色。上海的西菜馆在长期的经营实践中，根据各式西菜注重营养的不同特点，融入我国食谱的成分，创制出独树一帜的上海西菜，它既不同于各式正宗的菜肴，又有别于外地的西菜，从而受到外国来宾和国内食客的欢迎。

近百年来，支撑上海人饮食习俗“吃得开”的特质，就在于不断创新，餐饮业不固守恒定的经营模式，不再细分自己属于何种菜系，而是融入和接纳多种地方特色的菜肴。菜肴不断出新，经营规模和场面不断出新，餐饮氛围不断出新。创新永远是上海餐饮业的重要推动力。

53. “石库门”：住宅中西合璧

开埠之后，西洋式建筑首先在上海外滩、洋泾浜一带出现。外滩曾经是各国列强在上海的政治、金融、文化中心，聚集着各国的领事馆和各大金融机构。哥特式的尖顶、古希腊式的穹窿、巴洛克式的廊柱、西班牙式的阳台，令人眼花缭乱的建筑构成了著名的“万国建筑博览”，风格很是协调地聚集在黄浦江边。上海普通民居的特点则是中西合璧。

早期上海人的住房，其实与毗连的江浙一带的老屋，并无区别。清道光二十五年（1845年）上海建立的租界只是外国人的居留地。租界经济的发展，加之19世纪50—60年代的上海小刀会起义和太平军三次东征，致使上海老城厢以及苏南、浙北的百姓大量进入租界躲

▲ 上海花园洋房，图为宋庆龄故居

避战乱，由此带动了弄堂房子的诞生，“华洋分居”局面很快成为“华洋混居”，租界人口急增。

第一次世界大战期间，西方资本主义国家忙于战争无暇东顾，有利于上海民族工商业的发展，其中尤以闸北的发展最为明显。华人房地产商一方面吸收“老石库门”住宅使用面积比例高之优点，另一方面采用中国传统大家庭族居的居住方式，设计和建造了一批可供多种家庭选择的“新式石库门”住宅。这种“石库门”在20世纪20年代前后影响了租界住宅，这类住宅有“一进”“二进”（即一客堂一厢房）及“三进”（即一客堂二厢房）几种形式。“三进”的石库门最为典型，其基本布局是：进大门即一天井，天井后为客堂，供家族公用和会客之用；天井和客堂的两侧为东、西厢房，在一般的大家庭中作为房主的小妾或兄弟住房；客堂后面为后天井和灶间，后天井主要用于打井或安装自来水；其两侧分别为东、西后厢房，一般为帮佣者的住所；在客堂和后天井之间为楼梯；客堂的上面为楼客堂，一般为户主的卧室；其两侧为东、西楼厢房；灶间的楼上分别为“亭子间”和晒台。因此“新式石库门”是一种符合中国传统居住方式的设备齐全的住宅。

20世纪30年代后由于上海住宅紧张，部分房东将空余的房间转租给他人，原设计为一户（或一族）居住的住宅被改为多户人家居住的住宅，其优点无法发挥，而其不足之处却日益明显。30年代开始，这类住宅基本停止建造，但其中大多数石库门一直使用到现在，是上海最普遍的住宅。今天上海人讲的“石库门”一般指

“新式石库门”。

▲ 20世纪20年代上海的民居石库门，砖墙，有路灯照明

石库门房屋是近代上海市区最普遍的砖木结构的联排式里弄住宅的统称。过去有人解释石库门因“其门框用石块砌成，结构类似旧式仓库”而得名。这种说法未免有点牵强附会，实际上“石库门”民居与旧式仓库并无相似之处。“石库门”可能是“石箍门”之讹写，上海方言把紧束物件的框或圈称为“箍”，由于该建筑的大门一律用长石条为“箍”而被称为“石箍门”。石库门之“门”，有着深深的历史烙印，其风格为中西合璧，从而成为上海近代史上一个独特的时代产物。石库门是上海弄堂建筑中极富特色的部分，“石库门弄堂”也由此得名，成为弄堂住宅的代名词和一种标志。

石库门既不像花园洋房那样贵族气派十足，也不像棚户区那样穷酸寒碜。它的主人既不像花园洋房主人那样奴仆成群，也不必像棚户区的住户事必躬亲，自己拎着水桶去提水，或者清晨自己去倒马桶。他们中的大多数人，勤勉地过生活，收入也还可观，一年衣食有余，拥有一个当杂的娘姨。他们尚属温饱，讲体面，虽算不上大户，但在社会上也都是有头有脸的人物。石库门民居，正好适应了生活在这个城市的中产阶层的需求，既一家一户不失身份体面，又空间紧凑、经济实惠、不事铺张。

说石库门，又离不开一个颇富原创性的艺术语汇——亭子间。这是石库门住宅中灶披间上面、晒台下面的房间的称谓。亭子间是石库门住宅内最差的房间，因与传统园林中的亭子相近而得名。旧上海许多人家租赁石库门住宅，楼下的客堂一般为会客兼用餐，楼上客堂作卧室，于是只剩下亭子间作书房和工作室。当年鲁迅先生的《且介亭杂文》中的“且介”即“租界”之省笔，亭即指“亭子间”，“且介亭”意即“租界亭子间”。20世纪30年代之后，上海的住宅日趋紧张，一幢石库门内有多户居住，亭子间的住户大多为收入较低的劳动人民，于是社会上出现了名为《亭子间嫂嫂》《亭子间阿姨》之类的读物，以后这类书即被叫作“亭子间文学”。

亭子间的出现，也使人们明白石库门原来还有着更充分、更自由地运用、切割空间的可能性。于是，石库门在维持它外部形制的时候，内部空间慢慢地解体了。从一家一户到一家几户，最后又发展到几家几户同住一号石库门。石库门的主人及其后人此时已经无力也无法维持一家一户独住的巨大开销。他们或者自己出租房子，或者让人转包出租。承包人俗称二房东，为了获取利润，毫不客气地将大房间隔开，让更多的人住进来。这样，石库门就开始了其内部结构仿照亭子间格式不断被切割的过程。在不断的亭子间化中，方方的天井住进了新婚夫妻或者移作了厨房。宽敞的客堂中间竖起了一道板壁，常常是父子或兄弟两对夫妻相安无事共处在一个房顶下。每临夜鼾声相闻却又各行其是。每到黄昏则一家独用的厨房又响起了七十二家房客的锅碗瓢盆交响乐。

石库门与亭子间作为上海特有的弄堂房子，使上海人的居住习俗挣脱了安土重迁的传统锁链，对于他们破旧求新、勇于开拓的性格养成，邻里关系的亲近，见多识广、精明灵巧、克勤克俭和工于算计等特点的培育，都是很重要的因素。

54.“快节奏”：百年城市交通

随着上海开埠，资本主义各发达国家来到黄浦江畔抢滩登陆，国内各地移民也纷纷驻足上海，由此增强了上海与五大洲、四大洋的广泛联系，水陆道上，行旅繁忙，传统的行旅交通设施及交通工具显然难以为继。清朝末年民国初年伴随着铁路、航运、邮政、电报所谓交通四政的崛起，上海大交通的发展与进步，就是市民的出行，从清代的轿子、独轮车到西洋马车，从黄包车、三轮车到汽车，从城市有轨电车、无轨电车到公共汽车、小汽车和出租车。可以想象，商业的发展、社会的进步，催生出对便利交通的需求，同样交通工具的进步也缩短了空间的距离，提高了人们生活的质量和生活的节奏。

19世纪60年代，一部分遭受天灾人祸的苏北农民，涌入上海租界避难，他们来的时候，也把苏北乡下的一种木制的独轮车带进了上海，当时上海人称这种独轮车为“江北车”。“江北车”一轮居中，车架设在轮子的两

▲ 上海独轮车送客

侧，车把高高翘起，有点像羊角，于是又被叫作“羊角车”。由于独轮车的稳定性极差，在乡下农民用它送货。这种独轮车进入上海后，初期也是在轮船码头或者仓库货栈以充货运之用，但随着上海城市人口逐渐增多，出行的不便，也给市民的生活带来不少麻烦。有人就将这种独轮车加以改造，加大车轮的直径和车架，相对提高了车子的稳定性能，车架也可同时供几人乘坐，在拉货运货的间隙，开展一些揽客的生意，于是，独轮车就成了晚清上海民众出行代步的“出租车”。

同治十二年（1873年），一个叫梅纳尔（Menard）的法国商人从日本引进了几辆双轮人力车，他分别向工部局和公董局申请在上海的两个租界设立人力车客运服务机构，还申请了10年的专利。租界当局很快批准了这个法国商人的申请。同治十三年（1874年）初，梅纳尔的“上海外国小车洋行”正式挂牌营业，随即上海许多报纸上也刊登了“外国小车出赁”的广告，称：“新到洋车，格外奇巧，客商欲坐者，请至本行雇用，并有路程远近价格表备索。”这种从日本引进的双轮人力车就被上海人叫作“东洋车”，又因为这种东洋车为了在大街上醒目而一律漆成黄色，有点像今天的共享单车“小黄车”，上海人就唤这种黄颜色的东洋车为“黄包车”。从同治十三年（1874年）开始出现在上海街头，在以后长达60年的岁月里，黄包车及后来派生出的三轮车，就一直充当市民出行的主要代步工具。

光绪二十七年（1901年），外国侨民将小汽车引进到上海，据说光绪三十四年（1908年）增加到119辆，1912年猛增到1 400辆。自己拥有小汽车，那个年代叫“自备车”，那是很招摇的事情，各式小汽车往来驰骋于上海街头，让原先慢腾腾的上海市民看花了眼，感受到现代文明的快节奏。

▲ 上海20世纪初由“老外”驾驶的出租汽车

从19世纪末至20世纪初，上海面临的形势发生了很大的变化，尤其是甲午战争后中日签订的《马关条约》允许外国人在通商口岸创设工厂，于是大批工厂在远离上海市中心区的地方创办，工人去离家很远的工厂上下班，交通很不方便，解决交通问题显得特别迫切。此外，随着租界的越界筑路，公共租界的东界延伸到了复兴岛，西界延伸到了静安寺，东西距离约8英里，依靠步行或人力车从租界的东头走到西头也是力不从心。租界产生了改变界内交通状况的念头，但是洋人之间存在利益牵扯，要达成协议也是费尽周折。

光绪三十四年二月初三（1908年3月5日），在上海交通史上似乎是一个不应遗忘的日子。英商上海电车公司建造的上海第一条有轨电车线路正式通车。这天早晨5点30分，上海第一辆带小辫子的有轨电车，成为上海一道移动的风景。资料显示，这条线路长6.04千米，电车的起始点是静安寺，沿愚园路、赫德路（今常德路）、爱文义路（今北京西路）、卡德路（今石门二路）、静安寺路（今南京西路）向东行驶，穿过南京路（今南京东路），并沿着外滩，抵达外洋泾桥上海总会（今广东路外滩）。紧接着，法商、华商也相继开通了有轨电车线路。光绪三十四年四月初七（1908年5月6日），法商电车电灯公司的第一条有轨电车线路2路通车，自十六铺至善钟路（今常熟路），线路长5.6千米，同年七月初四（7月31日）延伸至徐家汇，线路长8.5千米。1913年8月11日，上海华商电车有限公司第一条有轨电车线路通车，最初的线路是从十六铺至沪杭火车站。

▲ 印有啤酒广告的上海双层公共汽车

以大众化面目出现的电车和公共汽车虽然逐渐进入了近代上海人的日常生活领域，但由于上海人口众多，交通繁忙，与当时上海市民对于交通行乘方面的实际需求相比，仍然显得力不从心，而且越是随着上海人口的增长，挤车的问题越加突出。20世纪二三十年代后，以电车为主的上海公共交通进入鼎盛时期，巨大的人流充塞着每一节车厢，上班的职员、游玩的行人、跑单帮的生意人，全赖电车把他们发送到城市的各个角落，尤其在上下班时，人满为患。乘坐电车费用低廉，为杨浦区成为上海乃至中国近代工业的发源地提供了基础条件之一。代表近代工业文明特点和具有鲜明的社会意义的电车、公共汽车等车辆形式也开始步入上海都市，并且逐渐成为广大的上海都市民众的主要交通工具。

55.“德律风”：通讯迅疾发展

电话的引入稍晚于电报，同治九年（1870年）丹麦大北公司在上海敷设起第一条电报线后，见清政府和上海的地方官员予以默认，于是得寸进尺，于同治十年六月二十六日（1871年8月12日）又将一条电报水线从日本长崎敷设到上海登陆，接入南京路报房后开通，形成了一条通往欧美的水线电报电路，这是外国在中国开通的第一条电报水线。当日港沪两地通报70起。中国与世界各地的电信联络便正式开始了。

中国人最初称电话为德律风。光绪七年（1881年），上海丹麦商人的大北电报公司筹办电话。这年十月十四日（12月5日）《申报》刊登了一篇题为《沪上拟用德律风》的报道：

> 西报载有外国电线行告白，言上海地方将通行德律风，工部局已曾核准矣。德律风者所以传递言语，为电线之变相，亦以铁线为之，持其一端，端上有口，就口中照常说话，其音即由此达彼，听者亦持其一端而听之，与面谈无异。不但语言清楚，而且口吻毕肖。

对于这种以电线连接即可远距离通话的奇器，报道中已看不到惊诧的意味，而只有客观的描述，随后还以十分轻松的语气推介道："此法一行，无论华人西人皆可置备，相隔数里或为风雨所阻，亦不难遥遥共话，是又一快事也已！"光绪八年（1882年），租界内有二三十家用户率先用上了电话，旋即又有英商的电话交换所开业，有用户30多家。次年春，又有徐家汇天主堂设立电话通达租界各洋行，预报风雨消息。虽然这时使用电话的还多是西人，但中国人知其事者也不再惊诧，而是见怪不怪、习以为常了。《上海轶事大观》一书中云："沪上方言……又有一种系从西文译音而来者，如谓电话曰'得律风'，谓买办曰'康八度'，均以西音入中语。此人所共知者，已几乎公认为通行之名词矣。”

随着时间的推移，电话在传递信息方面的巨大优越性逐渐为中国人所认识，人们纷纷吟诗咏诵，晚清文人袁祖志在竹枝词《望江南》第二十四首云：“申江好，电线疾雷霆。万里语言同面晤，重洋信息霎时听，机括竟无形。”（《淞南梦影录》）这里说的就是引进不久的电话。电话技术信息传输能力之高，对商业、人民生活诸方面的促进作用是不言而喻的，它们带来的相当可观的经济效益，迅速刺激着中国官商。光绪三十三年（1907年），清政府邮传部电政总局以光绪二十八年（1902年）的商办电话为基础，在上海南市东门外新码头里街设立上海电话局，租民房3间，作为局房，共有员工19人，开业时有用户97家，打破了自光绪八年（1882年）外商电话公司建立后一直由外商垄断上海电话通讯业的局面。宣统元年（1909年），上海电话局又在闸北共和路开设第二个电话局，称闸北分局，原南市电话局则称上海电话局南市总局。

伴随着电话的启用和发展，上海的公用电话应运而生。到20世纪20年代，上海不少酒楼、饭店、茶馆和夜总会等将所装的电话供他人拨打，从中收费，电话经营部门亦正式认可，由此逐步形成了一批可供民众使用的公用电话。1923年3月，上海电话局奉北洋政府交通部之命正式开放上海市区至南翔的长途电话。1926年开通上海至苏州、无锡间的长途电话，与此同时，也为租界和华界的用户电话互通扫清了障碍，从此改变了租界内电话和华界内电话“老死不相往来”的局面。到20

世纪30年代中后期，上海已发展为远东最繁华的都市，公用电话涉及的范围已迅速扩大，上海证券公司大厅里特设了公用电话，如同茅盾小说《子夜》中的冯元卿那样——用公用电话打探“消息”，成为现实。

20世纪30年代的上海，电话已进入人们的日常生活。上海最早安装投币式公用电话的是1932年美商上海电话公司创办的公用电话亭。当时的投币电话机使用的是固定背撑式送电器的“西电”（Western Electric）553A号话机，一个格兰（Gray）8A号硬币箱。这种投币式公用电话机由线路连接至公司的人工交换台，待用户拨号后，再由接线员将电话接通。到1936年，公用电话的装机总数达到了207部。

▲ 上海之有“德律风”，较早出现的公用电话亭

与今天的投币式公用电话不同的是，当时必须投一种由公司铸制的特制角币才能拨通。为了得到这种特制的角币，使用者必须持现钞到电话公司兑换。这种角币为铜质，面值1角，正反面分别铸有“上海电话公司”和“可打一次”的中、英文字样。角币的使用有利于减少话费结算的麻烦。但随着时间的推移，其弊端也逐渐显露出来，那就是大量的角币存在于公众手中，极大地影响了流通。为了解决流通问题，电话公司不得不时时登报，呼吁市民到公司将他们手中多余的角币调换现钞。这种使用角币的方法，一直沿用到上海解放前夕。

上海最早的查号台是宣统二年（1910年）由英商华洋德律风公司开设的。那时的电话查询，外国人拨“499”，中国人拨“599”。1932年美商上海电话公司取代了英商公司，并新开设“09”查号台，专门聘用了话务员。当时电话使用对象还是以洋人居多，招聘的话务小姐不仅要会流利的英语，而且必须仪态端庄，有一定的知识层次。那时查号用的是旋转式档夹，这是一种一人多高的长圆柱形的铁架，上下开槽，可以嵌入附有电话户名条的档夹片。每个旋转档夹可以嵌450片档夹片，而每个档夹片可以插入42条户名，因而每个旋转档夹可以存入18 900条户名。话务小姐查号时，坐在高脚圆凳上，每两人使用一个旋转档夹。由于查号是人

▲ 清末上海英商电话公司接线生

工服务，档夹可以按笔画顺序和分类两种方法查找，但毕竟不是很方便。话务小姐就采用背号码的方法，用得最多的是谐音法，比如上海油漆厂“371212”，谐音就是“三趟漆一亮一亮”；食品一店“222777”，就是“来来来吃吃吃”。一个话务小姐最多能背出2 000多个电话号码，就像一本活的电话号簿。那确实是很有趣的事情。

附录：大事记

（1074—1949 年）

北宋

“上海务”名列17务之前列。熙宁十年（1077年），《宋会要辑稿》记载，青龙镇的税收为15 879贯400文，几乎占华亭县商业收入的一半。“上海务”业绩在17个酒务中名列前茅。

护珠塔建成。元丰二年（1079年），护珠塔（在今松江天马山）建成。

《隆平寺经藏记》青龙镇。元丰五年（1082年），《隆平寺经藏记》称“青龙镇瞰淞江口，据沪渎之口，岛夷、闽、粤、交、广之途所自出，风樯浪舶，朝夕上下，富商、巨贾、豪宗、右姓之所会”。

华亭县人口。元丰年间（1078—1085年），华亭县有户口97 753户、212 417人。

华亭县置市舶务。政和三年（1113年），华亭县置市舶务，专置监官。

华亭县产盐量。北宋年间，华亭县年产盐约1 368万公斤。

南宋

青龙港被称为江南第一贸易港。绍兴元年（1131年），青龙港被称为江南第一贸易港，在青龙镇设市舶务。次年，两浙市舶提举司从临安（杭州）移驻华亭县。乾道二年（1166年）六月初三诏罢。

“黄浦”之名初见。乾道七年（1171年），秀州知府丘崈在水利疏中称华亭县东北有黄浦塘，初见“黄浦”之名。

海岸线中心东延。乾道八年（1172年）至明洪武十三年（1380年），海岸线中心部位向东延展3.5千米，至今大团镇一线。

大、小金山沦入海中。淳熙年间（1174—1189年），大、小金山沦入海中。

《云间志》撰修。绍熙四年（1193年），华亭知县杨潜修《云间志》（3卷），为上海地区现存最早的地方志。

盐场之设。绍熙年间（1190—1194年），华亭县有浦东、袁部、青村、下砂、横浦5个盐场共17分场，3 500多家盐户。

粮食高产。绍熙年间（1190—1194年），华亭县亩产稻谷2—3石，为全国粮食单产高产地区。

最早的图书刻本。庆元六年（1200年），华亭县学徐民瞻刻《陆士龙文集》（10卷），为上海地区今存最早的图书刻本。

黄姚港初设。开禧二年（1206年），黄姚镇成为长江口的贸易港口，宋廷设黄姚税场，每月关税万计。

嘉定设县。嘉定十年十二月初九（1218年1月7日），设嘉定县。辖5乡27都，属两浙西路平江府。县治设练祁市（今嘉定镇）。十二年（1219年），筑县城，建孔庙。

崇明天赐盐场。嘉定十五年（1222年），在崇明三沙设天赐盐场，隶于通州。

上海地区最早书院。淳祐四年（1244年），崇明建立天赐书堂，为上海地区最早书院。

市舶分司移驻上海镇。景定五年（1264年），青龙镇市舶分司移驻上海镇。

元

璜溪义塾设立。至元九年（1272年），上海地区最早的义塾璜溪义塾设立。

华亭县升格为府。至元十四年（1277年），华亭县户口13万，升华亭县为华亭府。隶属于江淮行省嘉兴路。是年，在崇明沙置崇明州，隶属于江淮行省扬州路。

元代上海镇。至元十四年，元廷在上海镇设市舶司。

华亭府改松江府。至元十五年（1278年），华亭府改松江府，以境内吴淞江名。复置华亭县，为松江府附郭县。

朱清、张瑄等创行海运。至元十九年（1282年），罗璧、朱清、张瑄等奉元宰相伯颜命，在上海建造平底船60艘，创行海运，运漕粮4.6万余石至大都（北京）。此后46年间共海运漕粮8 300万石。

上海镇设上海驿。至元二十五年（1288年），华亭县上海镇设有上海驿。驿址在原南市馆驿弄。

元代上海置县。至元二十八年七月二十四日（1291年8月19日），元廷设上海县。次年，以华亭县东北境高昌、长人、北亭、新江、海隅5乡共26保之地为县境，领户72 500余，隶松江府。县治设于上海镇。

松江府始建府署。至元三十一年（1294年），松江府始建府署。是年，上海县建文庙。

黄道婆归故里。元贞年间（1295—1297年），黄道婆从崖州（今海南省崖县）归故里上海县，带回棉纺织技术。

上海港口贸易重心转移。大德二年（1298年），上海市舶司撤销，上海地区港口贸易重心移至刘家港（今江苏省太仓市浏河镇）。

任仁发协浚吴淞江。大德八年（1304年），任仁发提出“浚河深阔、筑土于高厚、置闸多广”治水建议，并任都水少监，协浚吴淞江。经是年和十年两次疏浚，吴淞江水患大为减轻。

真如镇重建。延祐七年（1320年），真如院自官场（今大场附近）迁今真如镇重建，改真如寺。

陶宗仪《南村辍耕录》撰就。至元年间（1335—1340年），陶宗仪在松江泗泾辑编《南村辍耕录》（30卷）。

最早清真寺。至正年间（1341—1368年），教寺（清真寺）在松江府城建造，为上海地区最早的清真寺。

明

秦裕伯被封上海城隍。洪武六年（1373年），秦裕伯被封为上海县城隍。

明代设金山卫。洪武十九年（1386年），安庆侯仇成等奉命在筱官镇设金山卫，信国公汤和筑金山卫城、守御南汇嘴中后千户所城（即南汇城）和青村中前千户所城（即奉贤老城，今称奉城）。金山卫下辖7个千户所。是年，设吴淞江千户所，隶属于太仓卫。

设南跄巡检司。洪武二十九年（1396年），上海县在高昌乡22保设南跄巡检司。

“掣淞入浏”与“黄浦夺淞”。永乐元年至二年（1403—1404年），户部尚书夏原吉导吴淞江水由浏河白茅入海，“掣淞入浏”。采纳叶宗行之见，开浚河道，组成大黄浦—范家浜—南跄浦水系，浚范家浜引浦（大黄浦）入海，“黄浦夺淞”，形成黄浦江水系，吴淞江成为黄浦江支流。上海海运入海道始由长江口航道和黄浦江航道组成。

明成祖赐名宝山。永乐十年（1412年），明成祖命20万将士在距离高桥东北15里处，筑土山，立堠表，作海舟进出长江口标识。山方百丈，高30余丈，赐名宝山。万历十年（1582年），山坍入海。

与倭寇巷战金山卫。永乐十三年（1415年），倭寇入侵金山卫，卫指挥同知侯端率部巷战，大胜。

金山神庙改建为上海县城隍庙。永乐年间（1403—1424年），上海县金山神庙改建为上海县城隍庙。

修里护塘。成化八年（1472年），沿宋捍海塘故址修里护塘，起戚漴（今漴缺外）经漕泾镇、张堰镇至平湖县，长53里。

“衣被天下，可谓富矣”。弘治十七年（1504年），松江府岁赋京师至80万石，其中上海县16万多石。弘治《上海志》称松江府“重以土产之饶，海错之异，木棉、文绫，衣被天下，可谓富矣”。

疏浚吴淞江水系。嘉靖元年（1522年），巡抚都御史李充嗣派民工疏浚吴淞江等水系。

青浦设县。嘉靖二十一年（1542年），巡抚都御史夏邦滨、巡抚御史舒汀奏析分华亭县北境修竹、华亭2乡和上海县西北境海隅、北亭、新江3乡设立青浦县。县治青龙镇。嘉靖三十二年（1553年），县撤。

筑上海县城。嘉靖三十二年，沿海倭犯，上海县连遭倭患，县署、民居、街市尽为火焚。是年，为防倭犯，九月松江知府方廉率众筑上海县城。十二月竣工。墙长4 500米，高8米，城垛3 600个，城门6处，水门3处，先后建敌楼4座，箭台20座。嘉靖三十三年（1554年），倭犯上海城，两次被击退。

青村所倭患始靖。嘉靖三十二年至三十五年（1553—1556年），松江府倭患不绝，南汇、青村等所连续为倭所陷。明廷调派胡宗宪、俞大猷、汤克宽等抗倭，至嘉靖三十五年八月，府境内倭患始靖。

设川沙堡。嘉靖三十六年（1557年），在上海县八团（今川沙镇）设川沙堡。

潘允端始建豫园。嘉靖三十八年（1559年），潘允端在上海县城始建豫园。至万历五年（1577年）建成。占地40余亩。

露香园顾绣。嘉靖年间（1522—1566年），上海县顾名世建露香园，顾家以内廷绣法、宋元画意，融画理与刺绣技法于一体，形成顾绣。

海瑞主持疏浚吴淞江。隆庆三年（1569年）十二月，应天巡抚海瑞主持疏浚吴淞江下游入海淤地，并建闸2座。闸北境内吴淞江故道遂称旧江，亦称虬江。

徐光启、利玛窦合译《几何原本》。万历三十四年（1606年），上海县人徐光启与意大利人、天主教耶稣会传教士利玛窦合译《几何原本》。万历三十六年（1608年），应徐光启之邀，意大利人、天主教耶稣会传教士郭居静到上海，在徐光启宅之西建教堂。西洋教士始在沪传教。

南翔建猗园。万历年间（1573—1620年），闵士籍在嘉定县南翔建猗园。至清乾隆十三年（1748年），易名古猗园。

《皇明经世文编》编定。崇祯九年（1636年）九月，陈子龙、徐孚远、宋征璧等合编《皇明经世文编》504卷、补遗4卷。

是年，徐霞客从松江佘山出行，作西南万里行。

《农政全书》校刻刊行。崇祯十二年（1639年），徐光启《农政全书》由陈子龙编定校刻刊行。

清

长兴岛围滩造田。顺治元年（1644年），长江口南支水道露出沙洲，后称鸭窝沙（即长兴沙）。道光二十四年（1844年），开始围滩造田，后称长兴岛。

“嘉定三屠”。顺治二年（1645年）七月，清兵攻嘉定，黄淳耀、侯峒曾率民众据城抗清。自初三城破至闰六月初，清兵在嘉定城内、罗店、葛隆、外冈、马陆、杨行等地屠杀抢财，死难者2万余人，史称“嘉定三屠”。是年九月十七日，夏允彝投松塘殉难。

陈子龙、夏完淳等死难。顺治四年（1647年），松江提督吴胜兆密约驻舟山南明军合力攻打南京事泄，吴胜兆被清军杀害。陈子龙、夏完淳等死难。夏完淳在狱中作慨世、伤时、怀友和悼死亡者之诗，集为《南冠草》。

海禁之令。顺治十二年（1655年）六月，清廷颁布禁海令，“严禁沿海省分，无许片帆入海，违者应置重典”。

娄县之设。顺治十三年（1656年），分华亭县为2县。以华亭县风泾、胥浦2乡及集贤、华亭、修竹、新江4乡之半设娄县。两县同郭分治。

分防吴淞江及崇明诸口。顺治十四年（1657年），清廷增设崇明水师总兵（后改水师提督），调兵万人，分防吴淞江及崇明诸口。

吴淞第一座炮台。顺治十七年（1660年），总督郎廷佐在吴淞口建杨家嘴炮台，为吴淞第一座炮台。后称西炮台、老炮台。康熙五十七年（1718年），建吴淞口东炮台，炮位4座。

苏松兵备道改制。顺治年间（1644—1661年），置苏松兵备道，驻太仓州，苏州、松江二府隶之。康熙二年（1663年），增辖常州后改称分守苏松常道，移驻苏州。康熙二十一年（1682年），常州析出后改称分巡苏松道，仍驻苏州。雍正八年（1730年），分巡苏松道改称分巡苏松兵备道，道署从苏州府移驻上海。乾隆元年（1736年），太仓州并入，又改称分巡苏松太兵备道，亦称苏松太道、上海道、沪道、江海关道、关道。

吴淞江建挡潮闸。康熙十年（1671年），在吴淞江建挡潮闸，后习称“老闸”[在今福建路桥附近，于康熙二十九年（1690年）废坏。一说1569年所建之闸为“老闸”]。雍正十三年（1735年），又在吴淞江建石闸，后习称“新闸”（乌镇路桥西侧）。两闸以北之地，后称闸北。

康熙开海禁。康熙二十三年（1684年），开海禁，准允海上贸易。东线至日本、朝鲜，南线至南洋群岛。

商船会馆创设。康熙五十四年（1715年），上海和崇明籍船商在上海县城马家厂建商船会馆。

钱大昕《廿二史考异》成书。嘉庆二年（1797年），嘉定钱大昕《廿二史考异》100卷刊印成书，全书撰稿到刊行用时30年。

四明公所成立。嘉庆七年（1802年），四明公所在上海成立，俗称宁波会馆。

川沙抚民厅设立。嘉庆十年（1805年），分上海县高昌乡滨海之地和南汇县长人乡北部，设川沙抚民厅。十五年（1810年）建立。

查获走私鸦片。道光十八年（1838年），在上海南关外查获走私鸦片4万多两。

陈化成调任江南水师提督。道光十九年十二月二十四日（1840年1月28日），福建水师提督陈化成调任江南水师提督。

英国兵舰挑衅。道光二十年七月十七日（1840年8月14日），英国兵舰3艘在吴淞口外游弋，被陈化成部炮击后逃入大洋。八月十四日（9月9日），英国兵舰5艘在川沙抚民厅三尖角洋面，强令华商驾舢板至吴淞口投递字帖，要求江南提督转呈英政府致清廷照会。裕谦、陈化成准送京城。九月初四（9月29日），上海、宝山、南汇、奉贤、华亭等处防兵奉旨调动。

道光帝下诏对英宣战。道光二十一年正月初五（1841年1月27日），道光帝下诏对英宣战。八月、九月，上海、宝山两县增加兵力，吴淞口布重炮，防英军进犯。

吴淞之战，陈化成壮烈殉国。道光二十二年五月初八（1842年6月16日），晨约6时，英军攻击清军阵地，吴淞之战发生。驻守西炮台的陈化成等腹背受敌，陈身伤7处，力竭牺牲。清军战败。

英军占领上海县城。道光二十二年五月十一日

（1842年6月19日），英军占领上海县城，设司令部于城隍庙，在城内奸淫抢掠。

《南京条约》签订。道光二十二年七月二十四日（1842年8月29日），《南京条约》签订。与上海有关者：（1）上海开放为通商口岸；（2）英国在上海派驻领事；（3）英商在上海可自由与中国商人贸易；（4）协定关税；（5）两国官员平行往来。

巴富尔与宫慕久第一次会谈。道光二十三年八月十五日（1843年10月8日），中英签署《五口通商附粘善后条款》。条款对英国人在上海等各通商口岸居住作规定，后被援引为设立租界的主要依据。九月十八日（11月9日）英驻沪领事巴富尔与上海道台宫慕久在江海关署举行第一次会谈。双方议定英国驻沪领事馆的地址、上海港开港的时间、开放上海港港区的范围以及外国船舶在港区内停泊的区域等事项。

上海正式开埠。道光二十三年九月二十六日（1843年11月17日），上海道台宫慕久宣布上海正式辟为商埠。

墨海书馆创办。道光二十三年十一月初八（1843年12月28日），英国伦敦布道会传教士麦都思（Watter Henry Medhurst）将所办之印刷所从巴达维亚（今印度尼西亚雅加达）迁至上海，名墨海书馆（London Missionary Society Press），为上海首家近代企业和编译出版机构。

《中美望厦条约》（《中美五口贸易章程》）签订。道光二十四年五月十八日（1844年7月3日），《中美望厦条约》(《中美五口贸易章程》)签订。与上海相关的主要内容包括:(1)美国人可在上海等地居住贸易,租地建楼,设立教堂;(2)协定关税和给予美国最惠国待遇;(3)美国在上海有领事裁判权;(4)美军舰可至上海港。

《中法黄埔条约》(《中法五口贸易章程》)签订。道光二十四年九月十三日(1844年10月24日),《中法黄埔条约》(《中法五口贸易章程》)签订。涉及上海的主要内容包括:(1)法国人可在上海居住贸易,租地建屋,建造教堂;(2)协定关税;(3)给予法国领事裁判权;(4)法国军舰可常驻上海。

上海第一条马路开辟。道光二十六年八月初五(1846年9月24日),宫慕久与巴富尔又议定英人居留地以界路(今河南中路)为西界,面积扩至1 080亩。是日筑界路(今河南中路),为上海第一条马路。

上海第一家图书馆建立。道光二十七年(1847年)四月底,天主教江南教区在徐家汇小教堂附近建耶稣会会院。院内附设藏书楼(今徐家汇藏书楼),为上海第一家图书馆。

南京路开辟。道光二十八年(1848年),英租界辟筑花园弄(今南京东路外滩至河南中路一段),又称派克弄。咸丰四年(1854年)向西延伸至浙江中路。同治元年(1862年)再延伸至今西藏中路,同治四年(1865年)改南京路。1945年改南京东路。

首次将吴淞江称作苏州河。咸丰三年十一月初二(1853年11月27日),英领事阿礼国与上海道麟桂商定英商居留地扩充至北以吴淞江为界,西以泥城浜、周泾浜（今西藏路）为界，面积增至2 820亩，并首次将吴淞江流经上海市区段称作苏州河。

雷米洋行开设。道光二十九年（1849年），英租界辟筑领事馆路（今北京东路自河南中路至外滩），用沙石和泥土拌和压实作路面。是年法商利名钟表行开设，亦名雷米洋行，为上海第一家法商洋行。

建成第一个跑马场。道光三十年（1850年），上海跑马总会在界路（今河南中路）以西，花园弄（今南京东路）以北建上海第一个跑马场。

徐家汇天主教堂落成。咸丰元年二月二十一日（1851年3月23日），天主教江南教区徐家汇总铎区圣依纳爵堂兴建，七月初四落成，为中国第一座西方建筑样式的教堂。

土山湾画馆创办。咸丰二年（1852年），徐家汇天主堂创办土山湾画馆，为中国最早传授西洋画的机构。

小刀会起义。咸丰三年八月初五（1853年9月7日），上海小刀会首领刘丽川率众起义，占领上海县城，逮上海道台吴健彰，杀知县袁祖德，建号大明国，刘丽川自称大明国统理政教招讨大元帅。八月初七至十一日（9月9—13日）小刀会起义军连克宝山、南汇、川沙、青浦和太仓5座县城。十一月十八日（12月18日）晨，清军向小刀会义军发起全线进攻。

小刀会起义失败。咸丰五年正月初一（1855年2月17日）深夜，清军自上海县城南门偷袭成功、攻入城内，刘丽川率150余人弃城突围，经徐家汇至虹桥，初二晨在上海县小闸遇清军，激战身亡。陈阿林率部逃进租界，藏于一家美国银行，后去新加坡。潘启亮冲出重围赴宁波，投太平军。小刀会起义失败。正月初二（2月18日），清军进驻上海县城，法军同时进入。

建造江海关。咸丰七年（1857年），上海道台在黄浦滩（今外滩）建造江海关。

太平军进攻上海。咸丰十年五月初五（1860年6月23日），太平军李秀成部攻克嘉定县城。五月二十三日（7月11日），上海英、法、美三国领事宣布三国侨民受治于工部局。七月初二（8月18日），李秀成率部进至徐家汇。摧毁卢家湾清军营垒后，直抵上海县城西、南两门，焚毁江海关。七月初四（8月20日），太平军战败薛焕所部兵勇，再次逼城达到西门外，转至跑马场附近，遭英军袭击，被迫撤离上海。太平军第一次大规模进攻上海结束。咸丰十一年十二月初八（1862年1月7日），忠王李秀成率太平军自杭州水陆并进，直趋松江、上海。太平军第二次大规模进攻上海。十二月十五日（1862年1月14日），太平军慕王谭绍光等自松江进攻奉贤，击败清参将姚绍修及洋枪队，占据南桥镇。同治元年正月二十三日（1862年2月21日），英驻华海军司令何伯和法驻华海军司令卜罗德率英法联军1 500余人，与洋枪队一起向驻守高桥的太平军进攻。太平军败退。七月二十八日（8月23日），太平军慕王谭绍光等率部第三次进攻上海。由北新泾进占至法华镇、静安寺、新闸等地。另一部太平军由南翔至大场，逼近江湾。九月十二日（11月3日），太平军谭绍光会合陈炳文、黄子隆等部自青浦攻南翔清军黄翼升部。九月二十五日（11

月16日），李鸿章督淮军与常胜军分三路进攻，双方大战于黄渡、四江口、白鹤江等地。次日太平军败退。太平军对上海的三次大规模进攻结束。

租界越界筑路。同治元年（1862年），英美租界和法租界当局为防太平军，越过租界修筑新闸路、麦根路等一批军路，军事结束后变成马路，并从此开始大规模越界筑路。

上海同文馆（广方言馆）设立。同治二年二月初十（1863年3月28日），江苏巡抚李鸿章奏请仿京师同文馆之法，于上海设立外国语言文字学馆（也称上海同文馆）。4年后改称上海广方言馆，为上海第一所外语学校。

江南制造总局。同治四年（1865年），李鸿章饬改美商旗记铁厂，两个炮局并入，责成丁日昌督察筹划。同年八月初一（9月20日）成立江南制造总局，专造船、炮，为中国最大的兵工厂。同治六年（1867年）六月，移址高昌庙。至同治十二年（1873年），造出中国首批车床、刨床、钻床以及开齿轮机、卷铁板机、磨石机等。1912年5月1日，其中的江南船坞改江南造船所（今江南造船厂）。

工部局书信馆设立。同治三年（1864年），公共租界工部局设立工部局书信馆，为上海第一个现代邮政机构。

上海第一批煤气路灯点亮。同治三年八月十九日（1864年10月8日），大英自来火房制成煤气灯，在上海高易等洋行试用，“光明如昼”。十一月初一（12月

18日），大英自来火房在南京路（今南京东路）点亮上海第一批10盏煤气路灯。十一月二十四日（1865年1月10日），公共租界工部局成立火政队，建立义勇救火队。

救火队与水龙会成立。同治五年（1866年），上海第一救火队在法租界成立。七月初六（8月15日），法商自来火行始供煤气，法租界煤气路灯放亮。十二月初二（1867年1月7日），公共租界工部局成立上海水龙公所，分别在河南路、外滩建灭火龙公司，为上海最早的消防机构。

戏馆之设。同治六年正月二十四日（1867年3月1日），英侨在诺门路（今香港路）开设上海首家剧场——兰心大戏院。是年满庭芳戏院在广东路开设，为上海第一家京剧戏院。是年丹桂茶园集资银4.5万两，建造戏馆。

第一个公园建成。同治七年六月二十日（1868年8月8日），建成公家花园（Public Park，今黄浦公园），园内有椅子若干。公共租界工部局规定华人不得入园。

江南制造局翻译馆开馆。同治七年（1868年），清廷所办的第一个翻译西书的机构——江南制造局翻译馆开馆。

会审公廨成立。同治八年三月初二（1869年4月13日），上海法租界会审公廨成立。三月初九（4月20日），上海英、美、德领事公布《洋泾浜设官会审章程》，理事衙门改会审公廨，又称会审公堂。

上海公共租界设立。同治九年五月十五日（1870

年6月13日），公共租界工部局董事会通过决议，在官方文件中停用“英美租界”，改用“上海公共租界”。是年公共租界人口普查显示，有外国人1 666人、华人7.5万人。

《申报》创办。同治十一年三月二十三日（1872年4月30日），英国商人安纳斯脱·美查（Ernest Major）创办《申报》，原名《申江新报》。

首批幼童赴美留学。同治十一年七月初八（1872年8月11日），詹天佑等中国首批30名留美幼童由沪赴美，其中有上海籍幼童陆锡贵。

徐家汇观象台开始观测。同治十一年十一月初一（1872年12月1日），徐家汇观象台在神父住地附近开始气象观测，上海始有气象观测记录。

轮船招商局在沪创办。同治十一年十一月二十三日（1872年12月23日），李鸿章上《试办招商轮船折》，称已派朱其昂等在沪设局试办招商轮船。二十六日（12月26日）奏准。十二月十九日（1873年1月17日）轮船招商局在沪创办。二十一日（1月19日）招商局伊敦轮由上海首航香港。

筹建格致书院。同治十三年正月十七日（1874年3月5日），徐寿和英人傅兰雅等在福州路筹建格致书院。光绪二年正月十八日（1876年2月12日）开学。后迁北海路。今为格致中学。

黄包车输入上海。同治十三年二月初七（1874年3月24日），法国商人梅纳尔（Menard）从日本输入人力车（俗称东洋车、黄包车），开设上海第一家人力车公司，在上海租界运营。至1937年“八一三”事变前上海人力车达万辆。

淞沪铁路建成通车。同治十三年（1874年）十一月，淞沪铁路动工，英商怡和洋行组建吴淞铁路公司经营。光绪元年正月初九（1875年2月14日）试车。光绪二年闰五月初九（1876年6月30日）通车，十二日（7月3日）正式营业。十月十六日（12月1日），上海—吴淞全线通车营业，为外国人在华建造和经营的第一条铁路。

中国人自办保险之始。光绪元年（1875年）二三月间，英国人格罗姆（F.A.Groom）在上海杨树浦建成第一座城市自来水厂。十月初，轮船招商局总办唐廷枢、会办徐润发起组织保险招商局，为中国人自办保险之始。

《格致汇编》月刊创刊。光绪二年（1876年）正月，上海第一种科学杂志《格致汇编》月刊创刊，主要介绍自然科学知识。

轮船招商局收购旗昌码头。光绪二年十一月十八日（1877年1月2日），轮船招商局与旗昌轮船公司订立草约，轮船招商局以222万银两收购旗昌轮船公司全部轮船、码头、栈房等，码头计有上海金家盛码头、虹桥码头、金益盛码头、南码头、金利源码头、金方东码头等。旗昌宣布停业。次年正月初五（1877年2月17日）正式接管。

《瀛寰画报》创刊。光绪三年四月二十五日（1877年6月6日），申报馆编印不定期画刊《瀛寰画报》，为中国第一种以图画为主的刊物。

清廷下谕拆毁吴淞铁路。光绪三年九月十四日（1877年10月20日）12时，吴淞铁路行驶最后一趟火车。中方买断银付讫后，吴淞铁路移交中国，清廷下谕拆毁。至十一月十四日（12月18日）路轨全部拆除。是年北四川路（今四川北路）辟筑。

圣约翰大学建立。光绪五年七月十五日（1879年9月1日），美国天主教圣公会将培雅、度恩两书院合并改建圣约翰书院，址在今万航渡路。光绪三十二年（1906年）改圣约翰大学。

第一家室内菜场建成。光绪五年（1879年），福州路菜场建成，为上海第一家室内菜场。

创办上海自来水公司。光绪六年（1880年），英商创办上海自来水公司，次年在杨树浦建水厂，在江西路、香港路口修建水塔，光绪九年五月二十五日（1883年6月29日），开启阀门放水，为远东最大的水厂。

建立气象预报制度。光绪七年闰七月二十七日（1881年9月20日），上海西商总会通过预算案，拨款徐家汇天文台，以建立气象预报制度。

上海始有“德律风”。光绪八年正月十二日（1882年3月1日），大北电报公司在外滩创设上海第一家电话局。人工电话交换所开放电话，安装有中国第一部公用电话机。

电灯照明。光绪八年三月初九（1882年4月26日），英商立德尔创办上海电光公司（Shanghai Electric Co.），借用老式煤气路灯木杆，试装电灯。至六月十二日（7月26日）装有15盏，计虹口招商局码头4盏，礼查旅馆附近4盏，公家花园内外3盏，美记钟表行门前、电光公司门前、福利洋行门内外各1盏。是夜7时一齐放明，“竟可夺目”。

张叔和购园。光绪八年（1882年），洋商格农别墅由无锡张叔和购得，改为园林。后名张园。

玉佛供奉。光绪八年，缅甸两尊玉佛供奉于宝山张华浜六角亭。光绪二十六年（1900年），在江湾建玉佛寺，玉佛移入。1917年，寺迁槟榔路（今安远路），1928年落成，定名玉佛禅寺。

清廷出使大臣行辕落成。光绪九年（1883年）正月，在上海铁大桥北、天后宫旁修建清廷出使大臣行辕。次年六月落成。

《点石斋画报》创刊。光绪十年四月十四日（1884年5月8日），《点石斋画报》创刊，旬出一本，每本八图。主编吴友如。

外滩设立气象信息台。光绪十年七月十二日（1884年9月1日），徐家汇观象台与公共租界工部局合作，在洋泾浜外滩设立气象信息台。

重建天后宫落成。光绪十一年正月初三（1885年2月17日），上海重建天后宫落成，是日清廷颁匾“万流仰镜”。

松江教案发生。光绪十二年二月初五（1886年3月10日），松江教案发生。邱家湾教堂神职人员非礼童生，引起民众公愤，进而焚坏教堂器物，焚烧教会学校。松江知府调兵勇200余人弹压。上海道向教堂赔银

3万两3串以结案。

广学会成立。光绪十三年九月十六日（1887年11月1日），英国长老会传教士韦廉臣在上海创立同文书会。光绪二十年（1894年）改广学会。

印竣《古今图书集成》。光绪十五年（1889年），图书集成局用扁铅字印竣《古今图书集成》，全部1 682册，有“康熙百科全书美查版”之称。书起印于光绪九年（1883年）。

三角地菜场（虹口菜场）兴建。光绪十六年（1890年），三角地菜场（虹口菜场）兴建。是年市场上开始经销美国品海牌卷烟。

《新闻报》创办。光绪十九年正月初一（1893年2月17日），《新闻报》创办。

孙中山抵沪。光绪二十年（1894年）正月，孙中山偕上海电报局职员抵沪。是年孙中山上李鸿章书在《万国公报》发表，提出“人尽其才，地尽其利，物尽其用，货畅其流”的改革主张。

清廷对日宣战。光绪二十年七月初一（1894年8月1日），清廷对日宣战，准备封锁吴淞口，英法诸国反对。七月初三（8月3日），上海连日来不断发生反日事件。

《马关条约》签订。光绪二十一年正月十三日（1895年2月7日），上海各中文报纸竞相发表文章，如《论南洋亟宜防倭船》等，强烈反对清廷出卖主权、苟且求和，提出对日侵略“惟有死战而已”。五月初二（5月25日），《马关条约》签订。

上海强学会成立。光绪二十一年（1895年），康有为等成立上海强学会。光绪二十一年十一月二十八日（1896年1月12日）创办机关报《强学报》，以孔子生年纪元。光绪二十二年七月初一（8月9日）由汪康年任总理、梁启超任主笔的《时务报》在上海福州路创刊。光绪二十三年（1897年）八月，梁启超、汪康年等在上海创设不缠足会。

大清邮政开办。光绪二十二年二月初七（1896年3月20日），大清邮政开办，上海被指定为全国24个已开办海关邮政之一。江海关受命兼办地方邮政。

南洋公学创办。光绪二十二年二月二十六日（1896年4月8日），南洋公学（今上海交通大学）由盛宣怀创办于徐家汇镇北。次年三月七日开学。

上海邮政总局成立。光绪二十三年正月初一（1897年2月2日），江海关拨驷达局改组成立上海大清邮政局，在吴淞海关泊地办事处设立第一所分局。光绪二十五年正月初六（1899年2月15日），上海大清邮政局改称上海邮政总局。

商务印书馆创办。光绪二十三年正月初十（1897年2月11日），夏瑞芳、鲍咸恩、鲍咸昌、高凤池集资创办商务印书馆。先设立印刷厂，资本4 000元。十一、十二月间，大同译书局在上海设立，经理康广仁，以出版介绍各国变法书籍为宗旨。

“外滩”之名始见。光绪二十三年（1897年），上海始称黄浦滩为外滩，黄浦滩名渐为“外滩”所替代。

师范教育之开端。光绪二十三年，南洋公学内设师范院，为中国近代师范教育之开端。南洋公学编印全国第一种小学教科书——《蒙学课本》。

四明公所惨案。光绪二十四年五月二十九日（1898年7月17日），四明公所惨案发生。二十八日（7月16日）法总领事带公董局人员、水兵80人，携带武器冲入四明公所，赶走所内1 000多名工人。是日法兵3次用枪炮、高压水龙镇压反抗的民众，华人遇害17人，受伤20人，被捕10余人。法租界华商罢市。各地民众支持四明公所民众正义斗争。六月初六（7月24日），趁四明公所冲突，法租界公董局提出扩大法租界计划。计划范围较原法租界扩大至2.5倍，上海道基本同意。

会审公廨审理“祥茂”案。光绪二十六年三月十九日（1900年4月18日），公共租界会审公廨审理上海第一起商标竞争案——“祥茂”肥皂假冒“祥茂”肥皂商标案。后判定“祥茂”改牌，不以冒牌论罪。

大规模越界筑路。清光绪二十七年（1901年），公共租界和法租界大规模越界筑路。

复旦大学创办。清光绪三十一年（1905年），马相伯在吴淞镇行辕旧址创办复旦公学（今复旦大学）。

整治黄浦江航道。清光绪三十二年（1906年），黄浦河道局聘用荷兰人奈格为总工程师，整治黄浦江航道，设计并建造吴淞口左导堤、右顺堤。又治理高桥内沙。黄浦江水深由2.4米增至5.8米。

同济大学创办。清光绪三十三年（1907年），德文医学堂（今同济大学）创办。

上海电话局开业。清光绪三十三年，由邮传部拨款

3万银元筹建的上海电话局，在南市东门外新码头里街建成开业。

广慈医院开设。清光绪三十三年九月初七（1907年10月13日），天主教江南教区在金神父路（今瑞金二路）开设广慈医院（今瑞金医院）。

第一条有轨电车线路通车。清光绪三十三年十二月十八日（1908年1月21日），英商上海电车公司的有轨电车从静安寺车栈驶出，在爱文义路（今北京西路）上试行。光绪三十四年二月三日（1908年3月5日），上海第一条有轨电车线路建成通车。

沪宁铁路通车。清光绪三十四年三月初一（1908年4月1日），沪宁铁路建成通车。

中国首家电影院建造。清光绪三十四年十一月二十九日（1908年12月22日），中国首家正式的电影院——虹口活动影戏园（今虹口区文化娱乐厅址）由西班牙商人安·雷玛斯在海宁路、乍浦路口搭建。

沪杭铁路通车。清宣统元年六月二十八日（1909年8月13日），沪杭甬铁路上海至杭州段建成通车（今沪杭铁路）。

华山医院创办。清宣统二年（1910年），中国红十字会总医院（今华山医院）落成。宣统三年八月二十三日（1911年10月14日）正式开业。

中华书局创办。清宣统三年（1911年）初，陆费逵等集资创办中华书局。

上海光复。清宣统三年九月十三日（1911年11月3日）上午，闸北民军起义。巡警总局骑巡队提前起义，占领巡警总局。下午，敢死队、商团齐集沪军营。5时，陈其美率部攻打江南制造总局受阻，进局劝降被扣。次日晨3时，民军再次进攻制造总局，守军溃败，陈其美脱险。至9时许，民军占领制造总局，上海宣布光复。

中华民国

裁撤上海道、松江府。1912年1月，南京临时政权决定撤道，裁府、州、厅，留县。上海地区废除上海道，裁松江府，改隶江苏省。1913年1月，民国政府宣布存道县，实行省、道、县三级行政区划体制。道官改称观察使。上海地区自1914年始恢复"道"制，设"沪海道"，至1927年撤销，成立上海特别市。

上海县城墙开始拆除。1912年，上海县城墙开始拆除。至1914年冬全部完工。

摄制完成中国首部故事片。1913年，张石川等人承包美商"亚细亚影戏公司"编导演业务，摄制完成中国首部故事片《难夫难妻》(又名《洞房花烛》)。

《新青年》创刊。1915年9月15日，由陈独秀任主编的《青年杂志》(次年改名《新青年》)在上海创刊。1920年9月起成为中国共产党上海发起组的机关刊物。中国共产党成立后，成为中共中央机关刊物。1926年7月停刊。

《共产党宣言》全译本出版。1920年8月，陈望道翻译，陈独秀、李汉俊校勘的《共产党宣言》全译本，由上海社会主义研究社出版，新青年社发行。是为中国出版的第一个中文全译本。

虹桥机场兴建。1921年3月10日，虹桥机场正式兴建，同年6月29日基本竣工。

中国共产党创立。1921年7月23日，中国共产党第一次全国代表大会在上海望志路106号（今兴业路76号）召开。出席大会的代表有毛泽东、何叔衡、董必武、陈潭秋、王尽美、邓恩铭、李达、李汉俊、张国焘、刘仁静、陈公博、周佛海和陈独秀指派的代表包惠僧，代表全国53名党员。7月30日晚，望志路106号遭到法租界巡捕房搜查。31日，大会转移至浙江嘉兴南湖游船上继续举行。

最早的无线广播电台创办。1923年1月23日晚8时，美国新闻记者奥斯邦创办的无线电广播电台（通称奥斯邦电台）正式播音，此为上海也是中国境内最早正式播音的无线广播电台。至同年4月停止播音。至上海解放时，市内先后有各种广播电台234家。

五卅惨案发生。1925年5月30日，上海工人、学生万余人在南京路抗议租界当局非法逮捕工人、学生，英国巡捕开枪打死群众多人，伤无数，是为五卅惨案。

上海总工会成立。1925年5月31日，上海总工会正式成立。

三次工人武装起义。1926年10月24日，上海工人在中国共产党领导之下，在闸北、南市、沪西三处同时举行第一次武装起义，因准备不足，遭军阀镇压而失败。1927年2月22日，上海36万工人总罢工。下午6时，总罢工转为上海工人第二次武装起义，又因发动起义时间过迟而再次失败。3月21日，上海工人举行第三次武装起义。战斗分闸北、南市、虹口、浦东、吴淞、沪东、沪西7个区进行。经过激烈战斗，起义取得胜利，成立罗亦农、汪寿华等人组成的上海特别市临时市政府，并立即派人去新龙华车站迎接北伐军进驻上海。

蒋介石发动“四一二”反革命政变。1927年4月12日，蒋介石指使黄金荣、杜月笙、张啸林等雇用流氓，冒充工人袭击工人纠察队队部，发动“四一二”反革命政变。第二十六军周凤岐部借口“工人内讧”，强行将工人纠察队缴械，并打死、打伤工人300余人。翌日，10万余工人群众请愿，要求释放被捕工人，发还武器，在闸北宝山路三德里附近遭军队镇压，死伤群众数百人。随即，蒋介石下令封闭上海总工会，大肆捕杀工人和共产党员。

农民举行武装暴动。1927—1930年，在中国共产党领导下，沪郊农民先后举行了西沙（崇明县，1927年8—11月）、枫泾（1928年1月）、六里乡（嘉定县，1928年3—4月）、庄行（奉贤县，1929年1月）、新街（金山县，1929年2月）和泥城（南汇县，1930年8月）6次农民武装暴动。

左联成立。1930年3月，中国左翼作家联盟在上海成立。至同年7月，又成立了中国左翼文化总同盟。

中共临时中央在沪成立。1931年9月下旬，中共临时中央在沪成立。至1933年1月，撤往江西革命根据地瑞金。

“一·二八”淞沪抗战爆发。1932年1月21日，日驻沪总领事村井以日僧到三友实业社寻衅被殴事件为借口，向上海市长吴铁城发出最后通牒，限中方于28日下午6时前作出答复。1月28日下午1时45分，吴铁城答复日本总领事，所提4项要求全部接受。4时，日总领事通知驻沪各国领事团，对上海市长答复表示满意。晚11时30分，日军突然进攻闸北，第十九路军奋起抗战，蒋光鼐、蔡廷锴星夜步行到真如车站设临时指挥部指挥作战。“一·二八”淞沪抗战爆发。2月，淞沪抗战激烈进行。中共发表“一·二八”事变决议，号召工农兵武装起义，进行民族战争。3月1日，侵沪日军海陆空兵力达9万人。当日，向闸北、江湾、庙行、吴淞发起总进攻。中国守军在沪实数不足5万人，孤军无援。十九路军总部于晚9时下令全军后退到黄渡—方泰、嘉定—太仓第二道防线。3月20日，据国民政府中央统计处初步调查：“一·二八”淞沪抗战上海市损失逾15亿元，有18万户居民受到损害，死伤失踪者1.8万人。

侵沪日军总司令被炸毙。1932年4月29日，侵沪日军在虹口公园举行日本天长节庆祝会和阅兵典礼，朝鲜抗日爱国志士尹奉吉向主席台投掷手榴弹，侵沪日军总司令白川义则重伤死亡，另有多人受伤。

《辞海》出版。1936年，《辞海》由中华书局出版。1965年4月，经修订的《辞海》（未定稿）内部出版发行。此后，在1979年9月、1989年9月和1999年9月，《辞海》又出版了3个版本的修订本，基本做到“十年修一典”。

“八一三”淞沪会战爆发。1937年8月9日，两名日本兵驾车强闯虹桥中国军用飞机场进行挑衅，被当场击毙。8月13日上午9时15分，侵沪日本军舰重炮轰击闸北，日本陆战队一小队向驻守在西宝兴路附近的保安队射击，中国守军予以抗击，“八一三”淞沪会战开始。8月20日，中国政府成立以蒋介石为首的大本营，划江苏长江以南（包括京沪）及浙江为第三战区，同时划分兵团防区：苏州河以北，沿黄浦江以西，属第九集团军，张治中为总司令；苏州河以南，浦东及杭州湾左岸，属第八集团军，张发奎为总司令。9月12日，国民政府军队放弃第一道防线。9月21日，上海战区防务进行调整，分右翼、中央和左翼三个作战军：右翼军总司令张发奎，辖第八集团军及第十集团军；中央军总司令朱绍良，辖第九集团军和第十八师；左翼军总司令陈诚，辖第十五集团军及第十九集团军。10月27日，国民政府军队放弃南翔以东、苏州河北岸全部阵地。11月5日，侵沪日军于杭州湾北岸金山卫附近登陆，国民政府守军陷入夹击困境。至11月8日，第三战区长官部向上海战区部队下达转移命令。11月12日，上海沦陷。

“八百壮士”坚守四行仓库。1937年10月27日，国民政府军第八十八师二六二旅五二四团团附谢晋元奉命率领该团一营（实有452人，号称八百壮士），坚守闸北四行仓库，掩护主力退却。与敌战斗四昼夜后完成任务，所剩398人奉命退入租界。1941年4月24日，谢晋元在孤军营被刺遇害，10余万人前往吊唁。

《文汇报》创办。1938年1月28日，《文汇报》正式创办。1939年5月18日，因英方董事被汪伪汉奸收买而被迫停刊。1945年8月18日以“号外”形式复刊，9月6日正式复刊。1947年5月中旬因如实报道“五二〇”血案，被迫停刊。1949年6月21日复刊。

太平洋战争爆发。1941年12月8日，日本军队偷袭美国珍珠港，太平洋战争爆发。同一时刻，日军迫使停泊在黄浦江的美国炮舰“威基”（Weilkiek）号投降。英舰“波得烈尔”（Peterial）号拒降被击沉。日军占领租界，接管江海关。

新四军坚持反“清乡”。1942年9月1日，日伪在上海地区实行第一期“清乡”。翌年5月1日和12月1日又分别实行第二期、第三期“清乡”。新四军浙东纵队所属五支队（后为淞沪支队）在朱亚民等率领下，坚持开展反“清乡”，取得一系列胜利。

日军投降。1945年8月15日，日本天皇宣布无条件投降。重庆国民政府派专员来沪接管日伪上海市政府。“接收大员”大搞“五子登科”（条子、票子、房子、车子、女子）。

淞沪地区恢复游击战。1946年6月，国民党撕毁停战协定，进攻中原解放区。中共上海局外县委员会（简称“外委”）决定恢复淞沪地区游击战争。不久，建立了“浦东人民护丁总队”（后易名“浦东人民解放总队”）等人民武装。

“江亚”轮被炸沉没。1948年12月3日，“江亚”轮由上海驶往宁波途中，在长江铜沙浅滩附近触水雷被炸沉没。全船2 500多名乘客仅811人生还，成为中国航运史上重大惨案。该轮1956年分段捞起，1959年修复使用。

“重庆”号起义。1949年2月25日，国民党海军最大的巡洋舰“重庆”号于凌晨1时30分在上海吴淞口起义，于第二天驶抵解放区烟台外港。

图书在版编目(CIP)数据

上海六千年. 千年之城 / 上海市地方志办公室主编;
仲富兰著. —上海：上海人民出版社,2018
(上海地方志普及读本系列)
ISBN 978-7-208-15324-0

Ⅰ. ①上… Ⅱ. ①上… ②仲… Ⅲ. ①上海-地方志
-通俗读物 Ⅳ. ①K295.1-49

中国版本图书馆CIP数据核字(2018)第152849号

本书由上海市教育发展基金会资助

上海地方志普及读本系列

上海六千年

荣新

百年梦想

BAI NIAN MENG XIANG

上海市地方志办公室／主编

仲富兰／著

上海人民出版社

目 录

概述

1949年5月25日凌晨，一位26岁的中共地下党员，以新闻记者的身份只身进入国民党电台，向全世界播发了一条令人荡气回肠的消息："大上海解放了。"发布这个消息的是邹凡扬先生，他后来担任上海广播电视局党委书记、局长，高级编辑，上海市政协委员。1995年离休，2015年6月7日辞世。

1949年5月27日上海解放，第二天上海市人民政府成立，上海的历史翻开了崭新的一页。

一

1949年5月上海解放之初，据说有位法国记者采访新中国上海首任市长陈毅，记者问他："在你一生中，什么时刻最使你激动？"陈毅市长回答："最激动的时刻，那就是进上海。"为什么？因为解放与接管上海是上海历史上最具影响力的事件，也是中国共产党历史上一个十分精彩的亮点。

1949年5月27日上海解放，毛泽东亲自修改的《祝上海解放》的社论指出："上海的解放，引起了全中国和全世界进步人类的欢呼。这是因为，第一，上海是中国的最大的经济中心，上海的解放表示中国人民无论在军事上、政治上和经济上都已经打倒了自己的敌人国民党反动派；第二，上海是帝国主义侵略中国的主要基地，上海的解放表示中国人民已经确立了民族独立的基础。这两种情况，使得上海的解放在中国人民解放事业中具有特殊的意义。"毛泽东在党的七届二中全会上指出，从接管城市的第一天起，眼睛就要向着这个城市的生产事业的恢复和发展……为了这一点，必须用极大的努力去学习生产的技术和管理生产的方法，必须去学习同生产有密切联系的商业工作、银行工作和其他工作。只有将城市变成生产的城市，人民政权才能巩固起来。

在完成民主革命的遗留任务和恢复国民经济工作的基础上，1952年底，中共中央开始酝酿向社会主义过渡的问题。1953年12月，形成了关于过渡时期总路线的完整表述："从中华人民共和国成立，到社会主义改造基本完成，这是一个过渡时期。党在这个过渡时期的总路线和总任务，是要在一个相当长的时期内，逐步实现国家的社会主义工业化，并逐步实现国家对农业、对手工业和对资本主义工商业的社会主义改造。"这条总路线，归纳起来就是"一化三改造"："一化"，指逐步实现国家的社会主义工业化。"三改造"指逐步实现对农业、手工业和资本主义工商业的社会主义改造。到1956年，

“三大改造”基本完成，工业化初步肇建。社会主义制度的建立，是中国一次划时代的历史巨变，为我国今后一切发展，特别是为我国工业化、现代化建设奠定了坚实的基础。

在党中央与一大批老一辈无产阶级革命家的关怀和领导下，上海迅速医治了战争创伤，肃清了敌、特、匪、盗、黑，荡涤了黄、赌、毒、娼污泥浊水，从1949年至1952年底，完成了国民经济恢复时期的历史任务，实现了旧上海向新上海的转变。其间，政府采取一系列富有创造性的、行之有效的治理措施，其中包括没收官僚资本，建立社会主义金融体系，妥善调整劳资关系，扶持有利于国计民生的资本主义工商业等手段，粉碎西方国家的经济封锁。开展了抗美援朝、镇压反革命和土地改革，市郊60%以上农业人口分得土地或其他生产资料；开展“三反”（反贪污、反浪费、反官僚主义）、“五反”（反对行贿、反对偷税漏税、反对盗骗国家财产、反对偷工减料、反对盗窃经济情报）运动，打击投机势力，稳定市场物价，统一财经工作；调整私人资本主义工商业，打击流氓帮会恶势力，改造娼妓和游民，进行民主改革和社会改造。

到1952年，上海全市工农业总产值比1949年增长91.5%，工业产值增长94.2%。市政面貌得到改善，180处棚户区居住环境得到改造，建立给水站，填平臭水沟，安装了电灯。跑马厅改建为人民公园和人民广场，跑狗场改建为文化广场，接收并改造旧政府办、外资办或接受外国津贴的文化教育事业机构，创建人民新闻、出版、广播、通信事业，创办《解放日报》，创建上海人民广播电台和华东人民广播电台。1952年下半年，调整高等学校，25所院校裁并为15所。提高工农子弟入学的比例，调整和扩充科研机构。建立各级防疫机构，开展群众爱国卫生运动，控制烈性传染病的流行。

在党中央的正确领导下，上海坚决贯彻“利用、限制和改造”的政策，通过赎买的办法，很快取得资本主义工商业社会主义改造的胜利，为大规模的社会主义建设奠定了根本制度基础。1956年4月，毛泽东发表了《论十大关系》的著名讲话，明确提出要“好好利用和发展沿海的工业老底子”，并在调研中专门讲到“上海有前途，要发展”。毛泽东等中央领导多次到上海视察，鼓励上海人民为新中国的建设努力奋斗。

上海市人民政府建立初期，集中行使行政权、立法权、司法权。1949年8月，召开市各界人民代表会议，自次年10月召开二届一次会议起，在人民代表大会召开之前，代行地方国家权力机关职权。1954年，在普选基础上，召开各级人民代表大会，产生地方国家权力机关。1955年2月，市人民政府改为市人民委员会，市人民法院、市人民检察院与行政机关分设。5月，建立中国人民政治协商会议上海市委员会。上海各区县和乡镇也进行相应的政权建设。

1956年工业总产值达119.6亿元，1957年增至125.3亿元，比1952年增长98.2%，年均增长14.7%。新建住宅294万平方米，新增道路758千米，臭水浜肇嘉浜改造为通衢大道，开始兴建彭浦、桃浦、漕河泾、吴泾、高桥、闵行、蕰藻浜7个工业区。人民生活得到改善。严重失业问题到1957年已经基本解决。职工工资收入增加，1957年全民所有制单位工资总额比1952年增长49.1%，人均工资增长9.8%；国家和单位支付的集体福利经费增长1.1倍，福利费相当于工资总额的17.3%。农民收入普遍增加，1957年人均集体分配收入60元，家庭副业收入约为集体分配收入的80%。

二

1949年新中国成立后，由于中国所处国际环境的变化，更由于上海在国际城市网络中功能的变化，上海城市的经济结构、社会结构、文化特点都发生了重大的变化。特别是在计划经济时期，上海由原先充满活力的工商业为主的城市变成了以工业为主的城市，由开放变为封闭，城市人口由频繁流动变为相对静止。在当时计划经济体制下，尽管上海也有20余年的经济增长，上海人民创造了史无前例的成就，但总体上说，上海经济现代化步履蹒跚，技术进步的速率不快，从1958—1965年，经历“大跃进”、人民公社化和国民经济调整，由于条块体制的僵硬分隔，资源的合理流动受到限制，有限供应的技术人才和设备很难得到充分利用，新技术应用率也很低。由于国家是以执行计划的结果评价企业的业绩，所以完成计划目标才是各级经营者唯一关心的事情。

20世纪50—70年代，高度集中计划经济的形成、发展，使全国计划分配、调拨制度得到不断强化，逐步形成了以三级批发贸易体系为实体的中央集权管理体制，一切产品由国营贸易统一收购、调拨，原料由国家物资机构统一分配、调拨，切断了上海与全国各地的直接贸易联系，从而使上海经济发展必须以“全国一盘棋”总体建设方针为前提，至于上海在全国这盘棋中将被设定为怎样一颗棋子，取决于上海自身经济基础，以及国家经济建设总体目标的需要。

新中国成立初期，负责经济工作的陈云从积极发挥上海作用的角度出发，提出“全国支援上海，上海支援全国”的口号，得到了中央的肯定与各地的支持，遂成为整个计划经济时代处理上海与全国关系的一条基本原则。按照中央部署，各地以计划低价优先保证上海农副产品、能源、原材料的供应，上海则以高素质的技术人才、先进的设备、优质的产品支援各地。上海与全国的关系主要靠国家计划来维系。从国家层面说，这种制度安排是从国家利益最大化出发的。据有关方面的数据统计，1952年上海国民生产总值中，第二产业占52.4%，第三产业仅占41.7%；到1978年，第二产业的比重上升为77.4%，第三产业仅占18.6%。上海由多功能城市变成了工业基地。工业增长值中，又以重工业为主。1952年，上海工业总产值中轻、重之比为79.1∶20.9，1978年变为49.3∶50.7。到1965年，上海工业年生产能力在全国占很大比重，钢锭占1/5，钢材、机床、棉纱均占1/4，缝纫机占2/3，手表占9/10。

上海作为全国经济发展的“老工业基地”的战略定位正式确立，这一战略定位对上海第三产业的发展形成很大的抑制，致使第三产业在上海市国内生产总值中的比重不断下降，使上海原有国际商贸中心的地位荡然无存，昔日作为中国金融、商贸、工业及经济中心的上海，转变成为单一的为全国经济建设服务的老工业基地，这不能不说是计划经济体制对上海经济发展束缚的结果。

尽管如此，从社会主义改造完成到20世纪70年代末，上海人民奋发图强，在工业、商业、科学技术等多个领域取得了重大成就，为抗美援朝，为国防建设，为中国建立起独立的比较完整的工业体系和国民经济体系作出了重要贡献。这些成就实际上为1978年开始的改革开放作了铺垫，成为中国改革开放成功腾飞的基础。从社会主义改造完成到20世纪70年代末，上海成为我国最大的工业基地、贸易中心、国防和科技创新基地，成为中国地地道道的“制造中心”，“上海制造”成为上海的名片，自行车、手表、缝纫机等上海货在全国享有很高的声誉，中国人都为拥有上海产品而自豪，上海成为一座“信得过的城市”。

三

但是，也必须看到上海变化中也有不变的因素，变化中也有升华。上海人的“海纳百川”与天下情怀，在那个时代得到了升华，突出地表现在上海与全国关系方面。

在“全国支援上海，上海支援全国”方针指引下，特别是在中国“三线建设”的战略抉择中，1953—1956年，上海支援东北、西北等地重点建设的工人、技术人员、管理干部有21万人。1950—1957年，上海在新增劳动力中，安排去外地建设的职工近20万人。1958—1966年，上海有近24万职工和家属，去陕西、甘肃、青海等西北地区和江西、福建、安徽等华东地区参加建设，少量去四川、贵州、云南、湖北等地。在一波又一波的“三线建设”中，累计有100多万上海人奔向全国各地，在那里工作、生活，促进了当地的经济文化建设，也促进了上海与各地的文化交流。

而在上海解放到改革开放这30年，上海的城市基础设施建设欠账太多，不是上海没钱建设，而是上海人和上海企业的天下情怀，将中国传统的家庭伦理移植到现代企业之间，把全国看成是一个大家庭，家庭有困难，作为共和国之子理应勒紧裤带，支援各地建设，为“社会主义大家庭”作出奉献，天经地义。在整个计划经济时期，上海以全国1/1 500的土地、1/100的人口，提供了全国1/6的财政收入，而地方财政支出仅占全国的1/60。这在全国各地都有很好发展的今天是不可思议的，但这就是真实的历史。

在20世纪50年代末和60年代初，“大跃进”和人民公社化运动席卷中国，“左”的偏差，加上其他天灾人祸，使国家进入了后来所谓的“三年自然灾害时期”。那个年代的上海人民，充满着革命的激情和纯真的理想，工作繁杂但没有怨言，生活清苦但没有牢骚，遇到困难也不低头气馁。当年物质匮乏，上海这个中国最大的城市，连蔬菜、副食品、土特产都供不应求，实行了票证与计划配给，这是当年上海在困难中，为了兼顾社会公平而不得已采取的一项举措。

令人记忆犹新的是上海一家著名大报的“市场版”直到90年代还一直开设一个《巧珍当家》的栏目，主要是介绍勤俭持家的经验，经常有读者来信提出建议和问题，交流勤俭持家的心得体会和具体做法。这个虚拟的“巧珍”就是特别会生活、充满“点子”的上海女性形象的代表，在近乎严酷的计划经济生活模式下，像“巧珍”这样的上海市民，在衣食住行等基本生活方面，依然过得有滋有味、有条不紊，并且充满生活理想与情趣。

20世纪60年代，是英雄人物辈出的年代，党中央号召学习英雄人物，焦裕禄、雷锋、欧阳海、王杰、草原英雄小姐妹等，他们的一言一行作为榜样的力量激励着上海人民。这一时期，上海人民与全国人民一样，经历了饥饿、生活必需品的极度匮乏，“文化大革命”的爆发，更将国民经济引向极度困难的边缘，国家和人民都经受了严峻的考验。即使在那样的岁月里，上海作为全国的“老工业基地”，在工业生产、科技创新等方面，还是走在全国的前列。1958—1960年，上海新建了上钢五厂、矽钢片厂、铁合金厂等大型冶金企业，改建、扩建了上钢一厂、二厂、三厂、十厂等25个钢铁厂，成为全国产量大、质量高、品种多的重要冶金基地。与此同时，上海加快了化学工业建设，开辟了吴泾、吴淞、高桥、桃浦等四大化工基地。机电工业、电力工业、化工工业、轻纺工业和交通运输业也全面发展。

四

1978年12月，中共十一届三中全会提出全党、全国工作重心转移到经济建设。在拨乱反正、改革开放旗帜下，上海进入新的历史发展时期。党的十一届三中全会制定了改革开放的方针。从此，中国经济的大门毅然决然地向世界敞开，中国也从此逐步迈入世界大市场。从沿海到沿江沿边，从东部到中西部，中国逐步形成了全方位、宽领域、多层次对外开放的局面，一个比以往任何时候都要广阔的发展空间展现在人们面前。

改革开放是决定当代中国命运的关键抉择，也是决定上海这座城市发展命运的关键所在。1984年5月，中共中央、国务院转发《沿海部分城市座谈会纪要》，正式决定开放天津、上海、大连等14个沿海港口城市。同年9月，在党中央、国务院的直接领导下，上海召开了经济发展战略研讨会，掀起了第一次研讨上海经济发展战略的高潮，形成了《上海经济发展战略》。改造上海、振兴上海、发展上海的进军号吹响了，宝钢上马、大众合资，上海改革开放的一系列大决策、大项目、大手笔，成为一道亮丽的风景，吸引着全国乃至世界的目光。

当经济体制改革逐步展开时，金融体制改革的重要性也日益凸显。邓小平强调，“金融改革的步子要迈大一些。要把银行真正办成银行。我们过去的银行是货币发行公司，是金库，不是真正的银行”，“上海过去是金融中心，是货币自由兑换的地方，今后也要这样搞。中国在金融方面取得国际地位，首先要靠上海”。这些重要指示，大大加快了上海金融改革的步伐。股票在上海公开发行，撩开了中国发展资本市场的神秘面纱，国内首家股份制商业银行——交通银行的重组，在国际金融界引起了巨大反响。

从新中国成立后到改革开放初期，由于投资严重不足，上海城市基础设施严重滞后于经济建设和社会发展，使广大市民日常生活长期陷入乘车难、用煤气难、打电话难、住房难的窘境。改革开放的大好机遇使上海人民期待着市政建设能有一个迅速而根本的改变。上海基础设施建设的严重滞后也牵动着邓小平的心。他指出，必须加快解决上海的交通等建设项目，“我们的建筑施工速度慢得很，像蜗牛爬。我看深圳蛇口因为采取责任制，建设速度快，几天一层楼。建筑队伍还是那些人，只是办法改了一下。我们的一些制度要改，吃大锅饭不行”。在邓小平的悉心关怀下，上海以锲而不舍的精神狠抓实事工程，拉开了上海城市历史上最为波澜壮阔的市政建设序幕。道路拓宽，危房动迁；污水治理工程上马，延安路隧道开通，把隔江相望的浦东与浦西连成一体；虹桥机场候机楼的扩建和上海港国际客运码头的改建，增强了上海枢纽港的功能。

20世纪90年代初，党中央、国务院作出浦东开发开放的重大决策。上海人民按照邓小平关于“浦东开发是面向世界的”指示，在浦东这个“自由机动的战场”上，以“规划先行，基础设施先行，生态环境先行”的开发思路，高起点、高标准、高质量地开发建设浦东。浦东就此后来居上，成为中国20世纪90年代改革开放的排头兵，成为探索建立社会主义市场经济体制的先试先行区。浦东的开发开放，已经成为我国深化改革、扩大开放战略的重要组成部分，与“振兴上海、服务全国、面向世界”的总体发展目标联系在一起，与我国改革开放的历史进程紧密联系在一起。

邓小平希望并鼓励上海人民“要克服一个怕字，要有勇气……思想更解放一点，胆子更大一点，步子更快一点”。上海人民认真贯彻邓小平关于加快发展的重要指示，解放思想，实事求是，发扬“大胆试”“大胆闯”的精神，坚持不懈地实施以率先建立社会主义市场经济运行机制和以浦东全方位开放为核心的领先战略，发扬“敢为天下先”的精神，成立新中国第一个证券交易所、发行第一支股票、批租第一块土地、出台第一个养老保险制度、成立第一个地区性国有资产管理委员会等。上海始终坚持“开拓性、坚韧性、操作性”的有机统一，创造了一个又一个的改革奇迹，实现了邓小平期待的“一年一个样，三年大变样”，交出了物质文明和精神文明建设两份满意答卷。

20世纪90年代，上海处于全国改革开放的最前列。对外贸易迅速增长。上海地方财力以及社会投资能力逐年增强。城市基础建设进一步加快，基本形成国际大都市的城市框架。1991—1995年，全市城市基础设施投资814亿元，其中公用基础设施506亿元，较1986—1990年增长了约6倍，建成南浦、杨浦、奉浦3座黄浦江越江大桥，以及内环高架路、南北高架路、地铁一号线、合流污水治理一期主体工程、沪青平公路、沪嘉高速公路东段延伸工程等，完成改造和建设外滩、人民广场、南京路、淮海路、四川路、豫园、新客站不夜城、徐家汇等地区，在建项目尚有徐浦大桥，延安东路隧道复线，延安路高架，沪宁、沪杭高速公路（上海段）等。1991—1995年，全市批租土地1 000余幅，面积近1亿平方米；改造危棚简屋近200万平方米，住宅建设完成投资400亿元，新建住宅3 500万平方米，较1986—1990年增长1.5倍。1995年，全市城市道路面积增至5 843万平方米，人均6.2平方米。城市环境及市民居住质量改善。城市环境综合整治考核进入全国前10名。建成人民广场大型绿地、徐家汇大型绿地、杨高路绿带、内环高架下绿带等。1995年，全市人均公共绿地达1.65平方米，绿化覆盖率16%。市中心区居民大量迁至市区边缘地区，1991—1995年，有60多万户、近200万人迁入新居。1995年，市区人均居住面积8平方米，城乡实现饮用水自来水化，城市家庭煤气用户普及率85%。

改革开放以后，特别是浦东开发开放以后，上海走到中国改革开放的前列。上海移民传统已经得到了很大程度的恢复，上海对全国的人才需求空前加大，移民的闸门逐渐放开，先是蓝印户口，然后是按需引进。截至2012年底，上海常住人口已接近2 400万，其中约800万是新时期从各地引进的。青少年中会说上海话的越来越少，以至于有些学者呼吁要保护上海话，这从一个侧面说明上海新一波移民的力度是前所未有的。与此同步，上海的爆发力犹如横空出世，城市建设、经济发展、科技创新都日新月异，其速度和质量都令人赞叹。

近代以来，上海有过两次开放，前一次是被动开放，上海被强行纳入全球化轨道，加强了与西方世界的联系，上海人由不适应到逐渐适应，对西方由诧异到艳羡到学习到努力赶超。缘起于改革开放之后的这一次是主动开放。这是性质不同的两次开放。上海按照国家的战略部署，弘扬“海纳百川”精神，努力吸纳世界先进文化的养分，从观念、人才到管理方式，积极稳妥地推进现代化建设。

五

在国家“十二五”时期，外部环境复杂严峻，各种风险挑战变化交织，上海从国家大局出发谋划自身发展，妥善应对国际金融危机持续影响，坚持以改革创新统领全局，加大稳增长、调结构、转方式、惠民生力度，创新驱动发展、经济转型升级取得重要阶段性进展，顺利完成“十二五”规划确定的目标任务，实现了经济社会平稳健康发展和市民生活水平新提升，上海在国家战略中的地位和作用更加凸显，国际影响力进一步增强。经济转型升级取得重要进展。经济在转型升级中保持平稳较快增长，全市生产总值年均增长7.5%，2015年达到2.5万亿元，人均生产总值突破10万元。上海的改革开放取得重大突破。坚持先行先试，聚焦制度创新，建立中国（上海）自由贸易试验区，在加快政府职能转变、促进贸易投资便利化、营造国际化市场化法治化营商环境方面取得了一系列成果，为我国深化改革、扩大开放探索了新途径，积累了新经验，树立了新标杆。城市综合服务功能全面增强，生态文明建设取得明显成效，保障和改善民生力度持续增强。

任何大城市，都是人类智慧激发与聚合的加速器。人类文明的进步，最大部分得益于彼此的影响与启发。在同样的城市空间，人口异质程度越高，文化差异越大，相互影响、启发、促进的可能性也越大。由于天时、地利等多种因素的综合作用，上海成为差异程度很大的异质文化聚合的空间。不光是中国各种地域文化，还有世界各地文化，包括欧美文化、东洋文化，在这里相对从容地接触、交流，这为中华文化接触、吸纳世界文化提供了难得的平台。于是，中华文化中固有的或潜在的那些元素，诸如刚健有为、厚德载物、见贤思齐、己所不欲勿施于人等，被激活运行，表现为上述各种城市品格，并随着环境的变迁、时代的演进而不断递嬗升华。在这个意义上，上海的城市品格，也就是融合了中华各种地域文化、吸纳了包括欧美在内的世界先进文化养分的现代版中华文明。

上海向着“全球城市”再出发、再起航，满怀信心地看到未来中国的理想之光。2035年，当上海开埠临近200年、浦东开发开放45年的时候，我们完全可以规划上海美好的发展愿景：未来，上海什么样？这既是一个宏阔的历史命题，也与这个城市中的每一个人息息相关。

“全球城市”是全球化的空间表达，正日益成为全球经济、政治、文化、社会领域的战略制高点，在全球网络连接中发挥超越领土国界的资源流动与配置功能。当全球化深入发展后，大量的跨国公司出现，它们不仅在经济规模上已经超越了一些小国家的经济总量，更在全球范围内进行投资布局，整个产业链被切割成不同环节，分布在世界不同地方。于是，在原来的国际贸易中出现了新的贸易形式，跨国公司总部就成了全球化的具体落脚点，这些总部集聚于哪个城市，哪个城市就拥有了十分重要的地位，成为金融、贸易、科技、人才等的交流、交互中心。随着我国国力增强，上海要成为我国企业走出去的桥头堡。

在市民、专家和规划师共同参与的决策机制下，上海2035年的目标愿景被设定为卓越的全球城市。什么是“全球城市”？1986年，弗里德曼在《世界城市假说》中强调，“世界城市”的国际功能决定于该城市与世界经济一体化相联系的方式与程度，并提出了“世界城市”的7个指标：主要金融中心、跨国公司总部所在地、国际性机构集中度、商业部门（第三产业）的高度增长、主要的制造业中心（具有国际意义的加工工业等）、世界交通的重要枢纽（尤指港口与国际航空港）、城市人口规模达到一定标准。1991年，美国经济学家丝雅奇·沙森首次提出了“全球城市”的概念，强调要从服务业的国际化、集中度和强度来定义“全球城市”。但从今天看来，沙森的定义还是有局限性，未来“全球城市”还要看科技、文化、生态等方面的实力。“全球城市”是个动态概念，其内涵在不断丰富中。弗里德曼的“世界城市”建立在跨国公司总部上，而沙森则认为，在塑造“全球城市”的过程中，除了跨国公司总部，很多全球性的现代高端服务公司起了更大的作用。2009年，国际“全球化和世界城市研究小组”将全球242个世界城市分成5级12段，将纽约、伦敦、东京认定为顶级“全球城市”。上海选择发展目标，当然是要比肩世界最一流的城市。

城市经济学家认为，在一个城市发展得好的时候，就要谋划它的未来；一个城市越是发展快速，越是需要早为筹谋。上海自20世纪90年代起，发生了翻天覆地的变化，地铁、大剧院、跨江大桥建起来了；进入新世纪后，发展速度更快了，也更注重生态环境了。今天的上海，放在全球来看，城市面貌也是排在前列的。一个城市发展后，特别是快速发展后，如果不及时转型，往往就会走下坡路，即使不陷入困境，也会变得平庸。20世纪六七十年代，西方发达国家先后进入后工业社会，大城市开始衰落，失去发展优势。纽约、伦敦、东京原来和上海一样，都是工业城市，但随着人工成本和土地成本的提高，还有污染带来的一系列问题，企业纷纷倒闭或外迁，导致大量失业人口的出现。城市转型当然不是一蹴而就，而且要付出代价，但再痛苦也要转，不转就是死路一条。纽约、伦敦的转型开始于20世纪六七十年代，东京晚一点，从80年代上半叶开始，它们都历经了15—20年的时间，先后完成了转型，它们的转型之路给上海以宝贵的启示与借鉴。

上海的城市文化基因，使她作为中国改革开放的排头兵，应该而且也最有可能崛起为“全球城市”，在2020年基本建成国际经济、金融、贸易、航运中心的基础上，上海将着力提升在全球经济中的功能引领性，成为服务长三角世界城市群、服务长江经济带和“一带一路”倡议的龙头城市，成为具有全球影响力的创新中心，成为在全球资源配置领域具有重要话语权的国际中心城市。面对老龄化程度日趋严重、人口结构更加多元的未来社会，上海致力于通过对城市品质魅力的不懈追求，成为城市治理成功、全球影响突出、市民高度认同的幸福人文城市。至2035年，上海建设用地总面积锁定为3 200平方千米，生态用地占陆域面积的比重不低于60%。森林覆盖率达到25%以上，人均公共绿地面积力争达到15平方米。建设科学全面的环保治理体系，形成稳定高效的综合防灾能力。到2035年，上海应是一座创新之城、人文之城和生态之城。

早在2004年，美国《时代》周刊就刊登过一篇题为《上海的变迁：东方融合西方》的专题报道，这篇由美国记者撰写的报道用整整12页的篇幅介绍了上海的惊人巨变，认为全世界没有哪座城市如上海这般更好地捕捉住了时代的脉搏，即国际化、贸易多元化。报道认为：上海这座城市，是世界的宠儿，历史的混合物，不仅代表着中国，也带着全世界的愿望。上海的崛起有着一股不可阻挡的推动力，这股推动力来源于中国五千年的文明。东西方交融的活力和乐观充斥在未来的每一个要素中。谁又能否认上海是21世纪最生机勃勃的城市呢？

这位美国记者的判断是对的，具有光荣传统与人文底蕴的上海人民一定能再造辉煌，实现第二个“百年梦想”，稳步地实现自己的奋斗目标。

城市新生

1. 上海解放的那天清晨

1927年，上海工人在中国共产党的领导下举行了第三次武装起义，22年后红旗再次在上海滩飘扬。1949年5月27日，中国人民解放军攻占中国最大的城市上海；1949年5月28日，上海市人民政府正式成立。1950年5月，上海市人民政府决定把5月27日定为上海解放纪念日。

中国美院教授、油画家陈宜明和他的学生颜秉卿等人曾经创作了油画《晨曦——上海解放》，在这幅画中，艺术家没有表现激烈的战斗场面，而是描绘了当年解放军官兵在入驻上海城后，夜宿街头，迎来新生城市第一个清晨的景象。作品通过对街头场景和解放军战士在清晨酣睡的细节刻画，反映了人民军队和人民子弟兵的本质，富有感人的抒情性，同时画面也衬托了新生上海的和谐安宁。

1949年4月21日，毛泽东主席、朱德总司令向人民解放军发出“向全国进军”的命令，“百万雄师过大江”的历史场面撼人心魄。解放军“百万雄师过大江”，到23日凌晨，解放军三野第三十五军先头部队渡江攻入国民党老巢南京城。

▲《晨曦——上海解放》(油画，陈宜明、颜秉卿、任今今)

在人民解放军占领南京时，发生了一段小插曲。4月25日下午起，美国之音、英国BBC等西方传媒大肆渲染地报道了“攻入南京城的中共军队搜查美国驻华大使馆，严词盘问美国大使，引发争执”云云。原来4月25日清晨，第三十五军一〇三师三〇七团的一营营长谢宝云带人为部队安排食宿时，误入西康路美国驻华大使馆，与刚起床的司徒雷登大使发生口角，争吵起来。谢营长没有学习军委颁布的外事纪律，竟然称“(使馆)房子及房子里的所有东西都是属于人民的”。此事使滞留南京的西方各国外交官听后都胆战心惊，担忧再这样下去没有安全保障。可是过了好多天，不但没再发生军人闯入外国使馆之事，而且看到南京街头解放军纪律严明，对人态度和蔼，不拿老百姓东西，还为居民做好事，这一涉外风波才渐渐平息。当毛泽东接到新华社的有关报告后，十分震惊，当即为军委起草致总前委电报写道：“三十五军到南京第二天擅入司徒雷登住宅一事，必须引起注意，否则可能引出大乱子。”正在进发途中的邓小平与陈毅接阅毛泽东的电报，邓小平对陈毅说：“主席生气了。”陈毅意识到问题的严重性，亲自赶到南京检查部队违反外事纪律的情况。按原定计划，军委批准一星期之后就解放接管上海。经在南京调研，陈毅觉得7天7夜之后就攻占上海，城市可以攻下，但是接收准备工作巨大，一星期太短，不然真会如毛泽东说的“可能引出大乱子”。陈毅与邓小平商量之后，经总前委研究再三，于4月30日向中央军委提出：尽可能推迟半个月到一个月为好。毛泽东经过3天考虑，批准了该报告，推迟攻占上海。

邓小平、陈毅在江苏丹阳组织10万大军进入上海前的整训，总前委制定的《入城守则》中，最重要有两条：一是市区不使用重武器，二是不入民宅。陈毅曾经形象地说：“上海之战好比瓷器店里打老鼠，既要捉住老鼠，又不能把那些珍贵的瓷器打碎。”于是，解放军攻占上海以后，为了不惊扰上海市民，疲惫至极的战士在蒙蒙细雨之中和衣抱枪，夜晚睡卧在车水马龙的马路两侧。新华社随军记者艾煊这样写道：“战争给人们创造了一种特殊的生活式样……今天，战士们甜蜜地躺在马路上作短暂的休息，大家在躺下时，都轻声地笑道：‘呱呱叫，平得很，就是凉一点。’慈祥的老太太，热情的青年学生，商店的老板、店员，都诚恳地请求战士们到他们的房子里去休息一下。可是战士婉谢了，他们不愿擅入民宅，他们不愿在这一小事上，开了麻烦群众的先例，开了违反人民军队传统的先例。”上海解放，解放军10万大军夜里睡马路不扰民的举动，对国内外人士都产生了极大的心灵震撼力。

时值江南梅雨季节，蒙蒙细雨中，疲惫至极的战士整夜睡卧在市区马路两侧。根据入城守则，部队不准在市区烧饭、烧水，一日三餐都是从几十里路远的郊区送来。为保持市区的清洁卫生，所有的马匹都留在市郊，指战员大小便都要依次序到黄浦江边指定厕所解决。解放军入城后，商店陆续开门营业，但由于币值未定，部队严禁在市面上买任何东西。当时，为感谢劳苦功高的解放军，许多市民送来香烟、饼干等慰问品，或请指战员进屋休息，也都被一一谢绝。如此纪律严明、秋毫无犯、吃冷饭睡马路的胜利之师，进城即博得了上海人民的普遍赞扬，许多市民感动得

▲ 1949年5月27日，解放军严格遵守城市政策，不住民房，露宿街头，被后人称作“解放军送给上海人民的第一份厚礼”

热泪盈眶。

这一幕也深深感动了一个上海人，他就是年轻的民族资本家——荣毅仁。1949年初，荣氏一家人心情很是复杂，荣毅仁的太太杨鉴清女士，这位秀外慧中、性格温柔内向的贤淑夫人，具有良好的素质和文化涵养，此时已托人在香港租好房子，准备在“形势紧迫”时，迁居香港。荣毅仁清晨起床后看到“胜利之师和衣抱枪睡马路”的场景，不禁欷歔道：“看来，国民党再也回不来了。”于是，他打消迁居香港的念头，决定留在这座获得新生的城市。

据说，英军元帅蒙哥马利知晓了这一情况后，也举起大拇指令赞道：“我这才明白了你们这支军队为什么能够打败经美国武装起来的蒋介石数百万大军。”

1949年5月28日，上海市人民政府成立，陈毅出任首任市长。当天上午，陈毅昂首阔步走进坐落在江西中路的国民党上海市政府大楼，坐在昔日的“市长”办公桌前，以浓重的四川口音高声宣布接管国民党旧政权。陈毅市长以一个胜利者充满自信的口吻说道：“上海的解放，是一个伟大的历史变革，几十年来，在国民党统治下的上海，今天已成为人民的城市了。”

历史掀开了新的一页，上海回到人民的手中。

2. 资本家女儿扛起了五星红旗

1949年10月1日，中华人民共和国成立庆典，这是一个永远为中国人民所纪念的日子。这一天，北京30万军民欢聚在天安门广场举行开国大典。毛泽东主席宣布：中华人民共和国中央人民政府今天成立了！他亲手按动电钮，第一面五星红旗在广场上冉冉升起。54门礼炮齐鸣28响，如报春惊雷回荡在天地间。欢乐的人群与飘舞的旗帜、彩绸、鲜花，在天安门广场汇成了喜庆的锦绣海洋。

一天之后，千里之外的上海也组织了一场盛况空前的国庆游行。根据上海市档案馆保存的资料，尽管当天雨势很大，但每个人都心潮澎湃，在雨中高声欢呼歌唱，放飞和平鸽与气球，主席台上下一片欢腾。在接下来的6天时间里，上海广大市民与职工们自发组织庆祝会，游行活动此起彼伏。龙华水泥厂的工人首先燃起电光火炬。上海铁路客车管理所80余人一色蓝布制服手持火炬，十分引人注目。10月8日，上海全市的游行活动迎来最高潮，原计划20万人的游行，最终筹备会统计的报名人数多达44.7万人，而实际人数更是达到了50万人。

▲ 1949年5月，工人欢庆上海解放

在上海市民庆祝新中国诞生的游行队伍中，上海滩“水泥大王”资本家徐美峰的女儿徐令娴，那时还是待字闺中的千金小姐。

她扛着五星红旗，走在游行队伍的前列，显得非常激动和兴奋。后来有记者采访这位资本家的女儿，徐令娴回忆说：“当时心里觉得又新奇又是高兴，又是吃力，那种感受，真有点说不出话来。”一个资本家的女儿，站在欢呼上海解放队伍的前列，这个举动本身就意味深长，“得人心者得天下”，人心向背原本就是一个时代的风向标。

上海解放前夕，毛泽东就曾指出：“不让国民党搞焦土政策，尽可能完好地保存这个现在中国最大的工业城市。”结果，解放军坚持外围作战，付出伤亡3万余官兵的沉重代价，换得了上海城市的新生以及后来长治久安的物质基础。在解放上海前后的日子里，陈毅每天一会甚至每天两会，苦口婆心向上海社会各界人士和精英分子解释政策、寻求支持，以坦诚之心聚合了各利益阶层的不同诉求，最大程度地归拢了人心。中国共产党代表着最广大人民的最大利益，人民就愿意跟共产党走。

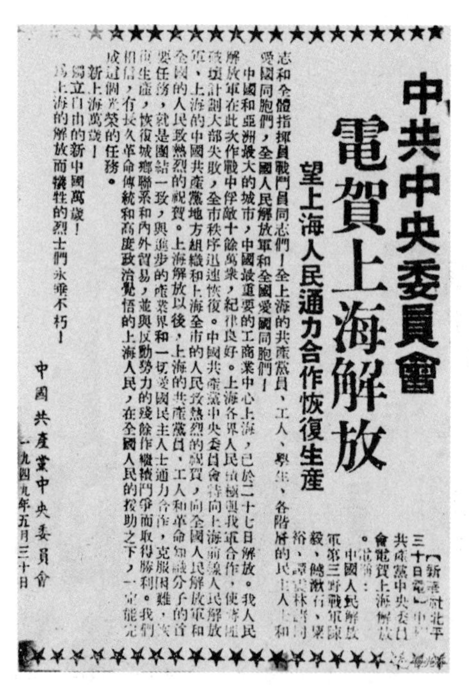

中共中央委員會
電賀上海解放
望上海人民通力合作恢復生產

【新華社北平三十日電】中共中央委員會電賀上海解放。賀電：

中國人民解放軍第三野戰軍陳毅、饒漱石、粟裕、譚震林諸同志和全體指揮員戰鬥員同志們！全上海的共產黨員、工人、學生、各階層的民主人士和愛國同胞們，全國人民解放軍和全國愛國同胞們！

中國和亞洲最大的城市，中國最重要的工商業中心上海，已於二十七日解放。我人民解放軍在此次作戰中俘敵十餘萬衆，紀律良好。上海各界人民積極與我軍合作，使蔣匪破壞計劃大部失敗，全市秩序迅速恢復。中國共產黨中央委員會特向上海前線人民解放軍、上海的中國共產黨地方組織和上海全市的人民致熱烈的祝賀，向全國人民解放軍和全國的人民致熱烈的祝賀。上海解放以後，上海的共產黨員、工人和革命知識分子的首要任務，就是團結一致，與進步的產業界和一切愛國民主人士通力合作，克服困難，恢復生產，恢復城鄉聯系和內外貿易，並與反動勢力的殘餘作繼續鬥爭而取得勝利。我們相信，有長久革命傳統和高度政治覺悟的上海人民，在全國人民的援助之下，一定能完成這個光榮的任務。

新上海萬歲！

獨立自由的新中國萬歲！

為上海的解放而犧牲的烈士們永垂不朽！

中國共產黨中央委員會

一九四九年五月三十日

▲ 中共中央委员会电贺上海解放

人民解放军解放上海前夕，其实是颇做了一番思想上和政策上的准备的。当时担任陈毅秘书的陈鼎隆后来回忆：“当时毛主席，包括总前委所有同志，对上海怎么打、怎么接管都非常重视。陈毅同志从西柏坡回来以后，就开始考虑这个问题。他说，上海解放了，你接管得不好，那就站不住脚。”一旦攻取上海后，能否平稳接管上海，成为对中共夺取全国政权有全局意义的政治天平。为了成功接管上海，中央决定，在江苏丹阳对攻城部队和接管干部进行集训。陈毅还语重心长地向准备接管上海的几千名军政干部作入城报告。这些接管干部来自部队、北方根据地、上海地下党等各个方面，许多人没有城市管理经验，有些人甚至没有到过城市。陈毅特别谈到部队打进上海之后要如何对待市民，广大官兵应该如何适应原本不熟悉的城市接管工作，宣布了入城纪律、外交纪律，学习了上海城市概况，掌握上海情况。

根据上海社会科学院研究员卢汉超的“日常生活研究”，他认为，上海的资本家在新中国成立后，“除了抗美援朝初期较为紧张外，生活还是比较平静和富足的”。这主要是因为共产党对待民族资本家的政策是成功的，不像斯大林统治下的苏联那样，资本家基本上被剥夺了生存权利。1949年，上海在全国工业总产值中占比为36%。根据1952年全国私营业者登记数据，全国私营业者人数是550万左右，上海为16.7万余人，不到全国总人数的5%，但是资金总额却占到一半以上，这是别处城市无法比拟的。1964年的一项工资调查显示，全国月薪300元以上的1 004人中，937人出自上海。而这一统计实际是很保守的，还有材料显示，当时上海的高薪阶层人数远超这个数字，且月薪1 000元以上者也大有人在。对比当时上海职工平均工资水平，1962年的平均年薪是684元，满师的技术工人月薪40元，

1968年以后全市统一为36元（数据来自卢汉超《适者生存:“文革”前上海的民族资本家》)。

上海解放前夕，国民党统治者对共产党的形象散布了很多谣言，把共产党说成是杀人放火，共产共妻，甚至说成是红眼睛、绿头发，好像魔鬼一样。然而，解放军大军进城后，上海民众看到的是一支纪律严明、关爱人民的威武之师、文明之师。前面提到的“水泥大王”徐美峰的女儿徐令娴，是个富家千金，是那个年代的“白富美”。1948年，她随父亲搬进高安路1弄的大花园洋房，时局吃紧，尽管很多人纷纷撤资，可是徐美峰并没有离开的打算，他们全家人决意留在上海。徐令娴说:“我爸爸跟别人有一点不一样，他总归是觉得金屋银屋不如（自己的）草屋，国外寄人篱下干什么?”这是一个例证，说明在那场剧烈的社会大变动中，上海的诸多民族资本家选择了与共产党政权合作的态度。

▲ 1949年6月，上海，庆祝上海解放的宣传车（布列松　摄）

在那场翻天覆地的革命中，摧毁了蒋家王朝的腐朽统治，建立了人民当家作主的新上海，民族资本家经历了从“三反”“五反”、公私合营，到后来的“大跃进”等历史翻腾，他们中大部分人的生活水平实际上并没有重大变化，而且与上海解放前，特别是与40年代末战乱不已、黑社会横行敲诈、物价飞涨的情形相比，生活还是比较平静和富足的。所以上海相比中国其他城市，在融入全球现代性方面的步伐更快，一个重要的原因就在于这种静水深流式的延续。

3.“二六轰炸”炸不垮新上海

对于刚刚新生不久的上海，被打败的国民党政权不甘心失败，利用舟山群岛作为基地，对华东沿海实施狂轰滥炸。这对成立未久的上海市人民政府，尤其对刚刚获得新生的上海城市市民来说，都是一个严峻的考验。1950年2月6日，上海遭受了国民党飞机最猛烈的袭击，史称“二六轰炸”。

上海解放后，以陈毅市长为首的上海市人民政府呕

▲ 1950年2月6日，国民党飞机轰炸上海，大量民房被炸毁

心沥血地运作管理，上海时局渐趋稳定，居民生活也基本恢复常态，各项经济指标都有很大改进与增长。根据有关数据，1949年底，上海市主要工业行业的用电量比解放之前增长80.6%，织布、面粉、榨油、造纸、橡胶、机械行业的用电量分别增长1—3倍以上，开工率有显著提高。全市纱厂运转率在80%以上，染织、毛纺、制革、自行车等轻纺工业开工率均在95%左右，钢铁、机电等重工业开工率在86%以上。新社会制度下的上海呈现出美好的发展前景（解放日报社编委会《上海解放一年（1949—1950）》）。但是，败退到台湾的国民党不甘心失败，他们在美国支持下，将封锁上海视为“1949年5月至1950年5月间最重大之任务”（陈孝威《为什么失去大陆》下册，台北文海出版社），不仅利用海上力量优势对大陆沿海口岸实行军事封锁，还经常从台湾和舟山基地频繁派出轰炸机进行侵袭破坏。他们之所以胆敢肆无忌惮地为所欲为，就是欺负解放军当时没有空军和防空设施。据中共上海市委党史研究室编《历史巨变：1949—1956》记载，自1949年6月4日至1950年5月11日，国民党空军对上海空袭达57次，对民用设施和居民进行狂轰滥炸、低空扫射，共造成1 049人死亡，7人失踪，受伤和致残2 100余人，炸毁民房3 200余间。另据《上海民防志》较为完整的统计，国民党在这段时间内对上海累计轰炸扫射共71次，投弹593枚，导致4 500余人伤亡，造成了上海市人民生命财产的重大损失。

1950年2月6日中午12时25分到下午1时53分，

国民党空军混合机群17架分4批起飞，到达上海市上空，投下六七十枚重磅炸弹。根据《人民日报》1950年2月11日头版消息——《沪工代大会及各民主党派通电 控诉美蒋轰炸上海暴行》，此次突袭轰炸，共炸死市民542人，致伤836人，毁坏厂房、民房2 500多间，“受灾市民共达五万多人；水电交通设备受到了严重的损害”。

面对国民党残余势力的疯狂反扑与狂轰滥炸，寓居上海的宋庆龄在致友人的信函里描述道：“目前我们在上海所面临的主要问题之一是最近国民党轰炸所带来的后果……造成大面积破坏，并给人民带来不可言状的苦难。”最痛苦的是，“人们看见自己的朋友和亲戚被卑劣的空袭夺去了生命。人们不断地从虹口及苏州河一带涌过来。长长的三轮车队载着那些离开家园的人们，不知奔向何方。见此情景，不禁使人感到心酸”（宋庆龄《致耿丽淑》《致王安娜》）。从宋庆龄的信函中，可以深切感受到“二六轰炸”给上海市民所带来的苦难。

国民党反动派的野蛮轰炸，使新生的上海社会经济和安定局面遭受重创，在全市范围内“各种矛盾和问题一齐爆发出来，正如大病初愈的人，又染上了新的病痛”（中共上海市委党史研究室编《潘汉年在上海》），整个社会体系几乎陷于瘫痪窘境，状况极其糟糕。电力中断、工厂停产、千余人伤亡、5万余人流离失所，并且还有潜伏特务的地面破坏，新的轰炸随时可能发生，民间“恐美病”蔓延，给社会经济秩序、工业生产和市民生活都造成相当大的危害。更为严重的是，一旦国民党的计谋得逞，必然会动摇上海市民对中共新政权的信心，会对新政权造成极其不利的影响，甚或危及政局甫定的全国形势（南石编《拂晓的较量——新中国剿匪与镇压反革命纪实》）。

然而，大轰炸炸不垮新生的上海红色政权。2月12日，上海各界举行"反对美蒋轰炸，追悼死难同胞大会"。陈毅市长在会上发表了情绪激昂的讲话，他回顾了上海解放以来8个月的历史，认为"敌人的封锁并未达到其预期的目的，而我们有了相当成就"，表示"深具革命传统的上海人民，依靠我们的革命团结，努力作各种克服轰炸的准备，一定能在美蒋轰炸中经得起考验，更勇敢地站立起来"。大会使市民受到鼓舞，认识到国民党飞机轰炸电厂是"作垂死挣扎"，"它们只剩台湾、舟山，要有信心不怕"（《上海市工业专科学校关于"二六"轰炸召开紧急会议的记录》）。面对灾难，上海市民想方设法克服种种实际困难。由于轰炸，"人们不能每天洗澡，供水受到了威胁，因此每家每户都得挖一口井。我们全都点上了菜油灯和煤油灯"（宋庆龄《致王安娜》）。

上海的新闻媒体也表现得同仇敌忾，除了舆论宣传方面的工作外，上海市政府还采取一系列具体应急措施，全上海党政军和各阶层人士一致努力做救护、灭火和修复工作，发电厂、造船厂、钢铁厂、自来水厂、煤气厂等重要企业都组织了武装纠察队，持枪与解放军一起保卫工厂，市军管会决定组织"上海人民冬防会”，各区成立冬防办事处，“组织人民冬防服务队2 020个，开展防特、防匪、防空、防火和解决居民生活上共同关心的问题”。此后，在这些组织的基础上，人民保护队逐步形成，最终改建成里弄居民委员会。这是上海首创的一种居民自治形式。正如有学者所说的那样，“反轰炸的胜利使上海这座城市在政治、经济上之于全国的重要性不仅没有因遭受轰炸而丧失，反而以一种比较特殊的方式，将其自身向心力强、凝聚力大、迅捷高效的特点更直观地呈现给了新中国和新时代，这对中共的城市政策和上海本身的发展产生了巨大而深远的影响”（徐锋华《一九五〇年上海“二·六轰炸”及应对》）。

▲ 上海市原卢湾区政协曾经竖立的“二六轰炸”纪念碑

4. 打赢金融战线的“淮海战役”

国民党统治时期，设在上海证券大楼的上海证券交易所控制着全市的有价证券交易，许多与国民党政权有着千丝万缕联系的敌人和不法商人通过买空卖空，操纵物价，他们沆瀣一气，明里暗里与南京国民党政府一些要员互相勾结，充当着投机活动的幕后人或保护人，并凭借权势，鲸吞渔利。

上海城市新生，全世界的眼光都盯着上海，上海庞大人口和在国内外的重要地位，都容不得城市经济的运转发生片刻凝滞。共产党人接管上海，从一开始就试图建立自己的金融体系，人民币立刻被政府确定为唯一合法货币，银元禁止流通。但上海毕竟是国内外投机资本的聚集地，受长期以来恶性通货膨胀的影响，市面上金融秩序混乱，投机成风，人心浮动。

就在上海解放的第二天，一些恶性炒作与投机的金融字号即悄悄复业，非法进行金银外币的投机贩卖活动，其触角伸向全市各个角落。饱受“储备票”“法币”“金圆券”贬值之苦的上海人民，都在担心解放后上海的物价，是否会再出现昔日可怕的情景。说到底是市民都在观望，看看共产党接管政权，能否撑得住局面，能否斗得过那些金融投机老手。

上海滩掀起的一股又一股金融投机的风潮，使金银外币与人民币争夺流通市场，以致物价直线上涨。1949年5月28日，人民币兑换银元的比价约为100∶1（即100元人民币可换1枚银元），到当年6月8日，非法市场上的比价已经上涨到2 000∶1。银元猛涨刺激了物价，大米、面粉、食油等生活必需品价格随之急剧上升2—3倍，全市街头巷尾，到处可见卖银元“黄牛”贩子的叫卖活动。不法分子的捣乱，投机分子的哄抬，不仅损害着人民币的信誉，也严重威胁和阻碍了人民币占领市场，从而危及新生的人民政权。

人民银行早上发出的人民币，到晚上几乎又全部回到人民银行，流通的银元以及美元等外币，仍在市场上暗中起着通货作用，甚至有反动分子叫嚷：“解放军可以打进上海，人民币则进不了上海。”金银外币与人民

▲ 1949年，上海，人民解放军士兵从人民银行（中央银行）携带货币分发到城市附近的其他银行（哈里森·福尔曼　摄）

币争夺流通市场，以证券大楼为中心的一批投机分子和冒险家，就是利用市民对银元的盲目依赖心理，哄抬比价，浑水摸鱼，牟取利益，扰乱社会经济秩序。

看来，共产党领导下的上海，一场打击金融投机的风暴无可避免，一场没有硝烟的经济保卫战打响了。

1949年7月27日，《解放日报》发表题为《粉碎敌人封锁，为建设新上海而斗争》的社论，提出“欲使今日畸形发展的上海，改造成为一个真正繁荣的新上海，就必须用一切努力使上海首先摆脱对帝国主义经济的依赖，就必须变帝国主义、变买办官僚剥削压榨中国人民的城市，为替国内市场生产与为中国人民服务的城市”。同年8月召开的上海市第一届第一次各界人民代表会议上，上海市委正式提出：“建设新上海的方针，就是要把过去帝国主义买办官僚剥削压榨中国人民的旧上海，变成为国内生产与为中国人民服务的新上海，就是要把过去畸形发展的旧上海，改造成为真正健全繁荣的新上海。”

为了打击金融投机，维护与推行人民币的使用，中共上海市委决定，一方面以市总工会、市民青联和学联为主，广泛宣传，动员广大市民拒用银元，进一步发动声讨投机活动的舆论攻势；一方面由金融处和人民银行派员深入非法市场进行秘密调查，搜集和掌握为首、骨干分子的名单、罪行和证据。同时，上海市委还决定举办折实储蓄、开办供销合作社和发放失业工人救济金，以解决基层群众因货币波动所引起的实际困难，为杜绝银元流通创造条件。陈毅市长也在与各界人士会面时郑重劝告投机商人赶快洗手不干，否则人民政府将采取断然措施。6月7日晚，中共中央华东局由邓小平主持举行会议，曾山报告了银元投机活动的猖獗，指出如不采取断然措施，不出一个月就会发生人民币被挤出上海的危险。会议决定报中央批准，对上海证券交易所进行查封，并惩办一批为首的违法犯罪分子，坚决打击投机捣乱活动。陈毅说："大家一定要把这次行动当作经济战线上的淮海战役来打，不打则已，打就要一网打尽。"与此同时，金融处依靠原地下党设在证券大楼的密点及秘密工作人员的调查取证，掌握了证券大楼各投机商号、经纪人的情况，确定了一批应予扣押审查者的名单。

1949年6月7日，中共中央华东局报党中央批准，决定动用军事手段，重拳出击，立即查封投机活动大本营——上海汉口路证券交易所。这一招确实起到了效果，银元价格立刻应声下跌50%，物价也开始回落。然

▲ 没有硝烟的战争——上海解放初期控制市场稳定物价的斗争

而，军事手段无法完全代替市场规律。打击金融投机的斗争刚刚平息，上海的投机势力又开始炒卖粮食、棉纱、煤炭。7月11—16日，6天中米价上涨96%，并带动整体物价上涨1倍。这一次，人民政府完全按照经济的规律来操作，向市场大量投放来自全国各地的大米，刚刚调来的大米被投机者抢购一空，人民政府就再从外地运米进城。经过多次较量，囤积商家企图高价卖出的大米，全部积压在手中，只得败退市场。

从1949年12月至1950年4月，公安机关会同金融市场管理部门，共受理举报地下钱庄、私营拆放等线索74起，经查证确有违法行为的55家。1949年开始的一系列打击金融投机的重大战役，使人民币在上海逐渐站稳了脚跟，从根本上结束了上海市场上“黄（金）白（银）绿（美钞）”横行霸道的历史。这些举措，有力地整顿了金融市场。物价不再猛涨，人民币的地位逐渐得到了市民的认可，上海物价上涨之风很快得到了平息。

打赢金融战线上的“淮海战役”，顺利化解银元危机，巧妙平抑影响全国的物价风波，到1949年10月中华人民共和国成立时，上海已实现收支平衡，到12月底，收支相抵，财政结余70亿元人民币，新政权初步实现了保障城市民生的任务。

5.“交出半生心血，我决心难下”

1949年9月，中华人民共和国成立前夕，《中国人民政治协商会议共同纲领》就提出了“公私合营”的口号。1950年12月，政务院颁发《私营企业管理条例》，首次以法律形式提出公私合营，并指定分红方式——私方企业主占企业盈利分红的60%。

1953年，中共中央提出过渡时期总路线。它包括两个方面的内容：一是逐步实现社会主义工业化；一是逐步实现对农业、手工业和资本主义工商业的社会主义改造。这就是新中国成立后著名的“一化三改造”。而对资本主义工商业的社会主义改造，就是对民族资产阶级和资本主义工商业采取和平赎买的方针，经过国家资本主义道路和统一战线工作，有计划地实行社会主义改造。这对于上海的一批资本家来说，眼看自己的产业要被“合营”，思想斗争异常激烈，真的很不容易。

地处虹口区保定路2号的新中机器厂，老板魏如这辈子可以说含辛茹苦，苦撑苦熬地将新中机器厂撑到上海解放。1925年，魏如在泗泾路6号的一座小楼上创办新中厂，最初以生产抽水机、小型柴油机起步，在企业壮大之际迎来抗战的岁月，魏如领着新中厂员工，带着设备，一路颠沛流离，先是迁徙到武汉、湖南，后来又到贵阳、重庆，为军队生产炮弹引信、江上船用发动机，用实业支援抗战。抗战胜利后，1947年，新中厂迁回上海，买下虹口区保定路2号的房产重新开业。一年后，新中公司拥有了各种机床设备153台，生产各种引擎、柴油煤气发动机，还从美国引进“密烘铸铁”，改进和提高了铸铁技术。在当时的上海乃至全国，新中机器公司都是很有名的企业。

1949年5月27日，上海解放。魏如与上海许多工商企业业主一样，作为资本家，他们对于新社会心存一

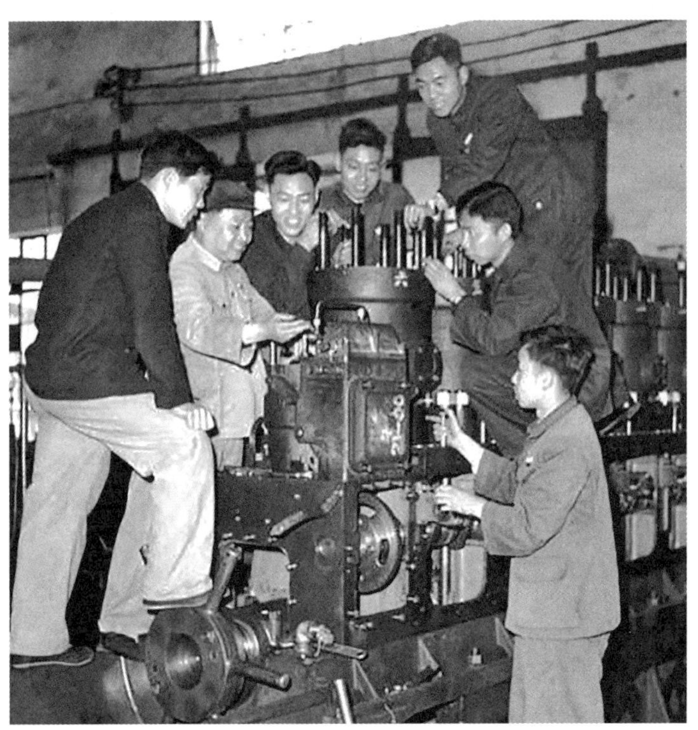

▲ 位于上海虹口区保定路2号的新中机器厂，左2为老板魏如

丝本能的惶惑。几天后，陈毅市长在中国银行大楼接见上海各界人士，魏如也在其中。陈毅谈到了新政权的经济政策是“发展生产，繁荣经济，公私兼顾，劳资两利”，凡是有利于国计民生的民族工商企业，党和政府是保护的。陈毅市长的一席话，让上海的这些民族资本家心安了不少。

随着朝鲜战争爆发，“抗美援朝，痛打美国野心狼”，新中机器厂响应国家号召，开始为解放军试制各种军需装备，比如在1950年8月，新中公司就为解放一江山岛承接了人民解放军所交办的“海格拉斯”汽缸头的试制任务。到1953年，魏如把大部分精力投入了支援抗美援朝战争，他作为第三批慰问团代表赴朝鲜慰问，新中公司也为前线生产了许多军用物资。

可是，面对即将到来的真正意义上的公私合营运动，作为私营业主，思想上的弯子转变起来就很艰难。要交出自己苦心经营的企业，与国家公私合营，这个决心当然是不容易的，魏如有过激烈的思想斗争：“交出半生心血，我决心实在难下啊！”连当时被誉为“红色资本家”的荣毅仁，在谈起自己那些转为合营的家族企业时，也不禁潸然泪下。

1953年10月6—12日，中共中央华东局统战部与中共上海市委统战部联合邀请华东及上海市工商界、民主党派代表人士举行座谈会，由出（列）席政协全国委员会和中央人民政府委员会会议的上海工商界人士盛丕华、郭棣活、胡厥文、荣毅仁传达中共中央领导人的报告，分组讨论总路线与国家资本主义等问题。10日，陈毅在座谈会讲话中指出：通过社会主义改造，实行国家资本主义，只要我们把道理讲清楚，就能使工作顺利进行。除召开座谈会外，还可以采用通信的方法，凡是有关公私合营、国家资本主义方面的问题和意见，都可以写信给中共中央华东局和上海市委负责人。1953年11月18日，中共上海市委统战部举办总路线报告会，私营工商业者和民主人士1.4万人参加。自1953年11月至1954年初，对上海民族资本家和私营工商业主进行总路线报告会达90次，参加者达8万余人。总路线宣传教育深入人心，大多数人程度不同地接受了总路线和国家资本主义的方针，并涌现出一批拥护总路线的进步骨

▲ 1955年上海永安公司批准公私合营后，职工们积极进行资产清点工作，图为玩具部的职工在清点玩具

干，在以后几年中数量日益增多，进步的工商业者家属和子女亦不断涌现，他们成为协助中共和政府推进上海资本主义工商业社会主义改造的一支重要力量。

1953年6月，毛泽东在中共中央政治局扩大会议上提出了中共在过渡时期的总路线。也是这一年，明确提出了对民族资产阶级“利用、限制、改造”的六字政策。公私合营的速度开始加快。较早接受了公私合营的新中机器厂老板魏如，被工商联安排与资本家们座谈，向他们讲述公私合营的好处，推行爱国主义教育。1954年，魏如当选为全国人大代表。据他的好友胡厥文回忆，随着时间流逝，魏如对公私合营越来越认同。毕竟，新中厂在公私合营后，工人的劳动效率上去了，厂区也开始扩展，业务与生意也越做越大。

当然，也依然有一些小私营业主并不愿意合营。有一些开着规模不大的商店的小业主固执地认为，这是祖业，祖业不能丢，不能为外人所用，一直坚持到1955年底，终于主动申请公私合营。

1955年12月，毛泽东在一次座谈会上再次提出：“工商业和手工业的社会主义改造，也应当争取提早一些去完成。”1955年底，上海工商联召开了15场大会，由荣毅仁、魏如和胡厥文等15位参加了全国工商联大会的委员，向大家传达中央指示。1956年1月20日，上海市工商联在中苏友好大厦（今上海展览中心）正门前广场上召开“上海市资本主义工商业申请公私合营大会”，上海剩下的私营业主，都在这一天提交了公私合营申请书。

海纳百川

6.《沪上百多谈》与“天下情怀”

晚清上海小说家吴趼人（1867—1910年），原籍广东佛山，长期寓居上海，代表作《二十年目睹之怪现状》成为晚清“四大谴责小说”之一，影响很大。可是很少有人知道吴趼人还写过一篇《沪上百多谈》，专述上海晚清时期五方杂处、百业杂陈、世态万象的风情和情怀。

《沪上百多谈》说到晚清时期上海滩各色人等的形形色色，用文字为人们展现了一幅“五方杂处”的浮世绘。三百六十行，不同行业人们的服饰与行为举止都有特色，例如相面拆字的算命先生多着长衫，解人之忧的郎中先生多坐轿，马路上的江湖滑头多戴金丝眼镜，浪荡女子多雪白高领；说到职业与籍贯之关联，则是衙门师爷多绍兴人，剃头司务多句容人，典当朝奉多徽州人，卖土挑膏多广东人，卖熏肠熏腊多无锡人，卖拳多山东人，收纸锭灰多绍兴人，开酱园者多海盐人，经营药店的多宁波人；说到行业分布之地段，罗家弄多瓷器店，虹庙弄多木器店，小东门外多水果行，咸瓜街多参行、药材行，四马路多滑头商店，昼锦里多女鞋店、香粉店，八仙桥一带多杀牛作，城隍庙内多各业公所，满庭芳街多旧货摊，后马路多汇划庄，自来水桥多蛋行，望平街多报馆，老闸桥多碾米厂、打面厂，叉袋角多丝厂、纱厂，郑家木桥多小瘪三，跑马厅多小房子，湖丝厂多青年女子，十六铺朝北多轮船码头，董家渡多无锡网船，新北门城口多露天通事，紫来街多嫁妆店，石路多衣庄，三牌楼多另剪店；说到不同人群分布特点，则是妓女立弄堂口多拉客，各弄堂多叫花子，丝厂门口多流氓，虹庙内烧香多广东妇女，戏馆门口多闲汉，轮船码头多野鸡扛夫；说到不同时间、不同地段、不同行业的上海不同风情，大小月底街上多烧纸锭，早起七八点钟街口多马桶，髦儿戏馆多喝彩声，酱肉酱鸭多陆稿荐，牙粉香油多日本货，茶食多稻香村，香粉多戴春林，剪刀店多张小泉，袜店多宏茂昌，天妃宫多杂货摊，水仙宫多求仙方，弄堂口多水果摊。

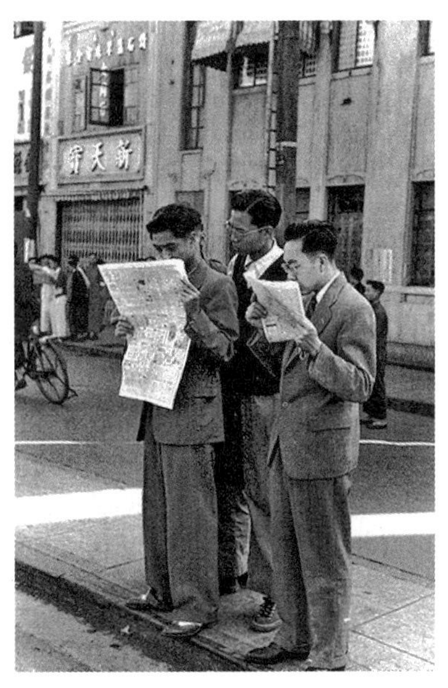

▲ 1949年5月，上海南京路上读报的人

吴趼人真不愧是观察世风民情的高手，他观察细致，描写生动到位。可以说，100多年来，尽管世局翻腾，沧桑巨变，上海城市范围不断扩容，不同时期人们的职业特点、分布场所、衣着习惯也大相径庭，但他所描写的上海芜杂的市井百

态大体如是。从晚清开埠到现在170多年，外来移民占到上海人口的80%以上，不妨去问一下那些老上海人，很多人的原籍可能都不是上海原住民，大多来自苏、浙、粤、皖、鲁、鄂、闽、豫、赣等省。当然，上海的“老外”移民数量也相当可观，20世纪二三十年代大约有六七万人，最多时超过15万人，都是来自欧洲、亚洲和北美几十个国家，这些外国侨民将世界不同地区、不同民族的文化带到上海，丰富了像万花筒一般的上海民俗，上海几乎能找到国际上各式各样的文化传统……

“五方杂处”“客土杂居”的格局，极易在市民中养成一种海纳百川的气度和社会的多元性格，这种特质为上海带来巨大的发展潜质和活力，也培育了上海人的一种“天下情怀”。

上海解放后，20世纪50—70年代，由于当时的国际环境，更由于长期实行计划经济体制，上海由原先以工商业为主的城市转变成国家计划经济主导下的“老工业基地”，城市人口由频繁流动变为相对静止，一切服从国家的计划与定额调配；上海与全国的关系，从以往靠市场来调节，变成靠计划来维系。在第一个五年计划时期，出于“沿海紧缩战略”，上海未被列入国家重点投资建设范围。

从国家层面说，当时那种计划经济体制的制度安排，是从国家利益最大化出发的。在国家十分困难的日子里，上海人民吃苦耐劳，顾全大局，艰苦奋斗，鼓足干劲，服从“全国一盘棋”，不仅年年完成乃至超额完成国家下达的计划指标，还积极地支援了全国的经济建设。在第一个五年计划期间，上海人民积极支援国家重点建设，为各地工业生产进行协作；为全国市场供应大量商品，全国约有1/3的棉纱、棉布、卷烟，一半以上的药品和日用百货都由上海供应；积极为国家创造外汇。《上海计划志·一五计划执行结果》说，5年中，上海口岸出口商品总值62.8亿元；上海各经济部门为国家积累资金189.4亿元，相当于全国“一五”基建投资总额的36%；5年中，上海为国家培养大学毕业生3.3万人、中专毕业生2.5万人，支援外地建设28万人，其中专业工程技术人员3.2万人，熟练工人13.8万人。还陆续将272家轻工、纺织等工厂和一些商业迁往甘肃、河南、安徽等省，支援内地工业发展。

这就是上海与上海人。共和国的困难，就是上海的困难。20世纪60—80年代，有超过150万的普通上海市民，响应政府号召，背井离乡，参与了“大三线”“小三线”建设，以及各种支援内地各省市的建设事业，为了国家的需要，“打起背包走天下”，奔赴生活、工作和发展条件远差于上海的内地和边疆，其中还有很多人，至今没能落叶归根。2013年10月，重庆一家报纸专版报道了晚年依然生活在重庆沙坪坝等地的上海“大三线”职工：“他们会说重庆话，爱打成麻（注：成都麻将），但依然维持着自己上海人的小圈子，聚一起说上海话，看有关上海的电视节目，做上海菜；他们带来的三五牌座钟还在走，他们通过电视，活在上海……这些老人，都是当初三线建设时期，随企业移民到重庆的上海人，乡愁正成为他们最大的思绪。”这些“支内”“支边”的上海人，把人生最宝贵的青葱岁月留在了那里，为社会主义建设事业作出了不可磨灭的贡献。

在一波又一波的支援建设中，百余万上海人奔向全国各地，在那里工作、生活，促进了当地的经济文化建设，也促进了上海与各地的文化交流，许多城市至今还存在上海人居住的“上海村”。支撑上百万上海“支内”职工义无反顾地奔赴全国各地去建设的，正是这种与“五方杂处”相联结的天下情怀。这种情怀已经成为上海城市的宝贵精神财富，支撑着上海为共和国的繁荣昌盛、为中华民族的伟大复兴作出奉献。

▲ 谁说女子不如男，女子也顶半边天：1958年8月14日，西北五省中专在沪招生，上海姑娘踊跃报名，支持边疆建设

7. 文化聚合的“大熔炉”

上海有着深厚的历史文化底蕴和顽强再生的创造活力，她就是一个文化聚合的“大熔炉”，移植到这里的外国文化会变异，移植到这里的外地文化也会变异。最典型的例子莫过于京剧在上海的繁荣。

清同治六年（1867年）前后，当时上海开设了一家丹桂茶园，特地从北方邀请了一批京剧演员来上海演出，其中有文武老生夏奎章、青衣冯三喜等，一时人才济济，群星璀璨。因为牵扯到太平天国反清的缘故，那些从北方来的京剧演员们大都不便返回北京，就在上海留了下来。这批京剧演员的思想意识、审美表现与久居北京的演员不同，在为上海京剧播种、开拓的同时，也在剧目传承与艺术表演上，为适应上海观众的需要而进行了一系列的革新与创造。从某种意义上来说，京剧普及的花朵在上海愈加芬芳。京剧移植到上海，并与上海的土壤相适应，剧目上的创造、艺术上的革新和体制上的改革，以及舞台呈现方式，唱腔与动作的变化，灯光、服装、化妆上的革新，机关布景、连台本戏，将徽调与京调相结合，开创与丰富短打武生的表演艺术……老一辈京剧名家夏奎章、王鸿寿、李春来、周来奎、杨鸣玉、老孟七、郑长泰是上海京剧的第一代，数十年后，潘月樵、夏氏兄弟、汪笑侬等则是京剧改革的第二代，以后周信芳、欧阳予倩、冯子和、盖叫天等作为第三代又接过第二代的接力棒，进一步把上海京剧推向更繁荣的阶段，很快地从上海进而影响了北京的菊坛。

1917年5月13日，为生计奔波的“小歌班”首次闯荡上海，在十六铺码头的“新化园”里演出，没有布景，没有大型道具，最终来看戏的观众寥寥，只不过来了一些同乡捧捧场而已。在上海这个梨园名角荟萃的大码头，要站稳脚跟是不容易的。此后，一批又一批的“小歌班”艺人前赴后继，在上海这个艺术大熔炉不断学习与自我提升，随着大批女子越剧演员涌入上海而逐渐站稳脚跟。1925年，昔日的乡野山歌终于在上海打出了自己的名号——越剧。这时的越剧不仅比先前在浙江嵊县落地唱书的“小歌班”更加委婉优雅，更是走出了一批著名越剧表演艺术家，各类精彩纷呈的越剧流派都在上海诞生，越剧成长为全国数一数二的地方大剧种。可以说，越剧能够经历百年风雨走到今天，是几代老艺术家不断探索、学习与提升的结果。而越剧的每一个重要的历史发展时期，更与上海这座城市的历史文脉紧紧相连。从1917年走进上海到现在，恰好百年，越剧经上海这个大熔炉的淬炼，已经唱响全国，走向世界。

不论是上海京剧，还是上海越剧，来到上海，在商品经济的影响下，都比较关注观众的偏好，密切注视时代的变化，求新求变，反对停滞与僵化，因此艺术上不断探索与创新。这就是上海文化的聚合效应。“是以泰山不让土壤，故能成其大；河海不择细流，故能就其深”（李斯《谏逐客书》）。

有关上海文化与上海民俗的特质，曾经众说纷纭，但有几点是达成共识的。一是上海人的创新力，上海人的创新天分很高，善于吸收国内外思想、文化、科技等各方面精粹，并进行改造，拿来为我所用。哪怕是市民的日常生活，都有许多微观创新之处，“螺蛳壳里做道场”，空间再小，也能把生活安排得有滋有味。二是上海自开埠以来，就一直是一个高度移民城市，不仅接纳祖国各地的人才，更能接受海外的有识之士。海纳百川的强大气场以及开放的天性，使得开放是上海的宿命。当然，上海的高度开放也是有资本的，一是本身的地缘优势，二是上海在国际上的知名度和认知度都较高，三是上海人的包容力非常强，无论谁，来到上海，上海在接纳他的同时，必然也悄悄地改变了他。当然，还有上海人的务实与契约精神，脚踏实地，遵守规则，这在当今世界上都是有口皆碑的。

晚近一直到改革开放前夕，上海在百年间创造了一系列令人惊叹的“中国第一”“亚洲第一”乃至“世界第一”，这种现象在世界范围的城市中也是不多见的。“大熔炉”的作用在于锤炼煅造，各种不同的文化、传统、激情和观点汇集在一起，创造出了眼前这种令人眼花缭乱的城市文化，不南不北、亦南亦北，不中不西、亦中亦西。南北各地文化在上海汇合、交流，世界东西方文化在这里冲突、融合，就好比川湘菜到了上海变得不那么辣，粤菜变得不那么油，宁波菜变得不那么咸一样，在这座“大熔炉”里，各地文化都能找到生存空间，又都会在这里得到发展。五方杂处与中外混处，上海成为一个中西合璧、土洋交错、古今相通、雅俗共存、善恶兼备、包罗万象的“大熔炉”。谁也不能否认，要是没有上海千年城市文明的底蕴，要是没有上海城市自身的经济文化积累，要是没有数百上千万各地各国移民的辛勤劳作，艰难打拼，上海的辉煌同样是不可能出现的。

上海的这个“大熔炉”的特性，离不开她独特的历史遭遇和特定的历史文化传统。中国传统本土文化资源——明清以来形成的江南文化，飘散出悠远传统，苏松富邑的人文气息，成为日后形成的上海移民文化的一抹亮色。上海处于吴越文化的交汇点，自古以来，吴越之地就是人文荟萃之邦，名人辈出，特别是六朝以来，越文化中的名士文化和吴文化中的精致生活，成为上海民俗文化中不能不予以特别关注的文化语境。江南文化，无论从地缘角度，还是从人文角度，都是蕴育和滋养上海文化的重要母体。江南水乡的小桥流水人家，江南民众的历史文化遗存，环太湖流域的自然山水，四季分明的湿润气候条件以及在中国首屈一指的稻作文明，锦绣江南独特的风土人情，古色古香的江南古镇等物质文化遗产和非物质文化遗产，以江南文化为核心的吴越文化，绵延千百年依然保持着自己的独特魅力和个性。好学善思、机智灵活的思维方式，以及江南人善于适应时代潮流，识时务、巧于融会贯通的生活方式，这一切都给上海文化聚合以多方面的滋养，江南文化给上海民俗“打底”，同时又接纳了来自长江黄河两岸的荆楚文化、巴蜀文化、徽派文化、岭南文化、齐鲁文化、秦晋文化等，通过长时期的互相交流，相互交融，这种文化传统最终在上海开埠后又与西方文化融合，使上海的经济得到了持续发展，在文化上则形成了独特的上海文化与上海民俗。

一个以不断移民构成的社会，人们与外界进行频繁的交往活动，自然而然地少了惧外、排外、自我封闭的心理，多了一些开放自由的活力，能力本位和实力取向在上海社会逐渐形成主流。这种能力本位和实力取向为社会所认同的结果是，人们比较注重个人的实力和创造潜能的发挥。上海文化中的包容特征和开放心态，率先形成新的思维方式和生活方式，提出新的思想观念，从而成为近代中国社会文化进步的排头兵和领跑者。

8. 兰生股份与“苏东剧变”

近代以来，无数实业家和商人托起了大上海的发展，反过来说，上海城市的崛起也成功造就了近代许多商业精英。从20世纪初开始，上海的商业精英就已经成为全国实力最强的商人群体，他们既是时代的产物，也是当时先进生产力的代表，敢为人先和创新开拓是上海精英创业和发展的灵魂。传统在现实中被他们恰当地改造，时尚在平凡中为他们适当地吸收，海纳百川、融合中西的理念在社会生活中被他们潇洒地运用，在瞬息万变的国际商界的激烈竞争中，从“风起于青萍之末”的微澜中，找到绝处逢生的商机，这就是上海商人之群像。

不说晚清与民国时期的商人了，那个有点远。且说改革开放以后的上海商界人物，上海有家国企叫兰生股份有限公司，也是A股市场为数不多的以个人名字命名的股份公司，股票“兰生股份”的发起人是张兰生先生。在1987年前，兰生公司对苏联、东欧地区的年出口额约4 000万美元，1988年对该地区年出口额高达5 680万美元，占公司出口额的1/4，多为政府间协定贸易，批量大，操作简便，盈利较好。但张兰生通过仔细分析国际形势，意识到该地区政治、经济格局动荡不宁，可能会出现重大变化，这种变化可能会影响到公司的贸易方式和出口总量。1987年他与公司高层反复斟酌后，断然作出市场战略转移的决定，提出重点开拓欧美日澳市场，为增强开拓力度，同时宣布对苏东地区的出口不列为考核指标，促使各业务部门对欧美日澳的出口每年以30%以上的速度递增，在短时间内实现了市场转移。到1991年，果然苏东局势剧变，兰生公司对其出口额几乎下降为零，公司整体出口业务不仅未受影响，反而继续保持增长势头。能够从“青萍之末”看到风向，果断作出调整，这需要异乎寻常的战略眼光。张兰生似乎预见了苏东剧变，公司的职工夸赞他为兰生公司赢得了两年宝贵时间。2002年，这位年过七旬依然肤色白净、风度儒雅、思路敏捷的企业家，在接受媒体采访时，谈了他经营国企的心得：“从我自己经营国有外贸企业几十年的实践体会，我认为国有外贸企业领导者必须具备‘五有’素质：有知市场变化、会经营管理、懂国际贸易之识；有敢于改革创新、敢于承担风险之胆；有科学决策、领导企业不断发展之能；有确保国有资产保值增值之责；有社会主义企业当家人之德。”

100多年来，在与“老外”的双向互动中，西方商人的行为方式与观念意识也给上海商人以巨大影响，带给上海人较强的功利意识与经济观念，西方的契约精神和公平交易的理念也构成上海文化中颇为显著的特点；“合作共赢”的底气加之因融入天南地北的文化色彩而更具包容意识，上海人中造就了无数商界精英和行家里手，他们既识货又明理，敢于也善于商战。上海原有的本地商人既对内地客商持接纳的态度，自然对外商也采取包容的心态。“树挪死，人移活”，上海商人中的新移民脱离了原籍的旧思想、旧法规的束缚，为谋利和生活而来，对新的生产和经营方式更没有那种心理上的抵触，对各种新的事物也就更加容易接受。于是，新兴行业的创建，新式会计制度的引进，新式股份制公司的设立，在上海滩就更加容易成功，敢为人先使上海商人在创业中占得先机，创新开拓为上海商人的发展扩宽了道路。

20世纪初，上海商人已经是全国实力最强的商人群体。1902年，上海建立了中国第一个商会组织——上海商业会议公所。1904年正式改组为上海商务总会，有中国“第一商会”的美称。1905年，因当时美国政府野蛮地推行歧视华工的政策，上海商务总会毅然决定先后两次通电汉口等全国21个和35个大城市的商会，共同抵制美货，发动了反美抵货运动，从而登上了中国的政治舞台。这是近代中国第一次由资产阶级直接领导的政治运动。

20世纪20年代，上海《申报》的一篇关于总商会的专评颇能代表当时上海商人群体引领历史潮流的气派，专评写道："无论何种事业，皆当随世界新趋势而进，若不问世界之趋势若何，仍以数十年前之旧脑筋、旧眼光办理数十年后之新事业，未有能立足于世界者也。商业一事，息息与世界大势相关，又况乎上海之商业更与世界商业密接，故为商会领袖者，须有世界之新学识、新经验，又能有热心、毅力之做事，而后才能竞争于商战潮流之中，商业渐有起色之望。"

商界精英藏龙卧虎，蔚为传统。上海人的钱不好挣，韩国报纸称"外国人很难从上海人的口袋里掏出钱来"。作为区域人群的文化心理，上海人从整体上被认为是精明的。其精明不仅体现在生意上，更体现在骨子里。历史上，当他们在学习西方民主主义文化时，比较注重与中国传统文化相结合，使大多数民众能够有理有利有节；当他们在利用租界进行合法斗争时，仍然注意保持民族气节和维护民族利益；在当代，当他们在现代贸易、工业管理和引进外来技术、外来资金时，往往坚持以中国和上海的实际情况为出发点。这种既得风气之先又不失"为我所用"的立场和态度，使得上海人在与外国人打交道、做生意时，显出精明老练、耐心细致的文明气质。时至今日，不少外商抱怨上海人处事精明，谈生意中难占便宜，就是一个反证。

9."不可叫外国人洋鬼子"

有一本叫《爱俪园梦影录》的书，是一位长期在上海哈同花园里当画师的李恩绩的回忆录。李恩绩原是浙江绍兴人，书中记述他初次由父亲带来上海当学徒时的情形。他说："在到上海的前后，……爸爸自动想到关照我的话，倒只有一句：'见了外国人，不可叫他洋鬼子。'"他父亲的这句话，恰是讲出了上海人对待"老外"的习俗，说明自上海开埠以来，上海人早已不把外国人视为"妖""夷"了。

"外国人"一词在上海话中，可以追溯到19世纪30年代末和40年代之间，最初指开始出现在外滩怡和、义记等十几家洋行所建造的二、三层带阳台走廊的欧式建筑里的金发碧眼的洋人。这也奠定了上海话中的"外国人"，主要指欧美白种人；而韩国人、菲律宾人、日本人，包括犹太人、白俄等，上海话中就以其国籍直称之，而不大习惯用"外国人"一词通称。上海话里在20世纪80年代以后，对外国人多了一个称呼——"老

▲ 上海滩的闻人与"老外"在一起

外”，这个词既透出一股亲切的感觉，又是一个含义相当宽泛的人文概念，这个坊间俚语很典型地反映了上海居民对外国人的态度。这个态度概括起来就是五个字——“崇洋不媚外”。

复旦大学历史学家沈渭滨教授曾经说过：“‘崇洋媚外’是个贬义词组。意谓不仅崇拜，而且谄媚外国和外国人。这是殖民地半殖民地状况下某些丧失民族自尊、自信信念的阶层或人物的一种心态和行为。具体地说，崇洋是心态，媚外是行为。”（沈渭滨《阿拉上海人——一种文化社会学的观察》）上海人的所谓“崇洋”，就是对西方文化有一种情有独钟的认同，它可以是抽象的，比较喜欢西方生活方式，羡慕工业文明后的一些科技技艺等；也可以是具体的，例如在日常生活中喜欢“舶来品”，如吃“法式大餐”、戴“瑞士名表”。对于后者，对西方生活方式由仰慕而吸收，拿来为我所用，这种

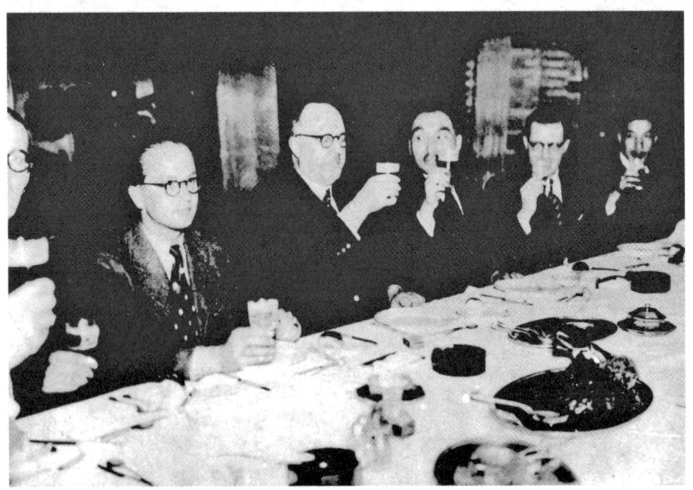

▲ 上海的中外人士聚会吃西餐

“崇洋”并没有什么不好，世界上每个民族都有优点，应适当吸收利用。而“媚外”，却是比较大的问题，它的表现是一种奴颜婢膝，尽管也是伴随着崇洋而产生，但往往是从对西方文明的崇尚逐渐演化为对西方一切生活方式的盲目膜拜，认为一切都是外国的好，月亮也是外国的圆，最终发展为民族虚无主义。晚清社会随着外国势力的扩张和中国国力的颓落，有相当一部分上海人呈现出媚外的奴态。无论从什么角度分析，媚外都是不足取的。

曾几何时，一些上海人对来自异国他乡的洋人显得很宽容。用一个时髦的称谓，叫一声“老外”，流露的仿佛是亲朋故旧之情。前不久，听说西欧一个学生暑假来我国旅游，到上海时钱已经用完。上海没有使他陷入窘境，有好心的上海人为他安排了食宿，还引导他到有关景点游览参观。这位外国学子感动得用生硬的汉语说了五个字：“上海人真好！”

对待外国人，上海人确实好。这就是上海人的胸怀，能容纳世界各地的异域友朋，而很少表现出狭隘民族主义或地方主义意识。当然，上海话中，还有一个词叫“外国瘪三”，也盛行于20世纪30年代，通常是指那些人高马大的罗宋（白俄）保镖，西班牙、意大利、菲律宾等国的洋琴鬼（乐队拉琴的洋人）及美国海员水手，“烂污水手”及强横的“红头阿三”等。其实，那些“老外”也不至于潦倒到真的在街头做瘪三，只是不如他们的部分同胞那样显赫，而空长着一只高鼻头一对凹眼睛的洋人脸孔。对此，有些小市民很有种幸灾乐祸心理：外国人又怎样？没钱还是白搭！

这一切都与上海这座城市独特的历史际遇、地理位置、文化观念和风土民情有关。上海，以她博大的胸怀容纳各方来客，而中西移民也以他们的聪明才智为上海的建设添砖加瓦。1843年开埠以前，上海人口只有20多万，经过百年发展，人口已猛增到500多万。据1950年统计数据，上海本地原住民只占上海总人口的15%，移民则高达85%。上海移民的构成中，国内移民大都来自江苏、浙江、安徽、福建、广东，国际的虽有40多个国家，但是最主要的是来自英国、法国、美国、日本、德国、俄国的移民，数量最多时高达15万。

整个近代上海的崛起与各方移民关系重大，一方面，他们为上海提供了充足的、高质量的劳动力，晚清有《竹枝词》道“他方客弱主人强，独有申江让旅商”，本地人口很少，外来人口很多，使得本地文化对由移民带来的外地文化同化力严重不足，这为外地文化在上海立足、发展提供了难得的土壤。

犹太人在上海的西方移民中比例也是非常大。上海开埠之初、20世纪初和1938年后分别有3次大的犹太人移民热潮。在这一过程中，出现了沙逊家族、哈同、上海方舟等一批商业巨子和团体。历史的时针指到了新的世纪，今天仍然有很多外国人来上海寻求发展的机会。随着经济的发展与“一带一路”建设的实践，中国企业正以独特的魅力吸引着一批又一批的异国“打工族”，他们被称为“洋打工”。这些“老外”们都是支持上海这座国际化大都市快步向前的重要力量，他们带着希望来到上海寻梦，留下了自己的喜怒哀乐与成败得失，同时也为上海的发展作出了贡献。

10. 回味《上海的将来》

1934年，《新中华》杂志以“上海的将来”为题征文，收到文章百余篇，茅盾、郁达夫、王造时、章乃器、沈志远、孙本文、吴泽霖、李石岑、林语堂等许多著名学者、作家与文人撰文应征。一位广东籍的学者兼翻译家，就上海城市文化表达了见解，他就是北京大学教授曾觉之（1901—1982年）先生，1934年他写的那本书书名就叫《上海的将来》。时过境迁，沧海桑田，如今可能很少有人再找出那本书来读，但岁月的风尘并不能遮掩书中的一些精辟观点，其中为后人留下的认识上海这座城市的观点还是很独特的。曾觉之从不同文化的并存、融合和新文化产生的角度，对上海现象进行分析，认为上海作为异质文化交织的城市，将成为人类新文明的中心之一，“上海将产生一种新的文明，吐放奇灿的花朵，不单全中国蒙其光辉，也许全世界沾其余泽，上海在不远的将来要为文明中心之一”。曾觉之在《上海的将来》还写道：

▲《上海的将来》（《新中华》杂志第二卷副刊，1934年初版）

上海是一座五花八门，无所不具的娱乐场，内地的人固受其诱惑，外国人士亦被其摄引，源源而来，甘心迷醉。上海是一座火力强烈无比的洪炉，投入其中，无有不化，即坚如金刚钻，经一度的鼓铸，亦不能不蒙上上海的彩色。

上海接受一切的罪恶，内地的土豪劣绅以此为藏身所，外国的光棍坏蛋以此为根据地，上海是万恶之渊薮，地狱的化身。但是，上海亦接受一切的美善，也许这里所谓为美善的，不是平常的美善，因为平常所谓为美善的，都被上海改变了。上海自身要造出这些美善来，投到上海去的一切，经过上海的陶冶与精炼，化腐臭为神奇，人们称为罪恶的，不久将要被称为美善了。而且，美丑善恶又何常之有，这不过是事物的两面，美善可为丑恶，犹之丑恶可为美善，人若不信，试看将来！

…………

一切文明都是人类的创造，有新人类出来，便有新文明发现。上海融合中国内地各处的人，融合世界各国的人，经过若干时的混乱，必要产生出一种新的人们来。种族的混合，血液的混合，自然产生出一种混合的文明，崭新的文明。

…………

人常讥上海是四不象，不中不西，亦中亦西，无所可而又无所不可的怪物，这正是将来文明的特征。将来文明要混合一切而成，在其混合的过程中，当然表现无可名言的离奇现象。但一经陶炼，至成熟纯净之候，人们要惊叹其无边彩耀了。我们只要等一等看，便晓得上海的将来为怎样。

人们正站在这个转变时期。若回观过去，当然诅咒上海，但若翻转头来，瞻望将来，那就不能不歌赞上海，因为上海有无可限量的将来。

上海的特点是混乱，乱七八糟的将国内外的一切集合在一起，而上海的力量便是这种容受力，这种消化力。人们诅咒上海由于此，但我们赞美上海亦由于此。现在的中国正在普遍的上海化中，不单政治经济，而且社会风俗，内地有那几处地方没有上海的气味？这是事实。这是不幸吗？也许是。但我们以为且耐心的等一等，上海正在进行其工作，一切正纷纷的投到上海去，上海正赶铸其货币。有一天，这洪炉内的东西结晶了，光华灿烂，惊心动魄，恐怕人们都歌颂不及，谓为真正的国宝呢。

（曾觉之《上海的将来》，上海中华书局1934年版）

80多年过去了，曾觉之当年预期的“上海无可限量的将来”，以及他对于上海“新文明”的论断，尽管尚不能说尽善尽美地实现了，但大抵被他预见到了。值得回味的是，上海曾经创造过辉煌，也承受过巨大的伤痛；历史曲折的发展和世俗生活的纷扰，“海纳百川”的包容特质，“相互融合，求同存异，共处共在”的多元文化气质，在上海城市精神中表现得非常彻底。

上海话里有个俗语，叫“一招鲜，吃遍天”，最初也许是在艺术行当中流传的，后来泛指各个行业的特色和“看家本领”，从事任何行业都要有自己的特色，有“杀手锏”，有绝活，这样你在道上就有饭吃了。用这个视角来看上海人才的聚合和物品制造业的繁盛是很有道理的。上海依靠的就是各路移民怀揣的“一招鲜”抢滩登陆所形成的聚合效应，他有这个特色，你有这个绝活，我有我的路子，大家一起聚拢来合作共事，大家赚大家的钱，总体上就托起了大上海的经济发展与社会进步。

在百来年人口不断集聚的过程中，各种人才也蜂拥至上海，集聚一起，互相切磋，取长补短，就容易造成

▲ 1951 年，上海南京路街景

多元化的效应。某一艺术门类，不像内地一定有非常清晰的传承线索和师承关系，无师自通者不在少数，它们在总体上构成上海文化的有机组成部分。因为，人本身就是文化传播最为重要的载体。

长期竞争与合作的氛围，铸就了上海自强不息的城市性格，既奋斗拼搏，又兼收并蓄，同时作为一种延续发展的思想基础和精神支柱，使上海社会具有一种开放的、多元化的文化形态。能力本位和实力取向为社会所认同的结果是，个人的实力和创造潜能的发挥得到极大的重视。

东方明珠

11. 竖起中国工业的“擎天柱”

新中国成立后的上海百废待兴，上海人民在中国共产党的领导下，把上海的经济建设开展得有声有色。由于新中国发展迅速，电力、冶金、重型机械和国防工业都需要大型压力设备，差不多到20世纪50年代末期，中国还没有制造过大型水压机。万吨级水压机堪称中国工业的“擎天柱”，没有这个巨无霸，关键锻件根本没法制造。

从1893年美国建成第一台万吨级水压机起，万吨级水压机就成为各个国家竞相发展航空、船舶、重型机械、军工制造等产业的关键设备。到二战结束前，美国已经拥有10台超过万吨级的大型水压机，苏联也拥有4台，而中国因为没有万吨级水压机，落后的锻造能力曾长期制约核电、航空产业的提升。

怎么办？1958年5月，在中共八大二次会议上，时任煤炭工业部副部长的沈鸿给毛泽东主席写信，提出了我国自行设计制造万吨级水压机的建议："万吨级的水压机我国应有若干台，分布在主要工业区。机器的来路有二：一条是进口，还有一条自己也造。上海应有一台，如果上海愿造，我也可以参加。"沈鸿，是一位颇具传奇色彩的机械工程专家，布店学徒出身，上过四年学，也是技工出身，在抗战中携机器赴延安，成为技术多面手和该领域权威。他的技术才能和勤奋钻研在延安时期已是出了名的，毛泽东那时就对他的自学成才表示肯定。作为这台水压机的总设计师，沈鸿为之倾注了大量的心力和智慧。他在立项、设计制造、项目管理、人才培养、技术总结和技术推广等多个方面发挥了关键作用。

▲ 作为上海万吨级水压机总设计师的沈鸿（左2）1979年在葛洲坝工地视察

毛泽东对沈鸿的信很感兴趣，当天就把信批给了邓小平。毛泽东还就此事提出，拿着这封信去问上海市第一书记：上海能不能干，愿不愿干？中共上海市委明确表示：要厂有厂，要人有人，要材料有材料，一定要把万吨级水压机搞出来！

经过中央有关部门的研究，决定由沈鸿任总设计师、林宗棠任副总设计师，组成设计班子，徐希文任技术组长。万吨级水压机安装在上海闵行重型机器厂内，由江南造船厂承担建造任务，组织全国大协作。开始时，除了沈鸿曾在苏联见过万吨级水压机，其他设计人员甚至连见都没见过。就这样在一无资料、二无经验、三无设备的情况下，沈鸿和林宗棠带着设计人员搜集资料，又跑遍全国各地的水压机车间，认真考察和了解设备的结构原理及性能，进行反复比较。

在拿出第一张设计草图后，为了检验设计的正确性，沈鸿发动大家用纸片、木板、竹竿、铁皮、胶泥、沙土等材料做成各种各样的模型、模拟实验机，并征求有经验的老工人的意见。经过反复实践、修改，到第15张草图，总算把万吨级水压机的设计搞出来了。为了做到万无一失，设计组先制造了一台1 200吨的水压机，作为试验样机，取得成功后，把它放大10倍，然后才把万吨级水压机的蓝图设计出来。这台水压机经过两年多的试生产的检验，质量很好。在此基础上，确定了12 000吨水压机的总体设计方案。

在制造过程中，上海的工人师傅们克服了一个又一个困难，创造出一个又一个奇迹。沈鸿鼓励技术工人大胆尝试，在水压机高难度的制造、安装等工序中，唐应斌、魏茂利、袁章根等一批非常优秀的技术工人脱颖而出，在许多关键技术环节上发挥了很大作用。如：直径近1米、长17.69米、净重80吨的立柱，电焊工人硬是采用8节铸钢件电渣焊接而成。用这种全焊接方法制造的万吨级水压机，在全世界范围为中国仅有。没有大型起重设备，工人们就用几百根枕木和几十个油压千斤顶，把300多吨重的横梁顶起6米高，并使它平稳地进行了360° 的大翻身。就是在这样简陋的条件下，工人们用“以小干大”“以粗干精”的方法，加工制造出一个个关键零件。

1961年12月13日，万吨级水压机开始总体安装，只用了2个月时间。在上海交通大学和第一机械工业部所属的机械科学研究院等单位协助下，对这个身高20余米、体重千余吨的“巨人”进行详细的“体验”——应力测定试验。“体验”时间用了三四个月，然后开始进行超负荷试验，强攻“水”关。在沈鸿的指挥下，高压水泵发出嗡嗡的声响，压力表的指针缓缓上升：8 000吨，正常；10 000吨，良好；12 000吨，没问题；16 000吨，机器完好无损。在人们的欢呼声中，第一台万吨级水压机建造成功了！“我们成功了！我们成功了！……”庆祝总装一次成功的掌声和欢呼声在高大的厂房里回荡。沈鸿跑来跑去，与参加万吨级水压机制造的代表一一握手拥抱，他噙着激动的泪花说：“万吨级水压机的4万多个零件一次总装成功，体现了上海机械制造的水平！体现了上海的大协作精神！”消息传遍全国，传遍全世界，上海人沸腾了，全国人民沸腾了。

▲ 万吨级水压机1961年在上海诞生

在参观万吨级水压机的人群中，有位特殊的客人，他的名字叫埃德加·斯诺，是美国的著名作家，早在1936年，斯诺就冲破阻挠，只身来到陕北革命根据地访问，受到毛主席和党中央的热烈欢迎。他根据所见所闻，写了一本《西行漫记》，轰动全世界。1962年，斯诺再次来到上海，他此番是专门来观看万吨级水压机的。因为在西方世界，先是有人说："中国人造不起来，是在吹牛。"当听到制造成功了，又胡诌："中国人的万吨级水压机质量不过关。"斯诺不信邪，他要亲眼看一看，向全世界作客观报道。当斯诺步入万吨级水压机车间，瞥见这庞然大物，就直截了当地提了个意想不到的问题："你们花这么大的财力和人力，造这样大的机器，有什么意义？"陪同人员没有正面回答，而是说："请斯诺先生看看万吨级水压机的操作，再给我们提宝贵意见。"说话间，巨大的加热炉炉门自动打开了，大吊车抓住红彤彤的大钢锭直奔那钢铁巨人。转眼间，这个大钢锭被锻造成像擀面棒形状的锻件。斯诺看着这神奇的一幕，惊呆了。半晌，他才问："这是做什么的？"陪同人员回答："这是舰艇上燃气轮机大轴。如果没有这台万吨级水压机，我们得依靠进口。"斯诺听着，脸上露出会心的微笑，不住地点头说："我理解了，要建设强大的新中国，必须有这样威力巨大的机器！"

万吨级水压机建成后，为国家电力、冶金、化学、机械和国防工业等部门锻造了大批特大型锻件。直到现在仍在正常运转，为社会主义建设作出了重大贡献。

12."江南"：国家工业的缩影

说起江南造船厂，它100多年的沧桑道路，正是中国晚清到现代，从最早的官办军事企业到国家特大型企业所走过道路的一个缩影。江南造船厂前身为江南机器制造总局，是中国近代工业史上的“中国第一厂”，从诞生之日起，它就是一个特殊的企业，既承载了一个濒临绝境的民族的富国强兵之梦，也开始促使国人形成外向的世界海洋观。它是近代中国强国之梦、海洋之梦开始的地方，作为中国近代工业的起点，它见证了一个半世纪的沧桑，被称为国运的“晴雨表”、时代的“风向标”。这家造船厂还是上海孕育第一代产业工人的摇篮。

1865年6月，时任直隶总督北洋通商大臣的李鸿章，在上海初创江南机器制造（总）局。1867年，江南机器制造（总）局迁址沪南，开始建造船坞，次年造船。从此，中国近代船舶工业拉开了发展帷幕。进入20世纪后，江南船坞的发展步伐迅疾起来。1905年，江南船坞从制造（总）局中独立出来，并首次采用自负盈亏的商务方针，从而迎来了船坞的鼎盛时期。1911年辛亥革命后，江南船坞改称江南造船所。1918—1922年，造船所为美国运轮部建造了4艘排水量达

▲ 1865年李鸿章创办的江南机器制造（总）局

14 750吨的运输舰，不仅创下了远东地区吨位之最，还成为我国首家被外国政府订造万吨级舰船的企业。中国第一炉钢、第一门钢炮、第一艘铁甲兵轮、第一台万吨级水压机……说起“江南”的荣耀历史，每个江南人都如数家珍。新中国成立后，江南人“自强不息，打造一流”，攻克了许许多多技术工艺难关，填补了我国工业发展史上一个又一个空白。

1952年，江南造船所更名江南造船厂，老厂从此焕发青春。据老“江南”的工人师傅回忆，新中国成立初期江南造船厂的工作场景是：清朝时建造的小楼立在厂区一角，民国时期制造飞机的厂房仍在使用，临时用油毛毡、三合板搭起的简易屋棚里，工人师傅们正在加工船配件……正是凭着上海工人“蚂蚁啃骨头”的精神，以江南造船厂为代表的中国船舶工业很快便在摸索中开始了自己的现代化进程，即使是在“文化大革命”期间，厂里的生产也没有停滞过。厂内兴建起新厂房、塔吊、船坞和车间，面积接近70公顷，达到历史最大规模。

20世纪50年代，江南造船厂职工在国民党飞机频繁轰炸的艰苦环境下，边抢修、边生产，仅用一个半月时间就修复3座船坞的闸门。自1953年起，江南造船厂结合老厂技术改造，扩建和新建了造机、修船、造船、电气和锻工等车间。扩建后的船体加工车间，面积由1 890平方米扩大到5 637平方米，1956年3月完成。5、6号船台的加固接长工程于1955年6月完工，紧接着进行3号船台的改建，该工程于1956年4月完成。新建的修船车间占地面积10 230平方米，高16米，跨度24米，全部钢筋混凝土结构；车间内设有装配、锅炉、修船、钳工等工区以及钢材库、工具库、辅助材料库、变压器间、透视设备存放室等，并装置4台行车，最大起吊能力30吨；还配有加工能力较大的三星轧车和500吨级水压机等生产设施。1959年9月，遵照一机部九局的指示，新建船体联合车间，新建露天总段建造区和总段运输设施，改建3、4、5号船台。

新建船体联合车间是1956年编制的总体初步设计中的一个主要工程项目，于1960年7月开始施工，1966年建成，车间建筑面积22 176平方米，厂房由1个横跨和3个纵跨构成。为适应建造万吨级船舶的需要，江南造船厂于1959年对2号船台进行扩建。2号船台原长174米、宽22米，扩建时在船台顶端接长53.3米成水平段。1960年4月，中国自行设计制造的第一艘万吨级远洋货船“东风”号在这里下水。为了试制需要，经六机部同意，于同年7月再次改造，滑道接长17米，下水设计负荷提高到2 000吨。1976年，又将2号船台接长的水平段加建成斜坡段，为“远望”号主测量船建造创造了条件。

▲ 1960年4月，江南造船厂自行设计制造的“东风”号万吨远洋轮下水

在发展船舶业的同时，江南造船厂成功承建了一大批国家重点工程，如我国第一座导弹发射架、葛洲坝大型船闸闸门、宝钢总厂200米钢质烟囱及塔架等。进入

90年代，还承接了上海体育场、上海大剧院的钢屋架，以及上海延安路高架、金融大厦、航运大厦、浦东国际机场和长江三峡等重点项目中的大型钢结构工程，并建立了我国最大的压力容器生产基地。

据统计，自清同治四年（1865年）至1949年上海解放的84年中，江南造船所（厂）共建造各种舰船837艘，计30万吨。1949年上海解放至1995年底的46年中，共造船1 100艘，计340万吨，是上海解放前84年造船总吨位的11倍。

江南造船厂在壮大生产规模的同时，不断提升自身的科研技术优势。1993年，它被列为首批40家国家级企业技术中心和首批6家全国技术创新试点企业之一。1995年，被国务院列为建立现代企业制度百家试点企业之一。1996年，江南造船厂改制为江南造船（集团）有限责任公司。1997年6月，“江南”作为独家发起人，成立江南重工股份公司并在上海证交所上市，进一步深化了现代企业制度试点工作。

作为中国近代化运动产物的江南机器制造总局，在自身的发展过程中，又反过来开启并深深影响了上海乃至中国的近代化进程。

13.“人工胰岛素”与“复方蒿甲醚”

中国人对自己祖先的“四大发明”引以为豪，耳熟能详。古代的“四大发明”是：指南针、火药、造纸术和活字印刷术。这都是古人的功劳，距离我们最近的活字印刷术，也是由北宋的毕昇（？—约1051年）发明，那也是1 000年前的事了。而世界科学史上诸如激光技术、原子能、半导体、电子计算机，并称为现代世界“四大发明”，这些发明权都归属于西方欧美国家，似乎还没有我们中国人的份儿。那么，你也许不知道，新中国成立以来，中国人也有引以为傲的“新四大发明”。2006年，由国内某知名网站发起，南方某省发明协会主办，从新中国成立以来影响中国建设进程的数十项重大科技成果中，评选出了中国当代的“新四大发明”，它们分别是：杂交水稻、汉字激光照排、人工合成牛胰岛素和复方蒿甲醚。比起古代中国人的“四大发明”，这“新四大发明”一点也不逊色，尽管这些发明成果对于非专业人士来说显得有点艰涩，但是“新四大发明”中，至少有两项与上海这座城市有关。

其一就是人工合成牛胰岛素，是1965年9月17日在上海成功合成的。

还是先从2015年9月17日说起吧。那一天是个不平常的日子。中国科学院生物化学研究所、北京大学、中国科学院上海有机化学研究所在上海举办一个完成人工全合成结晶牛胰岛素的50周年纪念活动。50年前曾经参与合成工作的部分科学家重聚上海。为了配合这个活动，上海还特地举办了“纪念人工全合成结晶牛胰岛素50周年展”，在中科院上海生科院生化与细胞所展出。当见到展厅里的分液漏斗、三颈反应瓶、蒸馏装置等展品时，已近耄耋之年的科学家们纷纷惊呼“太熟悉了”。年近八旬的北京大学化学与分子工程学院退休教授叶蕴华从泛黄的合影上找到自己，忙不迭地翻拍留念。中国科学院院长白春礼院士撰文指出，这段历史是新中国科技发展史上浓墨重彩的一页，也是中国科技界与“祖国同行、与科学共进”的最好注脚，饱含了中国科学家浓浓的家国情怀，体现了他们无私奉献、严谨求实、协同创新的科学精神和艰苦奋斗、追求卓越、敢为人先的民族气概，更反映了上海这座城市蓬勃旺盛的创新力量。

人工合成牛胰岛素的研究涉及许多很专业的生命科学学科。早在1948年，英国生物化学家桑格就选择了一种分子量小但具有蛋白质全部结构特征的牛胰岛素作为实验的典型材料进行研究。他于1952年搞清了牛胰岛素的G链和P链上所有氨基酸的排列次序以及这两条链的结合方式。次年，桑格宣布破译出由17种51个氨基酸组成的两条多肽链牛胰岛素的全部结构。这是人类第一次搞清一种重要蛋白质分子的全部结构。桑格也因此荣获1958年诺贝尔化学奖。

从1958年开始，中国科学院上海生物化学研究所、中国科学院上海有机化学研究所和北京大学生物系三家单位联合，以钮经义为首，由龚岳亭、邹承鲁、杜雨花、季爱雪、邢其毅、汪猷、徐杰诚等人共同组成一个协作组，在前人对胰岛素结构和肽链合成方法研究的基础上，开始探索用化学方法合成胰岛素。经过周密研究，他们确立了合成牛胰岛素的程序。合成工作是分三步完成的：第一步，先把天然胰岛素拆成两条链，再把它们重新合成为胰岛素，并于1959年突破了这一难

▲ 人工合成牛胰岛素动物试验获得成功

题，重新合成的胰岛素是和原来活力相同、形状一样的结晶。第二步，在合成了胰岛素的两条链后，用人工合成的B链同天然的A链相连接。这种牛胰岛素的半合成在1964年获得成功。第三步，把经过考验的半合成的A链与B链相结合。在1965年9月17日完成了结晶牛胰岛素的全合成。经过严格鉴定，它的结构、生物活力、物理化学性质、结晶形状都和天然的牛胰岛素完全一样。这是世界上第一个人工合成的蛋白质，为人类认识生命、揭开生命奥秘迈出了可喜的一步。

人工全合成结晶牛胰岛素，从1958年12月正式立项至1965年9月科学家观察到胰岛素结晶，历时近7年。这是世界上第一次人工合成与天然胰岛素分子相同化学结构并具有完整生物活性的蛋白质，标志着人类在揭示生命本质的征途上实现了里程碑式的飞跃。这一原创性工作被誉为“前沿研究的典范”，获1982年国家自

▲ 1979年，胰岛素组在实验室做实验

然科学一等奖。

其二是复方蒿甲醚的发明，这个发明开始于20世纪60年代。

20世纪60年代初，恶性疟原虫对当时的“抗疟神药”氯喹等产生抗性，并在东南亚、非洲、南美洲迅速蔓延，防治疟疾成为全球医疗难题。时任中科院上海药物研究所研究员、青蒿素衍生物蒿甲醚的发明人李英在接受《中国科学报》记者采访时说，青蒿素的诞生，要从一批抗疟“先驱者”遭遇耐药性说起。当时全国的“523”科研人员对5 000多种植物提取物进行动物抗疟活性筛选，对其中的有效成分进行分离、鉴定，找到近10种新结构的抗疟有效单体。将它们的抗疟有效程度、毒性大小、化合物稳定性和资源供应等情况进行综合比较后，最终选出了青蒿素，并于1973年在云南和海南等疟疾高发区进行了临床试验。青蒿素是新中国研制的第一个化学药品，标志着我国新药研发取得历史性突破。此后，我国科研人员在青蒿素的基础上又开发出蒿甲醚等疗效更强的衍生物。为克服疟原虫的抗药性再次“抬头”，中国军事医学科学院的专家们又将蒿甲醚与化学药品本芴醇组方，研制出新药复方蒿甲醚。复方蒿甲醚既有治愈率高的优点，也有延缓抗药性产生的特点，堪称抗药性疟疾的“克星”。

从1991年开始，中国相继在世界63个国家、地区和相关国际专利组织申报复方蒿甲醚专利。截至2002年，已获得包括中国、美国、日本、澳大利亚和欧盟等49个国家和地区的复方药物发明专利权，复方蒿甲醚成为我国率先在国际上获得专利的化学药品，也是世界复方类药物中拥有发明专利保护国别最多、专利覆盖面最广的药物之一。复方蒿甲醚目前仍是唯一被广泛承认并在世界范围销售的中国专利药品，是中国真正走向世界的药品。

在蒿甲醚研制成功后的很多年里，上海药物所的李英及其团队仍然坚持在青蒿素领域工作，带领组员继续合成各种类型的青蒿素衍生物。同时，她与所内外、国内外的药理学研究人员开展了广泛合作，以寻找新的医疗用途。如今的李英已退休多年，不再承担研究工作，但她对青蒿素类药物的关切从未淡去，表现出一个科学家“身远庙堂，心系青蒿，造福于民”的人文情怀。

现代中国“新四大发明”均出现于新中国成立的最初二三十年。在那个火红的年代，中国诞生了许多科技奇迹，在许多领域创造了中国人的“第一”，除上述“新四大发明”之外，还有更多拥有中国自主知识产权的“两弹一星”（原子弹、氢弹、卫星）、导弹与反导系统、核潜艇、大型喷气客机、直升机、高性能航空发动机、大规模集成计算机、CPU（出口到日本）、针刺麻醉手术、内燃铁路机车、现代海船（包括30万吨集装箱轮）、高产小麦等技术。当时的报纸经常报道国家创造发明与世界水平的差距，和美、苏水平进行对比，有些技术甚至是赶超美、苏的。中国人民有志气，这些发明创造，如同“大珠小珠落玉盘”一样，为上海这颗“东方明珠”增添了光彩。

14. 从“回力”说到“上海制造”

▲ 1908年开办的恒丰纺织新局

上海曾经是中国商标和民族品牌的发祥地，例如中国历史上最早的牙膏商标——三星、最早的灯泡商标——亚普耳、最早的电扇商标——华生等都诞生在上海。到20世纪80年代，上海更是拥有一大批闻名全国的商标，如水仙洗衣机、红灯收音机、凯歌收音机、上海牌收音机、上海牌手表、宝石花手表、钻石手表、蝴蝶缝纫机、海鸥照相机、永久自行车、凤凰自行车、中华牙膏、白猫洗洁精、扇牌洗衣皂、上海药皂、百雀羚、美加净、海鸥洗发膏、六神花露水、大白兔奶糖、光明啤酒、力波啤酒……这些大大小小的商标中有相当一部分是历史传承下来的，但也有相当一部分是新中国成立后在上海诞生的。新中国刚刚成立时，上海凭借良好的轻工业基础和国家赋予的使命，在那个物资紧缺的计划经济年代，为全国人民生产名牌日用品，包括零食、牙膏、衣鞋、手表、自行车、缝纫机。可以说，没有上海，就没有那个时代的生活品质和时尚。“上海制造”，曾经是中国轻工业数十年的标志，也可以说，举凡中国老百姓穿的、吃的、戴的、用的……无不囊括。“上海制造”的轻工产品享誉全国。

不妨从“回力”商标的沉浮旧事来看看“上海制造”曾经走过的道路。说起“回力”牌球鞋，20世纪80年代以前，在中国的年轻人中具有很大的影响力。50年代人们穿老布鞋，以后出现了“解放鞋”，再从“解放鞋”又穿“回力”鞋，直至90年代初期耐克、阿迪达斯等所谓“旅游鞋”冲进中国的大门之前，“回力”红白色球鞋一直在全国市场盛销不衰。

话要说到170多年前，上海开埠之后，包括橡胶制品在内的洋货如同潮水般地涌入中国，打进上海，并占领全国市场。1919年，广东籍日本华侨容子光、容祝三兄弟与潘氏兄弟集资约2万银元，在上海创办了“中华橡皮厂”，拉开中国民族橡胶工业的序幕。虽然中华橡皮厂仅存活3年就因技术落后而在与洋货的竞争中败下阵来，但上海民族橡胶企业发展的冲动已无法压抑。1927年，杂货店伙计出身的江苏江阴人刘永康与人合资，在上海唐山路开设义昌橡皮物品制造厂，1929年改组为正泰橡皮物品制造厂，专门生产胶鞋。该厂就是日后回力鞋厂的前身。20世纪20年代末，该厂就已开始使用“回力”商标，1934年正式注册。

“回力”两字是英语单词Warrior（勇士）的音译。商标一经使用，就被当时的青年奉为时尚。1934年，广东兴宁人袁树森设计了“回力”商标，壮男弯弓射日的商标图案蕴涵着这样的寓意：中国的“后羿射日”神话与西方的“勇士精神”的组合，也就是人类勇敢精神的组合。但在那个“风雨如磐暗故园”的时代，落后意味着挨打，那时的中国青年渴望国家强盛，作为民族资本家的刘永康和他的后人们，在民族生死存亡的危难之际，表现出了与“回力”品牌内涵相吻合的勇敢和担当。1937年，抗日战争全面爆发，回力鞋厂负责人认为轮胎属战略物资，中国不能被洋人掐住这道命门，于是成功地自主研发出“胶鞋的近亲”——轮胎，专供抗日军队使用。在20世纪40年代中叶，回力鞋厂率先派人赴美留学，员工们在美国完成了硕士学业，带着先进的制鞋技术和设计理念回国，极大提升了回力鞋厂的设计与制造能力。1948年全运会前夕，回力鞋厂推出新型弓形特制球鞋，他们雇用飞机飞撒宣传单，一时名声大振。早在新中国成立前，“回力”就已是中国胶鞋业的“第一品牌”。

▲“回力”牌球鞋广告

新中国成立后，回力鞋厂稳步发展。

1956年，回力鞋厂接受国家的“和平赎买”政策，从公私合营逐步改为国有企业。那时，国家实行计划经济体制，对于回力鞋厂来说，国家统购统销，回力球鞋是皇帝的女儿不愁嫁，鞋厂不必也不得自寻销路，只需完成上级布置的生产计划就可以了。国家计划体制定期收购，通过各级批发站和百货站销售他们的产品。正是这种“闭门造鞋”的生产办法，为“回力”球鞋未来的衰落埋下了伏笔。

20世纪50年代和60年代，在那个“满大街都是黑灰蓝”的时代，中国的普通民众穿的胶鞋不仅牌子不多，而且款式单一，绝大多数人穿的都是“解放鞋”，由此一来，“回力”鞋便显得鹤立鸡群了。1956年，回力鞋厂为国家男子篮球队研发的“565”高帮篮球鞋，惊艳一时，售价9元多，相当于当时普通工人半个多月的工资，能穿上一双“回力”鞋在篮球场打球，曾经是很多年轻人梦寐以求的事情。直到70年代末，在那个物资短缺的时代，“白色红边”的“回力”鞋仍是市场上的抢手货，最红火的时候，买鞋的市民就像买紧俏食品一样，早早就在工厂门口排队。有时，“回力”鞋刚下生产线，还热乎着呢，就已经被顾客抢购一空。一款球鞋创造连续畅销十余年的神话。90年代初期，国家改革开放，国外的运动鞋品牌相继进入中国市场，但“回力”鞋仍凭借其在市场上长期积累的人气而“惯性式”地发展着，还没有感受到危机。直到1993年的某一天，回力鞋厂的8 600多名员工突然得知批发站、百货站即将撤销，国家从此不再收购他们的产品，这才猛然感受到了一股前所未有的慌张。而此时，提前10年“被迫下海”的青岛“双星”等一批鞋企，已经在市场摸爬滚打了多年，早已布置了销售网络。1994年，回力鞋厂不得不关掉第一家生产“解放鞋”的分厂。从那以后，每一两年关1家，直到2000年，旗下的7家分厂和1家研究所全部关门，86 00名工人先后“下岗”。最终还是上海市人民政府把“回力”品牌从破产企业中剥离出来，新成立了上海回力鞋业有限公司，“回力”品牌这才得以延续。

从“回力”球鞋的沉浮，可见“上海制造”走着一段不寻常的艰难之路。实际上，无视市场规律的调节，完全依靠国家计划调拨，这条路注定是“此路不通”。在世界经济一体化的今天，品牌已成为国家和城市国际竞争力的重要体现。上海在自主品牌的培育道路上一度辉煌过，然而从20世纪90年代开始，逐渐变得乏“牌”可陈，无“牌”可品。随着时代的变迁、市场的发展，曾经叱咤一时的众多上海本土品牌逐渐没落，甚至悄然消失。

如今，“上海制造”正迎来一个全新的发展机遇——重新擦亮“上海制造”的“金字招牌”，尤其在高科技研发、人才培养、产业转型等方面亟须突破瓶颈，争取制度性创新。上海名牌的失落，是中国从计划经济转向市场经济的必然结果。倒下并不意味着绝望，在调理好气血后，“上海制造”还有重新站起来的机会。

15.“化分化合，依自然律”

新中国刚刚成立，帝国主义列强便对我国实行更加严酷的经济封锁，美国等西方强国对我国科技禁运的项目比苏联等东欧国家竟还多出500多项。虽然遭受西方的严密封锁和打压，但自上海解放一直到“文化大革命”结束的前27年，上海工人阶级艰苦奋斗，团结拼搏，还是取得了举世瞩目的伟大成就。

上了点年纪的上海人或许都还记得龙吴路上的吴泾化工厂。

1963年9月26日，我国第一座大型氮肥厂建成投产。一期工程从1958年开始筹建，1960年二季度动工。1962年11月20日，该厂试制出第一批合成氮和硫酸铵制品，均达到国家质量标准。1963年9月26日，吴泾化工厂内洋溢着节日的气氛。这一天，时任上海市副市长曹荻秋等组成的国家验收委员会通过了对吴泾化工厂一期工程的验收。吴泾化工厂的厂区一下子欢腾起来，厂区内马路上红旗迎风飘扬，职工敲锣打鼓、燃放鞭炮，工厂大门前装饰了彩牌楼和庆祝验收的标语。次日《解放日报》头版发表文章指出，“吴泾化工厂是我

▲ 上海吴泾化工厂全景

国第一座自己设计、自己制造设备、自己安装、自己开工的大型氮肥厂。第一期工程的建成投产，是我国以自力更生为主的建设方针的重大胜利，同时也是贯彻党的建设社会主义总路线、实现多快好省的一个典型”。

1964年4月13日，时任国家副主席董必武视察吴泾化工厂时欣然题词：“化分化合，依自然律，巧夺天工，品由气出，农业急需，滋养谷物”，充分肯定了该厂在生产农业急需的化肥方面所作的贡献。在那个倡导独立自主、自力更生的年代，为满足新中国农业发展的需要，作为上海吴泾化工有限公司前身的上海吴泾化工厂为共和国的发展立下了汗马功劳，创造了新中国化学工程史上的4个里程碑：自行设计、自行安装和试车国内第一套年产2.5万吨合成氨装置；建成国内第一套轻油转化年产8万吨甲醇装置；自行设计、制造国内第一套年产30万吨合成氨、24万吨尿素装置；建成国内第一套年产10万吨的醋酸装置。

▲ 1958年，即将在上海建成示范性的氮肥厂，图为工人们正在安装这个厂炭化工段的炭化塔

真可谓“化分化合，依自然律”啊！自然规律与经济规律是不可抗拒的。从新中国成立到改革开放这些年，历史有过曲折乃至波折，但总体来说，那是一段波澜壮阔、起伏曲折、艰苦卓绝的

时期。正是在那个时代，老一辈创业者以一种独特的方式完成了国家的工业化建设和农业生产条件的改造，为现代中国经济发展提供了坚实的物质基础和积累。

1963年1月2日，上海市第六人民医院陈中伟、钱允庆等医学专家对一例右前臂下端完全性离断的手成功施行了一次当时在世界上少见的断手再植手术。患者是一位27岁的男性钳工，他的右前臂下端被巨大的落料冲床完全截断，再植手术开始时距受伤时间约1小时。手术中对右上肢近端和离断端进行常规准备和扩创，对骨端、肌腱、血管、神经组织进行修整后，用接骨板和螺丝钉固定挠骨，精心吻合软组织。手术后加强护理，注意观察皮肤温度和血液循环等，再植后3周伤口全部愈合，7个月检查，经技术鉴定，情况良好。患手能举重6 000克，可执笔书写或执握茶杯等物。同年11月26日和12月22日，陈中伟、钱允庆等医学专家又分别做了一例完全性撕断的左上肢再植和一例右手掌压断再植，均获得成功。断肢再植的创举，为世界的断肢再植开辟了成功之路，确立了中国手外科学在全世界的领先地位，表明当时我国的医疗水平，已部分达到世界领先水平。

1958年秋，上海电机厂制造成功我国第一台1.2万千瓦双水内冷汽轮发电机组。1960年，制造容量10万千瓦双水内冷汽轮发电机组。1965年4月28日，双水内冷汽轮发电在上海首创成功，为我国发展大容量发电机开辟了道路。同年春，这种发电机组在17家发电厂正常运行30万小时，发电30亿度，质量良好。到1969

年，我国又自行设计制造了第一台具有世界先进水平的12.5万千瓦双水内冷汽轮发电机组。1976年6月，又建成30万千瓦双水内冷汽轮发电机组，这个成就表明我国电机制造工业在国际上已达到一个新的阶段。

1968年1月8日，我国第一艘自行研究设计建造的万吨级远洋货轮“东风”号建成。该轮总长161.4米，排水量1.88万吨，载货量1.17万余吨，航速每小时17海里。主机8 820马力，低速重型增压，柴油机约重400吨，由5万多个零件组成。船上有电机设备300台，这些设备材料来自全国18个省市300多个工厂。

1974年3月20日，我国第一艘2.5万吨级浮船坞“黄山”号在上海建成投产。全长190米，宽38.5米，高15.8米，能抬举载重量2.5万—3万吨数的海轮。工程量大，工艺复杂，从总装到建成仅半年时间，是100多家船厂、设计院及海运局通力协作的成果。

60年代中期到70年代初期，我国对西南、西北内陆地区开展大规模的重工业经济建设。在1964年的中央工作会议上，毛泽东根据国际形势的发展，提出了把全国划分为一、二、三线的战略布局。将东南沿海的重工业生产基地向内地转移。一线主要是指东北及沿海各省，三线是指长城以南、京广线以西等广大地区。二线是指介于一、三线之间的广大地区。同时又在一、二线之间划分出若干区内“小三线”。在1964—1980年长达16年、横贯3个五年计划的三线建设中，上海有100多万人顾全大局，肩负国家使命，为建设我国强大的战略后方基地，决然放弃大上海优越的工作和生活环境，离开年老的父母和年幼的子女，走向几千里外的大小三线，践行了“全国支援上海，上海支援全国”的政策。

社会主义事业在中国必然是一个长期的阶段，我们今天还处于社会主义的初级阶段。中国有今天的强大国力，是共产党人领导人民群众长期探索、艰苦创业的结果。在那个激情澎湃的年代，上海人民奉行艰苦奋斗、自力更生的作风，取得了一个接一个的伟大成就，这些都为日后的改革开放打下了一个腾飞的基础。“东方明珠”依照自然规律与人间正道，在新中国历史发展中砥砺前行，夯实上海的整个制造业基础，制造出一批又一批一流的产品。

开明
睿智

16.“铜钿眼里翻跟斗”

早在20世纪二三十年代，上海市场虽尚不成熟，商业竞争却十分残酷。洋商与洋商之间、上海商人与洋商之间、上海商人之间，竞争都十分激烈。上海，商家必争之地，谁能立足上海，就意味着谁能拥有财富。晚近以来，上海商人给人们留下了深刻的印象，其商业手段之繁杂、经营思想之广阔，令各地商人惊叹。因此，上海话中留下了太多的商业印痕，如“一分利吃饱饭，十分利饿死人”，“薄利多销，门市热闹；恨利不卖，营业萧条”，“态度和气，顾客常记；服务热情，货快如风”，“秤平斗满，公平交易；货真价实，童叟无欺”，“不怕不识货，就怕货比货”等等。有的沪谚使用场合或言下之意也发生了一些变化，如：“小钿勿去，大钿勿来”，着眼商业前程，愿下血本；“逢山开路，遇水搭桥”，引申为顺势开展商务或办事；“螺蛳壳里做道场”，形象描绘上海人即使在局促的寸金之地也办厂做精密仪器的聪明才智和适者生存的能力；“略知百行，勿如精通一行”，表达了中小商人钻通技术，凭手艺吃饭的职业精神；“工夫卖铜钿”，既指时间、劳力就是金钱，又指公关周旋换来生意；“一钿勿落虚空地”，说明做生意必须有利可图；“靠人侪是假，跌倒自家爬”，寓意不依赖别人，即使受挫折也要自力更生的硬骨头精神；“狮子大开口”，比喻要求高，胃口大，或者夸海口，常用于对对方的提议暗自吃惊；“阿木林关进”，嘲笑失算者受骗上当；“有饭大家吃”，提倡生意一起做，有福同享；“买卖勿成仁义在”，主张商场宽容互让，心胸旷达；“一拳来，一脚去”，反映利益争夺的白热化；“大鱼吃小鱼，小鱼吃虾米”，描绘商场上竞争兼并、你死我活的景象。

现在有一些议论，对上海人诟病最多的就是所谓“门槛精”，“上海人的精明，反映在日常生活中，既包括谋取个人利益的行为，更包括对个人权益、利益的维护，该得到的，他们一分也不让。这使得上海人常常

▲ 上海公司店号里的账房先生

为一点点小利益而斤斤计较”。这种批评或许有一定的道理，但“铜钿眼里千跟斗”，既可讽刺重商重利、见钱拜倒、走不出金钱圈子的发财迷，现在又可用作善于支配手中金钱精打细算，千方百计挣钱的比拟。商人牟利就是争取利益最大化，只要手段正当，合理合法，重视“个人权益、利益的维护”，也许不是缺点。上海方言中还有一些话很值得回味，比如“有钱能使鬼推磨”，是对金钱万能迷人心窍的讥刺；“铜钿银子，生勿带来，死勿带去”，又是对金钱的鄙视和揶揄；“羊毛出拉羊身浪”，常用在指花去的钱财自可从与之有关的生意上得来；“有借有还，再借勿难”，言简意赅地说明商业社会里互相资助的准则；“远亲勿如近邻”，说明社会关系已走出家族为基础的封闭社会；“男做女工，越做越穷”，指出工业文明对人的分工更为精细，男子应花更多时间从事更精细的工作，努力挣更多的钱；“一寸光阴一寸金，寸金难买寸光阴”，说明时间就是金钱。

商业以营利为目的，生意人的一切行为旨在一个“财”字。进入21世纪，上海的市场经济已经步入成熟之时，南京路每天客流量达300万人次，600多家商店比肩而立，各显风姿。徐家汇、淮海路、五角场等大型商圈的商厦不断涌现，首尾相接，形成了独特的“圈状模式”。许多商家采取的竞争手段更加复杂多样，广告战、价格战、品牌战……硝烟弥漫，奇招百出。甚至不免出现非理性竞争，比如过分杀价、相互攻击谩骂等。但是，作为商家要在上海做生意，就必须大胆参与，进行竞争。受长期的商业传统影响，上海商人形成了以个

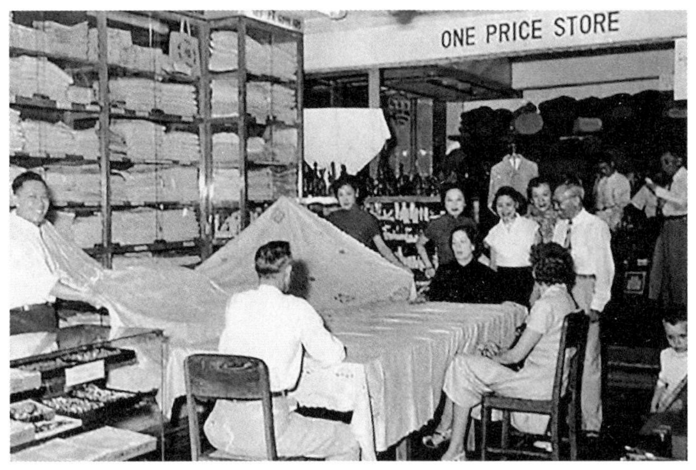

▲ 上海商店

人本位为核心的价值观念，在日常生活中表现为讲求实惠，关心个人和家庭生活，在商界则体现为讲经济利益、重视利润的商人风格。

在长期的工商业传统的影响下，实惠哲学成为上海人根深蒂固的观念。把这一观念衍化到日常生活之中，表现为上海人对实际的、具体的个人利益的重视，重视事物的实用价值，在形式和功能、审美与实用之间，上海人更倾向于后者，这一点很像美国人。追求实惠的上海人总是会在各种复杂的情况下，迅速找到自己的最大利益所在。在商业活动中，上海人较少地考虑面子、名声等非经济因素，而是明确地将经济利益放在第一位。

守法守纪，讲规矩，有分寸，是上海人的基本观念。上海是我国法制观念最强和治安状况最好的城市。即使在旧上海，也很少有欺行霸市之徒。因为当时的商人多是移民，且有外国帝国主义的高压控制。既然大家都是外来的，都没有可依仗的传统势力，那就只好凭自己本事吃饭，大家都应遵循相同的规则。因此，上海商人比较遵守商德、法规，这些都已经形成传统，沿袭至今。

不做违法生意，为非作歹的无耻之徒虽有，但毕竟是少数，大多数商人都严格遵守国家的法律法规。改革开放之初，沿海不少地方盛行走私，黑市猖獗，但鲜有上海人参与走私。上海人在生意场上，宁可赔本，也很少有人做那种偷鸡摸狗或者打“擦边球”的事情，因为在他们看来，犯不着，成本太高。遵纪守法，按规矩办事，否则你就会失去别人的信任和合作。因为生意不好做，所以要格外遵纪守法。这种理性精神，也使得上海人形成了凡事讲求公平、追求合理的心理素质，因此他们较为重视合同契约。谈生意的细节可能很辛苦，一旦形成合约，就认真履行合同，严格按合同办事，决不含糊。

17. 话说“荣华鸡大战肯德基”

今天的肯德基、麦当劳俨然已经成为“洋快餐”的代名词。1991年，面对“洋快餐”的大举进入，上海新亚餐饮集团曾经打出“荣华鸡”的品牌与之竞争。开设在上海南京西路的荣华鸡快餐店是荣华鸡的旗舰店。起初，荣华鸡受到了消费者的青睐，店堂里人头攒动，摩肩接踵，来迟了根本无法找到座位。全国24个省市纷纷向荣华鸡发出邀请，欢迎荣华鸡落户他乡，新加坡、捷克等外商也要求荣华鸡飞出国门，让中华民族的烹饪文化在异国他乡开花结果。1994年，荣华鸡在北京开了第一家分店，并声称："肯德基开到哪儿，我就开到哪儿！"这就是当时沸沸扬扬的"荣华鸡大战肯德基"。当荣华鸡竖起挑战肯德基大旗的时候，一时间门庭若市，效益最好的黄浦店，一年就有300多万元利润。当时，无论是黑龙江哈尔滨还是江西南昌，都有挂着红底白字的"荣华鸡"招牌的分店。在一些地段，土鸡生意超过了洋鸡，让中式快餐店着实扬眉吐气了一番。

可随着时间的推移，荣华鸡在与肯德基的较量中逐渐落入下风。民族品牌，灵光一现，就消失在云里雾里，个中教训值得认真总结。荣华鸡的惨败如同一石激起千层浪，这个事件的背后，折射出品牌的重要性。

▲ 上海荣华鸡店堂外貌

近年来，随着市场经济的发展，一些中国的“老字号”品牌消失了，一些新品牌脱颖而出。中国企业及其产品品牌的消亡与新生在经历着阵痛期。令上海人记忆犹新的那些口碑、质量都很好的国企名牌产品，现在到哪里去了呢？

计划经济时期，中国市场没有完全开放，对外国企业和品牌产品的进入有许多限制和约束，使得中国企业及其产品品牌有了良好的发展空间。可是，进入市场经济以后，这些国内名牌产品的生产企业突然面对无比激烈的国际竞争，跨国公司对中国品牌产品的策略历来都是：“打得赢就打，打不赢就买，买了之后就束之高阁。”对于价值较大的中国品牌产品，外商一般不会买断其所有权，而是以较少的资金买断其使用权。合资后，外商一般会利用自己的控股决策权，有意把中方品牌产品安排在低档产品上，或干脆将中方品牌产品弃之不用，同时大力培育外方品牌产品。中方品牌合资后若几年不用，就会被消费者逐渐淡忘。

品牌不仅是企业的立身之本，也是衡量一个国家经济实力的重要标志。只有横下一条心，在质量和技术方面高人一筹，才能重振国产品牌产品的雄风。近年来，中国也有不少品牌产品在国际上保持领先地位，在全球化的经济浪潮中，一些民族品牌产品消失了，一些生存了下来，一些还走向了世界，这是市场经济发展的必然规律，而像联想、海尔、华为、小米这些成功走向国际的中国品牌，代表的就是中国品牌的明天。

怎样保护与利用好国产品牌，实实在在地摆在了上海人的面前。制造业是上海的产业之基。新时代“上海制造”面临新机遇新挑战，既要不忘初心、扎根实业，落实制造强国战略，秉承精益求精的工匠精神，瞄准制造业“皇冠上的明珠”，继续打造一批“大国重器”，也要顺应潮流、改革创新，推动实体经济和数字经济深度融合，促进传统制造业拥抱互联网，以新技术、新业态、新模式为老品牌注入新活力，重塑一批市场欢迎、质量卓越的“时代精品”，更要面向全球、对准一流，优化配置要素资源，加强与上海服务的功能互补，瞄准产业链、创新链、价值链高端环节，培育一批具有核心竞争力的“上海名企”。

如今的上海，已经不满足于“荣华鸡与肯德基”之类的小打小闹，“上海制造”是一个时代的标志。继国产大型客机C919首架机从浦东基地顺利转场西安阎良后，第二架C919又在浦东机场第四跑道上首次飞上蓝天。与此同时，举足轻重的重大项目豪华邮轮，也排上了“上海制造”的“日程表”，目前中外各方已签署合作协议，不久后中国第一艘豪华邮轮将在上海诞生……

作为中国制造业的发源地，上海正以全新的姿态迎接新时代的到来，对标国际最高标准、最好水平。就在“上海制造”全面回暖之际，上海再次放出重磅政策，出台巩固实体经济能级50条举措，持续为实体经济发展添柴加火。根据意见，上海将加快向产业链高端迈进，形成一批千亿级的产业集群：6 000亿元的汽车产业、5 000亿元的新一代信息技术产业、2 500亿元的新材料产业、1 500亿元的高端能源装备产业、1 200

亿元的生物医药和高端医疗器械产业，擦亮“上海制造”的金字招牌。

按照党的十九大的战略部署和市第十一次党代会精神要求，上海将继续贯彻新发展理念，主动对接“两项国家战略”，推动经济发展质量变革、效率变革、动力变革，努力实现更高质量、更有效率、更加公平、更可持续的发展。继续聚焦落实中国制造2025，充分发挥建设“两项国家战略”政策制度优势，推动巩固提升实体经济能级50条、工业供给侧结构性改革实施意见等指导性政策的落地，在促进产业优化升级上走出发展新路。继续培育壮大新兴产业，把加快发展新一代人工智能，作为服务国家创新驱动发展战略、建设具有全球影响力科创中心的优先布局方向，加快推进互联网、大数据、人工智能与实体经济深度融合，为上海当好新时代改革开放排头兵和创新发展先行者作出新的更大贡献。

中华老字号是中华商业文化的重要载体，是中国名牌经济的重要力量，具有很强的历史文化价值和经济价值。其生产与发展凝聚了几代民族企业家的艰辛和传奇，发展历史大多可以追溯两个世纪。然而，老字号品牌除了少数仍然保持着活力外，绝大多数已经从市场上消失。与人一样，老字号品牌也不能倚老卖老，而是要有新特色，焕发老当益壮的青春力量；不能津津乐道于“祖上的荣光”，“我们先前如何

▲ 国家商务部颁发的“中华老字号”铭牌

阔”，而要在生产研发和管理营销上注入新的时代内涵。品牌本身是名和实的辩证统一体，只有把现代科技、管理、营销乃至企业制度等新的要素注入企业的经营实践中，推动名和实的交互发展，才能实现“老树发新芽”，而不是仅仅抓住“老字号”荣耀来“挥霍”，“白头宫女说从前”，已经味同嚼蜡，毫无意义了。

▲ 1933年，石永锡等13人合股投资成立梅林罐头食品股份有限公司，以“梅林”二字作牌子，外形为金盾（图片来源：上海图书馆）

还是回到“荣华鸡大战肯德基”。“荣华鸡”能否与“肯德基”竞争？当然是可以。为什么悲壮地败下阵来？最大的问题还是在于那个“老”字，老工艺、老产品、老包装、老机制、老店、老址，甚至传男不传女、传内不传外……就像一个耄耋之年的老人，老气横秋地站在新时代的路口，一脸茫然，怎么来适应发展了的时代与变化了的社会？！

18.“摆奎劲”与方言俚语

上海市民通常喜欢低调而埋头苦干的人，不喜欢那种张扬而又有着莫名其妙优越感的小市民习气。那些自视甚高的上海人，带着朋友去看东方明珠，向外地朋友细数着今天上海高昂的房价，最喜欢看到外地朋友那种瞠目结舌的表情，好像自己天天住在古北新区的豪宅里一样。这就是盲目自满的上海小市民习气。一些自得的上海人走到国内任何城市，都会对着人家城市，细数着上海的好，仿佛这世界只有上海，他永远都不会去体会文化地缘的差异。这种习性是令人生厌的。

这叫什么？有一句上海话说得好，叫“摆奎劲”，意思是自高自大，喜欢“耍威风”，用北方话讲叫“摆谱”。

说起“摆奎劲”，还有一段有趣的掌故与传闻呢。要探究这句俚语的源头，得从20世纪30年代公共租界一个叫陆连奎的人说起。陆连奎是当时公共租界的督察长，可以说是帝国主义的鹰犬。据说陆连奎原本是苏州人，早年来上海加入青帮，跟着青帮大佬黄金荣后面混，得到黄金荣的赏识与重用。黄金荣在法租界，他就推荐陆连奎到英租界警察局当差，早先也不过就是“一条杠”的小巡捕，地位还不如红头阿三和安南巡捕，因这家伙做人刁蛮，心狠手辣，又会溜须拍马，迎合外国主子，几年以后，就混成了巡捕总头目——公共租界的督察长。

陆连奎原本是大流氓黄金荣的徒弟，势力做大了，渐渐也不把黄金荣放在眼里了。黄金荣在法租界，陆连奎在公共租界，两个人代表着两股势力，经常发生明争暗斗。陆连奎当了几年公共租界的督察长后，中饱私囊，横档（上海话里捞外快叫“捞横档”）捞足，先是在南京路上开了家百货公司，在五马路（今广东路）湖北路口建了一家当时很有规模的“中央饭店”，取了个“花花世界”的名字。陆连奎本性就喜欢出风头，说大话，发迹之后，更是不知道自己能吃几碗干饭了，到处摆谱，耍威风，到戏馆里撒钱，捧角儿，看上去风光无限。因此上海滩上出了一个新名词——“摆奎劲”，人们将“陆连奎”的名字嵌入俚语中，“摆奎劲”一语不胫而走。当然，这个陆连奎的下场是可想而知的。抗战开始，这个无耻的陆连奎投靠日本侵略者，作恶多端，最后被军统特务暗杀，横尸在自己开设的中央饭店客房内，“摆奎劲”的事情也被上海人传为笑谈。上海话称吹牛装大、盛气凌人为“奎”，“摆奎劲”指的就是那些自吹自大的人。“侬不要奎，侬再奎也奎不过陆连奎！”这句话就一直流传到今天。

做人不能“摆奎劲”，上海大凡世代流传于坊间的方言俚语，都是生活智慧的结晶，有不少被上海人称为“老古闲话”，直到现在还在上海人的口中流传。虽是闾巷俚俗，然其描摹之深刻，趣味之浓郁，字句之通俗，或寓劝惩，或杂诙谐，过去有些文盲虽不识字，但往往口中谚语连珠呼出，出经验，出哲理，风土人情，耐人寻味。

上海开埠以来，随着商品经济的迅速发展，思想观念的不断更新，社会阶层的日益扩大，社会交际的日益频繁等，各种形式的俚语被大量地创制出来，它们大都具有浓重的上海地方色彩和生活气息，形象地反映了上海市民的心理特点和文化品位。如上海话中的“雌老虎”一词，指的是悍妇，凶悍的、蛮横的女人。因为雌性老虎在育子期间非常凶猛，故借指脾气暴躁的女人，通常指不讲理的中年妇女。“阿木林”则是骂人行动呆滞，笨头笨脑。1917年出版的姚公鹤著《上海闲话》提到：“阿木林，阿土生等称谓，一系外国名词，一

▲ 上海商务印书馆印行出版的姚公鹤编《上海闲话》书影

系乡孩乳名，不过取认侮辱生客耳。”认为“阿木林”系外国笨者之名，但不知源出何处。另一说认为，沪语以“木”喻笨，如木头木脑、木而觉知等。“林”音谐“人”，“阿木林”即“阿是一个木头人”，似以后一说为确。

近代以后，上海逐渐发展成为中国最大的城市。上海有租界，在历次的国内战争中均有不少难民进入上海避难，并形成了以乞讨为生的城市游民。在英语中乞讨讲作beg for，而在洋泾浜英语中多讲作beg say。这些乞丐白天沿街乞讨，夜间或宿车站码头，或露宿街头，形象猥琐，骨瘦如柴。汉语中把长势不好而干枯的稻麦称为“瘪”，于是beg say被汉译作“瘪三”。年幼者常被叫作“小瘪三”。新中国成立后，城市流民数量减少乃至消失，于是“瘪三”一词也被用作称不上品或缺乏公共道德的坏胚子。

“巴子”这一俚语，原本是青帮的切口。原作“靶子”，即挑衅、抢掠、敲诈、殴打的对象，犹如射击中的靶子。后又引申指帮内或帮外能力较差、容易被人欺侮的笨蛋。20世纪80年代初又指不懂上海市面或行情、容易被骗的人。“偎灶猫”，指人萎靡不振，有时也可指人胆怯而不敢有所作为。猫是夜间活动的动物，白天，怕冷的猫习惯依偎在炉灶边上，显得精神萎靡不振而懒于活动，故有是语。“三脚猫”，早期多用以比喻武艺不精的江湖艺人，后也泛指对某种技艺略知一二但又不精通者。词义来源有多种说法，一说认为，清代中后期，上海已发展成为一个港口城市，据说有一江湖武林高手经常在十六浦卖艺，他最后一招即提举起江边的铁锚当作表演的道具。此表演高手离开后，许多人即上前试提铁锚，但都败下阵来。铁锚有三只脚，于是人们把武艺不精者讲作“三角锚”，后讹为“三脚猫”。还有一说认为，上海沿街卖艺者很多，他们表演完功夫后即开始推销他们的跌打丸、狗皮膏药等伤药。猫是鼠的天敌，但断了一足的三脚猫，虽也能捕鼠，但捕鼠的本领不会高。猫的叫声为“妙”，于是人们以“三脚猫”喻江湖艺人，尽管他们有点本事，口中不断吆喝“妙妙”，但其本领不会很大，其所推销的伤药也“妙”不到哪里。后一说比较可靠。

再如“刮皮”指气量小而又抠门，如“他这个人刮皮来兮”，典出于江南人的一种习惯动作，江南人把厚颜无耻者讲作“老面皮”，常用双手或单手食指刮对方或自己的脸皮来对对方的行为和举动加以羞辱，叫作“刮老面皮”。经常被人“刮老面皮”的人就被称作“刮皮”“老刮皮”或“刮皮鬼”(发音同“举”)。

民国时期上海出版的《沪谚外编》《老上海》《上海手册》等书籍中，都收录了大量当时盛行于上海民众中的流行俚语，如“掮木梢”“咬耳朵”“戳

▲ 上海民国时期出版的《沪谚》《沪谚外编》书影

壁脚”“开天窗”“拖油瓶”“打秋风”“放龙”“敲竹杠”“外国火腿”“出风头”“调枪花”“鸭屎臭”“吃排头”“像煞有介事”“碰和台子”“露天牌九”“做揩台布”“垫台脚”“到香港去”“礼拜十三”“拔蜡烛头”“五分头”“五根雪茄烟”“洋盘”“卖野人头”“拆穿西洋镜”等等。这些词语反映了当时上海滩上出现的诸多社会现象和社会问题，也展示了当时上海民众在急剧变化的社会环境中所产生的许多新的观念和心态。例如“打秋风”“揁木梢”“做揩台布”等词语，反映了当时上海都市中尔虞我诈、坑蒙拐骗的不良社会风气，“外国火腿”“五分头”“五根雪茄烟”等词语，则揭示了外国人对于上海市民凌辱欺负、任意殴打的社会现实。还有一些流行俚语则是上海城市生活中某些地方风俗的体现，例如当时上海滩上的一些以卖艺为生的犹太人看到街头西洋镜等行当有利可图，于是便在马路上用布围成一个圈子，里面放上几个西洋人体模型，这些模型五官能够张闻自知，所以被称作“野人头”。后来上海市民识破了这一伎俩，于是“卖野人头”一词也开始在当时的上海滩上流行起来，用以表示弄虚作假、诳骗欺诈之意。诸如此类的词语，还有“拆穿西洋镜”“敲竹杠”“洋盘”等，其中充满了民众的生活智慧，有兴趣的读者可以深入研究一番。

19.“烟火气”与“弄堂生意”

对于许多上海人来说，弄堂不仅是一处栖息生活的空间，也是一个买卖物品、了解市面的主要场所。许多小商品的买卖活动是在弄堂里进行的，许多打探行情、了解市面的行为，也都是在弄堂中出现的，它们构成了上海滩上一种充满市井风情的弄堂习俗，也构成上海弄堂里独特的“烟火气”。

关于上海昔日的弄堂，可以说出许多微言大义，但是最重要的应是这种特有的“烟火气”。一户户人家，住在弄堂里，最重要的是把生活过得有滋有味，把日子打发得活色生香，谁家的厨房热气腾腾，谁家的日子一定不孤单。上海的老人家，很有独到的眼光，看一个人家日子过得怎么样，只要看看这一家的厨房：厨房冷冷清清的，日子也不会红火；家庭主妇在厨房里进进出出，忙里忙外，这日子也就热气腾腾。日子过得好，一对夫妻的婚姻也就差不到哪儿去。生活在弄堂老房子里的平民百姓，守着这平凡但又真实的人间烟火，一家人要常常相伴在一起，吃着家常饭，黏在一起过日子，经常在一起吃饭的家人是很难分开的，这就是日常生活教

▲ 上海早期的弄堂生意

给我们的哲理。

石库门里弄房屋出现于19世纪末与20世纪初，没过多久，条条弄堂都有小贩们进出，川流不息，伴随着高高低低的叫卖声。从各地来沪做生意的小贩，在困境中找到了谋生之道，他们走街串巷，出卖食品、杂货，也有收买旧货、修补器皿，流动频繁，一天24小时，没有间断。那些卖小吃点心的生意，从清晨开始一直到晚上，各种小吃点心摊子不断地涌向上海的弄堂，形形色色的叫卖声也始终在各条弄堂中响彻回荡，它们营造了一种浓浓的上海弄堂生活情韵。

鲁迅在《弄堂生意古今谈》一文中说："这是四五年前，闸北一带弄堂内外叫卖零食的声音，假使当时记录下来，从早到夜，恐怕总可以有二三十样，而且那些口号也真漂亮，不知道他是从'晚明文选'或'晚明小品'里找过词汇呢，还是怎么，实在使我似的初到上海的乡下人，一听就有馋涎欲滴之慨。'薏米杏仁'而又'莲心粥'，这是新鲜到连先前梦里也没有想到的。"除了小吃点心以外，到弄堂中来卖菜、卖香烟火柴、卖针头线脑、卖竹木器具的小生意人也极其多。他们来到弄堂后，许多家庭主妇、佣人及孩子们便会急急地从屋子内奔出来，围到摊子旁，一边看着货色，一边与摊主讨价还价。"薏米杏仁莲心粥！""玫瑰白糖伦教糕！""虾肉馄饨面！""五香茶叶蛋！"在弄堂里除了有叫卖零食点心之外，还有叫卖青菜、豆腐、瓜果、鸡蛋的，时而还有活鸡活鸭；每隔几天还有把服务送上门的棕棚修理、补皮鞋与弹棉花胎之类。20世纪二三十年代，定

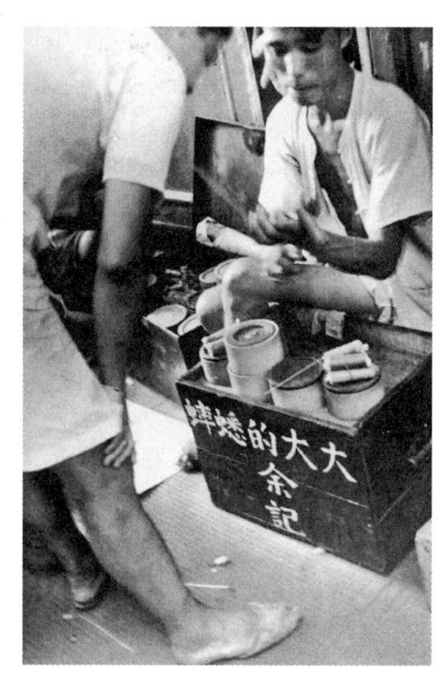

▲ 斗蟋蟀

居在上海的作家，如叶圣陶、夏丏尊、鲁迅、张爱玲等，他们的散文中也常谈到叫卖声。种种叫卖声，是一笔流传在上海的非物质文化遗产，反映当时社会生活、商品生产的情况，很值得深入发掘、整理和保护。

江南有许多地方，称货郎为“叫卖郎”，这就是“叫卖声”一词的由来。上海弄堂里的叫卖声，行业多，花样新，有的像唱山歌小调，有的似顺口溜，有的忽高忽低，有的拖腔很长，都是有腔有调、有板有眼，节奏抑扬顿挫。各行各业都有各自的呼唤声调，使人一听便知道是什么行业的人来了。五花八门的小食品使上海人的弄堂生活充满了热闹的情趣，一般而言，小食品的叫卖声占大宗——“花生米葵（香）瓜子”“麻油馓子脆麻花”“老虎脚爪”，苏北口音，很有韵味；宁绍音“香脆饼苔条饼”“盘香饼和尚饼”“三北盐炒豆”“绍兴香糕”，则软中带硬。拎着一只红漆桶，叫卖“五酥豆”（马酥豆），又酥又热，以酒杯为量器，早年一个铜板一酒杯，加上点干草粉，一桶卖不了多少钱，真是小生意。此外，还有算命的、化缘的。晚上夜深人静时，还有声调凄凉的卖炒白果与卖长锭的，更有使人毛骨悚然的为家中病孩招魂的长嚎声。由于弄堂房子家家户户紧挨着，共同分享屋前屋后的弄堂，平时出入照面时常会打个招呼或寒暄几句。一有叫卖声，抱有共同兴趣的主妇就会应声而出，于是对货色评头论足、讨价还价、交流观点之声不绝。更有借此机会交头接耳，交换东家或西家最新信息，把本来要买东西的原意也忘掉了。弄堂的优点是这里的生活富于邻里感，邻居相互帮助，亲如一家，特别是所谓上海人其实多为外来人，“远亲不如近邻”在这里最能体现。缺点是，“对于靠笔墨为生的人们，却有一点害处，假如你还没有练到‘心如古井’，就可以被闹得整天整夜写不出什么东西来”（鲁迅，同上文）。此外，在大型的弄堂里，居民鱼龙混杂、人各有志，接近了就难免会生是非，一不小心就会惹出各种各样的弄堂风波来。人们常说上海人善于处世、门槛精，可能与从小就处在这个微妙的小社会里，接受这个小社会关于人际关系的熏陶与教育有关。

与封闭的居家生活习俗不同，上海人的弄堂生活和弄堂习俗具有一个鲜明特点，就是开放性。在居家环境中，一幢幢的房屋将各个家庭、各个群体分割成互相独立的单位，在这些单位中，人们的生活大都处于相对封闭的状态，各家之间不可能有较多的沟通和联系。但是在弄堂中，各家之间的生活却成了一个完全开放的体系，那里没有隔阂，没有隐秘，个人的家庭生活，几乎完全与弄堂的社会生活混成了一体。本来，许多个人的生活问题，如吃饭、睡觉、如厕等，都具有一定的隐私性，大都是在各自的居室中进行，而不大可能出现于公众场合，但是在上海人的弄堂生活中，不少事情却成了一种公开化的活动，完全没有什么秘密可言。在弄堂中，这一家吃的饭菜，另一家一目了然；这一家有几件衣服，有几张桌椅，另一家也了如指掌。

从某种意义上说，上海人身上所表现出来的那种开拓进取、思路活跃、善于交际的性格，也是在充满“烟火气”的弄堂生活的熏陶下形成的，有人说：“上海的里弄是开放的，上海的石库门房子也是开放的……上海人不怕开放，而是希望开放，渴望与市场联成一片。”这种将上海里弄的开放性与上海人性格的开放性联系起来加以考察、认识的见解，是颇有见地的。

20.“真不二价”与“戒欺”传统

上海有许多老字号的百年老店，光是南京路就有100多家，单说国药系列就有四大家——胡庆余堂、雷允上、蔡同德堂和童涵春堂，它们都各有说不完的故事。

最早创立的是雷允上，清雍正十二年（1734年）由苏州人雷大升创立。雷大升，字允上，号南山，祖上原籍江西省丰城，后移苏州定居。先在玄妙观设摊诊病卖药，研究医药，并从事丸、散、膏、丹的修合工作。后于1734年在苏州开设一家中药店，取招牌名为“雷诵芬堂”，名声遍闻苏州大街小巷，人们都称药店为“雷允上”，以至于药店正式招牌“雷诵芬堂”逐渐被人们忽略乃至遗忘，如今更是鲜为人知了。1860年，太平军进攻苏浙一带，苏州雷允上药店毁于战火。雷氏后代为保全祖业，携带祖传药品逃亡上海。初到上海时，雷氏子孙并无资财开店，就在上海城外摆一药摊，摊

▲ 上海山东路商业街

址选择在新北门与老北门之间的一段地区，日久这一带形成市面，雷氏药摊提前为雷允上药店做了广告。1862年，雷氏后代在上海重振旗鼓，于城隍庙开设上海第一家雷允上药店，这就是今日雷允上（南号）。当时门店上方就打出了“精制六神丸”的招牌，这也一直成为雷允上的招牌药。雷允上传世近300年，与其严谨的品质管理分不开。

蔡同德堂药号创始于清光绪八年（1882年），创始人蔡鸿仪，字眉卿（嵋青），祖籍浙江宁波东乡潘火桥。蔡鸿仪继承家业后在汉口创设中药号，借用《尚书·泰誓》篇中名句“同心同德”，冠以蔡氏姓，取店名为“蔡同德堂”。上海开埠以后迅速发展，蔡鸿仪将药店自汉口迁往上海，在英租界抛球场北面（今河南中路455号）建造店堂。蔡氏在迁店上海之前特意设计了一个企业标志“鹿鹤寿仙”匾额，上面精雕细刻着梅花鹿、白仙鹤、皓发童颜的老寿星、药葫芦和长寿蟠桃，因此有“高高墙头寿星记，前店后场同德堂”之说，“鹤鹿寿星”图记成为老上海人非常熟悉的品牌图标，由此确立了蔡同德堂的身份、起点、信誉和地位。自创业伊始，药号业务规模不断扩大，至20世纪30年代，达到鼎盛阶段，当时涌现出一大批至今仍为广大客户所津津乐道的名牌产品，如纯黑驴皮胶、龟腹版胶、虎骨胶、鹿角胶、虎骨木瓜酒、洞天长春膏、癫狂龙虎丸、妇科玉液金丹、肥儿八珍膏等等。由于蔡同德堂选料精良地道、加工精细、用量准足，又恪守店规“货真价实，童叟无欺”，用户都信得过，从而生意兴旺，业务不断发展壮大，很快跻身旧上海中药四大户之一。

提起童涵春堂，人们自然而然就会联想起其昔日具有“香”“糯”“甜”特色的“人参再造丸”，这是该店招牌名药之一，在当年老上海几乎无人不知。童涵春堂素以选料地道、遵古炮制、加工精制、药效显著的中药饮片而闻名于世。创始人是童善长，由于不满足当时宁波药材经营状况，童善长携资来沪谋发展，在小东门外里咸瓜街开设恒泰药行。在买卖中，由于供货关系，童善长结识了“竺涵春”药铺的老板，也是凑巧，“竺涵春”药铺正为债台高筑而发愁，童善长知道后，就将“竺涵春”收购过来，并将“竺”字改成“童”，“竺涵春”改姓变成了“童涵春”。童善长经营管理有方，根据黄浦江边船民较多的特点，创制了专治跌打损伤的“太乙保珍膏”，治疗“风火赤眼”等病的“水眼药”，物美价廉，广受欢迎。家乡民谣云：“童姚马经张，银子好打墙”，童氏成了当地首屈一指的富豪。

胡庆余堂最早于清同治十三年（1874年）设立于杭州，首创者即是清末名闻天下的红顶商人胡雪岩，取对联“向阳门第春常在，积善人家庆有余”中“庆余”

的意思，招牌定名为“胡庆余堂雪记国药号”。1914年胡庆余堂在上海的北京东路开设了分号，用杭州胡庆余堂三年的盈余13万两白银，按杭州胡庆余堂的格局，新建了一座坐北朝南、雕梁画栋、富丽堂皇、古色古香的四层石库门楼房，建筑宏伟，规模之大，令人刮目相看。由于胡庆余堂早已声名在外，所以开张第一天营业额就高达3.8万元，盛况空前，不久便名扬申城，成为上海中药界四强之魁，在国内外享有“南庆余，北同仁”之名声，胡雪岩本人也被誉为“江南药王”。胡雪岩在开业之初，于店堂内挂了许多匾额，如“真不二价”，“是乃仁术”，“顾客乃养命之源”，表达着店主的经营理念。在所有匾额中，其他都是朝外悬挂，唯独一块匾是面朝里挂——它是专门给经营人员看的，上面写着“戒欺”，“凡百贸易均着不得欺字，药业关系性命，尤为万不可欺。余存心济世，誓不以劣品弋取厚利，惟愿诸君心余之心，采办务真，修制务精，不至欺予以欺世人，是则造福冥冥，谓诸君之善为余谋也可，谓诸君之善自为谋亦可”。

▲ 上海街市

正是依凭着“戒欺”二字，上海胡庆余堂严格遵守“采办务真，修制务精”的原则。在制作中，采用漂、蒸、煮、熬、淬、泡、煨、炒等方法，如制作“紫雪丹”时，务必使用银锅金铲，以加强药效；制作“辟瘟丹”时，店员一定要提前一天住在店内，操作工人必须先洁身沐浴。由于胡庆余堂坚持“戒欺立业”“顾客乃养命之源”“真不二价”等撑门立户的宗旨、法度，其药品货真价实，质量上乘，所以生意兴隆，名闻遐迩，深受消费者欢迎。胡庆余堂能够屹立百余年而不倒，靠的正是金字招牌上的“戒欺”精神。

大气
谦和

21.“出门看风向，做人要识相”

老一辈的上海人在对小辈进行教育时，常常喜欢说的一句话就是:“出门看风向，做人要识相”，例如看到长辈要叫人；平时要站有站相，坐有坐相；与人交往不要什么事情都非得争个明白，退一步未尝不是海阔天空；衣服要大方，鞋子要舒适；兜里就那么点钱，回家吃咸菜泡饭，也不能在外头小家子气；不亏待他人，但也不被亏待；保持里外的整洁体面……这一句“出门看风向，做人要识相”，其实很能概括上海人的处事方式与人生态度，也是人生礼仪的必修课。它与上海话里的另一个词“拎得清”颇具异曲同工之妙，就像书面语言说的“做人要知趣”，“识时务者为俊杰”。上海人深得“识相（知趣）”之道，即给自己选择一个最适宜的地位，常常敬告别人不要“勿识相”，“勿识相要吃辣货酱”（警告对方如不知好歹，就要给颜色看），“贪心吃白粥”（贪心没好下场）。他们要做“识相朋友”，像郑板桥“难得糊涂”一般“乐得识相”。这就涉及遇事讲究“拎得清”还是“拎勿清”。上海人对理性最集中的描绘是要“拎得清”，这既是上海人群体性自我评价，也是对他人的要求。

上海话“拎得清”这个词很形象，“拎”是思维过程，也是操作结果。无论他“出身”如何，都是对他个体生存质量的高度评价，是对他的精明非常欣赏；如果用“拎勿清”来形容一个人，就是对他的素质的基本否定，在大家的心目中等于被“揩脱”了。“拎得清”的人就是很“扎乖”，遵守规矩，甚至对潜规则也一清二楚，遇事“打开天窗说亮话”，“坦坦和和”。而“拎勿清”就是“戆”，“拎勿清”的人就会“颠三倒四”，“出洋相”，会被人鄙视，讥为“蜡烛”（不知好歹），“黄鱼脑袋”，“戆大”，“缺钙”，“脑子拨枪打过了”。“上海人的才华还体现在天生的‘接翎子’上，只有‘拎得清’，才能‘接翎子’。”这是上海人的一种集体无意识，已经融于血液中，落实在基因里（钱乃荣《上海话表现这座大都市的精神气质》）。

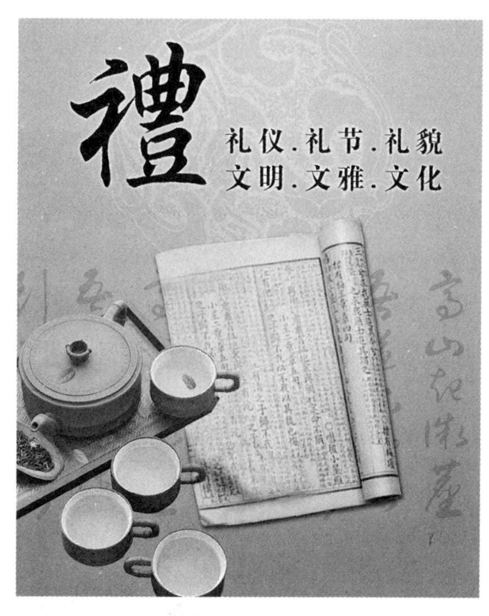

▲ 上海人所说的“做人要识相”，其实与礼仪有异曲同工之妙

“识相”，“拎得清”，倘若转换成书面语就叫“知趣”，是一种基本的修养和礼貌，也是保护自己，避免尴尬，保持尊严，不受羞辱的人生技巧与常识。“识相”的人，他们不勉强行事，不一意孤行，不剑走偏锋，更不会厚颜

无耻，因而这样的人，朋友多，圈子多，路子广，大家都喜欢，上司也赏识，活得从容、安稳。不论是身在商场、官场，还是职场，都需要知趣，也就是见好就收，把握分寸，进退有据，善于审时度势。

在商业社会，所谓“识相”，就是熟谙各种游戏规则，其核心当然是保护好自己的利益，也不侵犯别人的利益。它的价值内核可能是小气的，但不贪婪；它表现为一种精明气，但不阴险毒辣；它是具有自我诉求的，当然可以说有点自私，但不会损人，因为损人的结果，会殃及自己的利益。有人说上海话“出门看风向，做人要识相”是精在明处，利己不损人。所谓“识相”，“分寸感”构成其核心要素。一个“识相”的人，往往办事圆熟而不失牢靠，说话在理又略带不正经，开玩笑但不会让人难堪，重情义但不会为你玩刀子。他为你做事可以不谈斤头，你请他做事却必须有所意思。两个“拎得

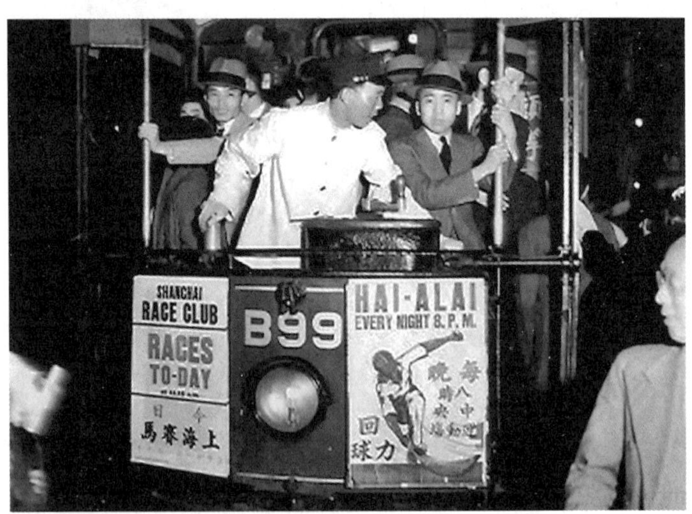

▲ 注重自我与人格独立的上海人

清”的上海人共事，可以话语不多而默契无穷。“拎得清”中包含大量特别为上海人所珍视的智力因素，如“轧苗头”，“看山势”，虽然只从小处着手，却可以因此而“兜得转”，“路道粗”。

上海的男男女女，精明写在脸上，交往时的权利与义务非常明确，偶尔还会流露出少有的得意和优越，自然不大会讨人喜欢，但这种交往省却了诸多的麻烦和烦恼，它比那种一见倾心式的不真实的“豪爽”要好得多。上海以一种移民城市和商业文化的博大姿态接纳所有到这个城市谋生的“冒险家”和“实干者”，这里的人认朋友却不带江湖气，这里的人说“帮帮忙”，不是要你付出而是两不亏欠，这里的人说“关侬啥事体”以维护个人的空间。上海这个地方即便是在繁盛的20世纪30年代有人说是冒险家的乐园，其实，大多数也还是过着自己平凡日子的普通民众。要说生活的意义，这是一个主观色彩非常强烈的词，当今社会倡导多维思考，自由选择。在上海人看来，无论主体是谁，对其他人的人生都没有加以评判的权利，因为每个人都在过着自己想过的生活，这就足够了。上海人表现“拎得清”最为彻底的是他们的眼界，崇洋而不媚外，奉行“拿来主义”，世上的好东西，不论是“老外”的，还是内地的，只要实用、实惠，都拿来解剖与消化，把那些好元素重组再造，再端出来的时候，就是“弹眼落睛”。上海现今具有地标意义的“新天地”，多少地方的文创都在企图克隆它，能够做到这一步，也就够了。

在“出门看风向，做人要识相”氛围下成长起来的上海人，活得既辛苦也潇洒。辛苦是潇洒的前提，唯有辛苦历练，才会先苦后甜，那种骨子里的精明气就是在这样的氛围里历练出来的。在上海，哪怕你是厅局级干部，哪怕你是大学教授，也难免上菜场买菜。他们有个特点是十分“顾家”，大多人可以临时或长期担任“马大嫂”（买汏烧，家务活），屋内小修小补，是样样“来三”的“三脚猫”，被戏称为“家庭妇男”。遇到事情，上海男人不肯“强出头”。当然，人家侵犯了自己的利益，上海男人也会去“搏命”的，重情义，也讲“哥们义气”，但绝不“意气用事”，“兄弟”在外面“闯祸”，上海男人不抄“家伙”，却会去买两包好烟，拍拍对方的肩膀，叫两声“朋友”，大家也就“拎得清”了。非要“狠三狠四”的，弄得大家下不了台，上海人会给他一个名称：“冲头”。

大气谦和，大气是低下头看清脚下的路，谦和则是一种境界和魅力。大气谦和是在用人格主宰自己的希望，用虚心选择自己的未来。现代化城市需要理性精神。理性精神包括几个核心价值，诸如：追求真理、崇尚科学、实事求是、自由进取、提倡法治等。只有拥有这样的胸怀和气度，才能产生向心力和辐射力，拥有强势的号召力和影响力。因此，从根本上说，大气谦和的精神，是一种着力于未来城市发展的更为远大的眼光。

22. 淮海路的时尚风华

淮海路在上海是算得上很有历史沧桑感的一条马

路。1900年法租界越界筑路，初名西江路；不久又以法租界公董局总董宝昌之名，改称宝昌路；1915年6月21日，由法公董局以欧战时法国元帅霞飞（Joffke）之名，更名为霞飞路；1943年10月10日，更名泰山路；1945年11月28日，又宣布改称林森中路；上海解放之后的1950年5月，为纪念淮海战役胜利而改名为淮海中路。它全长约5.5千米，是一条繁华而又高雅的大街，一条堪与巴黎的香榭丽舍大道、纽约的第五大道、东京的银座、新加坡的乌节路媲美的大街。

淮海路从诞生之日开始，就注定了将不同凡响，尽显大上海的时尚风华。人们爱说南京路是上海商业的象征，那淮海路就更多地表现为一种时尚品位的风格特

▲ 上海老底子——霞飞路

征。因为淮海中路属于法租界，从筑路伊始，就沿用了法国的一切标准，譬如马路的宽度、两边建筑的高度，以及在细节上处处体现欧洲文化，匠心独具。俄国十月革命后，俄国贵族纷纷逃至上海，有的在淮海路上落户开店。由于当年的俄国上流社会尊崇法式生活，所以商铺所经营的也都是以法式风情为主的商品。从那个时代起，淮海中路就在上海逐渐形成了一个时尚商圈，是那个年代商贾千金与名媛淑女最爱逛的马路之一。上海人都叫淮海中路为“淮海路”，道路两侧的建筑更显现代气派。

上海有句话叫“荡马路”，就是“逛大街”的意思。“荡马路”主要就是“汤”淮海路，而且基本上是从淮海中路重庆路的妇女用品商店开始，到淮海中路襄阳南路为止。20世纪70年代以前，男女青年“轧朋友”，谈恋爱，就要去“数电线木头”，因为这条马路时尚、前卫。这条商业街的形成，主要是由于早先的法租界大马路（今金陵路）和英租界大马路（今南京路）的商业相对发展较早，逐渐蔓延到南京路与淮海路之间的八仙桥一带，淮海中路从东往西，相继出现了洋服、绸布、药号、美发、食品、茶号和鞋店等。经营者有“老外”，也有华商。除了外资和民族资本对淮海中路商业的投入，也有因躲避战火迁入租界的商店，南京路上的一些大店、名店和特色店相继在淮海路开设分号，使淮海路商业街形成了自己的特点：环境幽雅，绿树成荫；门面不大，商品丰富；购物方便，商店按各自行业相对集中于一个路段；注重服务，追求个性风格等。

淮海中路的品位格调，引领着上海人的百年时尚，它似乎一直在发散着一种魔力，吸收消化世界的元素，并将其提炼成中国特色、上海特点，让中国人来吸收，所以将淮海路比喻为一个时尚的熔炉也不为过。新中国成立以来，淮海中路经常可以和“第一”联系在一起：第一家美容院、第一家电脑商店……特别是对商圈意义重大的“夜市”，也是在淮海路上最先推出，它一直走在时尚的前列。

20世纪60年代中期，男女服装归于一统，女装趋向男性化，军便服大行其道，黄军装、黄军帽、红袖章、黄挎包成了“时装”，“不爱红装爱武装”被一些女性奉为圭臬，许多青年最向往的就是拥有一套绿军装。人性沉寂，女装萧条；孤独的单色，统一的款式，时尚不再体现个性，从形式上看，革掉的是性别差异，实质上扼杀的是人性与美丽。也许今天80后、90后的年轻人无法想象，当中国快要进入除了“黑灰蓝”和“蓝灰绿”之外再无彩色服装时代的前夜，小脚紧身裤、尖头皮鞋以及波希米亚风格的大波浪，还是会出现在淮海路上。

▲ 1980年，上海商店橱窗（布鲁诺·巴贝 摄）

时尚，或许就是一次次对经典的致敬。现在人们叫“时尚”，那个时代人们称为“赶时髦”，时髦的发型，时髦的派克大衣，时髦的尖头皮鞋……淮海路上有一家奇美皮鞋店，广告词叫作“奇得别致，美得可爱”，从中就能看到当年淮海路追逐时尚的风气之盛。淮海路上的服装历来以个性、时尚、细腻的风格，质感的面料，别致的剪裁，深受消费者喜爱。

历史上的上海原本就是一个很国际化的城市，进入新社会以后，主流的意识形态提倡艰苦朴素，宣传移风易俗，倡导民众用新中国制造的产品。那时淮海路上有

▲ 位于淮海中路雁荡路口的永业大楼，与妇女商店、“淮国旧”等成为淮海中路商业街的标志性建筑

一家很特别的店，起初的名字叫“国营上海市贸易信托公司旧货商店”，后来又改名为“淮海贸易信托商场”，甚至还叫过“五星公司”，上海的普通民众给它一个缩略的名字——“淮国旧”，淮海路出售旧货的国营商店，高度凝练，又很准确。经过民众的口口相传，这个店名气很响，因为这家店可以买到中外名牌产品，特别是外国名牌，尽管是旧货。1956年，“淮国旧”设立了寄售部，收购和代客寄售各类物品。那时候，一些本来比较富裕的家庭要变卖家藏的古董与外国品牌或奢侈品，在“淮国旧”就可以变卖变现，而“旧货专营”的规定，又使得“淮国旧”成为当时仅有的“奢侈品店”，店内陈列的那些中外驰名产品，可供普通市民选择。

尽管“淮国旧”是旧货店，但骨子里依然是时尚。那个年代，国际上反华势力封锁中国，许多外国老品牌无法进入中国市场，即使有几家可以出售国外商品的店，像友谊商店、华侨商店一类，虽然有洋货供应，那也是要凭外汇券购买的，一般民众只有望而却步。20世纪五六十年代物资短缺，商品匮乏，许多生活日用商品要凭票凭证供应，唯有旧货是不用票证的，一些老古董、旧钟表、长衫、皮袍、皮大衣，还有很多世界名牌商品，如莱卡相机、劳力士手表、欧米茄手表、派克金笔等都可以在“淮国旧”找到。于是，“淮国旧”就成为一般民众淘名牌产品的最佳选择。更为难能可贵的是，“淮国旧”虽然卖旧货，但是决不卖假货，店员很有专业水准和职业操守，这是当时上海顾客青睐“淮国旧”的重要原因。

如今，当上海人越来越多地走向世界，来到法国，来到香榭丽舍大街，看到此处的大牌云集，许多人往往还是会不自觉地有一种亲近感：在追求时尚的同时，不禁怀念起那个年代的“淮国旧”来。淮海路商圈不仅是商业重地，更因是上海文化的重要符号之一而著称于世。

23.“朋友，素质有伐?”

上海话中的“朋友，帮帮忙”，其实不是一定要你帮什么忙，许多情况下，它只是一种嘲讽或自嘲的语气，可能只是“钝钝侬”，对你不屑一顾，劝你可以消停消停了。你可不要以为真的有什么事情要你帮忙。同样，“朋友，素质有伐?”这句话的潜台词也极为丰富。改革开放以后，出现了一大早霸着医院长椅睡觉的人；做烧烤之类生意的小贩，油烟气把楼上或周围邻居呛得不行；整天用手机在公共场合大声打电话，好似在KTV高歌一曲的豪迈的人；或者在电影院、剧院高声谈笑，完全不顾别人感受的人；好好排着队突然跑过来插在队伍前面的人……诸如此类有损社会公共秩序的不文明现象，出于无奈，一些青年朋友发出了这样委婉的责备:“朋友，素质有伐?”也许是你做了让他不快的事，他反问你是不是具有良好的素质，一般情况下也具有嘲讽的性质。他想批评你，但又不好意思说出口，就用这样略带委婉的话语来与你交流。同一件事，也许换一句委婉的话来说更让人接受。既提出了批评，又顾及了对方的自尊心，这句有意思的话语，其实很能说明上海人的交往习俗是充分给别人留情面的。

上海开埠以后，由于租界的开辟、移民的进入、经济的繁盛、西方物质文明的大量输入，在政治、经济、文化等各方面都发生了巨大变化，社会交往礼仪习俗的风格也随之发生了变化，主要特点在于：逐渐冲破了中国传统礼仪习俗中所具有的浓重的封建主义色彩，而代之以一些较为开放又颇具民主意识的礼仪习俗形式，例如早期上海洋场里的交换盟帖，有双方长辈或帮会头目在场，要共饮酒或鸡血，以示有福共享、有难同当的“义结金兰”，或称为“换帖”“拜把子兄弟”等仪式。随着社会的进步，这些仪式逐渐式微。俗话说：“与人方便，自己方便。”这话在人际交往中非常适用，比如说上海人都很要面子，什么事情都要以面子为先，只有保住了面子，事情才会进展得顺利，所以一般上海人在为人处事时，常常懂得维护他人的面子，一些有损别人面子的事情就不去做。给别人留面子，其实也等于是给自己留面子，当你懂得尊重和维护他人时，他人往往会更加信任你，这样有助于人们互相获得更好的发展空间。

老上海人逢年过节，或朋友之间知晓对方有婚、丧、生病、乔迁等事，需备礼前去祝贺、探望、相助，俗称“做客人”“做人客”。日常生活中遇到麻烦或问题，一般不一定先去找亲戚，大部分是先去找朋友商量和帮忙。2002年，上海市妇联对1 006户上海家庭进行抽样问卷调查，调查显示，大多数上海家庭平时主要靠电话和亲戚保持联络，而和亲戚经常面对面直接交往的家庭不到一半。但是遇到困难时，39%的受访者表示首先会想到找兄弟姐妹求助，大大高于向单位求助的18%、向邻居求助的8%和向居委会求助的7%。这种遇到困难时对亲戚的倚重与平时交往的疏淡形成了鲜明的对照。

传统社会的社交基于业缘、地缘，熟人相见，互打招呼，互致问候，是应有的礼貌。生活在老式民居里的邻居间大抵彼此知根知底，来往密切，货物可先用后借，烧菜缺少油酱可随意取他人的应急，突然下雨自有邻居代收晾晒的衣物，大多守望相助，亲如一家人。但近年来，居民大多搬进了独立单元的新社区和新楼房，邻居间就缺少这种沟通与了解，楼上楼下彼此不知姓甚名谁，见面也不打招呼，邻里关系呈现淡化趋向。朋友交往的馈赠，逢婚丧喜庆，亲友间需送礼，称“送人情”。上海人到别人家做客，一般是不能空手去的，通常的礼仪是遇红白事，所备礼物的价值略高于前番对方赠送给自己的礼物的价值，称“抬一抬”。如今，一般做客不计较礼物的价值，送与不送、送多送少无所谓，但上门探望病人，或准备在主人家吃饭的，一般是要送礼的。礼物分钱、物两类。20世纪50年代前，平时做客，送礼盛行“黄篮头”，粗竹篾编成，上覆红纸，内装水果“包扎”，又称“牛头包”，或黄粗纸包成长方梯形，上覆红纸，内装桂圆、蜜枣、胡桃、红糖、白糖等；还有送“盒

▲ 上海在20世纪五六十年代送礼的礼品比较简单，大都是桂圆、荔枝、红枣、红糖、柿饼等

头”礼品，厚纸盒装贮糕饼之类。贺寿送面条、寿糕，造屋上梁送馒头、糕点，迁新居送面条、定胜糕，探望产妇送胡桃、云片糕、红糖，丧事送缃布、纸锭或者绸缎被面，年节有清明节送青绿饺，端午送粽子，过年送鲜鱼、猪肉、鸡、鸭、年糕等。到六七十年代，一切从简。及至80年代起，贺生育送滋补品和童装等，贺寿多送蛋糕，乔迁送蛋糕、工艺品等，丧事送“白人情”，有钱、被面、纸锭等。年节子女孝敬老人送补品，其余亲戚来往多送蛋糕、水果。旧俗送礼的，如今大多改为送钱。送钱历来用红封袋，马虎的用红纸包裹。只有逢丧事用白纸。钱额喜事成双数，丧事成单数。

话又回到那句“朋友，素质有伐?”“素质”两个字包含了极为丰富的内涵，它是人们生活和社会交往中应该共同遵守的约定，是人际交往中必须遵守的一种惯例，也是一种文明程度的体现，所有的社交礼仪都围绕着“素质”的提高而展开。上海人的社交和那种较多地依赖于血缘地缘等各种亲情关系而构成的传统的社交形态相比，具有不同的意义和表现方式，即使心有愤懑，也是用委婉方式来表达。人们彼此尊重各自的文化背景、语言和传统习惯，又经过相互吸收和交流，尽量使之调适。这与虚伪是两回事，在人际交往中，“素质”是决不能少的。

24. 螺蛳壳里做道场

“阿拉老房子啊，真真叫螺蛳壳里做道场喔!”许多已经搬迁到新居的老人，说起以前住过的房子，很有感触。从新中国成立直到改革开放之前，上海市民居住空间的逼仄是全国闻名的，并且一直为居住空间狭小所困扰，例如有一种“三层阁”，是老上海遗留下来的特有建筑，有人将它比喻为建筑物的一段“阑尾”。附加在石库门住宅之上的一处小阁楼，再往上就是屋顶。中间部分尚有约一人高，人在其中勉强能直立，而随着屋顶的坡度往两边，只能供人躺卧，如果没有改革开放，也许对很多老上海市民来说，要终老生活在“三层阁”里，既逼仄，又压抑。

20世纪80年代之前，由单位负责分配房子，每个单位都有一个“房委会”或者叫“分房办”之类的机构。当住房困难户提出申请后，“房委会”的人总是先上门调查原来住房的面积，如果住房还说得过去，就享受不到分配的待遇。“房委会”可以给你出个证明，让当地房管所帮助“间隔”分开，所以那时候房子的切割

▲ 设在路边的简易咖啡茶座，吸引不少上海人驻足前往

是非常细致的。倘若实属困难，“房委会”开恩，能够分配到一间8平方米的“亭子间”作为婚房，就是大龄青年莫大的荣耀与骄傲了。大喜过望之余，新婚夫妇俩会仔细测算，如何在狭窄拥挤的环境中放进一套新家具，怎样将家居环境布置得更时尚和尽可能地舒适。那个年代，上海人家中“叠床架屋”并不是稀罕的事情。如今，人们对大街和弄堂口的广告早已熟视无睹，但是20世纪七八十年代的上海街头，常常可见这样的景观：风烛残年的老人，拿着写有“诚意交换房屋”的纸牌踯躅街头，或许是子女成年没有婚房，或许是家庭失和，要分开居住。总之，出于各种理由，有意放弃高档地段来换取较大面积的，有意将大房子换成两间小房子的，有意将两小间房屋换成一大间的……有相同换房意愿的聚集一处，七嘴八舌，讨价还价，成为那个时候上海街头的特殊景观。谁说计划经济时期没有交易，上海人就是在那种经济模式下，也能自发地形成房屋交换的市场。

上海滑稽剧团演过一出《72家房客》的戏，说及20世纪40年代上海“二房东”对一般住户的盘剥，写出了那个年代小市民的悲惨生活。可上海解放之后，一直到改革开放之前，石库门里的居民日渐增加，住房困难，拥挤的程度要比上海解放前72家房客的情况严重得多，几家、十几家居民挤在小小的空间里，个人的隐私几乎被剥夺殆尽。近距离的聚居极易产生一种危机感，于是窥视、偷听（俗称“听壁脚”）、猜忌、争吵成为寻常之事，在体量较大的弄堂里，居民鱼龙混杂，情志各异，各种各样的弄堂风波几乎天天都在上演。

20世纪70年代至80年代末期的石库门房子，一个灶间一般都只有4—6平方米，然而却至少可放上十来个煤球炉子，一只只煤炉紧挨着，每只煤球炉子上方都安一个灯泡，灯光幽暗。煤球店又被俗称为煤饼店。1969年4月，对居民供应煤球实行计划控制，城镇居民每月每户凭“煤球卡”按人头计，每户1—2人的供应煤球100市斤，每户3—4人的供应煤球140市斤，每户5—6人的供应煤球160市斤，每户7—8人的供应煤球180市斤。80年代之前，煤球、煤饼是计划供应，凭购煤卡到煤球店购买。后来，煤球炉子有了改进，烧煤饼，也还是限量供应。直到2000年12月，上海最后一家煤制品生产企业——上海第九煤球厂正式转产改制，标志着申城市民使用煤饼炉子的时代终于完全结束。

尽管居住空间逼仄，环境恶劣，那时候的居民还是能够相互体谅的，邻居没法改变，低头不见抬头见，只好改变自己的心态，改善与邻里的关系。于是潜规则就成了一种制衡的法宝。例如过去一幢房子常常只有一只电表，供电局来抄表后，按居住的那几家人家平分，计量单位就是灯。比如家里有1盏电灯、1盏台灯、1台收音机，就以3盏灯计算。有人会说，用于照明的灯点的时间最长，而收音机是不常

▲ 1984年，石库门民居里三家共用的小厨房

开的，能不能算半盏灯？没有这个道理的，大家都这样算，你能例外吗？所以在经济困难时期，有些人家就对一幢房里轮流算电费的人申明：从下个月起，我们不开收音机了。

一幢房子里的各户人家，用自来水也是按人头分摊水费的。后来有人用起了洗衣机，不少阿姨是从二楼、三楼甚至“三层阁”费了九牛二虎之力搬到弄堂里，接上一根水管才能洗。不过洗衣机虽然省力，用水量却比手洗多得多，有人就提出用洗衣机要算两个人头。这样因水电费而引发的纠纷，常常让居委会干部头痛。后来，为避免冲突，干脆自己家安装水表、电表；在一间灶披间里，有多少户人家，就有多少只水龙头，并且是用一个马口铁罐头一套，销子一插，上锁。煤气表也是如此上锁，以防别人偷用。电表装在走廊里，蛛网般的电线有走火之虞，非常难看。有些居民在电表上做手脚，接到大火表上，偷用国家的电，揭发与被揭发的纠纷常常成为《新民晚报》上的社会新闻。

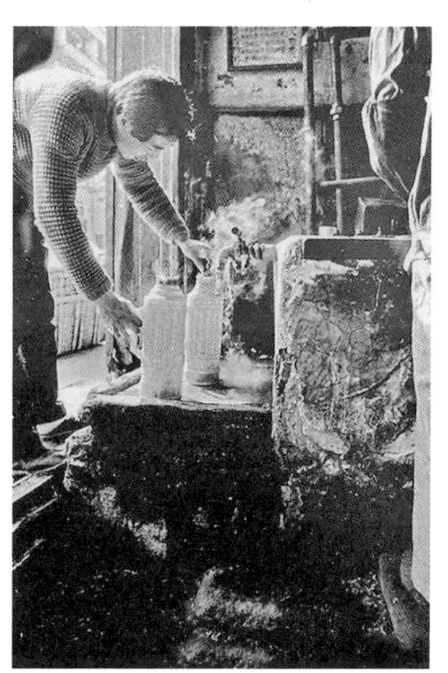

▲ 1984年，在上海弄堂老虎灶打开水的居民

到20世纪80年代，插队落户的知青们纷纷回城了，本来就显狭小的住房更趋紧张。孩子都长大成人了，原有的居住面积不能承受了，怎么办？分房没有希望，只有“内存”大幅度扩容。于是上海人就在空间上动足了脑筋，凭户口簿排队购买包括水泥壳子板在内的废旧木料，拼拼拢拢在室内搭成“二层阁”“三层阁”，在阳

台、天井等公共空间内小搭小建，有的将灶披间腾出来做卧室，另外在弄堂里再搭一间小屋放置煤球炉，这样一来，原先就不宽敞的弄堂变得越来越窄……

日子太难熬了，居住空间逼仄得让人透不过气来。可是，再难熬，也要朝前看。上海人是聪明的，对自己那个“窝”，依然充满了浪漫主义幻想和现实主义态度，以自己的聪明才智，在“螺蛳壳里做道场”，这个道场，就是对都市生活品质的苦涩品尝。

上海人有“螺蛳壳里做道场”的本事，尽管空间条件不如人意，许多人家还是把自己的家安排得井井有条，或者在很小的空间里挤出一只角，安放一只装饰橱，或者搭一个阁楼——将一种三面装玻璃称为“玻璃橱”的柜子安放好，陈列一些咖啡具、拉丝茶杯、长毛绒玩具、洋娃娃、唐三彩马、无锡大阿福以及空的茅台酒瓶……在那种充满苦涩的情况下，仍然没有忘记审美的需求。这算不算上海人的一种“微观创新”呢？

25.“巧珍当家”的生活哲学

上海人形容某个人生活节俭，会用一个词叫“会做人家”。“做人家”，是计划经济年代特定情景下的常用词汇，真切地传递出20世纪60—80年代上海人勤俭持家的秉性和对生活质量精心的策划与追求，它是上海城市文明进程中，“上海人”这一市民群体生活智慧的高度概括。

在共和国遭受天灾人祸的六七十年代，自然灾害，物资匮乏，上海人以“会做人家”的态度，与国家共患难，与民族同艰危，一起度过困难时期。记得1970年前后，当时上海流行冬天穿中装棉袄，外面加“罩衫”。男式“罩衫”蓝、灰两种颜色，女式“罩衫”可以花样多一些。即使是工厂里发放的劳防用品的工装，那些心灵手巧的上海青年女子也可以将它改制成非常得体美观的套装，在严寒中绽放出丝丝清丽。在那些严寒的岁月里，曾经流行女同胞把衬衫领子翻到“罩衫”领子外面，一来好看，二来保护棉袄领子。做衣服时的套裁，就是一种利用有限的计划经济票证和资金，获取利益最大化的手段。通常是两个关系要好的小姐妹，现在称

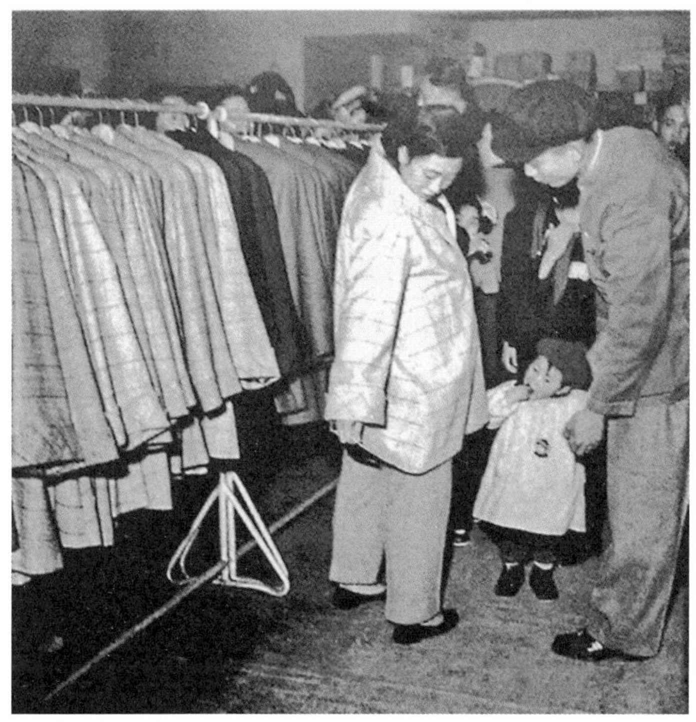

▲ 1955年，上海，买时装

"闺蜜"的朋友之间，有着相似的审美情趣，共同出资购买一块布料，然后通过巧妙的剪裁做成两件衣服。衣服做成后，她们穿在身上，还会同进同出，向周围人展示自己的精致手艺和生活品位。

那个年代上海的"节约领"在全国很有名气，所谓"节约领"就是上海人说的"假领头"，能够想出"节约领"的人一定是个天才。在凭布票买衣服的20世纪六七十年代，"假领头"最奇妙之处在于用最少的布料维持了上海人的体面和尊严，而且洗换起来也相当方便。有些"假领头"做得非常精致，领子是百折不挠的硬扎，系领带也不会露拙，只需纺织品专用券一寸。不是上海人喜欢穿"节约领"，实在是那个年代的无奈之举啊！首要原因是买布要布票，另一个原因当然是穷，大家手头都不宽裕。虽说"节约领"有可能借鉴了欧洲19世纪资产阶级反复拆卸浆洗的假领子，但是与它们的发明逻辑大不一样。那个时候的上海人爱穿"节约领"，并不是为了减轻洗衣工作量，也不是单纯为了好看，实在是不得已而为之，虽然物资贫乏，但依然热爱生活。那个时候，聪明贤惠的上海妈妈，将工厂发的劳防用品也开发出来，比如护袖，给孩子套在新衣服外面；再比如纱手套，一年可以省几副下来，拆开来染成红的绿的纱线，再结成一件纱衫，让孩子穿，保暖性虽然比较差一些，但能保暖也算是聊胜于无了。

那时候，有一个耳熟能详的口号："新三年，旧三年，缝缝补补又三年。"据说是敬爱的周恩来总理倡导的，即使缝缝补补之后，那件破衣服也舍不得扔掉。按

▲ 20世纪50年代的衣着，母亲给女儿缝制衣服

线缝拆开，刷了浆糊褙硬衬，可以做鞋面布的里衬，鞋面鞋底配齐后，送皮匠鞋摊请老皮匠绱一绱。再不然，余下的破布、碎布块可以扎拖畚，把家里的地板擦得干干净净。那时候的上海布店，经常有零头布出售，所需布票很少，价钱也便宜，是家庭主妇的最爱。零头布若买得巧，可以做外套、短裤、马夹等。还有一种边角料论斤买，比如三角形的彩色织锦缎零料，难不倒聪明的上海女人，照样能拼出被面、窗帘及沙发套来。

那个年代的上海女性，个个都是巧媳妇，她们会结一件阿尔巴尼亚式的花绒线衫，结一顶滑雪绒线帽，结一副并指绣花手套等。通过细小的编结，既改善了生活，又给严寒的年代带来些许生活趣味，更为平淡的生活增添了色彩。

在20世纪70年代，上海还出现了一种“765皮鞋”，所谓765皮鞋，大名叫“猪皮面硫化底模压皮鞋”，因为其价格是统一定价为7.65元，所以就被大家戏称为765皮鞋。可别小看了7.65元，那个时候青年工人每月的收入是36元，购得一双765猪皮皮鞋，差不多也花费了月工资的五分之一，不需凭票，一般人很乐意买来上班穿。

令人记忆犹新的还有上海《解放日报》的“市场版”到90年代还一直开设的《巧珍当家》栏目，主要是介绍勤俭持家的经验和小窍门，经常有读者来信提出建议和问题，交换勤俭持家的心得体会和具体做法。这

▲ 1989年，上海，买菜、健身两不误

个虚拟的“巧珍”就是特别会生活、充满“点子”的上海女性形象的代表，在近乎严酷的计划经济生活模式下，上海的“巧珍”们在衣食住行等基本生活方面，依然过得有滋有味、有条不紊，并且充满生活情趣。

20世纪70年代，上海人的精细是出了名的。例如买米，光有粮票还不行，还需带上购粮证，到居住地附近政府指定的粮店才能购买。每人每月定量供应，定量之中还规定了供应大米和籼米的比例，这个比例每月在粮店公布。粮食不够吃的，会把自家的大米定量让给别人，交换得到对方的粮票，比如1斤大米可调换1.5斤籼米。买肉凭肉票，既要凭票供应，又要仔细核算，购买“熟食”（即肉制品）的话，按照通行的规则，用0.5元的一张肉票，可以买到比如说0.8元的熟肉（红肠、叉烧之类），因肉制品经过加工，售价里含有加工费，应该折成“净肉”收取肉票。熟食店里的鸡头鸭脚不收票，可以买来下酒——如果条件许可的话。当然，也可以托人到山东买来“便宜”的花生，炒炒下酒。但是香烟和酒都得凭票供应，买鱼要鱼票，买蛋要蛋票，买豆制品要豆制品票……只有蔬菜和酱菜不要票。鸡鸭鹅等家禽鲜活，每年大节日（春节、国庆）供应一次，自然还有“大户”和“小户”之分，供应的分量是不同的。

公正
包容

26.“半两粮票”显苦心

“三年困难时期”，是指中国大陆地区从1959—1961年期间由于“大跃进”运动以及牺牲农业发展工业的政策所导致的全国性的粮食短缺和饥荒。在农村，经历过这一时期的农民称之为过苦日子、过粮食关、歉年。在上海，市民普遍感受到物资的短缺与匮乏，上海这个中国最大的城市，却连蔬菜、副食品、土特产都供不应求，于是就实行了凭“小菜卡”计划供应的方法。现在稍微上点年纪的人都知道，那个时候上海发放的“菜卡”，有大小户之区分（五口之家以上算大户，四口之家算小户），购买副食品一律凭“菜卡”定量供应。

那个年代，所有的副食品，包括鱼肉、粮油、食品以及棉花、生活用品等许多东西都要凭票，无票则寸步难行，粮食有购粮证和粮票，食油有油票，副食有副食票，穿衣需布票，粉丝、豆腐、香干甚至连小小豆豉及2分一盒的火柴都要票。

上海市区人所说的“小菜卡”，全名应该是“副食品供应卡”。可别小看了“小菜卡”，它的用处非常大。每日每人2两蔬菜，每十天每人4分钱的豆制品（有豆腐、豆腐干、麻糊、湿线粉、烤麸、油面筋任选），每户1斤鸡蛋；逢年过节“小菜卡”买鲞鱼，还有大小户、花色与一般的区别。后来“小菜卡”的用途越来越多：热天买西瓜、肥皂、盐、自来水、香烟……就好像如今使用的银行信用卡，“一卡在手，走遍天下都不怕”。

光有“小菜卡”还不行，要买到小菜，还得半夜凌晨去排队，小菜场里天不亮就排起长队是家常便饭，也是那时一道独特的风景线。肉摊头、鱼摊头甚至小菜摊头要分别排四五个钟头的队，有精明的市民就在晚上到那里摆放一个破篮子，甚至摆放一块砖头，在早上6点钟小菜场开秤之前赶到。所谓“摆篮头”“放砖头”，就是在排好的队伍里占一个位置，人可以迟到一会儿，篮头已经先到了。有了摆篮头，也就有了踢篮头。摆了篮头的人迟迟不来，就会被后面的人踢脱。当年小菜场里这样的纠纷最多。踢篮头的、护篮头的、招呼人的、骂山门的、劝相骂的、打抱不平的、起哄的、打“冷拳”的，排在一长串队伍里的很少有人不发声音的，也展现出异常热闹的情形。

▲ 1960年，上海搪瓷厂生产的日用搪瓷用品陈列

“小菜卡”每季度由居委会向居民发放，领取时户主还要盖章。菜卡

每个季度3张，3个月内有时可以通用，所以经常有人家发生“寅吃卯菜”的窘境。“小菜卡”为6厘米见方的硬纸片，上面印着许多小格子，内中的数字代表所允购物品的编号，右上角还用橡皮图章印着大户和小户，以区别供应量的多少。大户人家，每旬可凭卡购豆制品1元左右、鸡蛋1.5斤，淡季时的青菜也是划卡供应的。逢年过节还可凭“小菜卡”购得家禽、鱼及一小包金针菇、木耳等年货。由于西瓜是天热时的紧俏商品，所以每次购瓜需剪菜卡的一角以防假冒。那时每户大抵每月可吃4次西瓜，每次凭卡排队可购8斤左右。这就是当时上海“户口”在夏季给上海人的最大实惠了。

计划经济时期的上海，买什么都得凭票证供应，票证本身是购物凭证，不含价值，不准买卖。五花八门的票证，发挥着历史的特定作用，它在我国经济生活中延续了近40个年头，成为我国计划经济向社会主义市场经济转变的历史见证。

1955年8月25日，国务院正式颁布《市镇粮食定量供应暂行办法》，这年10月，以中华人民共和国粮食部的名义印制全国通用粮票，开始在全国各地使用。粮票大致可分为全国粮票、地方粮票、军用粮票和划拨粮票等数种，省级地方粮票只能在省内流通，只有全国粮票才能在全国通用，凡异地出差的人员必须持单位证明去粮食部门换取一定数额的全国粮票。粮票的票面一般是1市斤、3市斤、5市斤、10市斤以及1市两与2市两等多种。最初的粮票采用16两制计量，1959年改为10两制计量。领取粮票，吃商品粮，不仅仅是一个生计问题，还是一种身份的象征。那时候，光有钱可不行，吃饭就餐、买副食品等除了花钱，还得用粮票。

布票被誉为“粮票的姊妹花”，从1954年9月9日国务院发布《关于实行棉花计划收购和计划供应的命令》后正式发放。票证年代，人们在日常生活中深切体会到“无粮票没饭吃，无布票没衣穿”。各地布票均由各省、市、自治区商业厅（局）分年发放，没有全国通用布票。年发放量多少不一，多时每年每人一丈二尺，少时每年每人仅五尺左右。由于受布票制约，城乡居民普遍过着“新三年，旧三年，缝缝补补又三年”的节俭生活。

除生活资料类商品实行凭票供应外，生产资料类商品也同样实行严格的票证管理。仅以1962年为例，上海凭票供应的商品从此前的8种增加到62种。包括粮票、糕点票、糖票、油票、肉票、盐票、肥皂票、火柴票、鱼票、民用线票、工业券等等。就以流行最广的粮票而言，上海独创了“半两”这个级别的票据，算是精细到了极致，很多外地人原本就对上海人有“会算计”“太精明”的印象，半两粮票又成为他们诟病的说辞。其实，半两粮票的存在，不仅仅是因为上海人会精打细算，而确实有它存在的理由：上海糕点中的西点一直领先于全国，即使在物质匮乏的年代，切块的奶油蛋糕，一块就是半两。所以在上海人看来，一次买一块尝尝鲜，或

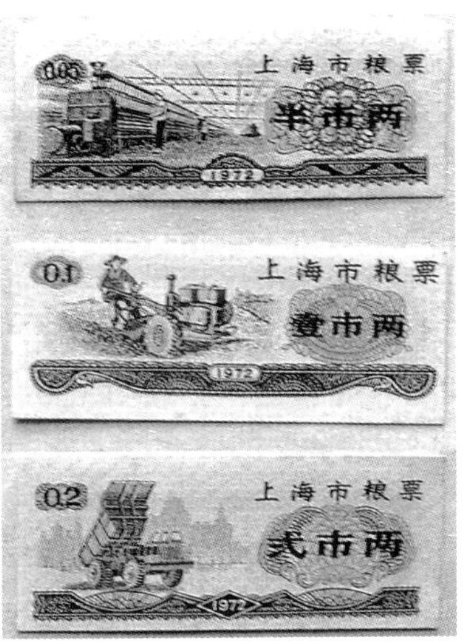

▲ 据说全国的粮票中，只有上海有半两的

者一两可以买两种，这半两粮票有啥不好？半两的粮票用处甚多，可以买一根油条，或者一碗小馄饨，或者一碗鸡粥（一碗白粥给浇上一点鲜酱油！当时每碗5分。要吃鸡得另外买）。这种情况，成为那个时代的一则轶闻。

半两粮票显苦心，也是没有办法的办法，这是当年上海人民与国家协力同心，一起度过艰难时光，在克服困难中前行，为了兼顾社会公平不得已而采取的一项举措。

27. 小菜场牵动大民生

北方人称蔬菜副食品供应场所为“菜市场”，上海人称为“小菜场”。“菜场”之前冠个“小”字，据说源于苏州话。在上海吃西餐叫“吃大菜”。上海话喜欢说“小”，如对平头百姓，叫“小八腊子”；对无地位的人，叫“小三子”；自得其乐叫“小乐惠”；搓麻将叫“小来来”。家家户户天长日久经常食用的蔬菜副食品，过于平常和普通，通常就冠之以“小”。“小菜”也许是对应着西餐中的“大菜”，并不包含与“大菜”相对比的意思。

小菜场的出现是上海城市化进程中标志性的事件。早先城里人吃菜，全仗菜农或小贩挑着菜担子进城，走街串巷，沿途叫卖。开埠之后，租界内洋人所需的蔬菜副食品也主要是去上海老城厢采购。后因战乱，大批人群躲避战祸，纷纷涌入租界避难，租界人口激增，蔬菜与副食品供应就成了一大难题。在不得已的情况下，租界当局允许菜农和菜贩进入租界设摊，于是在租界内

▲ 1952年，上海小菜场

形成了一些分散的、不固定的蔬菜副食品摊点。由于这些摊贩像打游击似的，既没有固定的营业时间，也没有专门的营业地点，给市民购菜及租界的卫生状况带来不少的麻烦。1863年，一位叫拉拉·博尔德里的从法国海军退役的神父在法租界购进了一块计24亩的土地，他向法租界公董局申请，由他出资在这块土地上兴建一个副食品市场，但要求公董局把法租界内分散的摊点全部集中到副食品市场营业，这一建议得到公董局的认可。上海人就称这种副食品市场为“小菜场”，这个菜场经过约一年的建设完工。1864年12月21日，公董局通告所有的蔬菜、水果、鱼、野味等摊贩，自1865年1月1日起，必须进入“中央菜市场”出售自己的货物。据记载，这个中央菜市场建得确实很有气派，但是对许多自由散漫惯了的中国菜贩而言，进入市场须交付租金甚至缴纳税金，而且还得在规定的时间里开业，他们就感到浑身不自在，拒绝到中央菜市场经营，所以菜市场仅开业一个月就关门了。这个菜市场的确切位置今天已经难考其详，有专家认为它就在现宁海东路上，以前宁海东路曾经叫“菜市街”，大概就是因这个菜市场得名的。可以说它是上海比较早期的正式的菜场之滥觞。

1875年，公共租界在九江路的第一个室内菜市场落成，这个菜场为钢结构，以钢柱作支撑，屋顶则用大张的铁瓦，因此这个菜场也被当时的上海人叫作“铁房子”。这个“铁房子”菜场建成后，就有相当数量的菜农和小贩迁入内经营。直到19世纪末，有一个外国人利用今虹口区塘沽路、峨嵋路、汉阳路相交的三角地带开了一家叫作“飞龙岛”的综合性娱乐场，后因经营不利准备停业。1891年，该地块被工部局收买，美租界工部局为管理菜市场，方便摊贩和顾客集市贸易，在这里搭建木结构的大型室内菜场，被叫作“三角地菜场”。1900年前后出现的“虹口菜场”，因位于虹口区三条马路的交叉口，被叫作“三角地小菜场”，也有一说是这个菜场建筑平面呈三角形，故被称为“三角地小菜场”，有的民众索性简略地称它为“三角地”。当时在三角地菜场买菜的人有中国人、日本人、朝鲜人，还有欧洲人。新建的三角地菜场有3层。底层主要是蔬菜市场，二层出售鱼肉类、副食品、罐头食品和其他农副产品，三层是各种小吃。1941年12月太平洋战争爆发后，三角地菜场被日军强占，并被叫作“麦盖岛”（即英文market的音译）。新中国成立后，在菜场设摊的商贩按行业并为小组，1958年组成合作菜场，是上海规模最大的菜场之一。

到了21世纪初，随着上海城市人口的迅猛增长，城市版图的不断扩大，小菜场的生意也日益红火，小菜场的网点也在逐渐增多。在上海曾经名噪一时的室内小菜场，除虹口三角地菜场之外，还有人们所熟悉的四马路菜场、八仙桥菜场、唐家湾路菜场等，此外还有河南北路的铁马路菜场、陕西北路的西摩路菜场、舟山路的提篮桥菜场、北京东路的石路菜场等。这些小菜场一直

▲ 票证年代，小菜场买小菜

发挥着造福民生、服务大众的功能，为上海市民的饮食消费提供着便利。

小菜场牵动大民生，让老百姓吃上丰富的小菜，也成为新中国成立后上海市政府工作的重点之一。小菜篮子常常反映着经济形势，小菜的价格不仅关系到每一个家庭的餐桌，有时也是物价的重要参照系。新中国成立后，人民邮政制定邮票的价格，据说当时的邮资标准就参照了一枚鸡蛋的价格，当时农民在集市上出售一个鸡蛋能卖4分钱，于是寄一封市内平信的邮资也是4分钱。

1960年，我国自行设计建造的第一艘万吨级远洋货轮“东风”号在上海江南造船厂顺利下水。当时，上海发展生产亟须调用煤炭、棉纱等工业原料，运输任务很紧张。可是，“东风”号货轮首航，却抢运了从天津、青岛等地支援上海的几千吨大白菜，因为当时上海市蔬菜供应十分困难，每人每天只能供应2两蔬菜，为解决全市民众吃菜的燃眉之急，“东风”号首航首先考虑民众吃菜的倒悬之念。

从小菜篮子看形势。改革开放后，经济一搞活，市场一放开，小菜品种数量立马丰富起来。80年代，曹家渡三官塘桥办起了一个活禽批发市场，让上海市民能吃到久违的苏北草鸡，当时报纸上有“百万雄鸡下江南”的标题，电视台还办过一个《小菜场》栏目，使广大市民切身感受到实实在在的实惠。

28.“当心侬饭碗头落脱”

上海话中的“饭碗”，不仅是盛饭的器皿，更是一种生计的隐喻。“敲掉饭碗”是一件很严重的事情，指失去了职业，当然也就失去了收入来源。旧时代的上海人，例如在海关、银行和邮政局做事的，这些机构多为洋人所经营，相当于现在的“外资企业”或“中外合资企业”，福利待遇比一般华资企业或民族资本企业都要高，因此，那个年代上海人俗称海关为“金饭碗”，银行为“银饭碗”，邮政局为“铁饭碗”。在洋行里谋职谋

▲ 1958年，上海电报局员工制订年度工作计划

生，总是很受羡慕，那时能捧上这样的“饭碗”，真的是一世衣食无忧了。

上海人还有句话，“捧着金饭碗讨饭”，意思是说具有良好的资源基础不懂得利用，甚至是不懂得珍惜，当然也有指那些已经坐吃山空，空端着架子，靠典当欠债度日却又不肯收起空排场去脚踏实地过日子的公子哥儿。所以，父母总会叮嘱刚参加工作的子女，到了新的岗位上班，要好好做事，努力工作，“饭碗头捧捧牢”！为了让子女能捧上“金饭碗”“银饭碗”和“铁饭碗”，一般人家都很注重子女的教育与能力培养，以便给家族争光，不被别人看不起。总体上，上海人崇尚能力和实力，仰慕比他们能力高的人，看不起能力差的人。也许很功利，但由这些人组成的社群，有这样的社会氛围，还是有利于促进城市社会的进步和繁荣的。

饭碗对中国人具有非同寻常的意义，是家庭生活中每天都要接触的器皿，一日三餐，顿顿饭都离不开饭碗。故而老上海人，女儿出嫁，饭碗是必不可少的嫁妆，也是一种象征，意味着新媳妇带着饭碗去男方家，娘家有实力，不用靠男方吃饭。但旧式女子嫁人，说到底还是想挑选家境殷实的好人家，还是为挑一只长期的饭碗罢了，“嫁汉嫁汉，穿衣吃饭”嘛。因为饭碗的重要，故而上海人很忌讳打碎饭碗，万一失手打碎饭碗，老人就定在一边念念有词：“岁（碎）岁（碎）平安。”生活中还有一种“寿碗”习俗，比如高寿的老人过世，会有邻居到他家去要“寿碗”，或者干脆偷“寿碗”，抢“寿碗”的情况也时有发生。现在的习俗，是丧家为出席追悼会的亲友宾朋都准备“寿碗”，据说拿回去给小孩子用，避邪免灾，增寿；大人用，招财进宝，添寿。这都是过去的风俗了。

上海人将饭碗看得很重，进而在这座城市，就将饭碗衍生为一种敬业精神。人生艰辛，谋生不易，在上海，人们反对慵懒、惰性和不作为，提倡好好做事，至少要对得起那一份薪水。敬业乐群，这是上海深入人心的一种精神要素。有人说，派上海人去做保安、看大门，无论是天安门还是石库门的小门，他们都会以同样认真负责的精神看护好。敬业精神是上海人最令人敬重的传统之一。对于敬业者来说，凡事无小事，简单不等于容易。

一般人都要端好自己的饭碗，这意味着都要好好工作，尽心尽力，就像改革开放以后有的民营企业墙上挂

▲ 20世纪50年代，全国先进工作者、上海港务局第三装卸区女拖车手张凤芝

着的标语："今天不好好工作，明天去好好找工作"。在生活方式多样、价值观念多元的上海，人们具有很强的"饭碗"意识。早上上班高峰时段，整个大上海仿佛一下子苏醒了，人们行色匆匆，上班的人潮蔚为壮观。当敬业精神变成一种习惯时，每个人都能从工作的过程中找到快乐，能从中学到更多的经验和知识。所以，在那个年代，即使在企业里做着最一般的工作，人们也都很重视钻研业务，学习技术，靠自己本事吃饭，对那种溜须拍马、揣摩上司的行为不感兴趣，因为他（她）懂得只有通过自身努力，才能实现人生价值，"滥竽充数"

▲ 身披工服露笑颜，勤于劳动把钱赚：1954年2月5日，保证春节不缺勤的国棉九厂，胡四妹小组在换衣间换衣上工

的人，最终是混不下去的。生活中就像永远有一柄达摩克利斯长剑悬在他们的头顶上，迫使他们在年轻时就认真地学技术、学手艺，练好自己安身立命的“看家本领”，在生命的赛跑中，不至于落在后头。在他们看来，与其说是学知识，还不如说是掌控自己未来的饭碗，没有技能，没有本事，那就会每月去领“低保”度日，那将是非常不体面也是不情愿的事情。他们是如此渴望凭自身能力来出人头地。

改革开放后，为了夺回被耽误的时间，上各种夜校求学的上海市民可以说是到了搏命的程度。最早提出“建设学习型城市”口号的就是上海。那个时候，每到晚上8点半之后，街头弄口总是三五成群从夜校下课的人群，因为大家都知道，“造原子弹不如卖茶叶蛋”的脑体倒挂的情形很快会成为历史，开创美好生活还得靠知识，靠本领，靠真才实学，吸收西方先进的科学技术，必须要靠努力学习。为了取得各种各样的证书，许多上海市民对外语学习情有独钟，对技术的掌握有着难以遏制的热情，对出国深造和出国打工也有深深的憧憬与向往。

20世纪70年代末直至80年代，那真是一个激情燃烧的岁月，80年代是个学习的年代，因为“文化大革命”被耽误的一代青年，纷纷走进夜校，被压抑了多年的对知识的渴望和期待，在夜校找到了实现的途径，把失去的时间找回来变成了群众性认真补习的一股充沛激情。当时的夜校几乎是专业与学历教育结合的培训，有的单位还办起了职工夜校，请老师讲数理化等课程，各地广播电台和电视外语教学节目，收听与收视率居高不下……

“江河之有昂扬之气，故成浩浩景象；树木之有昂扬之气，故成莽莽林海；土石之有昂扬之气，故成峨峨高山。”有了激情，就有了攻坚克难所需要的信心、勇气和力量。

29. 逐梦留学潮兴起

1985年，国家出台了支持留学、鼓励出国、来去自由的政策方针，一场史无前例的出国热潮席卷全国，也在上海激起波澜。历史上，上海有出洋留学的传统，

▲ 新中国第一批留学生，留学苏联

自1896年开始到1937年为止的40多年间，从上海或者经上海留学日本者总数不下5万人，仅1906年就达8 000人。之后，由于种种历史原因有部分中断，到了1978年中共十一届三中全会以后，上海人出国留学的传统再度恢复和发展，上海高等院校向国外派遣的留学生、进修生迅速增多。1985年，国家取消了“自费出国留学资格审核”，中国出国留学的大门才算完全打开。1986年自费留学的人数就突破了10万人。“出国热”在全国迅速升温。而上海由于历史渊源，得改革开放风气之先，率先在全国兴起了自费出国留学热潮。

20世纪80年代末到90年代初，个人通过托福考试申请国外大学奖学金的出国留学方式开始在一些上海青年学生中涌现。继早期“留美热”后，“留日热”“留加热”“留澳热”又相继形成。一时之间，《北京人在纽约》《上海人在东京》和《我的财富在澳洲》之类的影视剧与口号，为年轻人异邦逐梦推波助澜。

而这波延续至今的留学热潮，如今已经大大降温，那些年出国留学的人也在回流。但是在90年代和2000年初期，逐梦留学的大潮还是呈现出不同以往的新特点：一是自费出国留学的人员呈低龄化。二是以求学深造为留学目的更为明确。三是求学种类拓宽，形式多样。四是留学前往国比过去明显增加，以往集中在美国、日本、澳大利亚等少数几个国家，现在已扩大到加拿大、英国、德国、新加坡、瑞典等许多国家。这里反映了一种上海人与“老外”持续交往的国际视野，上海的中学对英语一直比较重视，即使当时几乎没有用，也会要求提高自己的修养，真是难能可贵。

“要成为优秀的人，在哪里都是要拼命的，这个不分地域。”这是2012年一位赴美留学的学生发出的感言。上海的许多青年学子，可能对国际政治风云谈不出所以然，但要是说起怎样留学，怎样通过考试进外企，怎样捕捉生意的前途，或者如何通过托福、雅思、MBA以及留学签证诀窍，他准保会谈得头头是道，信息掌控得异常娴熟。“不求最好，只求最早。”也就是说，只要抢在MBA等金字招牌彻底烂掉之前扎稳滩头阵地，他们就赢了。市场经济下的生存法则，使得上海人都在暗暗使劲。

由于历史的原因，上海人看“老外”，平静外加平和，崇洋而不媚外。100多年来，在与外国侨民的交往中，经历了相互撞击、交汇、渗透、吸引、兼容的历练，上海人对国际社会的心理状态最为平衡，他们从来不在内心鄙视外国人，因此也不会害怕外国人，或表示超乎常态的恭敬。

在留学学习以及与“老外”的双向互动中，可以学到西方商人的行为方式与观念意识，可以学到西方人的契约精神和公平交易的理念，在早期上海的一批商界精英中，不少人都曾经有过留学海外的经历，凭借学到的知识和语言优势，有效地化解了中西方因语言、制度、习惯、文化等方面的差异引起的矛盾冲突，使中西双方在文化互不了解和互不适应的情况下，较顺利地走近对方，从而大大缩短了中西之间的文化距离，实现中西文化的交流和双向历史发展。与此同时，上海留学生群体

▲ 1988年，上海淮海中路美国总领事馆门口排队等签证的市民（雍和 摄）

也善于抓住机遇，扬长避短，以积极开放的心态去迎接波谲云诡、深不可测的世界经济大潮的冲击，创造性地实现了自我价值的提升和人生的大转折。

当他们在学习西方民主主义文化时，比较注重与中国传统文化相结合，仍然注意保持民族气节和民族利益；当他们从事现代贸易、工业管理和引进外来技术、外来资金时，往往坚持以中国和上海的实际情况为出发点。这种既得风气之先，又不失“为我所用”的立场和态度，平等与平视，使得上海人在与外国人打交道、做生意时，显出精明老练、耐心细致的文明气质，不容易被糊弄。

逐梦留学潮，当然不是坏事。留学生活或多或少还是可以促进一个人的成长，可以丰富自己的知识，提高外语能力；可以锻炼独立生活的能力，陌生的国度，陌生的语言，远离了父母的暖巢，一切都要自己打点；还可以开拓视野，能够更全面地看待和比较本族文化和外族文化。

经历过20世纪80年代那一波留学大潮的人们或许不曾想到，20年后，“海归”取代“出国热”成为新的热潮。去外国留学的学子在历经了磨砺学成之后，越来越多的人开始选择学成归国。这是民族史上一次罕见的人才回流潮：党的十八大以来，我国正形成最大规模的留学人才“归国潮”。据新华社的数据，截至2016年底，中国留学回国人员总数达到265.11万人。仅2016年就有43.25万人回国，较2012年增长15.96万人，增幅达58.48%。这是一个国家崛起于世界舞台的“磁场效应”：中国特色社会主义事业蓬勃发展的新局面和不断增长的国际影响力，对海外人才形成了强大的吸附力。拥抱“中国机遇”，投身“中国梦”，成为众多海外人才的共同选择。如同音符流转，从出国热到归国潮，逐梦从未停下脚步。

党的十八大以来，以习近平为核心的党中央明确提出“聚天下英才而用之”的战略目标，加快构建具有全球竞争力的人才制度体系，“千人计划”“人才签证”“留学生创业”……不拘一格招才引智，为海外人才创新创业提供了更广阔的舞台和空间。越来越多的海外学子，在中国梦“大磁场”的强大引力下纷纷归国，投身这场伟大的民族复兴洪流，弄潮其中，风光无限。

30.“乾坤无处不包容”

近30年来，上海人的风俗礼仪还在延续着“中西合璧”的传统，保留了大量风俗形式，如婚纱摄影、婚礼舞会、蜜月旅游、电话拜年、游园观灯、旅游赏花、民间收藏等，其他诸如卡拉OK、交谊舞、保龄球、时装表演、健美比赛等，各种源自国外的娱乐活动，现在已经广泛进入上海一般民众的生活，成为现代上海人娱乐休闲的重要内容和形式。“包容”是上海城市最大的特色。

华东师范大学传播学院的师生们曾经对上海传统节日状况进行了一次入户民俗调查。以春节为例，上海地区传统春节习俗与全国其他地区，尤其是江南地区的过年习俗大同小异，上海最近几十年来，很多较为传统的习俗都不复存在，但在1 505份有效问卷中，调查问卷“选出5个您比较喜欢过的节日”一题中，喜欢“春节”的被选次数仍高达1 435份，占95.3%，这说明春节依然是上海地区民众十分喜爱的一个节日，尽管今天春节的主题基本已经变为购物、吃饭、聚会和旅游等活动。这说明上海100多年来，风俗大变，中西习俗交融的特征非常明显，反映传统农业时代人们审美情趣的民俗开始出现城市化、消费化和时尚化等特点。即便如此，作为一个正在迈向国际化的大都市，上海的岁时节俗在脱离旧有传统的同时，并没有渐趋消亡，而是仍然具有传统文化的巨大张力。

这当然首先源自这座城市民众惊人的包容力量。纵观老上海传统的岁时节令，几乎月月都有节日，每个节日都相当出彩，过年的祝福、元宵的灯会，演绎了举国同庆、万民同乐的壮丽图景，而清明的肃穆、端午的龙舟、七夕的美妙、中秋的望月、重阳的登高等都给市民的生活平添了人间的温情。

应时赏花，也是上海人的一项重要民俗活动。老上海一直以农历二月十二日为花朝节，清人秦荣光《上海县竹枝词》记述："花朝十二赛花神，十九观音佛诞辰。约伴向沉香阁去，桃花扇小杏衫新。"上海人除买花观赏外，又爱进行群体性的赏花活动，春游龙华赏桃花，夏聚名园赏荷花……但是最有轰动效应的，当数每年一度的"兰花会"和"菊花会"。如今，上海人的赏花习俗又有了新的传承与发展，观梅花、赏樱花、看桃花、鉴荷花、品桂花，这些市民现代生活中的时令花事，传承了老上海"赏花会"的传统风韵，又为市民生活平添了乐趣，让广大市民和游客亲近自然，充分享受浓郁的乡土风情。

上海人"逛庙会"的习俗，依凭沪上名刹道观——龙华寺、静安寺、玉佛寺和城隍庙所建构的平台，历史悠久，人气兴旺，在全国庙会中也是声名卓著，拔得头筹。民俗庙会在长期的传承和发展过程中渐渐融入许多宗教仪式，又慢慢地转变为民间的社火、赛会、喜庆、商品贸易集市等各种民俗活动。开埠之前，城隍庙是市民重要的游乐场所，所以一年中盛事颇

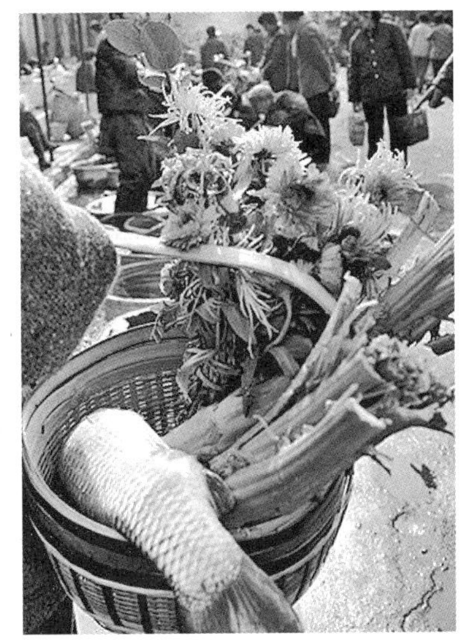

▲ 20世纪90年代，人们逛庙会

多。今天的城隍庙仍然是上海具有地标意义的场所，这些年豫园民俗庙会做得风生水起，因此也就当仁不让地成为上海风俗庙会的标杆了。

当然，上海人过洋节的场面也同样火爆，这应归因于这座城市中西风尚相融合的文化特色和商业繁荣的消费传统。上海开埠以来，圣诞节的习俗随着大量西方人的涌入而渐趋流行，旧上海的圣诞节，无论是霞飞路（今淮海中路）长青树上挂着的烛柜银铃，还是南京路四公司的橱窗，都不能不让人流连忘返于这美丽的异国节日里。恒通汽车公司曾经在橱窗中做过一个模型：摩登的圣诞老人斜在雪亮的雪佛莱汽车旁，雪地里是作纵跳状的受惊的小鹿。鸿翔时装公司里则是白雪红墙的亭台楼阁，飞着试穿新装的仙子。当时圣诞节的火热气氛可见一斑。

新中国成立后，过洋节之风气曾经一度收敛，而从80年代末开始，伴随着改革开放的进程，上海的圣诞节热潮一浪高过一浪，每年圣诞节时节都能刮起一阵消费、庆祝的狂潮。到了90年代，圣诞节对于上海人来说已经不是少数有钱人才能过得起的节日，它已经具有了相当的广泛性。其具体的风俗活动依然包括吃圣诞大餐。自80年代初，上海红房子西餐馆首开圣诞大餐之始，平安夜的这餐饭就吸引无数上海人纷至沓来。紧接着，其他餐厅和饭店、酒楼也使出浑身解数，不仅提供饭食，也举行各种各样的圣诞庆祝活动。现在，对于大多数不信教的上海人来说，圣诞节不一定要吃火鸡，但是一定要有个地方可以同亲戚好友相聚一番，所以沪上大小西餐店在圣诞节都有得一赚。圣诞节还有互赠贺卡的习俗。近代上海已经有寄贺卡的活动，但是还未普遍，到了90年代，寄贺卡几乎已经成为一种风尚。尤其圣诞节和元旦相距不远，因此，12月底人们互赠的贺卡可以说是铺天盖地。而这些贺卡更是种类繁多，有附音乐的，有折叠立体的，还有色彩极为艳丽的……不一而足。人们如要寄送贺卡，基本都会在圣诞节之前发送出去以同时祝贺圣诞和新年。

除了以上两项节俗，到教堂做弥撒、举行圣诞舞会也是沪上常有的圣诞节目。总而言之，随着人们的生活水平越来越高，接受外来事物的宽容度越来越大，圣诞节会愈加普及，从而成为上海地区影响最大的外来节日。外来节日之所以能够很早就进入上海并不断被上海人认可，从而发展成今天颇具影响力的节日，上海媒体之所以从过去的“缄默贵如金”——对圣诞节的报道持谨慎态度，逐渐演变为当今的引导和解读，归根结底是跟上海的文化有关。由于开埠较早，受到四方移民的影响及外来文化的熏陶，上海人长期形成了崇尚开放、创新的文化精神，又因为上海一直以来商业经济都较为发达，长居此地，生活视野比较开阔，文化活跃，常常能保持一种积极的态度，尤其是面对一些新奇、独特的外来事物。所以，从这个角度讲，外来节日能够在上海滩“站住”就比较容易理解了。

“草木有情皆长养，乾坤无处不包容”。上海岁时节俗凸显出历史发展历程中的深厚文化内涵，它包容着江南的文化遗风，包容着一代又一代上海人的创新特色，更包容了西方文化和习俗的影子，从中我们感受到的不仅仅是逢年过节时层出不穷的乐趣和生机，更重要的是这座现代化都市的文化辐射力和包容力。

诚信
责任

31. 一位母亲给公司的信

大约在2005年，上海流传过一则社会新闻：一家食品公司员工的母亲给这家公司董事长写信，讲述她女儿常将店里的餐巾纸、马甲袋拿回家。她踌躇考虑了几个月，最后还是决定向董事长“揭发”:“我怀着非常矛盾的心情告诉您一个事实，我女儿是贵公司的员工，我发现家里储存的贵公司餐巾纸和大大小小的马甲袋可开一家小商铺了，我常告诫她，公司的东西不要随便拿回家，可没效果，我担心长此以往，哪天会出事。我觉得应该告诉您，希望公司在培训员工时多强调遵守职业道德。”董事长将信转给了总经理，并告诉她：此事不要追查。事后，这位董事长在员工培训会上情不自禁地夸奖起这位写信的母亲，他觉得餐巾纸、马甲袋值不了几个钱，但这位母亲却从不起眼的小事悟出“哪天会出事”，这很了不起。如今社会提倡讲诚信，假如社会上有更多这样的母亲，诚信就会发扬光大。他要向这位母亲致敬。这件事很快就在该公司170多家上海门店传开，想不到的事发生了，不少门市部的马甲袋“莫名其妙”地多了出来。

几张餐巾纸，几只马甲袋，似乎在拷问2 000多名员工的心灵，放在过去认为是“小事情”的众人，用实际行动“擦掉”不诚信的记录。虽然事情不大，但它像一面镜子，照出了上海人的诚信意识。这位母亲坚信，尽管这些马甲袋不值多少钱，但是把集体财产私自拿回家来，这种行为是绝不能放任和纵容的。诚实守约是中华民族的传统美德。拿着别人的工资就等于签了一份契约。“人无信，不可交”，如果不讲诚信，不守约定，就是一种不可原谅的行为。

这位母亲在寄出这封信前，犹豫再三是免不了的，她不会不考虑这封信的后果，权衡再三，她认为诚实守信更加重要。这个小故事启示我们，诚信的实质是充分尊重别人的权利。所谓权利，主要有两方面的含义。一是人的人格尊严，即不被羞辱，不把人不当做人。二是人的正当利益，即该给他的，一定要给他；不该拿的，绝不能拿，哪怕是餐巾纸与马甲袋。因为讲诚信不是你对人家的恩赐，而是尊重人家的权利。每个人都有不可剥夺的人格尊严和正当利益，所以你要对他人诚实守信。

时下不少人都在谈论诚信，大多停留在品行层面上。正如一位经济学者所说的那样，信用本质上是一种产权关系。好的信用关系意味着交易的各方当事人对自己的资源有比较可靠、明晰的权利边界，并且交易当事人能尊重彼此的权利。一个人对另一个人进行诈骗，实际上是不尊重、不承认对方的权利。

只有树立尊重人的权利意识，才能增强诚信意识。而树立权利意识，则需要充分理解人的价值和尊严。西方告别黑暗的中世纪的主要标志是人的意识的觉醒，西方近代化的第一件事是通过文艺复兴思潮宣传人的价值、人的尊严和个性解放。从15—18世纪，西方人整整花了300多年的时间进行思想启蒙，用一个大写的“人”字代替了“神”，把对神的虔诚转变为对人的权利的尊重。西方信用制度的思想基础是对人的权利的崇敬。

提高社会诚信之风，既靠法治保障，亦靠心理支撑。如果不树立人的权利神圣意识，社会诚信就缺乏心理支撑。市场经济从根本上讲是信用经济。它不仅要求市场主体诚实守信，而且要求市场主体的管理者信守承诺，为市场主体创造一个可以预期的公平的市场竞争环境。商人做生意，一旦签订了合同，就是一份契约，即使有再大的风险也要自己认真履行。一般不轻易作出承诺，既然允诺就应不遗余力地去兑现，否则会使你失信于人。那种满口大话、吹牛撒谎、言而无信的行为，是最为人看不起的。

中国古人有“一诺千金，一言百系”的老话，在生意场上，要坚决守约。订立的合同就是交易双方在交易过程中，为了维护各自的利益而签订的在一定时期内必须履行的一种责任书。合同一经签订，无论发生什么问题，都一定要遵守执行，即使有再大的困难和风险也要自己承担。所以，上海商人在谈判中非常讲究谈判艺术，千方百计地讨价还价。因为合同不签订是你的权利，但一旦签订就要承担自己的责任。做什么事情都应谨慎小心，精密规划，深思熟虑，不把事情的前因后果想个明明白白，就不要轻易出手，要做就做成功，这就是崇尚实际和能力的体现。

上海这座城市有太多的商机、太多的选择、太多的诱惑，和一家公司签了约，很可能有更好的公司要与你合作；为了完成一位客户的订单，却可能错过更多更大的客户……所以，选择时应该深思熟虑：一经选定之后，你能做的就是守约，承担约定的责任。经过一代又一代上海人的艰难打拼，上海赢得了巨大的声誉，即使在严峻的计划经济时代，上海出产的精良品牌产品、诚信商业道德、有序城市管理，还是在全国赢得了信任和美誉。诚信守约，好似一帖润滑剂，让人与人之间平添一份可贵的温馨，也是打造理性社会、秩序社会、诚信社会的道德基础，有时更需要人们的奉献，甚至是必要的牺牲。

近几年，随着反腐败斗争的深入发展，大小贪官纷纷落入了法网。这些贪官是怎样走上犯罪道路的？他们各人有各人的账，不过这些人几乎有一个相同点，他们都是些极不诚实的人，甚至有不少是“两面人”，满口仁义道德，一肚子男盗女娼，当然，最后是搬起石头砸了自己的脚，受到法律的严惩。诚实地做人，本分地做事，这是一个正派人的信念，也是一条成就事业的正路。

32."关侬啥事体"与"跟我搭啥界"

上海人朋友之间交往，搞个聚会，一般不会把不相干的或者互不待见的人一起叫来，喝酒时也不会吆喝猜拳，常常是三五知己小酌一番。朋友之间，一般不会没事就聚在一起喝酒，因为大家都很忙，时间太宝贵，即使互相之间要吃饭，那也要说个"由头"，比如遇到成功或者什么好事，好朋友之间分享。商人之间聚会是比较多的，因为他们要做生意。这就是商业都市人际交往的特色。商业交易的本质是价值量的公平，唯有公平才能做成交易，因此人际交往本身需要建立在相互沟通、相互妥协的平等交流基础上。即使因为琐事与他人产生难以化解、即将激化的矛盾，上海人也鲜有愿意不惜代价竭尽全力压倒对手的，他们

▲ 晚清的上海人聚餐，互相协作却又保持自我独立是上海文化的一个特点

情愿放低姿态，主动退让以求得一个过得去的结果，“后退一步海阔天空”嘛。

上海话中有一句“关侬啥事体”，还有一句“跟我搭啥界”，正如苏格拉底的起点是“认识你自己”，笛卡尔的起点是“我思故我在”，上海人的伦理的起点就是这句“关侬啥事体”。各人都比较关注自己的私人空间，而对别人则是少管闲事。多事必有事。比较典型的上海人交友是十分讲究彼此的身份、身价、档次、层次和腔调的。许多地方人不了解上海，认为上海人“排外”。其实，上海人是最不“排外”的，上海人讲究实际，比如家里请保姆，在普通市民看来，一个国际化程度那么高的上海，到处是给钱就能挑的保姆，为什么不凭自己的能力与钱财，去挑一个最好的保姆呢？这就是最简单也是最实效的优胜劣汰法。这一着还真管用。上海人坦承自己有等级观念，面对指责心怀坦荡，根本就不用遮遮掩掩。这种矛盾的现象，看上去有点古怪，实际上却折射出了上海人的务实心态：他们会在文化上不认同你，但绝对不会因为这个而影响利益，或者说，他们有和自己不喜欢乃至厌恶的人取得合作双赢的能力。而不像有些城市的人，只要看不惯，不管多好的生意他都要拂袖而去。上海人是不会的，他们把人情和生意分得很开，就像那些“老外”一样，工作作风永远是对事不对人，虽然他们可能在上海比较缺朋友，但绝对不会缺财路。

而对于社会地位比自己低的人，比如一般的外地来沪农民工，无论从政策上还是待遇上，无论从日常起居还是从安全措施上，来上海工作的农民工都能得到很好的照顾。例如上海市对外来农民工的子女教育问题一直予以关注，始终认为，这些农民工虽然贫穷，但他们的子女，应该同样享有受教育的权利。虽然目前上海的教育资源还不够尽善尽美，条件仍然需要改善，由于经济原因，这改善不可能达到和“老外”子女入读的学校同等档次，但在政策上，上海还是在不断向农民工子女倾斜。上海市从2001年以来，每年都要举办一次“蓝天下的至爱——爱心全天大放送”的慈善活动，成为新世纪以来一年一度新春期间上海全民参与的不可或缺的“送温暖”工程之一。

这种机会平等的意识，其实是一种文化力量，它既能很务实地看待现实，又能时不时以理想主义的精神，力所能及地让身边的事物合理化。这股子文化力量，总是试图在不平等中寻求平衡，并在这过程中巧妙地拉动整个城市朝前进步。

上海人关注自身生活，“关侬啥事体”与“跟我搭啥界”，意味着先假定所有的事情都与己无关，由自身开始，审慎地对待周围的一切，从家庭、集体，一直涉及整个社会，哪些与己有关，哪些无关，哪些不去做，哪些一定要做，这不是说对公共事务漠不关心，而是要对自己的权利范围分分清楚。现代民主法制社会是建立在个人主义的伦理本位之上的，真正的公民就是要尽好自己的本分，勇敢地主张自己的权利，同时不要把自己的勺子在别人的汤里搅来搅去。

历经几代移民的累积和嬗替，一种热情大度、开朗豁达的上海人的社交观念和习俗便形成了。它和那种较多地依赖于血缘、地缘等各种亲情关系而构成的传统的社交形态，有着完全不同的意义和表现方式。人们彼此以约定俗成的词汇礼貌相称，诸如“阿姨”“爷叔”“师傅”“朋友”“老师”之类，可以根据对方的年龄和性别加以区分，冠之于任何一个陌生人头上，从而使生产与生活中某些环节上的实用关系也染上了彬彬有礼的感情色彩；人们彼此尊重各自的文化背景、语言和传统习惯，又经过相互吸收和交流尽量使之调适，如“老广东”“小宁波”“老山东”“小绍兴”之类的称谓，甚至在相互挑剔指责的场合，上海人也有特定的词汇，诸如“朋友，帮帮忙”，“朋友，不要太……”等等，以肯定或否定的口吻委婉地表达相反的意思，调侃之间，终究不失一种大度心态的流露。

亲情体验和实用关系的巧妙结合，是上海人社交观念和习俗的又一个特征。从常见的“劈硬柴式”的AA制朋友聚饮，直到婚丧大事中的相互帮忙和资助，乃至不绝于耳的“多个朋友多条路”之类的口头禅，无不可见那种守望相助、甘苦共尝的人情因素的活跃。这种心态，在国外那些商品经济高度发达的国际大都会里，是绝难发现的。作为市民素质表现之一，上海人的社交行为也给国际友人和海外同胞们留下了美好的印象。自然，类似“斩斩外地人”“斩斩外国人”这样的小市民行为观念和势利眼的“市侩习气”也不是没有，但是它不代表上海人社交形态的主流，同样也受到上海人的同声谴责。

33.“撞钟烧头香”与敬畏生命

不论生活在哪一座城市，也无论贵贱贤愚，每个人在人格上都是平等的。对于人类的文明，以及那文明的传承方式和传承载体，应该有恭敬之心，敬畏之感。上海这座城市，从马家浜文化算起，迄今有6 000年历史，从北宋大中祥符元年（1008年）朝廷在上海浦边设立“上海务”算起，也有1 000多年的历史，而从元至元二十九年（1292年），上海置县也有700多年的历史，这座城市既有历史的积淀，也于100多年来在开埠通商过程中，接受西方文化的一些元素，可谓中西交汇、海纳百川和新旧杂陈。尽管是多元异质文化共存共生之城，上海市民还是一直保留着这样的民俗：敬畏传统、敬畏生命，构成了独特的城市信仰。

以大年初一，人们到寺庙里“撞钟”“烧头香”为例。上海人在除夕之夜就赶到寺庙，等待子时到来的撞钟以及大年初一烧头香，首先具有除旧布新的贺新岁之意，其次是祝祷新的一年平平安安、顺顺利利，所谓“低心下首喃喃语，保佑来年命运昌”。在几十年前，这种做法一般被认为是封建迷信，是被管制与批判的对象，那个时候，民间信仰行为不具备合法性。“文化大革命”期间，更是严加控制，几乎处于窒息状态。改革开放以来，民间信仰逐渐复兴，人们慢慢认识到它的重要性，没有了信仰，就没有敬畏，而没有敬畏，也就没有了底线。但是，由于没有合适的管理法规，社会对于城市信仰的态度异常复杂，学术界也有各种不同的意见。

▲ 1949年之前人们烧香拜佛求平安

对于中国人的民间信仰的心理，梁漱溟先生《中国文化要义》中说：“中国人宗教意味淡薄，中国文化缺乏宗教。”季羡林先生说：“汉族不能算宗教性很强的民族。”然而我们却可以看到这样的事实：不管是佛教的菩萨，还是道教的玉皇大帝，不论是进佛寺，还是去城隍庙，这些都是民众崇拜的对象，这在世界其他国家是极其少见的。对此，费孝通先生也有一段十分精妙的描述：“我们对鬼神也很实际，供奉他们为的是风调雨顺，为的是消除灾祸。我们的祭祀有些像请客、疏通、贿赂，我们的祈祷是许愿、哀乞，鬼神对我们的是权力，不是理想；是财源，不是公道。”这段话十分敏锐地直刺中国人心中敬神拜佛的深层心理。

近年来，从国家管理制度的层面，开始肯定民间信仰作为文化遗产的地位。2007年12月14日《国务院关于修改〈全国年节及纪念日放假办法〉的决定》，把一些民间信仰特色很鲜明的传统节日增列为国家法定节假日，具有明显的肯定传统信仰正面功能的意义。2004年8月28日，第十届全国人大常委会第十一次会议，表决通过了关于批准中国政府加入联合国教科文组织《保护非物质文化遗产公约》的决定，在国内掀起了非物质文化遗产保护的热潮。2006年5月，国务院批准文化部确定的第一批国家级非物质文化遗产名录518项。在这

518项中，从不同的角度列入民间信仰的内容，便是对于民间信仰的正面肯定。其中最突出的是非物质文化遗产名录第十项“民俗”中的内容，各个民族大量的充满民间信仰色彩的传统节日列入，这是新世纪以来中国文化观念的一大突破，也是国家管理民间信仰的制度上的一大突破。因此，有人认为，国家级非物质文化遗产保护名录的“民俗”板块，实际上是保护民间信仰的一个曲折的表达，这不是没有道理的。

上海人有四时八节的祭祀活动。立夏时蛋类食品正是旺季，立夏日总要吃蛋，孩子们的脖子上总要挂上一个用红色网套套着的蛋。蛋形如心，人们认为吃了蛋就能使心气精神不受亏损。立夏以后便是炎炎夏日，为了不使身体在炎夏中亏损消瘦，立夏应该进补。中秋节吃芋艿，芋艿的发音与“运来”相近，吃毛豆，毛豆荚，荚又与“佳”“吉”等字谐音，希望能够吉祥如意，万事顺心。腊月初八日吃腊八粥，用以庆祝丰收，一直流传至今。腊月廿四，为“灶神”上天奏事之日，故廿三之夜，家家户户要“送灶”“祭灶”，庆新年由此拉开序幕。正月初五是财神的生日，所以过了年初一，接下来最重要的活动就是接财神——在财神生日到来的前一天晚上，各家置办酒席，为财神贺辰。

社会生活中，最突出的是上海人家至今保留着女儿为66岁老人烧66块肉的习俗，这是年复一年延续下来的一种民间惯习，有几种说法，比如“人活六十六，要吃闺女一刀肉”，“六十六，吃了女儿一刀肉，健康又长寿”，“六十六大寿，得吃姑娘的一刀肉”，“年纪六十六，阎王要吃肉”等等。这是对长寿、健康、平安的一种美好期盼。

▲ 20世纪30年代，老年妇女去庙里烧香拜佛

城市的民众信仰总是以生命信仰为前提，人们敬畏生命，就会自觉不自觉地关注民间信仰，现代人都想寻求内心的平静，找到生命健康与趋利避害的一把钥匙。而城市本身的文化遗产也在旧城改造和居民动迁过程中遭到破坏。据文献记载，上海地区从宋代起就有了供奉妈祖的庙宇和祭祀活动。新中国成立前，上海有官建妈祖庙23座，会馆妈祖庙13座。随着城市的发展，妈祖信仰却日渐衰弱。民国期间毁庙兴学打击了妈祖信仰，使得妈祖信仰的空间大大压缩。20世纪后期，妈祖信仰的空间压缩愈演愈烈，如今上海除一所妈祖庙移到松江重建以外，其余在城市中的妈祖庙宇基本都被拆除。这都是城市改建的结果，传统民间信仰在城市改建中可以说遭到毁灭性的打击。

而近年妈祖信仰开始恢复，上海若干庙宇供奉了妈祖神像。过去的下海庙，会有很多人来祭拜妈祖，妈祖信仰十分兴盛。如今的下海庙，成为一座佛教的庵堂，虽然还有一座妈祖像供奉着，却是信众寥寥。上海妈祖信仰的这种情形，代表了城市化以后城市民间信仰的真实状态，信仰空间确实造成信仰遗忘，合力造成了妈祖信仰的衰弱。原先上海的渔民、船民等，他们是信奉的主体，但是现在职业改变，便不再信奉妈祖了。现在上海民众中纯正的渔民、船民已经为数极少，信众集体消逝了，如今的上海妈祖信仰也仅徒留一种形式而已。

城市化的过程中，不当行为破坏了乡村民间信仰遗产的传承，同时城市里不当的发展形式也破坏了自身的文化遗产，在一定程度上削弱了城市的文化竞争力，这不仅违背了保护文化遗产的基本原则，也损害了城市形象本身。

34. 生日祝寿与人际约定

"过生日"本是我国古代一种重要的人生礼仪习俗形式，每到人生旅途中的一定阶段，人们便要用一些特定的方式来向神灵、祖宗祭祀祈拜，以求他们给予更多的寿运和福分。上海人，由于生活相对比较富庶，思想观念和文化心态上较为文明、开放，生日礼俗中表现出了较为鲜明的世俗化倾向。

在上海市郊，旧俗中将女孩13岁、男孩16岁视为成年。年满13岁的姑娘在农历六月十九举行成人仪式。如已定亲，是日，婆母在媒人的陪同下，送猪肉、面条、金银首饰到尚未过门的媳妇家。姑娘家设便饭招待客人，下面条在村上分送，祝贺姑娘成年，称"做寿头"。未许配人家的，由外婆家送肉和面条为姑娘做寿头。相对而言，男孩16岁举行成年仪式，仪式可在生日前后举行，日期由父母请算命先生或太保定。届时请太保唱书，亲友携礼赴宴，旧时上海县北新泾镇一带有为成年男子起大名的风俗。从20世纪50年代中期起，传统的成年仪式失传。及至90年代起，学校或共青团组织为年满18岁青年举行成年仪式，但过生日活动仍然进行。

▲ 20世纪20年代的儿童，过生日聚在一起

上海人过生日最为重视小孩和老人。小孩称“做生日”，老人则称“做寿”。遇到孩子生日，富裕人家邀亲友聚餐，一般人家正餐吃面条。从20世纪80年代中期起，孩子10岁时，不论城乡，家长均为孩子过生日。一般方式是设酒宴，邀亲朋好友、孩子的同学聚餐。赴宴亲友送礼金或儿童用品，外婆家有送面条的，同学送贺卡、小礼品，家长下面条分送邻里。以往那些被古人视为最重要、最不能忽视的宗教性生日礼俗活动，如祭神祀祖、洗浴祓禊、剃发试晬（读音：zuì）、祝寿祈拜等，对于今人来说已经没有多少意义，他们更为看重的是生日礼俗中那些较为现实的东西，如饮食衣着、事业理想、文化娱乐、社会交际等等。

相比之下，成年人较少做生日。旧俗中，30岁起方可做寿，40岁不做，50岁起逢十为大寿，也有“做九不做十”之说，对于70岁以上的老人，做寿也叫“贺寿”“祝寿”，通常由寿星的子女发起，广邀亲朋，城镇大多在寿翁、寿婆生日当天或提前几天举行，乡村因农时等原因，多在春节做寿。贺寿礼有寿面、寿桃、寿糕、寿字香、寿酒、寿幛、寿匾、寿星像等。农村有送猪肉、猪腿等。拜寿开始放鞭炮，贺寿者向寿翁夫妇磕头，寿翁酌给小辈喜钱。设盛宴聚餐，下寿面分送邻里。客人告别时，主人退回部分礼物，称回礼。新中国成立后，有的乡镇政府、街道办事处为长寿者送面条、寿礼。

祝寿的仪式相对隆重一些。祝寿时，亲友要来祝贺，送寿桃、寿面、寿联、寿幛、寿屏等，称为“拜寿”。较为隆重一些的人家要设寿堂，燃寿烛，结寿彩。老人身着新衣，端坐中堂，接受亲友、晚辈的祝贺和叩拜。祝寿时要吃“长寿面”，有的人家沿袭老的做法，席间，宾客在吃第一碗时，要把面挑出一筷子，搭在事先放在饭桌上的一根大葱上，名为“添寿”，意在祝福老人益寿康宁。古人八九十岁称“耄”，七八十岁称“耋”，猫蝶谐音耄耋，民间又称牡丹是富贵花，三者组成的画面，即表达了“富贵耄耋”之意。

吃蛋糕、吹蜡烛、送鲜花，这些原先是属于西洋的生日习俗，也渐渐成为上海人家过生日的保留节目。不少上海人家在过生日、切蛋糕之前，请一些亲朋好友团聚一处，在漂亮精致的大蛋糕上插着表示生日之人岁数的蜡烛。音乐奏起后，大家同唱生日歌，生日之人站起，双手合十许过心愿，然后一口气将蜡烛吹灭，再用

▲ 2004年2月，上海沪西的一户人家庆祝母亲八十大寿

▲ 中国社会近百年来融汇西方文化，形成过生日吃生日蛋糕和吹生日蜡烛的礼节

刀切开蛋糕分给众位亲友。

古代社会，一个人的生日被看作一道关口、一种苦难，因此生日礼俗中不可能出现大量的娱乐活动。这种陈旧的生日观念已经被抛弃，人们都将过生日视为人生旅途中的一个新节点、一个新起点，因此在过生日时，经常会将许多符合自己兴趣的娱乐活动融入其中。近代以来，因受西方文化影响，比较明显的变化主要出现于青少年和知识阶层中间，如互赠生日贺卡、举办生日晚会与舞会、分食西式蛋糕、吹生日蜡烛和唱西洋歌曲等新式礼仪的引进，或者采用集会、茶话会、在报刊上致祝寿辞等方式为德高望重者贺寿等等。

随着城市生活节奏的加快，过生日也成为一种新型的人际聚会的约定，不少人想利用生日纪念放松一下，而同事、朋友之间也能借此机会彼此融洽关系。20世纪

80年代以后，随着经济、文化的迅速发展和思想观念的日趋开放，上海人的生日礼俗又有了较大的发展，如过生日的活动方式日益新颖，许多年轻人不再遵循传统的习俗去安排自己的生日，而是不断地创制出一些独特的过生日方式，相约外出旅游，有的到公园苗圃栽花植树，或者参加一些体育竞技比赛活动；贺礼也越来越时新，生日祝福则随着新媒体与新的交流方式不断演变，从精美的生日贺卡、电报、电话、短信直至近年来的微信，表示诚挚的祝福心愿……总之，现代上海人在生日活动及贺礼形式上越来越趋于多样化和时新化，这正是上海人开放、创新的群体性格的反映。

与过生日一样，遇到乔迁一类的喜事，也充满了人际约定的浓浓情意。旧俗中迁新居，邀亲友，设宴庆贺，称“进宅”。民国时期，市区及城镇居民少有造房，多租房，乔迁不重仪式。是日，请亲友帮忙搬家，以酒饭待客。20世纪90年代起，大多请搬家公司代劳。家具进屋前，放鞭炮，子女先把秤、甘蔗、青竹等寓意“节节高”“称心如意”的吉祥物放入房中，再搬家具。客人送礼，有字画、工艺品、居家用品等，也有送钱。农村人在入住新居前，要祭土地神。进宅日，新居门前悬青竹、竹筛、鱼簏，放鞭炮。亲友毕集，贺礼必备馒头、糕，另有猪肉等，风俗沿袭至今。

35. 人情融融“烟纸店”

具有独特生活韵味的上海街头弄口，充满着旖旎多姿的市井风情，一代又一代的上海人，就是在这里度过了一段段难忘时光，演绎着一个个悲喜故事。街头弄口折射出的五光十色，培育着上海人的视觉和感觉，影响着他们的生活方式和审美情趣。

许多上了年纪的上海人差不多都有对弄堂口“烟纸店”（小杂货店）的记忆。早在20世纪20年代，租界上就出现了一种外国烟纸店，老上海称之为“士多”（store），为外侨家庭以及有需求的人服务。这种烟纸店在30—40年代发展到顶峰，是当时上海城市的一道风景线，在《人约黄昏后》《花样年华》等影片中都有对这种烟纸店的特写。作家程乃珊女士曾经写道：“它们一样大多是单开间门面，铺面布置要井井有条得多，不像老式烟纸店私人生活空间一览无余。当街往往一只红底白字的可口可乐时代的冰箱，侧面一道嵌着讲究的小格车边玻璃的弹簧门一推就叮咚一声，正在埋头看报的老板就笑眯眯抬起头。这样的店铺看似洋气却往往拥有一个很中国的名字：大成、福和公、同泰、大昌……只是看那铺面看那地段，想来公私合营时是挤不进小业主行列横要戴上资字头帽子的。”（程乃珊《烟纸店和士多铺》）这是洋场上烟纸店的情形。这种“士多”铺，很快为华人所仿效，扩展到上海城区的所有街头弄口，从20世纪40—70年代，这种烟纸店星罗棋布地遍布于上海城区各地，大大方便了市民的生活。

考察烟纸店的店名由来也是很有趣的，有三种说法：一是人们常去店里买香烟和草纸，烟纸，故名；二是旧时出售香烟，都配有成套的香烟牌子，制作相当精

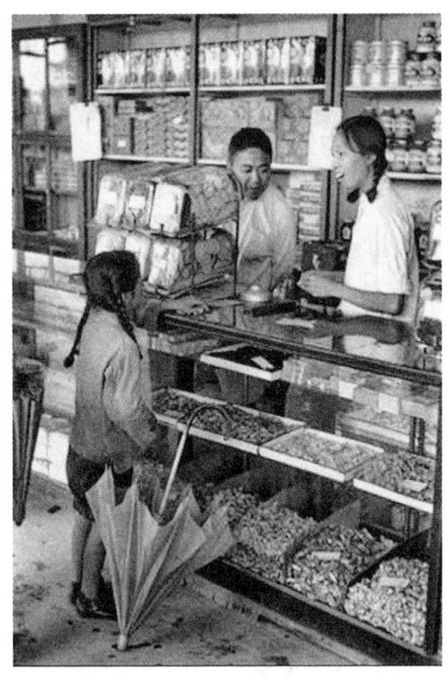

▲ 20世纪50年代上海的烟纸店，拿着雨伞的小顾客与店员（亨利·卡蒂埃·布勒松 摄）

美，甚至可以单独出售，所谓烟纸即指香烟牌子；三是创设的当初本来叫“胭脂店”（上海话中“烟纸”与“胭脂”同音），后由于居民生活需求变化，胭脂淡出，烟纸成分增加，故名为烟纸店。无论是哪一种说法的烟纸店，都是上海传统人情的便利店，与洋场里的“士多”铺有异曲同工之妙。烟纸店做的都是薄利多销的小本生意，但对周围的人群来说又必不可少，这就是那个年代烟纸店的存在价值。

上海的烟纸店一般开设在石库门弄堂口或在弄堂的过街楼下，这种店因为没有什么雇员，小本经营，就是老板与老板娘，也叫“夫妻老婆店”。烟纸店一般门面都不大，单开间足矣，大致是前半间有个营业柜台，后半间生活兼做仓储，阁楼上是老板一家人睡觉的地方，有个后间也是堆放货物做仓储杂用。空间不大，经营的商品却不少，居民的日常用品如酒、香烟、自来火、肥皂、草纸、毛巾、牙膏、面包、针线、纽扣、灯泡、十滴水、仁丹、雪花膏、蛤蜊油等，应有尽有。除此之外，还有小学生用的学习用品如铅笔、橡皮、练习本、刀片、墨水等。最引人注目的是柜台上通常有个铁架子，铁架子向上斜放着几排大玻璃瓶，里面放着盐津枣、盐津条、奶油桃板、弹子糖、棒棒糖、花生牛轧糖、鱼皮花生、话梅、柿饼等零食，到了夏天还会放上两只高高的热水瓶卖棒冰，一只装着橘子味棒冰，另一只装赤豆棒冰。

烟纸店的最大特点是营业时间非常长，每天清晨，老板把排门板拆下，露出不大的玻璃柜台的窗口，直到入夜才打烊。门口通常挂着一个小灯，照亮夜行人的归途。即使已经打烊关门了，你有急需去敲敲排门板，老板也会匆匆披上衣服来为你解忧，例如居民晚上急需灯泡、洋蜡烛之类，只要敲一下烟纸店小窗，所需东西立马能够买到。其次是烟纸店可以赊账，店主与顾客因同在一个社区，一来二去，大家抬头不见低头见，都是老熟人了，时间一长就形成了彼此的默契和信任，烟纸店老板记下赊账顾客所赊之物，还掉以后则用粗记号笔划掉，对顾客来说，非常方便。当然，许多烟纸店还供应油、盐、酱、醋，乃至雪花膏等日用品，且都有零拷服务，一般家庭主妇在家里菜炒到一半，发现豆油或酱油不够了，通常会叫小孩子拎着油瓶去烟纸店购买，这个时候，老板也会和颜悦色地将生意做好，保证童叟无欺，银货两讫。烟纸店方便生活，所以很受市民的欢迎。

店主一般都有点年纪，和蔼可亲，一副童叟无欺的样子，许多烟纸店大都是新中国成立前就已存在，店主们多是子承父业，新中国成立后，他们没有合适的工作，规模又小，也不可能公私合营，就让他们保留了下来，自给自足地生活。到1966年前后，“唯成分论”盛行，这些烟纸店小老板都因为成了“小业主”而战战兢兢地生活。原先的店名，旧上海的痕迹太浓，大抵一一被铲除，于是成为没有店名的小店。

烟纸店具有灵活的商业模式，例如香烟，可以论条论包买，实在尴尬了也可以拆包论支买；豆油、酱油可零拷，雪花膏也可以零拷，顾及了那个时代人们普遍节俭的生活方式与消费理念；油桶、酱油瓶等容器的循环使用，也在物资匮乏的年代，一定程度上实现了可持续发展。烟纸店店主普遍和顾客保持友好亲密的关系，顾客来买东西，顺便和店主聊个天、开个玩笑之类的屡见不鲜，这相对现代标准化的超市服务来说，反映了人际融洽的情感价值。

不过，话说回来，烟纸店确实也是物资短缺时代的产物，到了20世纪90年代，上海开始大规模的旧城改造，商业布局也在升级换代，各种超市、便利店出现。大潮之下，烟纸店相继转型、关闭，连“烟纸店”这种称呼也渐渐为人们淡忘了。今天各种名目的超市、便利店，窗明几净，整齐划一，标准化作业，反而没有了当年烟纸店那种散发着家常热气和烟火气的温情与实惠。如今，人们的消费观念也发生了极大的变化。

岁月悠悠，历史上产生的东西，也会在历史中消亡。烟纸店作为上海弄堂的一种符号，承载着几代上海人的情怀和故事，已经成为上海文化记忆而长久流传。

活力再造

36.“文化大码头”雄风再起

2004年，美国《时代》周刊曾用整整12页的篇幅，以《上海的变迁：东方融合西方》为题，介绍了上海的惊人巨变。那篇文章认为，全世界没有哪座城市如上海这般更好地捕捉住了时代的脉搏，即国际化、贸易多元化。文章认为，上海的崛起有着一股不可阻挡的推动力，这股推动力来源于中国五千年的文明。上海作为一座城市，具有深厚的文化底蕴，但近百年来，走过了不寻常的路程，东西方交融的活力和乐观充斥在未来的每一个要素中。谁又能否认上海是21世纪最为生机勃勃的城市呢？

美国记者的这番分析与评论，不禁使人想起近代上海开埠之初的情景，那个时候，上海不仅经济发展是中国各个城市中的翘楚，同时也是一个名副其实的“文化大码头”。从晚清到民国，各地移民依托着会馆公所这种平台，将原籍文化搬到上海，祭祀当地神明，遵循家乡风俗。比如徽州人供奉紫阳公朱熹，福建人供奉天后娘娘，江西人供奉许真君，山东人供奉孔夫子，山西人供奉关公，粤菜、川菜、徽菜、淮扬菜各领风骚，粤剧、锡剧、淮剧、越剧、绍兴戏、黄梅戏各擅胜场，舞台兴盛，诸腔杂陈。创办于1851年的三雅园是上海最早的营业性戏院，由上海县一座顾姓住宅改建而成。此后，一桂轩、满庭芳、丹桂、景芳、金桂茶园等一批戏园陆续兴起，京朝名角竞相南下上海，丹桂、金桂、天仙、大观成为当时上海四大京班茶园。每当上灯时分，各戏园门前车马纷来，绮罗云集。“桂园观剧”成为时尚，被列为“沪北十景”之首。至19世纪末，上海各类演出场所近百家。随着上海的开埠，西风渐入，园林茶座式的小规模戏园逐步演变为剧场式的戏院。由英侨集资创建于1867年的兰心大戏院，是中国最早的欧式剧场，梅兰芳抗战辍演8年后首次复出也在这里。建于1909年的文明大舞台、1926年的天蟾舞台、1927年的共舞台、1930年的中国大戏院是老上海著名的四大京剧舞台。天蟾舞台曾有“远东第一大剧场”之誉，是当时上海最主要的京剧演出场所，观众席位3 917座，有“北有长安，南有天蟾”，“不进天蟾不成名”之说。欧

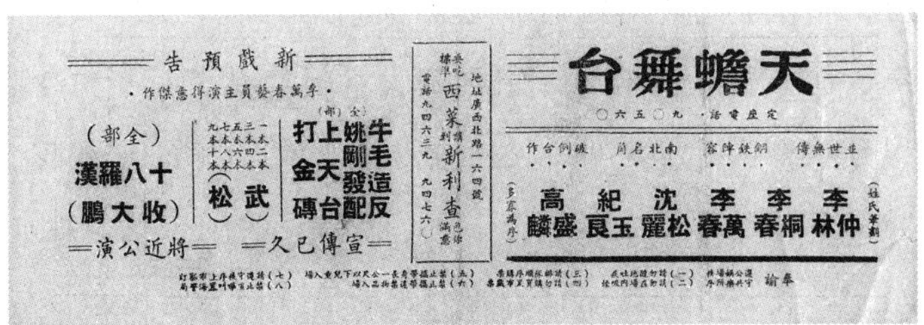

▲ 民国上海天蟾舞台京剧戏单，李万春等南北名角破例合作

式建筑的共舞台以机关布景和演出长篇连台本戏的海派京剧而闻名。中国大戏院原名三星舞台，京朝名家都曾在此登台献艺。建于1923年的长江剧场，是话剧《原野》的首演剧场。1930年初建成开业的黄金大戏院、1941年建成的美琪大戏院是美式建筑，后者取“美轮美奂，琪玉无瑕”之意为名，戏院开幕时曾首映美国电影《美月琪花》。这座融现代美与古典美之精华、风格典雅独特的戏院，是上海近代优秀历史建筑。

老上海著名的戏院还有西班牙商人雷玛斯于1914年在南京西路创办的夏令配克大戏院，广东人曾焕堂于1917年在四川路虬江路创办的上海大戏院，浙江商人徐颂新于1923年在六马路北海路创办的申江大戏院，魔术大师张慧冲的父亲张志标于1925年在乍浦路创建的好莱坞大戏院，广东商人何挺然等人于1926年在贵州路创办的丽都大戏院，英商买办潘志衡于1939年在延安东路建造的沪光大戏院，宁波商人柳中亮、柳中浩兄弟于1940年在延安中路创办的京都大戏院，以及东湖路的杜美大戏院，南京西路陕西北路的平安大戏院，海宁路乍浦路的虹口大戏院……有资料显示，上海解放时中心城区正规的戏院达110多家。各个戏院，好戏连台，明星荟萃。清咸丰、同治年间的“梨园三绝”程长庚、徐小香、何桂三，京剧四大名旦梅兰芳、荀慧生、程砚秋、尚小云，四小名旦张君秋、毛世来、宋德珠、李世芳，越剧四大名旦施银花、赵瑞花、王杏花、姚水娟，名优名伶谭鑫培、盖叫天、周信芳、马连良、谭富英、李少春以及“越剧十姐妹”等都曾在老上海戏院各显英姿。

当时的上海舞台天天开业，夜夜有戏，占据了国内演出业的半壁江山，享有“东方百老汇”的美誉。大世界从诞生伊始便是“弄潮儿”，是老百姓的文化娱乐休闲乐园，更是全国艺人“一唱成名”的“戏码头”。京剧名伶孟小冬、京韵大鼓名家骆玉笙、滑稽戏大腕杨华生、沪剧泰斗杨飞飞都是在大世界的舞台成名成家。上海戏剧舞台就好比今天的央视春晚，四面八方的名角只有在上海舞台唱红了，才会走红全国。气象宏大的上海舞台，是多元文化共存的载体，为各种地域文化提供了相互了解、相互学习、相互竞争的机会和场所。它就像硕大的什锦拼盘，既各具滋味，又相辅相成，相得益彰。

时代发展到今天，重振上海文化的雄风又历史性地摆在人们面前。近年来，上海努力打造文化软实力，建设了一批批现代化文化设施，打造了一批批精美的文化产品，培育了一批批艺术和经营人才。同时，在运作机制上不断地与国际接轨，迎来送往，使“文化大码头”雄风再起，提升着上海城市的“精、气、神”。

▲ 徐汇滨江的龙美术馆(西岸馆)

上海的一流舞台面积，就在不到10年的时间内翻了三番，而更为广阔的是文化平台的肇建。中国上海国际艺术节、上海书展、上海国际电影节以及世界级和国宝级文物展、绘画展、书法展等一批龙头文化节庆、赛事、展事的举办，使得文化格局得到了拓展。可观的文化“吞吐量”，为上海城市脉络起到了“活血”作用。

“文化大码头”雄风再起，不仅为东西方文化交流打开了窗口，而且为中华文化的光大和民族品牌的树立创造了条件。上海文化的原创力量，也在这个码头上找到了扬帆远航的机遇。位于徐汇区的上海黄浦江西岸，曾经是肇家浜、蒲汇塘、法华泾三水交汇之地，明代文渊阁大学士、著名科学家徐光启曾在此建农庄别业，从事农业实验并著书立说。如今，上海西岸在借鉴国际优秀案例的同时，正在走出一条自己的道路。仅是未来西岸传媒港的旗舰项目——“上海梦中心”就将有6个核心剧院，可容纳近万人。

重振“文化大码头”雄风的计划正在一步步变为现实。

37.“号码百货”再出发

曾经，上海市的百货商店，从市百一店起，直到市百十二店，都用数字命名，12家老牌的百货商店，清一色的数字排序，被一些上海市民称为上海的“号码百货”。这个话题涉及当今商业改革的步伐，以往上海商业传奇当今如何再出发。

先看看当年上海滩百货业的传奇历史吧。当历史的脚步迈入20世纪时，欧洲列强正忙于在自己的土地

▲ 1959年，人们晚间逛上海百货大楼

上争夺而无暇东顾，这给中国民族商业发展带来喘息之机。当时坐拥南京路诸多地产的犹太商人哈同，看到了这一块地皮巨大的升值空间。1914年，他花了60万银元，给南京路的一段铺上印度铁藜木。当年上海有儿歌唱着："北京的蓬尘伦敦的雾，南京路上红油马路。"

1914年，上海南京路已经成了远东最大的商业购物中心，外商经营，外侨购买，中国的民族资本家们也无日不梦想着能在这里创造中国的商业神话。同年8月的一天，澳大利亚华侨商人马应彪坐着自己的小汽车来到了这里，爽快地买下了日升楼易安茶社旁边的地段，准备建造上海最大的百货公司——先施百货。3年后，亦即1917年10月20日，中国第一家自建百货大楼先施公司在上海南京路正式开业。当时由于到商场的人太多，整个南京路都堵塞了。先施公司不单纯是一个购物的场所，开业当日，其附设的屋顶戏院、东亚旅馆和豪华餐厅也开张，杂耍、宁波滩簧、绍兴戏、京戏、变魔术的、吃点心的，一时间人山人海，甚至有人流连忘返，数日不归。

1916年，与马应彪为广东香山（今广东中山市）同乡的郭乐以每年5万两白银，租期25年，期满后连同房屋和土地归还的苛刻条件从哈同手中租下了浙江路口的陶陶居茶馆原址一带8.51亩土地建6层永安大楼，1918年永安公司开业，经营商品达万种。商业竞争非常火爆，先施公司的董事们听说永安准备建一座6层高的商业楼后，董事会和股东们一致认为不能让对方在高度上超过自己，马上把5层楼改为6层。永安也不甘示弱，立刻在自己的楼顶上加盖“绮云阁”，耸起的塔尖远远俯视着先施的楼顶，先施咽不下这口气，又硬是在自己的楼顶上加了一个3层的“摩星楼”。虽然最终还是先施占上风，但却没有阻挡住永安营业额后来居上。“绮云阁”与“摩星楼”，堪称那个年代商业竞争的“双子座”。

新新公司是南京路四大公司中第三家新开设的公司。侨商刘锡基原是先施公司经理，1923年他脱离先施，以每年租金8万两银子，租期满后房屋收回的苛刻条件租下了毗邻先施公司的哈同洋行房地产地皮。大楼由匈牙利设计师鸿达设计，于1926年元月23日建成开业。大楼取名为“新新公司”，寓意“日日新又月月新”。

大新公司则是南京路四大公司的“小弟弟”了，开设最晚，但它博采众长，不同凡响。1932年澳大利亚华侨蔡昌来沪，见广东同乡开的先施、永安、新新三大公司都很红火，便决定在新新公司西首的南京路西藏路口开设大新公司。这里原是20世纪初建造的联排式里弄住宅“忆鑫里”，十字路口转角处则是英美烟草公司代销店“荣昌祥”。蔡昌以高价买下该处地皮，于1934年11月19日破土动工，1936年1月10日建成开业。

上海南京路上先后成立的先施、永安、新新、大新四大百货公司，预演了黄浦江畔百货业竞争的业态，几乎每个公司都有说不完的传奇故事。四大百货公司的创立不仅是上海现代商业史的开端，在一定意义上也开启了上海现代百货业的滥觞。民国时期的小说家、海上漱石生孙玉声当时写过一首竹枝词：“万货丛集邮永安，五光十色尽绮纨，吃穿喝用件件有，何须更寻列肆看。”这首“万货丛集”的竹枝词，是对沪上百货巨头永安公司的点赞。其实，那个时候，先施、永安、新新、大新四大百货公司，除了开创百货的商业先河，在促进消费的同时，也催生了上海作为时尚之都的发达的商业文化。

新中国成立前，百货业的市场竞争是十分残酷的，民族商业企业受到外国资本和官僚资本的双重压迫与排挤，发展的道路十分艰难，但是上海商界的民族精英，无所畏惧，在市场竞争中谋求生存和发展。追求卓越意味着勇攀高峰、勇于创新。20世纪二三十年代，民族工商业者在洋货的重重包围中奋力拼搏，在品牌的创立上狠下工夫。先施、永安等四大公司瞄准国际著名百货商店，都获得了成功。

上海解放后，在长期计划经济体制的桎梏下，上海一律实行“号码百货”，从第一家一直排到第十二家。1952年，先施公司大楼由上海时装公司、黄浦区文化馆、东亚饭店等使用，现为上海时装商厦；永安公司1956年公私合营后，改名为上海第十百货公司，1987年改建后称“华联商厦”；新新公司在上海解放后歇业，底层商场改为上海市第一食品商店，楼层为新新溜冰场和服装商店，现整幢建筑为上海市第一食品商店；大新公司大楼1953年改为上海市第一百货商店，20世纪80

▲ 指间黑白的跳动，是我对音乐的梦：1954年7月13日，由于文娱活动在工厂机关部门迅猛发展，第一百货商店为满足需要，开始零售各种乐器

年代前，这里一直是全国最大的百货商店。

改革开放之前，上海的百货商店实行计划经济，在零售业中处于领头羊的位置，这些百货公司都是“朝南坐”，等客上门，应接不暇。而改革开放后，连锁超市飞速兴起，百货商店是最先受到冲击的，随后就由传统的计划经济转向联营模式，这时“号码百货”店已经不再是一个纯粹的零售商的角色，而融入了商业地产的性质。作为房东或二房东，实体百货不承担库存、销售的风险，而将之转嫁到商场内的品牌商身上，无论对方收益如何，商场本身都能有保底的提成收益，这在当时的商业模式下是行得通的，但如今依然维持这种没有风险的经济模式，一旦销售遇到困难，就会凸显已持续了数十年的历史遗留问题。当今人们都明显感到国营“号码百货”店的衰落，“朝南坐”变成了“朝北坐”，日子变得不好过了，当年的市百一店到市百十二店，如今只剩下了3家，即第一百货、第六百货和在很长时间内被称作第十百货的上海永安百货公司。

百货业的门店会消失吗？出路还是要继续改革。当今上海商业也正面临着转型升级的新征程，很有必要从近百年民族资本的沉浮中，汲取前辈们不断创新的历史经验，艰难开拓再出发，闯出一条辉煌的商业新路来。我国的百货行业走到今天这略显尴尬的地步，主要还是因为持续将自己定位在一个以销售为主的场所，而这恰恰是实体百货店先天不足之处，如果和电商平台比价格、品类以及便捷程度，无疑是以己之短攻彼之长。实体百货要继续向好的方向发展，就必须找到自己独特的优势，通过一系列联动与跨界的刺激，更好地唤醒顾客的消费需求，巩固客户群体。

38."百年风华"的元素与符号

前几年，台湾台北历史博物馆与《中国时报》联合主办了一场别开生面的展览——《大上海百年风华展》，引发了成千上万的台北市民前往观展，据说还是台湾出现"上海热"的一个缩影。这次展览就是通过大量实物藏品，展现了老上海十里洋场的流金岁月风貌，实物中有老商标、老唱片、旧家具、古董怀表、旗袍服饰、烟盒烟斗、手摇留声机等。这些被蒙上历史尘埃的老古董，都曾是民国时期上海滩上的日常用品。

▲ 月份牌画《柳下仕女图》

其实，《大上海百年风华展》就是"老上海"元素与符号的一次具象的展示。例如20世纪三四十年代的瑞士劳力士手表，在瑞士之外最大的销售点就是上海南京路上的惠罗公司，又例如欧米茄公司，曾大量为上海生产过专制怀表。这些舶来品流存于民国，成为老上海典型器物。在上海老街上还有一家老茶馆，专门收藏形形色色老上海的历史老物件，从老爷电话机、煤气灯、牛奶瓶、汽水罐、饼干听、饮水机、留声机，一直到租界的门牌、灭火器、警棍、警帽、汽车牌照、电话号簿。曾几何时，它们在漫长的岁月里逐渐淡出人们的视野，与人们渐行渐远……当日新月异的时代洪流呼啸而过，当人们面对着水泥森林般的街市时，才猛然唤起记忆去寻找那失落的亲情与宁静，去寻找那些难以寻觅的文化记忆。

“老上海”元素与符号，是一个极其丰富多彩的宝库，有西洋舶来品，有上海的能工巧匠、丹青国手创制的珍品，更有应接不暇的纸质品，像老股票、月份牌、老地图、老商标、老照片、老税票、老证件、老档案、连环画、旧海报、香烟牌子等，从中可以折射出受众对老上海遗存的情有独钟。再比如上海对旗袍的改良，在20世纪40年代曾经达于极致，风行全国，由此勾画出了那个“摩登”的时代。再如20世纪70年代，上海的工匠师傅用废旧马口铁罐头敲出来的一盏节能的八芯煤油炉，凝结着几十年前的岁月风华和上海人的智慧与汗水。三角铁可以焊成金鱼缸，旧铅皮敲成台式8瓦小日光灯灯罩灯座，60—70年代，上海男人在弄堂里做木工活，做成喇叭箱、小菜橱、床边柜、写字台、沙发等家具，当时是一个寻常景观，如今却成为一个美好的记忆。再比如，70年代谁家有一辆自行车，绝对是大户，会赢来弄堂里许多邻居羡慕的目光。那个时候，上海男人有了一辆自行车，换个胎啊，给轴承上牛油啊，肯定都得自己来，就是说他必须学会自行车的保养与修理，换下来的内胎，留着补胎用，多余的可以做木拖板的鞋帮，也可以切成橡皮筋，外胎呢，可以打鞋掌。当时，家门口停一辆18型凤凰锰钢牛皮鞍座自行车，甚至比今天停一辆“大奔”在门口还要“吃价”。

现在网络上都在传播“老上海”元素或者“老上海”符号，有的人说有10种，有的人说有50种，甚至100种，这种现象很可喜，反映了大家热爱上海，关心上海的发展。这些“老上海”元素或者说符号，是构成上海文化的历史记忆，它们在上海本土文化的土壤中成长过，放射过耀眼的光芒。如今这些元素与符号，虽然有不少随着时过境迁而消逝，但它们真真切切地存在过，构成了上海文化的特有景致。

即便上海跻身国际大都市之列，对于生于斯、长于斯的人们来说，总需要一片可回望的乡土、一份可寄托的乡愁。将种种文化符号串联起来，让人们看到上海文化的不同侧面。历史的经验告诉我们，不能老是津津乐道于以往的过程，上海这座城市海纳百川的精神气质就在于不断开创未来，吸收各种外来的文化，其过程绝不是简单的复制，而是将外来文化与本土文化相融合，生发出属于这个城市独特的上海文化。

对于“老上海”元素的提炼绝不仅仅是复制原先的物件，或者简单地描摹。上海文化资源是上海人民的宝贵精神财富。在当今文化大发展大繁荣的背景下，第一位的任务应是提出文化遗产保护，而后再论文化资源创意。说到文化创意，如今这门产业如火如荼，正在成为拉动上海未来发展的高新产业，成为上海在新时代的亮点。任何时代的文化都是在以前时代文化传统的基础上发展，而不可能割断文化发展与传承的历史，凭空创造出一种文化来。一点一滴地培育、一代一代地传承，是文化发展的基本规律。上海文化与上海民俗之所以能够绵延不绝，靠的就是黄浦江与苏州河两岸的上海儿女薪火相传、接续培育、不断创新。在新的历史条件下，推进文化资源保护与利用，首先需要张扬这种优秀传统文化资源来滋养和激发民众的文化创造力，铸造城市民众的凝聚力。

令人欣喜的是，已经有一批批美术馆、文化演艺中心正陆续落户上海的各个区域，延承历史经典，提炼“老上海”符号，保留“老上海”元素，将成为人文时尚地标。文化是历史文化街区与场所的内核，它不仅具有建筑实体的形式，而且还具有精神上的意义。结合“老上海”符号的提炼与改造，创造出传统与现代相融的公共环境和体验空间，从而使人获得归属感和认同感。提炼与改造的过程，关系到人的全面发展、文化多样性状态与格局。良性的文化生态格局的形成，既有外在的多样化，又有内在的包容性，“和而不同”与“兼容并包”并蓄。当前，尤其要防止借保护“老上海”元素之名，行毁坏人文生态之实。城市的人文精神是城市文化的内核，要让更多的市民理解这种人文精神。

39. 留住爷爷奶奶的优雅格调

怀旧的《夜上海》歌声依旧，不夜城的灯光在歌声中璀璨了百年。浦江两岸崛起的新的建筑提醒人们，

▲ 百曲争鸣，万舞齐绽：1956年8月16日，国棉八厂职工与张华浜船舶修理厂工人联欢夜游黄浦江

旧上海的往事已经渐行渐远，青春的新上海正款款走来……中共上海第九次党代会明确号召，与时俱进地培育城市精神，大力塑造“海纳百川、追求卓越、开明睿智、大气谦和”的新形象，使全市人民始终保持艰苦奋斗、昂扬向上的精神状态。这一指向表明了上海城市精神未来的发展方向，也是铸就上海城市精神魅力的行动指南。

现在上海的青年，或许他们的爷爷在汇丰银行做过事，他们的奶奶在圣约翰大学上过学，或许他们的外公在百乐门夜总会喝过杜松子酒，他们的外婆在仙乐斯舞厅跳过狐步舞……那些20世纪30年代遗留下来

▲ 20世纪30年代上海姑娘举行传统婚礼乘坐的花轿

的物品——模糊的老照片、发黄的月份牌、昏暗的汽灯、锈迹斑斑的怀表、破旧的老爷唱机，可能真的会不经意地勾起他们对往事的追忆。老上海人的这些优雅格调，正是年轻人的精神追寻，也是上海文化传统的宝贵财富。有一句流行歌曲的歌词叫“把根留住”，保持好老一辈人的精神气质和优雅格调，就是留住上海城市的“根”。

16个字概括的上海城市精神，可以说是在千年城市文明进程中对个性化的城市精神特质和优雅格调的最好诠释，这种特质与格调带给上海不断发展的勃勃生机。城市犹如一个人一样，城市的力量并不是几个标志性建筑或者建造了多少高楼所能代表的，就好比我们的身体，如果只有骨架和肌肉，而没有强大的精神支撑，即使再强壮的身躯，也很容易被击垮。城市精神也不只是曾经创造过多少文化事件的辉煌，因为时代在发展，城市精神也在继承中发展，城市精神永远是一个城市的历史文化、建筑风貌、市民的文明程度、价值取向等各方面的综合反映，集中体现了一个城市的政治、经济和文化面貌。

上海城市精神的16个字里，“大气谦和”就是优雅格调的表述。优雅是一种很纯粹的气息，是一种天然去雕饰的韵致。优雅是一种积极的、进取的精气神，是一种高贵的象征，来自城市精神骨子里与众不同的自信、高雅、智慧、浪漫和独立。就是这种优雅，使得上海像个大熔炉，南来北往的各路人物聚集在这里，形成一种很独特、很宽松的文化，它是东方和西方、传统和现代、海洋文化和内陆文化很和谐地相容磨合之后而形成的一种文化。上海又是一个一直在求新求变的城市，这里的居民练就了一种超凡的本领，惯于把外来的东西与传统的东西进行巧妙嫁接，天衣无缝地为我所用。

优雅的城市精神，就如同一本散发着淡淡香气的书，吸引着世人的目光。它是空谷幽兰，又如莲花绽放，它来源于高雅的精神追求。百年来，也许是欧风美雨洗礼的结果，上海人在生活方式和价值观念等方面，习惯向国外看齐，接受外国的新事物、新时尚较快，喜欢追新求变，引领潮流，而且这种过程很自然、很理性，没有文化心理障碍和习俗障碍，也不会出现非理性的疯狂现象。上海人的“洋气”是100多年来文化熏陶的结果，是骨子里的，在不经意间表现出来，内在散发

▲ 20世纪80年代，和平饭店老克勒爵士乐队

出来的气质是装扮不出来的，也不是嘴上叼个烟斗，头上戴个罗松帽，自称什么“老克勒”作秀出来的，那是一种恶俗。实际上，优雅气质看起来很平静自然，无处不在，是“内功”深厚、涵养丰富的表现。看上去有点“洋气”，这种“洋气”，已经内化为老上海人的一种文化心态。

生活中，有一种无言的情怀，一个城市的历史风貌影响着城市精神的塑造。上海开埠以来170多年的城市历史有其特殊性，特别是近代以来曾经成为世界多国殖民势力的争相聚集之地，在这期间，他们设租界、建教堂、办教育、开舞厅等，并带来自己城市的特点。同样，长江三角洲地区的城市传统也深深影响着上海这座城市。海派文化中讲究实用、精于算计而又细腻、精致、审美化的倾向，与江南士大夫浪漫、颓废、唯美等心理传统融合在一起，在此基础上形成的城市风格，是许多国家的城市风格以及江南地区城市民俗的一种综合。这种由历史积淀而体现的上海这座城市海纳百川的精神情怀，极善于吸纳其他先进城市的城市品格来滋润和丰富自己。

最自然的绽放，就是最美的风景。今天，上海的改革开放以及海纳百川的品格更是吸引了世界各国精英，他们带来了各自领域的先进经验，对上海城市精神的塑造功不可没。这也推动了上海民众追求卓越的渴望。不论世事如何变化，这里有出色的地理环境、历史传统、文化基础、政策支持、市民素质等等。而这里最为动人之处，在于上海永远追求卓越的城市精神，建设了名列世界前茅的高楼，承办了APEC、世博会等世界级盛会。上海拥有世界的“高度”和世界的“速度”……不论岁月如何老去，这种追求卓越的品质始终在上海改革开放发展的动态过程中不断获得。

上海是中国人的上海，它深深烙下了中华民族的印记。一个城市精神所铸就的优雅，不能抛弃其自身的民族背景，这是中国人的城市，代表的是中华民族城市精神的丰富资源。在追逐中国梦、追求中华民族伟大复兴的大背景下，开明意味着不因循守旧，不抱残守缺；睿智意味着城市的智慧得到充分的激发。上海聚集了一大批优秀人才，他们的行为和业绩是对上海这种精神的最好诠释。

老子曰：“大成若缺，其用不弊；大盈若冲，其用不穷。”一座城市，她的内在精神，无需做广告，也无需向别人喋喋不休地吹嘘。岁月沉淀，清浊自显；岁月悠长，人心自鉴。大气谦和，心胸宽广，是世间最好的修养与美德。一个追求现代化的城市，其信奉的是理性精神，理性精神包括几大核心价值观，诸如：追求真理、崇尚科学、实事求是、自由进取、提倡法治等，作为得到中西方认同的价值观，它是现代化的基石。而理性的行为需要大气谦和的城市精神品格来支撑。

传统文化中倡导的大气谦和精神可以为城市现代化发展起到极大的推动作用。这可以理解为一种大气谦和的处世态度，具有国际大都市的胸怀，从而拥有强势的号召力和影响力。从根本上说，大气谦和的精神是一种对未来城市发展更为远大的眼光和把握能力。城市精神与人一样，无法用外在的修饰来掩盖和弥补，而内在的真实和富有，是外在的一切都无法取代的。无需为自己着墨，自自然然地散发着馨香，即便安静不语，也透着股别样的优雅和从容。

有人说，上海人优雅的城市精神，注重城市人的生存环境、价值尊严、情感理想、公平正义的发展机会等，它是人全面发展的基本需求，对上海的青少年大力加强城市人文教育的培养，注重品性和人格的培育，就显得更加重要。

40. 村镇文脉的“保护膜”

该说说上海郊区古村镇的“文脉”传承了。

提及村镇的文脉传承，首先想到的是人，人是文脉传承的主体。但是，现在有些现象还没有引起社会更多的关注。由于城市化发展速度过快，城市发展主要靠出让土地来支撑，政府投资基础设施建设、重大项目建设项目，改变城市面貌，土地出让金一次比一次高。一些利益团体靠盲目拆迁捞取更大的利益，当呼啸的铲车以刺耳的轰鸣声铲除着村镇各种建筑物时，村镇空间景观也在无可奈何地发生着改变。

老建筑没有了，文脉中断了，更可怕的是少数人钻空子，把违建房都算在内，骗取补偿款，客观上造就了一批“拆迁暴发户”，这些人本来大多是受教育程度不高的农民，不少人甚至只有小学、初中文化。当土地资源突然变为可随意消费的财富时，颠覆传统的致富模式也瞬间颠覆了他们的传统价值观和消费观。有的地方，房屋被征用后，每户获十几套房子的补偿，村民们的生活也随之改变，一夜暴富，钱都不知道怎么花。于是，文脉传承的根基铲掉了，原本住在那里的农民在巨大财富面前，手足无措了。于是，很多不伦不类的乱象发生了，“男买车，女买貂，孩子送‘贵族’幼儿园”成为普遍现象，还有人因为挥霍无度和赌博成瘾等恶习而重新沦为一贫如洗的穷人。

所以，今天谈论郊区村镇现代化进程的同时，如何定义古村镇的物质景观与地域文化认同之间的关系，如何保留城市古镇记忆，如何提高那块土地上人的素质，就成为当下一个很突出的问题。

古村镇的历史风貌是指人类社会发展过程中保留下来的活动遗址、遗迹和遗风，它是人类活动的产物，又是祖祖辈辈的人在时间中走过留下的痕迹。透过形形色色的历史文化古迹，可以追溯古村镇的历史渊源和时代特质。

上海开埠之前与江南其他古镇并无两致，河湖港汊，独特的江南水文化特色，依水而筑、面河而居的桥乡河街格局，曾经给世人留下难忘的印象。但一段时间以来，建设中存在“重新城、轻老街”“重外表、轻内核”“重洋化、轻本土”的开发思路，如松江新城为英国风格，嘉定安亭为德国风格，宝山罗店为北欧风格，浦东高桥为荷兰风格……还有什么泰晤士小镇、巴黎花园、罗马广场、欧陆广场之类的西方建筑式样被依样画葫芦地移入，这种模式切断了上海与周边江南文化的传承，使上海古镇的文脉受到了伤害。

上海古村镇与中心城区一样，是各种物质要素的理性系统，是物质环境与人两者的集合体。古村镇文化精

▲ 上海地区的沿海防护林

神与文化记忆则是村镇的典型品质，集中表现在村镇实体、街区空间以及镇上居民三个要素的品质上。意大利著名城市建筑学家阿尔多·罗西认为：“城市结构中有某些带有特殊性的主要元素，它们具有延缓或加速城市过程的力量。”古镇的历史街区可看作是多个要素的叠加，可以通过村镇街区形态，分析其中的三个要素：

其一，古村镇的物质形态要素。体现为地形地貌、空间形体、交通脉络等具有平面或体型维度的实体内容，上海周边村镇的物质形态要素主要可以归结为四个方面：河流脉络、街巷肌理、古街楼面与历史建筑群。

其二，古村镇的非物质形态要素。表现为社会文

▲ 上海七宝古镇古戏台

化、政治政策、经济技术等隐性内容，是物质要素形成发展的历史背景，村镇所依赖的非物质要素形态根基，正是街区文化的社会模式。村镇的文化精神就是村镇文化长期积淀而成的独特品质，特别是古镇，它的每一次蜕变，无论是现代化的变革，还是经济全球化浪潮下的转型，都需要物质空间的生产与更新，都需要该镇文化精神的传承与培育。只有文化精神支配下的村镇发展，才是健康的。

其三，就是长期居住在村落古镇上的原住民。要让人们记得住乡愁，留得住根脉，只有把传统村落里的原住民留下来，村里的记忆才能留下来，所有的历史也才能得以延续。现在许多是“腾笼换鸟”的做法，赶走原住民，重金安置到其他地方去，这种做法是错误的。保持传统村落的原汁原味绝不是意味着不能改变落后的居住条件，当然也要让原住民过上好的生活，改善他们的生活品质，最好的办法是把现代科学技术融入农村生活里。所有的生活硬件要让人们感受到便利、舒服，比如自来水、取暖、煤气、电视信号、交通等。

现在“腾笼换鸟”的做法普遍存在，与村落古镇三要素的理论背道而驰。在保护主要的物质要素的同时，我们更需要重视对非物质要素的传承，即村镇文脉的历史传承。古村镇文化精神是物质要素的无形“保护膜”，要保护古村镇和历史街区，就必须尊重和发扬这种文化精神。江西婺源的古村改造就给我们很好的启示，动拆迁中，村民要盖新房子，当地主事者就请建筑师按照本地的特色去设计建房方案，设计出六七种房子样式，村民可以选择其中一种样式建造，屋子里面都是现代化的设施，但屋子外面还是传统村落的样子，包括花草树木的位置。利用现存或新规划的街巷空间，形成多个联系紧密并各具特色的群众文化生活场所，吸引并引导原住民融入古村镇街区互助友爱、平安和谐的社区生活氛围之中，使地域文化的历史文脉得以延续。如果强行拆除一个时期的建筑，一段时间的物化历史也就会消失，村镇历史发展的链条就会发生断裂。

在古村镇改造过程中保留文化记忆，首先应有选择地保留历史建筑的精华。这不仅可以丰富城市景观，还可以为市民了解历史提供辅助记忆和提示，让想了解历史的人们重温与回顾。其次，应尽可能地保护村镇建筑原址。保护城市建筑物原址，就是保留村镇文化记忆的真实性。再次，应保护古城最真实的历史文化生态环境，尤其是成片的历史街区。历史街区是历史上人类组合成群体在城市生活的空间，是完整的历史人文环境，有形的建筑和无形的文化魅力在此交融、辐射，呈现真正的城市生活史。保护村镇的历史街区，就是保护历史上这个地域居民生活的真实情境，也是保护现代村镇民众的根基所在。

开放创新

41.“创新驱动，转型发展”

从1843年上海开埠一直到1949年上海解放的前夕，随着工业化的进程，上海的产业布局主要分布在苏州河和黄浦江沿岸。从19世纪60年代起，外国资本家开始在中国开设工厂，主要集中于苏州河以北和黄浦江西岸。到20世纪30年代，上海工厂总数占全国一半以上，成为全国最大的工业城市，1930年，杨树浦、南市、曹家渡、闸北4个工业地区布局了工业企业1 781家。1934年，当时的上海市政府制定了《上海市工厂设厂地址暂行通则》，根据该通则，吴淞、闸北、南市、浦东等地区为可设企业的区域，进一步从政府控制的层面上，形成了上海的总体工业格局。相应地，在上海也形成了沪东工业区、沪西工业区与沪南工业区。到1949年上海解放的前夕，上海市工业企业达到10 079家，其中布局在规定区域内的企业2 263家，占全市工厂的22.5%（于欢《上海产业空间布局的演变和优化

▲ 延安高架路东段

建议》)。

新中国成立后，上海获得了新生，随着工业化和城市化的发展，根据国家对上海的发展要求，上海的产业布局和区域功能也逐步调整，在不同历史阶段逐步改造、拓展、转型，其空间布局也相应发生演变。

新中国成立以后至第一个五年计划，上海作为一个老工业基地，理当为共和国作出应有的贡献。那个时候，主要是练“内功”，通过不间断地挖掘潜力，对城市已有工业基础进行改造，积极响应党中央的号召，支援国家建设，同时也为维护上海城市安全，将混杂在居住区内的易燃、易爆危险品工厂迁往郊区。这一时期最为突出的贡献，是按城市规划要求，新辟建了桃浦工业区。

1956—1957年，根据“充分利用，合理发展”的方针，上海城市规划开始思考适应新的历史要求，对全市工业布局进行调整改组。在近郊形成漕河泾、北新泾、彭浦、五角场、高桥、庆宁寺、周家渡、长桥8个有行业特点的工业区。彭浦机电工业区和漕河泾仪表工业区就是在那个时期规划建设的。1956—1960年期间还先后扩建了周家渡、北新泾、吴淞、高桥等近郊工业区。1958年，国务院先后两次批准将江苏省宝山、嘉定、川沙等10个县划归上海市，为卫星城镇的规划和建设提供了条件。为分散一部分工业企业，减少市区人口过度集中，到1959年，中共上海市委、市人委决定开辟建设闵行、吴泾、安亭、松江、嘉定5个卫星城镇。1971年，在金山县金山卫建上海石油化工总厂，1978

▲ 1993年建成的杨浦大桥雄姿

年宝山县盛桥、月浦、石洞口一带建上海宝山钢铁总厂，分别形成上海第六、第七个卫星城，成为全国石油化工和钢铁工业基地。卫星城镇的规划建设，使上海城市布局发生了重大变化。已形成的卫星城各具特色，对合理分布和发展工业、促进郊区建设发挥了一定作用。

改革开放后，上海城市的产业布局有了新的变化。1984年，国家提出进一步开放沿海城市，并提出了兴办经济技术开发区的决定。上海规划建设了闵行经济技术开发区、漕河泾新兴技术开发区、虹桥经济技术开发区。这三个开发区都是按照城市规划要求进行选址定点，并编制详细规划指导其建设。1986年10月，国务院批准《上海市城市总体规划方案》，根据该方案对调整工业布局的要求，加强卫星城市政建设，一批在市中心区的企业迁往市郊。直至1990年，国务院宣布开发开放浦东，明确了以浦东开发开放为龙头，尽快把上海建成国际经济、金融、贸易、航运中心之一。围绕建成“四个中心”的目标，上海开始了新一轮产业结构和布局调整。浦东新区规划和建设了陆家嘴金融贸易区、金桥出口加工区、张江高科技园区和外高桥保税区。到1990年，市中心10个区剩下工业企业5 739家，占全市工业企业的43.8%。20世纪80年代，郊区乡镇工业也蓬勃发展，形成分散布局的格局。与此同时，根据城市总体规划，将中心城内环线以内的工业向市郊迁移，形成青浦、嘉定、莘庄、松江、奉浦、宝山、康桥、金山、崇明9个工业园区，并将郊区分散的工业向园区集中，建成45个县级工业区，接纳从市区迁入的工厂，引进“三资”项目。

进入21世纪后，上海提出“创新驱动，转型发展”发展战略，进一步转变经济增长方式，加快发展现代服务业，推进产业结构战略性调整。随着服务经济的发展，上海工业在整个经济中比重有所下降，但总量规模和技术水平仍处上升趋势。上海产业布局呈现出两个清晰的思路：一是围绕“四个中心”和国际大都市建设，二是围绕发展现代制造业。经过反复酝酿与总体规划，上海的产业布局逐步形成了外环以内的中心城区以发展服务业为主，外环线以外的郊区主要发展工业和农业为主。产业空间形态上形成了所谓的“一核、一带、三圈、四轴”。

所谓“一核”，就是面积大约为35平方千米的中央商务区与中央商业区，具体范围西部到乌鲁木齐路、东部到陆家嘴、北部到天目路和老北站、南部到复兴路和陆家浜路；“一带”是指沿虹桥机场—虹桥开发区—南京路、陆家嘴、世纪大道两侧的现代服务业发展带；“三圈”是指中央商务区与上海内环线之间的第一个圈层，内环线和外环线之间的第二个圈层，以及外环线以外到上海边界的第三圈层；“四轴”是指沪宁高速、沪杭高速、长江滨江、杭州湾滨海等沿线4个产业发展轴。“四轴”中的沪宁、沪杭两条产业轴是较早发展起来的，是长三角“Z”形产业发展带的重要组成部分；滨江、滨海两条产业轴是20世纪90年代中期以后发展起来的，主要是依托浦东机场发展的航空港，以及洋山港“深水港”发展的临港型产业。

产业空间形态上的“一核、一带、三圈、四轴”取得了明显成效。首先使中心城区的工业比重大幅度下降，由1995年的50%下降到25%以下，郊区工业比重上升到75%以上；同时也使开发区工业产值比重，由2005年的36%上升到50%以上。跨国公司大项目进入工业区，并吸引众多中小企业的集聚，形成产业链和产业群。经过产业布局的调整，上海中心城区的功能转型，初步形成中央商务区、商贸中心和金融区。

42.“粮仓”变“秀场”的启示

老上海都知道民生路码头，民生码头曾经是上海港储藏、转运粮食、糖业的集散、装卸专业码头，码头上的8万吨筒仓，曾经是亚洲最大的粮仓，是上海人赖以自豪的“远东第一流”仓储建筑，是民生码头中最具震撼力的码头建筑。然而，随着黄浦江岸线产业转型、工业外迁，这个亚洲最大的粮仓也将随着改革开放的历史洪流，逐渐失去它原有的仓储功能，淡出上海市民的视野。

从严格意义上讲，这个亚洲最大粮仓不能算作工业遗产，因为它建成至今只有22年，年头不长，但作为“不会再出现的建筑空间类型”，它又可以称为重要的工业遗产。作为曾经的生产建筑，筒仓的建构直接呈现了因工业生产的需求而具备的巨大力量。上海每两年举办

▲ 上海8万吨筒仓变身艺术仓库

一届“上海城市空间艺术季”，曾以民生码头8万吨筒仓及周边开放空间为主展场，筒仓不再是曾经的亚洲最大粮仓，而是城市空间艺术的秀场。8万吨筒仓共释放13 000平方米的室内展厅，加上北面沿江的257库部分室内空间，室内展示空间共16 000平方米。

城市之善，在其美好；城市之美，在其养民。根据国际通行的《巴拉宪章》中的“改造性再利用”原则，其关键在于为某一建筑遗产找到恰当的用途，这些用途使该场所的重要性得以最大限度地保存和再现，对重要结构的改变降低到最低限度，并且使这种改变可以得到复原。对工业遗产的修缮和保护，更应在延续和保护其历史价值和文化意义的基础上，使其在新的时代和社会背景中获得新的价值和意义。筒仓改造最大的难度在于如何利用好巨大而封闭的筒，既保持原有外观，又能体现建筑已被赋予的新内容，这个平衡点给主持设计这个项目的建筑师带来了难度与挑战。

展览中既引入著名艺术家的展览作品，赋予了新的语境和观感体验，又有艺术家根据展场特质进行创作。通过“空间艺术季”，让来此参观的市民从老地标、老建筑中，更加深入地了解上海的历史，思考未来上海滨水空间以及城市公共空间发展的方向，也能够学习世界的城市案例和公共空间的艺术。

民生码头作为滨水空间的一部分，作为黄浦江两岸45千米岸线公共空间贯通的重要节点，即将成为浦东文化艺术的新地标，将以真实的改造案例去连接和重整原先断裂的城市空间，构筑开放的滨水平台，真正提升黄浦江两岸开放空间的潜在价值，并以此激发更多有着相似“连接”性的未来公共空间。

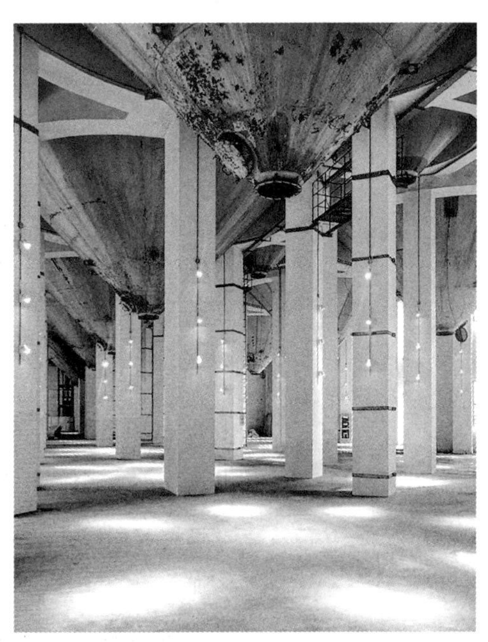

▲ 8万吨筒仓是在“改造性再利用”原则下的一次积极尝试

最大粮仓变艺术季秀场只是上海城市转型的一个案例。进入新世纪以来，上海还经历过大规模旧区改造的艰难更新。上海市政府要求“通过土地利用方式转变来倒逼城市转型发展”，这标志着上海进入了更加注重品质和活力的“逆生长”发展模式。所谓“逆生长”，用一句以前流行的广告词:“今年20，明年18”，就是城市越来越年轻、越来越有活力。上海城市发展模式在转变，上海城市更新的理念和方法也在转变。

如今，上海“新地标”不断涌现，“多功能经济中心”拔地而起，网络上盛传的“魔都十大新地标”，那是未来的畅想，还是先盘点一下已经建成的“十大建设成就”吧。

海上皇冠——东方体育中心，成为市民健身的一片新天地。

世界的对话——世博建筑群屹立浦江之畔，世博园的各个片区，汇聚着不同国家、地区和组织风格迥异、精彩纷呈的场馆，成为世界各国多元文化交流对话的大平台。

世纪精品，生态滨江——黄浦江两岸沿线综合改造初见成效。这里新老文化元素正汇聚融合，凸显着现代、时尚的国际风情，将引领大都市的人文时尚潮流。

时尚与经典并存——外滩综合改造展新貌。改造后的外滩得以从原来繁忙的交通功能中解脱出来，其现代金融中心、城市旅游地标的功能得到空前凸显。

苏州河印象——苏州河水岸景观建设。苏州河文化长廊和苏河湾滨水城市综合体互补联动，生态、文化、工业文明互相映衬。这里已逐渐成为上海市区人水和谐，集生活、休闲、观光和商贸于一体的一道靓丽景观。

南隧北桥，江海飞虹——长江隧桥、崇启大桥建成通车。作为“长江入海第一桥”，具有银链卧江、雄姿英发之势，是世界上最大的公轨合建桥梁，也是我国在台风区建成的最大跨度斜拉桥。

摩天揽胜，上海新地标——陆家嘴地区魅力独具。东方明珠、金茂大厦、环球金融中心“三足鼎立”于高楼丛林，尽览上海都市全景，上海中心更是高达632米，雄踞沪上，傲视全球。

海上升明月——国际大都市里的“中国节”。近年来，市民群众每逢春节、清明、端午、中秋、重阳等传统佳节，都会举行“迎春送福”，“祭先烈、敬先贤、忆先人”，“彩粽飘香”，“九九重阳、九九关爱”等丰富多彩的主题民俗活动来庆祝节日，弘扬民族文化。

“绿宝石”扮靓都市——辰山植物园等大型园林相继建成。坚持城市可持续发展，在不断提高城区绿化率的同时，积极拓展着“绿色上海”新空间。

五光十色新农村——上海特色村镇建设方兴未艾。上海村镇建设兼重美化环境和社会服务功能，一批特色村镇闪耀异彩，更大范围的村镇建设改造工程注重拓展工作内涵和外延，改造后的村庄实现了水清、岸洁、宅净、路平、桥安的目标，呈现了江南水乡的田园风光。

上海高度又被刷新了！浦东有上海中心，而作为问鼎“浦西第一高楼”的白玉兰广场，已正式亮相。

上海“新地标”的显现与“多功能经济中心”的建设，承担着重要的使命——“当好改革开放的排头兵和创新发展的先行者”，并要在建设“国际经济、金融、贸易、航运四个中心”的基础上，建设具有全球影响力的科技创新中心。

43."海上丝绸之路"出发地

1 000多年前，作为对外贸易港口，上海最早港口青龙镇，从唐代中晚期至南宋末期，延绵500年。其中，最繁盛辉煌的是北宋到南宋的100多年间，其间开辟了海上丝绸之路的航线，一直存活在历史古籍和民间传说里。经上海博物馆考古部长期的考古调查和勘探，终于撩开了这座湮没于地下数百年的港口重镇的神秘面纱，找到了遗物佐证。消息传来，令人振奋。

习近平总书记在2013年9月和10月分别提出建设"丝绸之路经济带"和"21世纪海上丝绸之路"的倡议，强调相关各国要打造互利共赢的"利益共同体"和共同发展繁荣的"命运共同体"。这一跨越时空的宏伟构想，

▲ 青浦青龙镇最新考古发现：上海曾是"海上丝路"重要节点（曹俊、叶田媛等根据考古文物复原绘制）

对促进欧、亚、非经济贸易一体化，为深化改革和经济转型创造外部环境具有重要意义。古代上海青龙镇就曾经是海上丝绸之路的出发地，当今的21世纪海上丝绸之路，上海是窗口，是桥头堡，更是龙头。长三角地区是我国经济总量最大、最具竞争力的区域，上海要发挥龙头作用，协同整个区域参与全球竞争和合作。

当年玄奘西行求法、鉴真东渡日本、郑和七下西洋……文化交流让中华文明的独特魅力绽放于全世界。如今，“丝绸之路经济带”和“21世纪海上丝绸之路”同样与文化交流关系密切。文化交流本身所带来的最重要的成果是文明的传播。如今“一带一路”所讲的政策沟通、设施联通、贸易畅通、资金融通、民心相通这“五通”，都与文化交流密切相关。

海洋是各国经贸文化交流的天然纽带，共建“21世纪海上丝绸之路”，是全球政治、贸易格局不断变化形势下，中国连接世界的新型贸易之路，其核心价值是通道价值。尤其在中国成为世界上第二大经济体、全球政治经济格局进一步发展的背景下，“21世纪海上丝绸之路”的开辟和拓展无疑将大大增强中国与世界的交流与合作。“21世纪海上丝绸之路”和“丝绸之路经济带”、上海自贸区、高铁建设等都是基于这个大背景而提出的。

从海上丝绸之路开始历史使命的那一刻起，伴随着商品的不断交换，文化交流也悄无声息地开始了。在这一过程中不能说是谁改变了谁，或是哪个国家占据了主导地位，只能说每一个参与交流的国家都是受益者。因此，丝绸之路沿线的文化交流为古代丝绸之路文明史谱写了重要的篇章。推进“21世纪海上丝绸之路”的实施，既促进世界海洋贸易的一体化发展，也提升了中国在全球海洋贸易中的话语权。

上海地理位置优越，地处中国东部沿海经济发展带长三角地区的核心，作为长江经济带的龙头，将“丝绸之路经济带”与“21世纪海上丝绸之路”连接起来，通过“四大中心”、自贸区建设和发达的立体交通网络，形成对“一带一路”经济区的辐射效应。特别是上海港连接欧亚大陆桥与太平洋海运，是我国海陆双向开放的重要节点，是服务“一带一路”建设的欧亚海陆运输枢纽和经济辐射中心，是中国面向欧亚大陆和亚太地区开放的核心。上海的经济地位决定了上海必将成为“一带一路”的龙头。

▲ 上海女子共展旗袍魅力

作为国家首个自贸试验区，上海自贸区历经4年多的“先行先试”后，取得了显著成效。目前我国已经与13个国家和地区建立了自贸区，涵盖了我国30%左右的进出口贸易总额，初步形成了立足周边、辐射“一带一路”、面向全球的自贸区网络。目前已经基本形成了以服务实体经济发展为核心的金融制度、由注重事先审批转为事中事后监管的政府管理制度，创新制度的顶层设计已经完备。下一步的重点是继续加大对制度和政策的规范化和法制化，尤其是制定并完善可供执行的实施细则。上海自贸区是中国在激烈的国际竞争中突围的一块重要探路石，有助于建立起新的竞争优势，向全球价值链上游攀升，推动贸易结构和产业结构全面升级，提升参与国际分工水平，与国际通用规则接轨，为上海创造条件集聚航运资源、健全航运服务功能。

开放是上海的宿命。通过“21世纪海上丝绸之路”的实施，可促进中国与东盟等沿线国家的贸易一体化，扩大贸易往来。同时也为上海具有比较优势的制造业走出去创造了国际市场空间，将带动产业转型，提升国际竞争力；进出口贸易量的增加将进一步凸显上海的国际贸易中心作用。上海港从2010年起就成为世界第一大港，货物吞吐量连创历史新高，集装箱吞吐量继续保持世界第一。要紧紧依托自贸试验区的平台，加快改革步伐，尤其在金融、航运、贸易、文化、信息服务等领域，在准入、交易、资金流通、减免税等方面，通过试点逐步放松管制、改革体制、降低税制、强化法制，提高物流运转效率，降低资金投资经营的成本，促进信息化服务水平，进一步提升上海对全球物流、资金流、信息流等资源配置的效率，营造适应一体化发展的市场环境。

“21世纪海上丝绸之路”的实现，对上海也是一个重大利好，为了提高上海对全球海洋贸易主导权的竞争力，国家将会依托自贸区改革，给予上海更多的创新空间。各类实物资源通过贸易向上海港集聚，在上海进行交割、中转或就地消化。货物交易的主体是企业，必然有大量的跨国企业落户上海，寻找商机，大量国际资金随着货物交割而来，银行、保险、融资等各类金融机构将集聚上海。此外，随着经济、文化交流的日益频繁，各方面的人才也将集聚上海。要素资源的集聚和产业的发展，将为上海构建21世纪海上丝绸之路城市并成为国际经济中心奠定基础。

44.“世界不再是平的”

美国有位叫托马斯·弗里德曼的新闻记者，在2005年写了一本书，名字叫《世界是平的》，他在书中描述了当代世界发生的重大变化，科技和通信领域如闪电般迅速地进步，使全世界的人们可以空前地彼此接近——在印度和中国创造爆炸式增长的财富；挑战美国一些富有的资本家，比美国人更快地占领地盘。用一句话表达他的观点，就是互联网的流行和普及，“跨越了国界，抹平了世界”。

这句颇为夺人眼球的时髦观点提出没几年，眼花缭乱的世界又颠覆了弗里德曼的观点，因为10多年后的今天，全球科技行业最大的变化就是移动互联网的兴起。相比PC互联网的软硬标准化，移动互联网在通信标准、操作系统、设备终端各个层面割据分裂的现象非常严重，直接导致“世界不再是平的”，整个产业格局走向了分裂。

在互联网方兴未艾的时代，微软和谷歌曾经是家喻户晓的世界级巨头，而到了移动互联网时代，区域性品牌的崛起取代了全球性巨头一统天下的局面——一种移动互联网产品能在一个市场里称雄，但在另一个市场可能什么都不是。仅以即时通讯领域而言，微信在中国市场一骑绝尘，日本和东南亚主要是Line的势力范围，而在韩国，人们都用Kakao Talk，真是“一人一把号，各吹各的调”。从移动互联网在国际上的现实情况看，群雄割据，各霸一方，建设人类命运共同体，确实很难。

当前，全球基础设施仍显薄弱，不连不通、连而不通、通而不畅的现象普遍存在，贸易投资安排趋于分散，国际资金融通依旧困难，互联互通建设滞后成为制约世界经济和社会发展的障碍。人类需要做好互联互通这篇大文章，拉近各国在地理空间、物理空间和制度空间上的距离，保障全球生产要素自由流通，深化和扩大各国之间的交流与合作，为全球发展打通经络、舒筋活血。“一带一路”致力于加快沿线地区的互联互通建设，推动“政策沟通、设施联通、贸易畅通、资金融通、民心相通”五大领域齐头并进，实现全方位、立体化、网络化的大联通。政策沟通是“一带一路”建设的重要保障，设施联通是“一带一路”建设的优先领域，贸易畅通是互联互通的重点内容，资金融通是“一带一路”建设的重要支撑，而民心相通则是“一带一路”建设的社会根基。通过广泛开展文化交流、学术往来、人才合作等活动，能够奠定双多边合作的民意基础。

世界如此，上海与周边城市就更得互联互通，不过这里则更多地称之为“协同发展”或者“对接”。《上海市城市总体规划（2016—2040）》明确提出：优化上海大都市圈格局，构建上海与苏州、无锡、南通、宁波、嘉兴、舟山等“1+6”协同发展大都市圈。这表明，长三角城市群一体化进入更深层次的协同发展的新阶段。“接轨”，正成为众多长三角城市的共同行动指南。浙江省批复嘉兴市设立“浙江省全面接轨上海示范区”。上海与周边城市在地理位置、要素资源、产业基础、人文传统上各有特点，故现阶段在产业发展上还存在着梯度和差异，有专家建议，完全可以通过协同合作、精准对接，实现双方的优势最大化。其中，产业对接是重中之重。江苏、浙江许多省市都很重视与上海的全产业链的对接，加快园区转型升级，促进园区规范化、集约化、特色化发展。

▲ 1998年落成的上海社会科学会堂

许多城市都提出“接轨上海，交通是支撑，产业是重点，而创新是核心”。当前长三角经济发展普遍走到转型“关口”，接轨上海，眼光不能只盯着交通互联互通、产业转移承接，关键要在更高层面上聚力对接上海创新资源，实现借力发展、借势提升。上海正致力于建设具有全球影响力的科创中心，与上海周边各个城市目标同向，必然带来同频共振，也必然带来发展机会。

再把视线放到上海各区之间，各区所属街道与乡镇之间，乃至各个社区、小区之间，直到人与人之间，同样存在“区域一体、互联互通”的话题。比如各个社区群众看病治疗，由于医疗资源分布不均衡，基层医疗机构的医疗质量不能得到有效提高，大量的患者仍倾向于去大医院或中心医院就诊，致使大医院人满为患，社区卫生服务中心门可罗雀。不要说在世界范围，就是在我们家门口，也呈现出“不再是平的”状况。这就需要对传统的业务流程进行革新，纵向整合区域医疗资源，提出区域卫生信息化的新路径，在不改变原系统整体架构的前提下，实现跨系统的业务整合，将平台跨机构、跨业务的信息整合与业务调度的优势落到实处。

再比如，行政审批制度的问题。目前对外实施的市级审批事项有600多项，比审改开始前的2 027项有了较大幅度减少。从前老百姓“门难进，脸难看，事难办”，为一个审批事项，常常要跑许多次，抱怨之声不绝于耳。近年来，上海市政府紧紧抓住制度创新和职能转变这两个关键环节，聚焦重点，深化改革，不断创新，为创新驱动、转型发展提供更加良好的政府服务环境，每年确定改革重点，滚动推进审改工作，有效改变了政府管理经济社会的方式、手段和内容，推动了行政效率提高，审批事项大幅减少，方式不断改进，功能有效发挥。经过对全市范围内审批事项的4轮集中清理，建立起审批事项目录管理制度，从源头上杜绝随意设立审批事项的可能；先后探索实施了网上审批、并联审批、告知承诺、备案等一系列创新举措，广受欢迎。这种改革的意义，在本质上也是“互联互通”啊！

45.“烂泥路”上崛起的金融城

浦东陆家嘴有一条路，路名叫“烂泥渡路”，许多人纳闷：“什么烂泥渡？怎么上海还有如此怪怪的地名？”

说起“烂泥渡”，又要说到吴淞江了。北宋吴淞江的支流被称为“浦”的河流很多，有的“浦”一直保持至今，如大盈浦、赵屯浦、槎浦、小来浦等，有的经考证，是今天某一条河或地名，如上海浦、下海浦。宋代范成大纂《吴郡志》中大段摘录郏亶《吴门水利书》的内容，其中就提到“烂泥浦”，“烂泥渡”得名也许就与“烂泥浦”有关。“烂泥浦”边上还有过一个小镇，名字就叫烂泥渡镇，过去有民谣说：“黄浦江边有个烂泥渡，烂泥路边有行人路过，没有好衣裤。”

21世纪之初，这里的几家房地产商因“烂泥渡”之名不佳而影响了房产的价格和销售，当地的居民也因为住在“烂泥渡路”会被人们误解是住在泥泞烂泥的棚户区而感到不舒服，经相关部门批准，这条“烂泥渡路”的北段现已并入新建造的银城中路，南段更名为浦明路。

历史上的烂泥渡路，确实是一个渡口，明永乐年间（1403—1424年）开凿黄浦江以后，江上还没有桥梁，浦东与浦西的交通全靠渡船。明嘉靖年间（1522—1566年），朝廷已在现洋泾、东沟等地设有官渡，由官府管理。清代开始，官渡称为“义渡”，设“义渡管理局”，船只购置、渡工工资等所需经费全靠地方热心人士集资，渡江船只主要是舢板和木划子。至清嘉庆十三年（1808年），已形成老摆渡、杨家渡、赖义渡（义渡管理局设的官渡）等8个著名的渡口，时称“八长渡”。

上海开埠后，浦西外滩沿岸逐步繁荣，其中最热闹的铜人码头（今南京东路外滩）对岸正是浦东的赖义渡。1914年，烂泥渡路为赖义渡路，是通往赖义渡的马路，而这个“赖义”就是“被民众信任和依赖的义渡”的意思，“赖义”与“烂泥”在上海话中发音是一样的，才被错讹为“烂泥渡”。据说官府当年在赖义渡口前修了一条弹硌路，并将这条路正式定名为“赖义渡路”，也就是烂泥渡路的前身，这也是当时陆家嘴地区靠近黄浦江最近的一条南北向道路。

20世纪初，随着沿江地区纺织厂、英美烟厂、太古栈、隆茂栈等一大批中外厂商落户陆家嘴，协兴戏馆、茶楼酒馆、南北杂货、肉店鱼摊、新老当铺等商户密布全街，赖义渡路逐渐发展成浦东地区繁华集镇，连1928年3月创办的浦东地区第一家银行浦东商业储蓄银行（简称浦东银行）也专门设置了赖义渡分行。由此，赖义渡路不仅成为一条热闹、嘈杂、拥挤的商业街，亦成为贯通陆家嘴地区南北交通的干道。抗战期间，赖义渡路沿街的协兴戏馆和部分商店被日军烧毁，赖义渡路失去了商业街的功能，大批客商转移到不远处的东昌路。赖义渡码头也逐渐湮没，被移作货栈。

开埠之后，烂泥渡还曾经有过几次大规模的人口迁徙。当时有大量的工厂入驻浦东烂泥渡，随着工厂大批迁入，大量企业员工和家属成为烂泥渡的居民。尤其是到了20世纪六七十年代，烂泥渡路区域的人口剧增，这里便成了浦东地区危棚简屋和违章建筑的集中地。

谁能想到，随着浦东改革开放的大潮涌起，市政改造步伐加快，烂泥渡路竟托起了一座金融城。如今，浦东地图上再也找不到这个当年“声名在外”的路名，取而代之的是一条串起许多金融楼宇的银城路。当东方明珠高高耸起，金茂大厦、上海环球金融中心、上海中心等著名地标先后落成，烂泥渡路连同这一片危棚简屋彻底消失，取而代之的是一个令世界刮目相看的陆家嘴金融中心。在仅1.7平方千米的陆家嘴金融贸易区核心区，林立的高楼大厦内，密布着众多像泛亚班拿这样的跨国企业总部，以及各种央企、民企、金融机构等的总部，使得这里就像一个“总部大脑”聚集区，每天无数的指令从这里源源不断发向全国，甚至整个亚洲。而除了核心地带外，放眼31.78平方千米的整个陆家嘴金融贸易区，总部经济还在向腹地延伸，并逐渐凸显。陆家嘴管委会有关人士表示，从陆家嘴中心区沿世纪大道一路向

▲ 20世纪90年代建设中的陆家嘴

东到花木行政文化区，正逐渐形成一条“金融和总部的黄金走廊”。这条“黄金走廊”集中了陆家嘴大部分的金融机构和总部机构，成为陆家嘴金融贸易区内一条重要的经济动脉。

近几年来，随着服务经济内涵的提升，陆家嘴的总部经济正由生产型总部向投资型、管理型、研发型总部提升，着眼于完善以金融为核心的现代服务业产业集群，重点支持金融、贸易和航运三大支柱产业的总部经济发展。

烂泥渡路如今变成了银城路，在金色阳光下，路的北段一边是金茂大厦，一边是东方明珠电视塔，路的南段是美丽的滨江园，路东是巍然屹立的楼群和世纪大道，路西是滨江大道、滨江花园。这里旧貌换新颜，已经成为上海最现代化的地区。

▲ 上海陆家嘴金融城（图片来源：视觉中国）

留住记忆

46. 名胜古迹与资源保护

上海是国务院公布的国家历史文化名城之一，有许多历史文化风貌保护区及历史文化风貌保护道路。根据《上海市历史文化风貌区和优秀历史建筑保护条例》，历史文化风貌区是指“历史建筑集中成片，建筑样式、空间格局和街区景观较完整地体现上海某一历史时期地域文化特点的地区”。

上海中心城区划定的12处历史文化风貌保护区，包括外滩、老城厢、人民广场、衡山路—复兴路、南京西路、愚园路、新华路、山阴路、提篮桥、江湾、龙华、虹桥路历史文化风貌区，总面积约27平方千米。2005年，在郊区和浦东新区划定的32个历史文化风貌保护区，总面积约14平方千米。其中，朱家角、练塘、金泽、枫泾、张堰、新场、川沙、高桥、嘉定、南翔10个古镇被国家住建部和国家文物局批准公布为国家历史文化名镇，青浦泗泾镇下塘村、闵行浦江镇革新村为国家历史文化名村。

实际上，上海的名胜古迹和历史文化风貌保护区远不止这些，千百年来上海积淀的名胜古迹和历史文化风貌是丰富的文化资源，也是上海的文化资本。可以说，从物质文化遗产到非物质文化遗产，从民众衣食住行留下的艺术创造到世风民情的制度礼仪，从传说故事到民间习俗，已经形成了相当完整的体系，其中的大部分至今仍以活态形式存在，具有很大影响力。上海文化资源是一个包容面相当广泛的领域，涉及物态的、动态的、心态的和语态的不同范畴，或者说，包括物质的、行为的、精神的和语言的不同文化层面。

初步梳理一下，可提出以下六大部类：(1) 地方风味和衣食民俗资源；(2) 民居与公共空间的建筑文化资

▲ 上海市区唯一的儒教圣地文庙，已有700多年历史，又称“孔庙”

源；（3）旅游休闲和游乐游艺资源；（4）民间收藏和庙会文化资源；（5）城市交通与地下空间文化资源；（6）民间工艺与口承文艺资源。此外，有关上海城市起源、名胜古迹、风物传说、都市故事、掌故传闻等，往往因其积淀着上海城市的文脉而成为上海城市文化建设的无形资源。保护一座城市的非物质文化遗产，就其现实性而言，最重要的是守护这些文化资源的活态传承及上海城市的文脉。

为什么这些文化资源需要保护与利用？因为要守护我们的前辈——一代又一代为上海文化呕心沥血的学者、艺术家、艺人乃至老百姓的文化创造。保护上海文化资源，就是保护上海的文脉，是对上海历史与上海先民的尊重。

上海文化资源是上海人民的宝贵精神财富。在当今文化大发展大繁荣的背景下，第一位的任务是保护传承，而后再论利用与创意。不错，上海文化创意产业是取得了很大成绩，而且也涌现出不少货真价实的品牌，但当今的文化产业同质化的倾向也同样令人忧虑：一是缺少有个性的创意之作，也就缺少了文化资源的独特魅力；二是不少文化产业园区虽然占地不少，摊子铺得很开，真正有分量的创意却不多，已经不再是一个纯粹的文化创意产业的角色，而更多融入了商业地产的性质，成为文化产业的“二房东”“三房东”，离开了文化创意产业的本业，而变为一个“二传手”或者地产供应商，这就令人困惑了。

上海的名胜古迹也好，历史风貌区也罢，既然被认定为上海文化资源，首先就要建立一份“文化资源保护与利用目录”，下大工夫对上海境内的文化资源进行梳理，编制保护与利用目录。这样做，既可以明晰产权拥有者和保护知识产权拥有者的合法权益，又可以使政府有关部门心中有数，还可以形成产业、产权多元化的运作，使上海文化资源就像银行里的资本一样“动”起来，并在“动”起来的过程中实现价值与创造性转换。

那么，接着问题又来了：保护的主体与客体是谁？谁有资格来评定和评估？有人会说，现在不是已经建立一套“专家系统”了吗？但谁又来对这个“专家系统”资格进行鉴定？这方面可以借鉴国外文化产权机构的经验。未来的文化资源评估体系，可采用“6—2—2”的标准化机构评估方式，即“科学规范流程+科学鉴定+艺术鉴定（经验鉴定）”的鉴定方法。其中，鉴定评估测定的60%占比打分，要依靠一套标准化的程序与规则，20%依靠仪器和科技手段，另外的20%将由专家经验组成。这将打破现行的文化资源市场鉴定评估的“一家之言”，依附这套合理的鉴定评估体系，一两位专家意见将不再成为主导文化资源的关键。为使“第三方评估系统”真正落实并正常实施，保证“第三方评估系统”的公正、公开与透明至关重要。当今，进一步提高法律意识以维护上海文化资源的保护与利用走上健康的轨道已经迫在眉睫。

对上海文化资源，要采取精细化和标准化操作的理念，在形成上海文化资源保护目录的基础上，要制定标准，讲究章法，特别要克服“笼统模糊”的思维模式，将文化资源的精细化、标准化操作，看得慎之又慎。没有标准，胡乱操作，结果只能是没有章法，乱象丛生。

城市地域鲜明的名胜古迹和各种非遗项目，是上海城市宝贵的稀缺资源。任何时代的文化都是在以前时代文化传统的基础上发展，而不可能凭空创造和杜撰出来。上海文化之所以能够绵延不绝，靠的就是一代代上海人薪火相传、接续培育、不断创新。在保护上海文化资源的过程中，应认清传承与利用的双重品性，正确处理好继承和发展的辩证关系。

从这几年的情况看，上海文化的保护似乎有“剃头挑子一头热”的情况，政府抓得多，民众参与度仍有待提高。其实不是普通百姓没有热情，而要看文化保护与

▲ 青浦朱家角镇放生桥

利用政策是不是具有吸引力，是否以提升市民福祉为旨归，是否有利于提升城市创新力。许多社区的公共文化设施，市民参与的积极性都很高。如果只是做做表面文章，或者搞搞政绩工程，与广大市民切身利益没有什么关系，普通市民当然不会有积极性。所以，主要还在于如何将文化资源与市场、文化资源与民生、文化资源与市民生活进一步结合起来。当今时代，文化与经济、科技等的相互渗透与融合日益深入。文化经济化、经济文化化、文化经济一体化的趋势更加明显，从而让普通市民都认识到上海文化资源保护利用与自己的生活、与大家生活的城市空间具有密切关联性。所有文化资源的保护与传承，都是在人与人之间，通过信息传递来完成的。

历史上，上海曾经拥有世界瞩目的文化大师和文化名人，曾经有过令人激赏的文化辉煌。应通过我们一代又一代人的努力，自觉地深化对文化资源的保护意识，努力构建与现代化城市社会发展水平相适应、与城市功能相匹配的比较完善的公共文化设施，开拓文化产业发展空间，形成新的支柱文化产业，完善文化生产、经营和服务体系，优化文化发展格局，改善文化生态环境，使上海真正出现人才荟萃、精品迭出、和谐有序、走势强健的文化发展新局面。

47. 话说“黄浦江申遗”

世界上著名的国际化大都市都有一条河流相伴，如

▲ 1868年，上海外滩和黄浦江上的船只

伦敦的泰晤士河，巴黎的塞纳河，纽约的哈德逊河……这些河流，几乎都是著名的世界文化遗产或世界自然遗产。上海的母亲河黄浦江与众不同，她是一条独特的河、传奇的河，她由人与自然的力量共同造就，黄浦江理应申报世界文化遗产或自然遗产，上海要以“黄浦江申遗”作为上海文化产业发展的一个抓手，重新演绎和书写新时代上海人民文化创造的辉煌。值此文化繁荣与发展的时机，就来说说上海“黄浦江申遗”。

明代，户部尚书夏原吉接受幕僚建议，把吴淞江的支流大黄浦与范家浜打通，并挖深拓宽，上接泖湖、太湖之水，彻底解决水患问题。永乐元年（1403年），疏浚范家浜工程开始，一年之后，黄浦形成“阔二里余”的河道。明成化八年（1472年），在杭州湾筑成海塘，使流入杭州湾的河道堵塞，本来流往杭州湾的河流也逐渐汇入黄浦江。经过多年的疏浚治理，黄浦终于成为一条浩浩渺渺的大江，并逐渐取代吴淞江，成为上海的第一水上大动脉。黄浦江是历史上最早人工开凿疏浚的河流之一，也是由人工开挖改造加天然河道的组合，是人与自然完美结合的伟大工程，堪与世界文化遗产四川都江堰媲美。

清康熙开海通商后，黄浦江的江海通津功能得以发挥，上海的港口地位不断提高。乾隆年间，上海港的船舶多达3 000—4 000艘。港口兴旺带来了城市繁荣，街巷扩至60多条，百货荟萃，商贾云集，钱庄四起，会所纷现。600多年来，黄浦江汇聚着上海的灵气，两岸荟萃了上海城市景观的精华。黄浦江畔的变迁史，记录着上海历史的荣耀和辉煌，她成就了上海得天独厚的城市形象，塑造了上海独特的城市品格，扩大了上海的外延，也丰富了上海的文化内涵。世世代代的上海人筚路蓝缕，开凿和造就了黄浦江。同样，黄浦江反哺了上

▲ 20世纪20年代，黄浦江上桅杆林立

海城，她给予上海港新的生命与活力，缔造了上海的历史，上海依靠黄浦江生存、壮大，走向繁华。黄浦江对当今上海人民建设全球科创中心必将产生深远的影响。

事实上，黄浦江本身就是古代上海人民在水利工程中汲取民间创造性智慧的一个伟大创举。黄浦江是人与自然的共同杰作。被人们称为“中国古代四大水利工程”的郑国渠、都江堰、京杭大运河与浙江海塘，当然各有特点，而黄浦江作为古代的一项水利工程，虽然没有留下雄伟壮观、供人瞻仰的水利建筑遗迹，但她的特点就如同上海人性格中的“低调”与“简单”一样，以至于她的水利工程的身世渐渐被人淡忘，好像她与生俱来就是一条天然的河流。

古代的黄浦江工程，平淡中充满着智慧与力量。通过“简单”的衔接、拓宽等措施，借助自然水势之力，借力打力，获得丰硕的工程效果。投入相对小而效益巨大。自然水势在工程中产生了令人惊奇的力量，人的智慧在黄浦江工程中起了巧妙的关键性作用，她是古代人民利用自然力量开展工程的典范。“简单”，正是高效的反映。古今中外工程中，能称得上人与自然合作的工程并不多见，黄浦江依靠人与自然的协同而成就，难道不值得重视和借鉴吗？

“黄浦江申遗”，扬起了上海创造风景名胜与历史文化资源保护开发的一面大旗。在体制机制和思维观念上，应更多地提倡“多元、跨界和融合”的思路。举全市之力，形成文化管理部门与规土、房屋、文物等相关管理部门参与的协同机制，更多地运用上海市政府联动优势资源，整合与推进文化产业向黄浦江沿岸生态保护区集中。整合当前许多园区的产业集聚功能，形成产业规模效应，促进黄浦江沿岸文化产业集群发展，统筹协调全市黄浦江流经区域的资源配置，加强对黄浦江各类资源的保护与合理利用，完善“黄浦江申遗”与上海文化发展规划的组织协调和绩效考核等工作机制，形成工作合力。

“黄浦江申遗”不仅代表着新时代的潮流，更代表着黄浦江两岸曾经孕育的海派文化创新力特征的再度复归，使上海文化与科技、教育、商贸、金融相融合，从传统到现代、从浦西到浦东、从硬件到软件、从有形到无形，文化与不同产业之间相互渗透、相互交叉，最终融合为一体，从而引导举全市之力的跨界合作不断深入，形成黄浦江沿岸新产业的动态发展。

加大黄浦江沿岸文化遗产保护力度，特别应对接国家“一带一路”倡议，开展海上丝绸之路遗产点资源的重点调查，建成一批黄浦江沿岸文化资源保护、传承、展示、传播等多元功能的传习基地与生态保护区，为上海黄浦江当之无愧地成为世界文化遗产或世界文化记忆提供支撑。

“黄浦江申遗”需积极推动和激发上海民间的文化创造活力，支持艺术家多元创作，激发普通市民创造智慧，多元拓展上海的文化空间，利用黄浦江沿岸的城市广场、绿地、滨江等城市公共空间，形成艺术形式多样、内容丰富的“文化新载体”，运用信息、数字、网络、通信、计算机等加速文化的线上交互与线下体验的融合。

全球化和市场化促进了上海经济、文化和社会转型，具备了西方“消费社会”的初期特征。虽然黄浦江畔许多历史上具有重要意义的文化空间已经消亡，但再造的城市文化空间，已成为兼具溯源和传承城市文化功能的城市新消费空间，在申遗过程中，对于激发上海市民的文化创造力，提升上海城市的创造热情和上海城市的国际影响力，更是一个难得的抓手与机遇。“黄浦江申遗”可以推动上海文化产业的大发展，壮大文化人才队伍，积蓄城市文化创造的原动力，在这个过程中，会涌现一批文化建设的领军人才，更会集聚起一大批创新、创业人才，还可以着力引导上海城市资金、技术、人才等生产要素向文化产业集聚，形成区域特色鲜明、生产要素和资源优势得到充分发挥的文化产业发展格局。宽阔浩荡的黄浦江，上海的母亲河，奔腾不息的江水，闪烁着的不仅是波光，更是深厚的历史文化记忆。“黄浦江申遗”，让人领略600年的历史，600年的江河，人与自然完美结合的成果，让她成为世界文化遗产、历史文化记忆，让上海的未来更美好，这是我们责无旁贷的社会责任与历史使命。

48. 要不要传承上海话?

上海长宁区文化局与上海市民俗文化学会已经连续多年在长宁民俗中心举办“上海话·上海情”的活动，其中有一个现象值得深思，该活动曾经将参与人群分为

“老上海”组和“小上海”组，区分的年龄分界线划定在35岁。从总体情况来看，基本上35岁以下的人，都是在推广普通话的语言环境下生长起来的。这部分“小上海”的上海话水平普遍不如“老上海”。

从20世纪80年代后期开始，上海学校统一使用普通话授课，很多中小学校甚至课间活动相互交流时也不许说上海话，对说上海方言的学生给予扣品行分的处理，这让很多孩子错过了7岁以前的语言学习黄金期。媒体传播方面，广播电台和电视节目中几乎所有的栏目都叫停上海话内容的播出。上海电台曾经有一档《谈天说地阿富根》的沪语方言节目，90年代也被叫停。如今，这批“上海话式微”的第一代经历者也成家立业，做了父母，本身就不太会说上海话的他们很难给予下一代孩子以上海话的家庭教育，学校又普遍不具有“沪语教育”意识，没有专门的“沪语教学”课程，大多数孩子都缺乏良好的上海话学习环境。改革开放以来，上海的外来人口占上海常住人口的比例超过40%，有的地方甚至达到60%。因此，不论是学习还是工作，人们都习惯于将普通话作为交流的首选工具，上海话就处于逐渐式微与衰落的困境之中。

曾经有记者朋友发问，现在大力提倡普通话，为什么要保护上海话呢？这是因为各地的方言是普通民众日常生活中须臾不离的口语，承载着更为原生态和更具活力的文化信息。一个国家，在民族共同语得以推广的态势下，就像花园里的花一样，方言越复杂越好，越能显现中华民族语言资源宝库的丰富性。如果各地方言消失了，普通话也就失去了存在的基础，方言永远是民族共同语的源头活水。

以上海话（或者叫上海方言）为例，它是由一代又一代的上海人和各地移民，在上海悠长历史中形成的文化瑰宝，有着深厚的文化积淀，至今还保存着比别的地方更多的古代语音、词语和语法现象，而且也反映出古老的江东文化信息，甚至可以追溯到百越民族的语言文化遗迹。上海话也汇聚了农业社会、工业社会特别是近现代商业文明中的种种精细的词汇、成语、俚语和谚语，使各类词语变得丰富多彩，充满了上海文化的奇思遐想，成为一种非常具有表现力的方言。比如，上海话吸收了各地移民中有特色的词语，如苏州话的“挺刮、吃傢生”，宁波话的“阿拉、窗门”，杭州话的“莫老老”，苏北话的“小把戏”等。晚清以来，西方文明打开了上海人的眼界。上海人看见一件新东西，就造一个新名词。比如上海人见一种车子，就造一个车名，几乎交通工具的所有新词都在上海诞生，从称独轮车为“羊角车”，到东洋车、黄包车、三轮车、脚踏车、机器脚踏车、有轨电车、无轨电车、公共汽车、汽车、自备车、卡车、吉普卡、送货车、搬场车、蓬车、花车、机动车、火车、饭车、困车、特别快车、行李车、集装车、棚车等，还有小搬小运的黄鱼车、老虎塌车、平板车等等。近现代社会层出不穷的新名词在19世纪末就开始产生，如1876年沪上文人葛元煦在《沪游杂记》中就记录了许多新名词：制造局、通事、司法权、同业工会、洋行、机关、商务、研究会、会话、租界、马路、阴沟、阴井、轮船马头、电报、会馆、公所、客栈、脚色、戏馆、书场、拍卖行、垃圾车、洒水车、大自鸣钟、跑马场、保险公司、马车、脚踏车、教堂、申报馆、电线、地火、自来风扇、荷兰水、柠檬水、火油灯、煤气灯、焰火、马戏、盆汤、车夫、野鸡、放白鸽、露天通事、巡捕、包打听、油画、照相、东洋车、马车、号头（租界华洋房屋，工部局于门首用小牌编明字号）等。这些新名词也是社会不断更新的现实载体，上海成为一个世界时尚中心，上海话汇集的新生词语不断向其周边城市发散，也极大地影响了其他城市方言变化，甚至也丰富了民族共同语普通话的内容。

上海话在20世纪的发展中，造就了新上海话的主体，并使上海话成为一种适应了大都市发展的前卫、大

▲ 上海四马路麻将桌上的“上海闲话”

气的方言。当今随着中国国际影响力的扩大和提升，汉语生机盎然，特别是在互联网条件下，新的事物、新的观念、新的词语，以及词语的新用法大量出现。近百年来，上海人努力学国语，上海话与普通话和平共处，互补双赢，普通话在吸收上海方言中的词汇，上海话也在吸收普通话的过程中丰富着自身。

可是，为什么如今大家感觉上海话逐渐处于劣势与困境呢？这是因为在较长的一个历史时期内，我们的语言政策出现了偏差，把普通话和方言的关系截然对立起来，令人记忆犹新的一个口号是“说普通话，做文明人”，仿佛不说普通话就不是文明人了。此外，方言是孩童时代跟着母亲牙牙学语就会说的，它与生俱来，无需“推广”。为了“推普”，采用强制手段，例如强行关闭广播电视方言节目，不准用上海话拍摄电视剧，不准幼儿园小朋友、中小学生在课余时间说上海话，说了或受歧视或扣品行分，这使孩子从小在学语言的年龄段就割断了与方言的联系，上海话之所以步入当下之困境，完全是这种无知做法的恶果，它直接阻碍了上海话和上海文化的传承。

当下，上海处于新一轮发展过程中，上海话也步入了又一个快速变化期。方言是各具特色的民俗文化的承载体，也是构成文化多样性的前提条件，在现代社会环境中，它们都有独自的功用，应该让它们各安其位，各得其用，各展其长。千万不能采取“一刀切”的大呼隆做法。推广普及普通话，不是要消灭方言，而是要使公民在说方言的同时，努力学会使用国家通用语言，从而在语言的社会应用中，实现语言的主体性与多样性的和谐统一，这才是中国古代哲人所说的“和而不同”“同而不和”的生动和谐的局面。

▲ 上海儿童学说上海话

49. 非遗的魅力在传承

中国自古就有保护文化遗产的深厚传统，但是现代意义上的非物质文化遗产保护工作，是以2001年我国的昆曲艺术被联合国教科文组织公布为“人类口头和非物质遗产代表作”为开端。10多年来，中国的非物质文化遗产保护工作取得了举世瞩目的成就，积累了很多经验。

非物质文化遗产（intangible cultural heritage，简称非遗）的概念是针对物质文化遗产提出的，它是世界文化遗产大家族中的新成员。我国的非物质文化遗产保护工作已由孤立、单一、有选择的项目保护，走上整体、系统、全面保护的阶段。特别是以《中华人民共和国非物质文化遗产法》颁布实施为标志，我国的非遗保护已走上依法科学保护的新路子。随着第一次全国普查的结束，四级名录和传承人体系的建立，抢救性保护、原生态保护、生产性保护、整体性保护等保护方式的提出和完善，非遗保护工作得到了有效推进，也得到了各界民众的高度认同，赢得了缔约国的赞誉。

非物质文化遗产是指被各群体、团体、个人视为其文化遗产的各种实践、表演、表现形式、知识体系和技能及其有关的工具、实物、工艺品和文化场所。各个群体和团体随着其所处环境、与自然界的相互关系和历史条件的变化，不断使这种代代相传的非物质文化遗产得到创新，同时使他们自己具有一种认同感和历史感，从而促进了文化多样性，激发人类的创造力。

根据《中华人民共和国非物质文化遗产法》规定：非物质文化遗产是指各族人民世代相传并视为其文化遗产组成部分的各种传统文化表现形式，以及与传统文化表现形式相关的实物和场所。包括：（1）传统口头文学以及作为其载体的语言；（2）传统美术、书法、音乐、舞蹈、戏剧、曲艺和杂技；（3）传统技艺、医药和历法；（4）传统礼仪、节庆等民俗；（5）传统体育和游艺；（6）其他非物质文化遗产。属于非物质文化遗产组成部分的实物和场所，凡属文物的，适用《中华人民共和国文物保护法》的有关规定。中国非遗是历经数千年历史积累的文化资源，作为中华传统文化精髓，是中国梦的载体、亮相世界的名片。讲述好中国故事，就是要立足现实生活，准确把握非物质文化遗产的主体、客体，把民族优秀传统文化推向世界，而不是一大堆鄙陋八卦和破碎段子。既要防止将非遗束之高阁，使之僵化变冷，又要警惕离开传统的根基和土壤，胡乱地将非遗搞得很滥。

▲ 中华文化的传承——古人家风风情画《母亲教子立志成才》

人类口头和非物质遗产的定

义来自《保护民间创作建议案》，是指“来自某一文化社区的全部创作，这些创作以传统为依据、由某一群体或一些个体所表达并被认为是符合社区期望的作为其文化和社会特性的表达形式；准则和价值通过模仿或其他方式口头相传。它的形式包括：语言、口头文学、音乐、舞蹈、游戏、竞技、神话、礼仪、风俗习惯、手工艺、建筑术及其他艺术。除此之外，还包括传统形式的传播和信息”。在最早的公约草案里有一个“附件”，列举了一些详细项目来说明非物质文化遗产是什么，包括各种社会风俗和仪式，比如与出生、结婚、丧葬相关的一些仪式；确定身份和长幼尊卑秩序的礼仪、仪式；还有各种各样的知识和实践，比如说时空的观念，药物和治疗方法；还有各种节庆，比如中秋节、端午节，以及宗教方面的实践和信仰。可见，非物质文化遗产不仅限于文学和艺术的领域。从根本上说，它是表现在文化多样性当中的人的创造力。对非遗的保护，就是对不同文化形式和价值的尊重，是对文化多样性的保护。

非物质文化遗产最大的特点是不脱离民族特殊的生活生产方式，是民族个性、民族审美习惯的“活”的显现。它依托于人本身而存在，以声音、形象和技艺为表现手段，并以身口相传作为文化链而得以延续，是“活”的文化及其传统中最脆弱的部分。因此对于非遗传承的过程来说，人就显得尤为重要。例如古琴艺术，我们看到的是古琴，而构成真正意义上的非遗的，是我们看不到的古琴的发明、制作、弹奏技巧、曲调谱写、

▲ 上海国家级非物质文化遗产“罗店龙船”在端午节龙舟竞渡

演奏仪式、传承体系、思想内涵等等。正因为如此，非遗重视人的价值，重视活态的、动态的、精神的因素，重视技术、技能的高超、精湛与独创性，重视人的创造力，以及通过非遗反映出来的该民族的情感及表达方式、传统文化的思维方式等。

非遗的持久魅力在于传承，既包括各种实践、表演、知识和技能等文化表现形式，及其相关的工具、实物、工艺品和文化场所，又贯穿于技艺，更体现在精神，通过物化的形式得以呈现。非遗传承的动力在民众，在社区，要以民众的眼光、平民化的表述去看非遗，关注代表性传承人的真实情感，反映他们的诉求，真正让民众成为非遗的主人。非遗传承保护是对中华传统文化进行审视和挖掘的重要实践，更是厚重的文化建构，把优秀传统文化一代一代地传下去，是历史的使命。“了解过去的一千年，是为了更好地建设未来五百年。”非遗保护的实践诉求，正是通过唤起一代代人的文化自觉，从而渐渐确立文化自信，走向文化自强。

50.“世情嫌简不嫌虚”

明代才子文徵明曾经有《拜年》诗云：“不求见面惟通谒，名纸朝来满敝庐。我亦随人投数纸，世情嫌简不嫌虚。”文徵明（1470—1559年），原名壁，字徵明。明代画家、书法家、文学家。今江苏苏州人。与祝允明、唐寅、徐祯卿并称“吴中四才子”，在画史上与沈周、唐寅、仇英合称“吴门四家”。他的这首《拜年》，说出了明代江南地区的过年，诗中写到：不要求见面，只是希望通过拜帖来问候，因此我的屋中早上堆满了各种名贵的拜帖。我也随潮流向他人投送拜帖，人们只会嫌弃简慢，而不会嫌弃这其实只是空虚的礼节。

这就说出了中国人对过年的态度。什么是“年”？《尔雅·释天》中说：“年者，禾熟之名，每岁一熟，故以为岁名。”“年”本身在民间故事中是一只怪兽，当它侵扰人类的时候，我们的老祖宗就已经知道在门户上张贴红色门签、福及对联，使“年”畏缩逃走。当然，人们为了彻底地赶走“年”，要经过“守夜”，于是年夜饭后一家人围坐在一起诉说衷肠，在这个除夕之夜畅谈春

▲ 古人问天的智慧——《太岁春牛迎春》

夏秋冬的经历和感受，享受着丰衣足食后的安康生活，也坚信只有家庭的温暖和团结，才能战胜怪兽“年”的侵扰。

其实呢，农业社会总是流行过年的老俗话：“谁家烟囱先冒烟，谁家高粱先红尖”，民众对年更多的是一种期盼。传统的年的最初概念，是与作物生长的周期性和人类生产劳动的周期性相关联的，庄稼获得了好收成，人们不免要庆祝一番，久而久之，就成为一个节日。据文献记载，早在尧舜时代，就有庆贺丰收、喜迎岁首的习俗。

长期以来，“春节”是指一年二十四节气中的“立春”。直到辛亥革命推翻清朝统治，中华民国成立以后，孙中山下令全国改行阳历，新年也应换在阳历元旦。当时中华民国宣告成立日是1912年的1月1日，正好是阳历元旦，但民众对此不热心，庆祝场面不热烈。相反，人们过的仍然是传统的农历新年，一直延续到今天，农历新年之庆，仍是年年不息、年年强劲，可见这一节日和它所基于的民族文化之根深蒂固了。由于新出现了一个阳历元旦，为示区别，自民国以后，农历新年就移用了节气中的“春节”之称。“春节”从此相沿习用，成为中国的第一大节之名。

“有钱没钱，回家过年。”只要看一下临近春节的春运大潮，无数人乘坐着不同的交通工具，进行着堪称“地球表面最大规模的人口流动”，哪怕是面临着暴风雪的考验，也要义无反顾地回家过年。但另一方面，近年来，我们也常常听到这样的感叹:“年味”越来越淡了，过年“没意思”了。

过年怎么变得“没意思”呢？人们不会嫌弃这其实只是空虚的礼节啊。所谓“没意思”的背后，意味着“意义的丧失”，那倒是一件可怕的事情。千百年来，对我们中华民族来说，春节不仅意味着一元复始、万象更新，而且也在不断地厘定着天人、人伦、社会等诸种关系。传统农业社会春节民俗的诸多仪式，如祭祀祖宗、神灵，都是为了重新梳理人神关系，以求获得神灵的保护；在物质匮乏的岁月里，除夕夜那顿相对丰盛的年夜饭，以及孩子们的新衣裳，则是对平时贫乏生活的一种补偿。正因为它具有意义，才让人们对春节充满了憧憬和期待。

如今，上海在外环以内禁放鞭炮，“闷声大发财”。每年春节时，总是有许多关于年味的议论。据说，媒体上对年味问题的争论也很激烈，有人说眼下年味越来越淡，也有人说现在人们生活质量提高了，就感觉不到年味了。不论哪一种说法，大概都会承认，比照过去，年味逐渐趋淡。

关于年味浓淡的话题，关键看以什么为参照系，如果比起以前过年年味，那个时候的小孩子因为过年得压岁钱，可以穿新衣服，热闹的鞭炮，浓烈的硝烟味，尽情释放着天真顽皮的童趣，而通衢闹市的年景，一家家人和和美美的团聚，走亲戚串门子的高兴劲儿……让人世间的亲情、友情和爱情浓缩其中的一种人情味，如果是指那种年味，现在的年味当然是淡了。

如今，在信息文明与现代通信技术的冲击下，一顿丰盛的年夜饭已经很难成为过年的期待，人们不再为买一件新衣服而倍感欢欣，同样，人们也不再觉得看一场节奏缓慢的地方戏曲是一种文化享受。在各地打拼谋生的人，亲人之间聚少离多，已经成为一种无奈的现实；单调乏味、冷若冰霜的城市生活，阻碍了人与人的亲切沟通；全国一台已经定了模式、总是那几张脸的春晚，似乎成了“食之无味，弃之可惜”的鸡肋……一句话，对于当代的社会生活而言，传统的年文化活动缺乏新意，是人们感觉年味越来越淡的主要原因。

过年的习俗不应该是一成不变的，它应该适应现代社会的发展而变化，过大年这个传统节日文化是我们民族共同创造、共同享受的文化，有助于形成一个民族强大的凝聚力，它的精神影响力是巨大的。传统和现代并不矛盾，如果我们的社会让人觉得是不断走向现代化的，同时也很传统，充满人情融融的暖意，人们就会觉得很舒服，一个民族的自尊和自信都能得以保持和传承。

中国春节文化的内涵深厚而富有韵味，倘若过年只剩下了吃，就太对不起先祖，也对不起后人了。因此提升年味的新鲜度，需要让大家更多地了解春节的文化意蕴，需要变化多样的形式，而不能总是喋喋不休地怀念从前。根据民生现状与人们的过年意愿及需求，组织安排好人们喜闻乐见的、有价值有创新的年俗活动。作为个人和家庭，也不能总是沉浸在麻将、扑克牌或者网络游戏的俗套中，可以各取所需，多一点趣味，在过年形式上进一步创新，为增强年味不断推陈出新，从平淡中感受浓烈而独具个性的“新年味”。

毕竟“世情嫌简不嫌虚”啊！

追求
卓越

51. 梦在心里，路在脚下

在党的十九大报告中，习近平总书记再次提出了实现“两个一百年”的战略安排：在中国共产党成立100年时全面建成小康社会，在新中国成立100年时建成富强民主文明和谐的社会主义现代化国家。这个表述将“近期、中期、远期”目标有机结合，路线更加清晰、内容更加丰富、主题更加深刻。报告对“两个一百年”目标进行了深刻阐述，清晰勾勒出中华民族伟大复兴路线图，催人奋进、鼓舞人心，显示出党领导全国各族人民实现“两个一百年”奋斗目标的强大决心和坚定信心，必将激发起全社会澎湃向前的不竭动力。

1910年，有个叫陆士谔的上海人，他在《新中国》小说里记载了一个神奇的梦，梦中主人公随时光穿梭，看到“万国博览会”在上海浦东举行，为方便市民参观，上海滩建成了浦东大铁桥和越江隧道，还造了地铁，工厂中的机器有鬼斧神工之妙，租界的治外法权已经收回，汉语成了世界通用的流行语言……最后梦中人一跤跌醒，却言道：“休说是梦，到那时，真有这景象也未可知。”这真是令人叫绝的先知般的想象力！

1920年，孙中山完成《建国方略》，其中提出了修建三峡水利、建设高原铁路系统等宏伟设想，构想了工厂遍地、机器轰鸣、高楼大厦矗立城乡、火车轮船繁忙奔跑的现代化景象，他更是描绘了“万众一心，急起直追，以我五千年文明优秀之民族，应世界之潮流，而建设一政治最修明、人民最安乐之国家”的愿景。世纪伟人的宏大抱负跃然纸上！

1935年，方志敏在《可爱的中国》中写道，“中国一定有个可赞美的光明前途……到那时候，到处都是活跃的创造，到处都是日新月异的进步，欢歌将代替了悲叹，笑脸将代替了哭脸，富裕将代替了贫穷，康健将代替了疾苦，智慧将代替了愚昧，友爱将代替了仇杀，生之快乐将代替了死之悲哀，明媚的花园将代替了暗淡的荒地！这时，我们民族就可以无愧色的立在人类的面前，而生育我们的母亲，也会最美丽地装饰起来，与世界上各位母亲平等的携手了。这么光荣的一天，决不在辽远的将来，而在很近的将来”。这是革命志士坚定的理想与信念！

1930年1月5日，在极为艰难困苦的对敌斗争中，毛泽东以革命浪漫主义与现实主义相结合的大手笔，憧憬着新中国的诞生——它是站在地平线上遥望海中已经看得见桅杆尖头了的一只航船，它是立于高山之岭（巅）远看东方光芒四射喷薄欲出的一轮朝日，它是躁动于母腹中的快要成熟了的一个婴儿。展现了共和国缔造者和伟人的诗意情怀！

今天，中国共产党人已经将中国梦描绘得如此真切，甚至可以触摸。作为改革开放排头兵、创新发展先行者的上海，要以习近平新时代中国特色社会主义思想为指引，按照“两个一百年”的奋斗目标，一如既往地贯彻落实好中央各项部署，坚定不移实施好自贸试验区和科创中心建设两项重大国家战略，结合“四个中心”和社会主义现代化国际大都市建设，卓越全球城市规划实施，在为区域发展发挥更大作用、为国家发展作出更大贡献的进程中实现自身更好发展，为实现中华民族伟大复兴的中国梦谱写好上海篇章。

如果你生长于上海，见证儿时的一座座老剧院、一条条风貌街区再度鲜活，大量的历史遗存和工业遗址变身文化设施，你会发现，历史正以自己的方式与当下形成人文互动，城市的文脉和人文底蕴愈发清晰。在这些切身感受的背后，建设社会主义现代化国际大都市，文化是核心资源。城市空间、城市精神、人，有形的和无形的，这些文化资源已渐成独有的聚集和辐射功能，使得文化获得感深入城市肌理，随时能感知城市与人的文化互动、会心交融。

▲ 沪嘉高速公路

▲ 上海城市的新定位（图片来源：汇图网）

“两个一百年”的背后其实写着12个金光闪闪的大字：国家富强、民族复兴、人民幸福。中国梦作为对于“两个一百年”发展的形象化的设计与追求，包含近代中华民族国强民富的伟大抱负，中国梦就是我们的强国梦。这梦想中有改革梦、法治梦、强军梦，有飞天梦、海洋梦，有奥运梦、世博梦，它不仅是我们共有的中国梦、民族梦，也是每一个人的成才梦和幸福梦。寻梦、逐梦、筑梦，最后还要圆梦。实现中国梦，对每个青年学子来说，就是梦在心里，路在脚下。九层之台，起于累土；千里之行，始于足下。一旦确立了目标，就要奋力排除犹豫、彷徨和一切干扰，奋力向前。

每代人都有每代人的宿命、委屈、挣扎和奋斗，每一代人都面临着不同的时代主题，有目标就有动力，有机遇就有挑战。大约35年前，曾经流行过一首激动人心的歌——《年轻的朋友来相会》:“美妙的春光属于谁？属于我，属于你，属于我们八十年代的新一辈！再过二十年，我们重相会，伟大的祖国该有多么美！”人生最可贵的就是希望与期待，它可以转化成巨大的动力。圆梦就是人生的追求；是披荆斩棘地跋涉在崎岖山道上，对山那边风景的勾勒；是劈波斩浪地搏击在急流飞湍的航道上，对彼岸辉煌的遥望；是“衣带渐宽终不悔，为伊消得人憔悴”的执著；是“雄关漫道真如铁，而今迈步从头越”的坚持精神；是一种今夜星辰是否依然闪烁的呼唤……

52. 引领长三角世界级城市群

俯瞰世界地图，全球有六大城市群错落有致地分布：以巴黎、伦敦、纽约、芝加哥、东京和上海这六大国际城市为龙头，分别引领着一个城市群，在世界发展的舞台上，各自散发着经济辐射的能量和异彩纷呈的文化魅力。

应该看到，长三角城市群与世界另外五大城市群相比，差距还是不小。几组数据为证：长三角城市群国土面积21.17万平方千米，2014年地区生产总值12.67万亿元，总人口1.5亿人，分别约占全国的2.2%、18.5%、11.0%。但与世界另外五大城市群相比，长三角城市群人口第一，GDP却比最高的美国东北部大西洋沿岸城市群的40 320亿美元少了近2万亿美元；长三角城市

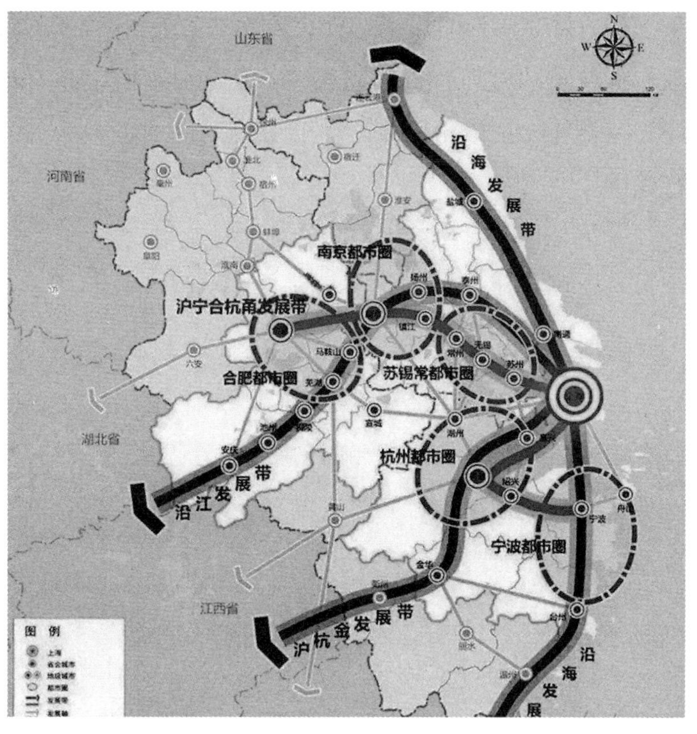

▲ 长三角世界级城市群示意图

群人均GDP 13 737美元和地均GDP 974万美元/平方千米，这些数据都排在六大城市群的最后（数据来自2016年7月15日《经济日报》）。

差距就是动力。按照中央的部署和要求，上海要当好全国改革开放排头兵、创新发展先行者。上海举全市之力，深化体制机制改革，加快推进科技创新，实施创新驱动发展战略，加快建设具有全球影响力的科技创新中心。这是一项伟大的系统工程，从科技领域和经济社会领域同步发力，着力推动制度创新，围绕建立有利于创新驱动发展的税制、法制、体制机制，抓紧研究制约科技创新的各类制度性障碍，提出针对性制度设计和改革举措，建立政府、市场、社会多元共治的创新治理体系，从注重“管理”转向完善“治理”，推动政府、市场和社会多元主体积极参与、相互配合、协同行动，先行先试。

无论是加强科技前瞻布局，还是加强应用示范，首先需要建设创新功能性平台。如今，知识不同构、行为不互动的问题还是存在，在创新体系的过程中，亟须克服妨碍和制约前行的各类“瓶颈”，进一步将各类资源整合起来，去推进整个社会的创新协同，营造良好的创新创业软环境，花大力气营造包容开放的创新文化，培育形成良好的创新生态系统。

到2020年，上海将形成科创中心基本框架体系；到2030年，形成科创中心城市核心功能。在上海，不能将创新仅仅看成是科研人员的事情，创新的协同，其实涉及社会的方方面面，发展新技术、新产业、新业态和新模式的“四新经济”，对政府的管理也提出很高的要求，就是具有宽广的视野、宽松的管制、宽容的氛围。没有这三“宽”，什么都管得死死的，创新就没有希望。2016年4月，《上海系统推进全面创新改革试验方案》出台，根据这份先行先试方案，政府有关部门还出台了多项配套政策和实施细则，以求将形成科创中心的目标落到实处。

要建设有全球影响力的科创中心，张江是核心功能区。其一大使命就是建立世界一流重大科技基础设施集群，为长三角乃至全国的前沿科技和经济社会重大需求问题研究提供科技支撑。2018年，张江确定的重点基础设施项目就有37项，为了让这些“科学重器”尽快落地，张江还推出了“全生命周期”的审批服务新举措。

为了建设全球科创中心，上海着力实现体制机制的突破，着力实现创新能力的突破，着力实现创新方式的突破。这三个突破不仅适用于全球科创中心的建设，也适用于上海自贸区的发展，更适用于上海整个的改革开放进程。在推进金融、土地、产权交易等要素市场一体化建设，开展教育、医疗、社保等公共服务和社会事业合作方面，上海的改革一样风生水起，需要建立一套科学合理、灵活高效、富有活力的运行机制。没有这样一种机制，再多的资源、再好的条件也不可能实现既定的目标。

上海以承担国家全面创新改革试验为契机，从经济、社会领域改革同步发力，深化政府职能转变，演奏好“退、放、进、变”四部曲，努力做到相信市场、尊重主体、各司其职、多元共治。为吸引国际高端创新资源，促进区域创新协同联动等方面实现新突破，上海着力提升开放式创新发展水平。如上海的虹桥商务区，为服务长三角一体化发展和世界级城市群建设，正努力打造成长江三角洲城市群的中央商务区，成为长三角联动发展的新引擎，更加自觉、更加主动地把自身发展放在全国特别是长三角城市群发展的大局中谋划和推进，共同贯彻“创新、协调、绿色、开放、共享”的发展理念，共同促进长三角城市群率先发展、一体化发展。

新一轮科技革命和产业变革正在孕育兴起，基础科学领域正在或有望取得重大突破性进展，信息技术、生

▲ 中德合资上海大众汽车股份有限公司上海汽车厂轿车生产线

物技术、新材料技术、新能源技术广泛渗透，带动几乎所有领域发生了以绿色、智能、泛在为特征的群体性技术革命。“互联网+”不仅快速催生了新科技革命和产业变革，而且使创新创业成为人们一种常态化的生产和生活方式，呈现出大众化、低门槛、高活跃度的特征。正如《第二次机器革命》作者埃里克·布莱恩约弗森所说，“我们非常有信心地认为我们现在正处在一个重大的转折点上——和工业革命所带来的深刻变革几乎相同的重大转折的早期阶段，这不仅仅是新技术指数级、数字化和组合式的进步与变革，更多的收益还在我们前面”。新科技革命呼之欲出，已经在我们身边发生。上海建设科技创新中心要牢牢把握这场千载难逢的世界科技革命和产业变革的重大机遇，顺势而为，瞄准全球影响力标杆，立足上海优势和特色，选准主攻方向，努力在某些领域实现由“跟跑者”向“并跑者、领跑者”的转变。

将科技创新中心打造成为生生不息的“热带雨林”，说到底是要靠肥沃的创新土壤承载和滋养。这其中包括：建设具有国际水准的一流大学，着力培育具有怀疑精神、批判性思维的创新文化，完善有利于吸引海内外创新人才的工作和居住证制度，形成便捷生活、宜居生态环境以及信用诚信体系等。总之，上海在向具有全球影响力的科技创新中心进军的征程中，只有持续完善创新生态、厚植创新土壤，才能源源不断地收获丰硕的创新之果。

53. 城市新定位与“补短板”

上海的城市定位将发生变化，未来建设目标将从2020年的现代化国际大都市，转变为2035年的全球城市。然而，如何成为全球城市，对于上海又是一个崭新的课题。时间跨度那么长，新技术革命的浪潮波涛汹涌，要规划10多年后的产业，就越发显得艰难。

地处中国“江海之汇，南北之中”的上海，其成长充满动感和魅力，历来都是海纳百川、经济繁荣之地。开埠建市的170多年以来，尤其是经历了改革开放40年的快速发展，上海已经进入城市转型的战略机遇期和关键攻坚期。面对日趋复杂的国际政治经济环

▲ 打响“四大品牌”，构筑新时代上海发展战略优势

境和全球化、市场化与信息化的深度发展，上海在城市功能转型、人口持续增长、环境资源约束等方面的压力日益凸显。面向2035年的上海，要立足历史新起点，适应发展新趋势，应对发展新挑战，迈向发展新目标。

上海在新一轮城市总体规划中的愿景是建设一座追求卓越的全球城市。着力从城市竞争力、可持续发展能力、城市魅力三个维度，打造更加开放的创新之城、更加绿色的生态之城、更加幸福的人文之城。

这样的使命和愿景，现有的城市发展模式能否承载？现有城市规划设计和更新理念与方法，能不能适应？这是一个很大的问号。这一愿景必须通过新的发展模式才能实现。

著名建筑学家梁思成先生说过：“城市是一门科学，它像人体一样有经络、脉搏、肌理，如果你不科学地对待它，它会生病的。”新的城市发展模式要求城市治理

▲ 上海全力打响“四大品牌”推进，进一步提高“上海服务”辐射度，彰显“上海制造”美誉度，增强“上海购物”体验度，展现“上海文化”标识度

机制创新，必须探索一条城市更新的新路。着力在存量空间上，打造一座更有安全感、归属感、成就感和幸福感的全球城市。近年来，上海积极探索一条符合超大城市特点和规律的社会治理新路。超大城市管理和社会治理，是一个世界级难题。地上高楼林立、车水马龙，地下管线密布、通达八方，城市运行如江河滚滚一刻不停息。对于城市建设与发展，上海主旨清晰、底线明确——坚持以人为本、以完善人居环境为核心，坚决守住常住人口规模、建设用地总量、生态环境保护、城市安全这四条底线。根据这一目标，让城市更加和谐宜居，首先要厘清的问题是，上海要补的是怎样的“短板”？所谓短板，是影响这座城市协调发展的重大瓶颈问题，也是影响人民群众获得感、满意度、幸福感的城市“顽症”。诸如，由违建等因素带来的环境脏乱差问题、屡禁不绝的交通违法行为、食品安全问题等，都属

于城市“顽症”，被列入近年来上海“补短板”的重点范畴。

短板怎么补？首先要下定决心，力求从源头上根治“顽症”。2014年，中共上海市委确定“创新社会治理，加强基层建设”作为“一号课题”，形成并推出了一系列改革措施，优化了社会治理架构，加强了基层干部队伍建设。此后，从2015年开始，持续不断进行着“补短板”的攻坚战。

一开始，像拆违这样的硬任务，不少干部视如畏途，“历史遗留问题要不要碰，能不能改”令人纠结。而随着“补短板”深入推进，越来越多的干部形成共识：只要认准目标、下定决心、方法得当、措施有力，再难啃的“硬骨头”也是可以啃下来的。一组数据充分体现了上海“补短板”的决心和成效：

“五违四必”环境综合整治于2015年打响攻坚战。“五违”即违法用地、违法建筑、违法经营、违法排污、违法居住，“四必”即安全隐患必须消除、违法无证建筑必须拆除、脏乱现象必须整治、违法经营必须取缔。同时积极推进中小河道治理，实行“河长制”，确保全市中小河道基本消除黑臭。

交通违法行为大整治，自2016年3月25日在上海拉开大幕后，全市道路交通事故数、死亡人数、受伤人数明显下降，其中，机动车违法违规及超速行驶引发的事故数也明显下降。此举使得大多数市民对交通大整治的成效表示满意。

“民以食为天，食以安为先”。补齐食品安全短板，上海正严格落实“四个最严”要求——最严谨的标准、最严格的监管、最严厉的处罚、最严肃的问责，完善食品安全工作治理体系，保障广大市民“舌尖上的安全”。

2017年，上海迎来了两部“史上最严”法规。一部是《上海市道路交通管理条例》，另一部是新修订的《上海市食品安全条例》。“补短板”成为上海城市管理和社会治理的一个重要抓手，根本在于靠法治，而法律的生命在于实施，要严格执法、严厉处罚。

“补短板”还需依靠广大群众的智慧和力量，激发社会治理的活力之源。把群众和政府的关系从“你和我”变成“我们”，从“要我做”变为“一起做”，集聚促进城市发展的正能量，实现共治共管、共建共享。街区环境整治、中小河道治理、交通秩序维护、烟花爆竹禁燃令宣传……上海街头，身着红、橙、黄、绿等各色马甲的志愿者队伍成为别样景致。广大市民中，蕴含着无穷无尽的智慧与创造力，如河道治理，除了区、街镇、村级行政河长外，还招募了一批“民间河长”，响应者甚众。再如不少社区开展“美丽家园”建设，并不是政府“一厢情愿”去做，而是发动居民一起来参与，于是，“民间智慧”源源不断涌现。城市善治，需要在城与人、管理与服务之间找到最佳契合点，唤回社区交往、邻里互助的人情温暖。

千百年来，城市一直承载着人类对美好生活的梦想和期盼。一座健康发展的城市，应成为经济增长的中心、生态涵养的容器、文明传承的薪火、百姓安居的乐园。

54. 2035愿景：卓越的全球城市

《上海市城市总体规划（2017—2035年）》，在规划2035年上海城市发展的愿景时，以创新、协调、绿色、开放、共享五大发展理念为引领，全面贯彻国家和上海“十三五”规划纲要，高起点谋划未来城市发展的“新蓝图”，提出了2035年要努力建设成为具有全球资源配置能力、较强国际竞争力和影响力的卓越的全球城市。

创新。科技创新是上海未来应该依傍的“主动力”。加强基础研究、增强源头供给能力。基础研究是建设世界科技强国的基石，迫切需要一批重大原创性科学成果

▲ 上海2035愿景：卓越的全球城市（图片来源：汇图网）

和国际顶尖水平的科学大师，将基础研究与产业和技术的需求紧密联系，形成强大的原始创新能力。正因实施科技创新，上海正在加速推进的“四个中心”建设，将拥有更坚实的内核。

协调。要强化底线约束，推动城市发展从规模扩张向精明增长转变；要精准施策，齐心协力补好短板，统筹推进城乡之间、区域之间、硬件设施与软环境建设之间协调发展。严格控制常住人口总量，严格控制建设用地规模。推动城乡发展一体化。当下正是上海建设国际经济、金融、贸易、航运中心和社会主义现代化国际大都市的决定性时期，站在这一历史高度，“补短板”是在更高水平上实现协调发展、共享发展的内在要求。

绿色。推进绿色发展，共建生态宜居家园。严格按照主体功能定位强化生态空间保护，实行能源和水资源消耗等总量和强度双控，下大力气整治生态环境，形成绿色空间布局和绿色生产生活方式。既要净水，也要治气，更要增绿，建成一批郊野公园和森林公园。深入贯彻节约资源和保护环境的基本国策，推动形成绿色空间布局、绿色生产方式、绿色生活方式，建设美丽上海。

开放。坚持全方位对外开放，继续推动贸易和投资自由化、便利化，推进开放发展，形成开放型经济新优势，建设更高水平的自贸试验区，提升“引进来”的能级和水平，拓展“走出去”新空间。率先形成法治化、国际化、便利化的营商环境和公平、统一、高效的市场环境，加快构建一套开放型经济新体制。

共享。推进共享发展，增进市民福祉。加快完善社会养老服务体系，全面提升教育质量，提升健康和医疗服务水平，优化完善基本公共服务制度。在民生需求渐趋多样化的当下，一套强调分层、协同的“大民生”观念，正在成为上海民生工作的重要导向。一切从实际出发，坚持问题导向，全体市民在共建共享发展中有了更多获得感。

在2020年基本建成国际经济、金融、贸易、航运中心的基础上，上海将着力提升在全球经济中的功能引领性，成为服务长三角世界城市群、服务长江经济带和“一带一路”倡议的龙头城市，成为具有全球影响力的创新中心，成为在全球资源配置领域具有重要话语权的国际中心城市。要成为卓越的全球城市，就要求上海一定是全球性的要素流动与配置的中心，对全球生产要素的价格有重大影响力，有全球性的商业机会和投资吸引力等。与之相匹配，上海也需要有一个新型的产业体系。

为了实现这个目标，上海应坚持功能提升、区域一体的发展理念，提升全球城市核心功能。瞄准未来目标，集聚科技创新高端要素，培育科创能力，完成动力转换；以金融城和自贸区建设为抓手提升经济辐射力，促进商务功能集聚；塑造城市文化品牌，实现文化影响力扩大；加快高端制造业的集聚和传统产业的转型升级，全面确立上海在世界城市体系中的领先地位。至2035年，投入占地区生产总值比例达到5%，金融业增加值占全市生产总值比重达到20%左右，年入境游客量突破1 500万人，高端制造用地不低于150平方千米。

追求枢纽门户地位稳步提升。提高亚太航空门户枢纽能级，完善航空服务体系，实现腹地与门户的快速链接；推动国际海港枢纽功能升级，实现港口布局和集疏运体系进一步优化；提升国家铁路输送能力，优化客货枢纽布局；健全信息通讯枢纽服务水平，提升网络速度与信息化水平，提高上海自由开发的全球通达能力。至2035年，国际客流比例达到40%，国际货物中转比例不低于15%，高速无线数据通讯网络覆盖率达到100%。

实现交通服务能力不断优化。建成多元化的公共交通模式，完善多层次的公交体系；健全轨道和干线公路网络，优化道路的运输服务功能；完善货运枢纽布局，发展多式联运的现代货运物流体系；灵活应对新兴技术发展，全面建成与全球城市功能相匹配的对外对内综合交通系统。基本实现10万人以上的新市镇轨道交通站点的全覆盖，力争实现平均通勤时间不大于40分钟。

促进就业创业环境快速形成。同步加强传统行业和新兴行业的就业能力，促进非核心功能及岗位疏解调整就业布局，实现产城融合；降低创新活动成本，建立宽松灵活的产业空间管理机制，鼓励扶持中小企业发展；营造创新人才成长环境，为青年人才提供优质且可支付的住房、公共服务和技能供给，破除国际人才流动障碍。至2035年，创新群体占就业人口比重大幅增长，新建住房中政府及机构持有的租赁性住房比重达到20%。

至2035年，把上海建设成卓越的全球城市，这个宏伟的蓝图激励着每一位上海市民。当下，上海将按照

▲ 上海陆家嘴城市建筑（图片来源：汇图网）

当好全国改革开放排头兵、创新发展先行者的要求，持续推进创新驱动发展、经济转型升级，在更高水平上全面建成小康社会，让全市人民生活更美好。千里之行，始于足下，宏伟蓝图凝聚着各方智慧，承载着全市人民的期盼，实现规划确定的目标任务艰巨、使命光荣，需要我们每一个人齐心协力、俯身耕耘。

55. 创新、人文、生态之城

上海，是一座具有深厚底蕴的历史文化名城，又是一座富有光荣革命传统的英雄城市，中国共产党的诞生地，也是一座崇德向善、文化厚重、和谐宜居的创新之城、人文之城、生态之城。

上海，一座创新之城，她承载着重要的国家战略，引领着长三角城市群，为全国服务。根据《上海市城市总体规划（2017—2035年）》，“上海具有全球影响力科技创新中心核心承载区”和“上海张江综合性国家科学中心”，在张江高科技园区的基础上，转型发展成为中国乃至全球新知识新技术的创造之地、新产业的培育之地。深化上海自贸试验区和科技创新中心主战场建设，深化张江科学城、“四个中心”建设以及各项改革的联动，持续放大自贸试验区溢出效应和辐射效应，提高科技创新对经济增长的贡献度。

上海，一座人文之城。面对汹涌而来的银发浪潮和人口结构更加多元的未来社会，上海致力于通过对城市品质魅力的不懈追求，成为城市治理成功、全球影响突出、市民高度认同的幸福人文城市。坚持开放包容、以人为本的发展理念，促进各类人群间的社会融合，以城乡社区为基础构建15分钟生活圈，充分满足居民的基本生活需求，构建覆盖城乡、公平均等的多层次公共服务体系，增强高能级公共服务设施配置；营造优质的社区环境，推动社区交通、就业和公共交往空间品质提升。至2035年，社区公共服务设施15分钟步行覆盖率达到100%，城乡社区公共开放空间（400平方米以上的公园和广场）的5分钟步行可达率90%以上。

保护风格独特的历史遗产。对各类城乡历史环境要素进行整体保护，推动抢救性保护的适当实施；注重物质和非物质遗产兼顾，拓展历史文化保护对象；健

▲ 上海正在奔向创新、人文、生态之城（图片来源：视觉中国）

全与全球城市相匹配的城乡历史文化风貌保护体系和机制，促进历史资源的活化。至2035年，力争成功申请世界文化遗产，大幅度提高历史文化遗产保护公共预算比重。塑造特色凸显的城乡风貌。保护城市自然景观格局，构筑城市景观结构，营造更多富有人性关怀的城市公共活动空间，培育和发展城市的高品质文化休闲功能和旅游服务功能，为市民和游客提供便于进入的休闲游憩场所。至2035年，建成2 000千米以上的绿道。

培育兼收并蓄的文化氛围。激发全社会的文化活力，鼓励城市文化进一步包容开放，建设国际旅游目的地城市，塑造兼具人文底蕴和创意时尚的现代都会，使得全体市民和国内外来沪人士感受到上海的历史积淀和文化氛围。至2035年，文化产业就业人口占就业总人口比重达到15%以上。

上海，一座生态之城。良好的生态环境是最普惠的民生福祉，从美丽家园到美丽乡村建设，从交通文明大整治到最美河道建设，从黄浦江滨江公共空间贯通工程到崇明世界级生态岛建设，上海把生态环境综合治理作为为民、利民、惠民的主要途径，精神文明创建工作虚事实做，接地气得民心，市民居住生活环境持续改善，市民群众的获得感和满意度也不断增强。面对全球气候变化和环境资源约束带来的发展瓶颈，上海致力于在2035年建设成为拥有较强适应能力和更具韧性的生态城市，并通过空间资源环境和基础设施等方面的动态改善，成为引领国际绿色、低碳、可持续发展的杠杆。

应对全球气候变化和超大城市多元化风险，推动能源结构战略转型，倡导建立市民公交出行的交通理念，引导低碳健康的生活方式，控制温室气体排放；完善防汛除涝保障体系，推动“海绵城市”建设，主动应对海平面上升与地面沉降；提高城市应对热岛效应和极端自然灾害天气的能力，强化城市防护体系建设，降低自然灾害损失。至2035年，可再生能源占一次性能源供应的比重达到20%，碳排放总量较峰值下降15%左右。

营造绿色开放的生态网络。在严格管控城市增长边界的基础上，优化市域城乡空间结构，加强土地集约复合利用，提升存量土地利用效率，严守生态优化的发展底线，锚固海陆自然生态格局和基底，构建覆盖全市域的多层级、网络化、功能复合的生态网络体系，加强生态区域、公园绿地的建设，提升生态系统保护与治理能力，切实提高城乡环境质量。至2035年，建设用地总面积锁定为3 200平方千米，生态用地占陆域面积的比重不低于60%。森林覆盖率达到25%以上，人均公共绿地面积力争达到15平方米。

建设科学全面的环保治理体系。全面加强大气、水、土壤等污染的源头防控、环境综合治理，加强固体废物资源利用，不断提升城市资源利用效率。健全环境治理协同机制，推动区域、流域生态环境共保共治共享。PM2.5等环境空气质量指标在尽快达到国家标准的基础上，逐步接近发达国家国际大都市水平。至2035年，PM2.5年均浓度控制在20微克/立方米左右。实现原生垃圾零填埋，水功能区达标率达到100%。

形成稳定高效的综合防灾能力。不断提高城市各类

能源供给的安全保障度，加强区域水资源合作保障水安全，加强防汛工程建设，提高供应系统抗风险能力。保障城市生命线和信息通信安全运行，强化防灾空间保障体系建设，健全区域协调、城乡统筹的综合防灾和应急救援机制，发挥地区综合防灾中心的作用。至2035年，中心城应急避难场所人均有效避难面积达到2.0—3.0平方米。

▲ 上海人民广场和明天广场大楼（图片来源：视觉中国）

城市精细化管理就是政府通过与公众的良性互动，协调政府、市场和社会力量，确保各项公共事务有序进行，向公众提供广泛、优质、公正的公共服务。恰如上海党代会报告上所说，上海的未来，“建筑是可以阅读的，街区是适合漫步的，公园是最宜休憩的，市民是遵法诚信文明的，城市始终是有温度的”。城市不是钢筋水泥，城市不是漠然冷酷的，城市不是嘈杂喧闹的，城市应该是有温度的。有温度的城市，绿树成荫，风景如画；有温度的城市，微笑相待，互帮互助；有温度的城市，霓虹闪烁，魅力无限！

伟大的上海，前程不可限量；美好的未来，引领我们前行！

附录：大事记

（1949—2018年）

上海解放。1949年5月12日，中国人民解放军开始向上海外围发起进攻。5月23日，第九、第十兵团开始总攻上海。两天后，解放军占领全部苏州河以南地区。5月27日，中国最大的工商业城市和金融贸易中心上海全部解放。同日，中国人民解放军上海市军事管制委员会正式成立。

上海人民广播电台开始对外播音。时间为1949年5月27日晚。1950年4月1日，成立华东人民广播电台，与上海人民广播电台两块牌子一套班子。1954年12月31日，华东台停止播音。1992年10月28日，上海东方广播电台开播。

上海市人民政府成立。1949年5月28日，上海市人民政府宣告成立。中国人民革命军事委员会任命陈毅为市长。

《解放日报》创刊。1949年5月28日创办。原为中共中央机关报，1941年5月16日创刊于延安，1947年3月27日停刊。《解放日报》总的方面受华东局领导，有关上海工作受中共上海市委领导。1954年12月华东局撤销后，成为上海市委机关报。

查封证券交易所。1949年6月10日，上海市军管会、市人民政府命令市公安局查封汉口路证券交易所，取缔金融投机活动。

遭受台风袭击。1949年7月24—27日，上海遭受六号台风袭击，外滩实测瞬时风速达39米/秒。25日，潮水倒灌，市区部分路段水深达到2米。上海地区农田受淹208.3万亩，倒塌房屋63 200间，受灾人口7.5万人，死亡1 600余人。

平息涨价风。1949年7月，上海出现解放后首次物价大波动。市政府在中央支持下，打击投机势力，较快平息了涨价风。此后，在同年11月和翌年2月又两次出现物价大波动，市政府均在中央财委的指导、支持下，运用经济手段，平息了涨价风。

宋庆龄应邀赴北平。1949年8月28日，应毛泽东邀请，在邓颖超陪同下，宋庆龄由上海抵北平，以特别邀请代表身份，参加中国人民政治协商会议。9月30日，当选中央人民政府副主席。

接管任务胜利完成。1949年8月3—5日，上海市第一届第一次各界人民代表会议举行。陈毅宣布接管任务胜利完成，市政府工作转入管理和局部改造阶段。

新中国首家驻沪总领事馆开馆。上海解放时，外国驻沪大使馆、公使馆、使馆办事处和领事馆共有31家。市政府不承认上述任何外国使领馆和使领人员的原有地位，任何国家前驻上海的使领馆均不能继续行使其原职权。1949年12月30日，苏联驻沪总领事馆开馆，此为新中国首家驻沪总领事馆。

“二六轰炸”。1950年2月6日，台湾国民党飞机混合机群20余架次，分4批轰炸上海电力公司江边电站（今杨树浦发电厂）、南市华商电气公司、闸北水电公司等目标，据上海地方志书的数据，“二六轰炸”炸死市民542人，受伤者830多人，毁坏厂房、民房2 500多间。2月12日，上海各界人民举行反对美蒋轰炸暴行、追悼死难同胞大会。

郊区进行土地改革。1950年12月23日，市政府通过《上海市郊区土地改革工作计划》，决定在上海郊区实施土地改革，并设立郊区土地改革委员会。至1951年11月30日，上海郊区土地改革运动结束。

开展“三反”“五反”运动。1951年12月30日，市政府发出《关于开展反对贪污、反对浪费、反对官僚主义运动的指示》。1952年3月25日，市增产节约委员会召开市、区增产节约委员会扩大会议，动员在全市深入开展反行贿、反偷税漏税、反盗骗国家资产、反偷工减料和反盗窃国家经济情报（简称“五反”）运动。陈毅在会上宣布上海市“五反”运动正式开始。1952年7月19—21日，市政府和市协商委员会召开联席会议，宣布“三反”“五反”运动结束。

首批工人住宅建成。1952年5月30日，由市政府规划建造的首批工人住宅曹杨新村建成，优先分配给劳动模范和先进生产者居住。

高校进行院系调整。1952年，根据政务院“以培养工人建设人才和师资为重点，发展专门学院，调整和加强综合性大学”的方针，上海对高等院校进行院系调整工作。调整后，全市共有高校15所，全部为公立。

取缔“一贯道”等非法组织。1953年5月30日，市军管会宣布“一贯道”“九宫道”“同善社”“一心天道龙华圣教会”等会道门为非法组织，立即取缔，即日解散。

举办体育运动会。1953年5月30日—6月7日，上海市第一届人民体育大会在虹口体育场举行。

兴建中苏友好大厦。1953年6月20日，市军管会征用占地近200亩的原哈同花园的全部土地和地面建筑物，建造一所苏联展览馆。工程于1954年5月4日正式开工，至翌年3月基本竣工。展览馆定名为中苏友好大厦。至1968年5月，大厦更名为上海展览馆。1984年，市政府将上海展览馆、上海工业展览馆和上海展览馆扩建办公室合并成立上海展览中心。

进行人口普查。1953年6月30日，市政府决定在全市范围内进行第一次人口普查工作。普查结果，全市总人口为620.44万人。此后，在1964年、1982年和1990年又先后进行了3次人口普查。1990年7月1日第四次人口普查结果，全市总人口为1 334.19万人。

居民食油和食粮定量供应。1954年3月7日，居民食油开始按计划实行定量供应。至翌年10月16日，全市开始实行凭证定量供应粮食。1993年4月1日起，在全市范围内放开粮油购销和价格。

完成社会主义改造。1955年8月12日，市人委接受私营棉纺、毛纺、麻纺、搪瓷、造纸、卷烟、面粉、碾米8个行业共166个工厂及2个私营冷藏制冰厂申请公私合营。上海对私营工商业改造从单个企业公私合营发展到全行业公私合营。1956年1月18日，上海郊区召开农业生产合作社代表会议，郊区1 808个初级农业生产合作社合并为348个高级农业生产合作社，入社农户占郊区农户的92.7%。1月20日，召开上海市资本主义工商业公私合营大会，宣布市人委批准205个行业、106 274户资本主义工商业实行公私合营。1月21日，上海各界10多万人在人民广场集会，庆祝社会主义改造胜利完成。会后，全市50万人冒雨游行。

肇嘉浜改造工程竣工。肇嘉浜，原是闻名的“上海龙须沟”。1954年9月开始动工改造，至1956年12月30日工程基本竣工，成为长3 000米、宽40米的林荫大道。

电话号码3次升位。1957年9月1日，上海市内电话由五位号码制改为六位号码制。1989年11月12日，又将六位号码制改为七位号码制。至1995年11月25日，又将七位号码制改为八位号码制。

江苏10县划归上海。1958年1月17日，国务院批准将上海、嘉定、宝山3县从江苏省划归上海市。同年11月21日，又批准川沙、青浦、南汇、松江、奉贤、金山、崇明7县从江苏省划归上海市。

抢救烧伤病人创奇迹。1958年3月，广慈医院（今瑞金医院）医生傅培彬等成功抢救烧伤面积89.3%、三度烧伤23%的炼钢工人邱财康，打破国外文献宣称的“灼伤面积超过80%无法治愈”的定论。

试制成功第一辆小轿车。1958年9月28日，上海汽车装配厂试制成功第一辆小轿车，命名为“凤凰”牌（后称“上海”牌）。翌年2月15日在北京中南海接受国务院总理周恩来检阅并留影。自第一辆开始至1991年11月25日生产最后一辆，“上海”牌轿车共生产77 041辆。

全市大炼钢铁。1958年10月，上海掀起群众性大炼钢铁的热潮。全市工厂、商店、机关、学校、银行、医院乃至郊区农村，建立起大小土炉子6 700多只，冶金系统以外被动员参加炼钢的干部和群众达40余万人，在出钢高产日有100万人投入炼钢，并有13万家庭妇女走出家门帮助拣废钢、搞运输。是年，上海的钢产量虽比上年增长不少，但增产的钢铁相当一部分质量低劣。

建立人民公社。1958年9月21日，上海市郊区第一个人民公社——上海县“七一”人民公社成立。至年底，郊区共建立122个人民公社，实现了公社化。1984年6月，郊区206个乡镇全部实行政社分设，农副业生产由乡、村和生产队的合作经济组织负责。至此，农村人民公社制度实际上已不复存在。

闵行一条街工程竣工。1958年6月，闵行一条街工程开工，至同年9月底基本建成。吴泾、嘉定等卫星城镇的建设也逐步展开。

上海电视台开播。1958年10月1日，上海电视台建成并开始对外播出。1992年12月26日，上海有线电视台正式对外播出。

中共八届七中全会在沪召开。时间为1959年4月2日。

8所大学指定为全国重点院校。1959年5月17日，根据中共中央、国务院的决定，上海第一医学院、复旦大学、上海交通大学、华东师范大学被指定为全国重点学校。1960年，又增加同济大学、华东化工学院、华东纺织工学院和上海外国语学院。

发射中国第一枚火箭。1960年2月19日，中国第一枚试验型液体探空火箭T-7M，在上海市南汇县老港镇东简易发射场发射成功。

大规模围垦滩涂。1959年12月，崇明县围垦开沙6.2万亩，建新海农场；围垦东平沙5.72万亩，建立东平农场和东平林场。翌年9月，中共上海市委决定继续大规模围垦崇明岛和长兴岛滩涂。

公布重点文物保护单位。1961年3月4日，国务院公布第一批全国重点文物保护单位名单。上海的孙中山故居、中国共产党第一次全国代表大会会址、中国社会主义青年团中央机关旧址和鲁迅墓4处名列其中。1982年2月23日，国务院公布第二批全国重点文物保护单位名单，上海被列入的有宋庆龄墓和豫园。1988年1月13日公布的第三批名单中，上海又有龙华革命烈士纪念地、松江唐经幢和徐光启墓。至1992年底，上海市共有全国重点文物保护单位9处，市级文物保护单位128处，区县级132处。1996年11月20日，国务院又将兴圣教寺塔（松江方塔，北宋）、真如寺大殿（元）、上海外滩建筑群（1906—1937年）、上海邮政总局（1924年）列为全国重点文物保护单位。

毛泽东同工人一起欢度“五一”国际劳动节。1961年5月1日，中共中央主席毛泽东到上海电机厂同工人一起欢度“五一”国际劳动节。晚间，又出席全市庆祝劳动节联欢晚会。

《红色娘子军》首获“百花奖”。1962年5月22日，天马电影制片厂摄制的故事片《红色娘子军》获第一届大众电影“百花奖”最佳故事片奖，该片导演谢晋获“最佳导演奖”，演员祝希娟获“最佳女演员奖”。

断肢再植获得成功。1963年1月2日，第六人民医院陈中伟、钱允庆等为被冲床完全切断手臂的工人王存柏做断肢再植手术，获得成功。当时在罗马举行的第十二届国际外科会议认为此属世界医学史上的创举。1978年10月，该医院骨科医师于仲嘉、王琰等为一位被炸去双手的农民进行首例足趾移植再造手术获得成功。1985年，于仲嘉又为山东省农民董勤亮全手再造五指成功，获国家发明一等奖。

“南京路上好八连”命名。1963年5月5日，中国人民解放军南京部队领导机关在上海举行“南京路上好八连”命名大会。南京军区司令员许世友上将代表国防部宣读授予驻沪某部第八连以“南京路上好八连”荣誉称号的命令。

首条国际航线开航。1964年4月29日，上海虹桥国际机场改造工程竣工，新中国成立后上海地区第一条国际航线中国上海—巴基斯坦达卡民用航空线开航。

控制地面沉降获得成功。1966年，上海市大面积开展人工回灌，灌水量400万吨。经过5个月的人工回灌，上海市区地面回升，平均回升量为6毫米，最多的回升38毫米，控制上海地面沉降获得成功。

打浦路隧道通车。1971年6月12日，黄浦江首条越江隧道——打浦路隧道建成通车。

签署《中美联合公报》。1972年2月27日，美国总统尼克松访问上海。翌日，在上海锦江小礼堂与中华人民共和国总理周恩来签署并发表《中美联合公报》（也称中美《上海公报》）。

建设上海石油化工总厂。1972年2月5日，中共中央主席毛泽东和国务院总理周恩来圈阅批准国家计委进口4套成套化纤、化肥技术设备。其中一套被安排在上海。同年6月18日，中共上海市委决定在金山卫建设上海石油化工总厂。同年7月16日，上海市革委会向中共中央、国务院上报《关于筹建上海石油化工总厂的请示报告》，建议将厂址选在杭州湾畔的金山卫。后这一报告获得批准。1974年1月1日，一期工程开工建设，至1979年6月通过竣工验收。1980年7月，二期工程开始建设，至1985年底二期工程全面建成。1987年，三期工程开始建设，至1992年4月全面建成投产。

田中角荣访问上海。1972年9月29日，中日两国政府在北京宣布建交后，日本内阁总理大臣田中角荣访问上海，这是日本内阁总理首次访问上海。

与日本横滨市等结为友好城市。在国务院的同意和支持下，1973年11月30日上海市与日本横滨市结为友好城市。自此至1999年底，上海已先后与35个国家的37个城市（地区）结为友好城市，与10个国家的10个城市和地区建立友好交流关系。

黄浦江上建成首座大桥。1974年10月31日，黄浦江大桥（后易名“松浦大桥”）工程全面开工。1976年6月29日，大桥全面建成通车。该桥为黄浦江上唯一的公路、铁路双层大桥。

支援唐山抗震救灾。1976年7月28日，河北省唐山市发生7.8级强烈地震。翌日，上海市组织医疗队赴唐山抗震救灾。至1978年底，医疗队员共4批，约

3 500人。

建设上海宝山钢铁总厂。1977年11月24日，成立“上海新钢厂筹建指挥部”。同年12月5日正式成立“上海新建钢铁厂工程指挥部”。1978年3月11日，国务院同意国家计委、建委、经委、冶金部和上海市革委会《关于上海新建钢铁厂的厂址选择、建设规模和有关问题的请示报告》，决定在上海市宝山县新建钢铁厂，工厂规模为年产铁650万吨、钢670万吨。同年12月23日，宝钢工程举行动工典礼。12月底，新建钢铁厂厂名正式确定为“上海宝山钢铁总厂”（简称“宝钢”）。

第一条电视广告。1979年1月28日，上海电视台播出我国电视史上第一条电视广告“参桂补酒”。

上海石油化工总厂一期工程竣工。1979年6月27日，国家重点工程——上海石油化工总厂一期工程竣工，通过国家验收委员会验收，正式交付生产使用。工程总概算为21.87亿元，试生产期为国家提供的积累达9.2亿元，超过引进设备和技术的全部投资。

三卷本《辞海》出版。1979年9月21日，新中国第一部大型综合性辞典——三卷本《辞海》出版。1957年，毛泽东将修订《辞海》的工作交给上海，1971年，周恩来再次将修订《辞海》正式列入国家出版计划。经过22年努力，在新中国成立30周年前夕，正式出版。

中美杂货班轮航线开辟。1980年3月31日，我国第一艘直达美国的杂货班轮“荣诚”号，满载进口小麦17 450吨返回上海港，完成了开辟中美杂货班轮航线任务。“荣诚”号轮是同年1月28日装载我国出口杂货驰往美国的。

上海第一家中外合资企业成立。1980年7月5日，上海第一家中外合资企业——中国迅达电梯有限公司上海电梯厂成立。该企业由中国建筑机械总公司、瑞士迅达股份有限公司、香港怡和迅达（远东）股份有限公司合资经营，是全国机械行业中第一家合资经营企业。

上海出现第一家私营饭店。1980年7月10日，上海市静安区待业知青陈贵根自筹资金，在华山路上开办“味美馆”饭店。这是改革开放以来上海出现的第一家私营饭店。

《中国百科年鉴》印制完成。1980年9月19日，由中国大百科全书出版社上海分社负责编辑的新中国第一部大型综合性年鉴《中国百科年鉴》印制完成，收有1 700个条目，100万字。

首次上海城市规划会议。1981年3月21日，新中国成立以来上海首次城市规划会议闭幕，决定开始编制上海总体规划。

宋庆龄逝世。1981年5月29日，中华人民共和国名誉主席宋庆龄在北京逝世。6月4日，在上海西郊万国公墓举行骨灰安葬仪式。1984年1月10日，经中共中央书记处批准，命名上海万国公墓为宋庆龄陵园，保留万国公墓名称。

上海首批硕士学位审定。1982年6月1日，上海19所高等学校首批硕士学位审定工作完成。各校经过学位评定委员会审查批准，分别授予1 219名毕业研究生以哲学、法学、经济学、教育学、文学、历史学、理学、工学或医学硕士学位。

上海人口普查的主要数字公布。1982年10月29日，上海市统计局发表公报，正式公布上海人口普查的主要数字：1982年7月1日零时，上海常住总人口为11 859 748人，其中市区人口为6 320 872人，郊县人口为5 538 876人；男性为5 909 965人，占49.8%，女性为5 949 783人，占50.2%。

国有企业利改税。1983年1月1日，上海市对国营企业实行第一步利改税。1984年10月1日，根据国务院要求，上海国营工业企业实行第二步利改税。

2个经济开发区设立。1983年1月28日，上海市政府决定设立闵行和虹桥2个经济开发区。

长江三角洲港口联合体组成。1984年1月29日，国务院批准，建立由上海港、宁波港、南通港、张家港组成的四港联合委员会，逐步形成以上海港为中心枢纽的长江三角洲港口联合体。

《中国历史地图集》获奖。1984年6月4日，上海召开新中国成立以来高校文科科研成果首次评奖大会，168项优秀成果获奖，复旦大学谭其骧教授主编的《中国历史地图集》获特别奖。

"勘探三号"建成。1984年6月19日，我国自行设计、建造的第一座半潜式海洋石油钻井平台——"勘探三号"在上海船厂举行建成典礼，钻井深度可达6 000米。

上海大众汽车有限公司成立。1984年9月10日，我国机械工业最大的中外合资项目上海大众汽车有限公司在北京签约。12日，奠基典礼在安亭举行，德国总理科尔出席。1985年2月，上海大众汽车有限公司正式宣告成立。

第一家股份有限公司诞生。1984年11月18日，上海第一家公开发行股票的股份制试点企业——上海飞乐音响股份有限公司成立，共筹集资金50万元人民币，其中上海电声总厂等4家发起单位认股50%。这也是新中国成立以来诞生的第一家股份有限公司。

中美最大技术合作项目。1986年4月1日，由上海航空工业公司与美国麦克唐纳·道格拉斯公司合作生产的首架MD-82飞机在上海飞机制造厂二号厂房开铆。这是中美建交以来最大的技术合作项目。

文化发展战略的汇报提纲形成。1986年5月10日，上海召开文化发展战略研讨会，对《关于制定上海文化发展战略的建议》加以论证。会后形成《关于上海文化发展战略的汇报提纲》并上报国务院。

建造第一座地铁车站。1986年7月4日，上海第一座地铁车站在上海铁路新客站动工兴建。此前，1985年4月7日，上海市政府批准成立上海地铁公司。

上海被命名为国家历史文化名城。1986年12月8日，上海被国务院宣布为国家历史文化名城。

上海航空公司正式开航。1987年1月，中国首家地方航空公司——上海航空公司正式开航。

《上海文化年鉴》正式出版发行。1987年11月6日，中国第一部大型地方文化年鉴——《上海文化年鉴》正式出版发行。

铁路新客站建成。1986年7月动工兴建的中国最大火车站——上海铁路新客站，1987年12月28日正式投入使用。

漕河泾新兴技术开发区建立。1988年7月23日，上海市政府宣布：经国务院批准，建立漕河泾新兴技术开发区。

治理苏州河工程开工。1988年8月25日，上海利用外资实施城市基础设施建设的第一个大工程——治理苏州河工程正式开工。

第一家当铺开张营业。1988年9月15日，开始复苏的第一家当铺——上海恒源当铺开张营业。国家允许这家当铺典当贵重日用品、汽车、摩托车、不动产和房产等。

延安东路越江隧道正式通车。1989年5月1日，上海第二条黄浦江越江隧道——延安东路越江隧道正式通车，东起浦东陆家嘴杨家宅路，西至延安东路福建路口，全长2 261米，总投资为2.97亿元人民币，设计最大客运量为5万人次／小时，混合交通为1 000辆／小时。该隧道于1980年11月13日开工建设。

开始实行邮政编码。1989年7月1日，上海开始实行邮政编码。

邓小平到上海视察。1990年1月21日，邓小平到上海视察，与市党政军负责人共庆新春。

宣布浦东开发、开放。1990年4月18日，李鹏在上海宣布：中共中央、国务院同意上海市加快浦东地区的开发，在浦东实行经济技术开发区和某些经济特区的政策。

浦东开发办公室和浦东开发规划研究设计院成立。1990年4月30日，上海市政府召开开发浦东新闻发布会，宣布采取允许外商在上海包括浦东新区增设外资银行等10条优惠政策和措施，以吸引外商投资浦东，促进浦东的开发、开放。朱镕基、黄菊就浦东开发的有关情况作了介绍。上海市政府宣布成立上海市浦东开发领导小组、设立浦东开发办公室和浦东开发规划研究设计院。

上海市市标公布。1990年9月28日，上海市人大常委会发布公告，以市花白玉兰、沙船、螺旋桨组成的三角形图案为上海市市标。三角图形似轮船的螺旋桨，象征上海是一座不断前进的城市。图案中心扬帆出海的沙船，是上海最古老的船舶，象征上海是一个历史悠久的港口城市。沙船背景迎着早春、勃勃开放的白玉兰，展示了上海灿烂辉煌的明天。

房改方案敲定。1990年11月30日，中共上海市委、市政府召开住房制度改革动员大会，提出房改的基本原则。房改的具体方案是：推行公积金，提租发补贴，配房买债券，买房享优惠，建立房委会。

邓小平对上海提出殷切希望。1991年1月28日—2月20日，邓小平视察上海飞机制造厂大场分厂、中美合作MD-82飞机总装车间、上海大众汽车有限公司、南浦大桥等，明确指出“不要以为，一说计划经济就是社会主义，一说市场经济就是资本主义，不是那么回事，两者都是手段，市场也可以为社会主义服务”。希望上海人民“思想更解放一点，胆子更大一点，步子更快一点”。

南浦大桥建成通车。1991年11月19日，南浦大桥建成通车，总投资8.2亿元人民币，全长8 346米、宽30.35米、通航净高46米，为世界第二大叠合梁斜拉桥。该工程自1988年12月15日开工，1991年6月20日全线贯通。

上海人的素质、形象大讨论。1991年12月11日，《解放日报》刊登读者来信，提出20世纪90年代上海人的素质、形象如何适应改革开放新形势、新要求的问题，并建议以"90年代上海人形象"为题开展群众性的大讨论。

取消部分商品票证。1992年1月28日，上海市政府决定，即日起取消食糖、鲜蛋和食盐票证，敞开供应。

确立"一个龙头、三个中心"的战略目标。1992年3月20日，国务院总理李鹏在全国人大七届五次会议所作的《政府工作报告》中指出："上海浦东新区是今后十年开放开发的重点。要进一步加强基础设施建设，创造良好的投资环境，建设一些投资效益好的项目，通过上海浦东的开放开发，带动长江三角洲地区乃至整个长江流域经济的发展，逐步使上海发展成为远东地区经济、金融、贸易中心之一。"

上海全面取消粮油票证。1993年4月1日，上海取消粮油票证，开放粮油购销和价格，沿用39年的上海两票退出流通领域。同时建立起商品储备制度和粮油、蔬菜、副食品生产风险基金制度。

两岸邮件直通。1993年6月3日，首批印有"台北"标志的直封航空邮包飞越台湾海峡到达上海，宣告两岸通过第三地——香港转邮历史的结束。印有“上海邮件处理中心”标志的航空邮袋从6月1日起直封寄发台湾。

杨浦大桥建成通车。1993年10月23日，上海举行杨浦大桥通车典礼。邓小平为大桥题写桥名。杨浦大桥全长1 176米，其中中孔主跨602米，是世界上跨径最大的斜拉桥。每日通行能力为5万辆机动车，桥下净空高48米，可通行5万吨级轮船。

养老保险制度改革。1993年10月25日，上海全面实行《上海市城镇职工养老保险制度改革实施方案》，改变原来按职工退休前的标准工资和连续工资计发养老金的办法，将职工退休后的养老待遇与其一生的劳动贡献相联系，对老、中、新职工采取不同的计发办法。

首次出现人口负增长。1994年4月14日，上海市政府新闻办公室宣布：上海率先进入人口负增长，1993年自然增长率为−0.78‰，全市总人口为1 294.7万人，计划生育率已达99.78%。

上海地铁一号线试运营。1995年4月10日，上海地铁一号线试运营，7月正式投入运营。上海地铁一号线从锦江乐园到上海火车站，全长16.1千米，设有锦江乐园、新龙华等13个车站。

延安路高架西段工程启动。1995年4月11日，上海第三条城市高架道路——延安路高架西段工程启动。工程范围自318国道与外环线西南段的交汇处至中山西路与内环线高架的连接处，地面道路全长5.74千米，高架道路全长6.2千米。

首例试管婴儿成功。1995年8月18日，上海首例试管婴儿在上海医科大学附属妇产科医院降生，婴儿出生体重3 815千克，从而结束了上海及华东地区试管婴儿技术空白的历史。

南北高架全面建成通车。1995年12月10日，全长8.45千米、纵贯上海市中心的南北高架工程全面建成通车。该工程于1993年7月开工建设，起于中山南路（鲁班路），讫于洛川路（共和新路），由地面道路和高架道路两部分组成。

公开招考公务员。1996年8月3日，中国上海人才市场和上海市7区、3县的人才市场吸引1万余人报考公务员。这是中共上海市委组织部、市人事局首次打破地域、户口限制，公开招考公务员。

航运水上交易所开市。1996年11月28日，由交通部、上海市政府共同组建的中国第一个国家级水运交易市场——上海航运交易所开市。

徐浦大桥通车。1997年6月24日，上海黄浦江上第三座斜拉桥——徐浦大桥通车，全长6 017米，其中主桥1 074米，宽35.95米，8车道。

苏州河最后一班轮渡歇业。1997年12月16日，位于沪西的苏州河“强家角渡”开出最后一班轮渡，从而结束了苏州河长达85年的船渡历史。

上海大剧院工程竣工。1998年7月28日，投资12亿元人民币的上海大剧院建设工程基本完成。该工程于1994年9月28日开工兴建。

《中华文化通志》出齐。1998年11月9日，中华民族历史上第一部系统、全面记述中华文化的文化专志《中华文化通志》由上海人民出版社出齐，共101卷，4 000余万字。

逸仙高架路建成通车。1999年5月20日，上海第一条由区引进外资兴建，并由区政府组织施工的市重大工程——逸仙高架路建成通车，全长9.5千米。

南京路步行街一期工程建成开通。1999年9月20日，上海南京路全天候步行街一期工程建成开通，从西藏路到河南路，全长1 033米，路幅宽20—28米，总面积约3万平方米。

上海地铁二号线一期工程试通车。1999年9月20日，地铁二号线一期工程从中山公园至浦东龙东路，经过长宁区、静安区、黄浦区、浦东新区，全长16.3千米。

公共交通卡首发。1999年12月27日，上海公共交通卡系统试运行和公共交通卡首发仪式举行。上海成为国内第一个实现公交、地铁、轮渡“一卡通”的城市。

世纪大道全面建成。2000年4月18日，上海第一条以景观生态为主、交通为辅的世纪大道全面建成通车。上海最大的生态型城市公园——世纪公园同时建成开园，占地面积140余公顷。

加入WTO上海行动计划。2000年8月24日，上海市政府制定并公布《关于中国加入WTO上海行动计划纲要》，对市政府各部门应对加入WTO的准备工作提出了指导性意见。

中国第一条城市高架轨道交通线试运营。2000年12月26日，上海轨道交通明珠线一期工程投入试运营，全长24.975千米，全线19座车站。

磁悬浮列车运营线工程开工建设。2001年3月1日，上海磁悬浮列车示范运营线工程在浦东新区正式开工建设。该工程西起地铁二号线龙阳路站，东至浦东国际机场航站楼，全长约30千米，总投资约89亿元人民币，是中国交通史上及世界上第一个商业化运营的磁悬浮列车工程。2002年12月31日，上海磁悬浮列车示范运营线试运行通车。

“上海合作组织”宣告诞生。2001年6月14日，中华人民共和国主席江泽民、俄罗斯联邦总统弗拉基米尔·普京、哈萨克斯坦共和国总统努尔苏丹·纳扎尔巴耶夫、吉尔吉斯共和国总统阿斯卡尔·阿卡耶夫、塔吉克斯坦共和国总统埃莫马利·拉赫莫诺夫和乌兹别克斯坦共和国总统伊斯兰·卡里莫夫6国元首在上海举行“上海合作组织”成员国元首非正式会晤、“上海合作组织”成员国元首会议，并签署《“上海合作组织”成立宣言》和《打击恐怖主义、分裂主义和极端主义上海公约》，宣告“上海合作组织”诞生。

APEC第九次领导人非正式会议举行。2001年10月21日，亚太经合组织（APEC）第九次领导人非正式会议在上海科技馆举行，中国、澳大利亚、日本、韩国、俄罗斯、美国等国家的领导人出席，通过并发表《领导人宣言》和《亚太经合组织领导人反恐声明》。

黄浦江两岸综合开发工程启动。2002年1月10日，黄浦江两岸综合开发工程启动，综合开发范围涉及浦东、卢湾、黄浦、虹口和杨浦5个区，规划面积2 260

公顷，岸线长度约20千米。上海市黄浦江两岸开发建设领导小组和上海市黄浦江两岸开发建设投资（集团）有限公司同时成立。

铁路上海南站配套工程全面启动。2002年4月9日，“十五”期间上海重大基础设施项目——铁路上海南站配套工程全面启动。上海铁路南站工程建设指挥部、上海南站广场投资有限公司同时成立。铁路上海南站设计方案由上海现代建筑设计集团华东建筑设计研究院、法国AREP公司合作设计，为世界上首个圆形火车站。同年7月28日，地铁一号线上海南站改建工程开工。

开始实行居住证制度。2002年6月15日，上海开始实行居住证制度，凡具有本科以上学历或者特殊才能的国内外人员，以不改变其户籍或者国籍的形式来上海市工作或创业的，可分别申领A、B《居住证》。

上海成功获得2010年世博会主办权。2002年12月3日，在摩洛哥蒙特卡洛召开的国际展览局第132次大会宣布，上海成功获得2010年世博会主办权，这是世博会首次在发展中国家举办。上海申办世博会的主题是“城市，让生活更美好”。

首次国际博物馆高峰论坛举办。2003年3月26—27日，国际博物馆高峰论坛在沪举办。来自美国纽约大都会博物馆、日本东京国立博物馆、中国国家博物馆、香港中文大学文物馆、故宫博物院、上海博物馆等的300余名博物馆、文博专家参加了论坛。这是中国举办的首次国际博物馆高峰论坛。

卢浦大桥建成通车。2003年6月28日，由江泽民题写桥名，有“世界第一拱”之称的黄浦江越江大桥——卢浦大桥建成通车。

上海正式成为国家园林城市。2004年1月13日，上海正式成为国家园林城市。城市人均公共绿地面积达到9.2平方米，绿化覆盖率达到35.78%，绿地率达到34.51%。

“气象灾害监测车”首次驶上街头。2004年7月3日，中国首辆灾害性天气跟踪服务车“气象灾害监测车”首次驶上街头，对热带风暴给上海带来的影响进行实时观测。同时，上海市中心气象台还首次实施台风直播，从18:30起通过电视媒体及时向社会公布台风的走向、风力，以及可能造成的影响。

地铁四号线全线贯通。2004年12月20日，上海轨道交通四号线的C字形线路（蓝村路站—大木桥路站）全线贯通。该工程总投资约130亿元人民币，共新建22千米线路、17座车站，另设蒲汇塘停车场和2座110千伏主变电站。

东海大桥全线贯通。2005年5月25日，我国第一座长距离跨海大桥——上海国际航运中心洋山深水港东海大桥实现全线贯通。

全市城镇体系规划初步形成。2005年12月，上海市域城镇“1966”四级居住体系规划初步形成，由“1个中心城、9个新城、60个新市镇和600个中心村”组成。

公办学校学生全部免除学杂费。2006年4月20日，上海市教委宣布，从同年9月起，上海义务教育阶段公办学校学生全部免除学杂费。2008年起，义务教育公办学校的课本和作业本费也全部免除。上海义务教育阶段公办学校基本实现免费教育。

高龄无保障老人社会保障办法。2006年9月1日，上海实行城镇高龄无保障老人社会保障办法。

首批“中华老字号”企业称号。2007年1月25日，上海市振兴老字号品牌工作会议召开。2006年，商务部重新认定“中华老字号”，上海的老凤祥、恒源祥、吴良材、冠生园、王宝和、立丰食品和古今内衣等51家企业获首批“中华老字号”企业称号。

超大型集装箱船在上海出坞。2007年5月28日，中国拥有完全自主知识产权的第一艘超大型集装箱船在上海出坞。这是国内生产的最大一艘集装箱船，可一次性装载8 530个标准箱。它标志着我国在高新技术船舶建造领域取得重大突破，中国成为继韩国、日本、丹麦后第四个能自主设计建造大型集装箱船的国家。

民生保障政策调整。2008年4月1日，上海市调整系列民生保障政策，自即日起，上海市月最低工资标准从840元调整为960元；小时最低工资标准从7.5元调整为8元；城镇低保标准从每人每月350元调整为400元；农村低保标准按照市农村低保标准与城镇低保标准1∶1.5的比例关系调整，相应调整为每人每年3 200元；失业保险金标准最高为每月550元，最低为每月410元。

上海航天技术研究院为“神舟”七号载人飞船作贡献。2008年9月25—28日，中国自行研制的“神舟”七号载人飞船在太空绕地球飞行45圈后成功着陆。在

"神舟"七号载人飞船发射的任务中，上海航天技术研究院承担飞船推进舱、电源分系统、推进分系统和测控通信分系统的图像、话音等9个子系统研制任务，还承担飞船上的一些关键技术和设备的研制任务，特别是针对航天员出舱活动，新研制舱外摄像机等设备。

两岸正式迎来"三通"时代。2008年12月15日，海峡两岸空中双向直达航路开通仪式在民航上海区域管制中心举行，国家民航局局长李家祥宣布启航，并与中国国民党副主席蒋孝严等共同按下直达航路启动按钮，首架直航班机东航MU2075航班由浦东机场飞往台北桃园机场，台湾复兴航空323航班由松山机场飞往浦东机场。同日，两岸海上直接通航首航仪式在洋山深水港举行，上海市委副书记、市长韩正宣布启航并与中国国民党副主席蒋孝严等共同推动洋山至高雄启航船舶车钟，标志着两岸正式迎来"三通"（空运直航、海运直航、直接通邮）时代。

上海水务公共信息平台建成。2009年4月18日，全国第一家集气象、海洋、海事、水文、水利、供水、排水等业务于一体的水务公共信息平台——上海水务公共信息平台建成。

上海长江隧桥工程建成通车。2009年10月31日，上海长江隧桥工程建成通车。隧桥总长25.5千米，总造价126.16亿元人民币，由8.95千米长的全球最大隧道和16.5千米长的世界第一公路、轨交合建斜拉桥组成。

上海元代水闸遗址博物馆开工建设。2009年11月3日，上海元代水闸遗址博物馆在拥有700余年历史的志丹苑水闸遗址上开工建设。该馆作为上海首座遗址类博物馆，与黄浦江两岸的世博会展区相呼应，展示中国古代水利工程的智慧与魅力。

2010年上海世博会开幕。2010年上海世博会开幕式4月30日晚在上海举行，中共中央总书记、国家主席胡锦涛出席并宣布本届世博会开幕。10月31日，上海世博会闭幕式在上海世博文化中心举行。中共中央政治局常委、国务院总理温家宝出席闭幕式并宣布上海世博会闭幕。2010年上海世博会历时181天。

海上作业浮式起重船成功交付。2010年11月8日，世界上唯一的海上作业浮式起重船，在上海长兴岛成功交付韩国三星重工。这艘8 000吨浮式起重船由上海振华重工集团设计研发，标志着上海振华重工向大型海洋重工装备领域又迈进一大步。

《清代诗文集汇编》在沪出版。2011年1月4日，国家清史纂修工程开展以来规模最大的文献整理项目——《清代诗文集汇编》，由上海古籍出版社出版。全书800册，是中国迄今第一部以影印方式出版的内容最为丰富、涵括最为全面、卷帙最为浩繁的断代诗文总集，是深入研究清代诗歌不可或缺的大型资料性图书。它的出版填补了学术界此前尚无清代断代诗文总集整理出版的空白。

上海迪士尼度假区开工建设。2011年4月8日，上海迪士尼度假区一期项目开工建设。占地约3.9平方千米，包括迪士尼主题乐园、主题化酒店、零售、餐饮、娱乐、停车场等配套设施，及中心湖泊、围场河和交通枢纽等公共设施。

黄浦区和卢湾区合并成立新黄浦区行政区域。2011年5月20日，国务院批复同意撤销上海市黄浦区和卢湾区，设立新的黄浦区，以原黄浦区和卢湾区的行政区域为新黄浦区行政区域。

京沪高速铁路正式通车运营。2011年6月30日，京沪高速铁路自北京南站至上海虹桥站，全长1 318千米，途经北京、天津、河北、山东、安徽、江苏、上海7个省市，沿途24个站，最短行车时间为4小时48分钟。

重大文化设施建设拉开序幕。2011年12月26日，上海“十二五”重大文化设施建设拉开序幕，中华艺术宫和上海当代艺术博物馆改建工程启动仪式在上海世博会中国馆举行，国粹苑开工仪式在天钥桥路1188弄举行，上海崧泽遗址博物馆奠基仪式在青浦区赵巷镇崧泽村举行。

上海市调整一系列民生保障待遇标准。从2012年4月1日起，上海市调整一系列民生保障待遇标准：提高劳动者最低工资标准；调高城乡居民最低生活保障标准；提高城镇职工基本医疗保险参保人员保障水平；调整失业保险金标准；调高公益性岗位从业人员收入标准、有关就业补助标准、工伤人员三项工伤保险待遇标准，以及非因工死亡职工的遗属生活困难补助费标准。

上海市第一届市民运动会举行。2012年6月10日—11月17日，上海市第一届市民运动会举行。有102个代表团参加，竞赛项目有50个大项、2 399个小项。

台风“海葵”影响上海。2012年8月8日，11号台风“海葵”影响上海。上海首次发出最高级别的台风红色预警。虹桥、浦东两大机场取消航班708班次；轨道交通二号线延伸段和磁悬浮示范线首次因台风停运；近400条（段）马路积水10厘米以上，千余户居民屋室内进水5—20厘米，高空坠物、墙体倒塌造成2人死亡、7人受伤。

唐宋城镇遗址青龙镇首次对媒体开放。2013年2月6日，上海第一座唐宋城镇遗址青龙镇首次对媒体开放。遗址位于青浦区白鹤镇。

国务院正式批准设立中国（上海）自贸试验区。2013年8月22日，商务部发布消息：国务院正式批准设立中国（上海）自由贸易试验区。试验区范围涵盖上海市外高桥保税区、外高桥保税物流园区、洋山保税港区和上海浦东机场综合保税区4个海关特殊监管区域，总面积28.78平方千米。

首届两岸和平论坛在沪开幕。2013年10月11日，首届两岸和平论坛在沪开幕，这是两岸首次大规模民间政治对话，两岸120多位学者和各界人士研讨两岸政治关系、涉外事务、安全互信、和平架构4个议题。

上海宣布废止劳教制度。2013年11月19日，上海召开“废止劳教制度完善对违法犯罪行为的惩治和矫正工作推进会”，对全市政法系统认真贯彻党的十八届三中全会精神，废止劳教制度，推进轻微刑事案件办理机制及加强轻刑犯教育矫治工作进行专题部署。

国内首例采用钛合金3D打印技术获得成功。2014

年1月4日，国内首例采用钛合金3D打印技术进行下颌骨缺损个体化功能修复，在驻沪解放军第411医院获得成功。

“沪港通”启动。2014年11月17日，对于中国资本市场发展具有里程碑意义的“沪港通”正式启动。

超大型液化石油气运输船命名。2014年11月19日，由我国自行研发、设计、建造的第一艘8.3万立方米超大型全冷式液化石油气运输船（VLGC），在上海中船长兴造船基地命名。同时命名的还有该船的两艘姊妹船，这标志着我国船舶工业全面跻身世界高端液化气体运输船设计、建造的先进行列，一举打破了日、韩在该船型领域的技术封锁和长期垄断。

首届中国产业互联网高峰论坛在沪举行。2014年12月9日，首届中国产业互联网高峰论坛在沪举行。会上，上海市宝山区被中国互联网协会授予“中国产业互联网创新实践区”称号。这也是全国首家以产业互联网为特色的创新实践区。

上海首席信息官联盟正式成立。2015年5月9日，上海首席信息官（CIO）联盟正式成立，这是中国首席信息官联盟成立后组建的一个地方性组织，中国东方航空、上海仪电集团、上海电气集团等近400家企业的CIO成为首批成员，标志着上海企业的首席信息官制度建设进入新阶段。

建设具有全球影响力科创中心。2015年5月27日，上海市委、市政府发布《关于加快建设具有全球影响力的科技创新中心的意见》，共22条。

“三证合一、一照一码”。2015年10月1日，上海全面实施“三证合一、一照一码”登记制度改革，22家企业首批拿到了新版、加载有统一社会信用代码的营业执照，这是企业今后在全国唯一的“身份证号”。

滴滴快的获网约租车平台经营资格许可。2015年10月8日，“共享经济下的网约租车（专车）模式上海创新和探索”研讨会召开，市交通委正式宣布，向滴滴快的专车平台颁发网约租车平台经营资格许可。这是国内首张专车平台的资质许可，也是上海在探索网约租车管理上开辟的一条新路径。

中国首架拥有自主知识产权的商用干线飞机C919在上海下线。2015年11月2日，中国首架拥有自主知识产权的商用干线飞机C919在中国商飞浦东制造基地下线。中共中央总书记、国家主席、中央军委主席习近平作出重要指示，希望继续弘扬航空报国精神；中共中央政治局常委、国务院总理李克强批示，希望继续集全国之智聚万众创新，不断提升大型飞机自主研制生产能力。

“本帮菜肴传统烹饪技艺”获得国家级非遗授牌。2015年12月9日，上海老饭店“本帮菜肴传统烹饪技艺”正式获得“国家级非物质文化遗产项目”的授牌。这是上海餐饮界继功德林素食、上海古猗园南翔小笼馒头之后，又一个申报国家级非遗成功的项目。

上海产汽车销售美国市场。2015年12月27日，上汽通用汽车公司生产的别克昂科威SUV汽车在山东烟台港装船启程，发运北美市场。这是国内合资汽车企业首次实现向美国本土市场反向出口汽车，这批出口汽车也成为上汽第一批产自中国、销售在美国的别克品牌汽车。

控制上海人口与用地规模。2016年1月11日，上海市规划和国土资源管理局官网正式发布《上海市城市总体规划（2015—2040）纲要》概要，这是上海第六轮城市总体规划内容的首次亮相。根据概要所述，上海将严格控制人口规模，力争至2020年常住人口控制在2 500万人左右，并作为2040年常住人口规模的动态调控目标；建设用地将只减不增，总量控制在3 200平方千米以内。

上海正式进入“无县时代”。2016年7月22日，上海市委、市政府举行召开“崇明撤县设区”工作大会。上海自此从15区1县变成16区，正式进入“无县时代”，翻开历史新篇。

上海人才“30条”发布。2016年9月26日起，上海市持有《外国人永久居留证》的海外高层次人才可以直接办理《上海市海外人才居住证》（B证）并享受相关待遇。同时，通过“七个方面”进一步完善B证持证人所享受的市民待遇，以提高《外国人永久居留证》的含金量。

中国宝武集团正式揭牌。2016年12月1日，宝钢、武钢联合重组后成立的中国宝武集团在上海正式揭牌。

上海票据交易所开业。2016年12月8日，上海票据交易所开业仪式在上海举行。作为我国深化金融改革发展的重要举措，中国票据交易系统同日试运行，开启了我国票据业务电子化交易时代。浦发银行作为首批上线的43家机构之一，完成全市场首单银票质押式回购交易。

海绵城市试点区域建设。2017年4月7日，上海首个通过专家方案评审的海绵城市试点区域建设，在桃浦地区正式启动。桃浦将重点打造“一路一河一池一带一区”，使之成为一座融“创新、人文、生态”于一体的科技智慧之城，为公众带来不一样的“生态体验”。

C919国产大型客机成功首飞。2017年5月5日，C919大型客机首架机在上海成功首飞，标志着我国具备了研制现代干线飞机的核心能力。11月10日，C919首架机从上海浦东顺利转场西安阎良，开展下一步研发试飞和适航取证工作。12月17日，第二架C919大型客机在浦东机场完成首飞任务。

首届网络文化节举办。2017年5月19日，上海首届网络文化节正式启动，在以“直播”形式举办的开幕式上，经过数月时间评选而出的网络文化节Logo正式公布。首届网络文化节以“共建清朗互联网空间”为主题，即日起至11月，将开展内容丰富、形式多样的9项活动，彰显网络正能量。

首张网约车经营许可证。2017年6月13日，上海市交通委员会向“大众出行”正式颁发《网络预约出租汽车经营许可证》，编号为001号。根据规定，此次大众出行平台在上海获得网约车牌照，可在全国范围通用，进行线下和线上业务，这是上海地区发出的首张网约车经营许可证。神州专车获得线下的网约车经营许可证，编号为002号。

海军新型驱逐舰首舰下水仪式。2017年6月28日，海军新型驱逐舰首舰下水仪式在上海江南造船（集团）有限责任公司举行。该型舰是我国完全自主研制的新型万吨级驱逐舰，标志着我国驱逐舰发展迈上了一个新的台阶。

首届国际科创园区（上海）博览会开幕。2017年8月16日，首届国际科创园区（上海）博览会在世博展览馆开幕。博览会面积达到2万平方米，共有来自全国16个省区市的54座城市、135个园区、280家企业机构、近20所高校参展参会。美国、英国、法国、以色列、澳大利亚、加拿大、芬兰、丹麦8个国家的园区、高校、企业等也设馆展示。

《上海城市地图集成》在沪首发。2017年8月19日，《上海城市地图集成》在上海书展上首发，这一图集被视为至今为止关于上海空间变迁最为完整的地图文献集成。《上海城市地图集成》由上海师范大学教授孙逊、钟翀共同主编，收录217幅上海古舆图和近现代测绘地图，时间跨度从1504—1949年。这些地图为重新想象过去的上海提供了依据。

上图东馆和上博东馆开工建设。2017年9月27日，上海图书馆东馆和上海博物馆东馆开建。这两项“十三五”时期上海市文化设施建设的重点项目，将与周边的上海科技馆、东方艺术中心、浦东展览馆等共同组成具有国际影响力的文化集聚区，并助力构建“两轴一廊、双核多点”城市文化空间发展新格局。同时，上图东馆设上海通志馆，作为特色主题馆为市民接触、了解地方志提供便捷途径。

“上海2035”城市总体规划获国务院批准。2017年12月15日，国务院批复原则同意《上海市城市总体规划（2017—2035年）》（简称“上海2035”）。这是党的十九大以后，国务院批准的第一个超大城市总体规划。到2035年，上海市常住人口控制在2 500万左右，建设用地总规模不超过3 200平方千米；努力把上海建设成为创新之城、人文之城、生态之城，卓越的全球城市和社会主义现代化国际大都市。

“远河海”号在外高桥造船厂交付。2018年1月11日，首条全球最大第二代超大型矿砂船“远河海”号在外高桥造船厂正式命名交付。至此，2017年中国造船完工量由世界第二跃升至世界第一。“远河海”号是上海外高桥造船有限公司为中远海运集团承建的世界第二代40万吨级超大型矿砂船（VLOC）系列的首制船，也是外高桥造船联合上海船舶设计研究院共同研制和设计的新一代产品，在世界上处于领先地位。

首个智能电子轨交系统在沪发布。2018年2月8日，“IERT”智能电子轨道交通系统在上海临港发布。IERT系统采取非实体的电子隐形轨道，可根据客流调控编组，灵活调配运力，满足平峰和高峰时的变化。下一步，上海电气IERT将主攻国内城市的中运量公交市场，未来还将向大运量、小运量的方向延展，并为自动驾驶提供技术储备。

上海市大数据中心揭牌。2018年4月12日，上海市大数据中心揭牌。组建上海市大数据中心，将使包括党政机关、群团组织等在内的各类服务数据汇集互联和共享应用，构建全市数据资源共享体系，实现跨层级、跨部门、跨系统、跨业务的数据共享和交换，形成覆盖全市、统筹利用、统一接入的数据共享大平台。

沪研首颗高光谱观测卫星成功发射。2018年5月9日凌晨，由上海航天技术研究院抓总研制的高分五号卫星在太原发射基地成功升空并进入预定轨道，这是“上海制造”的荣耀时刻。高分五号是我国首颗高光谱综合观测卫星，也是我国高分重大专项中唯一一颗高光谱观测卫星，是我国实现高光谱分辨率对地观测能力的重要标志之一。

首批“上海品牌”亮相。2018年6月7日，53家企业的50个产品和36项服务通过执行世界顶级标准的上海品牌国际认证联盟认证，成为首批“上海品牌”。通过认证的“上海品牌”中，属于“上海制造”的占到了总量七成以上，其中不乏集装箱起重机、火电汽轮机、风力发电机组等先进制造业，也有如“红双喜”乒乓球、“马利”中国画颜料等民用消费品。

两大国家级制造业创新中心落地上海。2018年7月3日，国家集成电路创新中心、国家智能传感器创新中心正式在上海揭牌，上海也成为全国同时拥有两家国家级制造业创新中心的省市。两大创新中心的建设，不仅是集成电路和智能传感器领域创新发展的一个新平台，也是应对新一轮科技和产业革命的新举措，更是抢占产业竞争制高点的新手段。

水陆两栖“风翎”号首飞。2018年7月4日，完全由中国设计和制造的水陆两栖轻型运动飞机——上海奥科赛公司的“风翎”号在浦东滴水湖成功首飞。“风翎”号是一款极具特色的全碳纤维复合材料水陆两栖轻型运动飞机，水陆均可起降，起飞距离200米，续航超过1 000千米。“风翎”号飞机的成功试飞是我国低空空域改革的一次重大突破，为上海通航发展的龙头地位奠定基础。

上海推出“扩大开放100条”。2018年7月10日，上海公布加快建立开放型经济新体制行动方案。方案聚焦金融业开放合作、构筑更加开放的产业体系、建设知识产权保护高地、打造进口促进新平台、创造一流营商环境5个方面，提出了100条开放举措，被称为“上海扩大开放100条”。

主要参考文献

《上海府县旧志丛书》(电子版)，包括《奉贤县卷》《南汇县卷》《崇明县卷》《松江府卷》《松江县卷》《嘉定县卷》《宝山县卷》《青浦县卷》《金山县卷》《上海县卷》《川沙县卷》，上海古籍出版社2017年版。

《上海地名志》，上海地名志编纂委员会编，上海社会科学院出版社1998年版。

《上海电力工业志》，上海市电力工业局电力志编纂委员会编，上海社会科学院出版社1994年版。

《上海轻工业志》，上海轻工业志编纂委员会编，上海社会科学院出版社1996年版。

《上海机电工业志》，上海机电工业志编纂委员会编，上海社会科学院出版社1996年版。

《上海化学工业志》，上海化学工业志编纂委员会编，上海社会科学院出版社1997年版。

《上海建筑施工志》，上海建筑施工志编纂委员会编，上海社会科学院出版社1997年版。

《上海海运志》，上海海运志编纂委员会编，上海社会科学院出版社1997年版。

《上海卫生志》，上海卫生志编纂委员会编，上海社会科学院出版社1999年版。

《上海电子仪表工业志》，上海电子仪表工业志编纂委员会编，上海社会科学院出版社1999年版。

《上海第二医科大学志》，王一飞主编，华东理工大学出版社1999年版。

《上海橡胶工业志》，上海橡胶工业志编纂委员会编，上海社会科学院出版社2000年版。

《上海计划志》，上海计划志编纂委员会编，上海社会科学院出版社2001年版。

《上海出版志》，上海出版志编纂委员会编，上海社会科学院出版社2001年版。

《上海钢铁工业志》，上海冶金控股（集团）公司钢铁志编志办公室编，上海社会科学院出版社2001年版。

《上海送变电工程公司志》，上海送变电工程公司史志编纂委员会编，水利电力出版社1994年版。

《上海农垦志》，上海农垦志编纂委员会编，上海社会科学院出版社2004年版。

《上海史》，唐振常主编，上海人民出版社1989年版。

《上海通史》，熊月之主编，上海人民出版社1999年版。

《上海史》，[法]白吉尔著，上海社会科学院出版社2005年版。

《近代上海城市研究》，张仲礼主编，上海人民出版社1990年版。

《20世纪上海大博览1900—2000》，夏东元主编，文汇出版社2001年版。

《论清末民初的中国社会》，蔡尚思等著，复旦大学出版社1983年版。

《上海文化通史》（上下卷），陈伯海主编，上海文艺出版社2001年版。

《上海百年文化史》，上海百年文化史编委会编，上海科学技术文献出版社2002年版。

《近代上海繁华录》，唐振常主编，商务印书馆1993年版。

《旧上海史料汇编》（全二册），上海通社编，北京图书馆出版社1998年版。

《透视老上海》，熊月之著，上海社会科学院出版社2004年版。

《人文上海（市民的空间）》，李天纲著，上海教育出版社2004年版。

《苏北人在上海1850—1980》，[美]韩起澜著，上海古籍出版社2004年版。

《上海闲话》，薛理勇著，上海社会科学院出版社2000年版。

《旧上海租界史话》，薛理勇著，上海社会科学院出版社2002年版。

《口岸开放与社会改革——近代中国自开商埠研究》，杨天宏著，中华书局2002年版。

《从上海发现历史——现代化进程中的上海人及其社会生活（1927—1937）》，忻平著，上海人民出版社1996年版。

《上海语言发展史》，钱乃荣著，上海人民出版社2001年版。

《上海闲话碎语》，薛理勇著，上海辞书出版社2005年版。

《“洋娱乐”的流入——近代上海的文化娱乐业》，高福进著，上海人民出版社2003年版。

《上海社会大观》，施福康主编，上海书店出版社2000年版。

《老上海饮食》，顾承甫著，上海科学技术出版社1999年版。

《漫话老上海知识阶层》，李康化著，上海人民出版社2003年版。

《移民企业家——香港的上海工业家》，“上海史研究译丛”，黄绍伦著，上海古籍出版社2003年版。

《上海掌故词典》，薛理勇主编，上海辞书出版社2000年版。

《霓虹灯外：20世纪初日常生活中的上海》，“上海史研究译丛”，[美]卢汉超著，上海古籍出版社2004年版。

《旧上海人口变迁的研究》，邹依仁著，上海人民出版社1980年版。

《上海的故事》(1—6)，上海人民出版社1964年版。

《海外上海学》，熊月之、周武著，上海古籍出版社2004年版。

《上海的外国人(1842—1949)》，熊月之、马学强著，上海古籍出版社2003年版。

《1927—1937年的上海》，[法]安克强著，上海古籍出版社2004年版。

《近代上海的公共性与国家》，[日]小浜正子著，上海古籍出版社2003年版。

《魔都上海：日本知识人的“近代”体验》，[日]刘建辉著，上海古籍出版社2003年版。

《上海歹土：战时恐怖活动与城市犯罪》，[美]魏斐德著，上海古籍出版社2003年版。

《上海道台研究：转变中之联系人物1843—1890》，梁元生著，上海古籍出版社2004年版。

《上海警察（1927—1937）》，[美]魏斐德著，上海古籍出版社2004年版。

《图说中国百年社会生活变迁》（1—4卷），仲富兰主编，学林出版社2001年版。

《中国民俗文化学导论》，仲富兰著，浙江人民出版社1998年版，上海辞书出版社2007年第2版。

《上海街头弄口》，仲富兰著，上海辞书出版社2006年版。

《上海民俗：民俗文化视野下的上海日常生活》，仲富兰著，文汇出版社2010年版。

《醉上海》，仲富兰著，文汇出版社2016年版。

后　记

承蒙上海市地方志办公室的领导与友人的错爱，他们找到我，要将“上海地方志普及读本系列”的撰稿任务交给我。一番晤谈和交流之后，我佩服他们的创新与改革意识及缜密的思考。上海地方志，是上海的传统历史文化宝库，凝聚了众多专家、学者多年来的智慧和心血，编撰出版后，不能让它们静悄悄地躺在通志馆里沉睡，应该让它们成为可以利用的文化资源，使更多人寻根溯源、读志用志，让冷知识变得有温度，让模糊概念具有影像感，从而梳理上海城市的发展脉络，让上海文化的独有魅力感染更多人。

不过，“上海地方志普及读本系列”三卷本有点体量，工作量不小，真要承担起这个项目的撰稿任务，我也感到很有压力。上海太大了，这所谓“大”，不仅是指物理空间的大，更在于城市精神的博大与深厚。记得以前曾看到一位专家所说的：“上海大到所有的结论都不成定论，所有的意见都成了偏见。”100多年来，研究上海的中外论著浩若烟海，但真正说清上海历史来龙去脉的资讯，也是众说纷纭，各抒己见，让人莫衷一是，我只好从分析比较中择善而从。

恰如一句很流行的话所说：“有一种情怀叫坚守，有一种信仰叫始终热爱。”我是上海生、上海长的普通市民，一种爱上海、爱家乡的情怀，让我选择了“坚守”和“始终热爱”。在撰写本书的日子里，哪怕有再多的事情要去处理，哪怕有再大的困难横在面前，这种情怀都令我不忘初心，一往无前。整个写作过程，所遭的罪，所吃的苦，以及我的家人为此的付出，我就不说了，可谓“甘苦寸心知”。

这套书叙述上海悠长的历史与民俗，从6 000年前的远古文明，一直说到2035年的愿景展望，尽管我按照不同历史阶段，设立了160个小题目，但仍然是如同在苏州河、黄浦江边舀了几朵浪花。我尽可能让每个小题目朝着自己建构的框架和观点演绎，但是否能从浩瀚的地方志学术资料中准确提炼出精华，还得敬请学界的学者、通人多多予以批评指正。

由于这套书的读者定位是上海的年轻学生和普通市民，或者是来上海不久的新上海人，对于老上海人也有一个温故而知新的作用，所以，书稿的撰写，就不能学究气太重，斟酌再三，还是采用散文的笔调，运用记者写报道的媒体语言，就像跟读者在交流谈心一样，抑或也有点夹叙夹议，我想，这样的行文，可能与读者的距离会更近一些，读者面也会宽一些。所以，书中所引各位前贤和学人的资料，作为观点的证据，就尽可能在行文中解决，另在书后列出“主要参考文献”，以备有兴趣的读者进一步延伸阅读。其实，拙著中涉及的问题，有很多是做论文的题目，待日后有充足的时间，我再慢慢地研磨、撰写成论文，贡献给学界，也回报读者的关爱。

借此机会，我还要深深感谢德高望重的上海市教育发展基金会理事长王荣华先生百忙之中阅读拙稿，并赐以序文，为这套小书增色不少。我此时不知道用什么言辞来表达我对各位学人、师长和师友的感激之情，只能以自己默默的耕耘来报答各位的关爱。

最后再次深切感谢王荣华先生的鼓励与支持，他在指导本书提纲时，对我说的“情怀追寻”四个字，言犹在耳，一直鼓励着我克服困难，努力前行。深切感谢上海市地方志办公室洪民荣主任、唐长国处长，上海通志馆吴一峻副馆长在写作过程中所给予我的照顾、支持与帮助，还要深切感谢上海人民出版社王为松社长和各位编辑同仁们，深深感谢本书责任编辑和封面装帧设计张晋先生，他们的辛勤劳动使本书生色不少。老友新朋，感谢你们！拙著署上的是作者名字，但却牵动着那么多人的付出，他们在本书的编辑、出版过程中，付出了大量辛勤的汗水和心血。我还衷心期待着上海史研究的专家、学者、通人和广大读者多提宝贵意见，批评指正，多多赐教！

仲富兰

2017年12月22日冬至日

2018年3月15日改毕于沪上五角场凝风轩

图书在版编目(CIP)数据

上海六千年. 百年梦想 / 上海市地方志办公室主编;
仲富兰著. —上海: 上海人民出版社,2018
(上海地方志普及读本系列)
ISBN 978-7-208-15324-0

Ⅰ. ①上… Ⅱ. ①上… ②仲… Ⅲ. ①上海–地方志
–通俗读物 Ⅳ. ①K295.1-49

中国版本图书馆CIP数据核字(2018)第152847号

封面题签 王荣华
责任编辑 黄玉婷 范 晶
封面设计 张 晋
版式设计 陈 酌

上海地方志普及读本系列
上海六千年
上海市地方志办公室 主编
仲富兰 著

出　　版 上海人民出版社
(200001 上海福建中路193号)
发　　行 上海人民出版社发行中心
印　　刷 上海商务联西印刷有限公司
开　　本 720×1000 1/16
印　　张 61
插　　页 6
字　　数 593,000
版　　次 2018年8月第1版
印　　次 2020年1月第4次印刷
ISBN 978-7-208-15324-0/K·2765
定　　价 158.00元(全三册)